CB128034

ROGÉRIO ANDRADE
CAVALCANTI ARAÚJO

DIREITO CIVIL BRASILEIRO

PARTE GERAL

EDITORA FOCO

2020 © Editora Foco
Autor: Rogério Andrade Cavalcanti Araujo
Diretor Acadêmico: Leonardo Pereira
Editor: Roberta Densa
Assistente Editorial: Paula Morishita
Revisora Sênior: Georgia Renata Dias
Capa Criação: Leonardo Hermano
Diagramação: Ladislau Lima
Impressão miolo e capa: META BRASIL

Dados Internacionais de Catalogação na Publicação (CIP) (Câmara Brasileira do Livro, SP, Brasil)

A663d Araújo, Rogério Andrade Cavalcanti
Direito civil brasileiro: parte geral / Rogério Andrade Cavalcanti Araújo. - Indaiatuba, SP : Editora Foco, 2020
600 p. ; 17cm x 24cm
Inclui índice e bibliografia.
ISBN 978-85-8242-438-4
1. Direito. 2. Direito civil. I. Título

2019-2397 CDD 342 CDU 347

Elaborado por Vagner Rodolfo da Silva – CRB-8/9410

Índices para Catálogo Sistemático:

1. Direito civil 342 2. Direito civil 347

DIREITOS AUTORAIS: É proibida a reprodução parcial ou total desta publicação, por qualquer forma ou meio, sem a prévia autorização da Editora FOCO, com exceção do teor das questões de concursos públicos que, por serem atos oficiais, não são protegidas como Direitos Autorais, na forma do Artigo 8º, IV, da Lei 9.610/1998. Referida vedação se estende às características gráficas da obra e sua editoração. A punição para a violação dos Direitos Autorais é crime previsto no Artigo 184 do Código Penal e as sanções civis às violações dos Direitos Autorais estão previstas nos Artigos 101 a 110 da Lei 9.610/1998. Os comentários das questões são de responsabilidade dos autores.

NOTAS DA EDITORA:

Atualizações e erratas: A presente obra é vendida como está, atualizada até a data do seu fechamento, informação que consta na página II do livro. Havendo a publicação de legislação de suma relevância, a editora, de forma discricionária, se empenhará em disponibilizar atualização futura.

Erratas: A Editora se compromete a disponibilizar no site www.editorafoco.com.br, na seção Atualizações, eventuais erratas por razões de erros técnicos ou de conteúdo. Solicitamos, outrossim, que o leitor faça a gentileza de colaborar com a perfeição da obra, comunicando eventual erro encontrado por meio de mensagem para contato@editorafoco.com.br. O acesso será disponibilizado durante a vigência da edição da obra.

Impresso no Brasil (01.2020) – Data de Fechamento (01.2020)

2020

Todos os direitos reservados à
Editora Foco Jurídico Ltda.

Rua Nove de Julho, 1779 – Vila Areal
CEP 13333-070 – Indaiatuba – SP

E-mail: contato@editorafoco.com.br
www.editorafoco.com.br

À Milena, minha amada esposa, a minha maior incentivadora, ao lado de quem, com toda a sua sensibilidade, garra e inteligência, caminho junto, para que sempre possamos transformar nossos sonhos em realidade, dedico esta obra com verdadeiro amor.

Agradeço aos meus pais, pelo exemplo que sempre foram em minha vida e aos meus filhos, Thiago, Júlia e Letícia, verdadeiros presentes que o Criador me confiou, por me proverem com a inocência, alegria e inspiração que me impulsionam a trabalhar por um mundo melhor.

PREFÁCIO À 1ª EDIÇÃO

Conheço Rogério há mais de 20 anos. Cursamos a faculdade juntos e trabalhamos juntos. Nossa amizade existe há muito tempo, mas independentemente dela, o trabalho ora apresentado – Direito civil Brasileiro – é digno de aplausos por sua profundidade e pela contribuição trazida para o estudo da parte geral do Direito Civil.

O Ministro Moreira Alves afirmou ainda sobre o projeto do Código Civil que “manteve-se a Parte Geral, a qual, das partes que o integram, é aquela que lhe dá unidade, inclusive filosófica, convicta a comissão de que essa Parte Geral era absolutamente imprescindível dentro da nossa tradição jurídica para dar unidade ao Código Civil” (Revista CEJ, V. 3 n. 9 set./dez. 1999). De fato, não há como negar a importância da parte geral do Código Civil, não só para dar unidade ao Código, mas realmente para trazer de modo uniforme conceitos gerais que serão utilizados em diversos outros ramos do Direito, pois, na verdade, estamos diante da parte geral de todo o direito privado, ou melhor, estamos diante da teoria geral do direito, com ampla aplicação nos mais diversos ramos jurídicos

É nesta seara que ganha importância o presente livro, que representa um tratamento sistemático e aprofundado da parte geral do Código Civil, na qual se enunciam os direitos e deveres gerais da pessoa humana como tal, e se estabelecem pressupostos gerais da vida civil (Reale).

O autor destaca-se no presente livro pelo tratamento sistemático do tema. Partindo da sua experiência de quase 20 anos no magistério superior, o autor traz os conceitos basilares que precisam ser previamente conhecidos para qualquer estudo das normas de direito privado.

Neste particular, ganha relevo o tratamento dado aos conceitos da Lei de Introdução às Normas do Direito Brasileiro, com ênfase no aspecto da aplicação das leis no tempo. Trata-se de tema fundamental, para a compreensão do direito na sociedade moderna, em que há alterações cada vez mais frequentes de legislação. E, no presente livro, não se faz apenas uma revisão dos dispositivos da citada legislação, mas sim uma análise aprofundada das principais teorias sobre o direito intertemporal, com o estudo dos autores clássicos sobre o tema, bem como com análise da jurisprudência pátria mais moderna.

O mesmo cuidado é visto no estudo dos demais temas do livro, seja no estudo das pessoas, seja no estudo dos bens. Especialmente em relação a pessoas, há grandes temas que ganharam muita importância e mereceram especial atenção no trabalho, como os direitos de personalidade e os temas correlatos a questões de capacidade civil, bem como às pessoas jurídicas.

A utilização de uma revisão profunda na doutrina, buscando os autores mais clássicos sobre o tema, é uma marca desse livro, que mostra a profundidade do estudo. O autor não se contentou com referências indiretas, pesquisando as fontes originais num estudo incansável, que resgatou as ideias dos autores mais clássicos sobre os temas estudados. Esse esforço não torna o livro uma compilação de ideias meramente históricas, pois tais autores clássicos foram confrontados com autores mais modernos e com visões mais recentes sobre toda a temática da parte geral, em especial com a visão principiológica dada ao Código Civil.

Atualmente, dentro da perspectiva filosófica do pós-positivismo, a Constituição passar a ser não apenas um sistema em si, mas também um modo de olhar e interpretar todos os demais ramos do Direito (Barroso). A modernidade trouxe consigo um processo de transformação do Direito Privado que passou a ser profundamente influenciado por normas constitucionais, afastando ou ao menos mitigando a tradicional dicotomia Direito Público e Direito Privado. Atualmente, a Constituição Federal passou a tratar de um número muito maior de matérias, inclusive de aspectos tipicamente tratados pelo Direito Privado (Costa), como as limitações ao direito de propriedade, acarretando um processo de constitucionalização do Direito Privado, como consequência inevitável da natureza do Estado Social, sem representar, porém qualquer diminuição à tradição do Direito Privado (Barroso).

As normas de Direito Privado devem hoje ser interpretadas de modo a realizar os valores princípios e finalidades políticas, sociais e econômicas nos moldes preconizados pela Constituição Federal. A constitucionalização do direito privado também é objeto que não nega a importância do fenômeno, mas o analisa de forma conjunta com a visão clássica do direito civil, que já era capaz de resolver muitos problemas.

Embora profundamente embasado na melhor doutrina nacional e internacional, o livre não se restringe a uma compilação de doutrina, pois reflete a opinião crítica do seu autor, cujas convicções pessoais são expostas de forma detalhada, com a apresentação dos seus argumentos, com exemplos extremamente criativos, mas de visualização concreta e real, que facilitam a compreensão dos temas expostos.

Há, pois, no presente livro um cotejo entre o clássico e o moderno, como uma análise crítica de cada tema. Trata-se de tema essencial, objeto de análise profunda e sistemática, com a visão crítica do autor. Independentemente da amizade pessoal, o autor fez um excelente trabalho, daqueles que poucas vezes são vistos. Sua leitura mostra-se fundamental para todos aqueles que querem entender a Parte Geral do Direito Civil de forma mais completa, numa combinação de profundidade, com análise crítica e visão sistemática da matéria. Essa é o primeiro volume de uma coleção que trará com certeza a visão mais completa sobre toda a matéria civil.

Marlon Tomazette

Professor de Direito Comercial

PREFÁCIO À 2ª EDIÇÃO

A junção de dois textos (pessoas, bens, fato jurídico e negócio, prescrição e decadência) demonstra o esforço notável de pesquisa no campo do Direito Civil.

A relevância da doutrina civilista, tanto na história do direito brasileiro como no mundo ocidental, consequência do romanismo, envolve não apenas rica e extensa bibliografia, como comprova haver um léxico jurídico que veio a ser adotado por todas as outras disciplinas da ciência do direito.

Na verdade, os princípios adotados e revelados pelo Direito Civil assumem precedência no tocante à formação histórica da dogmática jurídica, bastando o registro da nossa legislação (Consolidação das Leis do Império, Código Civil de 1916 e o atual).

O trabalho do autor, Rogério Andrade Cavalcante Araújo, perpassando toda a parte geral do Código Civil, com algumas referências elucidativas à parte especial daquele diploma, indica como é relativa à teoria da constitucionalização do Direito Civil. Sobre isso, basta lembrar que tivemos várias constituições, desde o Código Civil de 1916 até o de 2002, sem que os dispositivos daquele diploma perdessem eficácia, força normativa e relevância doutrinária.

O autor, a propósito do Direito Constitucional e da Teoria Geral do Estado não deixa de cuidar de aspectos da estrutura estatal e de considerações democráticas. Acrescentes, ainda, as considerações sobre o controle da constitucionalidade das leis em casos concretos.

Importante a pesquisa feita, emoldurada por bibliografia nacional e estrangeira, com base no direito positivo e em colocações comparatistas entre as normas positivadas em outros países, mostra à saciedade, como o Direito Civil é necessário aos estudos jurídicos, à formação doutrinária e ao repositório jurisprudencial, fruto de esforço dos juízes, que o autor do livro em tela anota. A par disso, o texto traz regras valiosas para a interpretação jurídica.

A obra que se editará não se furta ao exame de difíceis problemas de direito internacional privado e da retro e ultra-atividade das normas no tempo.

Valiosas as colocações, a mostrar como estudos introdutórios à ciência do direito civil são, também, relacionadas com os filósofos e os constitucionalistas lembrados pelo autor em sua exposição.

Entre pontos desenvolvidos pelo autor que merece ser lembrados, há a formulação de conceitos e sua exposição, como os atinentes aos fatos da natureza e da vida do homem, qualificados juridicamente pelas normas.

Evidencia-se no livro a visão ampla do fenômeno jurídico com a complementaridade recíproca de todos seus elementos, o que permite a compreensão de todo o ordenamento e a possibilidade de parâmetros para a sua interpretação.

Enfim, o livro examina muitos problemas atuais, o que evidencia sua origem e finalidade didáticas, ensejando ao leitor a ocasião de renovar importante abordagem do direito.

Brasília, 21 de junho de 2019.

Ronaldo Rebello de Britto Poletti

SUMÁRIO

Capítulo 1
CONCEITO E FONTES DO DIREITO

ASPECTOS INTRODUTÓRIOS

O ser humano, desde a sua concepção, ostenta uma série de necessidades que devem ser satisfeitas para garantir a sua sobrevivência. Ideal seria se os bens da vida, ao suprirem tais demandas, fossem ilimitados. Desafortunadamente, não o são. Exsurge, de tão simples apontamento, a gênese da tormentosa questão que desafia a atenção de estudiosos das mais diversas áreas há séculos: como disciplinar a distribuição dos escassos bens da vida?

Sabe-se, por outro lado, ser o homem um ser gregário, verdade resumida na feliz expressão *unus homo nullus homo*. Assim, na infindável rede de relações travadas no seio dos agrupamentos humanos, distintas podem ser as soluções encontradas para a distribuição dos bens existentes.

Nesse sentido, Aurelio Candian[1] adverte que a necessidade por um bem da vida pode ser satisfeita abusando-se do uso da força, ou pelo acerto das vontades, a exemplo do que ocorre na permuta de um objeto por outro. Prossegue ao nos lembrar que, na primeira hipótese, em regra, a reação ao uso da força se faz também com violência, desencadeando a esterilidade prática de todas as atividades individuais e coletivas, com a consagração da lei do mais forte.

A conservação dos grupos humanos, portanto, exige a disciplina da atuação de seus respectivos atores por meio de regras de conduta. Como adverte Demolombe[2], a religião, a moral, a filosofia e o direito têm como proposta o estabelecimento de regras de ação e conduta para os homens. Não raro, a última das ciências citadas se vale daquelas outras para disciplinar a conduta intersubjetiva. Todavia, a coincidência não é perfeita, o que tem levado os estudiosos a tentarem divisar a regra jurídica especialmente das regras morais.

---

1. Candian, Aurélio. Instituciones de derecho privado. México: UTEHA, 1961, p. 3.
2. Demolombe, C. Cours de Code Napoleón I: traité de la publication, des effets et de l'application des lois en general. 2 ed. Paris: Imprimerie Générale, p. 3.

DIREITO E MORAL

Especial relevo, nessa esteira, adquire a diferenciação entre direito e moral. Conforme asseverado, muitos são os pontos de contato entre os dois, não obstante a existência de vozes que dispensem a justificação do primeiro pela última[3].

Contudo, nossas atenções devem volver-se à invocada distinção, sintetizada, com rara precisão, pelos irmãos Mazeud[4]:

> *"A regra de moral é uma regra de conduta individual que se dirige à consciência do homem e, ao largo de toda coação, propõe, ao seu turno, um ideal de justiça e de caridade.*
>
> *A regra de direito é uma regra de conduta social que, sancionada pela coação, deve ter por fim fazer que reine a ordem ao procurar a segurança dentro da justiça".*

Esquematicamente, portanto, algumas principais diferenças devem ser lembradas entre moral e direito:

a) o âmbito da moral se volta ao campo da consciência individual (sendo, pois, unilateral), enquanto o direito deve voltar-se a viabilizar a vida em sociedade (é, portanto, bilateral), impondo limitações, ao mesmo tempo em que confere a exigibilidade de determinados procedimentos[5];

b) as regras morais são observadas voluntariamente, logo, as sanções por elas impostas são de índole interna, ao passo que as regras jurídicas são de observância obrigatória e a sua violação, ordinariamente, sancionada pela coação estatal[6];

c) a moral tem como intento maior a prática do bem, enquanto o direito tende a evitar que se prejudique outrem[7];

d) a moral diz respeito à paz interior, ao contrário do direito que visa à paz exterior[8];

e) o campo da moral é mais amplo, sendo suas normas mais difusas, enquanto o direito é mais restrito e suas normas são mais definidas[9].

Apreciadas as questões suscitadas, resta, ainda, uma a ser dirimida. Qual seria, enfim, o conceito de direito?

---

3. Kelsen, Hans. Teoria pura do direito. São Paulo: Martins Fontes, 1997, p. 76, nesse sentido, é enfático ao afirmar que: *"a necessidade de distinguir o Direito da Moral e a ciência jurídica da Ética significa que, do ponto de vista de um conhecimento científico do Direito positivo, a legitimação deste por uma ordem moral distinta da ordem jurídica é irrelevante, pois a ciência jurídica não tem de aprovar ou desaprovar o seu objeto, mas apenas tem de o conhecer e descrever."*.
4. Mazeud et Mazeud. Lecciones de derecho civil – parte primeira – v. I. Buenos Aires: EJEA, 1959, p. 18/19.
5. Pereira, Caio Mário da Silva. Instituições de Direito Civil, v. I. 20 ed. Rio de Janeiro: Forense, 2004, p. 13.
6. Ripert et Boulanger. Tratado de derecho civil segun el Tratado de Planiol – t. I – Parte General. Buenos Aires: La Ley, p. 36 e 37.
7. Monteiro. Washington de Barros. Curso de direito civil, parte geral. 41 ed. São Paulo: Saraiva, 2007, p. 3.
8. Serpa Lopes. Miguel Maria de. Curso de direito civil – introdução, parte geral e teoria dos negócios jurídicos. 8 ed. Rio de Janeiro: Freitas Bastos, 1996, p. 36.
9. Monteiro. Washington de Barros. *Op. cit., p. 3.*

O CONCEITO DE DIREITO

A perplexidade acerca do conceito de direito revela-se com clareza nas plásticas palavras de Alberto Trabucchi. Segundo ele, existem "volumes e volumes de leis, bibliotecas de obras sobre *direito*, palácios para a administração da justiça, organizações escolásticas e universitárias para os estudos jurídicos; mas ainda hoje permanece difícil responder a essa simples pergunta: « o que é o direito? »"[10].

Em parte, a dificuldade para o tratamento exato do tema decorre da polissemia do vocábulo *direito*, que ora significa o conjunto de regras de conduta de determinado povo (Direito do Brasil, da Argentina, da Alemanha, entre outros), ora indica determinadas prerrogativas, asseguradas aos indivíduos, pelo ordenamento jurídico, em face dos demais (reclamar o pagamento da dívida é direito do credor), sem que se olvide de igualmente nobre significado – a ciência jurídica. [11].

Tomando o Direito como um conjunto de regras de conduta, acepção que mais nos interessa, é que se colhe a memorável definição de Vicente Rào: "*é o direito um sistema de disciplina social fundado na natureza humana que, estabelecendo nas relações entre os homens uma proporção de reciprocidade nos poderes e deveres que lhes atribui, regula condições existenciais dos indivíduos e dos grupos sociais e, em consequência, da sociedade, mediante normas coercitivamente impostas pelo poder público*" [12].

Retomam-se aqui as reflexões introdutórias. O Direito não importa ao eremita. Indica, em realidade, os recíprocos limites a serem observados pelos homens no convívio social.

Não se imagine, porém, que as regras jurídicas *somente* sirvam para *exortar* os atores sociais a se respeitarem. Não – muito além disso – aquelas a eles se impõem, permitindo, assim, que a paz e a segurança sociais tomem lugar, como lastro mínimo para o bem-estar dos homens.

Assim colocada a questão, vejamos algumas acepções da expressão *direito*.

DIREITO OBJETIVO E DIREITO SUBJETIVO

Corriqueiramente se emprega a expressão *direito* para a designação do conjunto de normas de condutas, editadas pelo Estado, sendo voltadas ao regramento da vida em sociedade, tratando-se, nessa acepção, de direito objetivo.

Não raro, o jurista vale-se da expressão *direito* para se referir a faculdades asseguradas a determinado sujeito, passando, portanto, a ser designada, em tal hipótese,

---

10. Trabucchi. Alberto. Istituzioni di diritto civile. 37 ed. Milão: CEDAM, 1997, p.1.
11. Ferraz Júnior, Tércio Sampaio. Introdução ao estudo do direito – técnica, decisão, dominação. São Paulo: Atlas, 1988, p. 39 é claro ao asseverar: "Direito é uma ciência que estuda o direito quer no sentido de direito objetivo – conjunto de normas – quer no de direito subjetivo – faculdades".
12. Rào, Vicente. O direito e a vida dos direitos – v. I. 4 ed. São Paulo: RT, 1997, p. 51.

de direito subjetivo. Neste caso, às mencionadas faculdades, podem-se contrapor a existência de deveres, oriundos das normas jurídicas, ou de obrigações advindas, por exemplo, de contratos.

Algumas são as correntes que buscam explicar a essência dos direitos subjetivos. A primeira delas aponta o instituto como o poder da vontade[13]. Seus próceres são Savigny e Windscheid, sofrendo severas críticas, em especial, pela alegada inexistência de vontade juridicamente relevante que justifique a existência de direitos para os portadores de deficiências mentais ou para os infantes.

A crítica à teoria do poder da vontade engendrou o surgimento de outra, a do interesse jurídico, por meio da qual dois princípios existiriam a presidir o direito subjetivo: o fim prático do direito (o interesse do titular que o caracteriza) e a sua necessária proteção, desprezando-se o papel da vontade para a caracterização do instituto. O seu maior expoente foi o alemão Ihering[14].

Duas tendências surgiram a partir das mencionadas escolas. Havia aqueles que refutavam as explicações das duas, bem como existiam os que vislumbravam o direito subjetivo como o somatório dos elementos invocados pelos adeptos da teoria da vontade e da teoria do interesse.

Recaséns Siches[15] está entre aqueles que repudiam as conclusões das escolas de Savigny e de Ihering. Pondera o jusfilósofo que o direito subjetivo não é um fenômeno da vontade pois é atribuído a pessoas despidas juridicamente dela. Por outro lado, entende que defini-lo como um interesse juridicamente protegido é equivocado, pois sua essência não recai na existência de um interesse, que sequer seria algo distinto da vontade (pois o agente só pode querer aquilo que é objeto de seus interesses), mas na proteção jurídica especial que demanda a mencionada categoria. Assinala, pois, que as críticas mencionadas não se apagam quando os requisitos das duas escolas são combinados, antes são potencializadas.

Convencido, portanto, do equívoco nas definições de direito subjetivo então existentes, propõe a sua própria, assim delineada: "Resulta, portanto, que direito subjetivo – em sua mais geral e ampla acepção – é a qualidade que a norma atribui a certas situações de algumas pessoas, consistente na possibilidade de determinar juridicamente (por imposição inexorável) o dever de uma especial conduta em outra ou outras pessoas". [16] O direito seria, pois, uma projeção, no mundo real, dos preceitos normativos. Três situações seriam, então, identificáveis como tal: *a)* o direito subjetivo como mero reverso material de um dever jurídico de terceiros, imposto pela norma independentemente da vontade de seu titular (como seriam os direitos

13. Bandeira de Mello, Oswaldo Aranha. Princípios gerais de direito administrativo – v. I, introdução. Rio de Janeiro: Forense, 1969, p. 197/199.
14. Bandeira de Mello, Oswaldo Aranha. Princípios gerais de direito administrativo – v. I, introdução. Rio de Janeiro: Forense, 1969, p. 197.
15. Récasens Siches, Luis.Tratado general de filosofia Del derecho. 2 ed. México: Porrua, 1961, p. 232/237.
16. Récasens Siches, Luis.Tratado general de filosofia Del derecho. 2 ed. México: Porrua, 1961, p. 234.

de personalidade); *b)* o direito subjetivo como pretensão (possível nas hipóteses em que o titular do direito tivesse, à sua disposição, o aparato coercitivo do direito para exigir de terceiros o cumprimento de suas obrigações); e, *c)* o direito subjetivo como poder de formação jurídica (consistente na faculdade que a norma atribui a uma pessoa de determinar o nascimento, a modificação ou extinção de relações jurídicas, na hipótese de contratos de alienações de bens, de cessão de crédito, entre outros).

Enveredando por trilha absolutamente diversa, Arthur Kaufmann[17], jusfilósofo alemão, combinando elementos das teorias de Savigny e Ihering, de forma muito apropriada, definiu o direito subjetivo como "o poder da vontade concedido pelo direito objetivo para a realização autônoma dum interesse juridicamente protegido (bem jurídico)".

O sucesso da teoria mencionada decorre, em parte, do êxito em afastar as críticas feitas ao papel da vontade na formação do direito subjetivo. Assim, como esclarece Von Thur[18], a relevância da vontade na fixação do conceito de direito subjetivo não pode ser negada ao se invocar a existência de direitos subjetivos para crianças e enfermos mentais, pelo fato de não possuírem o discernimento necessário para o seu exercício. Afirma o renomado jurista que "(...) o senhorio da vontade existe também nas pessoas incapazes, ainda quando o sujeito não possa exercê-lo. Trata-se de circunstâncias que, ou são passageiras (infância), ou se concebem como tais (enfermidade mental)." Sobreleva, então, a figura do representante, substituindo-se, por sua vontade, a que falta ao representado ou que se lhe mostra incompleta.

Refutada, pois, a crítica ao império da vontade, cabe destacar um fundamental aspecto lembrado por Ihering no seu conceito de direito subjetivo: a proteção deferida ao instituto pelo ordenamento jurídico. Não haveria, contudo, perfeita identidade entre os direitos subjetivos e todos os interesses protegidos por lei.

A comparação torna-se facilitada por uma descrição mais plástica do fenômeno. Acaso se pudesse imaginar a maneira como os interesses (juridicamente protegidos) se colocam ao redor de um indivíduo, imaginando-se diversas esferas concêntricas, apenas quanto à mais estreita delas, é que se poderia apontar direitos subjetivos, e tal esfera indicaria justamente aquela que engloba as situações em que se determina, por força da vontade, uma conduta a terceiros.

Dessa forma, consoante às lições de Oswaldo Aranha Bandeira de Mello[19], "conferem interesse legítimo aos administrados as normas de direito objetivo que regem a realização de interesse coletivo, mas, reflexamente, ao mesmo tempo, satisfazem os interesses de determinados indivíduos. Assim, tais particulares, a que as regras

17. Kaufmann, Arthur. Filosofia do directo. Lisboa: Fundação Calouste Gulenkian, 2004, p. 153/154.
18. Von Thur, Andreas. Derecho civil – teoria general del derecho civil aleman – v. I. Buenos Aires: Depalma, 1946, p. 75/76.
19. Bandeira de Mello, Oswaldo Aranha. Princípios gerais de direito administrativo – v. I, introdução. Rio de Janeiro: Forense, 1969, p. 203.

concretamente atingem, têm interesse especial na sua observância." Tomemos como exemplo uma invasão de área particular de proteção ambiental por madeireiros. Nós, mesmo não sendo donos da área, temos interesse legítimo em provocar o Ministério Público para que, em atenção às normas ambientais, promova o fim das derrubadas de árvores no terreno. Apenas o proprietário, porém, terá direito subjetivo para, em nome próprio, mover ação para que o invasor deixe de derrubar as árvores de seu terreno e saia do local.

DIREITO PÚBLICO E PRIVADO

O Direito tem por objeto assuntos que vão desde a regulação da vida privada até a mais relevante matéria atinente a assuntos de Estado. Alguns temas, portanto, são inseridos no que se convencionou chamar Direito Privado e tantos outros no Direito Público.

Gustav Radbruch[20] expõe a importância dos conceitos ora tratados, ressaltando que não são ideias que possam ou não deixar de ser utilizadas por qualquer ordem jurídica. Afirma, acertadamente, que antecedem, por força de inegável necessidade lógica, toda experiência das coisas do direito, condicionando-as, e sendo, portanto, conceitos jurídicos apriorísticos.

Há vozes que se negam a admitir a persistência da dicotomia ora estudada. Miguel Reale[21], todavia, não apenas engrossa o coro dos que entendem pertinente a divisão entabulada, como traça critérios sólidos para tal distinção. O primeiro deles diz respeito ao conteúdo da relação jurídica. Assim, quando se almeja imediata e prevalecentemente o interesse geral, o Direito é público. Será privado, todavia, se o interesse particular for o objetivo mais importante. O segundo critério aponta para a forma da relação.

Neste caso, se a relação jurídica for de coordenação, trata-se, em geral, de Direito Privado. Sendo, por outro lado, de subordinação, o Direito é Público.

Os critérios examinados, por óbvio, não são estanques. Admitem concessões recíprocas. Dessa forma, o Direito Privado vem dedicando maior espaço, principalmente após a edição do Código Civil de 2002, para ideias outrora quiméricas nessas sendas, como, por exemplo, a função social dos direitos, a eticidade e a solidariedade entre os atores jurídicos. Por outro lado, mesmo no Direito Público, em determinadas hipóteses, o império estatal é refreado, e a lógica da coordenação pode servir como regra a presidir as relações entre o Estado e os particulares (basta pensar no caso de um ente estatal locar bens, portando-se, em muitos aspectos, como um particular na gestão de bens dominiais).

20. Radbruch, Gustav. Filosofia do direito – v. II. Coimbra: Arénio Amado, 1961, p. 5.
21. Reale, Miguel. Lições preliminares de direito. 6 ed. São Paulo: Saraiva, 2006, p. 340.

O Direito Civil, cujo estudo ora encetamos, apresenta-se como ramo do Direito Privado. A crescente produção de normas de interesse público e os numerosos estudos sobre a sua constitucionalização, que oportunamente serão apreciados, não têm o condão de infirmar essa realidade.

Estabelecer a dicotomia entre Direito Público e Privado não conduz o intérprete do Direito a equívocos, desde que este tenha em mente que a mencionada classificação se opera por uma necessidade didática, de estabelecimento de postulados específicos para cada uma dessas áreas. Não se deve entender, portanto, que os dois ramos sejam estanques e que seus princípios não possam ser intercambiados, como será oportunamente explanado ao se tratar da festejada constitucionalização do Direito Privado.

Apreciados, pois, alguns aspectos básicos acerca da compreensão do ignificado do vocábulo direito, passemos ao estudo das fontes do direito, vale dizer, da origem das normas jurídicas.

FONTES DO DIREITO – ASPECTOS INTRODUTÓRIOS

Fonte significa origem, ponto de onde brota um veio d'água. A aparente simplicidade do alcance do termo contrasta com os complexos problemas que enseja para o operador do Direito.

Sensível às dificuldades que o estudo oferece, Luis Legaz y Lacambra[22] adverte que, para a ciência jurídica, o termo fonte assume múltiplos significados, entre os quais se pode arrolar: *"a) fonte do conhecimento do que historicamente é ou tem sido o Direito (antigos documentos, coleções legislativas etc.);b) força criadora do Direito como fato da vida social (a natureza humana, o sentimento jurídico, a economia etc.); c) autoridade criadora do Direito histórica ou atualmente vigente (Estado, povo); d) ato concreto criador do Direito (legislação, costume, decisão judicial etc.); e) fundamento de validez de uma norma concreta de Direito; f) forma de manifestar-se da norma jurídica (lei, decreto, regulamento, costume); g) fundamento de um direito subjetivo."*

Arremata o jusfilósofo que os diversos significados conduzem a uma sistematização tripartite das fontes do Direito, pois, de um lado, haveria a sua identificação como fundamento do direito (Deus, razão, vontade, natureza, entre outros), de outro, os grupos sociais dos quais nasceriam as normas jurídicas (Estado, Igreja, comunidade, apenas para que se lembre de alguns) e, por fim, a alusão à origem da norma numa autoridade ou força social reconhecida pelo Direito Positivo que, por conta de determinado procedimento, confere à mencionada norma força concreta, a saber, a forma de lei, costume, entre outros.

22. Legaz y Lacambra, Luis. Filosofia del derecho. Barcelona: BOSCH, 1953, p. 509.

Inúmeras, portanto, são as possibilidades de classificação das fontes jurídicas. A doutrina, com alguma frequência, subdivide as fontes do Direito em fontes formais e materiais[23]. Estas seriam os elementos que concorreriam para a determinação do conteúdo das normas jurídicas, ou seja, os fatos e problemas que emergem da sociedade, revestidos por componentes materiais, históricos, racionais e ideais[24], enquanto aquelas seriam os meios pelos quais se manifestam as normas jurídicas, independentemente de seus respectivos conteúdos[25], sendo comumente arroladas entre elas a lei, os costumes, e, eventualmente, a jurisprudência, a doutrina, bem como os princípios gerais do direito[26].

Outra usual classificação divide as fontes do direito entre fontes diretas ou imediatas e indiretas ou mediatas. Parte considerável da doutrina, entre os quais se pode citar Paulo Nader[27], Pascual Marín Pérez[28], bem como Pablo Stolze Gagliano e Rodolfo Pamplona[29], identifica as fontes diretas como formais, na medida em que criam, por si, normas jurídicas, ao contrário das indiretas que, em realidade, fornecem subsídios para a correta aplicação do direito.

Mais razoável parece-nos o entendimento de Oswaldo Aranha Bandeira de Mello[30], ao apontar as fontes diretas, as indiretas e as complementares, como espécies de fontes formais. As primeiras seriam aquelas que primeiro revelam o direito positivo, ou seja, a lei. Ocorre, todavia, que essa não esgota o direito em sua integralidade, fazendo com que surjam as chamadas fontes subsidiárias ou indiretas, entre as quais englobamos os costumes e o regulamento.

Por fim, tanto as fontes imediatas quanto as subsidiárias, acima tratadas, têm seus respectivos significados fixados de forma correta pelas fontes complementares, sendo seu maior exemplo os princípios gerais do direito.

Buscar, todavia, uniformidade quanto às incontáveis maneiras de se classificar as fontes do direito é tarefa que escapa aos estreitos propósitos da presente obra, sendo mais profícuo o estudo de cada uma das suas respectivas espécies, o que, doravante, será levado a cabo.

AS FONTES EM ESPÉCIE – A LEI

Giorgio del Vecchio[31] define lei como *"o pensamento jurídico deliberado e consciente, expressado por órgãos adequados que representam a vontade preponderante*

23. Montoro, André Franco. Introdução à ciência do direito. 25 ed. São Paulo: RT, 1999, p. 323.
24. Gagliano, Pablo Stolze e Pamplona Filho, Rodolfo. Novo curso de direito civil, v. I. 9 ed. São Paulo: Saraiva, 2007, p. 10.
25. Pérez, Pascual Marín. Manual de introducción a la ciência del derecho. 2 ed. Barcelona: Bosch, 1968, p. 34/35.
26. Legaz y Lacambra, Luis. Filosofia del derecho. Barcelona: Bosch, p. 518.
27. Nader, Paulo. Introdução ao estudo do direito. 15 ed. Rio de Janeiro: Forense, 1997, p. 167.
28. Pérez, Pascual Marín. *Op. cit.* p. 37.
29. Gagliano, Pablo Stolze e Pamplona Filho, Rodolfo. *Op. cit.*, p. 10.
30. Bandeira de Mello, Oswaldo Aranha. Princípios gerais de directo administrativo – v. I. Rio de Janeiro: Forense, p. 211/212.
31. Vecchio, Giorgio del. Filosofia del derecho – t. I. 3 ed. México: UTEHA, p. 253.

de um grupo associado." Não obstante a autoridade do conceito, não se lhe pode consagrar como a única, pois também a expressão "lei" é dotada de inúmeros significados. Anote-se, em primeiro lugar, sua acepção amplíssima, quando utilizada como sinônimo de qualquer norma jurídica coercitiva, escrita ou não; lata, qual seja, a de norma jurídica escrita, emanada de fonte estatal e outra estrita, aplicável tão somente às normas escritas, gerais e abstratas, provenientes dos órgãos com competência legiferante[32]. Ocupemo-nos da última delas, que define com precisão nosso objeto de estudo.

Qual seria, portanto, a pedra de toque para o correto dimensionamento da lei como fonte do direito? Duas são as principais teorias que buscam encontrar o eixo em torno do qual gravita o conceito de lei – a teoria da generalidade e a teoria da novidade[33].

A primeira das teorias, ou seja, a da generalidade, aponta como traço característico da lei o fato de ser uma regra coercitiva, impessoal, de observância geral. Vale dizer, como consectário lógico, que pouco importaria a roupagem da norma escrita – fosse ela destinada a um grupo indeterminado de pessoas, forçosamente estaríamos diante de uma lei. Ocorre, todavia, que atos normativos existem e que, embora genéricos, não poderiam ser equiparados à lei, como sói acontecer com os regulamentos.

A segunda teoria – da novidade – aponta como característica preponderante da lei o fato de que, seja para uma multidão ou para uma única pessoa, ela deve criar novo direito. A grande crítica a essa teoria, por outro lado, reside no fato de ser de difícil justificativa constitucional a edição de leis voltadas para pequenos e específicos grupos (leis casuísticas), que se revelariam inconstitucionais por violarem o princípio da isonomia.

Oswaldo Aranha Bandeira de Mello[34] entende possível a conciliação das duas teorias. Necessário observar-se que, ontologicamente, a lei pressupõe generalidade, pois, do contrário, casuística, acabaria por ferir o princípio da isonomia. Mas não basta: deve a lei inovar no mundo jurídico de forma primária, porquanto há outros atos que, embora inovadores, só o fazem de forma derivada, para fiel aplicação da norma que pretendem regulamentar.

Em síntese: "*Como regra coercitiva, tem a lei força estável e predominante, e comando superior. Como regra geral, aplica-se a todos que estão nas condições previstas pelo texto escrito. Como regra abstrata, é suscetível de aplicação a todos os casos iguais, que poderão apresentar-se no futuro. Como regra impessoal, tem concernência indistinta,*

32. Montoro. André Franco. Introdução à ciência do direito. São Paulo: RT, p. 328
33. Bandeira de Mello, Oswaldo Aranha. Princípios gerais de directo administrativo – v. I. Rio de Janeiro: Forense, p. 215/221.
34. Bandeira de Mello, Oswaldo Aranha. Princípios gerais de directo administrativo – v. I. Rio de Janeiro: Forense, p. 219.

indeterminada, sem prévia individualização em dada hipótese. Como regra originária inovadora, superpõe-se a todas as regras jurídicas anteriores, dentro do âmbito de sua força jurídica, respeitados os textos constitucionais."[35] Nesse sentido, o conceito de lei reveste-se de adornos muito mais materiais do que formais, não se compatibilizando sua classificação de fonte imediata do direito com a ideia de que seja um simples ato normativo editado pelo Poder Legislativo, qualquer que seja o seu conteúdo.

A lei, como exposto alhures, é a principal fonte formal do direito em nosso ordenamento. Convém, portanto, que seja analisada a importância do princípio da legalidade em nosso panorama jurídico.

O PRINCÍPIO DA LEGALIDADE

O princípio da legalidade tem sede Constitucional, sendo objeto de menção pela Carta de 1988 em trechos distintos. No inciso II do artigo 5º, consagra-se a regra de quem *"ninguém será obrigado a fazer ou deixar de fazer alguma coisa senão em virtude de lei"*. No artigo 37, por outro lado, ressalta-se que a Administração Pública é regida pelos princípios da legalidade, impessoalidade, moralidade, publicidade e eficiência. Seria, portanto, a expressão legalidade, nos mencionados comandos constitucionais, empregada com o mesmo sentido?

A resposta evidente é *não*! Em realidade, abraça o texto constitucional o emprego da legalidade em duas acepções: a preeminência da lei e o princípio da reserva de lei[36]. Quanto à primeira delas, também conhecida como legalidade em sentido amplo, sabe-se representar uma fórmula negativa, dirigida especialmente a todas as pessoas naturais ou coletivas sob o manto de nosso ordenamento. Cinge-se a uma regra de conformidade por meio da qual tudo que não for vedado por lei é válido, ou, em outras palavras, nossos atos concretos só estariam maculados por eventuais vícios na medida em que contrariassem uma lei determinada.

Esse emprego do princípio da legalidade, todavia, difere da segunda acepção, ou seja, da reserva legal, sendo ela caracterizada como regra de compatibilidade, fórmula positiva por meio da qual cada ato positivo de determinados Entes dependeria sempre de autorização específica. Enquanto a primeira utilização do princípio pode ser resumida pela fórmula de que "todo ato que não for contrário à lei pode ser praticado", a segunda restringe-se ao entendimento de que "só se pode praticar o ato que for determinado por lei". A última acepção circunscreve-se à Administração Pública, encontrando sede material no artigo 37 da Constituição, ao passo que a primeira é de ampla aplicação, voltada a todas as pessoas naturais e coletivas, e insere-se no Capítulo dos Direitos e Garantias Fundamentais de nossa Constituição.

---

35. Bandeira de Mello, Oswaldo Aranha. Princípios gerais de direito administrativo – v. I. Rio de Janeiro: Forense, p. 221.
36. Xavier, Alberto. Os princípios da legalidade e da tipicidade da tributação. São Paulo: Saraiva, 1978, p. 13/14.

O mencionado princípio dirige a incidência das normas escritas em nosso ordenamento, que podem ser classificadas segundo os aspectos que doravante trataremos.

A CLASSIFICAÇÃO DAS LEIS

Diversos são os meios de classificar as leis. O primeiro deles diz respeito às leis constitucionais e infraconstitucionais. As primeiras, em seu sentido formal, integram o texto de nossa Carta Fundamental. Materialmente, nas constituições, costumam constar as regras atinentes à organização do poder, distribuição de competências, exercício da autoridade pública, forma de governo, direitos da pessoa humana, sejam individuais ou sociais, enfim, tudo que trate da composição e operação da ordem política[37]. Todas as demais são normas infraconstitucionais, cuja existência, validade e eficácia pressupõem sua conformidade lógica com as primeiras. Essa classificação será objeto de maiores reflexões em capítulo específico da presente obra, que abordará a interface entre as normas constitucionais e infraconstitucionais no âmbito do direito privado.

Outra importante classificação das leis também decorre da análise da Constituição Federal, que traçou regras de competência identificadoras das normas, quanto à sua origem, em: nacionais (de observância obrigatória por todos os Entes da Federação); federais (voltadas à União, como a lei 8.112/90, que dispõe sobre o estatuto do servidor público federal); estaduais e municipais. Na hipótese de conflitos entre elas, ao contrário do que se imagina, não existe propriamente uma questão de hierarquia para definir a proeminência de umas sobre as outras, mas de competência, vale dizer, a União, por exemplo, não pode se imiscuir em assuntos de competência exclusiva dos municípios, sob pena de ser declarada a inconstitucionalidade da norma federal que tente fazê-lo.

Classificam-se as leis ainda em substantivas e adjetivas[38]. As primeiras referem-se ao chamado direito material, são o fundo, enquanto as últimas ditam a forma, a maneira pela qual se devem deduzir aquelas em juízo.

Quanto à sua imperatividade ou sua relação com a vontade dos particulares[39], as normas são impositivas ou cogentes e dispositivas. As primeiras são aquelas de observância obrigatória, inafastável pela vontade dos interessados, ao passo que as últimas são aquelas que podem ser rechaçadas ou mitigadas por escolha das partes. Assim, são nulas as cláusulas contratuais que, em contratos de consumo, permitam ao fornecedor, direta ou indiretamente, variação do preço de maneira unilateral (art. 51, X do Código de Defesa do Consumidor). O mencionado dispositivo consumerista não pode, ao alvedrio das partes, ser afastado, representando, portanto, norma

37. Bonavides, Paulo. Curso de direito constitucional. 22 ed. São Paulo: Malheiros, 2008, p. 80.
38. Monteiro, Washington de Barros. Curso de direito civil – parte geral – v. I. 41 ed. São Paulo: Saraiva, p. 15.
39. Bolio, Francisco J. Peniche. Introduccion al estudio del derecho. 3 ed. México: Porrúa, 1977, p. 80.

cogente. Este não é o caso, todavia, do fiador, que livremente pode renunciar ao benefício de, uma vez demandado pelo pagamento da dívida, exigir, até a contestação da lide, que sejam primeiro executados os bens do devedor (art. 827 do Código Civil). Estamos, assim, diante de uma norma dispositiva.

As leis, quanto ao ponto de vista das sanções que delas decorrem, podem ser dispostas como perfeitas, mais do que perfeitas, menos do que perfeitas e imperfeitas[40]. Assim, são perfeitas as leis que tão somente impõem a sanção invalidade para os atos que as vulneram. A venda, por exemplo, realizada por ascendente a descendente sem anuência dos outros descendentes e do seu cônjuge (salvo se o regime matrimonial for o da separação obrigatória) são anuláveis por força do art. 496 do Código Civil, que representa, pois, um exemplo de norma perfeita.

As normas mais do que perfeitas são aquelas que não apenas invalidam os atos que as infringem, mas impõem outras sanções por força do seu descumprimento. Exemplo adequado seria o art. 12 do Código Civil. Esse determina que cessem todos os efeitos lesivos a direitos de personalidade, sem prejuízo de sanção pecuniária imposta ao infrator. Assim, um contrato que vulnere indevidamente um direito de personalidade não apenas será reconhecidamente nulo, como poderá ensejar sanção pecuniária.

São menos do que perfeitas as normas que *não* impõem invalidade por sua infração, embora determinem algum outro tipo de sanção. A transferência de veículos, em território nacional, impõe a comunicação da alienação ao órgão de trânsito local. A infração a este dispositivo não determina a invalidade da transferência, embora acarrete multa ao adquirente e mantenha o alienante solidariamente responsável por multas e encargos tributários sobre o veículo até que se perfaça a necessária comunicação.

As normas, por derradeiro, cuja inobservância não impõe qualquer sanção são as leis imperfeitas. Exemplo delas é o art. 1º da Lei Uniforme de Genebra para a emissão de letras de câmbio e notas promissórias. Esse dispositivo indica que uma letra de câmbio deve conter a época do seu pagamento. O art. 2º da mesma norma ressalva, todavia, que a ausência da indicação do tempo de vencimento faz com que o título se considere vencido à vista. Não há, portanto, qualquer sanção pela ausência de indicação do tempo de vencimento da letra de câmbio, sendo essa norma, assim, uma lei imperfeita.

As leis também são classificadas quanto à sua duração. Quanto a esse critério dividem-se em leis permanentes e leis temporárias. As primeiras são aquelas de vigência indefinida, que perdurarão até que sejam expressa ou tacitamente revogadas por outra lei, como sói acontecer com a esmagadora maioria das leis nacionais. Leis temporárias são aquelas com vigência previamente definida, sendo relativamente

---

40. Bolio, Francisco J. Peniche. Introduccion al estudio del derecho. 3 ed. México: Porrúa, 1977, p. 75/78.

comuns em direito tributário, em especial, para concessão de benefícios esporádicos para contribuintes inadimplentes (como parcelamentos de débitos para os contribuintes que quitarem suas dívidas até determinada data, seguidos de redução de sanções).

Segue-se, por fim, a classificação das leis segundo o seu alcance[41]. Podem, consoante o derradeiro critério, ser gerais, especiais, excepcionais ou singulares. As primeiras estabelecem regras universais, aplicáveis, em princípio, a todos os casos, como ocorre com o Código Civil. Situações peculiares, todavia, ensejam a edição de normas que, não obstante a existência, ao seu lado, de preceitos genéricos, demandam regramento próprio: são as chamadas leis especiais. Assim, o Código Civil seria uma norma que, entre diversos outros temas, versaria sobre a generalidade dos contratos firmados na esfera privada, ao passo que o Código de Defesa do Consumidor seria uma norma especial, a tratar apenas de contratos oriundos de relações jurídicas de consumo.

Importa frisar que normas especiais prevalecem sobre as gerais sem revogá-las. Assim, no aparente conflito entre ambas não há que se entender que as últimas perdem a vigência em razão da edição das primeiras. Voltando ao nosso exemplo, na eventual contradição entre o Código Civil e o Código de Defesa do Consumidor, se estivermos diante de uma relação de consumo, prevalecerão as regras do último, sem que se possa reconhecer a ocorrência do fenômeno da revogação.

Existem ainda as leis de exceção, que são as presentes em momentos de anormalidade do sistema, a ensejar a contrariedade às linhas mestras desse. Os atos institucionais editados durante o regime militar são um bom exemplo de tais normas. Restam, por fim, as leis singulares, que contemplam pessoas específicas, previamente apontadas no seu texto. São leis apenas no sentido formal, vez que as normas escritas primam por sua abrangência geral. Bom exemplo ocorreu no Distrito Federal. Certa feita, empregados de determinada empresa pública local, em greve, foram reprimidos violentamente durante uma manifestação. Alguns ficaram inválidos e outros morreram por conta da atuação repressiva do Estado. Não tardou edição de lei singular (Lei Distrital nº 2.502/99) que garantiu aos grevistas que ficaram inválidos e aos dependentes dos falecidos, nominalmente apontados, direito à reparação civil.

A ANALOGIA

Machado Neto[42], com a precisão que lhe é peculiar, afirma que, do ponto de vista lógico, não há que se conceber a existência de lacunas no ordenamento jurídico. Com efeito – como disposto alhures, o princípio da preeminência da lei aponta que "tudo o

41. Gagliano, Pablo Stolze e Pamplona Filho, Rodolfo. Novo curso de direito civil, v. I. 9 ed. São Paulo: Saraiva, 2007, p. 14.
42. Machado Neto, Antônio Luís. Compêndio de introdução à ciência do direito. 5 ed. São Paulo: Saraiva, p. 224.

que não está proibido, está permitido", logo, não haveria nenhuma forma de relacionamento humano que não estivesse juridicamente regulado. É possível, todavia, que o dito regramento da conduta humana não se encontre imediatamente *na lei*. Neste contexto, surgiria uma *lacuna da lei* (e não do *ordenamento jurídico*), que deveria ser colmatada por um dos métodos de integração preconizados na Lei de Introdução ao Código Civil, a saber: a analogia, os costumes e os princípios gerais do direito.

O primeiro mecanismo de integração, também classificado como fonte do direito, é a analogia. Tem lugar quando, diante de um vazio da lei, aplica-se hipótese prevista em lei semelhante. Washington de Barros Monteiro[43] sistematiza os três requisitos de sua incidência: *a)* o caso analisado não pode haver sido objeto de previsão legal específica; *b)* existência de norma que discipline hipótese que guarde pontos de contato com a situação lacunosa e; *c)* por fim, impõe-se que o ponto comum entre as hipóteses previstas e não previstas tenha sido o elemento determinante na implantação da regra concernente à questão apreciada pelo julgador.

Duas são as principais espécies de analogia: *legis e iuris*. A primeira decorreria de um preceito legal específico, a reger hipótese semelhante à lacunosa. A última, por outro lado, extrai-se dos princípios orientadores do ordenamento jurídico como um todo, a fim de se colmatar lacuna de questão sem nenhum ponto de contato com qualquer norma especificamente vigente.

Apreciadas tais questões, importa abordar tema espinhoso, porém sem o necessário estudo pelos civilistas pátrios: quais os limites, na atuação do magistrado, ao invocar a analogia em seus julgamentos? Qualquer ausência de regramento legal ensejaria a indiscriminada aplicação de analogia, ou existem parâmetros para que ela seja invocada? E o juiz, quando se deparar com a ausência de lei a reger lide que se lhe é posta à apreciação, equipara-se ao legislador positivo ou a analogia não tem tamanha extensão?

Questões práticas borbulham em nossos tribunais todos os dias e a necessidade social de apresentação de respostas para as lides dificulta uma reflexão menos açodada sobre o tema. Vejamos: seria, a título de exemplo, possível o recurso à analogia para estender aos companheiros todos os regramentos do ordenamento pátrio relativos aos cônjuges? Seria, por outro lado, legítimo o recurso à analogia, a fim de se estender às uniões homoafetivas todas as benesses que o legislador garantiu aos casais heterossexuais? Enfrentemos o tema, mas antes, forçoso se faz recordar alguns aspectos básicos da Teoria Geral do Estado.

A SEPARAÇÃO DE PODERES E A ATUAÇÃO CRIATIVA DO MAGISTRADO

Na Constituição do Brasil, tal qual na alemã, o princípio democrático seria diretivo na ordem do processo político. Essa é a inarredável conclusão a que podemos

43. Barros Monteiro, Washington de. Curso de directo civil – parte geral. 41 ed. São Paulo: Saraiva, p. 41.

chegar ao cotejar o parágrafo único do Artigo 1º de nossa Carta com o Artigo 20, alínea 2, frase 1 de sua similar germânica.

Adverte, contudo, o Professor Konrad Hesse[44] não haver pretendido o texto alemão fixar um governo de identidade. Afirma ele:

> *"A compreensão da democracia como autogoverno do povo corresponde, sem dúvida, a uma determinação, difundida no continente europeu durante muito tempo, de sua natureza. Mas a tentativa de transformar em realidade identidade de governantes com governados sem mediação não pode dar certo; ela leva em si o perigo de converter-se em domínio total. Também a democracia direta, que mais se aproxima do autogoverno do povo, é domínio de homens sobre outros homens, e precisamente, da maioria sobre a minoria; mesmo no caso de unanimidade, ela ainda é domínio daqueles que participaram da votação, sobre os não votantes, e a afirmação de identidade de governantes com governados é nada mais que uma identificação entre domínio da maioria e domínio do povo. Ainda menos corresponde a aceitação de uma tal identidade às verdadeiras relações de domínio da democracia indireta, predominantemente sob as condições da estatalidade moderna."*

Arremata, adiante, o Constitucionalista:

> *"A Lei fundamental não normatiza, com a decisão pela democracia, uma doutrina abstrata, desatada da sociedade real e momentânea indiferente de qual proveniência, senão de uma ordem concreta da realidade histórica. Esta não pode partir de uma vontade uniforme, como pressuposto de um autogoverno do povo, senão somente de seu pressuposto fundamental real: da diferença e divergência de opiniões, interesses, direções de vontade, aspirações e, com isso, da existência de conflitos dentro do povo. Daqui a norma, que todo poder estatal emana do povo, não simula uma unidade de vontade do povo, senão ela pressupõe aquela multiplicidade e divergência, que torna necessária sempre de novo a produção da unidade política como condição do nascimento e da atividade do poder estatal."*

Em outras palavras, o governo de identidade, de estrutura monolítica, mesmo travestido da forma democrática, não é amparado pelo ordenamento jurídico de nações como o Brasil ou Alemanha.

O constitucionalismo brasileiro não privilegia a vontade esmagadora das maiorias em detrimento das minorias. Afasta-se, portanto, do modelo jacobino, em que o Poder Legislativo é o intérprete maior da vontade geral.

Os sistemas de inspiração americana, por outro lado, não concebem apenas o Poder Legislativo como o representante da soberania popular. Os demais (Executivo e Judiciário) são também palcos para os conflitos, ordenados pelo devido processo legal, para que não se reduza ao caos ou à imposição da vontade dos grupos mais poderosos o diálogo do político.

O Poder Legislativo, entretanto, seria a arena mais apropriada para os embates pluralísticos. Nele, percebe-se, não raro, um reflexo dos jogos de poder no substrato

---

44. Hesse, Konrad. Elementos de Direito Constitucional da República Federal da Alemanha– trad. de Luís Afonso Heck – Sérgio Antônio Fabris Editor, 1998, p. 118/119

social do País. O pluripartidarismo exerce destacado papel na democracia, vez que confere opções distintas aos grupos sociais para a escolha de seus mandatários.

Concebe-se aí o primeiro espaço de livre atuação do povo na fixação de políticas públicas. Escolhendo seus representantes, presumidamente por conhecer-lhes as diretrizes de atuação política, optam por determinadas ideologias em detrimento de outras. Os representantes eleitos refletem, em princípio, a magnitude da participação de cada grupo dentro do universo populacional.

A atuação destes representantes institucionalizará o debate, evitando o enfretamento direto de facções com pensamentos e interesses divergentes. Mas não só a isso se resume a participação dos grupos sociais no governo da nação. Assumem destacado papel na "formação preliminar da vontade política", que ocorre, segundo Hesse[45],

> *"(...) em um âmbito, no qual as decisões ainda não são pronunciadas, no qual elas, porém, são preparadas e por uma discussão pública das diferentes correntes, possibilitadas. Esse âmbito é o campo das 'forças intermediárias', dos interesses dos grupos organizados. Nele, estabelecimentos de objetivos são produzidos, formulados e, por colaboração organizada, defendidos."*

Tal atuação dos diversos grupos estaria muito ligada ao processo legislativo, envolvendo também o Poder Executivo quando este participasse da elaboração das normas. Esse Poder, oportuno lembrar, também estaria sujeito ao jogo de forças dos diversos grupos nas disputas eleitorais. Clássico exemplo são as formações de coalizões, nas quais se partilha a formação do primeiro escalão do governo, consoante à contribuição de cada facção para a vitória política da chapa. Privilegia-se aqui, como na hipótese do Poder Legislativo, a vontade das maiorias.

E como as minorias seriam protegidas? Percebeu-se, desde Madison, o risco de subjugação de toda a sociedade por uma ou algumas facções. Trataram as Constituições de disciplinar as regras dos embates políticos para impedir o esfacelamento do sistema democrático, porquanto, governo de identidade, mesmo que fundado na maioria, é governo de dominação, não se coadunando com o espírito libertário que encerra a moderna concepção de democracia.

As minorias contribuem de forma inquestionável para o aprimoramento das estruturas sociais, constituindo-se em alternativa de poder, caso os grupos majoritários fracassem ao tentar guiar os destinos da Nação. Os grupos minoritários devem ser preservados, portanto, por se apresentarem como "maiorias potenciais", e as maiorias devem sempre buscar o melhor para toda a sociedade, devido ao seu caráter de "minorias em potencial", como muito bem explana Hesse[46].

---

45. Hesse, Konrad. Elementos de Direito Constitucional da República Federal da Alemanha. Sérgio Antônio Fabris Editor, 1998, p. 131/132.
46. Hesse, Konrad. Elementos de Direito Constitucional da República Federal da Alemanha – trad. de Luís Afonso Heck – Sérgio Antônio Fabris Editor, 1998, p. 133/136.

A Carta Maior prima, portanto, por defender os grupos minoritários, assegurando a liberdade de associação e a igualdade de condições para a disputa pelo poder político. A garantia às minorias não se esgota nos órgãos fortemente sujeitos aos influxos dos grupos dominantes, ou, em outras palavras, aos Poderes Legislativo e Executivo. O Poder Judiciário assume papel de relevo na preservação dos grupos alijados da participação na maioria política.

Nessa trilha, o destacado papel dos juízes na democracia foi muito bem colocado por Carlos S. Nino[47]:

> *"A faculdade dos juízes de revisar a constitucionalidade das normas jurídicas – leis, decretos etc. – ditadas pelos órgãos políticos, é uma das características centrais das democracias constitucionais ou liberais. Ela é o principal mecanismo de proteção dos direitos individuais frente às decisões dos poderes públicos que podem afetá-los, ainda quando essas decisões respondam direta ou indiretamente à vontade popular. O controle judicial de constitucionalidade materializa, assim, o equilíbrio entre a vontade e o interesse coletivo do povo e as decisões e interesses básicos de um indivíduo que se encontram albergados por um direito fundamental."*

Assim sendo, conclui-se que se deve garantir institucionalmente aos diversos grupos, ainda que minoritários, a possibilidade de participação ativa no processo de interpretação constitucional, principalmente nos órgãos públicos (e especialmente nas Cortes Constitucionais), porquanto não basta apenas, de maneira gélida e abstrata, assegurar a proteção aos direitos individuais ou de minorias; é necessário, em realidade, que se dê voz aos diversos grupos, não só no processo de elaboração das leis, mas também para que se valham do Judiciário como arena propícia à efetivação de suas aspirações.

Assentada, pois, a ideia de que o Judiciário também é um campo que acata a participação das minorias no jogo democrático, remanesce a pergunta: como deverá atuar o magistrado – como um mero legislador negativo? Haveria, em outras palavras, algum modelo decisório no qual o julgador poderia atuar positivamente? Qual seria ele?

Encetemos o debate tratando de tema de grande interesse para os constitucionalistas. Houve épocas em que o controle de constitucionalidade implicava o inarredável dogma de que o magistrado seria uma espécie de legislador negativo, apenas corrigindo, pela aplicação da sanção de nulidade, os desatinos praticados pelo Parlamento. No entanto, especialmente em solo europeu, rompeu-se esse paradigma,

---

47. Nino, Carlos. Los Fundamentos del Contol Judicial de Constitucionalidad, In: CENTRO DE ESTUDIOS INSTITUCIONALES DE BUENOS AIRES. Fundamentos y Alcances del Control Judicial de Constitucionalidad. Madri: Centro de Estudios Constitucionales, 1991, p. 97 afirma que: "*1. La facultad de los jueces de revisar la constitucionalidad de las normas jurídicas – leyes, decretos etc. – que dictan los órganos políticos es una de las características centrales de las democracias constitucionales o liberales. Ella es el principal mecanismo de protección de los derechos individuales frente a las decisiones de los poderes públicos que puedan afectarlos, aun cuando esas decisiones respondan directa o indirectamente a la voluntad popular. El control judicial de constitucionalidad materializa así el equilibrio entre la voluntad y el interés colectivo del pueblo y las decisiones e intereses básicos de un individuo que se encuentran atrincheradas por un derecho fundamental.*".

pois, com o advento das chamadas sentenças atípicas, as decisões judiciais deixaram de se limitar a declarar a validade ou nulidade da lei impugnada, introduzindo, assim, novas normas no ordenamento.

Nestor Pedro Sagüés[48] relaciona cinco modalidades de sentenças atípicas: *a)* sentenças manipulativas admissórias, que condenam a uma determinada interpretação da lei sob exame, em conformidade com a Constituição, *b)* sentenças manipulativas desestimatórias, que reputam constitucional determinada interpretação do texto legal, abrindo-se a possibilidade de se entender inconstitucional outra exegese; *c)* sentenças manipulativas aditivas, que aditam algo ao texto legal, para torná-lo compatível com a Constituição, *d)* sentenças manipulativas substitutivas, que substituem determinado texto legal, tido por inconstitucional, por outra norma, porém em conformidade com a Carta Maior, sendo elaborada pela própria Corte, e, por fim, *e)* as sentenças exortativas, que, diante de uma inconstitucionalidade, clamam ao Poder Legislativo a elaboração de norma que a elimine.

As mencionadas modalidades de decisões judiciais, prolatadas em controle de constitucionalidade, não eram frequentes até a década de quarenta. O pós-guerra, entretanto, trouxe consigo o tempo de novas Cartas, ricas em aspectos programáticos e valorativos, a demandar atuação mais intensa dos Tribunais Constitucionais. Surgiram, assim, as sentenças atípicas, que, longe de vulnerarem o equilíbrio entre os Poderes, dotam de mais instrumentos de atuação as Cortes responsáveis pelo controle de constitucionalidade podendo essas, assim, protegerem eficientemente as minorias.

É fato que a discussão acima entabulada enaltece o papel das Cortes Constitucionais, mas não permite que se olvide a sua aplicabilidade até mesmo nos modelos difusos ou mistos de controle de constitucionalidade. O magistrado monocrático, portanto, deve estar atento ao vislumbrar um vazio legal. Necessário que reflita: o vazio detectado é uma omissão inconstitucional do legislador? Seria, por outro lado, uma simples lacuna da lei, sem que tal omissão representasse uma inconstitucionalidade? Como faria, pois, para identificar uma hipótese ou a outra?

Juliano Taveira Bernardes[49] leciona que as verdadeiras omissões constitucionais derivam da inobservância de preceitos que impõem concretamente, a certos órgãos, o dever de legiferar. Omissões abstratas, pois, não refletem qualquer inconstitucionalidade. Adverte, ainda, que não se mostra uma inconstitucional omissão aquilo que pode ser colmatado pelos tradicionais métodos de integração do ordenamento, como a analogia, os costumes e os princípios gerais do direito, desde que, é claro, a

---

48. Sagüés, Nestor Pedro, Las sentencias constitucionales exhortativas. Disponível em http:// redalyc.uaemex.mx/pdf/820/82040109.pdf, acesso em 12 de janeiro de 2012.

49. Bernardes, Juliano Taveira. Novas perspectivas do controle da omissão inconstitucional no Direito brasileiro. Jus Navigandi, Teresina, ano 9, n. 539, 28 dez. 2004. Disponível em: <http://jus2.uol.com.br/doutrina/texto.asp?id=6126>. Acesso em 16 mar. 2009.

superação do vazio não demande a necessária intermediação de autoridade judiciária ou administrativa.

Pois bem – é justamente nesse ponto que reside o problema. A constatação de omissão inconstitucional a respaldar a utilização de sentenças atípicas é passo que se segue ao esgotamento dos tradicionais métodos de colmatação de lacunas, entre os quais, a analogia.

Assim, nos dizeres de Jan Schapp[50], a utilização da analogia ocorre em duas etapas: *a)* a análise que indique representar a lacuna uma deficiência sem intenção da lei e, *b)* a semelhança de suportes fáticos entre a hipótese regulada e a lacunosa, ou, como afirma Washington de Barros Monteiro[51], o ponto comum entre as hipóteses previstas e não previstas deve ser o elemento determinante na implantação da regra concernente à questão apreciada pelo julgador.

Analisemos, portanto, as duas etapas expostas. Em primeiro lugar, a lacuna representa uma deficiência sem intenção da lei. O que se busca aqui é demonstrar que a interpretação sistemática do ordenamento pode indicar que o vazio acerca de determinado tema indica uma deliberada intenção da lei em conferir proteção jurídica a determinada situação e não a outras.

É a hipótese dos artigos 1.514, 1565 e 1.723 do Código Civil, que determinam:

"Art. 1.514. O casamento se realiza no momento em que o homem e a mulher manifestam, perante o juiz, a sua vontade de estabelecer vínculo conjugal, e o juiz os declara casados."

(...)

"Art. 1.565. Pelo casamento, homem e mulher assumem mutuamente a condição de consortes, companheiros e responsáveis pelos encargos da família."

(...)

"Art. 1.723. É reconhecida como entidade familiar a união estável entre o homem e a mulher, configurada na convivência pública, contínua e duradoura e estabelecida com o objetivo de constituição de família."

Ora, em nenhum dos três artigos se trata da possibilidade de que dois homens ou duas mulheres se casem, reputem-se casados ou constituam uniões estáveis. Seria isso, dessarte, um caso de lacuna da lei a ser colmatado por analogia? A resposta só pode ser uma: essa não é uma lacuna não intencional da lei! O eloquente silêncio do texto legal quanto aos casais homoafetivos e a insistente menção a "homem e mulher" pelos artigos que tratam de matrimônio indicam, por uma sistemática interpretação, a impossibilidade de que duas pessoas do mesmo sexo se casem. Logo, neste ponto, o silêncio intencional da lei não implica uma lacuna passível de preenchimento por método analógico. Na verdade, a omissão do texto quanto aos casamentos entre pessoas do mesmo sexo indica uma deliberada intenção do

50. Schapp, Jan. Introdução ao directo civil. Porto Alegre: Sérgio Antônio Fabris, 2006, p. 249.
51. Barros Monteiro, Washington de. Curso de directo civil – parte geral. 41 ed. São Paulo: Saraiva, p. 41.

legislador de negar essa possibilidade de constituição de entidade familiar. Resta analisar, como fez a Suprema Corte do Brasil, o que ocorre adiante, se essa deliberada intenção é ou não constitucional.

Hipótese diferente, ou seja, em que a aplicação da analogia se mostra possível, ocorre com o Artigo 7º do Código Civil. Este dispõe:

> *"Art. 7º Pode ser declarada a morte presumida, sem decretação de ausência: I – se for extremamente provável a morte de quem estava em perigo de vida;*
>
> *II – se alguém, desaparecido em campanha ou feito prisioneiro, não for encontrado até dois anos após o término da guerra.*
>
> *Parágrafo único. A declaração da morte presumida, nesses casos, somente poderá ser requerida depois de esgotadas as buscas e averiguações, devendo a sentença fixar a data provável do falecimento."*

Interessante questão se desenha na hipótese. E se a declaração de morte presumida de um determinado sujeito decorrer de um equívoco e aquele que se pensava falecido retornar? O que fazer com os seus bens? Seria essa uma lacuna não intencional da lei ou um silêncio eloquente da norma a indicar eventual impossibilidade de o sujeito outrora declarado morto retomar os seus bens? Apenas a interpretação sistemática do Código poderá fornecer uma resposta adequada, como ocorreu no caso da discussão sobre a possibilidade de casamentos homoafetivos – façamo-la, portanto!

A interpretação sistemática da lei nos remeteria a uma série de reflexões, a fim de se encontrar o seu real significado. Assim, há que se analisar: o Código Civil admite o enriquecimento sem causa? A resposta óbvia é NÃO, como se pode depreender da leitura de seu artigo 884. Pois bem – se o silêncio da lei quanto ao caso daquele que equivocadamente se presumia morto admitisse a perda de seus bens para os herdeiros, tão somente porque a lei não indica o mecanismo da sua retomada por aquele que retornou, haveria uma contradição interna no Código: por um lado, ele não admite o enriquecimento sem causa, como demonstra o artigo 884; por outro, ao não disciplinar a retomada do bem pelo que se considerou falecido, mas voltou, a norma civil poderia estar consagrando um injustificado decréscimo patrimonial para o último e um inexplicável aumento para seus herdeiros. A que conclusão essa contradição nos remete? A uma só: o silêncio na hipótese não fora deliberado, mas acidental, criando uma lacuna a ser colmatada pelos mecanismos de integração.

Essa é a atividade mental que o intérprete deve fazer para encontrar uma verdadeira lacuna e não um deliberado silêncio, que pela interpretação sistemática implica uma negação de direitos.

Bem, prossigamos, pois, com a análise das duas etapas de incidência da analogia. A primeira (tentativa de identificar se o silêncio da lei fora deliberado ou não intencional) já foi esgotada. A segunda diz respeito à semelhança de suportes fáticos entre a hipótese regulada e a lacunosa. Volvamos novamente o nosso olhar para o artigo 7º, que trata do reconhecimento de morte presumida sem decretação de ausência. Semelhante a essa norma, existe o artigo 37 do Código Civil, que trata da hipótese de morte presumida com decretação de ausência. A semelhança entre os dois casos é enorme: são as duas consagradas possibilidades de admissão da morte presumida pela lei nacional.

Vejamos que, na morte presumida *sem* decretação de ausência (art. 7º), não regulada a hipótese de retorno do que se reputara morto. Na morte presumida *com* decretação de ausência, porém, o artigo 39 assim disciplina:

> *"Art. 39. Regressando o ausente nos dez anos seguintes à abertura da sucessão definitiva, ou algum de seus descendentes ou ascendentes, aquele ou estes haverão só os bens existentes no estado em que se acharem, os sub-rogados em seu lugar, ou o preço que os herdeiros e demais interessados houverem recebido pelos bens alienados depois daquele tempo.*
>
> *Parágrafo único. Se, nos dez anos a que se refere este artigo, o ausente não regressar, e nenhum interessado promover a sucessão definitiva, os bens arrecadados passarão ao domínio do Município ou do Distrito Federal, se localizados nas respectivas circunscrições, incorporando-se ao domínio da União, quando situados em território federal."*

Ora, diante da lacuna não intencional do artigo 7º, é possível que analogicamente se lhe aplique os mandamentos do artigo 39, caso aquele que se reputou morto retorne, devendo-se observar se ele voltou antes ou depois de completar um decênio da abertura da sucessão em razão do presumido óbito. Caso tenha retornado antes, receberá os bens no estado em que se encontrarem, os sub-rogados em seu lugar ou o preço que os herdeiros e demais interessados houverem recebido pelos bens alienados depois daquele tempo, tudo por aplicação analógica do artigo 39. O seu retorno ocorrendo, porém, após o decênio tratado, ele nada receberá, em contemplação ao princípio da segurança jurídica.

Avaliada, assim, foi a hipótese de identificação de lacuna colmatável por analogia. Mas e se não for esse o caso? Então, como visto, o silêncio eloquente poderá implicar uma negação aos direitos de determinadas pessoas ou grupos (como se deu no exemplo do casamento homoafetivo). Essa negação, ao seu turno, poderá ou não representar uma omissão inconstitucional. Analisemos emblemático caso posto à apreciação do Supremo Tribunal Federal e que implicou a adição de direitos à minoria outrora privada de tais prerrogativas.

O JULGAMENTO DA AÇÃO DIRETA DE INCONSTITUCIONALIDADE

Importante questão que se colocou à apreciação do Supremo Tribunal Federal foi sobre a possibilidade de reconhecimento de uniões estáveis entre pessoas do mesmo sexo. O texto legal, como já exposto, é, por demais restritivo. Vejamos:

> *"Art. 1.723. É reconhecida como entidade familiar a união estável entre o homem e a mulher, configurada na convivência pública, contínua e duradoura e estabelecida com o objetivo de constituição de família."*

Ora, uma intervenção judicial a autorizar tal união certamente implicaria uma postura de legislador positivo da Corte Constitucional do Brasil. O Ministro Gilmar Mendes, em seu voto, não se furtou ao enfrentamento da questão[52]:

"Portanto, é certo que o Supremo Tribunal Federal já está se livrando do vetusto dogma do legislador negativo, aliando-se, assim, à mais progressiva linha jurisprudencial das decisões interpretativas, com eficácia aditiva, já adotada pelas principais Cortes Constitucionais do mundo. A assunção de uma atuação criativa pelo Tribunal pode ser determinante para a solução de antigos problemas relacionados à inconstitucionalidade por omissão, que muitas vezes causa entraves para a efetivação de direitos e garantias fundamentais assegurados pelo texto constitucional.

(...)

Assim, se é certo que, por um lado, a possibilidade da interpretação conforme que se convola numa verdadeira decisão manipulativa de efeitos aditivos, não mais constitui um fator de constrangimento ou de estímulo ao self restraint; por parte do Supremo Tribunal Federal, por, outro lado, a interpretação conforme, nos moldes em que requerida pela Procuradoria-Geral da República, pode ter amplíssimas consequências em diversos sistemas normativos do ordenamento jurídico brasileiro, as quais devem ser minuciosamente consideradas pelo Tribunal.

Desde o começo deste julgamento, eu fiquei preocupado com essa questão e cheguei até a comentar com o Ministro Relator Ayres Britto, tendo em vista, como amplamente confirmado, que o texto do Código Civil reproduz, em linhas, básicas, aquilo que consta, do texto constitucional. E de alguma forma; a meu ver, eu cheguei a pensar que isso era um tipo de construto meramente intelectual-processual, que levava os autores a propor a ação, uma vez que o texto, em princípio, reproduzindo a Constituição, não comportaria esse modelo de interpretação conforme. Ele não se destinava a disciplinar outra instituição que não fosse a união estável entre homem e mulher, na linha do que estava no texto constitucional. Daí não ter polissemia, daí não ter outro entendimento que não aquele constante do texto constitucional.

Talvez o único argumento que pudesse justificar a tese da aplicação ao caso da técnica de interpretação conforme à Constituição seria a invocação daquela previsão normativa de união estável entre homem e mulher como óbice ao reconhecimento da união entre pessoas do mesmo sexo, como uma proibição decorrente daquele dispositivo.

E, de fato, é com base nesse argumento que entendo pertinente o pleito trazido nas ações diretas de inconstitucionalidade.

É preciso, portanto, que nós deixemos essa questão muito clara, porque ela terá implicações neste e em outros casos quanto à utilização e, eventualmente, à manipulação da interpretação conforme com muita peculiaridade, porque o texto é quase um decalque da norma constitucional e, portanto, não há nenhuma dúvida quanto àquilo que o legislador quis dizer, na linha daquilo que tinha positivado o constituinte.

E o texto, em si mesmo, nessa linha; não é excludente – pelo menos essa foi a minha primeira pré-compreensão – da possibilidade de se reconhecer a união estável entre pessoas do mesmo sexo, não com base no texto legal (art. 1.723 do Código Civil), nem na norma constitucional (art. 226, § 3°), mas com suporte em outros princípios constitucionais.

(...)

52. BRASIL. Supremo Tribunal Federal. ADI 4277. Voto do Ministro Gilmar Mendes. Acórdão publicado no DJe de 14/10/2011.

Não há dúvida de que aqui o Tribunal está assumindo um papel ativo, ainda que provisoriamente, pois se espera que o legislador autêntico venha a atuar. Mas é inequívoco que o Tribunal está dando uma resposta de caráter positivo.

Na verdade, essa afirmação – eu já tive oportunidade de destacar – tem de ser realmente relativizada diante de pretensões que envolvem a produção de norma ou a produção de um mecanismo de proteção. Deve haver aí uma resposta de caráter positivo. E se o sistema jurídico, de alguma forma, falha na composição desta resposta aos cidadãos, e se o Poder Judiciário é chamado, de alguma forma, a substituir o próprio sistema político nessa inação, óbvio que a resposta só poderá ser de caráter positivo.

É certo que essa própria afirmação já envolve certo engodo metodológico. Eu diria que até a fórmula puramente anulatória, quando se cassa uma norma por afirmá-la inconstitucional – na linha tradicional de Kelsen – já envolve também uma legislação positiva no sentido de se manter um status quo, um modelo jurídico contrário à posição que estava anteriormente em vigor.

Explicitada, portanto, a fundamentação sobre os limites e a possibilidade de interpretação conforme à Constituição no presente caso, passo a esclarecer os fundamentos que permitem concluir no sentido da legitimidade constitucional de reconhecimento da união entre pessoas do mesmo sexo."

Na mesma esteira, Inocêncio Mártires Coelho[53] ao tratar do chamado ativismo judicial faz a seguinte ponderação:

"Para não se chegar a tanto e, dessa forma, a pretexto de realizar a justiça em sentido material, acabar permitindo que o juiz invada o espaço nomogenético que o constituinte reservou ao legislador – o que caracterizaria o ativismo judicial como conduta constitucionalmente indevida –, bastaria dizermos que na criação do direito, tarefa que lhes é comum, legisladores e juízes atuam em dois tempos e a quatro mãos, no âmbito de um acordo tácito – alguns chegam a falar em cumplicidade –, por força de cujas cláusulas, em obediência à natureza das coisas e ao princípio da separação dos poderes, o Parlamento continua com o monopólio da redação das leis, mas o Judiciário fica liberado para interpretá-las criativamente, de preferência se o fizer dizendo que as suas leituras não ultrapassam o sentido literal possível desses enunciados normativos.

É assim que se 'comportam' lei e função judicial na criação do direito, porque não é somente a lei, mas também a função judicial, que, juntas, proporcionam ao povo o seu direito."

Acreditamos, assim, que a palavra de ordem para a atuação inovadora do Poder Judiciário deva ser "prudência". Não nos posicionamos contrariamente ao fato de que, em hipóteses extremas, haja uma emblemática intervenção judicial como ocorreu no caso das uniões homoafetivas. Preocupante, porém, a postura demissionária do Poder Legislativo nacional, que se tem apequenado justamente no enfrentamento das discussões mais espinhosas. Talvez o faça por comodismo, afinal, quando um tema sensível é abstratamente regulado por magistrados vitalícios e que não se devem sujeitar, de tempos em tempos, ao crivo do sufrágio popular, o parlamentar não terá que prestar contas à sua base eleitoral pela adoção de posições necessárias, mas impopulares.

---

53. Coelho, Inocêncio Mártires. Ativismo judicial ou criação judicial do direito? *In* Fellet, André Luiz Ferandes, Paula, Daniel Giotti de; e Novelino, Marcelo. *As novas faces do ativismo judicial*. Salvador: Juspodium, 2011, p. 489/490.

Poder-se-ia, contudo, obtemperar que a omissão é também uma postura muito reprovável e perceptível aos olhos do eleitor mais atento. Ocorre, porém, que a inação sempre é diluída entre todos os parlamentares, ao passo que a adoção de uma posição sobre um tema vincula diretamente o legislador às suas escolhas. Logo, o parlamentar mais astucioso, e, consequentemente, menos preocupado com o bom desempenho de seus misteres públicos, preferirá dividir a responsabilidade de sua omissão com todos os demais parlamentares a enfrentar as consequências políticas da adoção de posições menos populares. Nesse aspecto, o ativismo judicial cai como uma luva para os seus intentos.

Outro perigo que vivenciamos com uma postura desmesuradamente criativa do magistrado para o direito civil brasileiro é que, à guisa de se operacionalizarem preceitos constitucionais demasiadamente genéricos, exortem-se os magistrados a editarem sentenças aditivas e substitutivas em hipóteses em que não haveria uma verdadeira omissão. Será que as genéricas violações à Carta, por ausência de lei, ou por preceitos incompletos, que vulnerem, para alguns intérpretes, comandos genéricos como a dignidade da pessoa humana, o princípio da isonomia, a necessidade de proteção familiar pelo Estado, entre outros, seriam suficientes para sempre demandarem uma atuação positiva do magistrado? Entendemos que não – e este é o equilíbrio que o magistrado será obrigado a perseguir: jamais deixar em desamparo o jurisdicionado que clama por sua intervenção, mas não se assoberbar ao ponto de rasgar o Código Civil, sob a escusa de estar dando azo à incidência de princípios genéricos que, para ele, devem ser aplicados de uma forma que nem sempre será mais prudente do que a preconizada pela lei civil.

Não nos furtando a apresentar um caminho a ser trilhado, entendemos que o papel primordial do Poder Judiciário, no atual cenário democrático, é a preservação das minorias, mormente nas hipóteses em que estivessem a ser sufocadas pelas instituições controladas preponderantemente por grupos majoritários (Legislativo e, em menor medida, Executivo). Assim, em respeito ao princípio democrático, quando minorias estiverem a ser esmagadas em seus direitos fundamentais (como ocorreu na hipótese das uniões homoafetivas), a atuação positiva do magistrado não apenas será bem-vinda, como haverá de ser impositiva. Fora de tal permissivo, não cremos ser prudente, como já manifestado, o acréscimo de normas abstratas pelo juiz, lastreado tão somente em genéricas omissões legislativas, tidas por inconstitucionais (como sói acontecer quando se alega necessário o acréscimo, pelo julgador, de determinada norma, sob pena de restar aviltado o princípio da isonomia).

O COSTUME

Giorgio del Vecchio[54] aponta os costumes como o modo originário de manifestação da vontade social, consubstanciado em regras não expressamente impostas,

54. Vecchio, Giorgio del. Filosofia del derecho – t. I. 3 ed. México: UTEHA, p. 249.

mas observadas quase que instintivamente por todos os componentes de um dado grupo. Os costumes, de fato, são a fonte do direito decorrente de práticas reiteradas no seio social a assumirem ares de obrigatoriedade. Qual seria, pois, sua importância quando confrontados com a lei?

Essa interessante indagação não escapou às investigações do jusfilósofo da Universidade de Roma[55]. Em arguto raciocínio, pondera que a lei e os costumes possuem, em princípio, a mesma autoridade, já que os dois expressam a vontade social e a consciência jurídica predominante. A lei, com efeito, não seria fruto de um arbítrio individual, mas se assentaria no necessário convencimento do povo ao qual se refere. Assim, não se vislumbram diferenças substanciais entre essas duas fontes do direito, porquanto teriam um mesmo significado e uma mesma base real. É, todavia, possível que, diante da evolução histórica de determinado grupo, possa o costume ou lei prevalecerem um sobre o outro.

Assim, em épocas primitivas, o Direito era basicamente consuetudinário. Progressivamente, passou a se destacar, no seio social, um grupo que chamaria para si o mister de abstrair certas regras dos usos, dirimindo conflitos entre as pessoas. Sucessivamente iriam se formando os órgãos legislativos capazes de captar os costumes sociais e de criar normas próprias e autônomas para regular a vida social. Assim colocada a questão, cabe indagar – e, no direito hodierno, o que haveria de prevalecer: as leis ou os costumes?

No ordenamento brasileiro, essa resposta demanda a análise de dois comandos constantes da Lei de Introdução ao Código Civil. São eles:

> *"Art. 2º Não se destinando à vigência temporária, a lei terá vigor até que outra a modifique ou revogue.*
>
> *§ 1º A lei posterior revoga a anterior quando expressamente o declare, quando seja com ela incompatível ou quando regule inteiramente a matéria de que tratava a lei anterior.*
>
> *(...)*
>
> *Art. 4º Quando a lei for omissa, o juiz decidirá o caso de acordo com a analogia, os costumes e os princípios gerais de direito."*

O art. 2º da Lei de Introdução ao Código Civil consagra o princípio da continuidade, vale dizer, *a lei apenas deixará de ter vigência quando revogada por outra lei*. A conclusão óbvia é a de que o costume não poderia se sobrepor à fonte escrita, sendo, como dispõe o art. 4º, apenas fonte supletiva do direito, a colmatar as lacunas não preenchidas pela norma escrita. Raciocínio semelhante traçam os autores italianos ao comentarem o artigo 15 das disposições preliminares do seu Código Civil[56]. Mes-

55. Vecchio, Giorgio del. Filosofia del derecho – t. I. 3 ed. México: UTEHA, p. 262/263.

56. O artigo 15 das disposições preliminares do *Codice Civile* tem a seguinte redação, que muito se assemelha ao texto do artigo 2º de nossa Lei de Introdução ao Código Civil: *"Le leggi non sono abrogate che da leggi posteriori per dichiarazione espressa del legislatore, o per incompatibilità tra le nuove disposizioni e le precedenti o perché la nuova legge regola l'intera materia già regolata dalla legge anteriore."*

sineo[57], diante da citada regra, reforça que não são admissíveis usos contrários à lei. No entanto, em ousado entendimento com o qual concordo parcialmente, afirma que os costumes contrários à lei poderiam ser invocados nas hipóteses de leis dispositivas e nos casos de leis imperfeitas. Sua explicação é singela: se a vontade do indivíduo pode afastar a incidência de tais normas, igualmente um uso poderia fazê-lo sem vulnerar o princípio da continuidade da lei. Atente-se que o Professor de Milão não está defendendo a possibilidade de revogação de uma lei pelo costume, mas apenas a possibilidade de se afastar, em excepcionais casos, a sua incidência diante de um uso que lhe seja contrário e apenas para as leis dispositivas ou imperfeitas – jamais para as leis cogentes. Esse entendimento, todavia, não encontra muitos adeptos na doutrina pátria, que, passando ao largo da questão, simplesmente repudiam a validade aos costumes contrários às leis.

Concordamos parcialmente, conforme salientado nas linhas anteriores, com o pensamento exposto pelo jurista italiano. Ressalvamos, todavia, nossa discordância quanto ao fato de que o costume contrário à lei possa evitar a incidência de uma lei dispositiva. Estas leis, já explanamos, são aquelas cuja incidência pode ser afastada pela vontade das partes. No silêncio, todavia, haverá de prevalecer o comando contido na lei dispositiva, ainda que em desuso. Em outras palavras: pode até ser costumeiro que as partes afastem a incidência de uma lei dispositiva. No entanto, sempre que o fizerem, deverão agir expressamente. Assim, é falsa a ideia de que um costume contrário a uma lei dispositiva, automaticamente, sobre ela prevalecerá.

Exemplo interessante pode ilustrar essa tese. Explicamos, outrora, que o art. 827 do Código Civil admite ao fiador que livremente renuncie ao benefício de, uma vez demandado pelo pagamento da dívida, exigir, até a contestação da lide, que sejam primeiro executados os bens do devedor. Essa importante norma, na prática, é muito enfraquecida, pois raros são os contratos de locação em que não exista a dita renúncia. Seria possível mesmo afirmar que há um costume entre as imobiliárias de sempre inserir em seus contratos de adesão a malfadada renúncia ao benefício de ordem. Pois bem, para Messineo, constatando-se a existência desse costume, seria sempre presumível, no silêncio do contrato de locação, a renúncia ao benefício de ordem, mesmo que tal uso contrarie a letra do art. 827 do Código Civil. Entendemos diversamente! Ainda que exista, em determinadas praças, o costume de se afastar a incidência de tão importante regra; silenciando o contrato, eis o benefício de ordem a proteger o fiador, pois a norma escrita dispositiva só pode ser mitigada pela vontade concreta e expressa das partes, mas nunca por uso genérico. Quanto às normas imperfeitas, concordamos com o jurista italiano: elas, de fato, podem ser afastadas por costume contrário, porquanto não haveria sanção àqueles que descurassem de sua fiel aplicação.

57. Messineo, Francesco. Manual de derecho civil y comercial – v. I. Buenos Aires: EJEA, 1954, p. 76.

Ressaltamos, todavia, que, como regra geral, *não* se tem tolerado a prevalência de costume sobre a lei, mormente quando com a última se mostrar conflitante. Impende, superada a polêmica exposta, abordar as modalidades de costume. São elas: costumes *praeter legem*, costumes *secundum legem* e costumes *contra legem*. Os primeiros, verdadeiras fontes de colmatação de lacunas legais, desenham-se no absoluto silêncio das leis, inovando primariamente no mundo jurídico. O mais clássico exemplo é o das filas. Não há norma disciplinando o exato funcionamento de uma fila, a indicar que a ordem de chegada a determinado lugar determinará a prioridade no atendimento daquele que se colocou ordenadamente atrás dos que o precederam – no entanto essa é uma regra de universal observância. Os costumes *secundum legem* são aqueles cuja incidência é invocada pela própria norma, como ocorre no art. 599 do Código Civil, ao dispor que, nos contratos de prestação de serviço, não havendo prazo estipulado, nem se podendo inferir da natureza do contrato, ou do *costume* do lugar, qualquer das partes, a seu arbítrio, mediante prévio aviso, pode resolver o contrato.

Os costumes *contra legem*, por fim, são aqueles contrários ao texto da lei e, como regra, não poderão prevalecer sobre aquela. Assim, suponhamos que, em determinada cidade, contrariando-se o Código de Trânsito do Brasil (Art. 70), não se pare antes da faixa de pedestres, a fim de que os últimos façam a travessia da pista. Admitamos ainda que os agentes de trânsito da malfadada cidade não punam os infratores da lei. A prática reiterada da infração fará nascer reprovável costume *contra legem*, que não revogará, porém, a lei no hipotético município. Assim, se um agente de trânsito imbuído de boas intenções resolver começar a cumprir a lei, não será eficaz a defesa de que todos na cidade infringem a norma.

OS PRINCÍPIOS GERAIS DO DIREITO E OUTRAS FONTES

Princípios gerais seriam as linhas mestras que inspiram o ordenamento jurídico. Nos dizeres de Caio Mário da Silva Pereira[58], por meio deles, investiga-se o mais alto pensamento da cultura jurídica, a fim de se concretizá-lo.

A tarefa de concretização dos princípios, ao seu turno, desafia o intérprete do Direito. Ricardo Luis Lorenzetti[59] afirma que os princípios jurídicos são normas jurídicas que recepcionam valores, mas não de aplicação objetiva, como sói acontecer com as leis e costumes e, portanto, não se confundem com regras jurídicas. A aplicação dos princípios aos casos concretos exigiria, portanto, um juízo de ponderação com outros princípios, identificando outros que lhes sejam contraditórios, complementares ou competitivos entre si.

58. Pereira, Caio Mário da Silva. Instituições de directo civil – v. I. 19 ed. Rio de Janeiro: Forense, 1999, p. 49.
59. Lorenzetti, Ricardo Luis. Fundamento doo directo privado. São Paulo: RT, 1998, p. 317/319.

Há, por fim, que se ressaltar as quatro funções dos princípios para o Direito[60]: função integradora (por meio da qual lacunas jurídicas por eles são colmatadas), função interpretativa (auxiliando o intérprete a alcançar o real significado da regra, por identificação das linhas mestras que lhe servem de fundamento), função delimitadora (pondo freios às atividades estatais e negociais no estabelecimento de novas regras de conduta) e função fundante (indicar os fundamentos do sistema, dando lugar às criações pretorianas).

Quanto às demais fontes usualmente apontadas, há que se destacar o papel da jurisprudência e da doutrina. Duas, consoante à doutrina de Serpa Lopes[61], seriam as grandes funções da jurisprudência: uma conservadora, consistente na manutenção de todos os mandamentos pretéritos que não estejam em conflito com novas disposições, e uma inovadora, indicando os defeitos decorrentes dos anacronismos das leis. Nega, todavia, o seu caráter de fonte formal do Direito, sendo enfático ao enunciar:

> *"Finalmente, o nosso sistema jurídico-constitucional não permite considerar-se a jurisprudência como elemento criador do Direito. No máximo, tudo quanto ao juiz se pode considerar lícito, consiste em poder ele escrever nos livres espaços da lei, como propôs Gêny*
>
> *Perigoso na verdade é conceder-se à magistratura competência para legislar. Com esta se construiria um plano inclinado para a ditadura judiciária, tão nociva quanto a de qualquer outro poder, embora isso não prive o juiz de se utilizar de uma interpretação sociológica, critério aplaudido por Bulhões Carvalho".*

As contundentes conclusões acima transcritas não infirmam, todavia, a jurisprudência como fonte do Direito. O sistema de freios e contrapesos admite uma maior participação dos magistrados na criação do direito, sem que tal atitude descambe para a ditadura judicial. As súmulas vinculantes, a interpretação conforme a Constituição, a nova tendência para a elaboração de sentenças atípicas, o poder normativo de certas decisões trabalhistas, enfim, tudo revela que o Direito, vivamente interpretado pelos juízes, é, de fato, hodiernamente, uma verdadeira fonte do Direito, cujas inovações, não raro, impõem mudanças até mesmo nos textos legais.

A doutrina, ao seu turno, também merece menção como fonte do Direito. Lopes de Oliveira[62], conquanto negue a sua natureza de fonte formal, realça sua importância como fonte mediata e destaca, como não poderia deixar de ser, o papel das opiniões dos juristas manifestadas em suas obras, como inequívoco modo de influência aos operadores e criadores das normas jurídicas e, portanto, de fonte do direito.

---

60. Lorenzetti, Ricardo Luis. *Op. cit.*, p. 319.
61. Serpa Lopes, Miguel Maria de. Curso de directo civil – vol. I. Rio de Janeiro: Freitas Bastos, 1971, p. 102.
62. Lopes de Oliveira, J. M. Leoni. Introdução ao Direito. I. Rio de Janeiro: Lumen Iuris, 2004, p. 187.

Capítulo 2
CONFLITO DE LEIS NO TEMPO

ASPECTOS INTRODUTÓRIOS

O ordenamento jurídico não representa uma realidade estática. Sua mutabilidade exsurge com a força das transformações sociais e, nessa esteira, uma questão prática se coloca: e se uma dada relação jurídica nascer sob o império de uma determinada lei, mas for alcançada, no seu curso, pela edição de novo regramento sobre a mesma matéria? Qual haveria de ser a norma aplicável? A antiga ou a nova?

O fato é que sempre existiram leis novas a sucederem as antigas e esse é o domínio do chamado direito intertemporal que, segundo Carlos Maximiliano[1], "fixa o alcance do império de duas normas que se seguem reciprocamente", tendo por objetivo "determinar os limites do domínio de cada uma dentre duas disposições jurídicas consecutivas sobre o mesmo assunto".

A questão não é nova e está indelevelmente associada ao progresso humano. Em passado remoto, as mudanças no ordenamento eram compreendidas como postulados divinos e que, portanto, não conheceriam limites temporais[2]. Percebe-se, então, que uma nova lei editada, compreendida como emanação do poder dos deuses, deveria ser endereçada inclusive às relações iniciadas no passado sendo, assim, retroativa. Esse espírito animou a edição do Código de Manú que, ao se aplicar aos fatos pretéritos, não excepciou sequer a matéria penal por ele versada[3]. Já na Grécia, segundo Carlos Maximiliano[4], fruto do avanço filosófico daquele povo, os ensinamentos de Platão e o motivo da revogação parcial de lei publicada sob o arcontado de Euclides de Aristophonte revelaram o alvorecer da ideia da irretroatividade.

Sabe-se, porém, que foi em Roma que o princípio da inaplicabilidade da lei nova aos fatos pretéritos transformou-se, após lenta evolução, na semente da atual cláusula de irretroatividade das leis. Não se pode, a propósito, deixar de mencionar o célebre discurso de Cícero a recriminar Verres pela elaboração de edito com força

---

1. Maximiliano, Carlos. Directo intertemporal ou teoria da retroatividade das leis. Rio de Janeiro: Freitas Bastos, 1946, p. 7.
2. Serpa Lopes, Miguel Maria de. Curso de directo civil – vol. I – introdução, parte peral e teoria dos negócios jurídicos. 8 ed. Rio de Janeiro: Freitas Bastos, 1996, p. 191/192.
3. Maximiliano, Carlos. Directo intertemporal ou teoria da retroatividade das leis. Rio de Janeiro: Freitas Bastos, 1946, p. 17.
4. Maximiliano, Carlos. Directo intertemporal ou teoria da retroatividade das leis. Rio de Janeiro: Freitas Bastos, 1946, p. 17.

retroativa, bem como a Constituição de Teodósio I, datada de 393, que continha fórmula de irretroatividade[5].

A alusão ao direito romano, todavia, não é pacífica. Há quem tente infirmar a premissa acima lançada pelo efeito retroativo que Justiniano conferiu às *Institutiones* e ao *Digestum*. Esclarece, todavia, Savigny[6], que essas coletâneas de normas não criaram novo direito, mas serviram para depurar o já existente, sendo, em realidade, leis interpretativas. Logo, imputar-lhes efeito retroativo não parece uma conclusão acertada.

No direito canônico, por sua vez, a questão posta seguia duas lógicas. A primeira, de origem romana, apontava para a consagração da irretroatividade das leis, como o fez Gregório IX ao dispor no Código Canônico sobre o tema. A segunda, todavia, reconhecia a superioridade do *ius divinum* sobre o *ius humanum*, impondo aos papas a retroatividade de regras consistentes na revelação do direito divino, em contraposição àquelas de mera inovação legislativa sobre assuntos mundanos[7]. Exemplo marcante fora a retroatividade conferida pela Constituição de Alexandre III ao versar sobre usura.

Assim, até a Idade Moderna, foram assentadas as raízes do princípio da irretroatividade. Foi, contudo, na Idade Contemporânea que elas encontraram seguro albergue nas ideias da Revolução Francesa, espalhando-se pelas diversas codificações do final do século XVIII (Código da Prússia, Introdução, § 14) e do século XIX (Códigos Francês – art. 2º, Austríaco de 1811 – § 5º e Italiano de 1865 – art. 2º das disposições preliminares) [8].

Atualmente o postulado da irretroatividade não se restringe apenas aos Códigos. Alguns países, como o Brasil, conferem-lhe sede constitucional, enquanto outros preferem dedicar-lhe assento em leis ordinárias, tolerando algumas investidas, pelo legislador, contra tal princípio, que deverá, no entanto, prevalecer na hipótese de silêncio da nova norma[9].

Feito esse brevíssimo panorama da evolução do princípio da irretroatividade, volvamos nosso olhar para a abordagem que o tema merece entre nós, brasileiros.

A QUESTÃO DA IRRETROATIVIDADE DA LEI NO BRASIL

No Brasil, todas as Constituições, à exceção da Carta de 1937, acolheram o princípio da irretroatividade. É nítida a vantagem que a constitucionalização da

5. Pontes de Mir anda. Comentários à Constituição de 1967 – tomo V. 2 ed. São Paulo: RT, 1974, p. 15.
6. Savigny, Friederich Carl von. Sistema do directo romano atual – v. VIII. Ijuí/RS: Unijuí, 2004, p. 295/296.
7. Pontes de Miranda. Comentários à Constituição de 1967 – tomo V. 2 ed. São Paulo: RT, 1974, p. 15.
8. Ferrara, Francesco. Trattato di diritto civile italiano. Roma: Athenaeum, 1921, p. 259/260.
9. Serpa Lopes, Miguel Maria de. Curso de directo civil – vol. I – introdução, parte peral e teoria dos negócios jurídicos. 8 ed. Rio de Janeiro: Freitas Bastos, 1996, p. 193/194.

matéria representa para nós, que vivemos em país tão pródigo na elaboração de leis, tantas delas revestidas de inegável casuísmo. No entanto, nas nações onde existe uma profunda vivência democrática, não se mostra problemática a abordagem da questão da irretroatividade das normas apenas na legislação infraconstitucional, como verdadeiro cânone geral, passível de mitigação quando o bem comum excepcionalmente apontar para a necessidade de aplicação pretérita de novos comandos normativos[10].

Tornemos, porém, ao caso brasileiro. A primeira Constituição da República consagrava o princípio da irretroatividade das leis, inspirando, portanto, a primeira Lei de Introdução ao Código Civil, com ele promulgada em 1916: "Art. 3º. A lei não prejudicará, em caso algum, o direito adquirido, o ato jurídico perfeito, ou a coisa julgada". Em 4 de setembro de 1942, a nova versão da Lei de Introdução alterou a redação transcrita, passando a consagrar o seguinte texto: "Art. 6º. A lei em vigor terá efeito imediato e geral. Não atingirá, entretanto, salvo disposição expressa em contrário, as situações jurídicas definitivamente constituídas e a execução do ato jurídico perfeito. Em 1957, todavia, o mesmo artigo 6º foi objeto de nova alteração e alcançou sua atual versão: "Art. 6º. A lei em vigor terá efeito imediato e geral, respeitados o ato jurídico perfeito, o direito adquirido e a coisa julgada".

As sucessivas alterações na Lei de Introdução às Normas do Direito Brasileiro quanto à questão da irretroatividade da lei revelam especial predileção, a depender do momento histórico, por uma entre as várias teorias sobre direito intertemporal. Oportuno, portanto, que enfrentemo-las, a fim de bem compreendermos o alcance do nosso texto legal.

A TEORIA SUBJETIVA OU TEORIA DO DIREITO ADQUIRIDO

A maneira de apreciar a questão da aplicação do direito no tempo se biparte em duas grandes teorias: a subjetiva, calcada no respeito ao direito adquirido, e a objetiva, defensora da imediata aplicação da lei, ressalvadas as situações jurídicas definitivamente constituídas[11].

Especialmente na Alemanha, dois nomes podem ser lembrados no estudo da teoria subjetiva: Lassale e Savigny. Enquanto o primeiro destacava a necessidade de se consagrar o princípio da irretroatividade das leis e da invulnerabilidade do direito adquirido, coube ao último traçar os contornos técnicos e jurídicos para a sua aplicação[12].

10. Serpa Lopes, Miguel Maria de. Curso de directo civil – vol. I – introdução, parte peral e teoria dos negócios jurídicos. 8 ed. Rio de Janeiro: Freitas Bastos, 1996, p. 194.
11. Maximiliano, Carlos. Direito intertemporal ou teoria da retroatividade das leis. Rio de Janeiro: Freitas Bastos, 1946, p. 9.
12. Bandeira de Mello, Oswaldo Aranha. Princípios gerais de directo administrativo – v. I. Rio de Janeiro: Forense, p. 274.

Voltemos nossa atenção, portanto, para o segundo deles: Savigny. O seu pensamento está lastreado na divisão das regras jurídicas em dois grandes conjuntos – aquelas que se referem à aquisição de direitos, ou seja, "o vínculo que liga um direito a um indivíduo ou a transformação de uma instituição jurídica (abstrata) numa relação jurídica (pessoal)" [13] e as normas que dizem respeito à existência dos direitos, isto é, "o reconhecimento de uma instituição jurídica em geral que se deve sempre supor, antes que possa falar da relação com um indivíduo"[14].

Pois bem, quanto às leis que dizem respeito à aquisição de direitos, assentou-se a premissa de que os já adquiridos devem ser preservados.

Essa preservação, porém, lastreia-se em dois grandes alicerces. Em primeiro lugar, quando se fala em manutenção dos direitos adquiridos, deve-se somente compreender as relações jurídicas de um sujeito e não de uma coletividade[15]. Adaptemos os seus exemplos para um entendimento contemporâneo da matéria: uma lei de determinado país pode hipoteticamente julgar que dezoito anos (como então fixados) seriam insuficientes para a aquisição da capacidade (de fato) plena, majorando, assim, essa idade para vinte e um anos. Todos aqueles que, à época da edição da nova lei, ainda não tivessem alcançado a idade então vigente para o reconhecimento da maioridade (dezoito anos) não poderiam invocar direito adquirido ao patamar etário antigo, devendo, portanto, aguardar até os vinte e um anos para que passassem a ser plenamente capazes. Ocorre, porém, que os que já estivessem com dezoito anos, teriam adquirido o direito à maioridade civil.

A genialidade de uma teoria deve ser apreciada pela sua longevidade. A singela formulação de Savigny que analisamos (de que *"ao se tratar de direito adquirido, deve-se somente compreender as relações jurídicas de um sujeito e não de uma coletividade"*), até hoje ecoa em nossas Cortes. Afinal, quem desconhece a jurisprudência do Supremo Tribunal Federal que consagra o entendimento segundo o qual "não existe direito adquirido a estatuto jurídico"? Atente-se ao seguinte julgado[16] e perceba-se a inegável influência do pensamento de Savigny:

> *EMENTA Agravo regimental no agravo de instrumento. Servidor público. Estabilidade financeira. Inexistência de direito adquirido a regime jurídico. Redução dos vencimentos atestada na origem. Legislação local. Reexame de fatos e provas. Impossibilidade. Precedentes. 1. É pacífica a jurisprudência desta Corte no sentido de que, embora constitucional o instituto da estabilidade financeira, NÃO HÁ DIREITO ADQUIRIDO A REGIME JURÍDICO, ficando assegurada a irredutibilidade de vencimentos. 2. No caso em tela, o Tribunal de origem afirmou a ocorrência de redução nos vencimentos dos servidores substituídos pelo sindicato, ora agravado. Para rever esse entendimento seria necessário analisar a legislação local e reexaminar os fatos e as provas*

13. Savigny, Friederich Carl von. Sistema do directo romano atual – v. VIII. Ijuí/RS: Unijuí, 2004, p. 298.
14. Savigny, Friederich Carl von. Sistema do directo romano atual – v. VIII. Ijuí/RS: Unijuí, 2004, p. 298.
15. Savigny, Friederich Carl von. Sistema do directo romano atual – v. VIII. Ijuí/RS: Unijuí, 2004, p. 298.
16. BRASIL. Supremo Tribunal Federal. AI 674207. Acórdão no DJe de 03/02/2012, Rel. Min. Dias Toffoli.

dos autos. Incidência das Súmulas nºs 280 e 279/STF. 3. Agravo regimental não provido. (grifo não constante do original)

O segundo alicerce da teoria de Savigny, quanto à aquisição de direitos, repousa na seguinte premissa[17]: não se devem confundir os direitos adquiridos com as meras expectativas de direitos. Logo, se uma lei confere ao servidor uma incorporação de vantagens pessoais pelo exercício ininterrupto e anual de determinada função, acaso a lei seja revogada quando o servidor completar apenas 11 meses de trabalho na mencionada atribuição, ele nada poderá reclamar, eis que detentor era apenas de uma mera expectativa. Aliás, a questão das expectativas e demais categorias de direitos será examinada com mais vagar em oportuno momento.

Abordados os dois aspectos que elucidam a teoria do direito adquirido, ousou Savigny[18] ao afirmar que tal garantia se aplica aos fatos aquisitivos dos direitos, antes da vigência das novas leis, como também às suas consequências. O embasamento para tal conclusão está em lei advinda do Imperador Teodósio II que, em 440, editou a seguinte norma:

"Leges et constitutiones futuris certum est dare formam negotiis, non ad facta praeterita revocari, nisi nominatim et de praeterito tempore ed adhuc pendentibus negotiis cautum sit."

Esclarece o Jurista alemão que essa passagem não distingue as consequências passadas e futuras dos atos e negócios jurídicos, mas apenas os *atos passados e os futuros*, quando afirma: "as leis novas se aplicam a todos os atos jurídicos ulteriores, não aos atos passados, mesmo quando seus efeitos não tivessem ainda sido realizados (*adhuc pendentibus negotiis*)" [19].

Novamente o passado bate às portas de nossa hodierna jurisprudência. A mencionada conclusão de Savigny até hoje reverbera em nossos Tribunais, como se verá adiante com a discussão sobre o alcance do princípio do direito adquirido e da impossibilidade de se aceitar qualquer grau de retroatividade da lei infraconstitucional, seja ela máxima, média ou mínima.

Essas breves linhas são um extrato das lições de Savigny quanto à aquisição de direitos. Viu-se, porém, que esse autor também se ocupou das leis que tratam da existência de direitos, advertindo que, quanto a elas, o princípio da irretroatividade não se mostra aplicável[20]. As leis que versam sobre existências de direitos abordam, em realidade, a questão da extinção de instituições jurídicas, como a escravidão, a enfiteuse, entre outras.

A lógica de seu raciocínio é incontestável, pois de pouca valia seria uma lei que abolisse para o futuro uma instituição jurídica. Com efeito: do que adiantaria uma

17. Savigny, Friederich Carl von. Sistema do directo romano atual – v. VIII. Ijuí/RS: Unijuí, 2004, p. 306.
18. Savigny, Friederich Carl von. Sistema do directo romano atual – v. VIII. Ijuí/RS: Unijuí, 2004, p. 309/311.
19. Savigny, Friederich Carl von. Sistema do directo romano atual – v. VIII. Ijuí/RS: Unijuí, 2004, p. 310.
20. Savigny, Friederich Carl von. Sistema do directo romano atual – v. VIII. Ijuí/RS: Unijuí, 2004, p. 396/397.

norma que tornasse extinta a escravidão se a sua interpretação, sob a escusa de não se ferirem os direitos adquiridos dos senhores de escravos, a restringisse aos futuros servos que viessem a existir e não aos que já fossem subjugados por seus donos?

Assim, haveria uma imensa incompatibilidade entre a alegação de direitos adquiridos quanto às normas que tratassem da existência de direitos e a evolução social. Ressalta, porém, que nada impediria a concessão de indenizações ou de cláusulas transitórias que minimizassem os prejuízos dos antigos titulares de instituições jurídicas abolidas, como ocorreu na Inglaterra ao proibir, em seus domínios, as chagas da escravidão[21].

Não se pense, porém, que a teoria de Savigny permaneceu imune a críticas. Elas se concentraram em certa imprecisão dos seus termos, bem como na interpretação de seu pensamento acerca das leis de aquisição e perda de direitos e quanto aos diversos aspectos relativos às instituições jurídicas[22]. Muitas delas, todavia, resolvem-se pelo acréscimo, como sói acontecer nas modernas legislações, dos institutos do ato jurídico perfeito e da coisa julgada, perfazendo, assim, os três baluartes da irretroatividade das leis infraconstitucionais.

Outra crítica que também merece ser rechaçada, desta feita quanto às leis que pusessem fim à existência de determinados institutos jurídicos, é a de que os senhores de escravos poderiam sim, ao menos em tese, alegar direito adquirido aos seus servos. Em defesa do jurista alemão, lembra Oswaldo Aranha Bandeira de Mello[23] que a aquisição dos direitos se constata nos termos da ordem jurídica, segundo a existência dos respectivos institutos. Assim, existe direito adquirido a um escravo enquanto existir escravidão. Abolindo-se o instituto, nada impede que sejam estipuladas indenizações aos prejudicados, como ocorreu na Inglaterra aos senhores de escravos que experimentaram perdas com o fim da escravidão.

Apreciados os principais aspectos da teoria de Savigny, oportuna a abordagem aos ensinamentos de Gabba.

GABBA E A TEORIA DO DIREITO ADQUIRIDO

O ponto de partida para a análise da teoria de Gabba é o conceito que esse confere ao direito adquirido e que livremente traduzimos[24]:

---

21. Savigny, Friederich Carl von. Sistema do directo romano atual – v. VIII. Ijuí/RS: Unijuí, 2004, p. 413.
22. Bandeira de Mello, Oswaldo Aranha. Princípios gerais de directo administrativo – v. I. Rio de Janeiro: Forense, p. 277/278.
23. Bandeira de Mello, Oswaldo Aranha. Princípios gerais de directo administrativo – v. I. Rio de Janeiro: Forense, p. 277/278.
24. Gabba, C.F. Teoria della retroattività delle leggi – v. I, 3a ed, Milão: Unione Tipográfico, 1891, p. 253, tradução livre de "É acquisto ogni diritto, che *a)* è conseguenza di um fatto idoneo a produrlo, in virtù della legge del tempo in cui il fatto venne compiuto, benchè l'occasione di farlo valere non siasi presentata prima dell'attuazione di uma legge nuova intorno al medesimo, e che *b)* a termini della legge sotto l'impero

"É adquirido cada direito que: a) seja consequência de um fato idôneo a produzi-lo, em virtude da lei do tempo em cujo fato veio a realizar-se, assim como, a ocasião de fazê-lo valer não tenha se apresentado antes da incidência de uma nova lei sobre o mesmo e que, b) nos termos da lei sob cujo império aconteceu o fato de que se originou, passou imediatamente a fazer parte do patrimônio de quem o adquiriu."

Seis são os elementos constitutivos da definição apresentada[25]:

a) direitos adquiridos decorrem de atos (fenômeno volitivo) ou de fatos (acontecimentos estranhos à vontade do agente);

b) esses fatos ou atos devem ser, por lei, idôneos a gerar, como efeito, direitos subjetivos;

c) esses direitos devem estar perfeitos e acabados, ou em outras palavras, verificados segundo a lei em vigor;

d) tais direitos já se devem encontrar incorporados ao patrimônio do titular, estando excluído do conceito sob análise as meras possibilidades, faculdades jurídicas abstratas e as expectativas de direitos;

e) entre os direitos incorporados ao patrimônio do titular englobam-se os direitos subordinados a termo ou condição não alterável segundo arbítrio alheio; e

f) as normas supervenientes devem respeitar não apenas este direito, como os efeitos que se verificaram sob o seu império.

Oportuno que nos debrucemos, com mais vagar, sobre os principais elementos acima expostos. Quanto ao primeiro aspecto – o de que os direitos adquiridos tanto podem decorrer de acontecimentos naturais quanto de ações humanas, a ênfase é a de que a expressão "fato" (exposta no conceito de Gabba, ao afirmar que o direito adquirido é consequência de um "fato idôneo a produzi-lo") é abrangente, abarcando, pois, os fenômenos volitivos e alheios à vontade, desde que sejam geradores de direitos.

A utilização da mencionada expressão ("consequência de um fato"), contudo, foi objeto da crítica de Limongi França[26]. Objeta o autor que, no citado conceito, não fica claro se o direito adquirido pode derivar diretamente da lei. A crítica, assim entendemos, mostra-se demasiada, porquanto há importantes passagens da obra de Gabba em que se enaltece a importância da lei para a criação de direitos subjetivos[27].

---

della quale accade il fatto da cui trae origine, entro immediatamente a far parte del patrimonio di chi lo ha acquistato.".

25. Rào, Vicente. O Direito e a vida dos direitos – v. I. 4 ed. São Paulo: RT, 1997, p. 367/368.
26. França, Limongi. A irretroatividade das leis e o directo adquirido. 5 ed. São Paulo: Saraiva, 1998, p. 215/216.
27. Gabba, C.F. Teoria della retroattività delle leggi – v. I, 3a ed, Milão: Unione Tipográfico, 1891, p. 257, indica a importância dos direitos adquiridos diretamente da lei, como se deduz do trecho seguinte "Ma chi abbia del diritto quesito quel giusto concetto, che siamo venuti esponendo finora, e non ne perda di vista i requisiti, sai quanto ai suoi oggetti, sai quanto allá sua genesi nel subbietto, non può far differenza nessuna fra diritti acquistati immediatamente per opera della legge o per opera della umana volontà.".

Superada essa breve polêmica, imprescindível que se volte o olhar para a questão dos fatos aquisitivos simples e complexos. Esse é um dos pilares da obra do jurista italiano, porquanto a incorporação do direito ao patrimônio jurídico do titular exige a sua previsibilidade no ordenamento jurídico (direito objetivo) e a sua concretização decorrente de um fato.

Nesse sentido, os fatos aquisitivos podem ser simples ou complexos e devem sempre ser realizados por inteiro[28]. Os primeiros ultimam-se instantaneamente, enquanto os últimos decorrem de determinada sucessão de acontecimentos ou atos, observação que se reveste de grande importância em corriqueiras hipóteses de nosso quotidiano.

Assim, aquele que, na forma do artigo 1.784, for herdeiro de pessoa que vier a falecer, instantaneamente adquire a titularidade dos direitos que se lhe transmitirão em virtude do óbito. Pouco importa que, após o óbito, a lei sucessória venha a mudar antes da propositura da ação de inventário e partilha: o direito à sucessão foi adquirido instantaneamente com a morte do *de cujus*, estando, pois, infenso às mudanças legislativas posteriores.

No entanto, a aquisição definitiva de bens em virtude de morte presumida em decorrência da ausência demandará uma sucessão de fatos que se protrairão por longos anos. Assim, se alguém desaparecer de seu domicílio, sem que dessa pessoa haja notícia, se não houver deixado representante ou procurador a quem caiba administrar-lhe os bens, o juiz, a requerimento de qualquer interessado ou do Ministério Público, declarará a ausência, e nomear-lhe-á curador, como preceitua o artigo 22 do Código Civil.

Seguir-se-ão, após essa fase, conhecida como curadoria dos bens do ausente, outras duas: sucessão provisória e sucessão definitiva (momento no qual se presume a morte do ausente). Enquanto não ocorrer a sucessão definitiva, não se outorgará poder de disposição aos herdeiros do ausente quantos aos seus imóveis (artigo 31). Percebe-se, pois, que a aquisição do direito de propriedade sobre tais bens apenas se ultimará superada a sucessão provisória e alcançada a sucessão definitiva. Eis um bom exemplo de fato complexo de aquisição de direito.

O importante, de qualquer sorte, é perceber que os fatos devem se realizar por completo, sendo idôneos a gerar, como efeito, direitos subjetivos. Apenas em três casos o fato não definitivamente constituído poderia produzir direito adquirido[29]:

28. Gabba, C.F. Teoria della retroattività delle leggi – v. I, 3a ed, Milão: Unione Tipográfico, 1891, p. 227/228.
29. Gabba, C.F. Teoria della retroattività delle leggi – v. I, 3a ed, Milão: Unione Tipográfico, 1891, p. 229, arrola tais características na seguinte passagem de sua obra "Codesto carattere può essere, a parer nostro, uno qualunque dei seguenti: *a)* che il fatto non ancora accaduto sai di sua natura immancabile; *b)* che non sai più in potere di colui in confronto del quale il diritto è asserito, l'impedire il fatto che manca a perfezionare la trasmissione, se però questo fatto è uma vera e própria condizione; *c)* che l'acquisto a cui deve dare luogo il compimento del fatto incompiuto abbia la sua radice in um anteriore diritto quesito, di cui non sai che uno svolgimento, oppure uma transformazione.".

a) quando o fato não verificado seja de sua natureza inevitável;

b) quando não seja possível, por parte daquele em face de quem se constitui o direito, impedir o fato que falta para aperfeiçoar a sua transmissão;

c) quando a aquisição a ser produzida pela verificação do fato incompleto tenha a sua raiz num anterior direito adquirido, do qual não passe de um desenvolvimento ou transformação.

O cuidado de Gabba ao traçar as três hipóteses acima transcritas justifica-se, porquanto apenas nelas haveria de se falar em direito adquirido decorrente de fatos não completamente constituídos. Todos os demais casos representariam meras expectativas.

E como poderíamos traçar a diferença entre meras expectativas e verdadeiros direitos adquiridos? Entre nós, Pontes de Miranda trouxe luzes ao estudo encetado, diferenciando não só o direito adquirido das expectativas, mas abordando também as categorias dos direitos expectativos e dos direitos expectados[30]. Abordemos todas elas.

A expectativa de direito, desse jaez, seria uma realidade apenas do mundo fático, ainda não juridicizada, vale dizer, decorreria de fatos aquisitivos incompletos. Aliás, quatro são os requisitos para que um fato deixe de representar uma mera expectativa e crie um direito adquirido: *a)* ser completo, *b)* ser realizado em tempo idôneo, *c)* revestir-se a pessoa que o reclama de capacidade tal como prescrita em lei e, *d)* sejam observadas as formalidades estabelecidas em norma positiva sob pena de invalidade, como esclarece Carlos Maximiliano[31].

Já o binômio direito expectativo (que coloquialmente poderíamos chamar de "direito de esperar") e direito expectado (que identificamos com o "direito esperado") demanda uma prévia explicação de aparente contradição entre dois artigos, o primeiro deles o artigo 6º, § 2º da Lei de Introdução às Normas do Direito Brasileiro e o outro o artigo 125 do próprio Código Civil. Vamos a eles:

> *"Art. 6º. A lei em vigor terá efeito imediato e geral, respeitados o ato jurídico perfeito, o direito adquirido e a coisa julgada.*
>
> *(...)*
>
> *§ 2º Consideram-se adquiridos assim os direitos que o seu titular, ou alguém por ele, possa exercer, como aqueles cujo começo do exercício tenha termo pré-fixo, ou condição preestabelecida inalterável [DIREITO EXPECTATIVO], a arbítrio de outrem." (LEI DE INTRODUÇÃO AO CÓDIGO CIVIL)*
>
> *"Art. 125. Subordinam-se a eficácia do negócio jurídico à condição suspensiva, enquanto esta se não verificar, não se terá adquirido o direito [EXPECTADO], a que ela visa." (CÓDIGO CIVIL)*

30. Pontes de Mir anda, Francisco Cavalcanti. Comentários à Constituição de 1967 – tomo V. 2 ed. São Paulo: RT, 1974, p. 76/77.

31. Maximiliano, Carlos. Directo intertemporal ou teoria da retroatividade das leis. Rio de Janeiro: Freitas Bastos, 1946, p. 44.

A aparente contradição seria a seguinte: enquanto a Lei de Introdução ao Código Civil (Art. 6º, § 2º) admite a aquisição do direito quando o começo de seu exercício tenha condição preestabelecida inalterável, a arbítrio de outrem, o Código Civil afirma que não se terá adquirido o direito a que visa a condição enquanto ela não se verificar.

Pontes de Miranda supera essa aparente incongruência valendo-se do raciocínio cuja explanação agora se inicia. Ora, uma coisa seria o direito expectativo (o direito que expecta, a chance de esperar), tratado na Lei de Introdução ao Código Civil (artigo 6º, §2º), ou em outras palavras, "o direito ao direito que vai vir"[32]. Já o direito expectado, tratado no Código Civil (artigo 125) é aquele esperado, que apenas se irá concretizar com o implemento da condição.

Tomemos o seguinte exemplo: João e Pedro são dois grandes amigos. Pedro é dono de uma pequena propriedade rural, utilizada para a produção de hortaliças e pediu um empréstimo a João, para a compra dos insumos necessários para a plantação que deseja iniciar. Pedro teme, por outro lado, pela sua sobrevivência e de sua família, porquanto não possui reservas financeiras suficientes para sua subsistência, na hipótese de quebra da safra, decorrente, por exemplo, de más condições climáticas. Ciente da preocupação que acabrunha o amigo, João, ao celebrar com Pedro o contrato de mútuo, compromete-se a conceder um prazo adicional de dois anos, a contar do mês tradicional da colheita na região, para que o seu amigo e devedor inicie o pagamento do empréstimo, caso as más condições climáticas inviabilizem a safra esperada. Resumindo: se não ocorrem problemas climáticos, Pedro deverá pagar a João tão logo colha o que plantou. Havendo alguma intempérie que prejudique a plantação, após o período da safra, ainda serão concedidos dois anos para que o mencionado pagamento se inicie.

Assinada a avença, temos desenhados o direito expectativo e o direito expectado. O direito expectativo, dessa forma, segundo os ensinamentos de Pontes de Miranda, é o direito ao direito que vai vir, ou seja, Pedro tem o direito adquirido de *esperar* que, com o implemento da condição (quebra da safra por más condições climáticas), seja-lhe conferido o prazo de dois anos de carência para iniciar o pagamento da dívida. Isso já não pode mais ser alterado. O direito expectado, por fim, é aquele que virá se a condição se implementar. Ocorrida a condição (quebra da safra), já não há mais o direito expectativo, mas já se dá o direito outrora expectado.

Não se pode, pois, confundir o direito expectativo com a mera expectativa de direito, como bem assinala Pontes de Miranda[33], aquele "*é direito como outro qualquer. Não cabe dizer-se que é expectativa que se há de tratar como direito. Tal atitude de alguns*

32. Pontes de Miranda, Francisco Cavalcanti. Comentários à Constituição de 1967 – tomo V. 2 ed. São Paulo: RT, 1974, p. 77.
33. Pontes de Miranda, Francisco Cavalcanti. Tratado de directo privado – tomo V. Campinas: Bookseller, 2000, p. 210.

juristas provém de insuficiente investigação dos direitos expectativos; e põe ficção onde a realidade mesma é que está. O direito expectativo, em caso de condição suspensiva, é direito de adquirir, ipso iure, outro direito, ao se cumprir a condição. O direito, que se adquire, em virtude daquele, é outra coisa (crédito, propriedade, herança, legado)."

Outra interessante característica que se deflui da teoria de Gabba é a de que os direitos adquiridos podem ser simples ou complexos[34]. Assim, na primeira hipótese, ele se apresenta como uma unidade simples, contendo prestações contemporâneas. Na outra, compreende sucessivos e ulteriores fatos previsíveis e imprevisíveis. Quem, portanto, tem direito adquirido ao exercício do pátrio poder, tem também ao usufruto dele decorrente.

Esses são, em resumo, os principais contornos da teoria do direito adquirido. Vale ressaltar que nosso ordenamento foi intensamente influenciado pela teoria subjetiva de Gabba, prendendo-se ao conceito de direito adquirido para a resolução de um sem número de lides decorrentes da mutação legislativa. Oportunamente apreciaremos o alcance das normas pátrias sobre a matéria, abordando, outrossim, a importância do ato jurídico perfeito e da coisa julgada para a exata compreensão dos conflitos de direito intertemporais em nossa legislação. Passemos, assim, à análise das teorias objetivas.

A TEORIA OBJETIVA

Caio Mário lembra que as teorias subjetivistas, calcadas no conceito de direito adquirido, sempre gozaram de maior prestígio entre os juristas, seja pela lei do menor esforço (eis que gerações de profissionais do direito foram formadas com a abordagem dos conflitos intertemporais sob este enfoque), seja por sua deferência ao conteúdo individualista da relação jurídica, indelevelmente plantada em nossa consciência jurídica[35]. Ressalva, porém, que essa realidade tem mudado em virtude do combate científico decorrente dos estudos levados a efeito pelos chamados objetivistas.

Os autores enquadrados nessa vertente doutrinária desenvolveram suas concepções a partir do enunciado do artigo 2º do Código Civil da França, que singelamente veda a existência de efeitos retroativos para a lei, limitando seu alcance para o futuro[36]. Esse dispositivo ensejaria um enfoque novo ao conflito de leis no tempo: o da situação jurídica. Todos os objetivistas, com pequenas variações entre as suas concepções, entendem que, por um lado, existe uma situação jurídica derivada

---

34. Serpa Lopes, Miguel Maria de. Lei de Introdução ao Código Civil – vol. I. 2 ed. Rio de Janeiro: Freitas Bastos, 1959, p. 237/238.
35. Pereira, Caio Mário da Silva. Instituições de directo civil – v. I. 14 ed. Rio de Janeiro: Forense, 1993, p.108.
36. Dispõe o citado Diploma: "La loi ne dispose que pour l'avenir; elle n'a point d'effet rétroactif.", ou, em outras palavras, « A lei não dispõe para o futuro; ela não tem efeito retroativo ».

diretamente da lei e, por outro, há a situação jurídica derivada da aplicação da lei ao caso concreto, sendo, portanto, infensa às alterações advindas de novas normas[37].

Duguit[38], nessa esteira, severo crítico da teoria dos direitos adquiridos, assim materializa o seu pensamento sobre direito intertemporal:

> *"Concordamos também com essa fórmula, ao se afirmar que as leis não se podem aplicar ao passado, mas somente ao futuro, que o legislador não pode legislar senão para o porvir e não para o passado. Fórmulas vagas que devem ser precisadas, que não são suscitadas sem graves dificuldades, que sequer nasceriam caso se houvesse bem compreendido a distinção fundamental a se fazer entre as situações legais ou objetivas e as situações jurídicas subjetivas, e caso se houvesse rejeitado a noção inadmissível dos supostos direitos adquiridos."*

Percebe-se, portanto, que o foco da teoria de Duguit está na divisão das situações jurídicas entre legais, ou objetivas[39] e individuais ou subjetivas[40], aquelas criadas para todos os indivíduos de um grupo, regendo-os por igual, sem interferência de suas respectivas vontades, ao passo que as últimas são representadas por manifestações individuais de vontade, concretas, momentâneas, para aplicação particularizada de regras de direito objetivo.

Assim, a resolução dos conflitos intertemporais, para o publicista francês, seria relativamente simples: as situações objetivas podem ser alteradas pela nova lei, ao passo que as subjetivas não. Afirma Duguit[41]:

---

37. Bandeira de Mello, Oswaldo Aranha. Princípios gerais de directo administrativo – v. I. Rio de Janeiro: Forense, p. 283.
38. Duguit, Leon. *Traité de Droit Constitutionnel* v. *II.* 10 ed. Paris: Anciennie Librarie Fontemoing & Cle. 1923, p. 199, tradução livre do trecho: "On s'accorde aussi à formuler cette règle en disant que les lois ne peuvent pas s'appliquer au passé, maisseulement à l'avenir, que le législateur ne peut légiférer que pour l'avenir et non pour le passé. Formules vagues qui doivent être précisées; ce qui n'est pas sans soulever des difticultés sérieuses, mais dont beaucoup cependant ne seraient pas nées si l'on avait bien compris la distinction fondamentale à faire entre les situations légales ou objectives et les situations juridicjues subjectives, et si l'on avait écarté la notion inadmissible de prétendus droits acquis"
39. Duguit, Leon. *Traité de Droit Constitutionnel* v. *I.* 10 ed. Paris: Anciennie Librarie Fontemoing & Cle. 1921, p. 130, refere-se ao instituto no seguinte trecho: "En tant qu'elle s'applique aux individus, elle donne naissance à des situations objectives, dans lesquelles on ne peut voir ni obligations ni droits subjectifs, parce que obligations et droits subjectifs impliquent une hiérarchie des volontés, ce qui en fait n'existe pas et ne serait concevable qu'avec la reconnaissance d'une intervention surnaturelle, scientifiquement inadmissible"
40. Duguit, Leon. *Traité de Droit Constitutionnel* v. *I.* 10 ed. Paris: Anciennie Librarie Fontemoing & Cle. 1921, p. 222, refere-se ao instituto no seguinte trecho: "Enfin, un acte se produit à la suite duquel apparaît à la charge d'un sujet une obligation spéciale, concrète, individuelle, momentanée, qui n'était point créée par le droit objectif, qui n'existerait point à la charge de cet individu par l'application d'une règle quelconque du droit objectif. C'est celte situation que j'ai appelée ailleurs et que je persiste à appeler une situation juridique subjective"
41. Duguit, Leon. *Traité de Droit Constitutionnel* v. *II.* 10 ed. Paris: Anciennie Librarie Fontemoing & Cle. 1923, p. 204/205 e 213/214, tradução livre dos trechos: "On reconnaît la situation légale à ce qu'elle est une situation générale et permanente; elle est une situation de droit objectif. La situation de droit objectif sera modifiée par la loi, alors même qu'elle est née à la suite d'un acte juridique régulier d'après la loi en vigueur au moment où il a été fait. (...) La loi nouvelle ne peut incontestablement modifier une situation juridique subjective, née régulièrement antérieurement à sa promulgation. Cette situation né peut naître, je l'ai montré au tome I (spécialement p. 246 et s.), qu'à la suite d'un acte juridique subjectif. Il n'est pas exact de dire que l'effet de droit est une création de cet acte juridique; il est encore une creation de la loi.

"Reconhecemos a situação legal como sendo uma situação geral e permanente; ela é uma situação de direito objetivo. A situação de direito objetivo será modificada pela lei, mesmo depois que ela tenha nascido em consequência de um ato jurídico regular, albergado pela lei em vigor no momento em que foi praticado.

(...)

A lei nova incontestavelmente não pode modificar uma situação jurídica subjetiva nascida regularmente antes de sua promulgação. Essas situações não podem nascer, já o demonstrei no tomo I (especialmente p. 246 e s.), senão como decorrência de um ato jurídico subjetivo. Não é correto dizer que o efeito do direito é uma criação desses atos; ele é ainda uma criação da lei. Mas a extensão dessa situação é determinada por um ato intelectual da pessoa ou das pessoas que praticaram o ato jurídico. E é por isso que o legislador não pode tocar nessa situação, nem alterá-la, nem suprimi-la."

Gaston Jèze confirma o pensamento acima exposto, dividindo as situações jurídicas em gerais ou impessoais em contraponto às individuais. Quanto às primeiras, afirma serem as pertencentes a todos os indivíduos que se encontrem sob as mesmas condições fáticas, como, por exemplo, os poderes deferidos, em tese, aos proprietários de uma casa, e não aos poderes estabelecidos apenas ao proprietário "X" [42].

Há poderes jurídicos, entretanto, cujo conteúdo aparece determinado de forma individualizada, beneficiando ou contrariando certo indivíduo, não sendo a lei, mas a manifestação de vontade de um sujeito, quem faz tal determinação[43]. Elas são as chamadas situações jurídicas individuais ou subjetivas, a exemplo do que ocorre em determinada compra e venda, na qual o comprador "X" faz-se devedor, por preço certo, do vendedor "Y". Nelas estabelecem-se situações jurídicas subjetivas para cada polo da mencionada relação.

Aprofundando sua abordagem, Jèze explana as características peculiares das situações jurídicas objetivas, a saber[44]:

a) são gerais e impessoais, valendo para todos;

b) são permanentes, pois, derivando diretamente da lei, têm sua duração vinculada a ela;

c) são modificáveis, assim exigindo os interesses gerais;

d) não podem ser renunciadas de modo geral e absoluto.

Já as situações jurídicas subjetivas gozariam das seguintes peculiaridades[45]:

a) são particulares, competindo a um indivíduo determinado;

Mais l'étendue de cette situation est déterminée par un acte intellectuel de celui ou de ceux qui ont fait l'acte juridique. Et c'est pourquoi le législateur ne peut pas toucher à cette situation, ni la modifier, ni la supprimer."

42. Jèze, Gaston. Principios generales del derecho administrativo – v. I. Buenos Aires: Depalma, 1948, p. 13/14.
43. Jèze, Gaston. Principios generales del derecho administrativo – v. I. Buenos Aires: Depalma, 1948, p. 14.
44. Jèze, Gaston. Principios generales del derecho administrativo – v. I. Buenos Aires: Depalma, 1948, p. 22.
45. Jèze, Gaston. Principios generales del derecho administrativo – v. I. Buenos Aires: Depalma, 1948, p. 16.

b) são temporárias, pois desaparecem com o exaurimento do seu exercício e cumprimento do dever alheio;

c) não são modificáveis;

d) são suscetíveis de renúncia.

Semelhantemente aos publicistas citados, a teoria objetivista seduziu civilistas franceses, entre os quais Ambrosio Colin et H. Capitant[46]. Os autores encetam sua abordagem analisando o alcance do já mencionado artigo 2º do Código Civil da França e ressaltando que esse texto, em realidade, contém duas regras: *a)* a lei dispõe para o futuro e; *b)* a lei não se refere aos fatos que se tenham realizado antes de sua promulgação.

Entendem tais autores que a doutrina do direito adquirido apresenta sérios problemas. Em primeiro lugar, reputam de difícil diferenciação as ideias de direitos adquiridos e simples expectativas. Não bastasse isso, ainda que existam direitos adquiridos, na hipótese de sua abolição, não há que se dizer que as faculdades deles constantes continuarão a contemplar seus titulares – como seria possível, então, pregar sua intangibilidade? Por fim, reputam inexistir direito contra a lei, muito menos adquirido contra ela[47], arrematando, pois, com a conclusão de que a lei nova se aplica aos fatos do porvir e a velha aos fatos já realizados.

O raciocínio dos mencionados civilistas, todavia, não se esgota aí. Sofisticam o debate ao argumentar que as leis podem ser de duas naturezas: supletivas e imperativas e que a aplicação dos comandos das normas antigas aos fatos futuros só seriam obstados diante das últimas, mas não das primeiras, pois o império da vontade só se mostra aplicável na primeira ordem de normas, quedando mitigado diante da segunda.

A teoria ora explanada, entretanto, também não representou uma solução definitiva para a questão do conflito de leis no tempo, porquanto, segundo Caio Mário[48], as exceções lançadas ao lado das regras que criaram tornaram pouco proveitosas suas conclusões.

Outro importante autor francês arrolado entre os objetivistas é Bonnecase. Ele funda sua teoria na ideia de situação jurídica, apresentando-a como um contraponto à teoria do direito adquirido. Sua crítica, de certa forma comedida, funda-se no que considerou uma insuficiência do instituto "direito adquirido", porquanto, segundo a sua formulação original, ele contemplaria apenas a obtenção de faculdades positivas. Lembra que nem sempre uma pessoa beneficiada por uma lei obterá

46. Colin, A., Capitant, H. Curso elemental de derecho civil. Madri: Reus, 1975, p. 142.

47. Colin, A., Capitant, H. Curso elemental de derecho civil. Madri: Reus, 1975, p. 147 tornam clara sua crítica ao direito adquirido quando assim se manifestam: "Creemos que este criterio, propuesto por vez primera por Blondeau em 1809 (véase su disertación reproducida em el Sirey, 1809, 2, 277), a pesar de su carácter em cierto sentido clásico, es insuficiente y mal fundado a la vez."

48. Pereira, Caio Mário da Silva. Instituições de directo civil – v. I. 14 ed. Rio de Janeiro: Forense, 1993, p.109.

uma faculdade ou poder positivo, ao contrário das situações jurídicas que, ao serem criadas, definiriam, em condições determinadas, a posição de um número certo de pessoas frente às outras[49], sejam positivas ou negativas.

O pensamento do mencionado jurista é ilustrado com a referência que faz à versão original do artigo 340 do Código Civil da França (hoje alterado pela Lei 93-22, de 8 de janeiro de 1993). Este, quando, no seu texto antigo, proibia a investigação de paternidade natural (filhos de não casados entre si) fixava uma situação jurídica negativa para o infante frente ao seu pai – a de filho natural. Essa situação não era exatamente um direito adquirido, mas representava uma situação jurídica concreta para o filho do homem não casado.

Por outro lado, entende que não apenas os direitos adquiridos seriam uma impropriedade técnica quando comparados ao superior conceito de situação jurídica (concreta), mas a própria noção de expectativa de direito também se mostrava inferior à ideia de situação jurídica abstrata. E qual seria, pois, a diferença entre situação jurídica concreta e abstrata?

Bonnecase entende que a situação jurídica abstrata é a maneira de ser, eventual ou teórica, de cada um frente à lei, enquanto a situação jurídica concreta seria uma maneira de ser derivada concretamente de fatos ou atos jurídicos subsumidos aos comandos legais. Vamos aos exemplos fornecidos pelo autor[50].Suponha-se que uma lei cria novas categorias de herdeiros. Todos que, em tese, estejam enquadrados na nova categoria ostentam uma situação jurídica abstrata. Ocorrendo, todavia, um óbito sob o pálio da nova lei, aqueles que abstratamente detinham a mencionada situação, passarão a gozar de uma concreta situação jurídica.

Traçado o panorama, Bonnecase avançava em sua conclusão, entendendo que não seria retroativa uma lei que afetasse uma situação jurídica abstrata, mas retroativa a que ofendesse situações jurídicas concretas. Volto à hipótese da lei sobre filiação natural. O Código Civil da França fora modificado em 16 de novembro de 1912, quanto ao seu artigo 340, passando-se, assim, a se admitir, em estreitas hipóteses, a investigação de paternidade nos casos de filiação natural. Entende o civilista francês (embora não endossemos tal conclusão) que uma pessoa nascida antes da modificação do dispositivo, mesmo que se encontrasse na hipótese atual de investigação, não poderia fazê-lo, pois sua situação jurídica concreta havia se desenhado segundo a lei antiga. Por outro lado, indaga: "por que uma lei nova, relativa a sucessões, por exemplo, se aplicaria, sem ser retroativa, a todas as sucessões ainda não abertas, podendo privar, assim, a determinadas pessoas, o caráter de herdeiros que tinham segundo a lei antiga?" Em seguida esclarece: "simplesmente porque este caráter era uma situação jurídica abstrata, uma qualidade de que só podiam prevalecerem-se

49. Bonnecase, Julián. Elementos de derecho civil. México: José M. Cajica, Jr., 1945, p. 193.
50. Bonnecase, Julián. Elementos de derecho civil. México: José M. Cajica, Jr., 1945, p. 193/197.

essas pessoas, sob a condição de que a sucessão se houvesse aberto estando em vigor a antiga lei." [51]

Bonnecase, todavia, não foi o mais festejado entre os objetivistas. A posição proeminente coube a Paul Roubier. Caio Mário é enfático ao afirmar que "Paul Roubier, em alentado tratado de direito intertemporal, evidencia-se mais completo, mais exato, mais seguro e formula uma teoria objetivista firmada em conceitos doutrinários fundamentais, cuja aplicação prática é esgotada nos seus vários aspectos." [52]

Paul Roubier assenta os fundamentos de sua doutrina na diferença, aparentemente simples, entre efeitos retroativos (passados) e imediatos (presentes) da nova lei. Assim, segundo o autor, se a norma pretender incidir sobre as situações consumadas *(facta pretérita)*, será retroativa. No entanto, buscando aplicar-se às situações em curso *(facta pendentia)*, cumpre estabelecer uma separação entre as partes anteriores à data da modificação da lei (em que a incidência seria retroativa) e as partes posteriores (suscetíveis à incidência dos novos comandos, por força da imediatidade dos efeitos da norma). Quanto aos fatos futuros *(facta futura)*, restaria claro que a lei nova necessariamente incidiria[53], sem que se lhe atribuísse a pecha de retroatividade.

Percebe-se, portanto, a importância, na obra do mencionado autor, de se entender o conceito de situação jurídica, eleita por Roubier como a expressão mais vasta de todas, superior, tanto ao termo direito adquirido, na medida em que não têm um caráter subjetivo e pode aplicar-se às situações tais como a do menor, do interdito, do pródigo, mesmo que incapazes de manifestar livremente sua vontade. Além disso, quando comparada à expressão *relação jurídica* (*rechtsverhäultniss*), por implicar a última uma relação direta entre duas pessoas, mostra-se igualmente mais ampla, pois a situação jurídica poderia ser unilateral e oponível a todas as pessoas[54].

---

51. Bonnecase, Julián. Elementos de derecho civil. México: José M. Cajica, Jr., 1945, p. 199 deixa claro seu pensamento no seguinte trecho: "¿Por qué, una ley nueva relativa a las sucesiones, por ejemplo, se aplica sin ser retroactiva, a todas las sucesiones aun no abiertas, pudiendo privar así a determinadas personas del carácter de herderos que tenían según la ley antigua? Simplemente porque este carácter era una situación jurídica abstracta, una cualidad de la que solo podían prevalerse esas personas a condición de que la sucesión se hubiere abierto estando em vigor la antigua ley".
52. Pereira, Caio Mário da Silva. Instituições de directo civil – v. I. 14 ed. Rio de Janeiro: Forense, 1993, p.111.
53. Roubier, Paul. Le droit transitoire (conflits des lois dans le temps). 2 ed. Paris: Dalloz et Sirey, 1960, p.177 cujos ensinamentos merecem ser transcritos: "La base fondamentale de la science des conflits de lois dans le temps, c'est la distinction de l'effet rétroactif et de l'effet immédiat de la loi. Cela parai un donnée très simple: l'effet rétroactif, c'est l'application dans le passé; l'effet immédiat, l'application dans le présent; il ne paraît pas très malaisé de définir et de distinguer ces deux moments de la durée. Si laloi prètend s'appliquer à des faits accomplis (*facta praeterita*), elle est rétroactive; si elle prétend s'appliquer à des situations em cours *(facta pendentia)*, il faudra établir une séparation entre les parties antérieures à la date du changement de législation, quin e pourraient être atteintes sans rétroactivité, et les parties postérieures, pour lesquelles la loi nouvelle, si elle doit s'appliquer, n'aura jamais qu'um effet immédiat; enfin, vis-à-vis des faits à venir *(facta futura)*, il est clair que la loi ne peut jamais être rétroactive".
54. Roubier, Paul. Le droit transitoire (conflits des lois dans le temps). 2 ed. Paris: Dalloz et Sirey, 1960, p.181 entende que: "Ce mot de situation juridique a été choisi à dessein comme le plus vaste de tous; nous le

Lembra ainda Roubier que a situação jurídica é composta de uma fase dinâmica e de uma fase estática. A primeira diz respeito à constituição ou extinção da situação jurídica, que pode ter uma duração variável desde um único momento (como sói acontecer num acidente de trânsito) até uma sucessão de eventos (como ocorre na usucapião e na sucessão testamentária) [55].

Criada ou extinta, portanto, uma situação jurídica, ainda que as regras sobre a sua constituição ou perecimento sejam alteradas por lei nova, esta não poderá incidir sobre a dita situação sem que se lhe impute a pecha de retroativa. É o caso, por exemplo, de lei antiga que impunha forma pública a determinado ato. Na hipótese de nova lei permitir a utilização de escrito particular para tal negócio, os atos praticados sob a vigência da norma anterior não seriam convalidados pela edição de nova lei, sob pena de se impor efeito retroativo à norma modificadora[56]. Construindo-se raciocínio a contrário senso, se a lei nova afetar uma situação ainda não definitivamente constituída ou extinta, seus novos comandos deverão se fazer sentir[57].

Quanto à fase estática, ou seja, quanto aos efeitos de uma determinada situação jurídica, cumpre destacar que eles são regidos pela lei vigente à época em que foram produzidos. Logo, os efeitos passados são regidos pelas leis antigas, ao passo que os futuros serão regulados pelas novas leis. Assim, as consequências futuras de um casamento, de uma adoção, da menoridade, da interdição, da propriedade, do usufruto, por exemplo, poderão ser apanhados por futuras modificações legais dos mencionados institutos (ressalva que se faz aos efeitos de contratos patrimoniais apanhados por novas leis) [58].

---

jugeons supérieur au terme de droit acquis, en ce qu'il n'a pas un caractére subjectif et qu'il peut s'appliquer à des situations comme celles de mineur, d'interdit, de prodigue; nous le jugeons également súpérieur à celui de rapport juridique (rechtsverhäultniss), si fréquemment employé dans la science contemporaine, et qui implique une relation directe entre deux personnes, alors que la situation juridique peut être unilatérale et opposable à toute personne, quelle qu'elle soit".

55. Roubier, Paul. Le droit transitoire (conflits des lois dans le temps). 2 ed. Paris: Dalloz et Sirey, 1960, p.183/184.
56. Roubier, Paul. Le droit transitoire (conflits des lois dans le temps). 2 ed. Paris: Dalloz et Sirey, 1960, p.201 adverte que: "Il faut supposer que, à la teneur de la loi précédente, une situation juridique n'a pu être formée (ou éteinte) sous l'empire de cette loi; une loi nouvelle ne peut déterminer après coup la constitution (ou l'extinction) dont il s'agit. Il importe peu que la loi nouvelle vienne créer un nouveau mode de constitution (ou cette extinction) d'après la loi antérieure, ou modifier une ou quelques-unes de ces conditions; dans tous les cas, la loi serait également rétroactive. Par exemple, une loi décide qu'un acte juridique qui devait être passé jusque-là dans la forme authentique, pourra désormais se faire par acte sous seing privé: les actes juridiques passés sous la forme sous seing privé sous l'empire de la loi précédenet demeurent nuls.".
57. Roubier, Paul. Le droit transitoire (conflits des lois dans le temps). 2 ed. Paris: Dalloz et Sirey, 1960, p.202.
58. Roubier, Paul. Le droit transitoire (conflits des lois dans le temps). 2 ed. Paris: Dalloz et Sirey, 1960, p.181 entende que: "Ainsi tous le effets juridiques à venir d'une situation existante seront déterminés par la loi nouvelle sans qu'il y ait rétroactivité, et cette proposition s'applique par exemple aux effets du mariage ou de l'adoption, de la minorité ou de l'interdiction, de la proprieté ou de l'usufruit etc. Il est vrai que, comme nous le vernos plus tard, les effets des contrats patrimoniaux en cours ne sont pas touchés en principe per les lois nouvelles".

Em linhas gerais, esses são os principais aspectos da teoria de Roubier, o mais completo entre os autores objetivistas. Façamos, por derradeiro, referência à teoria do fato realizado, a partir de um dos seus grandes expoentes: Ferrara.

A TEORIA DOS FATOS REALIZADOS

A presente teoria foi desenvolvida na Alemanha e na Itália. Nomes como Windscheid, Denburg e Ferrara são os grandes corifeus dessa linha de pensamento, calcada na afirmação de que a irretroatividade não se resume à investigação sobre a aquisição ou não de um direito, mas se um fato fora ou não realizado sob o império da lei precedente[59].

Francesco Ferrara, nesse sentido, afirma que "todo fato jurídico, seja acontecimento casual ou ato jurídico, é disciplinado tanto em suas condições e substância, quanto em todos os seus efeitos – passados, presentes e futuros – pela lei do tempo, no qual o fato se completou" [60].

Assim, em princípio, não apenas o fato, mas os seus efeitos (todos eles, passados, presentes e futuros, salvo exceção legal) serão regulados pela norma da data em que se aperfeiçoou.

Podemos, portanto, analisados os principais contornos das mais relevantes escolas de direito intertemporal, avançar para a apreciação da concepção adotada pelo direito brasileiro acerca dos conflitos de leis no tempo.

A LEGISLAÇÃO BRASILEIRA. ASPECTOS INTRODUTÓRIOS

O Brasil enquadra-se como um país que alça a questão de conflitos de leis no tempo ao patamar constitucional. A Constituição da República estabelece, em seu artigo 5º, inciso XXXVI que "a lei não prejudicará o direito adquirido, o ato jurídico perfeito e a coisa julgada". Em consonância com o mandamento constitucional, determina a Lei de Introdução às Normas do Direito Brasileiro (Decreto-lei 4.657/42), em sua redação atual, fruto da alteração determinada pela Lei 3.238/57, que praticamente repete o artigo 3º da Lei de Introdução ao Código Civil anterior (parte introdutória da Lei nº 3.071/16):

> *"Art. 6º. A lei em vigor terá efeito imediato e geral, respeitados o ato jurídico perfeito, o direito adquirido e a coisa julgada.*

---

59. Aftalión, Enrique R., Ola no, Fernando Garcia e Vila nova, Jose. Introducción al derecho. 11 ed. Buenos Aires: Cooperadora de Derecho e Ciencias Sociales, 1980, p. 477.

60. Ferrara, Francesco. Trattato di diritto civile italiano. Roma: Athenaeum, 1921, p. 266, tradução livre de "Ogni fatto giuridico, sia avvenimento casuale od atto giuridico, è regolato tanto per le sue condizioni di forma che di sostanza, quanto per tutti i suoi effetti – passati, presenti e futuri – dalla legge del tempo in cui il fatto fu giuridicamente compiuto..."

§ 1º Reputa-se ato jurídico perfeito o já consumado segundo a lei vigente ao tempo em que se efetuou.

§ 2º Consideram-se adquiridos assim os direitos que o seu titular, ou alguém por ele, possa exercer, como aqueles cujo começo do exercício tenha termo pré-fixo, ou condição preestabelecida inalterável a arbítrio de outrem.

§ 3º Chama-se coisa julgada ou caso julgado a decisão judicial de que já não caiba recurso."

A redação original do mencionado artigo assim normatizava:

"Art. 6º. A lei em vigor terá efeito imediato e geral. Não atingirá, entretanto, salvo disposição em contrário, as situações jurídicas definitivamente constituídas e o ato jurídico perfeito"

Quais as lições que podemos extrair da sucessão dos textos legais transcritos? A primeira delas é a de que hoje a questão de direito intertemporal tem sede constitucional no Brasil, o que se explica por nossa tradição constitucional: todos os textos constitucionais contemplaram a intangibilidade do direito adquirido, do ato jurídico perfeito e da coisa julgada como um direito fundamental, à exceção da Carta de 1937. A relevância jurídica de tal assertiva é imensa. Vejamos.

Serpa Lopes[61] alerta, com muita sobriedade, que a constitucionalização da matéria guarda aspectos positivos e negativos. Os primeiros seriam traduzidos pela ideia de segurança advinda da inserção do tema na Carta Maior, infensa, como cláusula pétrea que é, a aventureiras mudanças legislativas. A desvantagem, entretanto, ocorreria nos países onde haja, a exemplo do que ocorre na Itália e na França, uma exata compreensão do espírito de justiça e democracia. Nessas nações, prefere-se tratar da irretroatividade como um cânone geral e infraconstitucional, mas que admite exceções sempre quando o bem comum assim exigir. Tão graves seriam os inconvenientes do engessamento constitucional da matéria que, não raro, os juízes, em determinados países, sentiriam-se obrigados a criar fissuras nos cânones constitucionais. Embora não nos filiemos à aplicabilidade dessa tese em solo nacional, este, talvez, seja o espírito que anima o Enunciado 300, da IV Jornada de Direito Civil, realizada pelo Conselho da Justiça Federal e que dispõe:

"A lei aplicável aos efeitos atuais dos contratos celebrados antes do novo Código Civil será a vigente na época da celebração; todavia, havendo alteração legislativa que evidencie anacronismo da lei revogada, o juiz equilibrará as obrigações das partes contratantes, ponderando os interesses traduzidos pelas regras revogada e revogadora, bem como a natureza e a finalidade do negócio."

As razões que inspiraram a aprovação do mencionado enunciado serão oportunamente apreciadas. Voltemos, por enquanto, nossas atenções à questão outrora suscitada – qual o impacto da constitucionalização do direito intertemporal em nossas vidas, uma vez já apreciadas as vantagens e desvantagens de tal opção?

61. Serpa Lopes, Miguel Maria de. Curso de directo civil – vol. I – introdução, parte peral e teoria dos negócios jurídicos. 8 ed. Rio de Janeiro: Freitas Bastos, 1996, p. 193/194.

A resposta é relativamente simples. Quando o tema irretroatividade é incorporado ao ordenamento de um determinado país como norma constitucional (caso brasileiro), qualquer lei que violar os seus contornos será extirpada do mundo jurídico por afronta à Lei Maior. Nos demais casos, ou seja, naqueles em que o tema for tão somente objeto de direito infraconstitucional, a irretroatividade, embora permaneça como um cânone geral, pode ser eventualmente afastada por norma posterior que assim determine.

Estabelecida essa premissa, passemos à análise da Lei de Introdução às Normas do Direito Brasileiro.

A OPÇÃO DA LEGISLAÇÃO BRASILEIRA PELA ESCOLA SUBJETIVISTA

Caio Mário é enfático ao declarar que a Lei de Introdução contemporânea à votação do Código Civil anterior "tomou rumo francamente *subjetivista*, ao prescrever, no art. 3º, que a lei não prejudicará em caso algum o direito adquirido, o ato jurídico perfeito e a coisa julgada" [62].

Essa opção, no entanto, foi alterada pela edição da atual Lei de Introdução que dispunha, no artigo 6º de sua versão original, que, embora a lei tivesse efeito imediato e geral, ela não poderia, salvo disposição contrária, alcançar as situações jurídicas definitivamente constituídas e o ato jurídico perfeito. A redação transcrita revelou uma guinada do ordenamento jurídico brasileiro para a orientação objetivista, fortemente influenciada por Paul Roubier.

Um fato curioso merece ser destacado: a edição da nova Lei de Introdução ocorreu sob a égide da Constituição de 1937, portanto no breve período de desconstitucionalização do princípio da irretroatividade. Logo, embora a vigência imediata, geral e sem retroatividade das leis fosse regra, ela poderia ser afastada por norma infraconstitucional posterior, desde que houvesse recomendação expressa de sua aplicação retroativa.

Quando, todavia, após a queda de Getúlio Vargas, o Brasil foi redemocratizado, promulgou-se a Constituição de 1946, que novamente constitucionalizou a intangibilidade do direito adquirido, do ato jurídico perfeito e da coisa julgada. Vivíamos a partir de então, portanto, um paradoxo: a Constituição Federal consagrava um enfoque subjetivista para o tema dos conflitos da lei no tempo, ao tempo em que a Lei de Introdução ao Código Civil optava pelas conclusões do Paul Roubier.

O artigo 6º da Lei de Introdução, por óbvio, não fora recepcionado. Assim, a fim de se suprir o vazio legislativo que se desenhou, a Lei nº 3.238/57 tratou de novamente compatibilizar o texto da lei ao da Constituição, determinando a sua atual redação. Analisemo-la com mais vagar.

62. Pereira, Caio Mário da Silva. Instituições de directo civil – v. I. 14 ed. Rio de Janeiro: Forense, 1993, p.114.

O ATO JURÍDICO PERFEITO

O primeiro instituto cuja preservação é ordenada pelo artigo 6º da Lei de Introdução é o ato jurídico perfeito. Curiosamente, no passado, a referência ao ato jurídico perfeito fora um critério abraçado pelos objetivistas justamente para criticar a teoria do direito adquirido, sendo posteriormente abraçada pelos próprios subjetivistas, como advertem Eduardo Espínola e Eduardo Espínola Filho[63]. A origem do termo remonta à Idade Média, quando se estabeleceu a distinção entre o *actus perfectus* e o *actus prœteritus nondum finitus*. Entendia-se, pelo primeiro, o ato que se completara sob o regime da lei antiga, estando, pois, a ela sujeito, ainda que seus efeitos se façam sentir sob a vigência de nova lei. Os outros seriam atos do passado, que ainda esperariam o seu aperfeiçoamento e que, portanto, poderiam ser alcançados pela nova lei[64].

O Brasil, de toda sorte, invocou a proteção ao direito adquirido como incidente sobre o ato "já consumado segundo a lei vigente ao tempo em que se efetuou". Pontes de Miranda[65] entende que o ato jurídico perfeito é a manifestação de vontade revestida da forma de um negócio jurídico ou de um ato jurídico em sentido estrito[66]. Concordamos com a assertiva, mas a julgamos pouco esclarecedora, na medida que o grande problema advindo da definição legal de "ato jurídico perfeito" concentra-se no termo "consumado" e esse aspecto mereceria da doutrina mais aprofundada discussão.

José de Oliveira Ascensão, nessa esteira, esclarece que, a partir de sistemática interpretação da lei brasileira, "consumado" é o ato que já exauriu os seus efeitos, pois a lei "tem de respeitar a aquisição de direitos, mas não o conteúdo destes; porém, o próprio conteúdo passa a ser intocável quando os efeitos se consumarem. "A retroatividade só encontrará, portanto, espaço para se expandir, eventualmente, no que tange aos efeitos ainda em aberto." [67]. Não aderimos, porém, a essa conclusão, como adiante haveremos de explanar.

Outro aspecto suscitado por José de Oliveira Ascensão seria o de que considerar o ato jurídico perfeito como ato passado nos remeteria à já exposta teoria dos fatos passados ou realizados. Ora, como a Lei de Introdução já abraçaria a teoria dos direitos adquiridos, compreender ato jurídico perfeito como ato passado representaria a adoção de uma duplicidade de critérios para a resolução dos conflitos de leis no tempo (teoria subjetiva e do fato realizado)[68], o que implicaria alguma dificuldade

63. Espínola, Eduardo e Espínola Filho, Eduardo. A Lei de Introdução ao Código Civil Brasilieiro – v. I. 3 ed. Rio de Janeiro: Renovar, 1999, p. 283/284.
64. Espínola, Eduardo e Espínola Filho, Eduardo. A Lei de Introdução ao Código Civil Brasilieiro – v. I. 3 ed. Rio de Janeiro: Renovar, 1999, p. 283/284.
65. Pontes de Mir anda, Francisco Cavalcanti. Comentários à Constituição de 1967 – tomo V. 2 ed. São Paulo: RT, 1974, p. 77.
66. Pontes de Mir anda, Francisco Cavalcanti. Comentários à Constituição de 1967 – tomo V. 2 ed. São Paulo: RT, 1974, p. 102.
67. Ascensão, José de Oliveira. O Directo. Introdução e teoria geral. 2 ed. Rio de Janeiro: Renovar, 2001, p. 598.
68. Ascensão, José de Oliveira. O Directo. Introdução e teoria geral. 2 ed. Rio de Janeiro: Renovar, 2001, p. 597.

na aplicação de nossa legislação. Ocorre que não entendemos trazer a adoção cumulativa de dois critérios dificuldades assim ingentes. Expliquemo-nos.

Eduardo Espínola e Eduardo Espínola Filho compreenderam que a máxima de que "seja inadmissível cogitar da aplicação da lei nova ao ato perfeito, ao ato consumado de acordo com a lei vigente, é uma verdade de tanta força que os próprios adeptos da teoria subjetiva a proclamaram, também estendendo a regra aos efeitos e consequências que se ultimaram no regime da lei velha"[69]. Logo, assim podemos concluir, não há uma incongruência entre a simultânea adoção das teorias da proteção ao ato jurídico perfeito e ao direito adquirido.

Atos jurídicos e direitos subjetivos, por outro lado, não são realidades excludentes, antes complementares, guardando entre si, como adverte parte da doutrina[70], relação de causa e efeito. Portanto, ainda que se abrace a teoria subjetiva no ordenamento nacional, fazer uma concessão à teoria dos atos jurídicos perfeitos não parece trazer maiores problemas.

Além disso, reconhecem os Espínola, as conclusões dos objetivistas não são substancialmente diversas das ponderações subjetivistas, lembrando o seguinte trecho da obra de Gabba: "na teoria da retroatividade, a expressão direitos adquiridos não se toma no seu significado mais geral, que compreenderia também os direitos consumados, mas significa propriamente, e só, os direitos que foram adquiridos, mas não foram ainda efetuados ou consumados".[71]

Nesse ponto, o debate teórico ganha força e deve ser aprofundado. O ato jurídico perfeito tem seus efeitos passados, presentes e futuros preservados da incidência de qualquer norma, seja ela dispositiva ou de ordem pública? Vejamos.

A RETROATIVIDADE MÁXIMA, MÉDIA E MÍNIMA E O ATO JURÍDICO PERFEITO

Os tribunais brasileiros, especialmente o Supremo Tribunal Federal, trataram da questão da retroatividade, especialmente quanto aos atos jurídicos perfeitos, em três níveis, podendo ela ser máxima, média e mínima, conforme o caso.

---

69. Espínola, Eduardo e Espínola Filho, Eduardo. A Lei de Introdução ao Código Civil Brasileiro – v. I. 3 ed. Rio de Janeiro: Renovar, 1999, p. 284.
70. Ghersi, Carlos Alberto. Derecho Civil – Parte General. 2 ed. Buenos Aires: Astrea, 1999, p. 382/383, respalda o que se tenta demonstrar ao aseverar: "En la nota al art. 896 del Cód. Civil señala Vélez Sársfield que el precepto 'no se trata de los hechos como objeto de derecho, sino únicamente como causa productora de derecho. El hecho del hombre puede ser considerado bajo dos relaciones: 1°) como objeto de un derecho, por ejemplo, cuando alguno debe hacer algo en nuestro favor, como la entrega de una cosa, la ejecución o abstención de alguna acción...; 2°) como fuente de un derecho."
71. Gabba, C.F. Teoria della retroattività delle leggi – v. I, 3a ed, Milão: Unione Tipográfico, 1891, p. 191: "(...) nella teoria dela retroattività l'espressioni diritti acquisiti non si prende nel suo significato più generale, che comprenderebbe anche i diritti concumati, ma significa propriamente e soltanto quei diritti che furono acquistati, ma non sono ancora stati effettuati o consumati".

Haveria retroatividade máxima quando a lei ataca a coisa julgada e fatos consumados. Neste caso, a lei posterior atingiria pagamentos, transações, compensações efetuados sob a égide da lei anterior. Tal retroação afronta o princípio constitucional da segurança jurídica e não pode ser admitida, ressalvados hipóteses excepcionais da retroação da lei penal para beneficiar o réu.

Pode ocorrer, por outro lado, que a lei nova alcance os efeitos pendentes de atos ou negócios celebrados antes de sua vigência, caracterizando-se, nessa hipótese, a retroatividade média[72]. Imaginemos um exemplo: uma determinada lei civil autoriza a fixação de cláusula penal moratória (multa contratual) no valor máximo de dez por cento de determinada prestação. João e Pedro, atendendo ao comando legal, celebram um contrato com a multa por atraso fixado no importe máximo autorizado pela nossa fictícia lei, ou seja, dez por cento. Imaginemos, agora, que Pedro tenha atrasado o pagamento de alguma das parcelas, devendo, por tal impontualidade, incidir a multa pactuada. Ocorre que, após a infração contratual haver ocorrido, mas antes de João cobrar judicialmente a dívida atrasada e a multa, nova lei surge, reduzindo a cláusula penal ao valor máximo de dois por cento da parcela em aberto.

Nosso exemplo poderá ter, a partir de então, dois desfechos: aqueles que defenderem a incidência imediata da nova lei (que reduziu a multa), sugerindo que João só possa cobrar a cláusula penal de dois por cento, entenderão possível a retroatividade média da norma, pois ela alcançaria um efeito pendente (cobrança ainda não realizada da multa em aberto) de negócio jurídico celebrado antes de sua vigência (o contrato entre Pedro e João). Aqueles, por outro lado, que acatarem a cobrança da multa tal qual contratada (no valor de dez por cento) repudiarão a retroatividade média. Cabe ressaltar que nossa jurisprudência tende a refutar a possibilidade de tal efeito retroativo. Assim, em nosso exemplo, João poderia cobrar a multa de dez e não de dois por cento.

Quanto à retroatividade mínima, ela ocorre quando a lei nova busca alcançar os efeitos futuros de negócio jurídico celebrado antes dela[73]. Retomemos o nosso exemplo do contrato entre João e Pedro, que estabelecia uma multa de dez por cento em razão de atrasos. Ainda durante a vigência do contrato, mas antes de qualquer inadimplência, houve modificação da lei, sendo reduzida a mencionada multa para dois por cento. Pois bem, *somente após o advento da nova lei*, Pedro atrasa. Indaga-se: qual o valor da multa a ser cobrada por João – dez ou dois por cento?

Novamente a resposta depende de como o intérprete lidará com a questão da retroatividade, no presente caso, mínima: aqueles que acatam a sua possibilidade não hesitarão em clamar pela imediata incidência da nova lei, ao passo que os demais,

72. Alves, José Carlos Moreira. As leis de ordem pública e de direito público em face do princípio constitucional da irretroatividade, p. 13.
73. Alves, José Carlos Moreira. As leis de ordem pública e de direito público em face do princípio constitucional da irretroatividade, p. 13.

ou seja, os que refutam a possibilidade de retroatividade, mínima que seja, clamarão pela incidência de multa de dez por cento, tal qual preconizava o contrato em sua original redação. Aderimos à segunda corrente, mas reconhecemos a polêmica que outra opção (quanto à retroatividade mínima) suscita.

A questão divide opiniões. Por exemplo, aqueles que toleram a vigência imediata de novas normas de ordem pública sobre contratos ou negócios já celebrados anteriormente abraçam a possibilidade de retroatividade mínima. É o que faz o artigo 2.035 do Código Civil, ao dispor:

> *"Art. 2.035. A validade dos negócios e demais atos jurídicos, constituídos antes da entrada em vigor deste Código, obedece ao disposto nas leis anteriores, referidas no art. 2.045, mas os seus efeitos, produzidos após a vigência deste Código, aos preceitos dele se subordinam, salvo se houver sido prevista pelas partes determinada forma de execução.*
>
> *Parágrafo único. Nenhuma convenção prevalecerá se contrariar preceitos de ordem pública, tais como os estabelecidos por este Código para assegurar a função social da propriedade e dos contratos."*

Ora, o que faz o Código Civil, senão, como lei nova que é, pretender alcançar os efeitos futuros de atos e negócios celebrados antes dele, ou, em outras palavras, retroagir minimamente? Seria constitucional esse preceito? Acreditamos que não, o que oportunamente será esclarecido. Avancemos, por hora, em nosso raciocínio.

Bem, leis novas, ainda que expressamente pretendam, não podem incidir sobre efeitos de atos jurídicos perfeitos, na medida em que a proteção que é assegurada a estes é constitucional, isto é, a proteção do ato jurídico perfeito não pode ser quebrada por nenhuma norma que deva obediência à Constituição, como as leis em geral. E não se invoque que as normas de ordem pública devem incidir de imediato, porquanto tal incidência seria retroativa e "a lei retroativa é, em princípio, contrária a ordem pública" [74].

Tomemos alguns exemplos.

Com o advento do Plano Real estabeleceram-se regras sobre a periodicidade e os critérios de reajuste de contratos de locação. Todavia, alguns contratos que já estavam em vigor estabeleciam critérios e prazos distintos de reajuste. Diante de tal situação, discutiu-se se deveria prevalecer a lei nova, ou se as regras contratuais deveriam continuar a ser aplicadas.

Diante da controvérsia, a 3ª Seção do Superior Tribunal de Justiça firmou opinião no sentido de que a lei instituidora do Plano Real é norma de ordem pública e deveria se aplicar aos contratos em curso. Assim, afirmou o Ministro Vicente Leal:

74. Alves, José Carlos Moreira. As leis de ordem pública e de direito público em face do princípio constitucional da irretroatividade, p. 15.

"A medida provisória num. 542/1994, que instituiu o plano real e modificou o padrão monetário nacional, e norma jurídica de ordem pública, de eficácia imediata e geral, alcançando as relações jurídicas estabelecidas antes de sua edição.

As regras de conversão das obrigações pecuniárias com clausula de correção monetária baseada em índices de preços, previstas no art. 21, da citada medida provisória, são aplicáveis aos contratos de locação comercial, sem que disso resulte quebra do princípio da irretroatividade da lei."[75]

Em outra oportunidade, o Superior Tribunal de Justiça sobre a mesma matéria afirmou que não se havia de cogitar de supremacia do ato jurídico perfeito:

"As disposições da Lei nº 9.069/95, porque são de ordem pública e, portanto, de natureza cogente, aplicam-se indistintamente aos contratos já vigentes quando da sua edição, não havendo se falar em supremacia do ato jurídico perfeito e nem do direito adquirido." [76]

Como a discussão acabava envolvendo o disposto no artigo 5º, XXXVI da Constituição Federal de 1988, a matéria chegou ao Supremo Tribunal Federal, que, reconhecendo a natureza constitucional da proteção ao ato jurídico perfeito afastou a aplicação da lei nova. A propósito, é oportuno transcrever trecho do pensamento defendido pelo Ministro Celso de Mello:

"Mesmo os efeitos futuros oriundos de contratos anteriormente celebrados não se expõem ao domínio normativo de leis supervenientes. As consequências jurídicas que emergem de um ajuste negocial válido são regidas pela legislação em vigor no momento de sua pactuação... As normas de ordem pública – que também se sujeitam à cláusula inscrita no art. 5º, XXXVI, da Carta Política (RTJ 143/724) – não podem frustrar a plena eficácia da ordem constitucional, comprometendo-a em sua integridade e desrespeitando-a em sua autoridade."[77]

As mentes mais açodadas poderão, inadvertidamente, afirmar que o próprio Supremo Tribunal Federal, em certas hipóteses, admite a retroatividade mínima. Vejamos:

"Pensões especiais vinculadas a salário mínimo. Aplicação imediata a elas da vedação da parte final do inciso IV do artigo 7. da Constituição de 1988. – Já se firmou a jurisprudência desta Corte no sentido de que os dispositivos constitucionais tem vigência imediata, alcançando os efeitos futuros de fatos passados (retroatividade mínima). Salvo disposição expressa em contrário – e a Constituição pode fazê-lo -, eles não alcançam os fatos consumados no passado nem as prestações anteriormente vencidas e não pagas (retroatividades máxima e média). Recurso extraordinário conhecido e provido."[78]

Em realidade, o julgado transcrito apenas admite que Emendas Constitucionais tenham a mínima retroatividade (não a média e a mínima).

---

75. BRASIL. Superior Tribunal de Justiça. Resp 89348/SP, Relator MINISTRO Vicente Leal, SEXTA TURMA, DJ de 04/11/96.
76. BRASIL. Superior Tribunal de Justiça. Resp 222.466/SP, Relator MINISTRO Fernando Gonçalves, SEXTA TURMA, DJ de 22/05/2000.
77. BRASIL. Supremo Tribunal Federal. RE 205193/RS, Relator MINISTRO Celso de Mello, PRIMEIRA TURMA, DJ de 06/06/97.
78. BRASIL. Supremo Tribunal Federal. RE 205193/RS, Relator MINISTRO Mor eir a Alves, RE 140499/GO, DJ de 09/09/94.

Atente-se que o derradeiro julgado, acima transcrito, trata especificamente de *normas constitucionais e apenas elas podem vulnerar o ato jurídico perfeito*. As normas infraconstitucionais, foco principal de nosso debate e objeto de todo o estudo que se tem feito no presente capítulo, são as que, pela nossa atual sistemática jurídica, estão infensas a qualquer modalidade de retroatividade, seja mínima, média ou máxima.

Assim, somos obrigados a discordar do Enunciado 300 da IV Jornada de Direito Civil do Conselho da Justiça Federal, que novamente transcrevemos:

> *"A lei aplicável aos efeitos atuais dos contratos celebrados antes do novo Código Civil será a vigente na época da celebração; todavia, havendo alteração legislativa que evidencie anacronismo da lei revogada, o juiz equilibrará as obrigações das partes contratantes, ponderando os interesses traduzidos pelas regras revogada e revogadora, bem como a natureza e a finalidade do negócio."*

A justificativa do Enunciado acima transcrito é a de que a segurança jurídica deve ceder terreno, em determinadas hipóteses, ao interesse público mais candente. Logo, o magistrado, em cada caso concreto, quando se deparasse com questão envolvendo conflito de leis no tempo deveria adequar o contrato antigo aos ditames da nova norma, presumivelmente mais avançada do que a revogada lei.

Discordamos do posicionamento acima exposto. Relegar ao magistrado o papel de eleger qual a opção mais interessante – preservar o contrato antigo ou tolerar a retroatividade (ainda que mínima) de nova lei – significa mergulhar num mar de incertezas, que talvez sepultem a cláusula de proteção ao ato jurídico perfeito. Afinal, se a lei foi alterada por outra norma de ordem pública, o texto antigo fatalmente será considerado anacrônico pela a maior parte dos magistrados, pois, se assim não fosse, a lei antiga não haveria de ser alterada. Então, subverteríamos a lógica constitucional e transformaríamos a regra (proteção ao ato jurídico perfeito) em exceção, com os riscos que tal conduta poderão implicar não apenas ao mundo do direito, mas também a assuntos econômicos e, por arrastamento, sociais.

Lança luzes quanto a questão, a leitura do seguinte trecho da obra de Caio Mário:

> *"Costuma-se dizer que as leis de ordem pública são retroativas. Há uma distorção de princípio nesta afirmativa. Quando a regra da não retroatividade é de mera política legislativa, sem fundamento constitucional, o legislador, que tem o poder de votar leis retroativas, não encontra limites ultralegais à sua ação, e, portanto, tem a liberdade de estatuir o efeito retro-operante para a norma de ordem pública, sob o fundamento de que esta se sobrepõe ao interesse individual. Mas, quando o princípio da não retroatividade é dirigido ao próprio legislador, marcando os confins da atividade legislativa, é atentatório da Constituição a lei que venha a ferir direitos adquiridos, ainda que sob inspiração da ordem pública. A tese contrária econcontra-se defendida por escritores franceses ou italianos, precisamente porque, naqueles sistemas jurídicos, o princípio da irretroatividade é dirigido ao juiz e não ao legislador."*[79]

79. Pereira, Caio Mário da Silva. Instituições de directo civil – v. I. 14 ed. Rio de Janeiro: Forense, 1993, p.117/118.

Vamos até mais longe. Nem mesmo o mais alto expoente da teoria objetiva – Paul Roubier – ousou advogar a tese de que as normas de ordem pública teriam incidência imediata sobre os contratos em curso[80]. Lembremos que o respeito às relações jurídicas regularmente constituídas é um dos pilares dos Estados efetivamente democráticos. É tentador aos regimes autoritários impor novas normas com a escusa de que deverão incidir imediatamente sobre todos os negócios em curso, sob pena de se vulnerar o interesse público. Vivemos, no entanto, um regime democrático entrecortado por períodos totalitários. A sujeição do princípio da segurança jurídica (por meio da proteção ao ato jurídico perfeito, à coisa julgado e ao direito adquirido) ao princípio do maior interesse público é perigosa porta para a instalação de democracias cesaristas em nossa República.

Entendemos, portanto, que o ato jurídico perfeito deve ser preservado da incidência da nova lei, ainda que seus efeitos ainda estejam por se fazer sentir, sendo, assim, inconstitucional o artigo 2.035 do Código Civil do Brasil.

A COISA JULGADA E O DIREITO ADQUIRIDO

A Lei de Introdução ainda se refere à coisa julgada e ao direito adquirido, como institutos infensos à aplicação retroativa da lei. Quanto à primeira, costuma a doutrina classifica-la em formal (quando não mais se pode discutir no processo o que fora decidido) e material (que impede a discussão, até mesmo em outro processo, do que se decidiu). Esclarece Pontes de Miranda que a alusão constitucional a esse instituto no artigo 153, § 3º da Carta de 1967 (artigo 5º, XXXVI da atual Constituição Federal) abarcaria as duas espécies de coisa julgada[81]. Embora possa, para alguns, parecer estranha essa assertiva, ela é muito razoável. Pensemos em determinada lei que veda a concessão de alimentos a determinada categoria de parentes. Advindo nova lei que a revogue, não haverá sua incidência automática sobre os casos julgados anteriores, mas as partes interessadas deverão propor novas ações em que discutam o direito decorrente da nova norma. Não há retroatividade, neste exemplo, para se mitigar a coisa julgada. Ela permanece intacta. Há, isto sim, incidência imediata de nova lei, em processo distinto, evitando que a lei nova, por si só, reduza a pó as sentenças antigas.

Quanto ao direito adquirido, entendemos haver sido suficientemente explorado quando comentado o pensamento subjetivista. Uma derradeira observação, todavia, se mostra necessária: os três institutos – direito adquirido, ato jurídico perfeito e coisa julgada – são, em realidade, mecanismos de defesa dos cidadãos entre si e

80. Roubier, Paul. Le droit transitoire (conflits des lois dans le temps). 2 ed. Paris: Dalloz et Sirey, 1960, p.181 entende que: "(...) Il est vrai que, comme nous le vernos plus tard, les effets des contrats patrimoniaux en cours ne sont pas touchés en principe per les lois nouvelles".

81. Pontes de Mir anda, Francisco Cavalcanti. Comentários à Constituição de 1967 – tomo V. 2 ed. São Paulo: RT, 1974, p. 102.

destes frente ao Estado. Jamais do Estado frente ao cidadão. Essa conclusão, aliás, está sufragada pelo Supremo Tribunal Federal, no seguinte julgamento:

> *"O princípio insculpido no inciso XXXVI do art. 5º da Constituição (garantia do direito adquirido) não impede a edição, pelo Estado, de norma retroativa (lei ou decreto) em benefício do particular"*[82].

O conflito de leis no tempo e o direito civil

Trabalhadas as várias facetas dos conflitos de leis no tempo, seria oportuno apreciar, ainda que sucintamente, o impacto do tema em cada uma das searas do direito civil.

Quanto à parte geral do direito civil, os principais efeitos do conflito de normas no tempo referem-se às questões de determinação de maioridade, incapacidade, ausência, domicílio e nome. Dessa forma, ao tratarmos de maioridade e incapacidade, em regra, há incidência imediata da nova lei[83].

Algumas exceções à regra acima exposta, contudo, são de pertinente análise. Quanto às modificações na faixa etária para aquisição da maioridade, embora haja incidência imediata da norma derradeira ao dispor sobre a matéria, aqueles que já eram maiores à época de sua edição não perdem essa qualidade se houver um aumento na idade para que se alcance essa *status*. Pensemos, pois, no exemplo de uma determinada lei haver alterado de dezoito para vinte e um anos a idade para aquisição de maioridade, quem já estivesse com aquela idade no dia do início da vigência da nova norma, não voltaria a ser menor. Quanto à hipótese contrária, ou seja, de redução de maioridade, ela incidiria imediatamente, como ocorreu com o Código Civil de 2002 que instantaneamente tornou todos os jovens do Brasil que já contavam pelo menos com dezoito anos maiores, reduzindo a idade do Código antigo, que era de vinte e um anos.

As eventuais novas hipóteses de interdição, ao seu turno, em virtude de estado de saúde (seja física ou mental), se aplicam imediatamente a todos aqueles que, pela lei revogada, não estejam por elas contemplados, mas que se vejam abarcados pelas novas hipóteses, porquanto o quadro de incapacidade não reflete um direito adquirido, mas um estado contínuo, sendo dever do Estado proteger aqueles mais vulneráveis juridicamente[84]. Desta forma, a incidência imediata do novo comando não representa retroatividade injusta.

Abordando-se, ainda, a incidência do direito intertemporal sobre institutos estudados na parte geral do direito civil, é importante que nos ocupemos da ausência.

---

82. STF – RE 184099/DF, Relator Ministro Octávio Galotti, DJ de 18/04/97.
83. Maximiliano, Carlos. Direito intertemporal ou teoria da retroatividade das leis. Rio de Janeiro: Freitas Bastos, 1946, p.66.
84. Maximiliano, Carlos. Directo intertemporal ou teoria da retroatividade das leis. Rio de Janeiro: Freitas Bastos, 1946, p.73.

Ela, como bem acentuado por Eduardo Espínola e Eduardo Espínola Filho[85], reflete uma situação jurídica contínua, com efeitos sucessivos. Assim, quanto à constituição de ausência, trata-se de hipótese regulada pela norma vigente à época do reconhecimento desse estado, mas os seus efeitos podem sofrer a aplicação imediata de novas leis, que entrem em vigor em cada uma de suas fases, desde que não prejudiquem, por óbvio, direitos adquiridos ou atos jurídicos perfeitos. Podemos exemplificar o que se tenta expor com o próprio Código Civil de 2002.

Determina o artigo 33 do Código Civil:

> *"Art. 33. O descendente, ascendente ou cônjuge que for sucessor provisório do ausente, fará seus todos os frutos e rendimentos dos bens que a este couberem; os outros sucessores, porém, deverão capitalizar metade desses frutos e rendimentos, segundo o disposto no art. 29, de acordo com o representante do Ministério Público, e prestar anualmente contas ao juiz competente."*

Suponhamos que uma hipotética lei altere o dispositivo transcrito, igualando todos os herdeiros e impondo a todos, na sucessão provisória, a necessidade de capitalização de metade dos frutos pelos herdeiros do ausente. Nessa hipótese, os frutos que já foram adquiridos pelos herdeiros necessários permanecerão com eles, mas os frutos futuros seguirão as determinações de nossa hipotética norma.

As normas atinentes ao domicílio são de incidência imediata, não se havendo razão para conclusão diversa, eis que, sendo este o centro habitual das ocupações do sujeito de direito, é, por essência, provisório e instável, não gerando, por si, nenhuma situação de direito adquirido[86].

Abordemos quanto à parte geral, por derradeiro, as normas relativas ao nome. Observam-se, nesse sentido, os preceitos vigentes na época em que determinado ou alterado, consoante ao que se trate de fixação ou mudança de nome[87].

Os direitos reais são regulados pelas normas vigentes, seja na sua definição, seja no seu exercício, inclusive quando a questão se refira à indisponibilidade de bens, ressalvadas as alienações anteriores ao comando constante da nova lei[88].

O direito das obrigações rege-se pela lei vigente à época da formação do vínculo, seja contratual ou extracontratual. A principal controvérsia sobre esse tema já foi abordada e refere-se à lei de regência dos contratos, que se guiam pela norma existente à época de sua celebração, inclusive quanto aos *efeitos* passados, presentes e futuros[89].

---

85. Espínola, Eduardo e Espínola Filho, Eduardo. A Lei de Introdução ao Código Civil Brasileiro – v. I. 3 ed. Rio de Janeiro: Renovar, 1999, p. 308/309.
86. Serpa Lopes, Miguel Maria de. Comentários à Lei de Introdução ao Código Civil – vol. I. 2 ed. Rio de Janeiro: Freitas Bastos, 1959, p. 296.
87. Maximiliano, Carlos. Directo intertemporal ou teoria da retroatividade das leis. Rio de Janeiro: Freitas Bastos, 1946, p. 77.
88. Pereira, Caio Mário da Silva. Instituições de directo civil – v. I. 14 ed. Rio de Janeiro: Forense, 1993, p.116.
89. STF – RE 205193/RS, Relator Ministro Celso de Mello, DJ de 06/06/97.

Quanto ao direito das sucessões, as normas de regência revelam-se muito simples. O princípio geral é o de que a sucessão hereditária é regida pela norma vigente ao tempo da morte do *de cujus*. Importante exceção se pode fazer quanto à capacidade para testar e as condições de validade do testamento, que serão apuradas consoante a norma vigente à época da elaboração do mencionado ato de última vontade.

Verificados tais aspectos, acreditamos, ao menos resumidamente, haver abordado os principais problemas advindos da aplicação intertemporal da norma. Derradeira questão será tratada no capítulo atinente à prescrição e decadência, cujas peculiaridades do embate entre lei nova e velha, em especial os Códigos de 1916 e 2002, demandarão mais detido debate. Seguimos, pois, com a análise da Lei de Introdução quanto a outro aspecto igualmente importante – o conflito de leis no espaço.

CAPÍTULO 3
CONFLITO DE LEIS NO ESPAÇO

ASPECTOS INTRODUTÓRIOS

O princípio da territorialidade impõe a vigência das leis de determinado Estado nos limites de suas fronteiras. No entanto, não é apenas dentro de suas fronteiras que uma lei pode surtir efeitos. Vejamos: um brasileiro celebra com um francês um contrato mútuo em solo inglês. Dúvidas quanto à capacidade das partes e a validade do contrato surgem durante a sua execução. É de indagar-se: judicializando-se a matéria, qual lei será aplicada para dirimir a controvérsia? A lei brasileira, francesa ou inglesa?

Questões como essas nos remetem ao estudo do conflito das leis no espaço, matéria sobre a qual nos debruçaremos doravante. Bem verdade que existe disciplina própria no Direito que se ocupa mais detidamente do estudo de problemas assemelhados ao presente: o Direito Internacional Privado. Esse ramo jurídico tem, por missão, segundo Cláudio Souto[1], "(...) escolher que norma deve ser aplicada a uma certa situação quando podem ser invocados dois ou mais sistemas normativos para a regulação da mesma."

Já se pode perceber, portanto, que a opção exagerada pela aplicação *exclusiva* da lei nacional dentro de nossas fronteiras não parece ser a solução mais adequada. A territorialidade extremada é, assim, mitigada, cedendo espaço, em certas hipóteses, ao princípio da extraterritorialidade da lei, entendido como reconhecimento que um sistema jurídico faz acerca da possibilidade de que norma estrangeira regule a constituição, a validade ou a produção de efeitos de determinados atos ou de certas situações jurídicas[2]. Compreendamos com mais exatidão o significado de um conflito interespacial.

OS CONFLITOS INTERESPACIAIS

Luís de Lima Pinheiro[3] bem delimita o alcance da expressão "conflito de leis no espaço" ao advertir que ela não se confunde com as "divergências entre os sis-

1. Souto, Cláudio. Introdução crítica ao direito internacional privado. 2 ed. Porto Alegre: Sérgio Antônio Fabris, 2000, p. 94.
2. Pereira, Caio Mário da Silva. Instituições de direito civil – v. I. 14 ed. Rio de Janeiro: Forense, 1993, p.121.
3. Pinheiro, Luís de Lima. Direito internacional privado – v. I. Coimbra: Almedina, 2003, p. 27.

temas materiais em presença na regulação de uma situação da vida", ou, em outras palavras, não há um real choque de sistemas jurídicos de dois diferentes países, disputando a prevalência sobre a regulação de situação ocorrida na vida real. Ora, é fato que, no mundo hodierno, há uma infinidade de ordenamentos jurídicos que apresentam divergências entre si. Esses sistemas, todavia, não nutrem a pretensão de se aplicarem simultaneamente na ordem jurídica local, o que os colocaria em real posição de conflito.

Caio Mário[4], astuciosamente, nessa mesma esteira, revela que, na essência, inexistem conflitos interespaciais de leis e que isso não passaria de um absurdo lógico. Com efeito, aquilo que ordinariamente se identifica como o malfadado conflito de normas no espaço representa, na realidade, a possibilidade de que o ordenamento jurídico de certo Estado admita, diante de um fato por ele previsto, que norma estrangeira seja aplicada em seu próprio território – nada mais. Em outras palavras: não existe um verdadeiro conflito, mas uma opção de nossa própria lei pela incidência de norma de outro país. Ilustremos essa assertiva por meio de um exemplo: um cidadão domiciliado no Paquistão, porém em férias no Brasil, resolve celebrar um contrato. Seria esse estrangeiro capaz de praticar atos da vida civil? A resposta à indagação aparentemente poderia revelar um conflito – usaríamos a lei brasileira ou paquistanesa para dirimir a questão?

Correto asseverar que o conflito é, em verdade, aparente, pois a própria lei brasileira trata de resolvê-lo – afinal, assim dispõe o artigo 7º da Lei de Introdução ao Código Civil:

> *"Art. 7º. A lei do país em que domiciliada a pessoa determina as regras sobre o começo e o fim da personalidade, o nome, a capacidade e os direitos de família."*

Deve-se, então, pelo próprio ordenamento nacional, aplicar, para se aferir a capacidade do mencionado estrangeiro, o direito paquistanês. Trilhando-se o raciocínio de Caio Mário, inexistiria, no exemplo, verdadeiro conflito entre normas de duas nações, porquanto a própria lei brasileira elege o estatuto que regerá a hipótese.

Seja como for, aparente ou não o conflito, o fato é que alguns fatores básicos podem ensejar dúvidas quanto à norma correta a presidir-nos a vida. Paulo Nader[5] assim os identifica: *a)* pluralidade de normas; *b)* mobilidade do homem no espaço; e *c)* admissibilidade de aplicação de normas estrangeiras em solo pátrio. Essas dúvidas apenas serão fulminadas com a edição de normas que apontem o direito aplicável, quais sejam, as "normas de resolução de conflitos de leis no espaço", dotadas de características muito especiais.

As mencionadas normas conflituais são caracterizadas por três aspectos essenciais: *a)* são normas de regulação indireta; *b)* são normas de conexão; e *c)* são

4. Pereira, Caio Mário da Silva. Instituições de direito civil – v. I. 14 ed. Rio de Janeiro: Forense, 1993, p.121.
5. Nader, Paulo. Curso de direito civil – parte peral – v. I. 4 ed. Rio de Janeiro: Forense, 2007, p.165.

normas fundamentalmente formais. São de regulação indireta (remissivas ou de sobredireito[6]) por cumprirem sua função por meio da remissão para o Direito que vai diretamente regular a hipótese. São regras de conexão, pois elegem elementos tais como a nacionalidade, o domicílio ou o lugar de situação da coisa, para funcionarem como laços entre os fatos vivenciados e o Direito escolhido para regê-los. São, por fim, normas formais, na medida em que não atenderiam, em princípio, a questões como a justiça ou injustiça, o equívoco ou acerto das normas eleitas para regerem a hipótese de conflito (salvo nos casos de violação à soberania nacional, à ordem pública ou aos bons costumes, como ordena o artigo 17 da Lei de Introdução ao Código Civil), porquanto, como regras remissivas que são, ambicionam apenas apontar qual o Direito aplicável e não qual o *melhor* Direito para a espécie[7].

BREVE HISTÓRICO

Francesco Ferrara esclarece que o Direito Internacional Privado é produto do moderno desenvolvimento jurídico, visto que, na Antiguidade, não se conhecia nada similar, sendo os estrangeiros pessoas sem direito. Essa realidade, aos poucos, foi mudando, surgindo, ainda em Roma, o que se denominou *ius gentium*. Frise-se, porém, que tal direito não era exatamente igual ao que denominamos Direito Internacional Privado, uma vez que os romanos o entendiam como uma espécie de "direito mundial" e não como a possibilidade de aplicação de normas estrangeiras em seu próprio solo[8].

Seguiu-se ao modelo romano o chamado sistema da personalidade da lei. A situação assim se desenhava: na Europa, após as invasões bárbaras, cada indivíduo sujeitava-se à lei de sua tribo, ainda que estivesse dispersa pelo solo continental. Caso interessante foi o da dominação visigótica em solo espanhol (logo após a queda de Roma). Os romanos vencidos eram regidos pela "*lex romana visigotorum*", ao passo que os visigodos (vencedores) regiam-se pelo "*Codex Eurici*". Os indivíduos declaravam a que grupo pertenciam *(professio legis)*, sendo-lhes, doravante, aplicado o Direito da respectiva tribo[9].

6. Rào, Vicente. O Direito e a vida dos direitos – v. I. São Paulo: RT, 1997, p. 402.
7. Pinheiro, Luís de Lima. Direito internacional privado – v. I. Coimbra: Almedina, 2003, p. 31/40.
8. Ferrara, Francesco. Trattato di diritto civile italiano. Roma: Athenaeum, 1921, p. 279, expõe assim seu pensamento: "Il diritto internazionale privato è un prodotto del moderno sviluppo giuridico: l'antichità non conosceva nulla di simille. Secondo la concezione ântica romana, il diritto valeva solo entro il território dello Stato: gli stranieri erano *sensa diritti*. Solo gradualmente e per eccezione si riconobbe ad essi uma limitata capacita giuridica, e si creò in loro favore um diritto speciale, l'*ius gentium*. Ma è bene notare che l'*ius gentium* che i Romani avevano elaborato per i loro rapporti com lê nazioni amiche era *(o pretendeva di essere)* um *diritto mondiale*, da valere presso tutti i popoli (...) non era il riconoscimento del diritto degli altri Stati. Imperava sempre e solo il diritto romano."
9. Aftalión, Enrique R., Ola no, Fernando Garcia e Vila nova, Jose. Introducción al derecho. 11 ed. Buenos Aires: Cooperadora de Derecho e Ciencias Sociales, 1980, p. 455.

Ocorre, porém, que, ainda no período medieval, cristalizou-se o chamado sistema da territorialidade das leis, diretamente relacionado ao fortalecimento do feudalismo. Nas múltiplas e pequenas senhorias em que se dividiam os territórios dos atuais Estados da Europa, aplicavam-se quase que exclusivamente as suas próprias leis. Esse período só foi arrefecido no século XII, com o trabalho dos glosadores e pós-glosadores[10], nascendo, assim, o período denominado de "estatutário".

Inicia-se o referido sistema nas cidades italianas, onde o sistema jurídico local era conhecido como estatuto. Coube, assim, aos juristas da Baixa Idade Média, como Bártolo e Baldo, especular se a lei nacional (estatuto da cidade) deveria sempre prevalecer ou se poderia ceder, em determinadas hipóteses, lugar à lei estrangeira, ainda que a relação jurídica se passasse na própria cidade. Nesse sentido, o florescimento do comércio bem como o intrincado entrelaçamento de relações sociais e econômicas criou a necessidade da incidência de leis estrangeiras na própria cidade. Dessarte, nas diversas relações jurídicas, questões relativas à personalidade deveriam sujeitar-se à lei do domicílio, ao passo que as atinentes aos bens imóveis ao do lugar onde situados e, quanto aos atos jurídicos, a lei de regência seria a do lugar onde aperfeiçoados[11].

Convém lembrar que o fundamento para a aplicação da teoria do estatuto oscilou entre o direito romano comum, potencializado pela unidade política das unidades integrantes do Sacro Império Romano Germânico, e a ideia de cortesia entre os povos, pensamento que se fortaleceu com o advento da chamada escola holandesa, caracterizada pelo nacionalismo decorrente de anos de ocupação estrangeira naquela nação. A cortesia internacional, entretanto, mostrou-se um fundamento precário, desgastando as concepções estatutárias, pois submeteu a aplicação da legislação alienígena à boa vontade do soberano[12].

Foi justamente neste momento de desgaste da teoria estatutária que Friederich Carl von Savigny marcou indelevelmente as letras jurídicas no que diz respeito aos conflitos de leis no espaço. Sua teoria parte da análise das desvantagens da aplicação de regras[13] então difundidas – são elas:

a) cada Estado pode demandar que apenas suas leis sejam aplicadas em seus limites e;

10. RÀO, Vicente. O Direito e a vida dos direitos – v. I. São Paulo: RT, 1997, p. 423.
11. Ferrara, Francesco. Trattato di diritto civile italiano. Roma: Athenaeum, 1921, p. 280, esclarece: "Con il fiorire dei Comuni, ed il rigoglioso intreccio di relazioni sociali e di commercio fra le varie città, si sente sempre più vivo il bisogno d'um riconoscimento delle leggi straniere, e si elabora dai post-glossatori, specialmente de Bartolo e Baldo, la celebre *teoria degli statuti,* che è la radice del moderno diritto internazionale privato. Secondo tale dottrina ognuno deve essere assoggettato per la persona alle leggi del suo domicilio *(statuta personalia)*, riguardo agli immobili alla leggi del luogo dove sono situati *(statuta realia)* ed in relazione agli atti giuridici. Alle leggi del luogo dove l'atto é compiuto *(statuta mixa)*. Per i beni mobili, dato il loro facile e rapido spostamento, vige la massima: *mobila personam sequuntur, ossibus inharent.*"
12. Aftalión, Enrique R., Ola no, Fernando Garcia e Vila nova, Jose. Introducción al derecho. 11 ed. Buenos Aires: Cooperadora de Derecho e Ciencias Sociales, 1980, p. 455.
13. Savigny, Friederich Carl von. Sistema do direito romano atual – v. VIII. Ijuí/RS: Unijuí, 2004, p. 48.

b) nenhum Estado pode impor suas leis além de suas fronteiras;

O raciocínio de Savigny é calcado em bases muito simples. Em princípio, todos os Estados poderiam privar de qualquer direito os estrangeiros, como ocorreu em Roma. A tendência, entretanto, não seria essa, mas a oposta – buscar, cada vez mais, o estabelecimento da igualdade entre nacionais e estrangeiros, que poderia ser alcançada, ao menos em tese, pela exclusiva aplicação da lei do território, inclusive para os não nacionais. O estreitamento das relações entre os povos, todavia, não aconselha a territorialidade extremada, pois ela implicaria recíproco tratamento por outras soberanias. O raciocínio contrário também se mostra válido, ou seja: a concessão da aplicação de leis estrangeiras em solo nacional faz com que leis nacionais, por tratamento recíproco, também sejam aplicadas em solo de outros Estados. Assim, uma espécie de comunidade de direito entre os povos que se relacionam entre si acabaria sendo criada, estabelecendo-se, então, regras mais ou menos uniformes para a resolução de conflitos de leis no espaço em diversos países[14]. Perceba-se não se tratar de um gesto de simples cortesia, mas de uma atitude que objetiva a reciprocidade de outros Estados para a formação da mencionada comunidade de ordenamentos.

Estabelecida, assim, a comunhão de direitos, ao juiz, em cada Estado, cumpriria "procurar, para cada relação jurídica, o domínio do direito ao qual essa relação pertence por sua natureza (onde essa relação tem sua sede)"[15], tarefa cujo desempenho demanda o estudo do conflito de leis segundo diversos ramos do direito civil, a saber: o estado das pessoas, o direito das coisas, o direito das obrigações, o direito sucessório e o direito de família. Sobressai-se, como regra geral, todavia, a regra domiciliar.

Logo, quanto ao estado das pessoas, entende Savigny que a lei aplicável é a dos seus respectivos domicílios[16], ao passo que, para o direito das coisas, adequada seria a aplicação da *lex rei sitae* (lei da situação da coisa), exceção que se faz aos bens móveis que se prestam para transporte com o titular (nessa hipótese, há de se aplicar a lei do domicílio do dono)[17].

As relações obrigacionais seriam regidas mais adequadamente, segundo o jurista alemão, pela sede da obrigação, ou, em outras palavras, pelo local em que está situada no espaço, pois lá será determinada a jurisdição especial para conhecê-la e, portanto, o direito local ao qual se sujeita[18]. Resumidamente, ele apresenta os seguintes critérios para determinação do local da obrigação segundo a jurisdição que deverá conhece-la[19]:

14. Savigny, Friederich Carl von. Sistema do direito romano atual – v. VIII. Ijuí/RS: Unijuí, 2004, p. 48/50.
15. Savigny, Friederich Carl von. Sistema do direito romano atual – v. VIII. Ijuí/RS: Unijuí, 2004, p. 112.
16. Savigny, Friederich Carl von. Sistema do direito romano atual – v. VIII. Ijuí/RS: Unijuí, 2004, p. 128.
17. Savigny, Friederich Carl von. Sistema do direito romano atual – v. VIII. Ijuí/RS: Unijuí, 2004, p. 160.
18. Savigny, Friederich Carl von. Sistema do direito romano atual – v. VIII. Ijuí/RS: Unijuí, 2004, p. 174.
19. Savigny, Friederich Carl von. Sistema do direito romano atual – v. VIII. Ijuí/RS: Unijuí, 2004, p. 192/193.

> *"I) No local em que deve ser cumprida a obrigação segundo a vontade especial das partes, seja essa vontade resultante de uma declaração expressa, seja da natureza dos atos que acompanham a obrigação e não permitem que seja cumprida em outro local.*
>
> *II) Na ausência de um local fixado para a execução, a jurisdição pode decorrer do fato de que a obrigação surge num local em que o devedor tem a sede de seus negócios.*
>
> *III) A jurisdição é em seguida determinada pelo local em que a obrigação surge, quando esse local coincide com o domicílio do devedor.*
>
> *IV) Independentemente do domicílio do devedor, o local em que a obrigação surge determina a jurisdição quando, segundo as circunstâncias, esse local é também aquele em que as partes tiveram de contar para que a obrigação fosse cumprida.*
>
> *V) Na ausência de todas as condições precedentes, a jurisdição da obrigação está no domicílio do devedor."*

O direito sucessório e o de família também foram objeto dos estudos de Savigny, sendo a norma aplicável à primeira hipótese, como regra geral, a do domicílio do *de cujus*[20]. Convém lembrar que a regra domiciliar tem enorme importância também para as relações de direito de família (o domicílio do marido determinaria as regras sobre matrimônio[21], o domicílio do pai regeria as questões ligadas ao poder familiar[22], apenas para citarmos alguns exemplos).

Não obstante a inegável importância de Savigny para o estabelecimento de regras aplicáveis ao conflito de leis no espaço, seus pensamentos não reinaram absolutos e foram objeto de críticas pelos adeptos da teoria da nacionalidade, cujo maior expoente, no século XIX, fora o italiano Mancini[23]. A sua teoria apregoa que o sujeito, esteja onde estiver, deve, salvo nas hipóteses de incidência de normas de ordem pública, ser regido pela lei de sua nação.

Importa ressaltar que as lições desse autor foram fundamentais para a chamada escola italiana, que não chegou a predominar nos países americanos, tendo em vista as críticas que lhe foram dirigidas já no início do século XX[24], entre as quais podemos lembrar a mácula de revestir-se de caráter mais político do que técnico, sem mencionar as ingentes dificuldades de unificação dos seus critérios entre os diversos Estados, tendo em vista a pluralidade de sistemas de definição de nacionalidades.

---

20. Savigny, Friederich Carl von. Sistema do direito romano atual – v. VIII. Ijuí/RS: Unijuí, 2004, p. 240.
21. SAVIGNY, Friederich Carl von. Sistema do direito romano atual – v. VIII. Ijuí/RS: Unijuí, 2004, p. 260.
22. Savigny, Friederich Carl von. Sistema do direito romano atual – v. VIII. Ijuí/RS: Unijuí, 2004, p. 269).
23. Mancini, Pasquale Stanislao. Direito internacional. Ijuí/RS: Unijuí, 2003, p. 93 é enfático ao afirmar que "A quem nos pedisse para reduzir a termos mais elementares e à expressão mais simples a diferença fundamental de nossa doutrina das anteriores, responderia que esta diferença consiste essencialmente numa mudança do sujeito da própria ciência. Até agora foi dito: o que os indivíduos são no Direito Privado, os Estados, representados por seus governos, o são no Direito Internacional. Não, dizemos nós, não são os Estados, mas as Nações e, desse modo, substituímos um sujeito artificial e arbitrário por outro natural e necessário."
24. Ferrara, Francesco. Trattato di diritto civile italiano. Roma: Athenaeum, 1921, p. 282, expõe assim sua breve crítica ao pensamento de Mancini: "Prescindendo da quest'ultima dottrina [de Mancini] che ha carattere píu politico che giuridico..."

Outra questão capaz de infirmar a validade científica da teoria exposta é o fato de que a sua aplicação, no século XIX, reforçaria a importância das leis editadas pelos países europeus, então caracterizados por movimentos de emigração, em detrimento das nações americanas, que recebiam grandes contingentes de egressos do Velho Mundo. Incidindo, com efeito, a teoria sob análise, milhões de pessoas, no Novo Mundo, continuariam sendo regidas pelas leis de suas nações de origem... Imaginemos, pois, como seria o trabalho de juízes argentinos, brasileiros ou norte-americanos, no século XIX, ao dirimir conflitos de leis no espaço segundo tal critério, sendo obrigados a conhecerem as mais esdrúxulas leis, dos mais distantes rincões do mundo, em período histórico no qual as informações não se encontravam tão facilmente globalizadas pela internet. A teoria da nacionalidade não parecia, de fato, ser a melhor solução para os povos da América[25].

Essas, de qualquer sorte, foram as principais doutrinas que proporcionaram o advento do moderno Direito Internacional Privado. Dediquemos, doravante, algumas linhas para o estudo da evolução desse ramo do saber em solo brasileiro.

O CONFLITO DE LEIS NO ESPAÇO NO DIREITO DO BRASIL

A América Latina, até mesmo mais do que a Europa, segundo as lições de Vicente Rào[26], sempre se importou com a construção de um eficaz sistema continental de solução de conflitos espaciais de leis. Lembra o jurista que a primeira Conferência realizada com essa finalidade fora promovida em Lima, no ano de 1878, sendo muito influenciada pelas ideias europeias de nacionalidade, a despeito das fortes correntes imigratórias que aportavam na América.

Entre os anos de 1888 e 1889, nova Conferência entre nações da América Latina ocorreu, culminando com a assinatura de tratados internacionais que, quanto ao direito civil, demonstraram clara preferência pela teoria do domicílio. O Brasil, entretanto, fechando os olhos para as vantagens de tal corrente, manteve-se como irredutível defensor da teoria da nacionalidade, deixando de firmar o pacto internacional que derivou dos entendimentos então entabulados[27].

Novas Conferências, porém, se seguiram às duas primeiras, culminando com a aprovação do Código Bustamante, cujo projeto fora de autoria do jurista cubano Sanchez

25. Aftalión, Enrique R., Ola no, Fernando Garcia e Vila nova, Jose. Introducción al derecho. 11 ed. Buenos Aires: Cooperadora de Derecho e Ciencias Sociales, 1980, p. 462 sintetiza essa crítica da seguinte forma: "El sistema de Manzini descansa en una confusión entre la nacionalidad que interesa al derecho político y la ley personal como punto de conexión para la aplicación de la ley extranjera en derecho internacional privado. Esta confusión se ve agravada porque, según la teoría estricta de Manzini, la nacionalidad sería el único punto de conexión del derecho internacional privado. Con ello se restringe por un lado la aplicación de la ley extranjera y, por otra parte, se inclina la balanza a favor de los países de emigración (como Italia) y en contra de los países de inmigración (en general, América).
26. Rào, Vicente. O Direito e a vida dos direitos – v. I. São Paulo: RT, 1997, p. 432.
27. Rào, Vicente. O Direito e a vida dos direitos – v. I. São Paulo: RT, 1997, p. 434.

de Bustamante y Servién, incorporado ao nosso ordenamento jurídico no ano de 1929 pela Lei nº 5.647, de 8 de janeiro de/1929, e pelos Decretos nº 18.671/29 e nº 18.956/29. Importante frisar que a mencionada regra não se incompatibilizava com a adoção, pelo Brasil, da teoria da nacionalidade, como se depreende da leitura de seu artigo 3º:

"Art. 3º. Para o exercício dos direitos civis e para o gozo das garantias individuais idênticas, as leis e regras vigentes em cada Estado contratante consideram-se divididas nas três categorias seguintes:

I. As que se aplicam às pessoas em virtude do seu domicílio ou da sua nacionalidade e as seguem, ainda que se mudem para outro país -, denominadas pessoais ou de ordem pública interna.

II. As que obrigam por igual a todos os que residem no território, sejam ou não nacionais -, denominadas territoriais, locais ou de ordem pública internacional.

III. As que se aplicam somente mediante a expressão, a interpretação ou a presunção da vontade das partes ou de alguma delas-, denominadas voluntárias, supletórias ou de ordem privada."

Fixado, pois, que cada Estado poderia adotar como critério de resolução de conflitos espaciais o domicílio ou a nacionalidade, pugnava o Código de Bustamante que a capacidade dos indivíduos seria regida pela lei pessoal. Nesse caso, alguns países latinos, de pronto, já aplicaram, como lei pessoal, a norma domiciliar, ao passo que o Brasil preferiu a norma da nacionalidade, realidade que perdurou até a edição da atual Lei de Introdução, que alterou a balança das normas conflituais fazendo prevalecer a teoria do domicílio em detrimento de outras escolas.

A ANÁLISE DA LEI DE INTRODUÇÃO

A Lei de Introdução enceta a abordagem sobre conflitos de leis no espaço no seu artigo 7º, que assim dispõe:

"Art. 7º A lei do país em que domiciliada a pessoa determina as regras sobre o começo e o fim da personalidade, o nome, a capacidade e os direitos de família.

§ 1º Realizando-se o casamento no Brasil, será aplicada a lei brasileira quanto aos impedimentos dirimentes e às formalidades da celebração.

§ 2º O casamento de estrangeiros poderá celebrar-se perante autoridades diplomáticas ou consulares do país de ambos os nubentes. (Redação dada pela Lei nº 3.238, de 1º.8.1957)

§ 3º Tendo os nubentes domicílio diverso, regerá os casos de invalidade do matrimônio a lei do primeiro domicílio conjugal.

§ 4º O regime de bens, legal ou convencional, obedece à lei do país em que tiverem os nubentes domicílio, e, se este for diverso, a do primeiro domicílio conjugal.

§ 5º – O estrangeiro casado, que se naturalizar brasileiro, pode, mediante expressa

anuência de seu cônjuge, requerer ao juiz, no ato de entrega do decreto de naturalização, se apostile ao mesmo a adoção do regime de comunhão parcial de bens, respeitados os direitos de terceiros e dada esta adoção ao competente registro. (Redação dada pela Lei nº 6.515, de 26.12.1977)

§ 6º O divórcio realizado no estrangeiro, se um ou ambos os cônjuges forem brasileiros, só será reconhecido no Brasil depois de 1 (um) ano da data da sentença, salvo se houver sido antecedida de separação judicial por igual prazo, caso em que a homologação produzirá efeito imediato,

obedecidas as condições estabelecidas para a eficácia das sentenças estrangeiras no país. O Superior Tribunal de Justiça, na forma de seu regimento interno, poderá reexaminar, a requerimento do interessado, decisões já proferidas em pedidos de homologação de sentenças estrangeiras de divórcio de brasileiros, a fim de que passem a produzir todos os efeitos legais. (Redação dada pela Lei nº 12.036, de 2009).

§ 7º Salvo o caso de abandono, o domicílio do chefe da família estende-se ao outro cônjuge e aos filhos não emancipados, e o do tutor ou curador aos incapazes sob sua guarda.

§ 8º Quando a pessoa não tiver domicílio, considerar-se-á domiciliada no lugar de sua residência ou naquele em que se encontre."

Assim, o início da personalidade deve ser regido pela lei do país onde está domiciliado o sujeito de direitos. Analisemos interessante exemplo. O Código Civil espanhol determina as seguintes regras acerca do início da personalidade:

"Art. 29. O nascimento determina a personalidade; porém o concebido se tem por nascido para todos os efeitos que lhe sejam favoráveis, sempre que nasça com as condições que expressa o artigo seguinte.

Art. 30. Para os efeitos civis, apenas se reputará nascido o feto que tiver forma humana e viver vinte e quatro horas inteiramente separado do ventre materno."

Suponhamos, assim que Thiago, brasileiro, fosse tio de Juan, nascido na Espanha e fruto de um fugaz relacionamento de seu falecido irmão com Manoela, uma jovem espanhola. Juan, todavia, nasceu e, em virtude de graves problemas congênitos, morreu dez horas após o parto. Não olvidemos que a lei brasileira determina que a personalidade tem início no nascimento com vida (art. 2º do Código Civil), ao passo que a lei espanhola exige a viabilidade daquele que nasceu. Portanto, se Thiago indagasse se o seu sobrinho chegara a ser pessoa ou não, de acordo com a Lei de Introdução às Normas do Direito Brasileiro, a resposta seria negativa, eis que, consoante as leis de civis do domicílio de Juan, o início da personalidade somente ocorreria 24 horas após o nascimento. Idêntico raciocínio seria aplicável às normas atinentes ao nome, à capacidade e aos direitos de família.

O casamento, embora seja tema relativo ao direito de família, goza de disciplina especial. A Lei de Introdução, ascendendo-o ao grau de norma de ordem pública, no primeiro parágrafo de seu sétimo artigo, determina que, "realizando-se o casamento no Brasil, será aplicada a lei brasileira quanto aos impedimentos dirimentes e às formalidades de celebração." Urge ressaltar que o Código Civil atual não mais se vale da nomenclatura impedimentos "dirimentes", valendo-se apenas da palavra "impedimentos" em seu artigo 1521, lembrando que não podem casar: "I – os ascendentes com os descendentes, seja o parentesco natural ou civil; II – os afins em linha reta; III – o adotante com quem foi cônjuge do adotado e o adotado com quem o foi do adotante; IV – os irmãos, unilaterais ou bilaterais, e demais colaterais, até o terceiro grau inclusive; V – o adotado com o filho do adotante; VI – as pessoas casadas; e VII – o cônjuge sobrevivente com o condenado por homicídio ou tentativa de homicídio contra o seu consorte."

Assim, a autoridade brasileira só celebrará, no País, o matrimônio se não estiverem presentes os impedimentos acima transcritos. No entanto, os nubentes (aqueles que estão por casar) devem estar atentos, pois, se resolverem retornar ao seu país, havendo outros impedimentos, impostos em seus domicílios, que não mencionados na legislação brasileira, haverá o risco de se negar validade ao casamento celebrado no Brasil.

Cumpre, ainda, destacar que, se os nubentes possuírem domicílios diversos, o primeiro domicílio conjugal servirá como marco para determinar seu regime legal de bens e as hipóteses de invalidade matrimonial. Assim, por exemplo, se, por algum motivo, um juiz brasileiro houvesse de averiguar a validade do casamento de um russo, que contraiu núpcias com sua prima, nas Filipinas, para que lá vivessem, embora uniões dessa natureza, entre pessoas domiciliadas no Brasil, seja perfeitamente válida, nesse caso concreto, poderá ser pelo nosso magistrado considerada inválida, porquanto, segundo a lei do primeiro domicílio conjugal (Filipinas), é incestuoso o casamento entre parentes colaterais até o quarto grau (primos, por exemplo), a teor do seguinte dispositivo do Código Civil daquela Nação:

> *"Art. Os casamentos são incestuosos e desprovidos de efeitos, seja o relacionamento entre parentes legítimos ou ilegítimos, nos seguintes casos:*
>
> *(1) entre ascendentes e descendentes em qualquer grau;*
>
> *(2) entre irmãos e irmãs, sejam germanos ou unilaterais;*
>
> *(3) entre parentes consanguíneos colaterais até o quarto grau civil."*

Prosseguindo com a análise da Lei de Introdução, ela, no artigo 8º, passa a se dedicar à questão dos bens. Vejamos a sua redação:

> *"Art. 8º Para qualificar os bens e regular as relações a eles concernentes, aplicar-se-á a lei do país em que estiverem situados.*
>
> *§ 1º Aplicar-se-á a lei do país em que for domiciliado o proprietário, quanto aos bens moveis que ele trouxer ou se destinarem a transporte para outros lugares.*
>
> *§ 2º O penhor regula-se pela lei do domicílio que tiver a pessoa, em cuja posse se encontre a coisa apenhada."*

Cumpre, inicialmente, buscar analisar o alcance da expressão "qualificar os bens e regular as relações a eles concernentes". "Qualificar um bem" significa atribuí-lo uma classificação, como, por exemplo, indicar se é móvel ou imóvel, consumível ou inconsumível, principal ou acessório, público ou privado, entre tantas possíveis. Já "regular as relações a ele concernentes" implica indicar quais as normas de regência que o direito de cada país dedica às diversas espécies de bens. Exemplo: um imóvel pode ser vendido por escritura pública ou contrato particular em determinado país? Deve, obrigatoriamente, ser a escritura levada a registro? A resposta às tais indagações diz respeito à regulação que a lei de cada país impõe aos bens neles situados.

Volvamos nossa atenção novamente ao artigo 8º da Lei de Introdução.

Imaginemos uma aeronave que realiza rotas regulares de voos entre duas cidades peruanas. Um jurista brasileiro, indagado sobre a natureza desse bem – se móvel, ou imóvel – responderia tratar-se de bem móvel, de acordo com o artigo 82 do Código Civil do Brasil. Um peruano, porém, não hesitaria em afirmar tratar-se de coisa imóvel, a teor do artigo 885 da Lei Civil daquela Nação, que dispõe:

> *"Artigo 885°. – Bens imóveis*
>
> *São imóveis: (...)*
>
> *4. Os navios e as aeronaves."*

Qual, pois, o regramento que deve ser aplicado caso um peruano resolva vendar a aeronave a um brasileiro? Obviamente a lei do Peru, pois os bens imóveis são regidos de acordo com as normas do país onde se situam.

Quanto às obrigações, determina a Lei de Introdução às Normas do Direito Brasileiro.

> *Art. 9º Para qualificar e reger as obrigações, aplicar-se-á a lei do país em que se constituírem.*
>
> *§ 1º Destinando-se a obrigação a ser executada no Brasil e dependendo de forma essencial, será esta observada, admitidas as peculiaridades da lei estrangeira quanto aos requisitos extrínsecos do ato.*
>
> *§ 2º A obrigação resultante do contrato reputa-se constituída no lugar em que residir o proponente.*

Ilustrativo caso, para a compreensão dessa hipótese, ocorre quando um brasileiro dirige-se a um cassino, aposta e perde considerável quantia, em país onde, ao contrário do nosso, admite-se o jogo de azar. Amedrontado pelo prejuízo iminente, o astuto cidadão brasileiro procura uma forma sorrateira de retornar ao Brasil sem pagar a dívida. Quando chega a seu domicílio, vê-se surpreendido por uma citação, na qual o cassino estrangeiro resolve cobrar a dívida. É de indagar-se: ocorrendo a cobrança do débito no Brasil, onde o jogo é proibido, seria o nacional obrigado a honrar a dívida?

A resposta só pode ser uma: claro que sim! A obrigação fora contraída no exterior, onde se reputa lícita e moral a contração de dívida em cassino. Logo, segundo o artigo 9º da Lei de Introdução ao Código Civil, é a lei do domicílio do proponente aquela que regulará e regerá as obrigações decorrentes de contrato firmado entre as partes, no caso, contrato envolvendo a prática de jogo de azar. Aliás, outro entendimento não se pode extrair do seguinte julgado:

> *"CARTA ROGATÓRIA – CITAÇÃO – AÇÃO DE COBRANÇA DE DÍVIDA DE JOGO CONTRAÍDA NO EXTERIOR – EXEQUATUR – POSSIBILIDADE.*
>
> *Não ofende a soberania do Brasil ou a ordem pública conceder exequatur para citar alguém a se defender contra cobrança de dívida de jogo contraída e exigida em Estado estrangeiro, onde tais pretensões são lícitas.*
>
> *(AgRg na CR 3.198/US, Rel. Ministro HUMBERTO GOMES DE BARROS, CORTE ESPECIAL, julgado em 30/06/2008, DJe 11/09/2008)"*

Resta, por fim, analisar a questão sucessória. A Lei de Introdução às Normas do Direito Brasileiro assim se manifesta quanto à matéria:

"Art. 10. A sucessão por morte ou por ausência obedece à lei do país em que domiciliado o defunto ou o desaparecido, qualquer que seja a natureza e a situação dos bens.

§ 1º A sucessão de bens de estrangeiros, situados no País, será regulada pela lei brasileira em benefício do cônjuge ou dos filhos brasileiros, ou de quem os represente, sempre que não lhes seja mais favorável a lei pessoal do de cujus. (Redação dada pela Lei nº 9.047, de 18.5.1995)

§ 2º A lei do domicílio do herdeiro ou legatário regula a capacidade para suceder."

Façamos, como nas hipóteses anteriores, a análise de cada dispositivo. O *caput* do artigo transcrito informa que a sucessão será regulada, de forma geral, pelas leis do domicílio do *de cujus*, ao passo que o segundo parágrafo determina que a lei do domicílio do herdeiro ou legatário normatize a capacidade para suceder.

No que consistem esses comandos? Ora, a "capacidade para suceder" à qual se refere a Lei de Introdução está definida no artigo 1798 do nosso Código, ao assim dispor:

"Art. 1.798. Legitimam-se a suceder as pessoas nascidas ou já concebidas no momento da abertura da sucessão."

Percebe-se, pois, estar capaz (ou legitimado, como acertadamente afirma o Código Civil de 2002) para suceder pessoa que sequer era nascida ao tempo da morte do *de cujus*. Vale dizer, a lei do domicílio do *de cujus* ditará, por exemplo, na sucessão legal, qual o percentual dos bens deixados pelo falecido irá para cada herdeiro. Ocorre, porém, que o herdeiro só poderá suceder se as leis do seu domicílio assim permitirem. Controvérsia interessante se coloca neste ponto: e se a lei do domicílio do *de cujus* impuser partilha de bens que contemple determinado sujeito, mas, segundo as leis do domicílio do último, ele não tem legitimidade para herdar – o que fazer? Certamente este deverá ser considerado herdeiro inexistente, prosseguindo a partilha desconsiderando-se a sua presença.

Essa, no entanto, não é a única questão intrigante. Outro polêmico ponto diz respeito à adoção da teoria da unidade ou da pluralidade dos foros sucessórios pela Lei de Introdução às Normas do Direito Brasileiro. Enquanto a primeira delas, de inspiração romana, aponta para a aplicação de uma única lei nacional para ordenar a sucessão dos bens do *de cujus*, pouco importando que eles se encontrem em um ou mais países, a última, de origem germânica, manda aplicar a lei de cada estado para reger a sucessão dos bens localizados nos respectivos territórios.

A Lei de Introdução, aparentemente, soluciona o problema adotando apenas a lei do domicílio do *de cujus* para regular a sucessão de seus bens, onde quer que se encontrem, havendo, assim, uma nítida opção pelo princípio da unidade de foros. O Código de Processo Civil, todavia, dispõe:

"Art. 23. Compete à autoridade judiciária brasileira, com exclusão de qualquer outra:

(...)

II – em matéria de sucessão hereditária, proceder à confirmação de testamento particular e ao inventário e à partilha de bens situados no Brasil, ainda que o autor da herança seja de nacionalidade estrangeira ou tenha domicílio fora do território nacional;"

Há uma aparente contradição entre as duas normas, bem percebida por Michael Nunes Lawson[28], que formula a seguinte hipótese para compreensão do problema:

"Se, contudo, o finado fosse domiciliado na Argentina (veja-se que não possui relevância a nacionalidade, pois o ponto de conexão é o domicílio), a lei daquele país é que (segundo a regra de DIPr brasileiro) regeria a sucessão. Assim, utilizando-se o mesmo raciocínio, a sucessão deveria ser processada perante a justiça argentina, e a decisão, quanto aos bens localizados no Brasil, deveria ser aqui executada. Note-se que, como consequência da adoção do princípio da unidade no DIPr brasileiro, por uma questão de coerência, à justiça brasileira, em se tratando de de cujus domiciliado na Argentina, caberia permitir a incidência da lei argentina sobre os bens situados no Brasil.

O exemplo fornecido corresponde a uma aplicação ideal do princípio da unidade sucessória; faz crer que a matéria não apresenta complexidade nem desafios. Atento a tal circunstância, Pontes de Miranda referiu: 'É sedutor o princípio da unidade da sucessão. Encanta o jurista a sua exposição fácil, lógica, simples (...).'

Todavia, a referida 'aplicação ideal' do princípio – a que induz o art. 10, caput, da LICC – esbarra numa série de limitações, de ordem legal ou prática. Proceder-se-á, então, a verificar como o princípio de fato opera em face das várias condicionantes que se põem.

(...)

De modo patente, o art. 89 do CPC [23 do novo CPC], *ao definir regras de competência internacional do judiciário brasileiro, enfraquece o princípio da unidade sucessória. O artigo não versa sobre a hipótese de a justiça brasileira pretender aplicação extraterritorial, mas sobre a hipótese contrária, ou seja, quando a justiça estrangeira intenta produzir efeitos no território nacional.*

O inciso II do art. 89 [inciso II do art. 23 do novo CPC] *trata, especificamente, da competência internacional em se tratando de inventários e partilhas. E impõe que, 'ainda que o autor da herança seja estrangeiro e tenha residido fora do território nacional' (isto é, era domiciliado em outro Estado), se os bens deixados estiverem situados no Brasil, a sucessão, quanto a esses bens, deverá ser aberta perante a justiça brasileira. No exemplo dado no tópico anterior, na parte referente a finado com domicílio na Argentina, não há como se conceber, então, que a justiça argentina decida sobre o reparto de bens (o inciso não diferencia entre bens móveis e imóveis) que o de cujus tenha deixado no Brasil. Em face do art. 89 do CPC* [23 do novo CPC], *vedado está ao STJ homologar sentença estrangeira ou conceder exequatur a carta rogatória nesse sentido."*

Logo, no exemplo citado por Michael Nunes Lawson, caberia ao magistrado brasileiro (e não à autoridade judiciária estrangeira) decidir sobre a sucessão dos bens imóveis aqui localizados, mas pertencentes a pessoas domiciliadas em outro país, aplicando, à hipótese, a lei do domicílio do *de cujus*. Assim, estariam sendo respeitados os dois diplomas: tanto a Lei de Introdução às Normas do Direito Brasileiro (ao se aplicar, pelo juiz brasileiro, a lei estrangeira), quanto o Código de Processo

28. Lawson, Michael Nunes. O Direito Internacional Privado das Sucessões e as perspectivas brasileira e argentina. Disponível em http://jusvi.com/artigos/35499 , acesso em 25 de julho de 2010.

Civil (ao se determinar o processamento do inventário no Brasil, especificamente quanto aos imóveis aqui situados).

Superada essa questão, faz-se necessária derradeira observação quanto à lei aplicável nos casos de sucessão a beneficiar o cônjuge e os filhos brasileiros de pessoa domiciliada no exterior. Imaginemos que Patrícia, brasileira, acabara de casar com Juan, jovem colombiano, primogênito entre seus irmãos, órfão, há muito, de ambos os genitores. Suponhamos que Juan tenha falecido subitamente sem deixar descendentes. Como também não tinha ascendentes, mandaria a lei colombiana (artigo 1047 do Código Civil da Colômbia):

> *"Art. 1047. <TERCEIRA CLASSE DE SUCESSÃO HEREDITÁRIA –*
>
> *IRMÃOS E CÔNJUGE> Se o de cujus não deixar descendentes nem ascendentes, nem filhos adotivos, nem pais adotantes, sucedê-lo-á seus irmãos e seu cônjuge. A herança se dividirá na metade para este e na outra metade para aqueles, por partes iguais. Faltando o cônjuge, levarão a herança os irmãos, e, faltando estes, aquele. Os irmãos germanos receberão o dobro da porção dos unilaterais."*

A lei brasileira, ao seu turno, determina no artigo 1829:

> *"Art. 1.829. A sucessão legítima defere-se na ordem seguinte:*
>
> *I – aos descendentes, em concorrência com o cônjuge sobrevivente, salvo se casado este com o falecido no regime da comunhão universal, ou no da separação obrigatória de bens (art. 1.640, parágrafo único); ou se, no regime da comunhão parcial, o autor da herança não houver deixado bens particulares;*
>
> *II – aos ascendentes, em concorrência com o cônjuge;*
>
> *III – ao cônjuge sobrevivente;*
>
> *IV – aos colaterais."*

A comparação entre os dois Códigos nos faz notar que a lei brasileira acaba por proteger mais o cônjuge do que a colombiana. Assim, voltando ao exemplo citado, caso Juan possuísse bens imóveis na Colômbia e no Brasil, quanto aos primeiros, correria inventário naquele Estado que terminaria a dividi-los, em duas partes iguais, cabendo uma delas à Patrícia. Quanto aos imóveis situados no Brasil, seria necessário o processamento de inventário no Brasil, que reconheceria a propriedade exclusiva dos imóveis ao cônjuge brasileiro, por incidência do artigo 1829 de nosso Código Civil.

Encerrada a apreciação das principais regras contidas na Lei de Introdução ao Código Civil quanto ao conflito de leis no espaço, resta um tema ainda a ser enfrentado, pois, segundo o artigo 17 da citada lei, não basta apenas definir *qual* a norma que prevalecerá na hipótese de conflito de leis no espaço, mas necessário avaliar se *essa norma fere ou não a soberania nacional, a ordem pública ou os bons costumes*. A preocupação se encontra presente em todas as hipóteses de homologação de sentença estrangeira pelo Superior Tribunal de Justiça, como sugere o seguinte exemplo[29]:

29. BRASIL. Superior Tribunal de Justiça. *SEC 421421/BO, Rel. Ministro Felix Fischer, CORTE ESPECIAL, julgado em 16/05/2007, DJ 03/09/2007 p. 110.*

"SENTENÇA ESTRANGEIRA. DIVÓRCIO. HOMOLOGAÇÃO. DEFERIMENTO. PARTILHA DE BENS. IMÓVEL SITUADO NO BRASIL. OFENSA À SOBERANIA NACIONAL. INEXISTÊNCIA. SEPARAÇÃO DE FATO. NOME. ALTERAÇÃO. QUESTÃO NÃO DECIDIDA NA DECISÃO HOMOLOGAÇÃO. IMPOSSIBILIDADE DE APRECIAÇÃO.

I – Impõe-se a homologação da sentença estrangeira quando atendidos todos os requisitos indispensáveis ao pedido, bem como constatada a ausência de ofensa à soberania nacional, à ordem pública e aos bons costumes.

II – Não contraria a ordem pública a sentença estrangeira que ratifica acordo das partes acerca de imóvel localizado em território brasileiro. Precedentes.

III – A sentença homologanda informa que as partes estavam separadas de fato há mais de dois anos, sem terem retornado à vida comum, o que atende ao disposto no art. 226, § 6°, da Constituição Federal de 1988.

IV – Impossibilidade de se apreciar a questão referente à eventual conservação do nome de casada da requerente, uma vez que a homologação da sentença estrangeira não pode abranger e nem estender-se a tópicos, acordos ou cláusulas que não se achem formalmente incorporados ao texto da decisão homologanda.

Precedentes do c. Supremo Tribunal Federal. Homologação deferida."

Assim, quando o Superior Tribunal de Justiça vislumbra ofensa a qualquer um dos requisitos mencionados, a sentença estrangeira não é homologada. Atente-se para o seguinte julgado[30]:

"SENTENÇA ARBITRAL ESTRANGEIRA. CONTROLE JUDICIAL. IMPOSSIBILIDADE DE APRECIAÇÃO DO MÉRITO. INEXISTÊNCIA DE CLÁUSULA COMPROMISSÓRIA. INCOMPETÊNCIA DO JUÍZO ARBITRAL. OFENSA À ORDEM PÚBLICA NACIONAL.

I – O controle judicial da sentença arbitral estrangeira está limitado a aspectos de ordem formal, não podendo ser apreciado o mérito do arbitramento.

II – Não há nos autos elementos seguros que comprovem a aceitação de cláusula compromissória por parte da requerida.

III – A decisão homologanda ofende a ordem pública nacional, uma vez que o reconhecimento da competência do juízo arbitral depende da existência de convenção de arbitragem (art. 37, II, c/c art. 39, II, da Lei n° 9.307/96). Precedente do c. Supremo Tribunal Federal.

IV – In casu, a requerida apresentou defesa no juízo arbitral alegando, preliminarmente, a incompetência daquela instituição, de modo que não se pode ter como aceita a convenção de arbitragem, ainda que tacitamente.

Homologação indeferida."

Vistos, portanto, os principais aspectos sobre o conflito de leis no espaço, possível avançar o nosso estudo para a "Codificação e a Constitucionalização do Direito Privado."

30. BRASIL. Superior Tribunal de Justiça. *SEC 866/GB, Rel. Ministro Felix Fischer, CORTE ESPECIAL, julgado em 17/05/2006, DJ 16/10/2006 p. 273.*

CAPÍTULO 4
A CODIFICAÇÃO E A CONSTITUCIONALIZAÇÃO DO DIREITO PRIVADO

ASPECTOS INTRODUTÓRIOS

Clóvis Bevilaqua escolheu como uma das epígrafes ao primeiro volume de sua obra "Código Civil dos Estados Unidos do Brasil Comentado", os seguintes dizeres do romancista José de Alencar, lapidados quando o famoso escritor ocupava a Pasta da Justiça no Governo Imperial[1]:

> *"Um Código Civil não é obra da ciência e do talento unicamente; é, sobretudo, a obra dos costumes, das tradições, em uma palavra, da civilização, brilhante ou modesta de um povo".*

Esse pensamento reflete com acuidade a ideia que se pretende desenvolver no presente capítulo: a codificação foi um fenômeno que fincou suas raízes na cultura jurídica nacional de tal sorte que não se pode encetar o estudo dogmático dos institutos de direito privado sem que antes se busque compreender o impacto do movimento codificador em nossos espíritos, suas raízes históricas e seus destinos diante de novas concepções, como a da constitucionalização do direito privado. Abordemos, pois, essas questões.

CONCEITO DE CÓDIGO CIVIL

Antiga se mostra a discussão acerca da real necessidade de sistematização do direito civil por meio da elaboração de um Código. Ilustres civilistas, a exemplo de Savigny e de Gabba, alinharam-se contra essa iniciativa[2], temerosos que estavam pelo engessamento que a codificação poderia significar para o direito. Havia, contudo, em maior número, entusiastas da ideia. Autores como Louis Josserand[3] exaltavam suas vantagens a ponto de vaticinar a prevalência que generalização e

---

1. Alencar, José. *apud* Beviláqua, Clóvis. Código Civil dos Estados Unidos do Brasil comentado – v. I. 9 ed. Rio de Janeiro: Francisco Alves, 1951, p. 7.
2. Monteiro, Washington de Barros. Curso de direito civil – parte geral. 39 ed. São Paulo: Saraiva, 2003, p. 47.
3. Josserand, Louis. Derecho civil – t. I, v. I. Buenos Aires: Bosch, 1952, p. 60 assim trata a questão: "Solamente en Inglaterra y hasta en los Estados Unidos, tierras clásicas de la costumbre, del *Common Law,* ha dejado de progresar el derecho escrito, como fruto de la repugnancia de la mentalidad anglosajona respecto a todo

sistematização, frutos da codificação, lograriam em todas as nações, até mesmo naquelas pertencentes ao sistema do Common Law, em detrimento dos fatores particularistas e de dispersão jurídica encontrados nos direitos de base consuetudinária. Atualmente, o que se percebe é o inegável triunfo da codificação nos países de direito continental.

Mas e o que se pode entender, nos dias de hoje, por um Código? Seriam as modernas codificações diferentes daquelas produzidas pelas civilizações antigas, tais como o Código de Hamurabi, de Manu ou de Justiniano? Enfrentemos essa questão, valendo-nos das diferenças existentes entre os conceitos de "códigos", "consolidações" e "compilações"[4].

Entende-se, assim, por código "a modalidade aperfeiçoada de organização de um ramo jurídico à luz de princípios e valores convergentes, que se entrelaçam, formando um todo orgânico e sistemático".[5] Atente-se que um Código Civil não se coaduna com aventuras legislativas, devendo conter o pensamento jurídico nacional enraizado, cabendo à legislação extravagante o espaço ideal para a inserção de novos conceitos. Tome-se como exemplo a questão da Lei de Transplantes no Brasil (Lei nº 9434/97). Embora trate de matéria tipicamente civil – direitos de personalidade – não foi inserida no corpo do Código Civil. Muito bem andou o legislador quanto a esse ponto.

Ora, a versão original da Lei nº 9434/97, em seu artigo 4º, presumia, salvo manifestação de vontade em sentido contrário, a intenção de doar em todas as pessoas nas quais se constatasse a morte encefálica. Não obstante a justiça do dispositivo, o clamor popular foi tamanho que a sistemática do transplante acabou sendo alterada pelo Lei nº 10.211/01, autorizando a coleta de órgãos daqueles que faleciam, apenas após a autorização da família. Constatou-se, portanto, que a ideia inicial, carreada em legislação extravagante, mostrou-se, após breve período experimental, desgarrada dos anseios sociais. Forçosa mostrou-se, então, a sua alteração. A experiência citada, portanto, reforça a ideia de que um Código Civil não é o espaço ideal para aventuras legislativas, cabendo à legislação extravagante levar a cabo tal mister.

As "consolidações", ao seu turno, são entendidas de maneira uniforme pela doutrina, como a ordenação de todas as normas já produzidas sobre um determinado tema em um único texto legal. Tratam-se apenas de um esforço de organização da produção legislativa pretérita. No Brasil, como se verá adiante, entre os primeiros esforços de sistematização das leis civis, fora contratado pelo Governo Imperial o jurista Teixeira de Freitas, que elaborou, entre tantas obras importantes, a Consolidação das Leis Civis do Império.

---

trabajo de generalización y sistematización; a pesar de todo, la tenedencia a la unificación prevalecerá un día, allí como en todas as partes, sobre los factores de particularismo y de dispersión jurídicos".

4. Gusmão, Paulo Dourado de. Introdução ao estudo do direito. 40 ed. Rio de Janeiro: Forense, 2008, p. 139.
5. Nader, Paulo. Curso de direito civil – v. I. 4 ed. Rio de Janeiro: Forense, 2007, p. 32.

Já no século XX, fora editada a Consolidação das Leis do Trabalho – CLT, durante o governo do Presidente Getúlio Vargas. Cabe frisar que essa obra, embora denominada de consolidação, foi um verdadeiro código, porquanto, assim como compreende Paulo Nader[6], não se contentou em reunir a legislação pretérita em um único corpo, mas inovou no mundo jurídico, ao ponto de ser necessário o estabelecimento de um período de vacância de seis meses, a fim de que a Nação pudesse tomar conhecimento e se adaptar aos seus preceitos.

As "compilações", por fim, são a "*redação*, na forma escrita, *de costumes ou de legislação fragmentária*"[7]. Não são essas normas dotadas de rigor sistemático e não se preocupam em exaurir preceitos preexistentes de um só ramo do direito.

Justamente aí reside a diferença entre os códigos modernos e aqueles elaborados na antiguidade, pois os últimos, meras compilações que eram, envolviam aspectos doutrinários, penais, civis, religiosos e morais a serem observados por determinado grupo social, sendo de redação difusa e assistemática[8].

Diferindo, portanto, os códigos da antiguidade dos hodiernos, como, historicamente, chegamos aos últimos? É o que pretendemos abordar no tópico seguinte.

HISTÓRIA RECENTE DOS CÓDIGOS CIVIS

Desde o final do século XVII, a imensidão de leis discordantes produzidas nos diversos Estados europeus, somadas às normas consuetudinárias e aos persistentes princípios de direito romano e canônico ainda existentes, criavam um caldeirão normativo crivado por incertezas[9]. Três questões, portanto, ocuparam as mentes da doutrina continental no alvorecer do século XVIII: a unificação das fontes, a busca de uma sistemática racional e a adaptação dos institutos a novas realidades[10], aspectos que merecem ser esclarecidos.

A primeira questão decorre do emaranhado de leis e princípios vigentes, durante o século XVIII, nas nações europeias, impondo ingentes dúvidas não apenas ao aplicador da norma, mas principalmente aos seus destinatários, o que demandava um esforço de unificação das fontes. Quanto à segunda questão – busca de uma sistemática racional – ressalta-se a facilidade do código de simplificar o sistema jurídico, viabilizando que se apreenda e aplique a norma jurídica, bem como os princípios

6. Nader, Paulo. Curso de direito civil – v. I. 4 ed. Rio de Janeiro: Forense, 2007, p. 35.
7. Gusmão, Paulo Dourado de. Introdução ao estudo do direito. 40 ed. Rio de Janeiro: Forense, 2008, p. 139.
8. A m ar al, Francisco. Direito civil – introdução. 5 ed. Rio de Janeiro: Renovar, 2003, p. 123/124.
9. Ferrara, Francesco. Trattato di diritto civile italiano. Roma: Athenaeum, 1921, p. 164 expõe essa ideia da seguinte forma: "38. Fin dal secolo XVII infatti s'era disegnato un movimiento di unificazione e di selezione legislativa: l'immensità di leggi farraginose e discordanti, di statuti e consuetudini, di principi romani e canonici persistente tutti in un caotico insieme facevano sentire vivo il bisogno d'una codificazione generale a scopo di chiarezza e certeza del diritto."
10. Cordeiro, António Menezes. Tratado de direito civil português – v. I, t. I. 2 ed. Coimbra: Almedina, 2000, p. 68.

gerais que informam o sistema[11]. O terceiro ponto, por fim – adaptação dos institutos a novas realidades – diz respeito à consolidação de institutos cuja evolução vinha desde o auge do mercantilismo, tratando o movimento codificador de "generalizar segmentos já aproveitados e comprovados sectorialmente, de consagrar inovações preconizadas pela doutrina, de limar arestas em esquemas há muito conhecidos ou de irradicar fórmulas consideradas, de modo pacífico, inúteis"[12].

Postas essas premissas históricas, volvamos nossa atenção para o advento de dois dos mais emblemáticos códigos da Era Contemporânea: o francês e o alemão.

O CÓDIGO NAPOLEÃO

Louis Josserand[13] assevera que, entre os séculos XVII e XVIII, o Reino da França não logrou êxito em sistematizar, sob o manto de um Código, suas disposições de direito civil, não obstante o clamor para que isso ocorresse. Coube ao movimento pós-revolucionário, sob o comando de Napoleão, a tarefa de realizar a almejada codificação.

Resoluto na empresa de legar à França um Código Civil[14], Napoleão nomeou, para elaborá-lo, uma Comissão, em que se destacaram os trabalhos de Portalis e

11. Amar al, Francisco. Direito civil – introdução. 5 ed. Rio de Janeiro: Renovar, 2003, p. 123.
12. Cordeiro, António Menezes. Tratado de direito civil português – v. I, t. I. 2 ed. Coimbra: Almedina, 2000, p. 70.
13. Josserand, Louis. Derecho civil – t. I, v. I. Buenos Aires: Bosch, 1952, p. 33/35 assim trata a questão: "29. Los ensayos de codificación – En el derecho canónico, el ensayo fue coronado por el éxito: sus reglas fueron agrupadas en el *corpus juris canonici*, verdadero código del derecho canónico. Por otra parte, hemos visto que nuestras antiguas costumbres fueron objeto de redacciones durante los siglos XV y XVI. Se trata también de una codificación, pero muy imperfecta porque, además de que concernía sólo al derecho consuetudinario, no ponía remedio a la dispersión del derecho que venía, por el contrario, a proclamar oficialmente, continuando cada región gobernándose por su propia costumbre, transformada desde entonces en derecho escrito. Lo que se precisaba era, como lo reclamaban los Estados Generales en distintas ocasiones, efectuar una codificación que fuese al mismo tiempo centralización de la relga jurídica. Las tentativas en ese sentido no fueron coronadas por el éxito; la más conocida fue aquella a que va unido el nombre del canciller Michel de Marillac (Code Michaud; 1629), y que fracasó ante la mala voluntad de los Parlamentos. Con Colbert se abre una era más favorable a la codificación; bajo el impulso del gran ministro, vióse aparecer una serie de ordenanzas que constituían otros tantos verdaderos códigos. (...) Pero el derecho civil quedó fuera de este gran trabajo de codificación; y hasta el siglo siguiente no redactó y publicó el canciller D'Aguesseau tres grandes ordenanzas donde se esforzó en agrupar los preceptos que rigen tres materias importantes de derecho civil: En 1731, la ordenanza sobre las donaciones; en 1735, la ordenanza sobre los testamentos; en 1747, la ordenanza sobre las sustituciones.".
14. Ripert, Georges e Boulanger, Jean. Tratado de derecho civil, según el Tratado de Planiol – t. I. Buenos Aires: La Ley, p. 76/87 destacam: "97. LA COMIIÓN DE REDACCIÓN. – Lo que no pudieron hacer ni la atigua monarquía ni la Revolución. Lo ejecutó la energía de un solo hombre. Bonaparte, convertido en Primer Cónsul, concibió el proyecto de dar a Francia ese Código civil que desde hacía tanto tiempo se prometía y supo triunfar. (...) Los dos principales [autores do Código] son Portalis y Tronchet. Portalis fue el filósofo de la comisión: el fue quien inspiró las principales doctrinas del Código civil; quien fue elegido para redactar el Discurso preliminar que es una obra admirable. Era un hombre lúcido, un espíritu abierto, de una gran moderación (...) Tronchet era un hombre de otro tipo. Tenía veinte años más que Portalis y había nacido en París en 1726. Era un antiguo abogado del Parlamento de París, muy hábil en la profesíon, había sido uno de los defensores de Luis XVI. Siendo menos visible, menos brillante que la de Portalis, su

Tronchet. Sabe-se, no entanto, que a norma contou com a colaboração pessoal do próprio Imperador, que, entre outros institutos, fez inserir preceitos sobre adoção e divórcio, pois, segundo a doutrina francesa, preocupava-se pelo fato de não haver concebido filhos no matrimônio com Josefina Beauharnais, e, sonhando com a fundação de uma dinastia, urgia pudesse deixar descendentes, fossem civis, fossem advindos de nova união, como, de fato, ocorreu após o seu segundo casamento com Maria Luísa Bonaparte. A colaboração maior do líder francês, todavia, não foi jurídica, mas política. Foi a sua vontade que transplantou uma mera aspiração para o mundo real, removendo todos os embaraços para tal empresa. Atribui-se a Napoleão, no seu exílio, o seguinte pensamento:

> *"Minha verdadeira glória não é haver vencido quarenta batalhas; Waterloo manchará as lembranças de tantas vitórias; o que nada manchará, o que viverá eternamente, é meu Código Civil."*

ANÁLISE DO CÓDIGO NAPOLEÃO

O Código Civil, conforme ressaltou José de Alencar[15] é obra do talento, modesto ou brilhante, de uma civilização. Assim, conscientes que são do seu próprio avanço, os juristas franceses enaltecem, por diversos motivos, o seu Código Civil, rebatendo, inclusive, as críticas que se lhe dirigem.

A doutrina francesa[16], nessa esteira, destaca as diversas virtudes do

---

influencia no fue menos profunda. El Primer Cónsul decía de él que había sido el alma de las discusiones en el Consejo del Estado. (...) En fin, fue Bonaparte, quien hizo admitir en el Código dos instituciones, la adopción y el divorcio por mutuo consentimiento. Lo hizo tal vez por política; como no tenía hijos de su matrimonio con Josefina Beauharnais, y ya soñaba con fundar una dinastía, ubicaba como en reserva en las leyes este doble medio de obtener un heredero, fuese por otro matrimonio, o por una adopción. Su divorcio, seguido de su matrimonio cn María Luisa y del nacimiento del rey de Roma lo dispensó de recurrir al segundo medio. Parecería también que impidió la publicación de las actas relativas a la adopcón para que jamás se conociesen las ideas que había emitido. Sobre algunos puntos su influencia podrá parecer dedichada, pero ¿ que és esto comparado con el precio del resto? Su voluntad todo-poderosa fue la palanca que levantó todos los obstáculos. Debemos a su energía la realización de una obra esperada por tan largo tiempo. El tenía en alta estima su título de legislador. En Santa Elena escribó: 'Mi verdadera gloria no es haber ganado cuarenta batallas; Waterloo borrará el recuerdo de tantas victorias; lo que nada borrará, lo que vivirá eternamente, es mi Código civil.' (De Montholon, Récit de la captivité de l'empereur Napoleón, t. I, p. 401)."

15. Alencar, José. *apud* Beviláqua, Clóvis. Código Civil dos Estados Unidos do Brasil comentado – v. I. 9 ed. Rio de Janeiro: Francisco Alves, 1951, p. 7.
16. Josserand, Louis. Derecho civil – t. I, v. I. Buenos Aires: Bosch, 1952, p. 44/45 aponta os aspectos elogiáveis do Código Napoleão: "1°. Constituye un modelo de sabiduría y moderación; (...) 2° Hicieron también, con toda deliberación, una obra práctica: hostiles al espíritu de sistema, a la escolástica, a las declaraciones de principios, a las exposiciones filosóficas, jamás perdieron de vista el principio de que un código está destinado a ser aplicado, a relizarse diariamente; (...) 3° En fin, la forma en nada cede al fondo, pues es digna de él; estando ambos en perfecta armonía. El lenguaje de los redactores del Código civil es muy francés: sencillo, claro, preciso, directo. Constituye la admiración de hombres expertos en la materia, y sabido es que Stendhal leía dirariamente algunos artículos del primero de nuestros códigos al objeto de adquirir las cualidades de claridad, pureza y precisón que contribuyen al reconocimiento de la supremacía de dicho cuerpo legal."

Código Napoleão: moderado, a ponto de não ignorar os avanços na teoria civilista do período anterior à Revolução Francesa, embora tenha consagrado valores caros a esse movimento (igualdade de todos diante da lei, supressão dos estamentos sociais ao se aplicar a norma, seculirazação do direito, desoneração das taxas medievais cobradas na exploração da propriedade, entre outros); prático, pretendendo ser aplicado, dia a dia, sem a necessidade de conhecimentos filosóficos ou escolásticos aprimorados; e formalmente preciso, com linguagem clara e elegante, a ponto de se atribuir a Stendhal (autor da imortal obra "O Vermelho e o Negro") o hábito de se ler diariamente o Código, a fim de incorporar à sua pena as qualidades de clareza, pureza e precisão.

Quanto às críticas, duas são as mais citadas[17]: ser um código burguês e estar imbuído de espírito demasiadamente individualista. Convém lembrar que, embora não sejam inexatas, essas censuras olvidam a necessária perspectiva histórica sob a qual deve ser compreendida a norma napoleônica. Como advertem Ripert e Boulanger[18], durante as décadas iniciais do século XIX, o poder na França esteve em mãos burguesas, que viam no Código Civil a consagração do liberalismo que tanto lhes era caro, não ocorrendo, neste período, modificações substantivas na norma. Quando, porém, os efeitos do sufrágio universal passaram, após o ano de 1880, a se refletir substancialmente na legislação gaulesa, o parlamento passou a intervir incessantemente, inaugurando uma era de dirigismo estatal, acentuado após a Primeira Grande Guerra, cristalizado em paulatinas alterações no Código Civil da França. Logo, os maiores problemas apresentados pelo Código de Napoleão antes representavam sua adequação ao momento histórico vivido pelos franceses, sendo paulatinamente superados, à medida que os movimentos sociais demandavam avanços nas leis daquela nação.

Fixada, pois, em breves linhas, a história do Código Civil francês, passemos a abordar o outro paradigma legislativo para o nosso Capítulo: o Código Civil da Alemanha.

---

17. Josserand, Louis. Derecho civil – t. I, v. I. Buenos Aires: Bosch, 1952, p. 45/46, também resume as objeções ao Código: "1°. Se ha reprochado al Código civil haber dado prueba de excesivo miramiento respecto a las clases medias, a los poseedores, haberse ocupado del propietario más que del obrero, del capitalista más que del trabajador, del amo más que del criado (...); de ser, en una palabra, un Código burgués. 2° Se le ha hecho otro reproche: el de estar imbuído de un espíritu demasiado individualista y de reflejar, respecto a las agrupaciones, a las asociaciones, al derecho corporativo en general, una hostilidad netamente confesada."
18. Ripert, Georges e Boulanger, Jean. Tratado de derecho civil, según el Tratado de Planiol – t. I. Buenos Aires: La Ley, p. 76/87 destacam: "118. LOS GRANDES PERÍODOS DEL DERECHO CIVIL. Durante las tres primeras partes del siglo XIX el poder público perteneció en Francia a las clases burguesas. El Código civil, con su espíritu individualista y liberal, representaba para esas clases el ideal legislativo, y no se aportaron modificaciones sino para satisfacer las necesidades de una nueva economía. A partir de 1880, el sufragio universal toma conciencia de su fuerza y toda nuestra legislación desde entonces, está inspirada en el ideal democrático. Las leyes se multiplican, el legislador interviene incesantemente para dirigir las actividades privadas u la economía general. Se ve obligado a responder a la creciente acción de los sindicatos y de las asociaciones. Este movimiento se acentuó después de la guerra de 1914-1918".

O CÓDIGO CIVIL DA ALEMANHA

A doutrina francesa, sob a pena de Josserand[19], reconhece as virtudes do Código alemão, *Bürgerliches Gesetzbuch* – o BGB, lembrando que ele pôde, ao contrário do francês (elaborado no início do século XIX), registrar todos os avanços da centúria que se findava. Além disso, o longo período entre sua elaboração e vigência (1874 e 1900, respectivamente), proporcionou a cautela necessária para uma produção legislativa madura.

De fato, o Código Civil alemão foi fruto não apenas da tomada de consciência germânica quanto à necessidade de unificação de seu direito mas, sobretudo, da sistematização científica dos seus preceitos jurídicos. Assim, a história do BGB não se iniciou em 1874, com a nomeação da comissão responsável pela confecção de seu projeto mas, como assevera Menezes Cordeiro[20], decorreu de profunda atividade científico-jurídica que se estendeu durante todo o século XIX, tendente à sistematização do Direito.

Mas o que se pretende dizer com "sistematizar o Direito"? Construir, nessa esteira, um sistema, significa fazer "desabrochar uma unidade numa diversidade, que desse modo se reconhece como algo coeso do ponto de vista do sentido" [21]. Os estudos jurídicos do século XIX, portanto, assentaram-se em duas grandes correntes: havia, de um lado, o movimento iluminista codificador, que pregava a modernização e a racionalização das normas jurídicas, gerando um saber técnico concentrado na aplicação prática de um direito positivo, e, de outro, o historicismo alemão, calcado na ideia de que o direito não resultaria, em última análise, das escolhas feitas pelos legisladores, mas seria fruto da vontade do povo, exteriorizada por força de sua história. Assim, enquanto os iluministas tentavam universalizar as normas jurídicas por meio de uma lógica racionalista e dedutiva, os historicistas buscavam a sistematização jurídica de maneira indutiva, ou seja, a partir da realidade social, revelada pela história de um povo[22]. A Escola Histórica do Direito, portanto, voltou-

19. Josserand, Louis. Derecho civil – t. I, v. I. Buenos Aires: Bosch, 1952, p. 55 enaltece as virtudes do Código alemão, embora, revele sua sutil ironia no seguinte trecho: "Desde ciertos puntos de vista, su sperioridad es incontestable; en primer lugar y sobre todo posee la de la edad, (...) Y fue solamente en 1896 cuando se efectuó la promulgación, que no debía, por lo demás, llevar consigo la vigencia del nuevo Código, diferida hasta el 1° de enero de 1900. Al retardar de esta manera la aplicación de la nueva legislación civil, se trataba de preparar la transición entre el pasado y el porvenir y de permitir a los interesados que tomaran medidas para preprarse al cambio de legislación. Trataba además el Kaiser de que el nuevo Código abriese el nuevo siglo, pero, desgraciadamente, no pensó que, para completar un siglo, es necesario que transcurran cien año, y se olvidó de que el año 1900 formaba, por consiguiente, parte integrante del siglo XIX; de modo que la codificación monumental cerró una época que acabara en lugar de inaugurar una era nueva."
20. Cordeiro, António Menezes. Tratado de direito civil português – v. I, t. I. 2 ed. Coimbra: Almedina, 2000, p. 72.
21. Larenz, Karl. *Metodologia da ciência do direito*. 3. ed. Lisboa: Fundação Calouste Gul- benkian, 1997. p. 22.
22. Costa, Alexandre Araújo. Direito e método: diálogos entre a hermenêutica filo- sófica e a hermenêutica jurídica. Disponível em http://repositorio.bce.unb.br/bitstre- am/10482/1512/1/2008_AlexandreAraujo-Costa.pdf – acesso em 13 de outubro de 2010.

se para a construção de uma civilística sistemática, tornando-se, segundo o mais frequente título dos manuais lançados à época, numa "pandectística" ou "ciência das pandectas", designação claramente inspirada no estudo do direito romano feito a partir das pandectas de Justiniano[23].

Fato é que, a partir do historicismo, os juristas germânicos voltaram-se ao estudo de seus institutos jurídicos, na tentativa de racionalizar os conceitos então existentes, como se fora uma busca de autoconhecimento do Direito historicamente existente[24]. A necessidade de se fragmentar os institutos, buscando a compreensão de cada peça constitutiva do saber, gerou um movimento conhecido na Alemanha como Jurisprudência dos Conceitos.

Estabelece-se, dessa maneira, a partir do jurista alemão Putcha, uma "genealogia dos conceitos" [25], que fixa um deles como supremo, originado do saber filosófico, do qual os outros decorrem. Dele, conceito superior, portanto, certas afirmações derivam, inferindo-se conceitos jurídicos menores. Logo, todas as afirmações feitas para o conceito superior valerão para os outros, formando-se, então, uma estrutura piramidal.

Alguns dogmas do conceitualismo, assim construídos, se incorporaram à cultura jurídica deixando profundas marcas. Podemos citar, entre eles, *a)* a teoria da subsunção, segundo a qual, por meio de raciocínio silogístico, toma-se um princípio jurídico como premissa maior que incidirá sobre os fatos, premissa menor, resolvendo os problemas jurídicos que eventualmente venham a demandar a aplicação do Direito; *b)* a plenitude lógica do ordenamento jurídico, por meio da qual, é possível, mesmo na ausência de lei, a utilização de deduções, induções e combinações conceituais, a fim de se evitar a ausência de decisões judiciais para resoluções de problemas concretos; e, *c)* a interpretação objetivista, que preconiza estar o ordenamento jurídico calcado em normas cujos sentidos não sejam extraídos de intenções subjetivas de legisladores historicamente delimitados, mas dos sentidos que objetivamente se possam extrair dos seus respectivos contextos.[26]

A força da escola jurídica examinada foi tamanha que, na Alemanha, houve uma proeminência da pandectística em detrimento da lei, pêndulo que apenas se inverteu com a substituição do positivismo científico da jurisprudência dos conceitos pelo positivismo da lei após a edição do Código Civil Alemão, que entrou em vigor em 1º de janeiro de 1900[27]. O Código Civil alemão, portanto, não fora obra do acaso. Cientificamente, pode-se afirmar que o intenso trabalho doutrinário de grandes

23. Wieack er, Franz. *História do direito privado moderno*. 2. ed. Lisboa: Fundação Calouste Gulbenkian, 1993. p. 491.
24. Larenz, Karl. *Metodologia da ciência do direito*. 3. ed. Lisboa: Fundação Calouste Gul- benkian, 1997. p. 22.
25. Larenz, Karl. *Op. cit., p. 25*
26. Hespanha, António Manuel. Cultura jurídica europeia – síntese de um milênio. Florianópolis: Fundação Boiteux, 2005, p. 399/400.
27. Larenz, Karl. *Metodologia da ciência do direito*. 3. ed. Lisboa: Fundação Calouste Gul- benkian, 1997. p. 22.

nomes como Savigny, Putcha, Ihering e Windscheid, entre outros, foi o caldo de cultura necessário para o advento do *BGB*, embora tardiamente, quando comparado a outras codificações europeias.

Politicamente, entretanto, havia uma explicação para que o *BGB* surgisse algumas décadas após os primeiros códigos civis: os Estados Alemães só se unificaram em janeiro de 1871, algo que dificultava sobremaneira a criação de um Código comum aos germânicos antes dessa data. Assim, somente em 1874 nomeou-se uma comissão de dez membros, presidida por Pape, presidente do Tribunal Supremo Mercantil, cujos trabalhos originaram o primeiro projeto, em 1888, acusado de ser demasiadamente romanista e desapegado das reais necessidades experimentadas pelo povo do *II Reich*. Uma série de revisões e discussões foram encetadas até que, em 18 de agosto de 1896, o Código Alemão fora sancionado e sua *vacatio legis*, que perduraria até 1900, iniciou-se.

ANÁLISE DO BGB

O Código Civil da Alemanha mostrou-se "sistemático, profundo, rigoroso, dogmático"[28]. Seu impacto foi tão fortemente sentido no panorama jurídico mundial que permitiu, nos países de direito continental, uma clivagem quanto aos respectivos códigos civis: há países que seguem o modelo germânico de codificação (entre eles o Brasil e Portugal) e países que se mantêm atrelados ao modelo francês (Espanha, Argentina, entre outros).

A grande distinção entre os dois se dá quanto à sistematização das normas insculpidas nos respectivos códigos: enquanto os alemães dividem o seu em Parte Geral e Especial, os franceses não o fazem. Além disso, a linguagem utilizada pela lei alemã é técnica, fruto da acuidade e cientificidade inaugurada pelos pandectistas, enquanto a preocupação da norma francesa era fazer-se compreender por todos, o que, forçosamente, a levava a mitigar uma linguagem mais científica.

Mas qual seria a razão da adoção, pelos alemães, de sistematização do Direito civil tão afastada dos moldes franceses? Menezes Cordeiro[29] nos ensina que a estruturação do Código tedesco seria um somatório de massas culturais: "o Direito das obrigações e direitos reais ligam-se ao Direito romano, o Direito da família e o das sucessões ao Direito comum medieval e a parte geral ao Direito natural do jursracionalismo. O aparente ilogismo da sistematização em causa não é mais do que uma contraprova da natureza histórico-cultural do Direito." Conclui[30] adiante que...

---

28. Amar al, Francisco. Direito civil – introdução. 5 ed. Rio de Janeiro: Renovar, 2003, p. 125.
29. Cordeiro, António Menezes. Tratado de direito civil português – v. I, t. I. 2 ed. Coimbra: Almedina, 2000, p. 89.
30. Cordeiro, António Menezes. Tratado de direito civil português – v. I, t. I. 2 ed. Coimbra: Almedina, 2000, p. 89.

"as origens periféricas constituem a força essencial das quatro 'partes especiais' do Direito civil: por isso elas têm resistido a séculos de análises e de tentativas de recomposição. A filiação central da 'parte geral' é a sua fraqueza; o seu abandono progressivo deve ser assumido como particular corolário desse estado de coisas".

É assim que o jurista português enceta suas críticas ao estabelecimento, nos Códigos, de uma parte geral, com a dificuldade de engrenar essa parte geral, fruto de exercício teorético, com partes especiais, decorrentes de evoluções históricas e culturais dos povos. Além disso, haveria uma ingente dificuldade em articular um conjunto de regras realmente gerais importantes, por igual, para todos os demais ramos do direito civil, advindo, pois, de sua inserção, inconvenientes de todas as ordens: científicos-metodológicos, regulativos, práticos, didáticos e ideológicos[31].

Não obstante a autoridade das críticas arroladas, que serão objeto de análise posterior, os dois Códigos Civis adotados ao longo da história brasileira renderam-se à inserção de uma parte geral. Interessante notar que nosso fascínio por essa forma sistematizadora vem desde Teixeira de Freitas, que, em seu Esboço, sugeriu a criação de um código com parte geral, abrangendo a disciplina das pessoas, coisas e fatos jurídicos.

Mais interessante ainda mostra-se a repulsa do governo imperial a essa empresa, consignada no aviso ao jurista, datado de 18 de novembro de 1872[32]:

"Não podendo o Governo Imperial aceitar o plano proposto por V. S., em sua representação de 20 de Setembro de 1867, para a organização de dois códigos, um geral e outro especial, tem considerado rescindido, como também a V. S. parece, em sua declaração de 8 do corrente, o contrato de 10 de Janeiro de 1859, que com V. S. celebrara, para a redação do projeto de Código Civil do Império, já pelo tempo recorrido, já porque V. S. declarou, na sua mencionada representação, que, pela desarmonia profunda entre o seu pensamento e as vistas do Governo Imperial, julga-se inabilitado para redigir aquele Projeto."

Incorporada ao Código Civil de 1916, a questão voltou ao centro dos debates jurídicos no momento da elaboração do anteprojeto do Código de 2002. A controvérsia mostrou-se tão importante que José Carlos Moreira Alves[33], integrante da Comissão elaboradora do anteprojeto de nossa atual norma civil, após arrolar os argumentos contrários à manutenção da parte geral do Código Civil, passou, com propriedade, a refutá-los.

Quatro seriam os mencionados argumentos contrários: *a)* existência, na Alemanha, de vozes que se levantam contra a manutenção da parte geral no Código Civil daquele país; *b)* constatação de que vários códigos optaram por não ter uma parte geral; *c)* ocorrência de dispositivos, na parte geral, que não se relacionariam com

31. Cordeiro, António Menezes. Op. cit., p. 89/90.
32. Azevedo, Duarte de. *apud* Beviláqua, Clóvis. Código Civil dos Estados Unidos do Brasil comentado – v. I. 9 ed. Rio de Janeiro: Francisco Alves, 1951, p. 15.
33. Mor eira Alves, José Carlos. Parte geral do projeto de Código Civil brasileiro. São Paulo: Saraiva, 1986, p. 17/25.

todas as demais seções do Código Civil; e *d)* a parte geral dissociaria noções que, na prática, incidiriam simultaneamente.

José Carlos Moreira Alves[34], como asseverado, refuta com precisão os quatro pontos contrários à inserção de uma parte geral em nossa norma. Quanto aos dois primeiros, não seriam sérias objeções à adoção da sistemática estudada, mas sim meros argumentos de autoridade. Quanto aos demais, se é certo que determinados pontos aplicam-se mais a um segmento da parte especial do que a outros, também é fato que os conceitos da parte geral não poderiam ser transplantados exclusivamente para uma das quatro seções tradicionais do Código Civil (obrigações, coisas, família e sucessões), uma vez que sua generalidade desbordaria dos limites de qualquer um dos quatro livros, influenciando os outros em maior ou menor grau. Acrescento, ainda, que a crítica quanto ao último óbice também é injusta. Separar institutos que se aplicam, na vida, simultaneamente, é dos fenômenos mais comuns em direito e isso não poderia infirmar a manutenção histórica, no Brasil, da parte geral. Ora, tomemos um exemplo: quando um sujeito comete um homicídio no mundo real, ele pratica uma só conduta, mas com reflexos disciplinados em quatro códigos (Civil, Penal, Processo Civil e Processo Penal).Nem por isso advoga-se a tese de que tais normas deveriam integrar um único bloco legislativo, pois estariam a separar preceitos, que, no mundo real, incidiriam simultaneamente.

Mesmo as críticas manejadas por Menezes Cordeiro, já abordadas neste capítulo, de que a divisão do direito civil em quatro partes especiais (obrigações, coisas, família e sucessões) seria um fenômeno histórico-cultural, ao passo que o estabelecimento de uma parte geral seria fruto de uma criação racional, também podem ser rebatidas com subsídios fornecidos por José Carlos Moreira Alves[35]. Como este assevera, a inserção de uma parte geral nos códigos civis foi uma das maiores conquistas da pandectística alemã, tendo sido incorporada ao Código Civil da Saxônia em 1863. Em outras palavras, pode até ser que esse ramo do direito civil seja mais recente do que os demais, mas não se pode, por isso, afirmar que não seja um fenômeno histórico-cultural, na medida em que surgiu de um sólido movimento científico e, desde então, tem sido incorporado a diversos códigos civis do mundo, bem como, no campo acadêmico, tem sido agregada aos currículos das mais diversas faculdades de direito. Como não se vislumbrar nisso um fenômeno cultural sólido?

Concordamos com os argumentos expostos por Moreira Alves no sentido de que a manutenção da parte geral é algo positivo, pois essa forma de sistematização não apenas se coaduna com a tradição nacional, iniciada com Teixeira de Freitas em seu esboço, como também apresenta vantagens técnicas, na medida em que,

34. Mor eira Alves, José Carlos. Parte geral do projeto de Código Civil brasileiro. São Paulo: Saraiva, 1986, p. 20/21.
35. Moreira Alves, José Carlos. *Op.* cit. p. 20/21.

esquematicamente, se inspira no modelo abstrato de uma relação jurídica, conceito que passaremos a abordar.

A RELAÇÃO JURÍDICA

"Existe uma relação jurídica quando ao(s) direito(s) de um (sujeito) ou ao(s) de vários sujeitos corresponde uma obrigação de respeitar este(s) direito(s) por parte de outro(s) sujeito(s), seja(m) este(s) último(s) determinado(s) ou não."[36]

Partindo-se do conceito acima transcrito, podemos afirmar que a relação jurídica é estabelecida ordinariamente entre sujeitos, versando sobre determinado objeto, mas tendo origem em certo fato jurídico. Assim, os seus sujeitos são tecnicamente designados como pessoas, ao passo que, para o Direito, "bens são os valores materiais ou imateriais, que servem de objeto a uma relação jurídica"[37]. Por fim, o fato jurídico é tudo aquilo capaz de criar, modificar ou extinguir uma relação jurídica. Não é coincidência, portanto, nossa Parte Geral do Código Civil dividir-se em três partes: pessoas, bens e fatos jurídicos, disciplinando abstratamente os elementos da relação jurídica.

Esses três conceitos mostram-se fundamentais e se esparramam por todos os ramos do direito civil. Logo, há inegável sustentação lógica para que constem da parte geral dos códigos civis, como fez o nosso. Essa didática estruturação é merecedora, portanto, de aplausos.

O CÓDIGO CIVIL DO BRASIL DE 1916

O Brasil, historicamente ligado à Portugal, não poderia, tão logo declarada a sua independência, desprezar todo o arcabouço legislativo que regeu a vida da Colônia por mais de 300 anos e revogar as leis portuguesas entre nós aplicadas.

Sabiamente o Imperador D. Pedro I, em 20 de outubro de 1823, fez publicar lei que manteve a vigência das leis portuguesas editadas até 25 de abril de 1821, bem como aquelas promulgadas por sua pena durante o período em que esteve no Brasil na qualidade de Príncipe Regente. Assim determinava:

"Art. 1º As Ordenações, Leis, Regimentos, Alvarás, Decretos, e Resoluções promulgadas pelos Reis de Portugal, e pelas quais o Brasil se governava até o dia 25 de abril de 1821, em que Sua Majestade Fidelíssima, atual Rei de Portugal, e Algarves, se ausentou desta Corte; e todas as que foram promulgadas daquela data em diante pelo Senhor

D. Pedro de Alcântara, como Regente do Brasil, enquanto Reino, e como Imperador Constitucional dele, desde que se erigiu em Império, ficam em inteiro vigor na parte em que não tiverem sido

---

36. Hörster, Heinrich Ewald. A parte geral do Código Civil português. Coimbra: Almedina, 2000, p. 159.
37. Beviláqua, Clóvis. Código Civil dos Estados Unidos do Brasil comentado – v. I. 9 ed. Rio de Janeiro: Francisco Alves, 1951, p. 281.

revogadas, para por elas se regularem os negócios do interior deste Império, enquanto se não organizar um novo Código, ou não forem especialmente alteradas."

Nessa mesma trilha, a Constituição Imperial determinou:

Art. 179. A inviolabilidade dos Direitos Civis, e Políticos dos Cidadãos Brasileiros, que tem por base a liberdade, a segurança individual, e a propriedade, é garantida pela Constituição do Império, pela maneira seguinte.

(...)

XVIII. Organizar-se-á quanto antes um Código Civil, e Criminal, fundado nas sólidas bases da Justiça, e Equidade.

Outro importante marco no histórico de nossa codificação foi a criação dos cursos de direito no Brasil, um em Olinda e outro em São Paulo, por lei de 11 de agosto de 1827, que estabelecia a necessidade de ensino de direito civil pátrio a partir do terceiro ano de curso. Paulo Nader[38] salienta que essa providência proporcionou o surgimento de uma importante geração de juristas brasileiros que, sem olvidar a influência do direito de nações como Alemanha, Portugal e França, deram inestimável contribuição para a criação de nosso primeiro Código Civil.

Avançando alguns anos, temos Carvalho Moreira, Barão de Penedo, que, em 1845, apresentou ao Instituto da Ordem dos Advogados do Brasil escrito denominado "Da revisão geral e codificação das leis civis e do processo, no Brasil", no qual, contundentemente afirmou ser nossa legislação, então vigente, "esparsa, antinômica, desordenada e numerosíssima"[39]. A crítica demonstrava que a ideia de elaboração de um código nacional fervilhava na mente dos juristas pátrios.

Ocorre, todavia, que o governo imperial houve por bem, como medida preliminar à elaboração de um código, promover a consolidação do direito civil pátrio, regido, em parte, pelas Ordenações Filipinas, mas também por volumosa legislação esparsa. A tarefa foi confiada, em 1855, ao gênio de Augusto Teixeira de Freitas, que, em 1858, legou à Nação a Consolidação das Leis Civis, obra de grande envergadura e que, segundo Caio Mário, foi um "notável trabalho, respeitado como primeiro grande monumento jurídico nacional, até hoje indigitado alicerce da codificação, sem o qual não se teria conseguido a sua concretização tão fiel às mais caras tradições pátrias, dentro de uma linha de organicidade admirável."[40]

O importante trabalho fez com que Teixeira de Freitas fosse contratado para elaborar o Código Civil do Império, sendo nomeada uma comissão para revisar o projeto elaborado, chamado de Esboço, que acabou se perdendo em inúteis

38. Nader, Paulo. Curso de direito civil – v. I. 4 ed. Rio de Janeiro: Forense, 2007, p. 40.
39. Carvalho Moreira, Inácio de. *apud* Beviláqua, Clóvis. Código Civil dos Estados Unidos do Brasil comentado – v. I. 9 ed. Rio de Janeiro: Francisco Alves, 1951, p. 11.
40. Pereira, Caio Mário da Silva. Instituições de Direito Civil, v. I. 20 ed. Rio de Janeiro: Forense, 2004, p.

discussões, fato que desgostou o seu Autor[41]. A tentativa, pois, não foi adiante, embora também este trabalho de Teixeira de Freitas tenha marcado profundamente as letras jurídicas nacionais e estrangeiras, servindo de inspiração para o Código Civil argentino. O jurista platino Carlos Alberto Ghersi[42] esclarece as fontes do Código Civil da Argentina, citando o seu próprio idealizador, Vélez Sársfield:

> *"§ 31. Fontes – O mesmo codificador* [Vélez Sársfield]*, em nota de enaltecimento, se encarregou de aclarar a questão: 'Para este trabalho tive presente todos os códigos publicados na Europa e América e a legislação comparada do Sr. Seoane. Servi-me principalmente do Projeto de Código Civil para Espanha do Sr. Goyena, do Código do Chile, que tanto se avantaja aos códigos da Europa, e, sobretudo, do projeto de código civil que está trabalhando para o Brasil o Sr. Teixeira de Freitas, do qual tomei muitíssimos artigos.' (...)"*

Washington de Barros Monteiro[43], menos comedido que os argentinos, afirma que o ramo mais deficiente do Código platino é o de sucessões, justo aquele que não pôde contar com a inspiração de Teixeira de Freitas.

Após a frustrada tentativa de codificação, Nabuco de Araújo fora nomeado para levar adiante a empresa de elaborar um anteprojeto de Código. Faleceu, contudo, em 1872, no início de seu trabalho. Somaram-se aos seus esforços nomes como Felício dos Santos (1881) e Coelho Rodrigues (1893), mas que não lograram êxito em suas empreitadas[44].

Em 1899, finalmente, Clóvis Beviláqua fora, por indicação do Ministro Epitácio Pessoa, nomeado pelo Presidente Campos Sales para elaborar o anteprojeto de nosso primeiro Código Civil. O notável jurista levou cerca de seis meses para encerrar sua obra, que foi apresentada ao Congresso Nacional.

Essa celeridade, todavia, não foi uma constante na apreciação do Projeto, ao menos em nosso Parlamento. Como assevera Francisco Amaral[45], a tramitação do Código na Câmara ocorreu entre 1901 e 1902, quando foi remetida ao Senado Federal. Lá, em apenas três dias, Ruy Barbosa teceu inúmeras críticas, mais de cunho filológico ao Projeto, partindo em sua defesa o Professor baiano Ernesto Carneiro

41. Monteiro, Washington de Barros. Curso de direito civil – parte geral. 39 ed. São Paulo: Saraiva, 2003, p. 49.
42. Ghersi, Carlos Alberto. Derecho Civil – parte general. 2 ed. Buenos Aires: Astrea, 1999, p. 82/83 assim abordou a questão: "§31 Fuentes – El mismo codificador, en la nota de elevación, se encargó de aclarar la cuestión: 'Para este trabajo he tenido presente todos los códigos publicados en Europa y América y la legislación comparada del Sr. Seoane. Me he servido principalmente del Projeto de Código Civil para España del Sr. Goyena, del Código de Chile, que tanto aventaja a los códigos de Europa, y sobre todo, del proyecto de código civil que está trabajando para el Brasil el Sr. Freitas, del cual he tomado muchísimos artículos'. (...)"
43. Monteiro, Washington de Barros. Curso de direito civil – parte geral. 39 ed. São Paulo: Saraiva, 2003, p. 51.
44. Nader, Paulo. Curso de direito civil – v. I. 4 ed. Rio de Janeiro: Forense, 2007, p. 42.
45. A m ar al, Francisco. Direito civil – introdução. 5 ed. Rio de Janeiro: Renovar, 2003, p. 128/129.

Ribeiro. Clóvis Beviláqua[46], um dos maiores juristas pátrios de todos os tempos, teceu os seguintes comentários sobre os eventos narrados, uma mostra de que, aliado ao seu imenso saber, encontrava-se a humildade característica dos grandes homens:

"O que é esse Parecer sabem-nos todos, pois não só os juristas se interessaram por ele, senão também os literatos e, ainda, os que apenas sabiam ler. Foi uma obra que causou profunda impressão no país. Ao fazer-lhe uns tímidos reparos, dizia eu: 'O choque violento dessa mole ingente de saber profundo e rude crítica filológica, que, das mãos ciclópicas do Senador Ruy Barbosa, acabou de ruir, fragorosamente, sobre o Projeto do Código Civil, deixou-me aturdido'. E esse foi o estado de espírito do grande número; assombro admirativo!

(...)

40. Os que se achavam envolvidos na crítica vieram à fala, defendendo-se e mostrando que havia, nas acusações e nas emendas do eminente Senador, excessos e injustiças, a par de incontestáveis melhoramentos na linguagem do Projeto. As injustiças estão nas frases cáusticas e no tom de menos preço, que, aqui e ali, condimentam o Parecer e os excessos vêm de se terem feito correções escusadas, e algumas, até, que prejudicam o pensamento dos dispositivos. Tive, como era natural, a minha parte nessa contenda. No livro Em defesa*, encontra-se o que me ocorreu alegar em prol do Projeto. Medeiros e Albuquerque, Arthur Orlando, Antônio Salles, Oliveira Fonseca e Carneiro Ribeiro vieram, com as suas observações, atenuar o efeito da crítica formidável."*

O tom vigoroso de Ruy Barbosa pode ser sentido em algumas passagens, tanto no Parecer sobre o Projeto, quanto em sua Réplica. Vejamos um trecho da última obra, muito ilustrativa do que aqui se pretende demonstrar[47]:

"307 – Rezava o projeto:

«Art. 182. Prescreve:

«§ 3º. Em dois meses a ação do marido para contestar a legitimidade do filho nascido de sua mulher, contado o prazo do nascimento, se nessa ocasião ele se achava presente.» Objetei eu à redação deste texto, ponderando que entre ele e o vocábulo marido, a que se deve referir, medeiam quatro substantivos masculinos, cuja interposição deixa

hesitante a escolha do leitor quanto ao antecedente, com que o pronome concorda.

Não veio nisto o mestre [Ernesto Carneiro Ribeiro]. «O pronome», diz ele,

«não pode aqui referir-se, senão ao vocábulo marido.»

Logicamente, de acordo. Sintaxicamente, não. Ante a regra de sintaxe o pronome concordará com o nome mais vizinho, se em gênero e número condizem. Em casos como este será mister acorrermo-nos ao sentido, escrutrar, através da frase, a intenção do escritor. Para substituir pela subordinação lógica a subordinação gramatical. Divergem elas uma da outra, e mercê da primeira é que se obtém retificar a errada pista da segunda. Tais verificações, porém, pressupõem, em quem as faz, reflexão atenta e critério seguro, que nem sempre assistem ao comum dos interessados, e que as incalculáveis artes da trica forense costumam de caso pensado evitar.

---

46. Beviláqua, Clóvis. Código Civil dos Estados Unidos do Brasil comentado – v. I. 9 ed. Rio de Janeiro: Francisco Alves, 1951, p. 43/44.
47. Barbosa, Rui. Réplica – v. II. Belo Horizonte: Itatiaia, 1986, p. 550/551.

Os códigos civis, porque se escrevem para o povo e, até, para as escolas de primeiras letras, convém que se abstenham, no seu contexto, desses enigmas gramaticais, por fácil que seja o decifrá-los. Cumpre, logo, na sua redação, que o pensamento resulte naturalmente da ordem gramatical; aliás a simpleza e ignorância vulgares cairão muitas vezes em interpretações extravagantes, com prejuízo do bem geral, a que as codificações pretendem servir."

O tom ácido das críticas filológicas, todavia, não foi suficiente para evitar a conversão do Projeto em Lei. No ano de 1916, foi sancionado o Código Civil, que passou a viger, em virtude de sua *vacatio legis*, no ano seguinte e se manteve hígido, em suas linhas gerais, até a virada do século, não obstante as diversas tentativas de sua substituição por normas mais modernas.

O Código Civil do Brasil de 2002. Passados menos de 30 anos de vigência do Código Civil de 1916, em 1941, o Governo Vargas incumbira juristas pátrios da elaboração de anteprojeto de Código que pusesse fim à dualidade entre as obrigações civis e comerciais. Levado a cabo a missão, com a elaboração do Anteprojeto de Código das Obrigações por Orosimbo Nonato, Hahnemann Guimarães e Philadelpho Azevedo, a inovação passou a ser muito questionada, frustrando-se, por fugir à tradição histórica de nosso Direito[48].

Nova tentativa de reforma ocorreu em 1961. Naquela oportunidade, foram convidados Orlando Gomes e Caio Mário, respectivamente, para elaboração de Anteprojeto de Código Civil (com os livros de coisas, família e sucessões) e o de Código das Obrigações (disciplinando os demais aspectos do direito civil)[49]. Percebe-se, assim, que suprimira-se, dos projetos, livro relativo à Parte Geral do Direito Civil.

Essa tentativa também se mostrou frustrada até que, em 1969, o Governo nomeou os juristas Miguel Reale, José Carlos Moreira Alves, Agostinho de Arruda Alvim, Sylvio Marcondes, Ebert Chamoun, Clóvis do Couto e Silva e Torquato de Castro para elaborarem o Anteprojeto que foi encaminhado ao Parlamento e que, apenas em 2002, após tramitar por décadas, transformou-se em nosso atual Código Civil.

ANÁLISE DO CÓDIGO DE 2002

O Código Civil de 1916 foi, sem dúvida, uma legislação avançada, capaz de bem reger o Direito Civil pátrio por décadas, pontuada, obviamente, por alterações decorrentes de legislação extravagante. Nessa esteira, o sólido conhecimento doutrinário e a larga experiência jurisprudencial, acumulados ao longo de anos de vigência, não poderiam ser desprezados pelos membros da Comissão Elaboradora e Revisora do novo Código. Assim, a Lei Civil de 2002, intencionalmente, guardou inúmeros pontos de contato com a anterior, pois, nos dizeres de José Carlos Moreira

48. Nader, Paulo. Curso de direito civil – v. I. 4 ed. Rio de Janeiro: Forense, 2007, p. 45.
49. Amar al, Francisco. Direito civil – introdução. 5 ed. Rio de Janeiro: Renovar, 2003, p. 133.

Alves[50], buscou-se, com poucas alterações, não apenas tornar mais moderna nossa codificação, como também cambiar sua orientação filosófica.

As alterações legislativas da codificação, embora quantitativamente pouco expressivas, refletiram, em parte, os profundos avanços sociais e tecnológicos da última centúria, levando nosso legislador a abandonar o individualismo característico do Direito oitocentista, bem como a preocupação pandectística de resolver problemas sociais pela incidência automática de categorias ou fórmulas jurídicas[51]. Os antigos valores foram cambiados pela inserção de três importantes princípios em nosso Código: a socialidade, a eticidade e a operabilidade.

Entende-se por socialidade a valorização dos interesses coletivos sobre os individuais, sem menosprezo, frise-se, à dignidade da pessoa humana. Inúmeros são os dispositivos do Código de 2002 que apontam neste sentido: a disciplina dada ao abuso de direito (art. 187), a ênfase ao princípio da função social dos contratos (art. 421), a disciplina do instituto da desapropriação judicial (art. 1.228, § 4º), a redução dos prazos de usucapião extraordinária e ordinária caso haja utilização do bem segundo os ditames da função social da propriedade (art. 1.238, § único e 1.242, § único), apenas para citarmos alguns exemplos.

Quanto à eticidade, a importância da pessoa humana como fonte de todos os demais valores é enfatizada. Assim, a equidade, a boa-fé, a justa causa são princípios que devem presidir a boa aplicação do direito[52].

A operabilidade, por fim, demonstrou a preocupação com a fácil aplicação da norma civil. O Novo Código, ao distinguir os prazos prescricionais dos decadenciais, deu mostras do seu interesse em facilitar sua própria exegese, tornando-o mais efetivo[53].

A alteração legislativa, contudo, tem sido enriquecida pela renovação doutrinária que vivenciamos desde o final da década de 90. Temas novos são postos à mesa, em especial, a correlação entre o Direito Civil e o Direito Constitucional, matéria que passaremos doravante a enfrentar.

A CONSTITUCIONALIZAÇÃO DO DIREITO CIVIL – INTRODUÇÃO

A Constituição Federal de 1988 cambiou o alvo das preocupações tradicionais do Direito Pátrio, ao inserir a dignidade da pessoa humana como fundamento da República[54]. Seguiu-se, no âmbito do Direito Privado, a essa constatação, tamanha

50. Mor eira Alves, José Carlos. Parte geral do projeto de Código Civil brasileiro. São Paulo: Saraiva, 1986, p. 17.
51. Reale, Miguel. Estudos preliminares do Código Civil. São Paulo: RT, 2003, p. 36.
52. Gonçalves, Carlos Roberto. Direito civil brasileiro. 5 ed. São Paulo: Saraiva, 2007, p. 25.
53. Nader, Paulo. Curso de direito civil – v. I. 4 ed. Rio de Janeiro: Forense, 2007, p. 48.
54. Fachin, Luís Eduardo. Questões do Direito Civil brasileiro contemporâneo. Rio de Janeiro: Renovar, 2008, p. 7.

efervescência doutrinária, que hoje é impossível fazer qualquer estudo sistemático dessa seara jurídica sem antes, ainda que brevemente, enfrentar um tema de profunda inquietação entre os estudiosos: a constitucionalização do Direito Civil e a incidência dos direitos fundamentais nas relações privadas.

O primeiro grande desafio do intérprete seria superar uma falsa premissa: a de que o Código Civil seria a Constituição do Direito Privado. Este pensamento, muito comum nos primeiros anos do movimento codificador, seria decorrência da ânsia burguesa de facilitação da livre circulação de riquezas, mediante o mínimo de interferência estatal. Assim, o direito público não interferiria no âmbito privado, levando-se ao mito da completude da codificação civil[55].

Esse posicionamento, todavia, foi varrido do nosso imaginário, como se fora arrebatado por ondas piroclásticas, decorrentes da priorização das necessidades humanas frente ao exacerbado individualismo dos séculos passados. Convém, portanto, que dediquemos breves linhas à compreensão do princípio da dignidade da pessoa humana, alçado a importante marco doutrinário do hodierno Direito Civil.

A DIGNIDADE DA PESSOA HUMANA

A Constituição Federal arrola como um dos fundamentos republicanos a dignidade da pessoa humana (Art. 1º, III). Essa ideia parece ser o único consenso entre os estudiosos. A dignidade da pessoa humana é um princípio basilar do nosso Estado de Direito, mas a sua maior ou menor amplitude conceitual, seguida do risco de banalização no seu emprego, são desafios dos quais não se pode furtar o intérprete da norma constitucional.

Assim, a primeira indagação a ser feita é: o que seria dignidade da pessoa humana? Em excelente e jocoso texto, Günther Frankenberg[56]admoesta que o surgimento da ideia de dignidade da pessoa humana demanda deferência – afinal ela emanaria de ninguém menos do que Deus, o próprio Criador. Seria, portanto, o presente divino materializado na razão humana, um dom místico vindo dos céus, enfim, algo sagrado plantado em nós, seres humanos. No entanto, desde o nascimento, prossegue Frankenberg, o princípio em comento vem tentando se adaptar a esse mundo, cada vez mais secularizado, despojando-se de seu manto sagrado. Assim, apesar da incontestável grandeza da obra de Kant, marco filosófico para a construção da ideia de dignidade, apenas em 1948 (Declaração Universal dos Direitos do Homem) o termo passaria a ser utilizado na acepção que hoje empregamos, incorporado sucessivamente às diversas Cartas constitucionais do mundo ocidental como, as mais das vezes, cláusulas pétreas.

55. Tepedino, Gustavo. Temas de direito civil. 5 ed. São Paulo: Saraiva, 2007, p. 25.
56. Frankenberg, Günther. A gramática da Constituição e do Direito. Belo Horizonte: Del Rey, 2007, p. 305.

Passados mais de 50 anos dessa nova era, podemos retornar, portanto, a Kant, para tentar apresentar um conceito de dignidade da pessoa humana, mas nunca estaremos livres de do risco de esvaziamento do conteúdo do princípio, decorrente de dois problemas: *a)* sua não aplicação, ou *b)* sua trivialização.

Lancemo-nos, pois, ao enfrentamento do primeiro desafio – desenhar um conceito aceitável para dignidade da pessoa humana. Gláucia Correa Retamozo Barcelos Alves[57] ressalta a importância do enfrentamento histórico da questão, a fim de que bem se nos configure a ideia que buscamos formatar, calcado em três grandes autores: Hobbes, Descartes e Kant. Observa que o primeiro dos pensadores citados definia pessoa pelo seu papel na sociedade, o que, em última análise, atentava contra a sua dignidade, na medida em que mitigava sua identidade individual, em função do maior relevo dado ao papel desempenhado no grupo, ou, em outras palavras, à sua identidade estatutária. A contribuição de Descartes, todavia, centrou-se no fato de que a hiperbolização da dúvida levaria à reconstrução das certezas que se iniciariam pela retomada da consciência do sujeito quanto à sua própria existência como ser pensante. Logo, a existência do homem não estaria calcada no grupo ao qual pertence, mas ao fato de pensar, o que já representaria um avanço frente ao pensamento de Hobbes. Esse aspecto, aliás, parece haver sido incorporado ao art. 1º da Declaração Universal, ao consignar: "Todas as pessoas nascem livres e iguais em dignidade e direitos. *São dotadas de razão e consciência* e devem agir em relação umas às outras com espírito de fraternidade."[58] (grifo não constante do original)

Foi Kant[59], entretanto, que nos forneceu uma ideia mais precisa sobre o significado de dignidade, ao asseverar:

> *"No reino dos fins tudo tem ou um preço ou uma dignidade. Quando uma coisa tem um preço, pode-se pôr em vez dela qualquer outra como* equivalente; *mas quando uma coisa está acima de todo o preço, e portanto não permite equivalente, então tem ela dignidade."*

As palavras de Kant criaram raízes, fazendo com que se percebesse que o ser humano não deve ser tratado como se fora uma "coisa", um descartável instrumento para o alcance de objetivos outros, desvinculados do seu próprio bem estar, assim como da possibilidade de realização de seu projeto espiritual. Não por outro motivo arremata o filósofo alemão[60]:

> *"Ora a moralidade é a única condição que pode fazer de um ser racional um fim em si mesmo, pois só por ela lhe é possível ser membro legislador no reino dos fins. Portanto a moralidade, e a humanidade enquanto capaz de moralidade, são as únicas coisas que têm dignidade."*

---

57. Alves, Gláucia Correa Retamozo Barcelos. Sobre a dignidade da pessoa. *In:* Martins- Costa, Judith (org.). *A reconstrução do direito privado: reflexos dos princípios, diretrizes e direitos fundamentais constitucionais no direito privado.* São Paulo: Editora Revista dos Tribunais, 2002, p. 215/223.
58. Versão integral deste histórico documento está disponível na página da internet – http:// portal.mj.gov.br/sedh/ct/legis_intern/ddh_bib_inter_universal.htm.
59. Kant, Immanuel. Fundamentação da metafísica dos costumes. Lisboa: Edições 70, 1992, p. 77.
60. Kant, Immanuel. Fundamentação da metafísica dos costumes. Lisboa: Edições 70, 1992, p. 77/78.

Os sistemas constitucionais modernos, pois, após o assombro de experiências como a inquisição, a escravatura, o estabelecimento de cruéis ditaduras pelos quatro cantos do mundo (fossem de cunho nazista, comunista ou de qualquer outro matiz político), os genocídios étnicos-religiosos perpetrados por fanáticos contra grupos mais fracos, despertaram para a necessidade de se introduzir o conceito de dignidade humana nos seus respectivos ordenamentos jurídicos, não raro como fundamento ou base do Estado por eles organizados, tal qual se dá nos casos lusitano e brasileiro. Assim, nesses modelos de Estado, tem-se a República como organização política a serviço do homem e não o contrário[61].

Como consequência, ademais, da inserção desse fundamento republicano em nossa Carta, as seguintes diretrizes básicas podem ser sintetizadas, como bem adverte Jorge Miranda[62], ao estudar o semelhante caso português:

a) A dignidade da pessoa humana é dotada de dimensão individual e concreta, vale dizer, refere-se a todos e a cada qual;

b) A dignidade da pessoa humana é fundamento para proteção do ser humano desde a sua concepção, pouco importando se já lhe é ou não atribuída personalidade jurídica;

c) A dignidade da pessoa humana aplica-se indistintamente a homens, mulheres, crianças, adultos, idosos;

d) O postulado da dignidade exige que todos reconheçamos, em nossos semelhantes, a existência de seres igualmente dela dotados;

e) A inserção do ser humano em grupos sociais, porquanto indissociados somos de nossos sentidos de universalidade, não transfere a dignidade do indivíduo para o grupo no qual se insere;

f) A dignidade estabelece o primado do ser sobre o ter;

g) A dignidade justifica a luta pela melhoria da qualidade de vida e do bem-estar do sujeito;

h) A proteção da dignidade não se circunscreve aos estreitos limites da nacionalidade, sendo um valor que deve ser reconhecido inclusive para os estrangeiros que se encontram nos limites territoriais de nosso país;

i) A dignidade e a autonomia humana são valores incindíveis.

Assim, acreditamos haver introduzido, jamais esgotado, a noção de dignidade da pessoa humana. Vale ressaltar que esse termo é daqueles que merecem ser vividos, mais do que pensado abstratamente. No entanto, é aí que os maiores riscos de vio-

---

61. Canotilho. J. J. Gomes, *Direito constitucional e Teoria da Constituição.* 7 ed. Coimbra: Almedina, 2008, p. 225.
62. Mir anda. Jorge. *Manual de Direito Constitucional – t. IV – Direitos Fundamentais.* 3 ed. Coimbra: Coimbra, 2000, p. 183/184.

lações ao princípio ocorrem: nem pode ser transformada em letra morta, tampouco pode ser banalizada. Recorramos novamente às lições de Günther Frankenberg[63], a fim de identificarmos o campo de incidência mais profícuo para o princípio. Vejamos:

> *"Somente com o terror inconcebível de violações em massa da dignidade, com a humilhação e degradação, a tortura sistemática e morte de pessoas, os autores das Constituições e de catálogos dos direitos humanos tiveram o ensejo de colocar em proteção a dignidade. Quanto mais drasticamente ela é violada, mais contornos precisos ela assume. Não existe dignidade 'como tal', seja lá como os filósofos a concebam, e sim, somente como violação. A dignidade não aparece com a pessoa em si, mas por intermédio de torturadores, polícia secreta e tirano. As práticas de 'humilhação, marcas de queimadura, perseguição, proscrição etc.' transferem a dignidade do 'reino da validade ideal' (Carl Schimitt) e de conceitos abstratos para o presente degradante."*

Jocosamente, porém, o autor trouxe inúmeros casos em que se trivializava a discussão do assunto. Curiosa questão, decidida nos tribunais germânicos, mostrou como a ideia de dignidade pode alcançar o extremo oposto e levar a estranhas conclusões. Lembra Frankenberg que o Poder Judiciário tedesco declarou não haver violação à dignidade na apresentação de uma dançarina de *strip-tease*, embora ocorra no *peep-show* (apresentação de dançarina isolada por grade, pois a última se apresentaria para *voyers* que permaneceriam ocultos, sem contato visual com ela). A grande diferença entre as hipóteses é que se despir atrás de uma grade, sem se vislumbrar quem estaria observando a apresentação, seria "*coisificar*" a mulher, fato que não se repetiria nas tradicionais apresentações de dançarinas de *strip-tease* (mesmo que ela fique mais exposta ao contato físico com os espectadores mais afoitos).

Igual preocupação com a banalização do instituto ostenta Luís Roberto Barroso[64]. Após lembrar que "a jurisprudência brasileira tem utilizado o princípio da dignidade da pessoa humana como um reforço de outros argumentos ou como um elemento retórico", assevera que, por força de sua carga ética, a dignidade da pessoa humana teria passado a ser utilizada em questões distintas, seja de ordem penal, civil ou consumerista, com um enfoque mais empírico do que propriamente técnico. Não bastasse isso, adverte que, "sem um conteúdo determinado, a dignidade acaba sendo invocada pelos dois lados em disputa, em casos moralmente controvertidos, como aborto, suicídio assistido ou casamento de pessoas do mesmo sexo". Arremata lembrando que um princípio que serve para a defesa de teses rigorosamente opostas, a rigor, de pouca valia seria. Assim, busca construir um parâmetro mais técnico para a incidência do princípio, como explana em suas próprias palavras:

> *"Minha formulação atribui à dignidade três conteúdos, que têm base filosófica e implicações jurídicas. São eles: o valor intrínseco de toda pessoa humana, a autonomia de vontade da qual todo indivíduo deve ser titular e o que eu chamo de valor comunitário, que envolve as*

---

63. Frankenberg, Günther. A gramática da Constituição e do Direito. Belo Horizonte: Del Rey, 2007, p. 312.
64. Entrevista publicada no sítio eletrônico http://www.redetv.com.br/ColunistaPosts. aspx?77,1426,false,-Dignidade-humana-a-busca-de-um-conceito-para-impedir-a-banalizacao, acesso em 26 de outubro de 2011.

hipóteses legítimas em que os valores sociais e o interesse público podem limitar o exercício da autonomia individual. A dignidade como valor intrínseco fornece parte do conteúdo jurídico dos seguintes direitos: direito à vida, à igualdade e à integridade física e moral. A dignidade como autonomia fornece parte do conteúdo das liberdades públicas (liberdade de expressão, religiosa, de associação), do direito de participação política e, também, do chamado mínimo existencial, que é o acesso a condições mínimas de subsistência. Por fim, a dignidade como valor comunitário desempenha três papéis: a) protege os direitos fundamentais de terceiros (vale dizer, no exercício de sua autonomia, um indivíduo não tem o direito de matar, de roubar etc.); b) protege a pessoa contra si própria (são algumas hipóteses legítimas de paternalismo, como a obrigação de cinto de segurança ou a vacinação compulsória); e c) protege determinados valores sociais (como restringir o acesso de crianças à pornografia ou a repressão à pedofilia)."

Tomados, portanto, por tão sérias advertências, entendemos que a utilização retórica da dignidade da pessoa humana e de outros princípios constitucionais é, em realidade, um desserviço que alguns operadores do direito prestam a tão nobres valores. Busquemos, portanto, traçar para os demais direitos fundamentais, regras um pouco mais claras para incidirem nas relações privadas.

A busca de critérios para incidência dos direitos fundamentais nas relações privadas

Afirmam os constitucionalistas que os direitos fundamentais podem ser agrupados em distintas gerações, cujos princípios cardeais foram vaticinados pelos revolucionários franceses ainda no século XVIII: liberdade (direitos fundamentais de primeira geração), igualdade (direitos fundamentais de segunda geração) e fraternidade (direitos fundamentais de terceira geração). A eles se somam os direitos à democracia, informação e pluralismo com nítida vocação comunitária (direitos de quarta geração), bem como o direito à paz (quinta geração).[65]

A questão que se coloca é que os direitos fundamentais, historicamente, foram sendo conquistados como limitações à atuação estatal ou como pretensões a atuações positivas do poder público. Assim, é de indagar-se: seriam oponíveis também por particulares em face daqueles que com eles travassem relações jurídicas?

O tema, embora de recente reflexão no Brasil, já se faz debater em outros ordenamentos há algumas décadas. Na Alemanha, a chamada *Drittwirkung* (correspondente à Incidência dos Direitos Fundamentais nas Relações entre Particulares) passou a despertar a atenção dos especialistas desde a década de 50, do século 20.[66] Dois julgados foram emblemáticos para a construção da Teoria, um na seara trabalhista e o outro no campo da responsabilidade civil.

65. Bonavides, Paulo. Curso de direito constitucional. 22 ed. São Paulo: Malheiros, 2009, p. 560/589.
66. Sombra, Thiago Luís Santos. A Eficácia dos Direitos Fundamentais nas Relações Jurídico-Privadas. Porto Alegre: Sérgio Antonio Fabris, 2004, p. 123/129.

O primeiro deles[67] teve lugar quando uma jovem firmou contrato de trabalho e formação profissional para o cargo de enfermeira. A avença previa que, na hipótese de matrimônio da contratada, o pacto seria automaticamente rompido. Pois bem – contraídas núpcias, o empregador houve por bem pôr fim à avença. Inconformada, a empregada dispensada propôs demanda trabalhista que, ao seu turno, redundou em famosa sentença do Tribunal Federal do Trabalho da Alemanha, datada de 5 de maio de 1957, por meio da qual a cláusula obstativa do matrimônio foi declarada nula por afrontar dispositivos constitucionais (dignidade da pessoa humana, proteção ao matrimônio, à família e ao livre desenvolvimento da personalidade).

A decisão, conquanto emblemática, não causou tanta repercussão quanto a que estaria por vir no ano seguinte (1958). Naquela oportunidade[68], o Tribunal Constitucional da Alemanha foi chamado a julgar uma lide muito interessante. A controvérsia apresentada à Corte dizia respeito ao boicote que Erich Lüth, Presidente do Clube de Imprensa de Hamburgo, moveu contra filme produzido pela cineasta Veit Harlan, considerada adepta da supremacia da raça ariana nos idos tempos do nazismo tedesco.

A cineasta, nas instâncias locais, logrou êxito na demanda, repudiando o boicote, pois se entendeu que ela estava amparada no artigo 826 do Código Civil Alemão, que normatiza[69]:

> *"Artigo 826 – Danos intencionais contrários aos bons costumes*
>
> *Aquele que causar danos intencionais a outrem, e de maneira ofensiva aos bons costumes, fica obrigado a compensar o dano".*

Admitido o recurso específico, manejado por Lüth para a Corte Constitucional, o entendimento esposado pelo Tribunal local foi revertido, apoiado, sobretudo, em dois vértices: *a)* a existência de uma eficácia irradiante dos direitos fundamentais (que se expandiriam e incidiriam nas relações privadas); e *b)* o reconhecimento do dever de proteção estatal a tais direitos inclusive quando invocados nas relações jurídicas entre particulares.

Não se pense, todavia, que os debates, após o julgado, cessaram na Alemanha e nos demais países da Europa Continental. Muito pelo contrário, eles apenas se intensificaram, passando a versar sobre outro aspecto bastante interessante: a incidência dos direitos fundamentais sobre relações privadas poderá ser imediata, vale

67. Vale, André Rufino do. Eficácia dos direitos fundamentais nas relações privadas. Porto Alegre: Sérgio Antônio Fabris, 2004, p. 107.
68. Gonçalves, Rogério Magnus Varela. Os direitos fundamentais e sua validade no âmbito das relações privadas. Disponível em http://www.estig.ipbeja.pt/~ac_direito/VarelaG.pdf, acesso em 09 de novembro de 2011.
69. Tradução livre da versão inglesa do Código Civil Alemão, disponível em http://www.juris. de/jportal/index.jsp, acesso em 09 de novembro de 2011.

dizer, sem intermediação de atos estatais, ou demandará atuação do Ente Público para que possa acontecer?

Digno de nota se mostra o caso lusitano. A Constituição da República de Portugal proclama em seu artigo 18, nº 1º:

> *"Artigo 18º (Força jurídica)*
>
> *Os preceitos constitucionais respeitantes aos direitos, liberdades e garantias são directamente aplicáveis e vinculam as entidades públicas e privadas.".*

Heirnch Ewald Höster[70] lembra que uma leitura despreocupada do dispositivo poderia trazer a falsa impressão de que, a exemplo dos dispositivos de direito privado, as normas constitucionais teriam uma função de regulação das relações entre particulares. Ocorre, todavia, ressalva o autor, que o Direito Privado é dotado de dogmática e dinâmica próprias, cujo histórico supera dois mil anos, capazes de influenciarem até mesmo o Direito Constitucional, embora o primeiro se coloque em posição de conformação e hierarquia inferiores ao último. Logo, sua incidência não deverá ocorrer de forma desregrada. A solução, portanto, que preconiza é de interpretar o artigo 18, nº 1º como regra de incidência geral para entes públicos e especial para privados, na medida em que, para os últimos, sua subsunção só seria correta quando o desnível de poder entre os atores privados fosse tamanho que o primado da liberdade e igualdade jurídicas restasse ameaçado. Quanto ao mais, a Carta Constitucional, como elemento conformador do sistema, vincularia a aplicação do Direito Privado, por meio da concretização de cláusulas gerais e dos conceitos jurídicos indeterminados, incidindo, nestes termos, de maneira mediata sobre as relações privadas.

Vejamos, pois, o que seriam as cláusulas gerais e os conceitos jurídicos indeterminados. Antes, porém, analisemos em que modelo de codificação eles devem estar presentes.

Karl Larenz[71] explica que há três grandes modelos que definem o conteúdo lógico-formal dos códigos civis. O primeiro deles seria o casuístico, ou seja, aquele que pretende regrar nos códigos todos os pormenores das relações privadas. O maior exemplo dessa categoria seria o Código Civil da Prússia, ao dedicar algumas dezenas de parágrafos para tentar disciplinar todos os exemplos conhecidos de pertenças. Assim, a norma prussiana assegurava que fechaduras e chaves eram pertenças, mas não os cadeados de uma porta. Percebe-se que, se este modelo torna mais automática a subsunção da norma, por outro lado, ao ser impossível exaurir todas as hipóteses fáticas dos comandos normativos abstratos, abre imensas dúvidas quando o aplicador se depara com uma hipótese que não foi arrolada na lei. Logo, mesmo que uma lei estabeleça em cem parágrafos quais todas as pertenças conhecidas, a evolução

70. Höster, Heinrich Ewald. A Parte Geral do Código Civil Português. Coimbra: Almedina, 1992, p. 94/96.
71. Larenz, Karl. Derecho Civil – Parte General. Madri: Revista de Derecho Privado, 1978, p. 30/35.

tecnológica logo fará surgir novas modalidades que não estavam previstas, tornando precocemente obsoleto o comando legal.

O segundo modelo, prossegue Larenz, chamado de abstrato-generalizador, parte do pressuposto de que o legislador não pode prever todos os pormenores da vida real, confiando ao magistrado e aos intérpretes em geral, por meio de conceitos precisamente definidos e agudamente delineados, a tarefa da aplicação prática da norma, adequando-a ao mundo real. Volvamos ao exemplo da pertença. Vimos que o primeiro modelo de código – da Prússia – trouxe, em quase 10 parágrafos, casuisticamente as espécies de pertenças. Não logrou, todavia, definir o que seria, cientificamente, esse instituto. O Código Civil do Brasil, ao seu turno, determina no seu artigo 93:

> *Art. 93. São pertenças os bens que, não constituindo partes integrantes, se destinam, de modo duradouro, ao uso, ao serviço ou ao aformoseamento de outro*

Ora, quando o Código assim define as pertenças, afasta a necessidade de que sejam exemplificadas. Logo, sabe-se que, a partir do conceito dado, se, por exemplo, em 30 anos, novo utensílio doméstico for criado, se ele se destinar ao uso, serviço ou aformoseamento da casa, embora não a integre fisicamente, será uma pertença, mesmo que o codificador jamais houvesse imaginado que tal aparato um dia viesse a existir. É por este fato, que Larenz afirma ser o segundo modelo dotado de maior segurança jurídica.

O terceiro modelo, por fim, está calcado no estabelecimento de linhas de orientação generalíssimas (como fez o Código Civil da Suíça, de 1907), chamadas de simples diretivas. Difere do segundo modelo, por não ser composto por conceitos precisos, mas por orientações muito abertas, a serem preenchidas pelo intérprete.

Apreciados os três modelos, tem-se que os códigos adeptos do segundo deles, abstrato-generalizador, logram um elevado nível de segurança jurídica, mas se não cederem, em nada, à inserção de algumas diretivas, sacrificarão diferenciações exigidas pela riqueza dos fatos no mundo real, o que dificultaria uma justa decisão de cada caso particular. Em outras palavras – a colocação de conceitos fixos, determinados, que ousem resolver abstratamente todos os problemas da vida dos cidadãos, tornará a lei indevidamente engessada, pois impedirá o aplicador de atentar para as mais variadas nuances de cada litígio posto diante de si.

Assim, parece mais adequado, na elaboração do Código Civil, mesclar ao sem número de conceitos precisos do segundo modelo (abstrato-generalizador), alguns módulos valorativos (mais comuns no modelo das linhas de orientações generalíssimas) que requerem receber um conteúdo, isto é, as chamadas "cláusulas gerais". Assim, as cláusulas em comento seriam a janela por meio da qual valores reputados imprescindíveis para a sociedade passariam a integrar o texto das normas positivadas.

Vejam que a densificação do conteúdo das cláusulas gerais só se poderá fazer com a sua leitura segundo a óptica constitucional, respeitando-se, dessarte, valores como a dignidade da pessoa humana, a igualdade material, a liberdade, entre outros aspectos. Como exemplos de cláusulas gerais, no Código Civil brasileiro, temos os artigos 113, 187 e 422, ao tratarem de boa-fé e bons costumes, valores cuja aplicação se esparrama por todo o Código e que não possui uma estrutura conceitual delimitada, certa e invariável.

Os conceitos jurídicos indeterminados, ao seu turno, seriam expressões semanticamente abertas, passíveis de alteração espaço-temporal, como se pode notar no artigo 1.228, parágrafo 4º, que dispõe:

> *§ 4º O proprietário também pode ser privado da coisa se o imóvel reivindicado consistir em extensa área, na posse ininterrupta e de boa-fé, por mais de cinco anos, de considerável número de pessoas, e estas nela houverem realizado, em conjunto ou separadamente, obras e serviços considerados pelo juiz de interesse social e econômico relevante.*

Dessa forma, expressões como "extensa área" e "considerável número de pessoas" não seriam conceitos determinados. Caberá ao intérprete indicar os contornos precisos das duas ideias, segundo o tempo e o lugar no qual forem aplicadas.

Nosso posicionamento acerca da incidência direta ou indireta dos direitos fundamentais nas relações privadas

Entendemos, à guisa de conclusão, que a incidência dos direitos fundamentais nas relações privadas ocorre, sobretudo, de forma mediata, principalmente por meio de cláusulas gerais e conceitos indeterminados que pontuam a redação de nosso Código e de nossa legislação extravagante.

A Constituição Federal arrola como um dos fundamentos republicanos a dignidade da pessoa humana (Art. 1º, III). Essa ideia parece ser o único consenso entre os estudiosos. A dignidade da pessoa humana é um princípio basilar do nosso Estado de Direito, mas a sua maior ou menor amplitude conceitual, seguida do risco de banalização no seu emprego, são desafios dos quais não se pode furtar o intérprete da norma constitucional.

Haverá vezes, porém, em que a incidência imediata de preceitos constitucionais às relações privadas poderá ocorrer. A primeira delas é quando inexistir norma civil que reproduza mandamentos constitucionais. Caso típico foi a usucapião especial urbana, que, embora prevista no artigo 183 da Carta, desde 1988, só foi incorporada a textos infraconstitucionais em 2001, com o Estatuto da Cidade. Até lá, todo aquele que preenchesse os requisitos constitucionalmente fixados para a aquisição originária da propriedade, poderia fazê-lo invocando diretamente o preceito constitucional.

Outra hipótese em que seria possível a incidência direta decorreria de uma combinação de fatores. Seriam eles:

a) previsão da questão no Código Civil e na Constituição;

b) insuficiência do regramento contido no Código Civil para alcançar a almejada proteção ao núcleo essencial do direito fundamental resguardado na Constituição;

c) apuração da insuficiência protetiva do Código Civil por meio da técnica da ponderação de valores.

Expliquemo-nos:

Os dois primeiros requisitos são claros. Ora, caso não exista um regramento de direito civil sobre a matéria, natural que se aplique diretamente o preceito constitucional, vez que a mediação legislativa não foi feita. No entanto, o grande problema surge quando a matéria está versada no Código Civil, mas a parte interessada entende ser insuficiente a incidência da norma infraconstitucional para se materializar determinado preceito constitucional, previsto no bojo de nossa Carta.

Pois bem, nesse caso, imprescindível que se recorra à técnica da ponderação de valores. Isso porque, nas relações intersubjetivas, não raro, o Código Civil dá azo à incidência de direito igualmente constitucional: a liberdade (consubstanciada na autonomia privada). Saber se um preceito de liberdade deve ou não prevalecer sobre outro, igualmente de índole constitucional, não possui resposta prévia.

Necessário, assim, que recorramos a Robert Alexy[72]. O mencionado jurista afirma que, diferentemente do que ocorre no conflito entre regras, que se resolve no plano da validade, o conflito entre princípios se soluciona por ponderação sobre qual deles prevalecerá em determinado caso concreto, segundo o que denomina relações de precedência condicionada.

A mencionada ponderação, segundo prossegue Alexy[73], depende da aplicação concreta do princípio da proporcionalidade, até então compreendido como mais um entre tantos princípios, mas que, para o autor, é condição de aplicação dos de-

---

72. ALEXY, *Teoria de los derechos fundamentales.* 2 ed. Madri: Centro de Estudios Políticos e Constitucionales. 2007, p. 73/75 assim expõe a questão: "*El concepto de relación de precedência condicionada que se acaba de utilizar tiene importância fundamental para La compresión de La colisión de principios y, com ello, para La teoria de los principios. (...) El tribunal excluye La aceptación de uma relación de precedencia incondicionada semejante mediante la frase: «Ninguno de estos intereses merece sin más la precedência frente AL outro». Esta frase es válida, em general, para lãs colisiones de princípios del derecho constitucional. Sólo a primeira vista, el princípio da dignidad humana, sobre el que se volverá más adelante, constituye uma excepción. (...) El asunto decisivo ES em qué condiciones qué principio tiene precedencia y que principio debe ceder. (...) Como consecuencia, puede formularse la siguiente ley sobre la conexión que existe entre las relaciones de precedencia condicionada y las reglas: (K) Si el principio P1 em las circunstancias C, tiene precedencia sobre el principio P2: (P1 P P2) C, y si de P1, em las circunstancias C deriva la consecuencia R, entonces tiene validez uma regla que contiene a C como supuesto de hecho y a R como consecuencia jurídica: C -> R. Uma formulación algo menos técnica ES la seguinte: (K') Las condiciones em las cuales um principio tienen precedencia sobre outro constituyen el supuesto de hecho de uma regla que expresa la consecuencia jurídica del principio precedente.*"

73. Alexy, *Teoría de los derechos fundamentales.* 2 ed. Madri: Centro de Estudios Políticos e Constitucionales. 2007, p. 73/75 assim expõe a questão: "*Ya se há insinuado que entre la teoría de los princípios y el princípio de proporcionalidad existe uma conexión. Esta conexión no puede ser más próxima: el carácter de princípio implica el princípio de proprcionalidad, y este implica aquél. Que el carácter de princípio implique el princípio de proporcionalidad cons SUS três subprincipios de idoneidade, necesidad (el mandato del médio más benigno) y*

mais. Desse modo, não se pode, *a priori*, definir se o princípio da liberdade é mais ou menos importante do que o da igualdade ou da proteção à vida, sem que se leve a efeito a análise de proporcionalidade, cujos subprincípios assim foram expostos por Paulo Bonavides[74]:

> *"Constatou a doutrina a existência de três elementos, conteúdos parciais ou subprincípios que governam a composição do princípio da proporcionalidade.*
>
> *Desses elementos o primeiro é a pertinência ou aptidão* (Geeignetheid), *que, segundo Zimmerli, nos deve dizer se determinada medida representa 'o meio certo para levar a cabo um fim baseado no interesse público', conforme a linguagem constitucional dos tribunais. Examina-se aí a adequação, a conformidade ou a validade do fim. (...)*
>
> *O segundo elemento ou subprincípio da proporcionalidade é a necessidade* (Erforderlichkeit), *ao qual também alguns autores costumam dar tratamento autônomo e não raro identificá-lo com a proporcionalidade propriamente dita. Pelo princípio ou subprincípio da necessidade, a medida não há de exceder os limites indispensáveis à conservação do fim legítimo que se almeja, ou uma medida para ser admissível deve ser necessária.*
>
> *(...)*
>
> *Finalmente, depara-se-nos o terceiro critério ou elemento de concretização do princípio da proporcionalidade, que consiste na proporcionalidade mesma, tomada stricto sensu. Aqui assinala Pierre Muller, a escolha recai sobre o meio ou os meios que, no caso específico, levarem mais conta o conjunto de interesses em jogo.*
>
> *Quem utiliza o princípio, segundo esse constitucionalista, se defronta ao mesmo passo com uma obrigação e uma interdição; obrigação de fazer uso de meios adequados e interdição quanto ao uso de meios desproporcionados. (...)"*

Assim, em regra há de se fazer uma leitura constitucional do Código Civil, por meio de suas cláusulas gerais e conceitos indeterminados para se buscar o primado da Constituição. Advertimos apenas para a tentação que o intérprete bem-intencionado, porém mais afoito, sofrerá para, ao valer-se de conceitos muito abertos como "dignidade da pessoa humana", "isonomia" e "proteção à vida", simplesmente ignorar os regramentos já existentes, ou alterá-los conformando-os à interpretação que julgar mais adequada.

Lembremo-nos que o Direito Civil tem mais de dois mil anos de evolução, erigindo-se como um sistema lógico que, se não agirmos cautelosamente, poderá ser rompido por interpretações mais açodadas e que clamem ser a verdadeira voz da vontade constitucional. A prudência, portanto, e somente ela, poderá fazer com que o movimento do direito civil-constitucional seja um avanço e não um retrocesso nas letras jurídicas nacionais.

---

de proporcionalidad em sentido estricto (el mandato de la ponderacion propriamente dicho) se sigue lógicamente a partir del carácter de principio, es decir, es deducible de el."

74. Bonavides, Paulo. Curso de direito constitucional. 22 ed. São Paulo: Malheiros, 2008, p. 396/398.

Capítulo 5
PESSOA NATURAL – INÍCIO E FIM DA PERSONALIDADE

ASPECTOS INTRODUTÓRIOS

Já salientamos, na presente obra, que o Código Civil se estrutura, em sua Parte Geral, de forma a disciplinar os principais aspectos das relações jurídicas: os seus sujeitos (pessoas), o seu objeto (bens) e tudo aquilo que seja capaz de iniciar, modificar ou pôr fim a relações jurídicas (fatos jurídicos em sentido lato). Sigamos, pois, tal sistemática e encetemos nossa análise pelos sujeitos de direito, dedicando-nos ao estudo da personalidade.

Sabe-se que as pessoas se classificam, de um lado, em naturais ou físicas, quando seres humanos, e, de outro, em coletivas ou jurídicas, quando representadas por agrupamentos que ostentam a faculdade de serem titulares de direitos e deveres, como sói acontecer com as associações, fundações, sociedades, partidos políticos e entidades religiosas, entre outros.

Mas como se tornam sujeitos de direitos? Até quando ostentam essa característica? Qual o alcance prático de assim serem classificados? Essas são apenas algumas das indagações que nos propomos a analisar doravante.

A QUESTÃO DA PERSONALIDADE JURÍDICA

Entende-se como personalidade jurídica a aptidão para ser titular de relações jurídicas. Nos dizeres de Carlos Alberto da Mota Pinto[1], ela é, nos homens, um imperativo da dignidade que se deve atribuir a todos os seres humanos e, nos entes coletivos, um processo técnico de estruturação de relações jurídicas vinculadas com um determinado empreendimento coletivo.

No linguajar comum, pessoas e seres humanos são ideias que se confundem, como se fossem sinônimos, embora, juridicamente, o primeiro vocábulo, englobe, além dos últimos, outros entes que não são humanos – as chamadas pessoas jurídicas. Nem sempre foi assim. Na Roma Antiga, a premissa intuitivamente concebida de sinoní-

1. Pinto, Carlos Alberto da Mota. Teoria geral do direito civil. 3 ed. Coimbra: Coimbra, 1999, p. 191.

mia entre humanos e pessoas, não era respeitada[2] integralmente, pois se constatou a existência de homens que não eram, no sentido técnico atual, pessoas (escravos) e de "pessoas" que não eram seres humanos, como ocorreu no interessante episódio, entre as mais diversas extravagâncias dos imperadores de Roma, em que o cavalo Incitatus, pertencente a Calígula, foi nomeado para o Senado Romano, o que comprova que a titularidade de direitos, hoje exclusiva para os seres humanos e outros entes coletivos (as chamadas pessoas jurídicas), nem sempre foi regra entre os romanos.

O INÍCIO DA PERSONALIDADE NATURAL

O Código Civil dispõe quanto ao início da personalidade:

"Art. 1º Toda pessoa é capaz de direitos e deveres na ordem civil.

Art. 2º A personalidade civil da pessoa começa do nascimento com vida; mas a lei põe a salvo, desde a concepção, os direitos do nascituro."

A análise conjunta dos dois dispositivos nos remete a uma das mais controvertidas questões do Direito Civil: quando se inicia a personalidade?

Ora, de um lado, tem-se que toda pessoa é capaz de direitos e deveres na órbita civil. Logo, aquele que for titular de direitos, necessariamente será pessoa. Ocorre, por outro lado, que o Código Civil é claro ao afirmar que a personalidade civil se inicia com o nascimento, embora sejam preservados, desde a concepção, os direitos do nascituro. É de indagar-se: sendo reconhecidos direitos ao nascituro e se a titularidade de qualquer direito implica personalidade para quem for o seu sujeito, não seriam, pois, os nascituros, pessoas naturais?

Entendemos que não e enfrentemos, assim, o aparente paradoxo, iniciando-se a abordagem pelo regramento da questão em Roma.

A QUESTÃO NO DIREITO ROMANO

Em Roma, a existência do homem livre, sujeito de direito, só se iniciava com o seu nascimento, como se pode depreender do brocardo "*partus nondum editus homo non recte fuisse dicitur*"[3], que, livremente, se pode traduzir como "a criança não nascida não se pode dizer que seja propriamente um homem". A ideia se completa

---

2. Serafini, Filippo. Diritto Romano. 10 ed. Roma: Athenaeum, 1920, p. 105, traduz essa ideia ao afirmar: "In base alla posizione che l'uomo occupa nell'ordine giuridico il concetto primitivo di persona è sinonimo di quello di uomo. D'onde consegue che, secondo quest'idea primitiva, ogni uomo dovrebbe essere persona, e nessun altro fuori di lui; ma questa identità di concetto non è riconosciuta dalle leggi romane. Le quali, restringendo o allargando l'idea primitiva, negarono la personalità a certi individui umani, e d'altra parte la concedettero ad esseri non umani. E cosi ammettonsi in diritto romano persone che non sono individui umani, ed esistono delgi uomini che non sono persone, cioè gli schiavi".
3. D. 35, 2, 9, 1 Papin.

com a máxima *"antequam edatur, mulieris portio est vel viscerum"*[4], que, em linhas gerais, significa que o infante, antes do nascimento, considerava-se como parte da mulher ou de suas vísceras.

Ser parte das vísceras maternas, todavia, não implicava liberdade para a mulher cometer aborto, dispondo de uma fração destacável de seu corpo. A Lex Cornelia de sicarios et veneficis (81 a.C.) criminalizou, em Roma, essa conduta, não tanto por uma preocupação com a vida do nascituro, como se pleno sujeito de direito este fosse, mas, sobretudo, mirando a proteção do direito paterno de ver o filho que ajudou a conceber efetivamente nascido[5].

Certos interesses do nascituro, todavia, já naquela civilização, eram protegidos. Aliás, alguma proteção ao nascituro, desde que nascido posteriormente, poderia derivar do seguinte brocardo: *"Qui in utero est, perind ac si in rebus humanis esset, custoditur, quotiens de commodis ipsius partus quaeritur: quamquam, antequam nascatur, nequaquam prosit"*[6], que livremente poderíamos entender como "quem estiver no útero, será tratado como se humano for toda a vez que se inquirir sobre os proveitos do próprio parto. Antes de nascer, porém, em nada poderá se beneficiar."

Assim, como advertem Alexandre Correia e Gaetano Sciascia[7], o nascituro, em Roma, beneficiava-se de seu *status libertatis,* se isto lhe aproveitasse, no momento da concepção, assim como das qualidades honoríficas do pai. Além dessas prerrogativas, ao nascituro reservavam-se direitos sucessórios e nomeavam-se-lhe curador. Não se pode afirmar, entretanto, que o nascituro gozasse do mesmo *status* dos homens nascidos, para fins de determinação de sua capacidade jurídica, que só era reconhecida quando o parto fosse perfeito (realizado ao menos dentro do sétimo mês de concepção) e se possuísse o que se convencionou chamar de "forma humana".

---

4. D. 25, 4, 1, 1 Ulp.
5. Sedano, Carlos D. Vieyra. Dilemas jurídicos de la reproduccíon medicamente asistida. El conceptus extracorporis y propuesta para la incorporación al Código Civil para el Distrito Federal, de la instituición de la agnación prenatal, disponível em http://www.derecho.unam.mx/DUAD/boletin/pdf/06-sep-08.doc, acesso em 11 de janeiro de 2012, traduz essa ideia ao afirmar sobre a proteção ao nascituro: "1) Derecho a la vida y protección a sus derechos: En caso de que la madre incurriera en alguna falta que ameritara pena capital, mientras estuviera en estado de gestación, ésta era suspendida hasta que diera a luz. Los derechos del nasciturus eran protegidos y garantizados mediante la asignación de un curator ventris. En el Derecho Romano sí fue tipificado el delito de aborto, pero el bien jurídicamente protegido no era la vida del producto de la concepción, sino el derecho que el marido tenía a procrear y por eso se estimaba que la mujer que se practicara um aborto defraudaba a la sacra privata de su marido. Posteriormente, con la Lex Cornelia de sicarios et veneficis, se consideraba un crimen cuando la mujer abortaba y por ello debía sufrir la pena de destierro.".
6. D. 1, 5, 7 Paul.
7. Correia, Alexandre e Sciascia, Gaetano. Manual de direito romano – v. I. 2 ed. São Paulo: Saraiva, 1953, p. 40/41.

A QUESTÃO NO DIREITO COMPARADO

No mundo hodierno, as nações dividem-se entre duas correntes: a concepcionista, que atribui personalidade ao nascituro desde a concepção e a natalista, que só o faz se o nascimento, com vida, se der.

Entre os concepcionistas, podemos mencionar o Código Civil da Hungria, que, na Seção 9ª, normatiza[8]:

> *"Seção 9ª A capacidade jurídica será reconhecida a cada pessoa, se nascida viva, a partir do dia da concepção. Os trezentos dias precedentes à data do nascimento serão considerados como o dia da concepção, o que, todavia, pode-se provar haver ocorrido antes ou depois. O dia do nascimento será computado para a aferição do período"*

Na mesma esteira, pode-se citar o Código Civil da Argentina, que dispõe[9]:

> *"Art. 70. Desde a concepção, no ventre materno, começa a existência das pessoas, e, antes do seu nascimento, podem adquirir alguns direitos, como se já houvessem nascido. Esses direitos são irrevogavelmente adquiridos, se os concebidos, no ventre materno, nascerem com vida, ainda que sobrevivam por instantes após estarem separados de sua mãe.*
>
> *(...)*
>
> *Art. 74. Se morrerem antes de estarem completamente separados do ventre materno, serão considerados como se não houvessem existido."*

A regra, no entanto, é da adoção da teoria natalista. Na França, os civilistas entendem que a personalidade deriva do nascimento com vida e se aplica apenas àqueles que sejam viáveis[10]. Embora não exista uma referência direta a todos esses requisitos, ela pode ser deduzida dos seguintes dispositivos do Código francês[11]:

> *"Artigo 79-1*
>
> *(introduzido pela Lei nº 93-22 de 8 de janeiro de 1993 art. 6 Diário Oficial de 9 de janeiro de 1993)*
>
> *Quando falecer uma criança antes de se haver declarado seu nascimento no Registro Civil, o oficial do Registro Civil lavrará uma certidão de nascimento e uma de óbito, mediante a apresentação de atestado médico que indique que a criança NASCEU VIVA E VIÁVEL e defina o dia e hora de seu nascimento e de sua morte."*
>
> *(...)*
>
> *"Artigo 311-4*

---

8. Tradução livre da versão inglesa do Código Civil Húngaro, disponível em http://www. angelfire.com/mn2/reformclub/hunc1.html, acesso em 09 de janeiro de 2012.
9. Tradução livre da versão espanhola do Código Civil Argentino, disponível em http://www. codigocivilonline. com.ar/codigo_civil_online_70_78.html, acesso em 09 de janeiro de 2012.
10. Josserand, Louis. Derecho civil – t. I, v. I. Buenos Aires: Bosch, 1952, p. 172/173 assim trata a questão: "185. El nacimiento no basta siempre para conferir la personalidad al nuevo ser. – Es también preciso que nazca *vivo* y, además, que nazca *viable.*".
11. Tradução livre da versão espanhola do Código Civil Francês, disponível em http://195.83.177.9/code/liste. phtml?lang=esp&c=41, acesso em 09 de janeiro de 2012.

(introduzido pela Lei nº 72-3 de 3 de janeiro de 1972 art. 1 Diário Oficial de 5 de janeiro de 1972, em vigor em 1 de agosto de 1972)

Não se conhecerá de nenhuma ação acerca da filiação de filho que não tenha NASCIDO VIÁVEL."

(...)

"Artigo 906

Para ter capacidade de receber por ato entre vivos, basta que o adquirente tenha sido concebido no momento da doação.

Para ter capacidade de receber por testamento, basta que o adquirente tenha sido concebido no momento da morte de testador.

Não obstante, a doação e o testamento só terão eficácia quando a criança NASÇA VIÁVEL." (grifos não constantes do original)

Os espanhóis trilharam o mesmo caminho, embora de forma mais expressa[12]:

"Artigo 29.

O nascimento determinará a personalidade; porém o concebido se tem por nascido para todos os efeitos que lhe sejam favoráveis, sempre que nasça com as condições que expressa o artigo seguinte.

Artigo 30.

Para os efeitos civis, só se reputará nascido o feto que tiver forma humana e viver vinte e quatro horas inteiramente separado do ventre materno."

Já os alemães, ao contrário dos franceses e espanhóis, não demandam que a criança, além de haver nascido viva, o tenha feito de forma viável, como se pode depreender da leitura de seu Código[13]:

"Seção 1a

Início da capacidade jurídica

A capacidade jurídica do ser humano começa do completo nascimento."

A Lei Civil italiana[14] parece haver feito a mesma opção tedesca:

"Art. 1º Capacidade jurídica

A capacidade jurídica se adquire no momento do nascimento.

Os direitos que a lei reconhece a favor do concebido são subordinados ao evento do nascimento"

Por fim, na mesma linha dos dois últimos Códigos transcritos, colaciona-se o português[15]:

---

12. Tradução livre da versão espanhola do Código Civil Espanhol, disponível em http://pdf. rincondelvago. com/codigo-civil-espanol_1.html, acesso em 09 de janeiro de 2012.
13. Tradução livre da versão inglesa do BGB, disponível em http://www.gesetze-im-internet. de/englisch_bgb/german_civil_code.pdf, acesso em 02 de novembro de 2015.
14. Tradução livre da versão italiana do Código Civil Italiano, disponível em http://www.jus. unitn.it/cardozo/obiter_dictum/codciv/Lib1.htm, acesso em 09 de janeiro de 2012.
15. Disponível em http://www.verbojuridico.com/download/codigocivil2010.pdf, acesso em 09 de janeiro de 2012.

> *"ARTIGO 66º*
> *(Começo da personalidade)*
> *1. A personalidade adquire-se no momento do nascimento completo e com vida.*
> *2. Os direitos que a lei reconhece aos nascituros dependem do seu nascimento."*

A legislação brasileira perfilha-se entre aquelas que adotaram o nascimento com vida como requisito básico para aquisição da personalidade natural. Não se pense, todavia, inexistirem vozes a clamar pela adoção, entre nós, da teoria concepcionista. Analisemos, pois, tal polêmica.

A QUESTÃO NA LEGISLAÇÃO BRASILEIRA

Mencionamos que, segundo a melhor doutrina, o Brasil está entre as nações que se renderam às teorias natalistas, abraçando tradição que se iniciou em Roma.

Nosso Código Civil, todavia, despertou dúvidas ao disciplinar a questão em dois artigos:

> *"Art. 1º Toda pessoa é capaz de direitos e deveres na ordem civil.*
> *Art. 2º A personalidade civil da pessoa começa do nascimento com vida; mas a lei põe a salvo, desde a concepção, os direitos do nascituro."*

Afirmamos que a redação enseja questionamentos na medida em que reconhece ao nascituro, que não seria pessoa, a proteção a seus direitos. O problema reside no fato de que só pode ser titular de direito quem seja pessoa. Logo, ao menos do ponto de vista abstrato, se o nascituro tem direitos reconhecidos pela lei, é porque seria pessoa.

Contundente em sua argumentação, a favor da teoria concepcionista, pode-se citar Silmara J. A. Chinelato e Almeida[16], quando afirma:

> *"Não há meia personalidade ou personalidade parcial. Mede-se ou quantifica-se a capacidade, não a personalidade. Por isso se afirma que a capacidade é a medida da personalidade. Esta é integral ou não existe. Com propriedade afirma Francisco Amaral:*
>
> *'Pode-se ser mais ou menos capaz, mas não se pode ser mais ou menos pessoa.' Nenhum homem é capaz de todos os direitos e de todas as obrigações reconhecidas pelo sistema jurídico. A personalidade é um valor. A capacidade é um quantum, a medida da personalidade.*
>
> *Por isso, a limitada capacidade de direito do nascituro não lhe tira a personalidade. Igualmente, não a infirma o fato de que, quanto ao exercício dos direitos, seja absolutamente incapaz porque também o são os menores de dezesseis anos, os loucos de todo o gênero, os surdos-mudos que não possam exprimir sua vontade e os ausentes, assim declarados pelo juiz (art. 5º do Código Civil).*
>
> *Não se há também falar em 'personalidade condicional', erro em que incorrem os que identificam a personalidade e capacidade. Conforme demonstramos, a personalidade do nascituro não é condicional; apenas certos efeitos de certos direitos dependem do nascimento com vida, notada-*

16. Chinelato e Almeida, Silmara J. A. Tutela Civil do Nascituro. São Paulo: Saraiva, 2000, p. 168/170.

mente os direitos patrimoniais materiais, como a doação e a herança. Nesses casos, o nascimento com vida é elemento do negócio jurídico que diz respeito à sua eficácia total, aperfeiçoando-a.

(...)

Diferenciar os direitos do nascituro em relação aos do já nascido não significa diminuir-lhe a importância como ser humano, mas apenas observar sua condição de pessoa por nascer. O próprio Código Civil diferencia os nascidos, incapazes – absolutamente ou relativamente – e capazes, sem que se cogite de não consideração de personalidade mas sim de restrição de capacidade, tomando-se em conta o particular modo de ser, quanto ao discernimento.

Afirmar que a personalidade começa a partir da concepção decorre da existência de direitos não patrimoniais e status que independem do nascimento com vida.

Subordinar a plena eficácia e, portanto, a consolidação dos direitos patrimoniais materiais – doação e herança – ao nascimento com vida atende à preocupação do legislador com a prevalência dada a tais direitos. Atende, ainda, a denominada 'certeza' da 'existência visível' do titular do direito, por meio do nascimento, fato social de maior relevância, em confronto com a concepção, segundo os meios científicos quanto o Código foi elaborado e promulgado."

Esquematicamente, portanto, podemos resumir os principais argumentos dos adeptos da teoria:

a) o Código Civil reconhece direitos aos nascituros, atribuindo-lhes, assim, implicitamente, personalidade, eis que não há direitos sem sujeitos e só são sujeitos de direitos as pessoas;

b) podemos citar, entre os vários direitos reconhecidos aos nascituros, os direitos de personalidade (vida, honra, integridade física, entre outros), direito à prestação de alimentos (alimentos gravídicos), direitos patrimoniais (receber por doação e herança), bem como a faculdade de serem representados por curador;

c) o nascituro não se confunde com as vísceras maternas, sendo o aborto criminalizado;

d) a dignidade da pessoa humana afasta a patrimonialização do Direito Civil, levando a uma leitura conforme a constituição do início da personalidade do ser humano, remetendo-a, pois, à data da concepção.

Esses argumentos, embora ponderáveis, podem ser refutados. Lancemo-nos pois ao enfrentamento desse desafio.

A QUESTÃO DA EXPRESSÃO "DIREITOS DO NASCITURO"

Entende-se por direito subjetivo, segundo o conceito por nós adotado no Capítulo I dessa obra, "o poder da vontade concedido pelo direito objetivo para a realização autônoma dum interesse juridicamente protegido (bem jurídico)" [17].

17. Kaufmann, Arthur. Filosofia do directo. Lisboa: Fundação Calouste Gulenkian, 2004, p. 153/154.

Dessa forma, como assevera Von Thur[18], "sendo o âmago de todo direito subjetivo o poder reconhecido à vontade, haverá que se considerar como sujeito de um direito aquele a cuja vontade atribui à lei esse poder, mesmo quando o direito sirva ao interesse de outra pessoa (do destinatário)". A decorrência lógica de tal fato é a de que, para cada direito, forçosamente será atribuído um titular (centro de emanação de vontade), não havendo, assim, direitos sem sujeitos. Nada impede, porém, que a ligação entre o sujeito e o direito seja, em algumas hipóteses, latente, como sói ocorrer no caso da herança jacente, do direito dos nascituros, nos direitos constantes de títulos ao portador e tantas outras hipóteses[19].

A questão principal, todavia, continua a desafiar uma resposta: já que não existem direitos sem sujeito, quando o Código Civil afirma que os "direitos" do nascituro serão protegidos, ele não estaria a personalizar tais entes? *Entendemos que não e vamos aos argumentos!*

Nem tudo a que o Direito confere proteção, ele personaliza. Ora, a proteção ao meio ambiente equilibrado é uma constante fonte de preocupações entre os operadores do Direito e, nem por isso, se atribui personalidade ao ambiente que nos circunda.

A técnica da atribuição de personalidade depende do reconhecimento daquilo que se personaliza como um centro passível de emanar vontade por si ou por seus representantes. Nesse contexto, nada impede que determinados ordenamentos (como o argentino e o húngaro) optem por personalizar o nascituro, mas nada há de errado com os países que não escolhem essa via: é tudo uma questão de soberana política legislativa. Entenda-se: proteger a vida do nascituro e seus interesses básicos é algo tão nobre que prescinde da atribuição de personalidade ao *infans conceptus*. Pontes de Miranda[20] bem nos explana essa assertiva:

> *"Se, quanto ao infans conceptus, se lhe atribuísse, desde já, personalidade, o nascimento sem vida teria de atuar como elemento de suporte fático novo, que entrasse no direito e cancelasse, ex tunc, a eficácia da personificação prematura. A vida, em si mesma, independente do nascimento, seria determinadora da personalidade. Homo est qui futurus est. Identificar-se-ia homo e persona, o que ainda vai entrar na vida social e o que nela já entrou. Tal identificação foge à verdadeira natureza do direito: protege-se o feto, como ser vivo, como se protege o ser humano já nascido, contra atos ilícitos absolutos e resguardam-se os seus interesses, para o caso de nascer com vida; biologicamente, o conceptus sed non natus já é homem; juridicamente, esse ser humano ainda não entrou na vida social, que é onde se enlaçam as relações jurídicas. Não foi a personificação do nascituro a solução deram conhecedores profundos da vida social, como foram os legisladores e juristas gregos e romanos. Tinham eles consciência de que antecipavam efeitos, quotiens de commodis eius agitur. (Quando Polidectes morreu, pensou-se que Licurgo era o rei, e reinou ele;*

18. Von Thur, Andreas. Parte General del Derecho Civil. São José da Costa Rica: Juricentro, 1977, p. 21 afirma: "Siendo la entraña de todo derecho subjetivo el poder reconocido a la voluntad, habrá que considerar como sujeto de un derecho aquel a cuya voluntad atribuye la ley ese poder, aun cuando el derecho sirva al interés de otra persona (del destinatario)".
19. Hörster, Heinrich Ewald. A parte geral do Código Civil português. Coimbra: Almedina, 2000, p. 272.
20. Pontes de Miranda, Francisco Cavalcanti. Tratado de directo privado – tomo I. Campinas: Bookseller, 2000, p. 226.

mas, sabendo-se que a rainha estava grávida, declarou que, se lhe nascesse filho, seria esse o rei, não cabendo a ele mais que a tutoria)."

Pensamento muito semelhante se pode extrair de recente pronunciamento do Supremo Tribunal Federal ao apreciar a possibilidade de pesquisas científicas em embriões humanos excedentários. Naquela oportunidade, o Min. Carlos Brito[21] assim se manifestou:

"19. Falo 'pessoas físicas ou naturais', devo explicar, para abranger tão somente aquelas que sobrevivem ao parto feminino e por isso mesmo contempladas com o atributo a que o art. 2° do Código Civil Brasileiro chama de 'personalidade civil', literis: 'A personalidade civil da pessoa começa do nascimento com vida; mas a lei põe a salvo, desde a concepção, os direitos do nascituro'. Donde a interpretação de que é preciso vida pós-parto para o ganho de uma personalidade perante o Direito (teoria 'natalista', portanto, em oposição às teorias da 'personalidade condicional' e da 'concepcionista'). Mas personalidade como predicado ou apanágio de quem é pessoa numa dimensão biográfica, mais que simplesmente biológica, segundo este preciso testemunho intelectual do publicista José Afonso da Silva:

'Vida, no texto constitucional (art. 5°, caput), não será considerada apenas no seu sentido biológico de incessante autoatividade funcional, peculiar à matéria orgânica, mas na sua acepção biográfica mais compreensiva (...)'.

20. Se é assim, ou seja, cogitando-se de personalidade numa dimensão biográfica, penso que se está a falar do indivíduo já empírica ou numericamente agregado à espécie animal-humana; isto é, já contabilizável como efetiva unidade ou exteriorizada parcela do gênero humano. Indivíduo, então, perceptível a olho nu e que tem sua história de vida incontornavelmente interativa. Múltipla e incessantemente relacional. Por isso que definido como membro dessa ou daquela sociedade civil e nominalizado sujeito perante o Direito. Sujeito que não precisa mais do que de sua própria faticidade como nativivo para instantaneamente se tornar um rematado centro de imputação jurídica. Logo, sujeito capaz de adquirir direitos em seu próprio nome, além de, preenchidas certas condições de tempo e de sanidade mental, também em nome próprio contrair voluntariamente obrigações e se pôr como endereçado de normas que já signifiquem imposição de "deveres", propriamente. O que só pode acontecer a partir do nascimento com vida, renove-se a proposição."

Repita-se: não há necessidade de se reconhecer juridicamente o nascituro como sujeito de direitos para proteger-lhe a vida. O momento exato em que se atribuirá personalidade jurídica ao ser humano dependa da opção legislativa de cada povo e admite algumas variações: há nações que o fazem no momento da concepção, há aquelas que preferem fazê-lo no momento do nascimento com vida e outras que aguardam vinte e quatro horas após o nascimento para assim agir, como o ordenamento espanhol. E nenhuma das três soluções adotadas pelas mais diversas nações, estaria em descompasso com a universal preocupação de salvaguardar os direitos humanos, desde que, sejam elas concepcionistas ou natalistas, criem, em seus ordenamentos, mecanismos de proteção eficaz à vida, intra ou extrauterina. Essa é a pedra de toque – sejam natalistas, concepcionistas, exijam ou não a viabilidade do nativivo, o que não se pode deixar de fazer é se dar a mais eficaz proteção ao ser

21. BRASIL. Supremo Tribunal Federal. ADI 3510. Voto do Ministro Carlos Britto. Acórdão no DJe de 28/05/2010.

humano concebido, permitindo um nascimento saudável, o que, a longo prazo, contribuirá para o desenvolvimento da própria Nação.

A existência de interesses legítimos da sociedade na proteção ao nascituro

Temos, por fim, que quando se aponta a existência de "direitos do nascituro", o que se tem em mira, na realidade, é a defesa de interesses legítimos de toda a sociedade. Lembremos, por oportuno, que "conferem interesse legítimo aos administrados as normas de direito objetivo que regem a realização de interesse coletivo, mas, reflexamente, ao mesmo tempo, satisfazem os interesses de determinados indivíduos. Assim, tais particulares, a que as regras concretamente atingem, têm interesse especial na sua observância."[22], embora não sejam titulares de direitos subjetivos pertinentes a esses interesses.

Uma sociedade justa, fraterna e solidária, portanto, preocupa-se em proteger os seres humanos que estão por nascer, pela simples constatação de que eles, em última análise, serão os destinatários finais de todo o ordenamento jurídico no futuro. Preservar os nascituros nada mais é do que a instintiva necessidade de proteger o futuro de nossa espécie e civilização, interesse que transcende a atribuição de personalidade ao *infans conceptus*, e se coloca como uma preocupação central de toda nossa sociedade. Messineo[23] é bastante esclarecedor ao doutrinar:

> *"A razão dessa tutela legal* [dos chamados 'direitos do nascituro'] *deve buscar-se na falta de certeza de se o concebido nascerá ou não. Porquanto possa nascer, e é estatisticamente mais provável que nasça (ao invés de não nascer), é oportuno que, para os especiais efeitos antes indicados, tomem-se em consideração seus interesses patrimoniais, com referência ao momento em que é concebido. Compreende-se que o cálculo do momento da concepção se faz a posteriori, uma vez que o concebido tenha efetivamente nascido."*

Essa premissa, portanto, justifica todos os chamados "direitos do nascituro" que nada mais representam, pois, do que o interesse legítimo da sociedade de protegê-los, porquanto, muito provavelmente, os nascituros irão se transformar em nativivos. Lembremos, todavia, que muitos interesses legítimos da sociedade podem, ao mesmo tempo, ser considerados direitos subjetivos de determinados indivíduos, como podem ocorrer no seguinte exemplo: todos temos interesse, para preservação ambiental, em que grileiros sejam proibidos de desmatarem florestas virgens, ainda que pertencentes a outros particulares. Os donos das áreas invadidas, porém, muito além de mero interesse reflexamente protegido, têm direito subjetivo a evitar a invasão

---

22. Bandeira de Mello, Oswaldo Aranha. Princípios gerais de direito administrativo – v. I, introdução. Rio de Janeiro: Forense, 1969, p. 203.
23. Messineo, Francesco. Manual de derecho civil y comercial – v. I. Buenos Aires: EJEA, 1954, p. 90 é categórico ao assim se manifestar: "La razón de esta tutela de la ley debe buscarse en la falta de certeza de si el concebido nacerá o no. Puesto que podría nacer y es estadísticamente más probable que nazca (en lugar de que no nazca), es oportuno que, para los especiales efectos antes indicados, se tomen en consideración sus intereses patrimoniales, con referencia al momento en que es concebido. Se comprende que el cálculo del momento de la concepción se hace a posteriori, una vez que el concebido haya efectivamente nacido".

de suas terras, interrompendo, pois, o desmatamento. Assim, ao lado do interesse legítimo da sociedade podem coexistir direitos subjetivos de determinadas pessoas.

Nessa esteira, temos que ao lado do já mencionado interesse legítimo de proteção ao nascituro poderão ser subjetivados certos direitos, adotando-se a técnica da indeterminabilidade momentânea do verdadeiro titular, ou, como prefere Pontes de Miranda[24], aplicando-se a teoria do "vir a ser" à personalidade. Explana o jurista que a futuridade não concerne, juridicamente, sempre ao objeto e aos fatos, mas aos sujeitos. Assim, a sociedade, como um todo, tem interesse no resguardo de fração da herança para o nascituro, mas o direito a herdar pode ser subjetivado e pertencer tanto ao *infans conceptus*, se ele nascer com vida, quanto aos demais herdeiros do falecido, se for natimorto. Em outras palavras, o direito a herdar existe, mas há uma futuridade na determinação do seu titular.

Note-se, porém, que, para fazer sentido tal teoria, atribuindo-se uma eficaz proteção aos "direitos" do nascituro, recorre-se à teoria da eficácia antecipada de seus interesses. Busquemos novamente as lições Pontes de Miranda para bem explicar essa técnica, esclarecendo, desde logo, o que o autor entende por suporte fático e irradiação de seus efeitos.

Pois bem, o pensamento ponteano é calcado no fenômeno da juridicização, segundo o qual os fatos, no mundo real (por ele chamado de mundo dos fatos), vão se sucedendo e, muitas vezes, concatenando-se naquilo que designa como suportes capazes de preencherem certas previsões legais e abstratas. Uma vez preenchido integralmente um suporte fático, a lei, antes uma mera previsão abstrata, concretiza-se, incidindo sobre acontecimentos reais e importando consequências jurídicas. Nessa linha, assevera o jurista[25]:

> *"4. Eficácia antecipada. No suporte fático da regra jurídica Nasciturus pro iam nato habetur, não há inversão de elementos; a eficácia é que se antecipa: antes do suporte fático da pessoa se completar, atribuem-se efeitos ao que é o suporte fático de agora, portanto incompleto para a eficácia da personalização. Seria desacertado só se reconhecerem todos os efeitos após o nascimento, como desacertado seria admiti-los todos desde já. Procurou-se a melhor solução: 'resguardam-se' os interesses desde já. O suporte fático das regras jurídicas concernentes a pessoas futuras (ainda não nascias, nem concebidas) é diferente; é o direito iria contra os fatos da vida e sua própria concepção da personalidade se recorresse à mesma regra pro iam nato habetur, em se tratando de nodum concepti. O já concebido é suporte fático de 'pessoa', que pode não vir a nascer vivo; portanto, se não nasce vivo, é como se não tivesse sido concebido. Em relação a seus interesses, tinha de ser atendido, enquanto isso não se dá."*

Ora, assim, o suporte fático completo da atribuição de personalidade só ocorrerá com o nascimento com vida, embora antecipem-se efeitos jurídicos de tal nascimento

24. Pontes de Miranda, Francisco Cavalcanti. Tratado de directo privado – tomo I. Campinas: Bookseller, 2000, p. 232.
25. Pontes de Miranda, Francisco Cavalcanti. Tratado de directo privado – tomo I. Campinas: Bookseller, 2000, p. 225.

(dada a probabilidade do nascimento com vida), a fim de se resguardarem diversos interesses do nascituro, ou, em outras palavras, da futura pessoa. Nada mais do que isso!

DA CRIMINALIZAÇÃO DO ABORTO E DA PERSONALIZAÇÃO DO NASCITURO

Corriqueiramente afirmam os concepcionistas que a criminalização do aborto mira a proteção do sujeito passivo do delito, a saber, do nascituro, o que, portanto implicaria sua personificação. Magalhães Noronha[26] analisa a objetividade jurídica do delito:

> *"268. Objetividade jurídica. É a vida, como bem claro deixa o Código, com a epígrafe do Capítulo I.*
>
> *Claro é que não se trata de vida autônoma, mas não há negar que durante a gestação já existe vida. Em qualquer momento, o produto da concepção está vivo, pois cresce e se aperfeiçoa, assimila as substâncias que lhe são fornecidas pelo corpo materno e elimina os produtos de recusa; executa, assim, funções típicas de vida. De qualquer modo é uma vida em formação ou elaboração. Chama-se vida intrauterina, biológica, fetal, feto-placental etc., a verdade é que ali existe uma vida humana em germe.*
>
> *Pouco importa seja o feto uma spes personae; deve ele mesmo assim, ser protegido pela tutela da lei, pois a vida humana, em seu infinito mistério, merece respeito, mesmo quando a ordem jurídica se encontra em presença não apenas de um homem (pessoa), mas de uma spes homine."*

Ora, as lições transcritas são autoexplicativas e nos remetem ao tópico anterior: nunca se negou vida ao nascituro. Nunca se negou a antecipação de efeitos jurídicos na proteção a essa vida. Tão somente se destaca que essa proteção prescinde da personificação do nascituro, algo reforçado pelo consagrado penalista.

DA PERSONIFICAÇÃO DO NASCITURO E DA DIGNIDADE DA PESSOA HUMANA

Outro argumento que vem sendo lembrado pelos concepcionistas é a constitucionalização do direito privado a demandar a personificação do nascituro, sob pena de violação ao tão caro princípio da dignidade da pessoa humana. Discordamos com veemência desse pensamento, e fazemo-lo remetendo o leitor ao capítulo anterior, no qual se debate a problemática da trivialização da aplicação da ideia de dignidade da pessoa humana.

Restaram assentadas, naquela oportunidade, as três dimensões da dignidade da pessoa humana segundo Luís Roberto Barroso[27], a saber: a dignidade como valor intrínseco, a fornecer parte do conteúdo jurídico do direito à vida, à igualdade e à integridade física e moral. A dignidade como autonomia estabelecendo parte do

---

26. Noronha, E. Magalhães. Direito Penal – v. II. 33 ed. São Paulo: Saraiva, 2003, p. 55.
27. Entrevista publicada no sítio eletrônico http://www.redetv.com.br/ColunistaPosts. aspx?77,1426,false,-Dignidade-humana-a-busca-de-um-conceito-para-impedir-a-banalizacao, acesso em 26 de outubro de 2011.

conteúdo das liberdades públicas, do direito de participação política e, também, do chamado mínimo existencial, que é o acesso a condições mínimas de subsistência; e, por fim, a dignidade como valor comunitário, a desempenhar três papéis: *a)* de amparo aos direitos fundamentais de terceiros; *b)* de proteção da pessoa contra si própria; e *c)* de defesa determinados valores sociais (como restringir o acesso de crianças à pornografia ou como a repressão à pedofilia).

Mais uma vez asseveramos sem medo: desde que se resguardem os interesses básicos do nascituro, evitando-se o seu tratamento como uma "coisa" descartável, não há como retoricamente se dizer que a opção legislativa pela técnica natalista, por si, viole qualquer uma das três dimensões do princípio. Seria, aliás, muito estranho afirmar o contrário, sob pena de levianamente se acusarem nações extremamente zelosas na proteção aos direitos humanos (França, Espanha, Itália e Portugal) de ignorarem o princípio da dignidade da pessoa humana apenas porque determinaram o nascimento com vida como um dos requisitos básicos para atribuição de personalidade.

CONCLUSÃO: O INÍCIO DA PERSONALIDADE NOS SERES HUMANOS

O início da personalidade, entre os seres humanos, ocorre com o nascimento com vida. Esse por sua vez, caracteriza-se pela respiração autônoma do infante nascido ou do recém-nascido, apreciáveis por exames técnicos denominados de docimásias (pulmonares ou extrapulmonares) ou por outras provas ocasionais (presença de corpos estranhos nas vias respiratórias, substâncias alimentares no tubo digestivo, entre outras)[28].

O FIM DA PERSONALIDADE ENTRE OS SERES HUMANOS

Não menos polêmica é a determinação do fim da personalidade humana. Poderíamos simplificar a discussão afirmando que a morte representa esse termo. Mas a grande questão que se põe é: e quando a morte, de fato, pode ser caracterizada?

A pergunta, aparentemente singela, pode ter muita repercussão no Direito Civil. Pensemos no seguinte exemplo: João, um pobre desempregado em situação de extrema dificuldade financeira, e Maria, a mais recente ganhadora da loteria, solteiros e sem filhos, após um relacionamento ocasional, conceberam Igor, embora nunca mais tenham se visto após tal acontecimento. Passados nove meses, minutos após o nascimento do infante, este e sua mãe, Maria, falecem em decorrência de complicações no parto.

A definição do momento exato da morte pode trazer consequências patrimoniais muito sérias para João. Com efeito, se Maria morreu instantes antes de Igor, este her-

28. França, Genival Veloso de. Medicina Legal. 7 ed. Rio de Janeiro: Guanabara Koogan, 2004, p. 284/289.

dou toda a sua fortuna. Falecendo a criança, João passará a ser o dono do patrimônio que outrora cabia à mãe. Ocorre, todavia, que se o menor falecer antes da mãe, nada poderá herdar dela. Como a criança não tem patrimônio, João, no instante de sua morte, também nada herda do menor. Morta, minutos depois, Maria, sua fortuna irá para os seus outros herdeiros, não havendo nada a ser transmitido para João.

Pois bem, muitos pensam que a morte é um acontecimento instantâneo. Enganam-se, porém, pois, devido à resistência de células, tecidos, órgãos e sistemas do corpo à ausência de oxigênio, há que se aceitar que o fim da vida é um processo que passa por etapas mais ou menos rápidas[29].

Hodiernamente, porém, a morte encefálica trouxe um novo complicador para o Direito, afinal, juridicamente, aquele que tem o coração e pulmões funcionando por aparelhos, embora tenha absoluto termo nas atividades cerebrais comprovadas eletricamente e sob estímulo, poderia ser considerado, por alguns dias, ainda vivo? Nossa legislação não fornece resposta, mas a doutrina já tem debatido a questão. Assim, entre nós, Sílvio de Salvo Venosa parece inclinado a entender que a morte encefálica pode ser considerada como marco do fim da personalidade[30], por mais que os demais órgãos ainda funcionem, artificialmente, por algumas horas ou dias:

> *"Tal qual o momento do nascimento, o momento da morte é de vital importância. Hoje, defrontamo-nos com o problema científico do diagnóstico do momento exato do passamento. Modernamente, a morte será diagnosticada com a paralisação da atividade cerebral, circulatória e respiratória. Mas uma pergunta, inelutavelmente, deve ser feita pelo jurista: já não terá ocorrido a morte quando toda a atividade cerebral esteja paralisada, mantendo-se um simulacro de vida, inviável, mercê de um sem-número de aparelhos altamente sofisticados? A crônica de nossos jornais está repleta de exemplos nesse sentido.*
>
> *A resposta há de ser afirmativa. Quando a atividade cerebral se mostra irremediavelmente perdida, não se pode negar que exista morte. Pode o jurista considerá-la como tal? Ao que parece a pergunta ainda levará algum tempo para ser respondida, mas nos inclinamos pela afirmativa."*

Carlos Alberto Ghersi[31], ao analisar o caso argentino, muito semelhante ao brasileiro (pois nenhum dos dois Códigos Civis se atreve a afirmar que a morte a ser considerada é a encefálica ou a cardiorrespiratória, bem como, nas duas nações, há leis de transplantes que autorizam a doação de órgãos tão logo constatada a morte encefálica) afirma que os efeitos próprios do óbito, como fato jurídico extintivo da personalidade, não decorrem da morte encefálica, que tão somente autoriza a realização de transplantes, sem determinar, por exemplo, a abertura da sucessão hereditária.

29. Vanrell, Jorge Paulete. Medicina Legal – tanatologia. São Paulo: LED, 1996, p. 28.
30. Venosa, Sílvio de Salvo. Direito Civil – Parte Geral. São Paulo: Atlas, 2001, p. 162.
31. Ghersi, Carlos Alberto. Derecho civil – Parte general. 2 ed. Buenos Aires: Astrea, 1999, p. 206/207 afirma: "Podemos decir, entonces, que los efectos proprios de la muerte, como hecho jurídico extintivo de la personalidad, sólo se producen ante la muerte real o biológica. La declaración de muerte clínica no autoriza a la transmisión de derechos hereditarios".

A questão ainda é muito nebulosa. Estender todos os efeitos jurídicos da morte biológica à morte encefálica, entre os quais determinar-se a antecipação da abertura da sucessão a esse momento, parece medida um tanto drástica, porquanto inexistente legislação clara que autorize tal conclusão. Assim, diante das incertezas que cercam a matéria, científicas, inclusive, inclinamo-nos no sentido de afirmar que a morte encefálica é suporte fático autorizador apenas de algumas medidas previstas em lei, ou seja, do transplante de órgãos de pacientes que o autorizaram, por si, ou por suas famílias. Quanto às outras consequências do falecimento, ao menos até que se tenha mais claramente definida jurídica e cientificamente o momento exato da morte, achamos que não deveriam ser estendidas à modalidade encefálica, principalmente por representar um estado provisório e que, em curto espaço de tempo, redundará na completa cessação das atividades orgânicas, dando ensejo, aí sim, ao início das providências legais desencadeadas pelo óbito, como, por exemplo, abertura da sucessão, pagamento de indenizações decorrentes do estabelecimento de seguros de vida, entre outras.

OUTRAS MODALIDADES DE MORTE

O reconhecimento da morte, em regra, faz-se diante da existência de um cadáver. Essa seria a morte real. Muitos são os casos, porém, em que há uma provável morte, mas não se localiza o cadáver do falecido. Diversas relações jurídicas, especialmente familiares e sucessórias, permaneceriam em estado de indefinição, gerando focos de possíveis atritos sociais, pois a vida, transitória por essência, jamais encontraria um marco formal, eternizando-se artificialmente pela simples ausência de notícias sobre o paradeiro de determinada pessoa.

A morte presumida, nessa esteira, surgiu como a resposta racional do ordenamento jurídico ao problema acima exposto e se subdivide em dois grupos no nosso Código Civil, que serão estudados ainda neste capítulo:

a) morte presumida sem decretação de ausência e, *b)* morte presumida com decretação de ausência.

Ocorre, porém, que, ao lado dos institutos acima expostos, pode haver outro estado de indefinição, a ser solucionado por intermédio de outra presunção: a comoriência. A questão se coloca quando, mortas em mesmo evento, dúvidas se põem quanto ao momento exato em que cada pessoa haveria falecido. Assim, sendo impossível diagnosticar o instante exato da morte de cada indivíduo, presume-se que todos morreram simultaneamente (comoriência) e que nenhum deles, portanto, poderá ser considerado herdeiro do outro, como se pode deduzir da leitura do artigo 8º de nosso Código Civil. Essa solução, ressalte-se, não foi a mesma utilizada pelo direito romano, que reconhecia, por exemplo, quando falecidos pai e filho no mesmo evento, a presunção de morte anterior do primeiro em relação ao segundo, se o último fosse impúbere (caso fosse um menino com menos de 14 anos ou uma menina com menos de 12 anos). Essa lógica seria invertida caso o menor fosse púbere[32].

Fixemo-nos, por hora, nas hipóteses de morte presumida.

A MORTE PRESUMIDA SEM DECRETAÇÃO DE AUSÊNCIA

A legislação alienígena, desde o século passado, ao lado da morte presumida com decretação de ausência, traçou hipóteses em que o óbito deveria ser reconhecido, embora se prescindisse da declaração de ausência. Notável, nessa esteira, a semelhança entre o Código Nacional e outras normas relativamente modernas. O Código Civil italiano, assim, determina[33]:

> *"Art. 60 Outros casos de declaração de morte presumida*
>
> *Além dos casos indicados no artigo 58, pode ser declarada a morte presumida nos seguintes casos:*
>
> *l) quando alguém tenha desaparecido em operações bélicas das quais tenha tomado parte, seja nas forças armadas, seja a elas associado, ou ainda às quais, se tenha encontrado presente, sem que haja mais notícias suas, e tenham transcorridos dois anos da entrada em vigor do tratado de paz ou, na falta deste, três anos a contar do fim do ano no qual cessaram as hostilidades;*
>
> *2) quando alguém foi feito prisioneiro pelo inimigo, ou por este internado ou ainda transportado para país estrangeiro, e havendo transcorrido dois anos da entrada em vigor do tratado de paz, ou, na falta deste, três anos a contar do fim do ano no qual cessaram as hostilidades, sem que se tenham tido notícias suas, após a entrada em vigor do tratado de paz ou depois do término das hostilidades;*
>
> *3) quando alguém tenha desaparecido por um infortúnio e não se tenham mais notícias suas depois de dois anos, a contar, ou do dia do evento, ou, se este dia não for conhecido, do final do mês ou, se nem o mês não for conhecido, do fim do ano no qual o infortúnio tenha ocorrido"*

Os portugueses, por sua vez, assim normatizam:

> *"ARTIGO 68º*
>
> *(Termo da personalidade)*
>
> *(...)*
>
> *3. Tem-se por falecida a pessoa cujo cadáver não foi encontrado ou reconhecido, quando o desaparecimento se tiver dado em circunstâncias que não permitam duvidar da morte dela."*

Na mesma linha das legislações mencionadas, dispõe o artigo 7º do nosso Código Civil. Vejamos:

> *"Art. 7º Pode ser declarada a morte presumida, sem decretação de ausência:*
>
> *I – se for extremamente provável a morte de quem estava em perigo de vida;*

---

32. Londres da Nóbrega, Vandick. História e Sistema de Direito Privado Romano. Rio de Janeiro: Freitas Bastos, 1955, p. 121.
33. Tradução livre da versão italiana do Código Civil Italiano, disponível em http://www.jus. unitn.it/cardozo/obiter_dictum/codciv/Lib1.htm, acesso em 09 de janeiro de 2012.

II – se alguém, desaparecido em campanha ou feito prisioneiro, não for encontrado até dois anos após o término da guerra.

Parágrafo único. A declaração da morte presumida, nesses casos, somente poderá ser requerida depois de esgotadas as buscas e averiguações, devendo a sentença fixar a data provável do falecimento."

Esse dispositivo, em realidade, vem a se somar a outros dois já existentes. O primeiro encontra-se no artigo 88 da Lei de Registros Públicos, que estatui:

"Art. 88. Poderão os Juízes togados admitir justificação para o assento de óbito de pessoas desaparecidas em naufrágio, inundação, incêndio, terremoto ou qualquer outra catástrofe, quando estiver provada a sua presença no local do desastre e não for possível encontrar-se o cadáver para exame. (Renumerado do art. 89 pela Lei nº 6.216, de 1975).

Parágrafo único. Será também admitida a justificação no caso de desaparecimento em campanha, provados a impossibilidade de ter sido feito o registro nos termos do artigo 85 e os fatos que convençam da ocorrência do óbito."

O segundo dispositivo relaciona-se aos desaparecidos, por razões políticas, no período imediatamente anterior à promulgação da atual Constituição, estando consagrado no artigo 1º da Lei nº 9.140/1995 e tendo por peculiaridade prescindir de atuação judicial para que esse óbito seja assentado no registro competente:

"Art. 1º São reconhecidos como mortas, para todos os efeitos legais, as pessoas que tenham participado, ou tenham sido acusadas de participação, em atividades políticas, no período de 2 de setembro de 1961 a 5 de outubro de 1988, e que, por este motivo, tenham sido detidas por agentes públicos, achando-se, deste então, desaparecidas, sem que delas haja notícias. (Redação dada pela Lei nº 10.536, de 2002)

(...)

Art. 3º O cônjuge, o companheiro ou a companheira, descendente, ascendente, ou colateral até quarto grau, das pessoas nominadas na lista referida no art. 1º, comprovando essa condição, poderão requerer a oficial de registro civil das pessoas naturais de seu domicílio a lavratura do assento de óbito, instruindo o pedido com original ou cópia da publicação desta Lei e de seus anexos.

Parágrafo único. Em caso de dúvida, será admitida justificação judicial."

Ressalvado, portanto, o último caso (dos desaparecidos por razões políticas no Regime Militar), só será reconhecida a morte presumida, sem decretação de ausência, por intermédio de procedimento judicial de justificação no qual, em especial, qualquer uma das duas hipóteses previstas no artigo 7º seja demonstrada, que incorporou aquelas já albergadas pela Lei de Registros Públicos.

DA MORTE PRESUMIDA QUANDO FOR EXTREMAMENTE PROVÁVEL O ÓBITO DE QUEM ESTAVA EM PERIGO DE VIDA

Pois bem, a primeira hipótese de morte presumida consagrada em nosso Código ocorre quando for extremamente provável o óbito daquele que se encontrava em situação de risco. Enquadram-se no conceito as pessoas que estavam presentes no momento de grandes tragédias (acidentes aéreos, naufrágios, terremotos, erupções vulcânicas), mas que não tiveram os respectivos cadáveres localizados. E o que se pode dizer do cidadão comum que, sem motivo aparente, desaparece em meio ao caos urbano, sem jamais retornar ao lar?

Quanto ao último, dificilmente se lhe poderá aplicar a presunção de morte, sendo, como adiante estudaremos, mais oportuno o seu enquadramento como ausente. Veja que o Código exige ser *extremamente provável* o óbito de quem se encontrava *em risco*. Assim, só se poderá fazer incidir a norma a determinado sujeito, quando os interessados provarem que *risco* à sua integridade física ocorrera nos momentos imediatamente anteriores ao seu desaparecimento, *demonstrando-se*, por exemplo, que ele fora vítima de atos de violência urbana (sequestros, roubos, entre outros) e que as investigações policiais tenham apontado seguramente para a ocorrência do falecimento da vítima, embora não se tenha localizado o cadáver. Caso contrário, o simples desaparecimento de determinada pessoa, sem que esteja cercado pelas circunstâncias tratadas, conduzirá a outro tipo de presunção: à de morte, mas que se segue à decretação da ausência.

DA MORTE PRESUMIDA DAQUELE QUE, DESAPARECIDO EM CAMPANHA, OU FEITO PRISIONEIRO, NÃO FOR ENCONTRADO ATÉ DOIS ANOS APÓS O TÉRMINO DA GUERRA

A segunda hipótese de morte presumida ocorre quando alguém, desaparecido em campanha ou feito prisioneiro, não for encontrado até dois anos após o término da guerra.

Observe-se que o Código fez referência ao conceito cientificamente delimitado pelo Direito Internacional Público. Guerra pode ser definida, segundo Hildebrando Accioli[34], como o "emprego de força armada para submeter a parte contra a qual é utilizada, à vontade da que a utiliza".

Possui um elemento objetivo, consubstanciado na prática de atos bélicos (via de regra, luta armada) e um elemento subjetivo, o *animus beligerandi* (ou intenção de guerrear)[35]. Encerra-se, normalmente, pela vitória de um Estado sobre o outro (embora, em determinadas hipóteses, as leis de guerras se estendam a conflitos internos contra grupos insurgentes[36]) e tem, não raro, o seu fim decretado pela confecção de tratados de paz.

Observe-se, porém, que o artigo 7º, inciso II, do Código Civil deveria evitar a referência apenas a hipóteses de guerra, porquanto inúmeras situações que se aproximam desse estado, podem ser verificadas e demandar o reconhecimento de morte presumida. Assim, se um soldado brasileiro, integrante de determinada força de paz,

34. Accioli, Hildebrando. Manual de Direito Internacional Público. 10 ed. São Paulo: Saraiva, 1972, p. 255.
35. Silva, Roberto Luiz. Direito Internacional Público. 2 ed. Belo Horizonte: Del Rey, 2002, p. 417.
36. Accioli, Hildebrando. Manual de Direito Internacional Público. 10 ed. São Paulo: Saraiva, 1972, p. 257.

for capturado por combatentes estrangeiros, não retornando ao Brasil dois anos após o término da missão, cremos que uma interpretação mais consentânea com a realidade do dispositivo ensejaria também o reconhecimento da morte presumida.

Admitamos, porém, que a pretensão primeira de nossa legislação, ao tratar das duas hipóteses de morte presumida, com ou sem decretação de ausência, era restringir a aplicação da última modalidade, funcionando a primeira delas (morte presumida com decretação de ausência) como solução subsidiária, ou seja, para todas as hipóteses não enquadradas perfeitamente no artigo 7º do Código Civil. Esse entendimento, aliás, foi sufragado pelo seguinte julgado[37]:

> *EMENTA: APELAÇAO CÍVEL – AÇAO DECLATÓRIA DE MORTE PRESUMIDA – ART. 7º DO CÓDIGO CIVIL – SITUAÇÕES LISTADAS EM ROL TAXATIVO – NAO COMPROVAÇAO – RECURSO CONHECIDO E IMPROVIDO – MANUTENÇAO DA SENTENÇA DE 1º GRAU. 7ºCÓDIGO CIVIL1.*
>
> *Somente será declarada a morte presumida de uma pessoa sem que seja decretada a sua ausência quando for extremamente provável a morte de quem estava em perigo de vida; e quando alguém, desaparecido em campanha ou feito prisioneiro, não for encontrado até dois anos após o término da guerra (art. 7º do Código Civil). 7ºCódigo Civil*
>
> *1. O parágrafo único do art. 7º do CC exige, ainda, o esgotamento das buscas e averiguações para se encontrar a pessoa desaparecida. parágrafo único7ºCC3. Não restando demonstrado nos autos que o desaparecimento ocorreu nas situações descritas no art. 7º do CC, afasta-se a presunção da morte que se pretende ver declarada. 7ºCC4. Recurso conhecido e improvido. Manutenção da sentença de 1º grau. Vistos, relatados e discutidos estes autos, ACORDA a Colenda Primeira Câmara Cível, na conformidade da ata da sessão, à unanimidade de votos, conhecer e NEGAR provimento ao recurso, nos termos do voto do eminente relator. Vitória/ES, 02 de agosto de 2011.*

Concordamos com a conclusão do julgado no que se refere à hipótese do inciso I do artigo 7º de nosso Código. Acontece, porém, que as hodiernas formas de emprego das forças armadas (lutas contra grupos terroristas, ou em missões internacionais de paz, por exemplo), ensejam, quanto ao inciso II, a ampliação do conceito lá insculpido. No mais, ressalvada a interpretação ora entabulada, só se pode reconhecer a morte presumida, fora das hipóteses do Código, mediante a decretação de ausência, o que passaremos, doravante, a examinar.

A AUSÊNCIA

A palavra ausência, segundo esclarecem Ripert e Boulanger[38], possui um sentido técnico que não se confunde com a sua ideia vulgar. Coloquialmente, a expressão é

---

37. BRASIL. Tribunal de Justiça do Espírito Santo, Primeira Câmara Cível. Apelação Civel, 8100017980, Relator: Des. Carlos Simões Fonseca. Acórdão publicado no DJ de 16/08/2011.
38. Ripert, Georges e Boulanger, Jean. Tratado de derecho civil – según el Tratado de Planiol – t. II, V. I. Buenos Aires: La Ley, 1963, p. 21, assim desenvolve o raciocinio: "El término 'ausencia' tiene en la ciencia del derecho un sentido técnico diferente de su sentido ordinario. En el idioma corriente, ausente es quien no se encuentra, en un momento dado, en el lugar donde debía estar: la persona que no asiste a una función, el estudiante que falta a un curso, están ausentes. Algunas veces, el término se emplea de una manera absoluta,

reservada para as hipóteses em que o sujeito se encontre longe ou não esteja presente. Juridicamente, no entanto, reflete um estado de incerteza quanto ao local em que possa estar e, em última análise, sobre sua própria existência.

Ferrara[39] afirma que, em Roma, os bens daquele que desaparecia eram administrados por um curador até que a sua morte fosse provada, segundo o livre convencimento do magistrado, solução, aliás, muito semelhante à dada, no Brasil colonial, nos casos daqueles que se soubessem cativos em terras estrangeiras, ou desaparecidos sem que existissem outras notícias suas[40].

A feição atual da ausência, todavia, foi uma resposta dada pelos primeiros códigos ao grande número de desaparecidos com as frequentes guerras em solo europeu, fato que demandava uma intervenção legislativa no sentido de se bem administrar o patrimônio e os interesses daqueles sobre os quais não mais se tinham notícias[41].

Hodiernamente, no Brasil, a matéria é versada a partir do artigo 22 do Código Civil, que regula a ausência em três etapas: *a)* a curadoria dos bens do ausente, *b)* a sucessão provisória e, *c)* a sucessão definitiva (esta última como marco do momento em que se pode presumir a morte do ausente).

Imprescindível para a regulação patrimonial das relações do ausente, a disciplina legal da matéria também tem efeitos pessoais para o ausente, seu cônjuge e seus herdeiros, como adiante será tratado. Analisemos, pois, cada uma das fases da ausência.

A CURADORIA DOS BENS DO AUSENTE

O Código Civil, a exemplo de outras legislações, estabelece diferentes efeitos para ausência, segundo o período de afastamento daquele que desapareceu de seu domicílio. A lógica que ampara essa opção é bastante óbvia: quanto maior o tempo de afastamento, menores as chances de retorno do ausente, caminhando, assim, os efeitos do desaparecimento do estágio de máxima precariedade (curadoria dos bens do ausente) até aquele de inalterabilidade das suas consequências (passados dez anos da abertura da sucessão definitiva, como indica o artigo 39 do nosso Código Civil).

O artigo 22 de nossa codificação civil, dessarte, determina:

---

sin que haya necesidade de decir de donde está ausente la persona, porque este lugar está sobreentendido; El término se aproxima en este caso al sentido que se le da en derecho: el ausente es ante todo aquél que no está más en su domicilio.".

39. Ferrara, Francesco. Trattato di diritto civile italiano. Roma: Athenaeum, 1921, p. 475, assim desenvolve o raciocinio: "In diritto romano il patrimonio dell'assente era amministrato de un curator bonorum, finchè la norte dell'assente non si ritenesse provata, secondo il libero apprezzamento del giudice."

40. Ord. L. 1, T. 90, disponível em http://www1.ci.uc.pt/ihti/proj/filipinas/, acesso em 16/02/2012.

41. Amar al, Francisco. Direito Civil – introdução. 5 ed. Rio de Janeiro: Renovar, 2003, p. 227.

"Art. 22. Desaparecendo uma pessoa do seu domicílio sem dela haver notícia, se não houver deixado representante ou procurador a quem caiba administrar-lhe os bens, o juiz, a requerimento de qualquer interessado ou do Ministério Público, declarará a ausência, e nomear-lhe-á curador."

A primeira polêmica acerca da exegese do dispositivo é sobre a eventual inexistência de bens de propriedade do ausente. Nessa hipótese, seria juridicamente possível pleitear-se ao Juiz que nomeasse um "curador de bens" para quem não é dono de nenhum objeto?

A resposta, embora respeitáveis opiniões divergentes existam[42], é sim! Ora, objetar a declaração de ausência com a nomeação de um curador seria imaginar que o instituto só se presta a regular questões patrimoniais. Nada mais falso! Aliás, alguns dispositivos legais implicariam outras consequências para a ausência, além daquelas simplesmente patrimoniais. Nessa esteira, o artigo 5º, parágrafo único, inciso I do Código Civil permite ao genitor, na *ausência* do outro, emancipar o filho que já conte com 16 anos.

Além disso, como determina o artigo 1.631, o poder familiar poderá ser exercido exclusivamente por um genitor se o outro estiver impedido de fazê-lo – e a *ausência* seria uma dessas hipóteses de impedimento. Logo, vislumbra-se como uma rápida declaração de ausência poderia facilitar a vida dos herdeiros daquele que desapareceu, mesmo quanto a questões não patrimoniais.

E, ainda que assim não fosse, vale dizer, supondo que a ausência mirasse apenas a proteção dos bens daquele que desaparece do seu domicílio, também nesse caso é estranho que se prescinda da primeira fase (de nomeação do curador dos bens do ausente).

Ora, do ponto de vista lógico, oficialmente só se poderá constatar se o ausente tem ou não bens quando o curador, encarregado de auxiliar o Juízo a arrecadá-los, informar sobre a impossibilidade de fazê-lo pela inexistência desses objetos. Assim, *a priori*, não se poderia abrir mão da presença de indivíduo cujo papel é justamente auxiliar o Estado-juiz a investigar se os bens existem. Não por outro motivo, o novo Código de Processo Civil, a exemplo do que ordenava o Código anterior, nos artigos 1.159 e 1.160, *primeiro* ordena que se declare a ausência para, *em seguida*, se ultimar a arrecadação dos bens do ausente:

"Art. 744. Declarada a ausência nos casos previstos em lei, o juiz mandará arrecadar os bens do ausente e nomear-lhes-á curador na forma estabelecida na Seção VI, observando-se o disposto em lei."

Assim, o Superior Tribunal de Justiça[43], ressaltando a mitigação do aspecto patrimonialista pelo Código Civil de 2002, consagrou a tese de que a prévia demons-

42. Rizzardo, Arnaldo. Parte Geral do Código Civil. Rio de Janeiro: Forense, 2003, p. 228.
43. BRASIL. Superior Tribunal de Justiça, Terceira Turma. Recurso Especial *1016023/DF*, Relatora: Min. *Nancy Andrighi*. Acórdão publicado no Dje de 20/06/2008.

tração da existência de bens não é *conditio sine qua non* para se deflagrar o primeiro procedimento judicial decorrente do desaparecimento de determinado sujeito do seu domicílio:

> *"Direito civil e processual civil. Ausência. Curadoria dos bens do ausente. Comprovação de propriedade em nome do desaparecido. Desnecessidade.*
>
> *– A nova tônica emprestada pela CF/88 ao CC/02, no sentido de dar ênfase à proteção da pessoa, na acepção humana do termo, conjugada ao interesse social prevalente, deve conciliar, no procedimento especial de jurisdição voluntária de declaração de ausência, os interesses do ausente, dos seus herdeiros e do alcance dos fins sociais pretendidos pelo jurisdicionado que busca a utilização do instituto.*
>
> *Resguarda-se, em um primeiro momento, os interesses do ausente, que pode reaparecer e retomar sua vida, para, após as cautelas legalmente previstas, tutelar os direitos de seus herdeiros, porquanto menos remota a possibilidade de efetivamente ter ocorrido a morte do desaparecido.*
>
> *A preservação dos bens do ausente constitui interesse social relevante, que busca salvaguardar direitos e obrigações tanto do ausente quanto dos herdeiros que permaneceram à deriva, durante longo período de incertezas e sofrimentos causados pelo abrupto afastamento de um ente querido.*
>
> *Essa incerteza gerada pelo desaparecimento de uma pessoa, deve ser amparada pelo intérprete da lei como necessidade de adoção de medidas tendentes a proteger o ausente e sua família, quanto aos direitos e obrigações daí decorrentes.*
>
> *Se o ausente deixa interessados em condições de sucedê-lo, em direitos e obrigações, ainda que os bens por ele deixados sejam, a princípio, não arrecadáveis, há viabilidade de se utilizar o procedimento que objetiva a declaração de ausência.*
>
> *O entendimento salutar para a defesa dos interesses do ausente e de seus herdeiros deve perpassar pela afirmação de que a comprovação da propriedade não é condição sine qua non para a declaração de ausência nos moldes dos arts. 22 do CC/02 e 1.159 do CPC* [Art. 744 do Novo CPC].
>
> *Acaso certificada a veracidade dos fatos alegados na inicial, por todos os meios de prova admitidos pela lei processual civil, considerada não apenas a propriedade como também a posse na comprovação do acervo de bens, deve o juiz proceder à arrecadação dos bens do ausente, que serão entregues à administração do curador nomeado, fixados seus poderes e obrigações, conforme as circunstâncias e peculiaridades do processo.*
>
> *Recurso especial provido."*

Pois bem, superada tal questão, avancemos para aspecto mais prático: como se dá, na prática, o reconhecimento da ausência?

O aspecto fundamental a ensejar a declaração de ausência, tanto pela lei civil, quanto pela processual, é o desaparecimento de certo indivíduo de seu domicílio, sem que dele se tenham mais notícias. Pontes de Miranda[44], no entanto, suscita uma dúvida muito interessante: indaga o civilista o que ocorreria se uma pessoa, domiciliada em determinado lugar, possuísse muitos bens em outro lugar, no qual não tivesse residência, e, por motivos diversos, embora não ausente *do seu domicílio*, no local onde possuísse os bens não mais se ouvissem notícias dele – como enfrentar

44. Pontes de Mir anda, Francisco Cavalcanti. Tratado de Direito de Família – v. III. Campinas: Bookseller, 2001, p. 438/439.

juridicamente a questão? Seria o caso de nomeação de um curador para estes bens, embora, no seu domicílio, ele estivesse presente?

A resposta dada por Pontes de Miranda não parece ser a mais adequada. Afirma o jurista[45]:

> *"2. 'Domicílio'. O juiz do domicílio do ausente, que saiba da existência de tais bens, deve nomear curador ao ausente. Está no art. 465* [Código Civil de 1916]: *'O juiz, que nomear o curador, fixar-lhe-á os poderes e obrigações, conforme as circunstâncias, observando, no que for aplicável, o disposto a respeito dos tutores e curadores'. Pela palavra 'domicílio' deve-se entender, no caso, o lugar onde possui bens o ausente, porque a curatela do ausente é, na espécie, cura rei, e não cura persona, tem por objeto gerir bens, não o cuidar da personalidade do proprietário de que se não tem notícia."*

Assim, somos obrigados a discordar do Civilista alagoano, porquanto, conforme examinado, não se pode reduzir a primeira fase da ausência apenas a efeitos patrimoniais. Logo, não haverá interesse processual em se nomear curador para determinado bem, se o seu dono, tecnicamente, não for ausente, ou seja, se ele estiver apenas desaparecido do local onde se encontram seus bens, mas se encontre em seu domicílio.

Outra decorrência lógica do que se expõe é que o foro adequado para se pedir a nomeação do curador dos bens do ausente é o do seu último domicílio, optando-se apenas por aquele da situação dos bens, se o ausente não tivesse domicílio certo[46].

Pois bem, declarada a ausência, se o desaparecido não tinha procurador com poderes de administração dos bens do primeiro, a etapa necessária subsequente seria a da arrecadação desses. Frise-se, porém, que, havendo procurador com poderes para a administração dos bens do ausente, a curadoria não será necessária. Esse procurador, portanto, deverá estar munido de mandato geral, vale dizer, daquele que *"investe o mandatário com poderes libera administratio, ou seja, para a prática de atos inerentes à administração ordinária, como os de efetuar pagamentos, contratar e dispensar funcionários, contrair pequenos empréstimos para o adimplemento das obrigações"*[47]. Mas e se, em vez de um procurador munido de mandato geral, o ausente possuir diversos com mandatos especiais, como tutelar juridicamente a questão? Na hipótese, a necessidade de nomeação de curador dos bens do ausente perdurará, não, porém, quanto aos bens confiados, por meio de mandatos especiais, a procuradores diversos. Expliquemo-nos.

Washington de Barros Monteiro[48] adverte ser o mandato especial *"restrito aos atos discriminados pelo mandante na procuração, não podendo ser estendido a outros,*

45. Pontes de Mir anda, Francisco Cavalcanti. Tratado de Direito de Família – v. III. Campinas: Bookseller, 2001, p. 438/439.
46. Lucena, João Paulo. Comentários ao Código de Processo Civil – v. 15. São Paulo: Revista dos Tribunais, 2000, p. 237.
47. Nader, Paulo. Curso de Direito Civil – v. III. Rio de Janeiro: Forense, 2005, p. 403.
48. Monteiro, Washington de Barros. Curso de Direito Civil – v. V. 34 ed. São Paulo: Saraiva, 2006, p. 340.

ainda que da mesma natureza". Sabe-se, por outro lado, que, a teor do artigo 682 do Código Civil, a morte põe fim ao mandato, embora a mera declaração de ausência não o faça. Temos, portanto, que os mandatos especiais perdurarão durante a primeira fase da ausência, devendo o exercício de tais poderes pelos mandatários ser respeitado pelo curador.

No mais, quanto a essa etapa da ausência, cabe ressaltar que o curador será preferencialmente, e nessa ordem, o cônjuge, o pai ou os descendentes do ausente (art. 25 do Código Civil), e a ele serão aplicáveis subsidiariamente as regras que regem a tutela e a curatela no Código Civil. Ressalte-se, ainda, nessa fase, que, feita a arrecadação, o juiz fará publicar editais, de dois em dois meses, durante um ano, conclamando o ausente a retornar e reassumir a posse dos seus bens (art. 745 do novo Código de Processo Civil).

A SUCESSÃO PROVISÓRIA

Superada a primeira fase da ausência, passa-se para a sucessão provisória. Inúmeras questões podem ser suscitadas sobre a matéria, mormente quando comparamos os dispositivos legais brasileiros sobre o tema ao de outras nações, em especial, os de Portugal. Façamos, pois, um cotejo dos códigos dos dois países:

> *"SUBSECÇÃO I*
>
> *Curadoria definitiva ARTIGO 99º*
>
> *(Justificação da ausência)*
>
> *Decorridos dois anos sem se saber do ausente, se este não tiver deixado representante legal nem procurador bastante, ou cinco anos, no caso contrário, pode o Ministério Público ou algum dos interessados requerer a justificação da ausência.*
>
> *(...)*
>
> *ARTIGO 110º*
>
> *(Direitos e obrigações dos curadores definitivos e demais interessados)*
>
> *Aos curadores definitivos a quem os bens hajam sido entregues é aplicável o disposto no artigo 94º, ficando extintos os poderes que anteriormente hajam sido conferidos pelo ausente em relação aos mesmos bens. (Código Civil de Portugal)*
>
> *"Art. 26. Decorrido um ano da arrecadação dos bens do ausente, ou, se ele deixou representante ou procurador, em se passando três anos, poderão os interessados requerer que se declare a ausência e se abra provisoriamente a sucessão." (Código Civil do Brasil)*

A primeira questão que avulta ser abordada é sobre a natureza do direito a ser exercida segundo os dois Códigos. Ensina José de Oliveira Ascensão[49] que, embora a segunda fase da ausência corresponda a uma sucessão provisória, os curadores seriam representantes dos interesses do desaparecido, sequer exercendo direito próprio. Na

49. Ascensão, José de Oliveira. Direito Civil – Teoria Geral – v. I. 2 ed. Coimbra: Coimbra, 2000, p. 168/169.

mesma linha, pode-se mencionar Luís A. Carvalho Fernandes[50]. O Código Civil do Brasil, ao seu turno, não designa os sucessores provisórios como curadores. Assim, seria de indagar-se: no direito nacional, os herdeiros agiriam em nome próprio ou alheio, ou, em outras palavras, seriam curadores ou não?

Caio Mário da Silva Pereira[51] refuta, em nosso país, figurarem os herdeiros provisórios como curadores, porquanto estes administrariam bens alheios que não necessariamente viriam a ser deles, sendo, pois, obrigados a prestar contas de todos os atos por eles praticados nessa qualidade, enquanto os primeiros realizariam a gerência de bens supostamente seus.

Orlando Gomes[52], engrossando a lista dos que refutam a tese da curadoria pelos herdeiros provisórios, pois seria estranha à figura da curatela a possibilidade de percepção de frutos dos bens administrados, bem como a oferta de garantias para a imissão na posse dos bens administrados. Conclui, assim, que os sucessores do desaparecido, na segunda fase, seriam qualificados como proprietários resolúveis dos bens do ausente.

Ousamos, contudo, discordar, em parte, desse posicionamento. Embora entendamos que os herdeiros provisórios não são curadores, seria algo exagerado vislumbrá-los como proprietários, ainda que provisórios dos bens deixados pelo ausente. Ora, fossem os herdeiros provisórios proprietários dos bens transmitidos, eles teriam poder de disposição sobre o que receberam pela abertura da sucessão. Ocorre, todavia, que eles são apenas imitidos na *posse* de tal acervo patrimonial e não há indicação legal de que se tornem *senhores* daquilo deixado pelo desaparecido. É o que se depreende da leitura do artigo 30 de nossa Lei Civil:

> *"Art. 30. Os herdeiros, para se imitirem na posse dos bens do ausente, darão garantias da restituição deles, mediante penhores ou hipotecas equivalentes aos quinhões respectivos.*
>
> *§ 1º Aquele que tiver direito à posse provisória, mas não puder prestar a garantia exigida neste artigo, será excluído, mantendo-se os bens que lhe deviam caber sob a administração do curador, ou de outro herdeiro designado pelo juiz, e que preste essa garantia.*
>
> *§ 2º Os ascendentes, os descendentes e o cônjuge, uma vez provada a sua qualidade de herdeiros, poderão, independentemente de garantia, entrar na posse dos bens do ausente."*

Esse artigo, importante frisar, ressalta outro aspecto da temporariedade da sucessão: os bens do desaparecido devem ser conservados, porquanto ainda possível seu retorno. Logo, penhores e hipotecas, correspondentes aos quinhões, serão exigidos dos herdeiros, salvo se ascendentes, descendentes ou cônjuge do ausente, para assegurar que o patrimônio deixado não será dilapidado por aqueles que nele se imitiram. Outra medida conservatória pode ser encontrada no artigo 29 do Código Civil, que prevê a conversão dos bens deixados pelo ausente em imóveis ou

50. Fernandes, Luís A. Carvalho. Teoria Geral do Direito Civil – v. I. 2 ed. Lisboa: Lex, 1995, p. 338.
51. Pereira, Caio Mário da Silva. Instituições de Direito Civil – v. I. 22 ed. Rio de Janeiro: Forense, 2008, p. 229.
52. Gomes, Orlando. Direito de Família. 11 ed. Rio de Janeiro: Forense, 1999, p. 425.

títulos garantidos pela União, inviabilizando, assim, a diminuição dos quinhões por vendas indevidas. Logo, todas essas medidas são incompatíveis com a atribuição da qualidade, aos sucessores, de proprietários, ainda que resolúveis.

José Antônio de Paula Santos Neto[53] identifica a posição jurídica dos herdeiros provisórios com modalidade especial de usufruto legal. Esse posicionamento parece ser o mais adequado, porquanto bem representa o poder dos herdeiros de uso e fruição da coisa, subtraindo-se-lhes a disposição dos bens. Com efeito, o artigo 33 do Código Civil determina que os herdeiros necessários (cônjuges, ascendentes e descendentes) façam seus os frutos extraídos dos bens por eles administrados, enquanto os demais, salvo se a ausência tenha se dado intencionalmente, poderão fazê-lo quanto à metade dos frutos, capitalizando o restante para aguardar eventual retorno do desaparecido.

Ocorre que o usufrutuário não é representante do nu-proprietário. Quanto à ausência, todavia, o artigo 32 do Código Civil, arremata:

> *"Art. 32. Empossados nos bens, os sucessores provisórios ficarão representando ativa e passivamente o ausente, de modo que contra eles correrão as ações pendentes e as que de futuro àquele forem movidas."*

A leitura do dispositivo nos faz crer que o fenômeno sob exame se aproxima da representação legal, deferindo-se legitimação extraordinária, nos termos do artigo 18 do novo Código de Processo Civil, para que os herdeiros atuem, em nome próprio, nos feitos relativos aos bens empossados. Entendemos, assim, que a situação jurídica dos herdeiros provisórios abrange simultaneamente as qualidades de usufrutuários legais e de representantes do desaparecido em ações que possam ter reflexos sobre os bens por eles administrados.

Não se pense, porém, que a representação legal deferida decorra de qualquer incapacidade do ausente (porquanto, onde quer que se encontre, capaz será o desaparecido) mas de solução pragmática dada pela lei, a fim de se viabilizar não apenas a administração dos bens do ausente, mas a defesa de seus interesses, bem como de seus credores, quanto à propositura de eventuais ações que não poderiam permanecer com a exigibilidade suspensa durante o longo período da sucessão provisória.

Outra questão igualmente controvertida, mas pouco enfrentada pelos autores nacionais, diz respeito aos efeitos da sucessão provisória frente a terceiros que entabularam obrigações com o desaparecido. Enquanto o Código Civil do Brasil calou sobre o problema, o de Portugal bem andou a dar a seguinte solução para a questão:

> *"ARTIGO 106°*
>
> *(Exigibilidade de obrigações)*
>
> *A exigibilidade das obrigações que se extinguiriam pela morte do ausente fica suspensa."*

53. Santos Neto, José Antônio de Paula. Da Ausência. São Paulo: Juarez de Oliveira, 2001, p. 232.

A solução parece ser adequada. As obrigações que se extinguiriam pela morte seriam apenas as personalíssimas, como, por exemplo, a execução de uma obrigação de fazer infungível. Essas, como a morte presumida do ausente só será caracterizada com a abertura da sucessão definitiva, necessariamente permaneceriam com a exigibilidade suspensa, a fim de se aguardar o eventual retorno do desaparecido, ou o reconhecimento de sua morte presumida, após o fim do período de sucessão provisória. As demais obrigações não teriam sua exigibilidade suspensa e poderiam ser pleiteadas aos herdeiros provisórios.

No Brasil, embora a solução não tenha sido positivada, ela decorre da interpretação sistemática do Código Civil. Com efeito, aberta a sucessão provisória, o credor de obrigação exigível poderá habilitar-se no inventário, a fim de receber o que lhe é devido, ou, ao menos, a reserva dos bens correspondentes à necessária quitação da dívida[54]. Caso, porém, não se habilite no inventário, fazendo a cobrança em momento posterior, poderá demandar, em conjunto, dos herdeiros que se imitiram na posse dos bens do ausente, por força do já apreciado artigo 32 do Código Civil.

A SUCESSÃO DEFINITIVA

O artigo 6º do Código Civil esclarece que a presunção de morte do ausente só ocorre com a abertura da sucessão definitiva. Ocorre a conversão de sucessão provisória em definitiva, a teor do artigo 37 do Código Civil, pelo pedido dos interessados, dez anos após passada em julgado a sentença que determinou a abertura da segunda fase da ausência. Contando, porém, o ausente com 80 anos ou mais, datando as suas últimas notícias de, no mínimo, cinco anos, a sucessão definitiva poderá ser aberta sem a necessidade de cumprimento das etapas anteriores da ausência.

Seja qual for a hipótese de abertura da sucessão definitiva, o fato é que, neste momento, os herdeiros passam a ser proprietários dos bens herdados e não apenas usufrutuários legais, cuja imissão na posse dependeria de cauções. Logo, mesmo os herdeiros que, na segunda fase, não puderam se apossar dos bens que lhes tocariam por herança, nesse momento, irão fazê-lo.

E qual seria a natureza jurídica da propriedade que se atribui aos herdeiros definitivos? A doutrina a enquadra como resolúvel, levando em consideração o *caput* do artigo 39 do Código Civil:

> *"Art. 39. Regressando o ausente nos dez anos seguintes à abertura da sucessão definitiva, ou algum de seus descendentes ou ascendentes, aquele ou estes haverão só os bens existentes no estado em que se acharem, os sub-rogados em seu lugar, ou o preço que os herdeiros e demais interessados houverem recebido pelos bens alienados depois daquele tempo."*

54. Santos Neto, José Antônio de Paula. Da Ausência. São Paulo: Juarez de Oliveira, 2001, p. 244.

Entende-se por resolúvel a propriedade sujeita a termo ou condição. Há, como se sabe, dois tipos de propriedade resolúvel, disciplinadas em capítulo próprio do Código: aquelas cuja causa da resolutividade constam do próprio título constitutivo e outras, cuja causa da resolução seria superveniente. Enquadram-se, entre as primeiras, o direito decorrente de contrato de compra e venda de imóvel, com pacto de retrovenda.

Ora, está estampada, no título aquisitivo de compra com pacto de retrovenda, a informação de que o primitivo vendedor poderá readquirir a coisa alienada. Esse direito poderá ser exercido não apenas em face do primitivo comprador, mas de qualquer pessoa a quem licitamente tenha sido transferido o bem, após a primeira venda. É de se notar, portanto, que, nesse tipo de propriedade, a revenda da coisa não é proibida. O único problema é que o segundo comprador saberá que, a qualquer momento (até o prazo máximo de três anos), o antigo proprietário poderá exercer o direito de recomprar a coisa. Tal entendimento, aliás, deflui da leitura do artigo 1.359:

> *"Art. 1.359. Resolvida a propriedade pelo implemento da condição ou pelo advento do termo, entendem-se também resolvidos os direitos reais concedidos na sua pendência, e o proprietário, em cujo favor se opera a resolução, pode reivindicar a coisa do poder de quem a possua ou detenha."*

Logo, exercido o direito de retrato (direito de se recomprar a coisa), resolvem-se (são extintos) todos os direitos reais concedidos na pendência da condição de recompra. Hipótese diversa ocorre quando a causa da resolutividade não está exposta no título aquisitivo do bem. Imaginemos, assim, uma doação de um carro de Pedro para Antônio. O último, após aceitar a liberalidade, ato contínuo, aliena o veículo para terceiro de boa-fé. Depois da transferência, por um desentendimento, tenta matar Pedro que, inconformado, busca revogar a doação. Aplicável ao caso, dispõe o artigo 1.360:

> *"Art. 1.360. Se a propriedade se resolver por outra causa superveniente, o possuidor, que a tiver adquirido por título anterior à sua resolução, será considerado proprietário perfeito, restando à pessoa, em cujo benefício houve a resolução, ação contra aquele cuja propriedade se resolveu para haver a própria coisa ou o seu valor."*

No exemplo dado, Pedro não poderá reaver a coisa do terceiro de boa-fé, a quem se transferiu o veículo. Poderá, no entanto, acionar o donatário ingrato para reaver o valor do bem doado. Observa corretamente Daniel Eduardo Carnacchioni[55], que a resolutividade do artigo 39 se aproxima à tratada pelo artigo 1.360, embora não se confunda com ela, pois o ausente (a favor de quem se resolve a propriedade) só poderá haver a coisa se ela for existente, ou o seu preço, se alienada onerosamente.

55. Carnacchioni, Daniel Eduardo. Curso de Direito Civil – Institutos Fundamentais. Rio de Janeiro: Lumen Iuris, 2010, p. 160/161.

Logo, se a coisa não mais existir, ou se os herdeiros dela dispuserem gratuitamente da coisa, nada deverão ao proprietário que retornou ao seu domicílio e que se presumia morto.

Outro tema nebuloso é quanto à participação do Poder Público na aquisição de bens deixados pelo ausente. O imbróglio decorre da leitura do parágrafo 2º do Artigo 28 e do parágrafo único do artigo 39, ambos do Código Civil:

> *"Art. 28. (...)*
>
> *§ 2º Não comparecendo herdeiro ou interessado para requerer o inventário até trinta dias depois de passar em julgado a sentença que mandar abrir a sucessão provisória, proceder-se-á à arrecadação dos bens do ausente pela forma estabelecida nos arts. 1.819 a 1.823.*
>
> *"Art. 39 (...)*
>
> *Parágrafo único. Se, nos dez anos a que se refere este artigo, o ausente não regressar, e nenhum interessado promover a sucessão definitiva, os bens arrecadados passarão ao domínio do Município ou do Distrito Federal, se localizados nas respectivas circunscrições, incorporando-se ao domínio da União, quando situados em território federal."*

Enfático quanto às críticas à legislação pátria, Daniel Eduardo Carnacchioni[56] assevera:

> *"Tal regra* [parágrafo único do artigo 39 do Código Civil], *simplesmente, é inaplicável. Ou os herdeiros não se habilitam para requerer a sucessão provisória e, nesse caso, aplicam-se os artigos 1.819 a 1.823 sobrejacência e vacância ou, havendo sucessão provisória, implica a existência de herdeiros e, por essa razão, não há como transferir esses bens para o domínio público."*

Somos obrigados a discordar das conclusões esposadas pelo mencionado autor. Antes, porém, devemos explicar ao leitor o que se quer dizer com jacência e vacância da herança. Cumpre, pois, inicialmente, esclarecer ao leitor o que vem a ser herança jacente e vacante.

A herança jacente "*consiste na declaração judicial do estado de espera em que se encontra o patrimônio quanto à sucessão mortis causa, em face da não habilitação de herdeiros e desconhecimento de sua existência*" [57]. Já a herança vacante corresponde ao estado quase sempre definitivo daquela que outrora fora jacente[58].

Assim, façamos um paralelo com o direito das sucessões. Naquela seara, tem-se que, falecido o proprietário de determinado patrimônio, sem que se tenham habilitado herdeiros para reivindicar-lhe a propriedade, é a herança considerada jacente e, portanto, são arrecadados os bens que integram o patrimônio do *de cujus*, pelo prazo expresso no artigo 1.820:

---

56. Carnacchioni, Daniel Eduardo. Curso de Direito Civil – Institutos Fundamentais. Rio de Janeiro: Lumen Iuris, 2010, p. 162.
57. Nader, Paulo. Curso de Direito Civil – v. VI. 3 ed. Rio de Janeiro: Forense, 2009, p. 106.
58. Gonçalves, Carlos Roberto. Direito Civil Brasileiro – v. VII. 2 ed. São Paulo: Saraiva, 2008, p. 119.

"Art. 1.820. Praticadas as diligências de arrecadação e ultimado o inventário, serão expedidos editais na forma da lei processual, e, decorrido um ano de sua primeira publicação, sem que haja herdeiro habilitado, ou penda habilitação, será a herança declarada vacante."

O artigo 1.822, ao seu turno, determina:

"Art. 1.822. A declaração de vacância da herança não prejudicará os herdeiros que legalmente se habilitarem; mas, decorridos cinco anos da abertura da sucessão, os bens arrecadados passarão ao domínio do Município ou do Distrito Federal, se localizados nas respectivas circunscrições, incorporando-se ao domínio da União quando situados em território federal."

Assim, convertida a herança em vacante, um ano após a publicação do primeiro edital que se seguiu à arrecadação, os bens passam ao domínio público, embora essa propriedade permaneça resolúvel por cinco anos. Isso quer dizer que, caso algum herdeiro reivindique a propriedade dos bens nesse período, ele deixará de ser público. Superado, porém, tal prazo, mesmo que surjam herdeiros, os bens já serão definitivamente municipais ou distritais.

Pois bem, voltemos às críticas formuladas quanto à inaplicabilidade do parágrafo único do artigo 39 do Código civil, segundo a qual, ou "*os herdeiros não se habilitam para requerer a sucessão provisória e, nesse caso, aplicam-se os artigos 1.819 a 1.823 sobre jacência e vacância ou, havendo sucessão provisória, implica a existência de herdeiros e, por essa razão, não há como transferir esses bens para o domínio público*"[59]. Forçoso se mostra sejam refutadas.

É possível fazer, como sugere o citado autor, um paralelo entre a jacência e a vacância da herança, tratadas no Livro das Sucessões, com alguns dispositivos relacionados à ausência. O que não se pode fazer é transplantar o regramento do direito das sucessões para a ausência, porquanto, na última, existem normas especiais versando sobre a matéria. Expliquemo-nos. Ora, em primeiro lugar, na fase de sucessão provisória, não se pode aplicar integralmente os institutos da jacência e da vacância de herança. Aliás, o próprio Código Civil, no artigo 28, parágrafo segundo, evitou afirmar que, aberta essa fase e inexistindo herdeiros habilitados, seríamos obrigados, na integralidade, a aplicar todas as normas de jacência de herança, sem as cabíveis adaptações do instituto aos comandos previstos para a sucessão provisória e a definitiva.

Menos correto ainda seria supor que a sucessão provisória só será aberta se houver algum herdeiro do desaparecido, como se deduz do trecho transcrito. A lei processual civil revogada, a propósito, era expressa, alargando o rol de legitimados para requerer a sucessão provisória:

59. Carnacchioni, Daniel Eduardo. Curso de Direito Civil – Institutos Fundamentais. Rio de Janeiro: Lumen Iuris, 2010, p. 162.

"Art. 1.163. Passado 1 (um) ano da publicação do primeiro edital sem que se saiba do ausente e não tendo comparecido seu procurador ou representante, poderão os interessados requerer que se abra provisoriamente a sucessão.

§ 1º Consideram-se para este efeito interessados:

I – o cônjuge não separado judicialmente;

II – os herdeiros presumidos legítimos e os testamentários;

III – os que tiverem sobre os bens do ausente direito subordinado à condição de morte;

IV – os credores de obrigações vencidas e não pagas.

§ 2º Findo o prazo deste artigo e não havendo absolutamente interessados na sucessão provisória, cumpre ao órgão do Ministério Público requerê-la."

Percebe-se, pois, que tanto o Município interessado, como o Distrito Federal poderiam se enquadrar no inciso III do parágrafo 1º do artigo 1.167 do antigo Código de Processo Civil, para requerer a abertura da sucessão provisória. Além deles, o Ministério Público poderia fazê-lo, caso ninguém mais resolvesse formular o pedido. Logo, a incongruência lógica suscitada por Daniel Eduardo Carnacchioni parece não existir. No novo Código de Processo Civil, conclusão semelhante pode ser extraída do parágrafo segundo do artigo 745, que dispõe:

"§2º O interessado, ao requerer a abertura da sucessão provisória, pedirá a citação pessoal dos herdeiros presentes e do curador e, por editais, a dos ausentes para requererem habilitação, na forma dos arts. 689 a 692."

Pois bem, mas se fossem arrecadados os bens do ausente, diante da inexistência de herdeiros interessados na sucessão, qual seria a conduta a ser adotada? Vale dizer – se a sucessão provisória fosse suscitada por outro interessado, não necessariamente um herdeiro, como proceder? José Antônio de Paula Santos Neto[60] sugere, acertadamente, que seja mantido o curador dos bens do ausente (nomeado para a primeira fase da ausência) para continuar a exercer seu múnus, caso não se habilite algum herdeiro na sucessão provisória. Acrescentamos que essa solução é, inclusive, compatível com o artigo 739 do novo Código de Processo Civil, que manda seja nomeado um curador para as hipóteses de jacência de herança.

Pois bem, superada a fase de sucessão provisória, o artigo 37 do Código Civil afirma que *os interessados* poderão requerer a conversão da sucessão provisória em definitiva. Assim, tanto os Municípios, quanto o Distrito Federal, têm interesse na mencionada conversão, a fim de que o prazo de dez anos constante do artigo 39 passe a fluir a seu favor.

A pergunta que ainda remanesce é: como se pode fazer o paralelismo entre a herança jacente e vacante nas hipóteses de morte real e nos casos de ausência? José Antônio de Paula Santos Neto[61], então alicerçado nos comandos insculpidos no Código

60. Santos Neto, José Antônio de Paula. Da Ausência. São Paulo: Juarez de Oliveira, 2001, p. 258/259.
61. Santos Neto, José Antônio de Paula. Da Ausência. São Paulo: Juarez de Oliveira, 2001, p. 278.

Civil de 1916, entende que, arrecadados os bens do ausente, diante da inexistência de herdeiros provisórios, esta será equiparada à herança jacente. A sua conversão em vacante, porém, não ocorrerá, como determina o artigo 1820, em um ano, mas apenas com a abertura da sucessão definitiva. Nos dez primeiros anos de sucessão definitiva, os bens serão públicos, mas sujeitos à condição resolutiva (reaparecimento do ausente). Superado tal prazo, converter-se-ão em bens definitivamente públicos.

Esse entendimento não parece haver sido alterado pela edição do Código de 2002. Ora, a jacência, na sucessão provisória, notadamente deve ser mais longa do que na hipótese disciplinada pelo Livro das Sucessões para os casos de mortes efetivas (artigo 1819 e seguintes). Com efeito, enquanto, nas últimas (mortes efetivas), o próprio óbito do *de cujus* é fato certo, sobre o qual não pairam dúvidas, na sucessão provisória, sequer se pode afirmar que o desaparecido tenha falecido. Logo, diante da possibilidade de que o desaparecido ainda esteja vivo, seria um absurdo reduzir, para a ausência, o prazo de conversão em vacância para um ano apenas, ao qual se seguiriam somente cinco anos de propriedade resolúvel a favor dos municípios e do Distrito Federal. Em seis anos após a abertura da sucessão definitiva, o Poder Público inexoravelmente se tornaria dono de bens de pessoa que sequer se presume morta! Nada mais absurdo!

Ocorre, porém, que estender o prazo de jacência para o mesmo período de sucessão provisória é oportuno, porquanto compatível com a própria incerteza sobre a sobrevivência ou não do desaparecido. Superada essa etapa, estando presumivelmente morto o ausente, segundo o artigo 6º do Código Civil, razoável que se considere vacante a sua herança, tornando-se definitiva a propriedade do Poder Público após os dez anos mencionados no artigo 39 do Código Civil. Até lá, já convertida a herança em vacante, os Municípios ou o Distrito Federal serão apenas proprietários resolúveis dos bens deixados pelo desaparecido.

OUTROS ASPECTOS RELEVANTES SOBRE A SUCESSÃO DEFINITIVA

A abertura da sucessão definitiva faz dissolver o vínculo conjugal que unia o desaparecido ao seu cônjuge, conforme disciplina o parágrafo primeiro do artigo 1.571 do Código Civil, isto, é claro, se o último já não houver rompido esses laços por meio do divórcio. Questão intrigante seria quanto ao retorno do que se presumia morto, após a abertura da sucessão definitiva: estariam restaurados os laços matrimoniais? E se o cônjuge do ausente já houvesse celebrado novas núpcias? A lei do Brasil não oferece resposta direta à indagação, ao contrário da portuguesa. Analisemos, pois, a solução lusitana:

> *"ARTIGO 115º*
>
> *(Efeitos)*
>
> *A declaração de morte presumida produz os mesmos efeitos que a morte, mas não dissolve o casamento, sem prejuízo do disposto no artigo seguinte. (Redacção do Dec.-*

-Lei 496/77, de 25-11)

ARTIGO 116º

(Novo casamento do cônjuge do ausente)

O cônjuge do ausente casado civilmente pode contrair novo casamento; neste caso, se o ausente regressar, ou houver notícia de que era vivo quando foram celebradas as novas núpcias, considera-se o primeiro matrimónio dissolvido por divórcio à data da declaração de morte presumida. (Redacção do Dec.-Lei 496/77, de 25-11)"

Os alemães adotam solução semelhante à portuguesa, quanto à manutenção do segundo casamento[62]:

"Seção 1.369

Anulação do casamento anterior

(...)

(2) Na celebração do novo casamento, o casamento anterior é dissolvido, a menos que os cônjuges do novo matrimônio soubessem que o cônjuge declarado morto ainda estivesse vivo ao tempo da declaração de sua morte presumida. O casamento anterior permanece dissolvido ainda que a declaração de morte presumida seja cancelada."

Embora cale nossa lei sobre o tema, acreditamos em solução semelhante à adotada em Portugal e na Alemanha, conquanto reconheçamos a existência, por lá, de críticas quanto ao texto legal[63]. Com efeito – a morte presumida faz dissolver o casamento. Ocorre que, como visto, a presunção de morte é apenas relativa. Logo o retorno do ausente afastará os efeitos pessoais decorrentes da presunção da morte, entre os quais, o da dissolução do enlace matrimonial. Entendemos, portanto, que o retorno do ausente faz com que o seu casamento, que presumivelmente havia sido dissolvido, seja reconhecido como válido e eficaz.

É de indagar-se, porém: e se não houver mais a afeição que outrora uniu os nubentes, mesmo assim, eles ainda serão considerados casados? A resposta continua sendo afirmativa, pois o fim dos laços afetivos deve ser decorrência de desejo manifestado por meio da propositura ação de divórcio que ponha termo ao enlace matrimonial.

Os apontamentos acima incidirão apenas se o cônjuge do ausente *NÃO* houver contraído novas núpcias. Havendo celebrado novo novas bodas, a situação é completamente diversa, pois se pode presumir que a afeição que justificou a união com o desaparecido não mais permanece – tanto é que novo matrimônio, com pessoa diversa foi contraído. Seria inadequado supor que a eficácia da nova união estivesse sujeita a evento futuro e incerto (retorno do desaparecido), o que relegaria o nobre instituto do matrimônio a incompatível estado de incerteza. Assim podemos afirmar que as

62. Tradução livre da versão inglesa do BGB, disponível em http://www.fd.ul.pt/LinkClick.aspx?fileticket=KrjHyaFOKmw%3D&tabid=505, acesso em 09 de janeiro de 2012.

63. Ascensão, José de Oliveira. Direito Civil – Teoria Geral – v. I. 2 ed. Coimbra: Coimbra, 2000, p. 171.

novas núpcias tornam definitivo o rompimento do matrimônio outrora celebrado com o ausente, tal qual preconizado pelo direito português e pela norma alemã.

A pergunta que se pode fazer é: mas e se o cônjuge que não se ausentou prefira o restabelecimento de sua primeira união? Neste caso, a solução adequada seria pôr termo ao novo matrimônio, pelo divórcio, e casar-se novamente com o ausente que retornou. Repita-se: não se pode admitir a existência de casamento resolúvel por fato alheio a dos cônjuges vivos.

Assim, não se tolera que evento de terceiro (retorno do ausente) possa infirmar união celebrada após o seu desaparecimento.

Analisados os aspectos iniciais que tocam à pessoa natural, avancemos nossos estudos para a questão da capacidade.

Capítulo 6
PESSOA NATURAL – CAPACIDADE

ASPECTOS INTRODUTÓRIOS

Afirma Carlos Alberto da Mota Pinto estar o Direito Civil hodierno assentado em sete princípios ou instituições fundamentais, a saber: *a)* o reconhecimento da pessoa e dos direitos de personalidade, *b)* a liberdade contratual, *c)* a responsabilidade civil, *d)* a concessão de personalidade aos entes coletivos, *e)* a propriedade privada, *f)* a família e *g)* o fenômeno sucessório. Duas ideias, todavia, permeiam todo esse ramo do Direito, em seus diferentes matizes: a autonomia e a igualdade[1].

Fixemo-nos na primeira delas – a autonomia – para que, depois, possamos compreender o impacto da segunda – a igualdade – em alteração levada a efeito no Código Civil pela Lei nº 13.146/2015. Pois bem, a expressão "autonomia" origina-se do grego, pela combinação de "auto" (próprio) e "nomos" (norma). Reflete a possibilidade que os indivíduos têm de se regrarem, seja por meio de contratos ou de atos unilaterais. Avulta, assim, para que tal desiderato seja alcançado, não apenas que lhes sejam reconhecidos direitos pelo ordenamento jurídico, mas também que se disciplinem quais os agentes que possuem o discernimento necessário para manifestarem suas vontades e, consequentemente, por elas se obrigarem. Estamos, pois, a tratar do tema capacidade, cujo estudo será concentrado em suas duas espécies: a capacidade de direito ou gozo e a capacidade de fato ou exercício.

Entende-se por capacidade de direito ou de gozo, segundo José de Oliveira Ascensão[2], "a medida das situações de que uma pessoa pode ser titular ou que pode actuar". O conceito, embora se aproxime da ideia de personalidade, com ela não se confunde. Ora, do ponto de vista lógico, a personalidade é um *prius* em relação à capacidade[3]. Além disso, como bem notado por Paulo Nader[4], a personalidade é um conceito absoluto. A capacidade de direito, ao seu turno, comporta gradações. Logo, um estrangeiro, embora seja reconhecido como pessoa natural por nosso

---

1. Pinto, Carlos Alberto da Mota. Teoria geral do direito civil. 3 ed. Coimbra: Coimbra, 1999, p. 83.
2. Ascensão, José de Oliveira. Direito Civil – Teoria Geral – v. I. 2 ed. Coimbra: Coimbra, 2000, p. 143.
3. Messineo, Francesco. Manual de derecho civil y comercial – v. I. Buenos Aires: EJEA, 1954, p. 90 afirma, com razão que: "En efecto, la capacidad es, por el contrario, solamente una consecuencia – aunque importante – de ese status; lógicamente debe preceder la determinación del contenido del status de persona, en sus aspcetos fundamentales. (...) En la personalidad – que es el prius – está la raíz de todo derecho subjetivo atribuido al hombre, puesto que, negada que fuese su personalidad, quedaría degradado al rango de objeto y serían abolidas en él la autonomía y la libertad."
4. Nader, Paulo. Curso de Direito Civil – v. I. 4 ed. Rio de Janeiro: Forense, 2007, p. 183.

ordenamento, nem mesmo em tese, pode pleitear a Presidência da República. A sua capacidade de gozo é diferente daquela garantida a brasileiros natos.

A capacidade de direito, porém, não será o único tema que nos ocupará doravante. Dedicaremos algumas páginas ao estudo da capacidade de fato, concebida como a aptidão para se exercer, por si, os direitos e obrigações assegurados pelo ordenamento jurídico. Essa possibilidade de exercício, por outro lado, guarda estreita relação com o discernimento do agente para manifestar sua vontade. Dois aspectos tradicionalmente balizavam a livre exteriorização do querer do sujeito de direito: sua idade ou determinados estados que impossibilitam a compreensão de negócios jurídicos a serem praticados. Assim, entendiam-se as enfermidades e as deficiências mentais como hipóteses incapacitantes.

No entanto, o Estatuto da Pessoa com Deficiência (Lei nº 13.146/15), em atenção aos reclamos de tratamento igualitário a ser deferido às pessoas portadoras de deficiências e por taxar de anacrônico o regramento dado anteriormente à matéria, suprimiu das hipóteses então versadas pelo Código Civil os quadros psiquiátricos. Avaliemos com mais vagar o tema, dividindo nossa abordagem em três etapas distintas – o tratamento dado à matéria em Roma, pelo Código Civil de 2002, em sua concepção original e aquele hoje derivado da modificação estabelecida pela Lei nº 13.146/15.

A CAPACIDADE EM ROMA

Em Roma, adverte a doutrina[5] sobre a existência de duas qualidades para que o ser humano adquirisse personalidade jurídica, a saber: *a)* ser livre e, ser cidadão romano. Por outro lado, a posição do sujeito no seio familiar era pressuposto de sua plena capacidade de fato (deferida apenas a quem fosse um chefe de família). Nascia, pois, a ideia de estado (*status*) civil, que resistiu ao longo dos séculos, sendo assim abordado pelo Conselheiro Joaquim Ribas, ainda no Brasil imperial[6]:

> *"O direito Romano reconhecia três diversos graus de capacidade que os Jurisconsultos modernos denominam estados; (status), a saber: o de liberdade, o de cidade e o de família; estes três estados serviam de fundamento uns aos outros na mesma ordem por que os apresentamos, de sorte que a perda do primeiro importava a dos outros, bem como a perda do segundo importava a do terceiro".*

Assim, temos que algumas circunstâncias[7] limitavam a capacidade de direito. São elas: *a)* a condição de liberto, *b)* a quase servidão, *c)* a intestabilidade (pena imposta a quem não mais pudesse figurar como testemunha ou realizar negócios que dependessem delas), *d)* a infâmia (sanção decorrente de graves faltas contra os costumes romanos), *e)* a *turpitudo* (má reputação, que, menos grave do que a

5. Alves, José Carlos Moreira. Curso de Direito Romano – v. I. 13 ed. Rio de Janeiro: Forense, 2000, p. 98.
6. Ribas, Joaquim. Direito Civil Brasileiro. Rio de Janeiro: Rio, 1977, p. 279.
7. Alves, José Carlos Moreira. Curso de Direito Romano – v. I. 13 ed. Rio de Janeiro: Forense, 2000, p. 114.

infâmia, inviabilizava a ocupação de determinados cargos públicos), *f)* questões religiosas, *g)* o desempenho de função ou cargo público (que poderiam impor restrições à liberdade de contração de matrimônio) e, *h)* os eunucos ou castrados. É de se notar que as hipóteses citadas atuavam na extensão em que os sujeitos por elas afetados poderiam, em tese, ser titulares de direitos ou obrigações. Assim, reforça-se o pensamento de que mesmo a capacidade jurídica era tão somente a medida da personalidade, variável segundo o agente em apreço. Importante ainda notar que, na civilização romana, a capacidade de direito não era imutável, podendo sofrer alterações, destacando-se, entre elas, a chamada *capitis deminutio*, ou seja, a diminuição ou perda da capacidade de gozo[8].

Igualmente a capacidade de fato sofria restrições decorrentes da idade, sexo, alienação mental e prodigalidade. Quanto ao primeiro aspecto, dividiam-se os romanos em púberes e impúberes (estes com idade inferior a 12 anos, se meninas, e 14 anos, se meninos). Em relação ao sexo, as mulheres eram, nos primórdios da civilização romana, incapazes de fato, porquanto submetidas à tutela do pai ou do marido[9]. Os alienados mentais, distinguiam-se entre aqueles que sofriam de loucura contínua ou que eram dotados de intervalos de lucidez[10]. Os pródigos, por fim, seriam aqueles que gastavam ilimitadamente, sendo rapidamente reduzidos à miséria.

Resta esclarecer que, tanto em Roma, quanto nos dias atuais, a incapacidade de exercício já se dividia em absoluta ou relativa[11], fato, porém, que, naquele período, nem sempre importava as mesmas consequências observadas nos dias de hoje. Em realidade, a questão da capacidade de fato, no direito romano, demandava a prévia análise da posição do sujeito, capaz ou incapaz, no seio de seu grupo familiar. Expliquemo-nos.

Família, no sentido romano, implicava a existência de um grupo de pessoas colocadas sob o poder de um chefe – o *pater*. Como esclarece Cretella Júnior[12], na família romana, "*tudo gira em torno de um paterfamilias ao qual, sucessivamente, se vão subordinando os descendentes – 'alieni juris' – até a morte do chefe.*" Frise-se que o chefe da família exercia seu poder (*potestas*) sobre esposa, filhos, netos e respectivas esposas. Curioso notar que um bebê, órfão de pai, poderia ser considerado *paterfamilias* caso não possuísse qualquer ascendente masculino, sendo, assim, considerado "*sui juris*". Um adulto, por outro lado, com cinquenta anos, caso possuísse ascendente masculino vivo, estaria, ordinariamente, colocado sob sua *potestas* e seria um '*alieno juris*'.

---

8. Santos Justo, A. Direito Romano Privado – v. I. Coimbra: Coimbra, 2000, p. 136.
9. Ferrara, Francesco. Trattato di diritto civile italiano. Roma: Athenaeum, 1921, p. 497 refletia a ideia ao escrever: "Nei sistema primitivi la donna si trova sottoposta alla podestá dell'uomo, ora in condizione di servitù ora di tutela. Nel diritto antico romano essa è sotto perpetua tutela, o del padre o del marito (in manu). I suoi diritti successori sono limitati, infine è esclusa completamente dalla vita pübblica."
10. Alves, José Carlos Moreira. Curso de Direito Romano – v. I. 13 ed. Rio de Janeiro: Forense, 2000, p. 127.
11. Matos Peixoto, José Carlos de. Curso de Direito Romano – t. I. 4 ed. Rio de Janeiro: Renovar, 1997, p. 262.
12. Cretella Junior, José. Curso de Direito Romano. 14 ed. Rio de Janeiro: Forense, 1991, p. 106.

Voltemos, porém, à questão da capacidade de fato em Roma. Adverte Moreira Alves que ela só ganha relevo quando tratamos do "*sui juris*", pois o "*alieno juris*", não só estava subordinado ao chefe da família, como também não tinha seu próprio patrimônio, fato que minimizava a importância das discussões sobre capacidade de fato para ele[13].

Visto brevemente como o tema era enfrentado, historicamente, encetemos, o estudo dos institutos abordados pela versão original do Código Civil de 2002, que, com abrandamentos, seguia o padrão do Código de 1916.

A CAPACIDADE DE FATO OU EXERCÍCIO SEGUNDO A VERSÃO ORIGINAL DO CÓDIGO DE 2002

O Código Civil do Brasil aponta nos seus artigos 3° e 4° as hipóteses de incapacidade. Na versão original da lei, eram elas:

"Art. 3° São absolutamente incapazes de exercer pessoalmente os atos da vida civil:

I – os menores de dezesseis anos;

II – os que, por enfermidade ou deficiência mental, não tiverem o necessário discernimento para a prática desses atos;

III – os que, mesmo por causa transitória, não puderem exprimir sua vontade.

Art. 4° São incapazes, relativamente a certos atos, ou à maneira de os exercer:

I – os maiores de dezesseis e menores de dezoito anos;

II – os ébrios habituais, os viciados em tóxicos, e os que, por deficiência mental, tenham o discernimento reduzido;

III – os excepcionais, sem desenvolvimento mental completo;

IV – os pródigos.

Parágrafo único. A capacidade dos índios será regulada por legislação especial."

A redação atual da norma nos lega os seguintes dispositivos:

Art. 3° São absolutamente incapazes de exercer pessoalmente os atos da vida civil os menores de 16 (dezesseis) anos.

I – (Revogado);

II – (Revogado);

III – (Revogado)." (NR)

Art. 4° São incapazes, relativamente a certos atos ou à maneira de os exercer:

I – os maiores de dezesseis e menores de dezoito anos;

II – os ébrios habituais e os viciados em tóxico;

III – aqueles que, por causa transitória ou permanente, não puderem exprimir sua vontade;

IV – os pródigos.

Parágrafo único. A capacidade dos indígenas será regulada por legislação especial." (NR)

---

13. Alves, José Carlos Moreira. Curso de Direito Romano – v. I. 13 ed. Rio de Janeiro: Forense, 2000, p. 129.

A leitura dos dispositivos transcritos nos faz compreender que, na sistemática original do Código Civil, existiam dois critérios que afetavam a capacidade do agente: idade e saúde. A razão era muito simples – não apenas a tenra idade, mas também determinados quadros psiquiátricos, poderiam comprometer o discernimento do agente e, se o fizessem, inibiriam sua livre manifestação de vontade. Deixando de exteriorizar adequadamente o próprio querer, os sujeitos de direito demandariam especial proteção, cristalizada em nossa lei pelo instituto da incapacidade. Não havia, na proposição, um espírito pejorativo, mas protetivo.

Esse é o primeiro aspecto que se deve ter em mente. A incapacidade era tratada como um instituto protetivo e não punitivo, pois evitava, por exemplo, que uma pessoa com deficiência mental ou intelectual dilapidasse o seu patrimônio, por exemplo, por ser ludibriada por inescrupulosos que se valessem do seu estado de discernimento para impingir-lhe negócios desfavoráveis. O Estatuto da Pessoa com Deficiência, todavia, rotulou a sistemática vigente como anacrônica e draconiana, inaugurando novo regramento sobre a questão, como doravante abordaremos.

O nível de fragilização do discernimento dos sujeitos de direito, segundo a sistemática anterior e mantida hoje basicamente quanto aos menores, poderia variar consoante dois níveis a permitirem uma atuação mais ou menos desenvolta, conforme cada hipótese (incapacidade absoluta e relativa). Assim, dediquemo-nos ao estudo do mais comprometedor estágio da incapacidade – a absoluta.

A INCAPACIDADE ABSOLUTA DO MENOR DE 16 ANOS

A incapacidade absoluta era tratada em três hipóteses no artigo 3º do Código Civil. A primeira deles, única mantida pelo Estatuto da Pessoa com Deficiência, diz respeito à menoridade, impondo-se tal estado a aqueles que tenham menos de 16 anos. A lei *presume* um nível tão completo e aprofundado de ausência de maturidade, que não tolera, para esses infantes, a emissão de qualquer espécie vontade capaz de vinculá-los. Lembra Ferrara[14] que a inteligência e a maturidade desenvolvem-se gradualmente no ser humano e só quando alcança certo desenvolvimento físico é que a sua compreensão do mundo que o cerca o permitirá manifestar sua vontade e por ela livremente se vincular. Afirma ainda o Jurista Italiano que, na Roma pri-

14. Ferrara, Francesco. Trattato di diritto civile italiano. Roma: Athenaeum, 1921, p. 489, assim coloca seu pensamento: "L'intelligenza e la voluntà si sviluppano nell'individuo gradualmente. Solo quando la persona ha raggiunto una certa maturità fisica, essa è in possesso delle sue piene forze spirituali. Il diritto seconda questo ordine naturale di sviluppo, ora negando l'esecizio di diritti, poi concedendolo limitatamente ed infine accordando piena capacità d'agire. La legislazioni primitive stabiliscono un'età assai precoce per acquistare il pieno esercizio dei diritti, perchè adottano come criterio la maturità sessuale, la pubertà. Così era nel diritto antico romano, in cui la capacità d'agire si aveva a 12 anni per le donne ed a 14 per gli uomini. Ma questo sistema primitivo venne modifandosi per successivi temperamenti, perchè la lex Plaetoria concesse prima dei rimdei ai minori che fossero stati ingannati e più tardi il Pretore attribuì una generale tutela sotto forma di restiturio in integrum contro i danni nascenti da negozi compiuti per inesperienza o leggerezza."

mitiva, confundia-se a maturidade sexual com a aquisição do discernimento para prática de atos na vida civil, realidade alterada apenas com o advento da *Lex Plaetoria* (datada de aproximadamente 200 a.C.), que passou a proteger os menores de 25 anos contra atos em que fossem enganados ou, posteriormente, por construção pretoriana, em que fosse prejudicados em razão de sua ingenuidade ou açodamento ao realizar transações.

Com o passar do tempo, em Roma, a preocupação com o menor se exacerbou tanto que foi criado o instituto da restituição integral, segundo o qual, se determinado negócio jurídico, mesmo que validamente entabulado, posteriormente se mostrasse, *v.g.*, financeiramente prejudicial ao menor, seria possível reclamar-lhe o desfazimento – repita-se – ainda que válido fosse. O pensamento atravessou os séculos e, em Portugal (e, por arrastamento, no Brasil Colônia/Império), foi incorporado ao texto das Ordenações Filipinas, Título XLI[15], que dispunha:

> *"Livro 1 Tit. 88: Dos Juízes dos Órfãos*
>
> *27. E defendemos ao Juiz dos Órfãos, que não mandem entregar os bens a nenhum Órfão, salvo se houver vinte e cinco anos perfeitos, ou for casado por sua autoridade de pois de haver dezoito anos, ou levar Carta de suprimento de idade, passada pelos*
>
> *Desembargadores do Paço, como diremos no Livro terceiro, Título 42: Do Órfão menor de vinte e cinco anos que impetrou graça: e não por outros Oficiais, nem Corregedores, nem Provedores.*
>
> *28. E havendo o menor tal Carta, ou sendo casado e de idade de vinte anos, sendo-*
>
> *-lhe seus bens entregues por virtude de tal Carta, ou casamento, será daí em diante em todo caso havido por maior de vinte e cinco anos. Em tanto que vendendo ele, ou enlheado, ou obrigando alguma possessão de raiz, com consentimento e autoridade de Justiça, ainda que seja leso e danificado, não poderá usar do benefício da restituição, que por direito é outorgado aos menores, quando são lesos. E fazendo ele a dita enlheação, ou obrigação sem autoridade de Justiça, o tal contrato será nenhum e de nenhum valor, assim como se o dito menor não houvesse impetrado a dita Carta, ou não fosse casado.*
>
> *(...)*
>
> *Livro 3 Tit. 41: Da restituição, que se dá aos menores de vinte e cinco anos contra sentenças injustas e como devem ser citados*
>
> *Se contra algum menor de vinte e cinco anos for dada injustamente alguma sentença, assim como se os autos do processo fossem justamente ordenados, e por eles o menor não recebesse agravo, e segundo os merecimentos do processo houvera de sair a sentença por ele, e saiu contra ele, poderá pedir restituição contra a sentença, a qual lhe será concedida, e por ela tornado ao estado em que era, antes da sentença ser contra ele dada."*

Nas Consolidações das Leis Civis (1858), Teixeira de Freitas abordou o benefício da restituição especialmente nos artigos 12 e 13, que assim dispunham:

> *"Art. 12. O benefício da restituição é concedido aos menores para poderem rescindir os atos extrajudiciais, e judiciais, em que forem lesos durante o tempo da menoridade.*

15. Ord. L. 1, T. 88 e L. 3, T. 41, disponível em http://www1.ci.uc.pt/ihti/proj/filipinas/, acesso em 16/02/2012.

Art. 13. Este benefício é extraordinário, só se concede em falta de remédio ordinário; e nos casos, e pela forma, que o Direito determina."

Rompendo com a milenar tradição anterior, houve por bem o codificador de 1916, no artigo 8º do nosso primeiro Código Civil, deixar expresso que não se adotava mais o princípio romano:

"Art. 8º. Na proteção que o Código Civil confere aos incapazes não se compreende o benefício de restituição."

O Código Civil atual cala quanto ao benefício discutido, podendo-se deduzir não o reconhecer. Contenta-se o legislador, portanto, com a declaração da nulidade dos atos praticados pelo menor, absolutamente incapaz, quando não representado.

A INCAPACIDADE ABSOLUTA DO DEFICIENTE MENTAL NA VERSÃO ORIGINAL DO CÓDIGO CIVIL DE 2002

Entende-se por deficiência mental "qualquer redução da aptidão de comportamento social, que a torna vulnerável aos atos e condutas das outras. A deficiência mental, para ser assim considerada, dever ser permanente", segundo nos ensina Paulo Lôbo[16]. Quando afetava demasiadamente o discernimento do agente, era considerada hipótese de incapacidade absoluta.

Aparentemente, a questão seria singela. Ocorre, no entanto, que a detecção de incapacidade por deficiência mental demandava cuidadosa interface entre o Direito e a Medicina. Afinal, o que se entenderia "por problemas psiquiátricos que afetem o discernimento humano"? E quem melhor do que um médico para esclarecer essa questão, de tão drásticas consequências jurídicas?

Delton Croce e Delton Croce Júnior[17] relembram que é tênue o limite entre a normalidade e a anormalidade. Caetano Veloso, em sua música "Vaca Profana", aliás, lembra que "de perto, ninguém é normal". Assim, também está eternizada em nossa literatura a saga machadiana do Dr. Simão Bacamarte, em seus incansáveis estudos e experimentos quanto às "moléstias cerebrais", realizados na cidade de Itaguaí. Memorável o trecho da obra de Machado de Assis em que o desajustado médico conclui[18]:

"De fato o alienista oficiara à Câmara expondo: — 1º: que verificara das estatísticas da vila e da Casa Verde que quatro quintos da população estavam aposentados naquele estabelecimento; 2º que esta deslocação de população levara-o a examinar os fundamentos da sua teoria das moléstias cerebrais, teoria que excluía da razão todos os casos em que o equilíbrio das faculdades não fosse

16. Lôbo, Paulo. Direito Civil. 2 ed. São Paulo: Saraiva, 2010, p 124.
17. Croce, Delton e Croce Júnior, Delton. Manual de Medicina Legal. 4 ed. São Paulo: Saraiva, 1998, p. 514/515.
18. Machado de Assis, Joaquim Maria. O Alienista. Disponível em http://www.virtualbooks. com.br/v2/ebooks/pdf/00142.pdf, acesso em 05/04/2012.

perfeito e absoluto; 3º que, desse exame e do fato estatístico, resultara para ele a convicção de que a verdadeira doutrina não era aquela, mas a oposta, e portanto, que se devia admitir como normal e exemplar o desequilíbrio das faculdades e como hipóteses patológicas todos os casos em que aquele equilíbrio fosse ininterrupto; 4º que à vista disso declarava à Câmara que ia dar liberdade aos reclusos da Casa Verde e agasalhar nela as pessoas que se achassem nas condições agora expostas; 5º que, tratando de descobrir a verdade científica, não se pouparia a esforços de toda a natureza, esperando da Câmara igual dedicação; 6º que restituía à Câmara e aos particulares a soma do estipêndio recebido para alojamento dos supostos loucos, descontada a parte efetivamente gasta com a alimentação, roupa etc.; o que a Câmara mandaria verificar nos livros e arcas da Casa Verde."

A questão da proteção ao portador de transtornos psiquiátricos, outrora caracterizada pelo isolamento e pela coisificação do paciente, tem migrado para padrões de humanização mais aceitáveis. Não por outro motivo, a Lei nº 10.216/01 estabeleceu:

"Art. 1º Os direitos e a proteção das pessoas acometidas de transtorno mental, de que trata esta Lei, são assegurados sem qualquer forma de discriminação quanto à raça, cor, sexo, orientação sexual, religião, opção política, nacionalidade, idade, família, recursos econômicos e ao grau de gravidade ou tempo de evolução de seu transtorno, ou qualquer outra.

Art. 2º Nos atendimentos em saúde mental, de qualquer natureza, a pessoa e seus familiares ou responsáveis serão formalmente cientificados dos direitos enumerados no parágrafo único deste artigo.

Parágrafo único. São direitos da pessoa portadora de transtorno mental:

I – ter acesso ao melhor tratamento do sistema de saúde, consentâneo às suas necessidades;

II – ser tratada com humanidade e respeito e no interesse exclusivo de beneficiar sua saúde, visando alcançar sua recuperação pela inserção na família, no trabalho e na comunidade;

III – ser protegida contra qualquer forma de abuso e exploração;

IV – ter garantia de sigilo nas informações prestadas;

V – ter direito à presença médica, em qualquer tempo, para esclarecer a necessidade ou não de sua hospitalização involuntária;

VI – ter livre acesso aos meios de comunicação disponíveis;

VII – receber o maior número de informações a respeito de sua doença e de seu tratamento;

VIII – ser tratada em ambiente terapêutico pelos meios menos invasivos possíveis;

IX – ser tratada, preferencialmente, em serviços comunitários de saúde mental."

Nesse sentido, a privação da capacidade de fato ao sujeito portador de transtorno mental não fora idealizada como um instituto punitivo. Pensava-se, em realidade, que, fosse facultada a tais agentes a prática de negócios jurídicos, eles facilmente seriam ludibriados. Deveriam, pois, na prática de atos da vida civil serem substituídos pelos representantes a eles conferidos pela própria lei civil. O enfoque protetivo, com a edição do Estatuto do Deficiente foi exacerbado, algo deveras positivo para nosso país. Ocorre, porém, que a supressão das deficiências mentais e intelectuais como hipóteses incapacitantes, como haveremos de analisar adiante, pode representar uma quebra na estrutura sistemática do Código.

Volvendo ao tema do tratamento a ser dispensado a tais indivíduos, a palavra de ordem é a inclusão! Bem andou o legislador ao assim estabelecer, sendo dever do

Estado, da família e de toda a comunidade, dedicar especial atenção aos portadores de deficiências. A Lei nº 13.146/15 enfatiza direitos básicos dos portadores de deficiência, como a igualdade e a não discriminação, servindo de "guarda-chuva" onde se inserem subsistemas protetivos mais específicos, como aquele inaugurado pela Lei nº 10.216/01, a dispor sobre a proteção e os direitos das pessoas portadoras de transtornos mentais. A última norma representou um avanço estabelecendo, além dos tratamentos ambulatoriais para os citados transtornos, apenas quando estritamente necessários, as internações, que poderão ser de três tipos: voluntária, quando decorre do consentimento do usuário, involuntária, quando se dá sem o consentimento do usuário, mas a pedido de terceiro, e compulsória, que é determinada pelo Poder Judiciário. A lei assim trata das três hipóteses:

> *"Art. 6º A internação psiquiátrica somente será realizada mediante laudo médico circunstanciado que caracterize os seus motivos.*
>
> *Parágrafo único. São considerados os seguintes tipos de internação psiquiátrica:*
>
> *I – internação voluntária: aquela que se dá com o consentimento do usuário;*
>
> *II – internação involuntária: aquela que se dá sem o consentimento do usuário e a pedido de terceiro; e*
>
> *III – internação compulsória: aquela determinada pela Justiça.*
>
> *Art. 7º A pessoa que solicita voluntariamente sua internação, ou que a consente, deve assinar, no momento da admissão, uma declaração de que optou por esse regime de tratamento.*
>
> *Parágrafo único. O término da internação voluntária dar-se-á por solicitação escrita do paciente ou por determinação do médico assistente.*
>
> *Art. 8º A internação voluntária ou involuntária somente será autorizada por médico devidamente registrado no Conselho Regional de Medicina – CRM do Estado onde se localize o estabelecimento.*
>
> *§ 1º A internação psiquiátrica involuntária deverá, no prazo de setenta e duas horas, ser comunicada ao Ministério Público Estadual pelo responsável técnico do estabelecimento no qual tenha ocorrido, devendo esse mesmo procedimento ser adotado quando da respectiva alta.*
>
> *§ 2º O término da internação involuntária dar-se-á por solicitação escrita do familiar, ou responsável legal, ou quando estabelecido pelo especialista responsável pelo tratamento.*
>
> *Art. 9º A internação compulsória é determinada, de acordo com a legislação vigente, pelo juiz competente, que levará em conta as condições de segurança do estabelecimento, quanto à salvaguarda do paciente, dos demais internados e funcionários."*

Atente-se, por outro lado, que, segundo os sistemas abraçados pelo Código Civil de 1916 e 2002, a incapacitação estava intimamente relacionada a problemas que afetassem o discernimento do sujeito. Assim, a surdez, cegueira, mudez ou senilidade, por si, não comprometiam a capacidade de agir do agente, a menos que se demonstre, em especial no último caso, o comprometimento das faculdades mentais como decorrência dos males citados.

Não se pense, porém, que os transtornos mentais encerravam as hipóteses de incapacidade absoluta. Resta ainda analisar as hipóteses de incapacidades absolutas derivadas de estados transitórios.

A INCAPACIDADE ABSOLUTA DOS QUE, MESMO POR CAUSA TRANSITÓRIA, NÃO PUDEREM EXPRIMIR SUA VONTADE, SEGUNDO A VERSÃO ORIGINAL DO CÓDIGO CIVIL DE 2002

Existem ocasiões em que o indivíduo está temporariamente privado de seu discernimento, não podendo praticar atos ou negócios da vida civil. A lei representa esse universo por aqueles que, "mesmo por causa transitória, não puderem exprimir sua vontade."

Os exemplos comumente lembrados são o estado de coma, a embriaguez eventual, bem como a submissão do agente à ação de drogas psicotrópicas. Determinadas manifestações psiquiátricas de curta duração (chamadas vulgarmente de crises ou surtos), caso comprometam acentuadamente o discernimento do indivíduo, segundo opinião médica, e desde que transitórias, também poderão integrar o rol acima posto.

Cabe mencionar que a hipótese estudada deixou de integrar uma causa de incapacidade absoluta, mas, enigmaticamente, passou a constituir hipótese de incapacidade relativa, podendo servir como pretexto para a interdição do agente. Essa opção será adiante criticada.

Encerra-se, assim, a análise dos casos de incapacidade absoluta segundo a sistemática original do Código de 2002. Lancemo-nos à apreciação da incapacidade relativa.

A INCAPACIDADE RELATIVA DOS MENORES DE 16 ANOS

O Código Civil dispunha quanto à incapacidade relativa antes de ser alterado pela Lei nº 13.146/15:

"Art. 4º São incapazes, relativamente a certos atos, ou à maneira de os exercer: I – os maiores de dezesseis e menores de dezoito anos;

II – os ébrios habituais, os viciados em tóxicos, e os que, por deficiência mental, tenham o discernimento reduzido;

III – os excepcionais, sem desenvolvimento mental completo;

IV – os pródigos.

Parágrafo único. A capacidade dos índios será regulada por legislação especial."

Atualmente a redação, pior do ponto de vista lógico, passou a ser:

"Art. 4º São incapazes, relativamente a certos atos ou à maneira de os exercer:

I – os maiores de dezesseis e menores de dezoito anos;

II – os ébrios habituais e os viciados em tóxico;

III – aqueles que, por causa transitória ou permanente, não puderem exprimir sua vontade;

IV – os pródigos.

Parágrafo único. A capacidade dos indígenas será regulada por legislação especial." (NR)

Atente-se que a relativa incapacidade se dá quanto a *certos* atos da vida civil ou da maneira de exercê-los. Assim, algumas manifestações de vontade, mesmo sem assistência, são toleradas àqueles que se encontram na situação abordada, como será demonstrado.

Quanto aos menores de 18 e maiores de 16, o volume de informações ao qual estão submetidos nos dias de hoje indicam uma visão mais ampla de mundo. Aliás, essa constatação forçou a redução da maioridade civil de vinte e um anos para dezoito anos completos.

A regra é, portanto, que o menor que conte com mais de dezesseis anos, porém menos de dezoito, necessariamente tenha de participar da prática de todos os atos e negócios que lhe digam respeito. Não gozando, contudo, do pleno amadurecimento, deverá ser assistido, ou por seus genitores, ou por seu tutor, se for o caso.

Um interessante exemplo demonstra, na prática, a diferença entre a capacidade relativa e a absoluta e suas respectivas formas de suprimento. Suponhamos que João seja pai de Carlos e Guilherme, contando, o primeiro, com quatorze anos de idade e, o segundo, com dezesseis. Imaginemos, ainda, que sejam atores de um seriado adolescente para a televisão e que necessitem de contrato com a emissora para que possam representar seus papéis na tela.

O contrato de Carlos (menor absolutamente incapaz) será firmado apenas pelo seu pai, João, e pela emissora de TV, porquanto bastará que o impúbere seja, na hipótese, representado. Logo, a ausência de manifestação de vontade do adolescente não representará qualquer mácula para a avença.

Guilherme, ao seu turno, é relativamente incapaz. Assim, os atos por ele praticados deverão contar com a assistência de algum de seus pais. O pacto com a emissora de televisão, dado como exemplo, demandará, para existir validamente, as assinaturas do genitor e do menor púbere, além, é claro, do representante da emissora de televisão contratante.

Explorando, ainda, o exemplo, é de indagar-se: e se a assinatura do menor ou do seu pai não forem apostas no documento? Bem, reflitamos acerca de cada hipótese.

Quando tratamos da incapacidade relativa, reconhecemos algum discernimento ao menor. Assim, ele *necessariamente* deve participar dos negócios que lhe digam respeito, manifestando vontade. Ausente a sua manifestação de vontade, o negócio será reputado inexistente. No nosso exemplo, portanto, se não houver a sua assinatura, não haverá qualquer contrato com a emissora de televisão.

Outros exemplos da vida real refletem o que aqui se aborda. Quantas vezes um filho, contando com 16 anos, presencia litígios entre os genitores acerca da definição do valor ideal de pensão que lhe deverá ser paga? Muitas vezes, a propositura de ações judiciais versando sobre o tema se mostra inevitável. Ocorre, porém, para que não haja qualquer problema na composição do polo ativo, que o menor deve comparecer em juízo acompanhado de advogado, com procuração por ele assinada, sendo tão somente assistido pelo genitor guardião. Em outras palavras, sem a sua firme resolução de litigar contra o alimentante, a ação não poderá ser proposta, mesmo que o genitor guardião insista em fazê-lo só.

Volvamos, porém, ao exemplo do contrato com a emissora de TV. E se a assinatura faltante for a do pai – qual seria a consequência? Ora, o contrato, embora *existente*, poderia ser anulado, porquanto firmado por relativamente incapaz, sem estar representado.

Saliente-se, por outro lado, que nossa legislação permite que alguns atos sejam praticados pelo menor, relativamente incapaz, mesmo que não esteja assistido. São eles: *a)* ser testemunha (art. 228, I), *b)* aceitar mandato (art. 666), *c)* fazer testamento, *d)* responder, como se maior fosse, quando dolosamente ocultar sua idade (art. 180).

A razão de ser dos permissivos legais mencionados é que esses atos, salvo o previsto no artigo 180, não afetarão a esfera jurídica do menor, deixando de demandar proteção jurídica que se reconhece ao relativamente incapaz. Com efeito – nenhum prejuízo implicará ao menor púbere testemunhar em juízo, representar, por procuração, determinado agente (este sim, assumindo um risco de confiar a alguém tão jovem os misteres decorrentes do contrato de mandato) ou fazer testamento, porquanto o cumprimento das disposições testamentárias só ocorrerá se o menor já estiver morto e, portanto, carecedor da proteção que se reconhece aos incapazes.

Quanto ao fato de se determinar que o menor de dezoito anos e maior de dezesseis responda como se maior fosse quando, inquirido, dolosamente ocultar a idade, a razão está em não se proteger a torpeza daquele que, se não tem pleno o discernimento do que faz, já pode compreender a reprovabilidade de certos atos cometidos, em especial, os que decorrem de mentiras intencionalmente contadas.

Além disso, o menor púbere poderá se casar, desde que autorizado por seus genitores. Entenda-se: a autorização não significa assistência. Aquela é prévia à solitária prática do ato. A última é simultânea e os dois, assistente e assistido, devem participar da prática do ato. Logo, se devidamente autorizado, o menor que conte ao menos com dezesseis anos, *sem estar assistido*, poderá casar-se (art. 1517).

Necessário, por outro lado, que indaguemos quanto a interessante questão: o menor, contando com dezesseis anos, pode reconhecer sozinho um filho seu, já que não há norma expressa autorizando tal conduta?

Caio Mário da Silva Pereira[19] entende que o ato de reconhecimento decorre da constatação de um fato natural, sendo razoável que se permita ao menor, com mais de dezesseis anos, que o faça. Urge ressaltar que breve pesquisa por alguns Cartórios nacionais demonstra parecer ser essa a prática corrente. No Brasil, vale dizer, per-

19. Pereira, Caio Mário da Silva. "Reconhecimento de Paternidade e seus Efeitos". 5 ed. Rio de Janeiro: Forense, 1996, p. 63.

mite-se ao menor púbere que reconheça, sem assistência, o seu filho[20], certamente pelos motivos invocados por Caio Mário.

Chamamos, porém, o leitor à reflexão quanto à gravidade do efeito do reconhecimento voluntário ora discutido: ele é irrevogável, segundo o artigo 1º da Lei nº 8.560/92, reforçado pelo artigo 1.610 do Código Civil. Sabemos, por outro lado, que a adolescência é período de gestos grandiosos, porém, muitas vezes, mal pensados. Assim, mesmo que seja raro, não se pode dizer impossível imaginar que um menor, sabedor de que não é pai, deixando-se levar pelas paixões tão comuns a essa fase da vida, declare ser genitor de um bebê que não é seu, por pura paixão pela mãe da criança. Atente-se que, em casos como esse, não ocorre erro, dolo, coação, lesão, estado de perigo, ou qualquer outro vício de consentimento. Seu ato, portanto, segundo o entendimento majoritário, não seria anulável (vez que inexiste vício de consentimento na sua prática) e tampouco se mostra revogável. Logo, ainda que, dias depois do reconhecimento, acabe o menor por se arrepender, um gesto irrefletido de sua adolescência reverberará por toda a sua vida, da criança reconhecida e da genitora do bebê, com efeitos nocivos para todos os envolvidos.

A solução que preconizamos, portanto, não romperá a sistemática cartorial vigente. Sendo o gesto praticado pelo menor púbere tão somente anulável, o Oficial do Registro não lhe poderá negar a prática, ainda que o menor, relativamente incapaz, revele sua idade e seu intento, devendo, quando muito, adverti-lo que o ato poderá gerar anulabilidade.

Ocorre, porém, que, mesmo podendo ser praticado, o ato de reconhecimento seria anulável por incapacidade relativa do agente, pelo prazo máximo de quatro anos após a maioridade do que reconheceu, como determina o artigo 178, III do Código Civil. Não se pense, todavia, que o desfazimento do vínculo entre o bebê e o adolescente que o reconhecer seria simples. A anulação do registro, em realidade, somente poderia ocorrer por meio de ação negatória de paternidade, na qual seria cabível dilação probatória, a fim de se averiguar a existência ou não de laços biológicos ou socioafetivos entre o autor da demanda (pretenso pai) e o eventual filho. Caso existente qualquer dos laços (biológico ou afetivo) a ação negatória deveria ser julgada improcedente.

Pensamos, assim, que a solução não impõe restrições burocráticas ao reconhecimento voluntário de filiação por maiores de dezesseis e menores de dezoito anos, mas preserva o imaturo jovem que açodadamente reconheceu um filho que não é e que não pretende criar como seu, por um gesto irrefletido (gestos, aliás, não tão incomuns para adolescentes).

---

20. Consulta realizada aos sites http://www.lamanapaiva.com.br/mostra_novidades.php?id_novidades=61&id_noticias_area=1, http://cartoriodetaguatinga.com.br/index.php?id=11, http://www.2oficionx.com/artigos.htm#12, apenas para citar alguns.

A INCAPACIDADE RELATIVA DOS ÉBRIOS HABITUAIS, DOS VICIADOS EM TÓXICOS, E DOS QUE, POR DEFICIÊNCIA MENTAL, TENHAM O DISCERNIMENTO REDUZIDO

A dependência química, seja quanto ao álcool, seja quanto a outras drogas, pode comprometer o discernimento do agente. Atente-se, porém, que o dependente químico pode oscilar entre estágios de plena lucidez e sobriedade e aqueles em que os maléficos efeitos das drogas (lícitas ou ilícitas) se fazem sentir.

Eis a razão para se declarar a sua incapacidade relativa. Atente-se: relativa porquanto há episódios em que goza do mais amplo discernimento. O papel, portanto, do curador é assisti-lo, a fim de evitar que negócios sejam praticados nos períodos em que o incapaz esteja com o raciocínio comprometido pelas substâncias que o tornam escravo do vício.

Não por outro motivo, normatiza o artigo 1.772 que, na hipótese dos dependentes químicos os atos que deverá produzir na presença do curador poderão ser limitados pelo Juízo, vindo, inclusive, a limitar-se apenas à prática de negócios patrimoniais, como sói acontecer com os pródigos. Vejamos a nova redação da norma:

> *"Art. 1.772. Pronunciada a interdição das pessoas a que se referem os incisos III e IV do art. 1.767, o juiz assinará, segundo o estado ou o desenvolvimento mental do interdito, os limites da curatela, que poderão circunscrever-se às restrições constantes do art. 1.782."*

A derradeira hipótese tratada no inciso II da versão original do artigo 4º Código Civil de 2002 (*deficiência mental, que importe em redução do discernimento*) comportará análise conjunta com o disposto no inciso III do mesmo artigo. Lancemo-nos, pois, ao enfrentamento da questão.

A INCAPACIDADE RELATIVA DOS EXCEPCIONAIS, SEM O DESENVOLVIMENTO MENTAL COMPLETO

As reflexões acerca das patologias mentais levadas a cabo quando da análise da incapacidade absoluta repetem-se no presente tópico. Importante, contudo, fazer-se breve ressalva quanto à técnica empregada pelo Código Civil nos incisos II e III do artigo 4º. Neles, respectivamente, são aventadas como causa da relativa incapacidade a "deficiência mental, que importe em redução de discernimento" e o caso do "excepcional, sem desenvolvimento mental completo." Entendemos, como o faz Fábio Ulhoa Coelho[21] inexistir qualquer diferença de relevo jurídico entre as duas hipóteses, sendo desnecessária a sua abordagem em dois distintos incisos da lei.

Assim, a única nota digna de traço é que, constatada a patologia mental que prejudique, mas não iniba acentuadamente, o discernimento do agente, não será

21. Coelho, Fábio Ulhoa. Curso de Direito Civil – v. I. São Paulo: Saraiva, 2003, p. 173/174.

necessário o reconhecimento senão de sua incapacidade relativa, a ser suprida pela nomeação de um curador. Vale frisar que tais regramentos, com o início da vigência da Lei nº 13.146/15, não mais se poderão aplicar.

A INCAPACIDADE RELATIVA DOS PRÓDIGOS

O direito luso-brasileiro, há séculos, tutela a situação jurídica do pródigo. As Ordenações Filipinas[22] revelam, há muito, a preocupação com pessoas que desordenadamente gastam tudo o que possuem, mal conservando o mínimo para a própria sobrevivência. Vejamos:

> *"Livro 4 Tit. 103: Dos curadores que se dão aos pródigos e mentecaptos*
>
> *6. E se o Juiz por inquirição souber, que na Cidade, Vila, ou lugar de seu julgado há alguma pessoa, que, como Pródigo, desordenadamente gasta e destrói sua fazenda, mandará por Alvarás de editos nos lugares públicos, e apregoar por Pregoeiro, que, daí em diante, ninguém venda, nem escambe, nem faça algum outro contrato, de qualquer natureza e condição que seja, com ele, sendo certo que todos os contratos que com ele forem feitos serão havidos por nenhum."*

Talvez aí repouse a raiz do artigo 1.782 do Código Civil, que define os efeitos da interdição do pródigo:

> *"Art. 1.782. A interdição do pródigo só o privará de, sem curador, emprestar, transigir, dar quitação, alienar, hipotecar, demandar ou ser demandado, e praticar, em geral, os atos que não sejam de mera administração."*

Em resumo, o distúrbio comportamental que leva o pródigo a dilapidar o próprio patrimônio apenas o privará da celebração, sem a assistência do curador, de atos que impliquem disposição de bens. Assim, pode, sem a presença do curador, autorizar filho menor, em idade núbil, a contrair matrimônio, participar da emancipação dos filhos, casar-se pelo regime legal de bens, fazer testamento, entre outros atos lícitos.

Enfrentadas, portanto, foram as principais causas de incapacitação do agente segundo a versão original do Código de 2002, que, em linhas gerais, acompanhava a sistemática do Código de 1916. O Estatuto da Pessoa com Deficiência, contudo, alterou a sistemática então vigente. Vejamos no que consistiram as modificações.

A CRÍTICA À NOVA SISTEMÁTICA DA INCAPACIDADE DE FATO SEGUNDO A LEI Nº 13.416/15 – ESTATUTO DA PESSOA COM DEFICIÊNCIA

O Estatuto da Pessoa com Deficiência é norma que implica diversos avanços no tratamento digno e igualitário de agentes com quaisquer tipos de deficiência. Representa, nesse ponto, um avanço.

22. Ord. L. 4, T. 103, § 6, disponível em http://www1.ci.uc.pt/ihti/proj/filipinas/, acesso em 16/02/2012.

Ocorre, porém, que, no afã de avançar, eventuais alterações a um sistema logicamente concebido, devem ser bem sopesadas, para não implicarem rupturas que muito podem dificultar a vida das pessoas que se buscava proteger.

Pois bem, o Estatuto da Pessoa com Deficiência é norma ampla, que define pessoa com deficiência aquela "que tem impedimento de longo prazo de natureza física, mental, intelectual ou sensorial, o qual, em interação com uma ou mais barreiras, pode obstruir sua participação plena e efetiva na sociedade em igualdade de condições com as demais pessoas." (art. 2ºdo Estatuto). Percebe-se, pois, que inúmeras pessoas deficientes não eram tratadas como incapazes pelo Código Civil em sua versão original, *v.g.*, cadeirantes, surdos, mudos, apenas para citar alguns casos.

Os dois sistemas jurídicos, a rigor, não eram antagônicos e poderiam, do ponto de vista lógico, coexistir. Entendeu, porém, o legislador, que a referência a certas hipóteses de deficiências como causas incapacitantes importava cunho pejorativo, havendo por bem alterar a mencionada norma. Emblemática a leitura do parecer do projeto de lei (que deu origem ao Estatuto analisado) no Senado Federal[23]:

> *"Para facilitar a compreensão, optamos por fazer uma análise conjunta dos dispositivos constantes dos arts. 6º e 84, além de algumas das alterações contidas no art. 114, uma vez que dispõem sobre a capacidade civil das pessoas com deficiência. Seu cerne é o reconhecimento de que condição de pessoa com deficiência, isoladamente, não é elemento relevante para limitar a capacidade civil. Assim, a deficiência não é, a priori, causadora de limitações à capacidade civil. Os elementos que importam, realmente, para eventual limitação dessa capacidade, são o discernimento para tomar decisões e a aptidão para manifestar vontade. Uma pessoa pode ter deficiência e pleno discernimento, ou pode não ter deficiência alguma e não conseguir manifestar sua vontade.*
>
> *(...)*
>
> *Nesse sentido, o art. 114 do SCD altera dispositivos do Código Civil que atualmente dispõem sobre a capacidade civil daqueles que, por enfermidade ou deficiência mental, têm discernimento reduzido ou limitações na capacidade de exprimir sua vontade.*
>
> *Entendemos, na linha da Convenção, que as pessoas com deficiência não podem sofrer limitações na sua capacidade civil. Assim, impõe-se a revogação de toda a legislação que dispõe em sentido contrário. Os institutos da tutela e da curatela têm sido empregados de modo retrógrado e draconiano, limitando exageradamente a capacidade das pessoas que deveriam ser suas beneficiárias. Com as alterações promovidas pelo SCD, apenas os menores de dezesseis anos seriam absolutamente incapazes, prevalecendo à capacidade relativa para os ébrios e os toxicômanos, além daqueles que, por causa transitória ou permanente, não puderem exprimir sua vontade. A curatela passa a considerar apenas os critérios de discernimento e capacidade de exprimir a vontade, deixando de considerar a existência de deficiência ou enfermidade. Às pessoas com deficiência, especificamente, seriam aplicáveis as regras previstas no s arts. 84 a 87 do SCD, e na nova redação dada ao art. 1.769 do Código Civil."*

Urge refutar os equívocos constantes do parecer acima transcrito. Em primeiro lugar, o Código de 2002 jamais fez uma automática associação entre uma deficiência

23. Disponível em http://www.senado.gov.br/atividade/materia/getPDF.asp?t=167262&tp=1, acesso em 07/07/2015.

e a incapacidade civil. Muito pelo contrário, na versão primeira de seu artigo 3º, ficava claro que apenas seriam considerados absolutamente incapazes os que, por enfermidade ou deficiência mental, *não tiverem o necessário discernimento para a prática dos atos da vida civil*, ao passo que, no artigo 4º estabelecia-se que seriam relativamente incapazes, apenas quanto a alguns atos ou a maneira de os exercer os excepcionais, sem desenvolvimento mental completo. A regra, portanto, era a capacidade e a exceção, a incapacidade, que deveria ser demonstrada e apenas quando constatada a impossibilidade de discernimento, é que seria decretada. Nesse aspecto, portanto, a nova lei levou à supressão de dispositivos que não representavam uma "draconiana" regra.

Enigmaticamente, prossegue o dito parecer: "a *curatela passa a considerar apenas os critérios de discernimento e capacidade de exprimir a vontade, deixando de considerar a existência de deficiência ou enfermidade.*" É de indagar-se: o discernimento e a capacidade de exprimir vontade já não eram os traços decisivos que, aliados à deficiência ou enfermidade, justificavam o reconhecimento da incapacidade? Então por que açodadamente alterar-se o Código Civil?

Repita-se: não era a legislação civil que deixava de proteger o enfermo mental... Quem não o fazia era o Estado omisso e parte de nossa sociedade, que se mantinha presa a velhos preconceitos. Alterar, portanto, o regime das incapacidades da Lei Civil não implica, por si, qualquer benefício ao deficiente. Felizmente o Estatuto do Deficiente não se limitou à despropositada alteração do Código Civil e bem andou a enfatizar os direitos dos deficientes.

Repita-se: nas intervenções feitas no Código Civil, a novel legislação mostrou-se, em certa medida, prejudicial aos interesses dos próprios incapazes. Em outros aspectos, rompeu a lógica interna do Código, o que demandará esforço exegético do magistrado (quase transformando o juiz em legislador) para evitar distorções. Enfrentemos os problemas percebidos.

A PRIMEIRA INCONGRUÊNCIA DA NOVA SISTEMÁTICA DA INCAPACIDADE – CONFUSÃO ENTRE OS TERMOS INCAPACIDADE, INTERDIÇÃO E CURATELA E SEUS LIMITES

Vimos alhures que o direito romano inaugurou o conceito de estado (*status*) civil. Afirmamos também que o instituto atravessou os séculos a ponto de ser incorporado pela pena dos mais abalizados juristas da modernidade. José de Oliveira Ascensão[24], que ocupa lugar de destaque entre os juristas de língua portuguesa, ensina:

"76. Estados

I – Retomemos agora a noção de estado, que um pouco atrás anunciamos.

24. Ascensão, José de Oliveira. Direito Civil – Teoria Geral – v. I. 2 ed. Coimbra: Coimbra, 2000, p. 148.

Os estados são posições ocupadas pela pessoa na vida social, de que resultam graduações da sua capacidade.

Nesta linha, os romanos distinguiram o status libertatis, o status civitatis e o status familiae. De facto, estas três situações condicionavam a capacidade.

Perdeu sentido hoje o status libertais, pois é idêntica a situação de todas as pessoas no que respeita à liberdade. Mas a situação de nacionalidade e a situação familiar continuam a influir na capacidade."

Na mesma linha, ensina Paulo Thompson[25] acerca dos estados civis:

"Como referenciado acima, considera-se para a identificação do estado pessoal de cada indivíduo, sua qualificação jurídica resultante da posição ocupada no âmbito político, no familiar e no individual. Daí emergirá seu estado político (status civitatis), estado familiar (status familiae) e estado individual (status personalis)."

Temos, pois, que o estado da pessoa oscila entre o estado político (nacionais e estrangeiros), estado familiar (solteiro, casado, separado judicialmente, parente) e estado individual (menor ou maior, capaz ou incapaz, homem ou mulher).

A própria etimologia da palavra indica que ela vem do latim "*status, -us*", podendo ser compreendida, entre outros possíveis significados, como posição de pé, postura, posição, estado, situação, condição[26]. Assim, o estado reflete uma situação momentânea, que pode ser cambiada, mas que, instantaneamente, situa o indivíduo no seio de seu grupo social e de sua família.

Logo, do ponto de vista lógico, a interdição não deveria *criar* uma situação de incapacidade, mas tão somente declará-la. Aliás, na vigência dos Códigos de 1916 e 2002, muito se discutiu acerca dos efeitos da interdição: para corrente que entendemos mais consistente ela apenas declararia estado prévio do agente (sendo, pois, ação meramente declaratória), ao passo que outros entendiam que ela criava relações ou estado jurídico novo para o interditado (sendo, assim, constitutiva).

Oportuno que apreciemos as razões advogadas pelas duas correntes. Pontes de Miranda[27] afirmava, no modelo anterior à edição do Estatuto da Pessoa com Deficiência, ser a natureza da ação de interdição constitutiva. Vejamos o que o levou a assim ponderar:

"Quanto à ação de interdição, surge o problema de se tratar de ação constitutiva negativa, ou de ação constitutiva positiva, ou de ação declarativa. O elemento declarativo é alto, porém não preponderante. O estado da pessoa é declarado e o que se constitui é a incapacitação."

---

25. Flores, Paulo Roberto Moglia Thompson. José de Oliveira. Direito Civil – Parte Geral. Brasília: Gazeta Jurídica, 2013.
26. Disponível em http://www.priberam.pt/dlpo/estado, consultado em 09-07-2015.
27. Pontes de Mir anda, Francisco Cavalcanti. Comentários ao Código de Processo Civil – tomo XVI. Rio de Janeiro: Forense, 1977, p. 367/368.

Maria Berenice Dias[28] ratifica a tese de Pontes de Miranda:

> *"Muito se debate sobre a natureza jurídica da sentença que declara a interdição, tema que diz com a validade dos atos praticados pelo interditando antes do ato sentencial. Considerar que a sentença é* declaratória *seria conferir-lhe eficácia* ex tunc, *ou seja, retroativa, surgindo a possibilidade de se reconhecer a nulidade dos atos realizados antes mesmo da decisão judicial. De outro lado, atribuir à sentença carga eficacial constitutiva lhe confere efeitos* ex nunc, *ou seja, efeitos a partir de sua prolação, e somente os atos realizados depois da sentença seriam nulos.*
>
> *O fato de dizer a lei (CC 1.773) apenas que a sentença 'declara' a interdição não significa que esta seja a eficácia da ação. Indubitavelmente, a sentença é* constitutiva, *pois diz com o estado da pessoa. Ainda que a incapacidade preceda a sentença, só depois da manifestação judicial é que passa a produzir efeitos jurídicos: torna a pessoa incapacitada para os atos da vida civil. Como bem refere Pontes de Miranda, a sentença de interdição, sem bem que constitutiva, não cria a incapacidade.*
>
> *Como a incapacidade não passa a existir a partir da sentença, possível a propositura de* ação anulatória *dos atos praticados em momento anterior. Quer para assegurar a segurança das relações jurídicas, quer para prestigiar o princípio da boa-fé, somente em casos muito excepcionais cabe a desconstituição de atos pretéritos."*

Por outro lado, Ernane Fidélis dos Santos[29] afirmava que a interdição declarava estado preexistente, *"apenas fixando termo, a partir do qual os efeitos são revelados diversamente."* Carlos Roberto Gonçalves[30] entende ser esse o posicionamento predominante quanto à interdição, tal qual preconizada no modelo anterior à vigência do Estatuto da Pessoa com Deficiência. Vejamos:

> *"Embora haja controvérsia a respeito da natureza jurídica da sentença que decreta a interdição, tem prevalecido o entendimento de que não é constitutiva, por não criar o estado de incapacidade, mas apenas* declaratória *da existência de uma situação. Tem, portanto, eficácia* ex tunc. *Como a incapacidade preexiste, entende-se possível intentar ação anulatória dos atos praticados anteriormente à sentença, devendo-se, no entanto, provar a incapacidade àquela época.*
>
> *(...)*
>
> *Como é a insanidade e não a sentença de interdição que determina a incapacidade, sustentam alguns que, estando ela provada, é sempre nulo o ato praticado pelo incapaz, antes da interdição. Outra corrente, porém inspirada no direito francês, entende que deve ser respeitado o direito do terceiro de boa-fé, que contrata com o privado do necessário discernimento sem saber das suas deficiências psíquicas. Para essa corrente somente é nulo o ato praticado pelo amental se era notório o estado de loucura, isto é, de conhecimento público."*

A jurisprudência nacional mostra-se igualmente dividida quanto ao tema. Vejamos o voto proferido no julgamento da Apelação Cível 70040298879 do Tribunal de Justiça do Rio Grande do Sul[31]:

28. Dias, Maria Berenice. Manual de Direito das Famílias.4 ed. São Paulo: RT, 2006, p 551.
29. Santos, Ernane Fidélis. Manual de Direito Processual Civil – v. 3.8 ed. São Paulo: Saraiva, 2002, p 437.
30. Gonçalves, Carlos Roberto. Direito Civil Brasileiro – v. 6.8 ed. São Paulo: Saraiva, 2011, p 714.
31. BRASIL. Tribunal de Justiça do Rio Grande do Sul. APC 70040298879. Voto do Desembargador Rubem Duarte. Acórdão publicado no DJ de 22/06/2011.

> *"Em que pese não ter a sentença de interdição eficácia 'ex tunc', por possuir natureza constitutiva positiva, a teor do artigo 1.188 do CPC, nada obsta que se reconheça a nulidade dos negócios jurídicos firmados anteriormente, comprovada que a incapacidade adveio antes da sua decretação, já por consequência do acidente sofrido."*

Em sentido contrário, há, entre outros, o julgado proferido pelo Tribunal de Justiça de Minas Gerais:

> *"A sentença de interdição possui eficácia predominantemente declaratória. Todavia, a retroatividade de seus efeitos ex tunc revela-se sob dois aspectos: no tocante à declaração de incapacidade em si há eficácia ex tunc imediata e irrestrita; em relação à anulação dos atos praticados anteriormente a sentença há eficácia ex tunc condicionada à ação de invalidação e à prova da existência da incapacidade quando da realização do negócio, conforme entendeu a 4ª Turma do Superior Tribunal de Justiça, in verbis: (...)"*

A razão de ser dessa discussão cinge-se a saber se os atos pretéritos, praticados pelos incapazes, portanto, antes da interdição, podem ser anulados. Como podemos depreender dos dois julgados transcritos, tanto o primeiro (que entende ser constitutiva a sentença), quanto o segundo (que pugna ser declaratória) acatam a possibilidade de desfazimento dos negócios anteriores, desde que por meio de ações anulatórias específicas para cada ato impugnado. Logo, na prática, adeptos das duas correntes chegam à mesma conclusão.

Controvérsias à parte, ao menos segundo a redação original do Código de 2002, tínhamos que os efeitos da sentença de interdição eram predominantemente declaratórios, pois essa ação objetivava principalmente, declarar que uma causa preexistente incapacitou o curatelado. No entanto, quanto ao desfazimento dos negócios anteriores, concordávamos com a teoria de que, mesmo preexistente a incapacidade, haveria que se resguardar o princípio da boa-fé e da segurança nas relações jurídicas, por meio dos quais, se terceiro entabulou negócio sem que fosse possível perceber, segundo parâmetros aplicáveis a pessoas medianamente diligentes, a causa incapacitante daquele que com ele celebrou tais avenças, não há razão para que se as desfaçam. Em linhas gerais, acatávamos a argumentação expendida exposta por Orlando Gomes[32], ao afirmar:

> *"Admite-se ainda a existência de uma incapacidade natural.*
>
> *Tal é a incapacidade de entender e de querer, que não está judicialmente declarada. Verifica-se, com maior frequência, quando o insano mental não está interditado, quer porque sua enfermidade ainda não foi reconhecida, quer porque o seu processo de interdição não foi instaurado. A doutrina aponta um paralelismo constante entre a capacidade legal de agir e a capacidade natural, e procura superar, desse modo, o problema da coordenação entre os regimes diversos a que se sujeita. A coincidência existe na medida em que a incapacidade legal subiste nas hipóteses nas quais há normalmente incapacidade de entender e de querer, mas a capacidade natural pode faltar sem haver incapacidade legal, como acontece quando o doente mental não está interditado. Quando a incapacidade natural não coincide com a incapacidade legal, o interesse de proteger*

32. Gomes, Orlando. Introdução ao Direito Civil. 13 ed. Rio de Janeiro: Forense, 1998, p. 171.

o incapaz – permitindo-lhe anular o contrato – choca-se com o interesse da outra parte que ignorava estar a tratar com um insano mental, sendo necessário, para resolver o conflito, legitimar a faculdade de pedir a anulação com o preenchimento de três requisitos, exigidos na lei italiana e aceitos por alguns doutrinadores de outros países:

a) a incapacidade de entender ou querer;

b) a demonstração de que o agente sofreu grave prejuízo;

c) a má-fé do outro contratante."

Os requisitos abraçados por Orlando Gomes, como mencionado, encontravam guarida no artigo 428 do Código Civil da Itália[33]:

"Art. 428 Atos realizados por pessoa incapaz de entender ou de querer

Os atos realizados por pessoa que se prove estar, por qualquer causa, ainda que transitória, incapaz de entender ou de querer, no momento no qual os atos foram realizados, embora não seja interditada, podem ser anulados a seu requerimento ou de seus herdeiros ou cessionários, caso se lhe resulte um grave prejuízo (1425 e seguintes).

A anulação dos contratos não pode ser pronunciada senão quando o prejuízo que se tenha decorrido, ou se possa decorrer em relação ao incapaz de entender ou de querer, resultar da má-fé do outro contratante (1425).

A ação prescreve no prazo de cinco anos do dia em cujo ato se realizou o contrato (2953)

Ressalvam-se as disposições legais em sentido contrário (120, 591, 775,1195; att. 130)."

Assim, um dos principais efeitos da interdição seria a oponibilidade *erga omnes* do estado de incapacidade do interditado, efeito que se alcançaria em plenitude com o registro da respectiva sentença no Cartório do Registro de Pessoas Naturais. Demandas anulatórias futuras, acerca de atos ou negócios praticados solitariamente pelo curatelado, dispensariam provas outras de sua incapacidade. Havendo a intenção, porém, de se desconstituir avença celebrada antes de interditado o agente, seria necessário que se provasse já estar o interessado acometido do mal incapacitante ao celebrar o pacto contestado e que tal estado fosse perceptível aos olhos de qualquer agente medianamente diligente. Complementando o raciocínio encetado, Antônio Luís Câmara Leal adverte[34]:

"Nem seria razoável fazer a incapacidade e seus efeitos depender da interdição, quando esta, confiada a determinados parentes do psicopata e do Ministério Público, pode ser descuidada e omitida, não sendo justo que o incapaz venha a sofrer as consequências de uma desídia para a qual não tenha podido concorrer e contra a qual não dispunha de meios para impedir."

O sistema anterior parecia ser dotado de incontrastável lógica. Havia um encadeamento plausível entre os institutos: se incapaz o agente, a interdição declararia seu estado pretérito, para então se lhe nomear um curador. Hoje, a pessoa com deficiência mental ou intelectual não pode ser considerada incapaz e nem poderá

33. Tradução livre da versão original do Código Civil Italiano, disponível em http://www.jus. unitn.it/cardozo/obiter_dictum/codciv/Lib1.htm, acesso em 09 de janeiro de 2012.

34. Câmara Leal, Antônio Luiz da. Da Prescrição e da Decadência. 2 ed. Rio de Janeiro: Forense, 1959, p. 164.

mais "ser interditada". No lugar da interdição será movida ação com o fito não de se declarar qualquer estado, mas, excepcionalmente, mesmo sendo plenamente capaz o deficiente, de se lhe nomear um curador. Qual a lógica disso?

Repita-se: no passado, os negócios praticados com alguém dotado de severos problemas psiquiátricos era nulo, estivesse ou não interditado. Hoje sequer há previsão de nulidade para os negócios jurídicos praticados pelo enfermo a quem ainda não se deferiu um curador. Ele estará, por ser considerado plenamente capaz, até que se lhe nomeiem um curador, entregue à própria sorte e vinculado a negócios que tenha celebrado com pessoas inescrupulosas. Em resumo: a nomeação de curador não decorre mais do estado incapacitante do agente. Passa a ter caráter nitidamente constitutivo e só surtirá efeitos para o futuro, deixando o passado do deficiente, justamente ele que precisa de mais ajuda, em perigoso limbo jurídico.

Questões outras se colocam quando constatamos que as funções do curador estão adstritas ao que determina o artigo 85 do Estatuto da Pessoa com Deficiência, a saber:

> *"Art. 85. A curatela afetará tão somente os atos relacionados aos direitos de natureza patrimonial e negocial.*
>
> *§ 1º A definição da curatela não alcança o direito ao próprio corpo, à sexualidade, ao matrimônio, à privacidade, à educação, à saúde, ao trabalho e ao voto."*

Em outras palavras, o agente, por mais severa que seja sua deficiência mental, poderá casar-se, tenha ou não discernimento para praticar o ato, transformando, *ipso facto*, o cônjuge em seu herdeiro necessário e meeiro.

A nova lei buscou solução inversa à adotada na legislação revogada. O casamento, após a vigência do Estatuto da Pessoa com Deficiência, estará *sempre* permitido, *seja isso* ou *não* um bem para o deficiente (mesmo que o caso concreto indique que o deficiente esteja sendo exposto a pessoas inescrupulosas, que desejam participar de seu patrimônio, sem, de fato, amá-lo). O pior é que a nova lei se mostra contraditória: no parágrafo primeiro do artigo 85, ela taxativamente afirma que a definição da curatela não alcança o direito ao matrimônio, ao passo que, no artigo 114, ela altera a redação original do parágrafo segundo do artigo 1550, a fim de permitir que a pessoa com deficiência mental ou intelectual em idade núbil possa contrair matrimônio, expressando sua vontade diretamente ou por meio de seu responsável ou do *curador!!!* É de indagar-se: como se falar em responsável pelo deficiente se ele não é mais incapaz?? E como pensar na manifestação de vontade pelo curador se, na definição de curatela, não se engloba o direito ao matrimônio? Há algo muito mal dimensionado na norma analisada.

E como ocorria no regime anterior? Entendemos que as coisas se davam de forma um pouco mais lógica. Tomemos o exemplo dos portadores de síndrome de down. Eles, após muitos anos de luta e de políticas de inclusão, têm demonstrado possuir o discernimento necessário para compreender a importância do matrimônio.

Assim, o grau de incapacidade do portador de síndrome de down, como, de resto, de qualquer outra deficiência, deveria ser apurado caso a caso, no próprio processo de interdição. Nesse momento deveriam ser esclarecidos quais os limites de sua incapacidade, ou seja, em que hipóteses o incapaz necessitaria ou não da assistência do curador, inclusive para casar. Certamente o matrimônio não figuraria entre as restrições impostas ao interditado, se ele demonstrasse estar apto a compreender a importância do ato.

Achamos, em realidade, tão grave quanto generalizar a vedação ao casamento é permitir que sempre ocorra. Será que isso inexoravelmente representará o melhor interesse do incapaz? Será que alçar o cônjuge ao grau de herdeiro necessário e meeiro do deficiente não poderia expô-lo indevidamente à vilania de pessoas mal-intencionadas?

Não se pense, porém, que a intervenção legislativa se esgota aí, quanto aos problemas que ocasiona. Outros igualmente graves podem mostrar que a nova lei representou, em determinados aspectos, um retrocesso para o deficiente.

A QUESTÃO DA SUSPENSÃO DA PRESCRIÇÃO E DA DECADÊNCIA PARA O INCAPAZ

O artigo 198 afirma que não corre prescrição contra os incapazes de que trata o artigo 3º do Código Civil (absolutamente incapazes). Assim, pela nova sistemática, a suspensão da prescrição deixaria de contemplar os deficientes, continuando a correr normalmente prescrição contra eles.

Estamos certos de que muitos magistrados, consternados pela injustiça da alteração, aplicarão analogicamente a suspensão da prescrição e da decadência (artigo 198) aos deficientes. Ocorre que as hipóteses de suspensão e interrupção de prescrição são taxativas, como se depreende das lições do maior especialista no tema que o Direito Brasileiro já conheceu – Antônio Luís da Câmara Leal. Assevera o festejado jurista[35]:

> *"Os intérpretes são unânimes em reconhecer que a enumeração das causas suspensivas da prescrição pelo Código é taxativa, e não exemplificativa.*
> *Quer isso dizer que, sendo de direito estrito, não admitem ampliação por analogia."*

O seu raciocínio é dotado de irretorquível lógica. Ora, se violado o direito, nasce a pretensão, que, não exercida no prazo previsto, será encoberta pela prescrição (art. 189), porque a fluência do mencionado lapso prescricional, por força de lei, é ininterrupta. Qualquer exceção a tal comando deve estar prevista em lei, pois, do contrário, a hipótese se subsumirá à regra geral (da fluência ininterrupta do prazo). O que buscamos dizer é que não há lacuna aqui a ser colmatada, porquanto,

35. Câmara Leal, Antônio Luíz da. Da Prescrição e da Decadência. 2 ed. Rio de Janeiro: Forense, 1959, p. 178.

ou a fluência do prazo é ininterrupta, por força do artigo 189, ou pode ser obstada, suspensa ou interrompida, por força apenas de um dos dispositivos constantes do artigo 197 e seguintes. Não há limbo, não há lacunas. Logo, não haverá analogia.

Mas e se o magistrado, tocado pela infelicidade da mutação legislativa, resolver analogicamente aplicar a regra suspensiva do artigo 198, I aos deficientes? Bem, ele estará a agir como legislador, inovando onde não há lacuna. O mais surreal, porém, é que o fim da suspensão da prescrição, derivada da deficiência mental ou intelectual, embora prejudicialíssimo a este, iguala-o aos não deficientes, contemplando da pior forma possível o pressuposto igualitário do Estatuto. O irônico é que talvez desigualar os atores jurídicos com deficiência, em algumas hipóteses, atendesse mais ao princípio da isonomia, no sentido material, do que dispensar regramento jurídico idêntico ao das pessoas sem deficiência, mormente quando a diferenciação está justificada pelo caráter protetivo.

Conhecendo, porém, a forma pouco científica, quase emotiva, como se trata o Direito no Brasil, cremos, abismados, que, no futuro, os tribunais aplicarão analogicamente o artigo 198, I aos hoje (plenamente capazes) deficientes, simplesmente por parecer-lhes o mais justo, seja isso técnico ou não.

A QUESTÃO DA RELATIVA INCAPACIDADE DAQUELES QUE, POR CAUSA PROVISÓRIA OU PERMANENTE, NÃO POSSAM EXPRESSAR SUA VONTADE

A inclusão da presente hipótese entre os casos de incapacidade relativa parece ser a mais absurda interferência do Estatuto da Pessoa com Deficiência no Código Civil. Não é necessário dispensar muitas linhas para se compreender o equívoco. Ora, se a pessoa *NÃO* pode expressar sua vontade, como demandaria a presença de um assistente (e não representante) que lhe acompanharia na prática dos negócios jurídicos? Repita-se: é imprescindível, nas hipóteses de assistência, que o assistido manifeste sua vontade, estando apenas acompanhado pelo curador, que afere a oportunidade e a não lesividade dos negócios pelo primeiro praticados. Um exemplo pode ilustrar o absurdo da situação. Imaginemos um sujeito em coma. Como ele não pode manifestar vontade, seria, pela nova redação da lei, relativamente incapaz. Fica quase impossível imaginar como alguém, nesse estado, será assistido, por ser relativamente incapaz, e não representado, o que demandaria fosse enquadrado como absolutamente incapaz. Nesse aspecto, pode-se taxar como desastrosa a interferência legislativa.

A QUESTÃO DA VALIDADE DOS ATOS PRATICADOS PELO DEFICIENTE PARA O QUAL NÃO SE NOMEOU CURADOR

Os artigos 166, I e 171, I do Código Civil, respectivamente, taxam de nulos os atos praticados pelos absolutamente incapazes e anuláveis aqueles levados a cabo pelos relativamente incapazes.

Na sistemática originária do Código Civil, estando ou não interditado o agente, ele *já* era incapaz e os seus atos já eram inválidos. Ocorre que os deficientes não são mais considerados incapazes. Temos, portanto, que os atos por eles praticados são válidos. Caso seus pais, tutores, cônjuges, o Ministério Público ou o próprio deficiente entendam necessário, poderão solicitar a nomeação de curador, feito com caráter nitidamente constitutivo. A partir daí, os atos praticados pelo deficiente necessitarão da presença do curador cujos poderes, na forma do artigo 1.772, se circunscreverão aos limites impostos pelo artigo 1782, que determina:

> *"Art. 1.782. A interdição do pródigo só o privará de, sem curador, EMPRESTAR, TRANSIGIR, DAR QUITAÇÃO, ALIENAR, HIPOTECAR, DEMANDAR OU SER DEMANDADO, E PRATICAR, EM GERAL, OS ATOS QUE NÃO SEJAM DE MERA ADMINISTRAÇÃO."*
>
> *(grifo não constante do original)*

Mas o curador será representante ou assistente do deficiente? E os atos praticados sem a sua presença, serão nulos ou anuláveis? Novamente, nada se indica na lei. Assim, somos obrigados a combinar o artigo 85 do Estatuto da Pessoa com Deficiência com o artigo 166, VII do Código Civil, e concluir que, se atos negociais e patrimoniais devem contar com a presença do curador, a sua ausência, por não haver sanção disciplinada expressamente em lei, haverá de implicar a nulidade do ato. São esses, portanto, apenas alguns dos problemas que podemos vislumbrar pela açodada intervenção no Código Civil.

Um Código Civil representa um todo orgânico. A alteração de alguns artigos pode estabelecer a quebra de sistemas lógicos articulados, trazendo inúmeras perplexidades, não obstante a nobreza das intenções em jogo. Temo que o nosso Direito Civil esteja sendo reformulado de maneira inadequada. Pode-se afirmar, em resposta à crítica, que vivenciamos o alvorecer de nova era, em que a dignidade da pessoa humana suplanta anacrônicos textos. Se é assim, sugerimos uma total revisão das nossas leis civis, para que sejam adaptadas de forma harmônica ao dito princípio. O problema é que as mutilações parciais do nosso Código criam um sistema híbrido e incoerente, remetendo ao intérprete a extenuante missão de harmonizar antinomias quase insuperáveis.

Encerrados, assim, os principais contornos das hipóteses de incapacidade de fato, abordemos superficialmente a singular situação dos silvícolas.

A SINGULAR SITUAÇÃO DOS INDÍGENAS QUANTO À SUA INCAPACIDADE DE FATO

O Código Civil determina acerca dos silvícolas:

> *"Art. 4º. (...)*
>
> *Parágrafo único. A capacidade dos índios será regulada por legislação especial."*

A Lei nº 6.001/73 ocupa hoje o papel da legislação especial à qual se refere o artigo 4º de nosso Código. Alguns dispositivos da mencionada norma são especialmente relevantes quando se trata da capacidade de fato individual do indígena, como passamos a examinar:

> *"Art. 8º São nulos os atos praticados entre o índio não integrado e qualquer pessoa estranha à comunidade indígena quando não tenha havido assistência do órgão tutelar competente.*
>
> *Parágrafo único. Não se aplica a regra deste artigo no caso em que o índio revele consciência e conhecimento do ato praticado, desde que não lhe seja prejudicial, e da extensão dos seus efeitos.*
>
> *Art. 9º Qualquer índio poderá requerer ao Juiz competente a sua liberação do regime tutelar previsto nesta Lei, investindo-se na plenitude da capacidade civil, desde que preencha os requisitos seguintes:*
>
> *I – idade mínima de 21 anos;*
>
> *II – conhecimento da língua portuguesa;*
>
> *III – habilitação para o exercício de atividade útil, na comunhão nacional;*
>
> *IV – razoável compreensão dos usos e costumes da comunhão nacional.*
>
> *Parágrafo único. O Juiz decidirá após instrução sumária, ouvidos o órgão de assistência ao índio e o Ministério Público, transcrita a sentença concessiva no registro civil."*

O regime de nulidade imposto ao negócio praticado entre o índio tutelado pela FUNAI e pessoa estranha ao seu meio aproxima a sua especial situação daquela vivenciada pelos absolutamente incapazes.

Duas hipóteses abrandam o regime tutelar regulado pela lei. A primeira delas, amparada no princípio da boa-fé objetiva, ocorre quando o silvícola revela consciência e conhecimento acerca do ato praticado. Nesse caso, não sendo o negócio a ele prejudicial, afasta-se a nulidade. Assim, seria de indagar-se: ao ser praticado um ato pelo indígena, qual estado poderia ser presumido – o de consciência ou de inconsciência em relação aos negócios praticados com pessoas estranhas ao seu grupo?

Pablo Stolze Gagliano e Rodolfo Pamplona Filho[36] entendem que a presunção é a de que, acaso esteja inserido na sociedade, o índio seja tratado como plenamente capaz, cabendo a ele, certamente tutelado pela FUNAI, caso a caso, provar não estar dotado do discernimento exigido para a celebração dos negócios jurídicos impugnados.

Acreditamos, porém, que a Lei nº 6001/73, ao estabelecer a presunção de incapacidade ao indígena, bem andou ao evitar uma situação muito embaraçosa para silvícola não integrado: fazer prova negativa (quase diabólica) de que não consegue compreender os atos da vida civil praticados pela civilização ocidental. Mais plausível seria abraçar, em parte, as conclusões de Pablo Stolze Gagliano e Rodolfo Pamplona Filho, no sentido de se compreender que, se um índio resolveu travar negócios

36. Gagliano, Pablo Stolze e Pamplona Filho, Rodolfo. Novo Curso de Direito Civil, v. I. 9 ed. São Paulo: Saraiva, 2007, p. 100.

jurídicos com pessoas estranhas ao seu grupo, é porque presumivelmente seu caso será enquadrado no parágrafo único do artigo 8º da Lei nº 6.001/73. Tal dispositivo, como visto, preserva os efeitos dos negócios praticados por indígenas, desde que não prejudiciais a eles e que tenham sido compreendidos por aquele que os leva a efeito.

Ocorre, porém, que, se o silvícola, tutelado pela FUNAI, reclamar a nulidade do ato, a fim de evitar a imposição a ele de prova negativa (de que não consegue compreender os negócios que praticou), que se imponha ao outro contratante o ônus de demonstrar que o indígena, seja por outros negócios que já tenha celebrado, seja pelo estilo de vida que leva (possivelmente amparado em perícia antropológica) não merece a proteção constante do artigo 8º do Estatuto do Índio.

Assim, apreciada a questão indígena, resta-nos apenas abordar as hipóteses de cessação da incapacidade. Façamo-lo, pois.

O FIM DA INCAPACIDADE

A incapacidade encerra-se com a maioridade, ou com a emancipação. No ordenamento brasileiro, por opção legislativa, a maioridade oscilou entre os 25 anos nas Ordenações Filipinas[37], 21 anos no Código Civil de 1916 (artigo 9º), sendo afinal reduzida, pelo artigo 5º do Código Civil de 2002, para 18 anos. As paulatinas reduções impostas por nossos diplomas legais talvez sugiram que o volume de informações às quais os jovens se sujeitam atualmente faça com mais cedo amadureçam, a ponto de bem compreenderem os negócios jurídicos que todos celebramos a partir dos 18 anos de idade.

Alguns problemas, no entanto, decorrentes de nossa opção legislativa, foram bem percebidos por Cristiano Chaves Farias e Nelson Rosenvald[38]. Lembram os autores que um jovem com 20 anos, embora seja economicamente mantido pelo pai, pode vir a causar danos a terceiros sendo ele e não os pais quem responderá. Caso o jovem não possua bens em seu próprio nome, a vítima do prejuízo estará desamparada, pois o causador direto do dano não terá bens para suportar a execução e os seus genitores, por lei, não serão obrigados a assumir a dívida.

Preconizam, porém, os autores, singular solução. Pugnam pela assunção de responsabilidade pelos pais mantenedores, em atenção ao princípio da solidariedade social. Acreditamos na viabilidade teórica da opção, mas ressalvamos a imensa dificuldade, no caso concreto, de que seja aplicada.

A título de contribuição com a engenhosa construção exposta, adicionamos um novo argumento, porém, infraconstitucional, consubstanciada na incidência do parágrafo único do artigo 927 do Código Civil a casos como o ventilado.

---

37. Ord. L. 1, T. 88 e L. 3, T. 41, disponível em http://www1.ci.uc.pt/ihti/proj/filipinas/, acesso em 16/02/2012.
38. Farias, Cristiano Chaves de, e Rosenvald, Nelson. *Direito Civil – Teoria Geral*.9 ed. Rio de Janeiro: Lumen Juris, 2011, p. 326/327.

Atente-se ao que o mencionado dispositivo determina:

"Art. 927. (...)

Parágrafo único. Haverá obrigação de reparar o dano, independentemente de culpa, nos casos especificados em lei, ou quando a atividade normalmente desenvolvida pelo autor do dano implicar, por sua natureza, risco para os direitos de outrem."

Ora, pais de filhos maiores que possibilitam a eles a propriedade de bens de consumo duráveis ou efêmeros, bem como lhes proporcionam estilo de vida, desregrado, irresponsável, capaz de transformá-los em potenciais agressores da esfera jurídica alheia, assumem o risco de haverem fornecido as condições materiais para a concretização do prejuízo e, portanto, justo seria que fossem responsabilizados.

Entendemos, porém, que tal solução é demasiadamente polêmica e dificilmente seria aplicada na prática, pela natural dificuldade de se provar que o suporte material dado pelo pai ao filho maior facilitou o cometimento do ato causador de prejuízos a terceiros.

Diferente hipótese, porém, é quando o filho maior se vale de bens *pertencentes ao genitor* (como um carro em nome do pai) para lesar esfera jurídica alheia. Nessa hipótese, por ser o dono do bem, e não propriamente em virtude do vínculo de parentesco, é que os pais poderão ser responsabilizados. Aliás, sobre a responsabilização solidária do proprietário de bens veículos automotores utilizados pelos terceiros causadores de acidentes de trânsito, firme é a jurisprudência no seguinte sentido[39]:

"Apelações cíveis. Responsabilidade civil em acidente de trânsito. Responsabilidade solidária do proprietário e do condutor do veículo. Jurisprudência dominante. Comprovada a condução imprudente e imperita praticada pelo condutor demandado. Ausência de comprovação técnica a respeito da falta de segurança. Pensionamento devido. Redução da capacidade laborativa. Constituição de capital. Determinação possível independentemente de pedido da parte. Inteligência do art. 475-Q do CPC [Art. 533 do Novo CPC] *e da Súmula 313 do STJ. Dano moral caracterizado. Dano in re ipsa. Desnecessidade de prova. Dever de indenizar. Majoração da indenização por dano moral. Juros moratórios a partir do evento danoso (Súmula 54 do STJ). Acolheram a preliminar e deram provimento aos apelos."*

Outra hipótese de aquisição de capacidade plena, ao lado da maioridade, é a emancipação, entendida por nós como causa de antecipação da capacidade plena àqueles que ainda são menores. Essa linha de raciocínio nos leva à conclusão de que a maioridade apenas se conquista aos 18 anos, embora a capacidade plena já se possa lograr pela emancipação.

Há autores, todavia, que veem na emancipação, mais do que a concessão da plena capacidade, verdadeira antecipação da maioridade[40]. Mas não é assim. A maio-

---

39. BRASIL. Tribunal de Justiça do Rio Grande do Sul. APC 70034697441. Décima Primeira Câmara Cível, Relatora Desembargadora Katia Elenise Oliveira da Silva. Acórdão publicado no DJ de 08/11/2010.

40. Rizzardo, Arnaldo. *Parte Geral do Código Civil*. 5 ed. Rio de Janeiro: Forense. 2007, p.223

ridade relaciona-se ao fato de se alcançar certa idade e emancipação à circunstância de não mais se estar sob o poder familiar de alguém. A confusão entre maioridade e emancipação pode ser superada se lembrarmos de dois vetustos institutos, como nos ensina Pontes de Miranda[41] a *venia aetatis* e a *emancipatio*. Entende o renomado Professor que o primeiro dos deles *(venia etatis)* significa suplemento de idade e é ato estatal, previsto para certas hipóteses, que completa a idade, a fim de que os efeitos da maioridade já se façam sentir. A emancipação, ao seu turno, seria ato que desinveste o genitor do poder familiar, sem qualquer referência à faixa etária.

Levado, pois, ao extremo o seu raciocínio, pode-se entender que, caso fossem respeitadas as raízes históricas dos institutos, os pais que emancipassem os seus filhos deveriam, ainda assim, pleitear a homologação judicial do respectivo ato, para que a plena capacidade (decorrente do suplemento de idade) se completar pela antecipação da maioridade, fato que não foi abraçado pela nossa hodierna legislação.

Embora inaplicável nos dias de hoje, historicamente, seu entendimento faz sentido. Sabe-se que, em Roma, independentemente da idade, as pessoas podiam ser *sui iuris* (caso não estivessem subordinadas a qualquer poder familiar) ou *alieno iuris* (caso estivessem subordinado a poder familiar). Esclarece Moreira Alves[42], como já mencionado, que um recém-nascido, cujo pai tivesse falecido e, em sequência, a mãe, para os romanos era um *pater famílias*, e, portanto, *sui iuris*. Deduz-se, por outro lado, que um homem, com 30 anos, mas tendo o ascendente, em linha reta, vivo, seria *alieno iuris*. Isso, no entanto, não o privava da prática de atos ou negócios jurídicos, tal qual os entendemos hoje. A emancipação, portanto, não se relacionava à antecipação de maioridade, mas tão somente ao fato de se alterar o *status* do agente de *alieno iuris* para *sui iuris*. Afirma Moreira Alves[43], que, ao tempo de Justiniano, já não havia significativas distinções entre a capacidade jurídica dos *alieni iuris* e das pessoas *sui iuris*.

Preconizava, por outro lado, a Lei das XII Tábuas que a sujeição ao poder do *pater famílias* seria extinta, por punição a ele, caso vendesse o filho três vezes como escravo. Subvertendo-se o que antes era uma sanção, a jurisprudência antiga passou a aconselhar o pai que desejasse emancipar o filho, a dá-lo *in mancipium*[44] a um amigo de confiança *(mancipium fiduciae causa)*, que, por duas vezes seguidas, o libertava do *mancipium*, fazendo-o cair novamente na *potestas* do seu *pater*. Na terceira alienação, consoante à legislação vigente, o filho estaria livre do poder familiar de seu genitor, permanecendo, todavia, formalmente *in mancipium* do amigo da família.

41. Pontes de Mir anda, Francisco Cavalcanti. Tratado das Ações – tomo III. Campinas: Bookseller, 1998, p. 58/59.
42. Alves, José Carlos Moreira. Curso de Direito Romano – v. I. 13 ed. Rio de Janeiro: Forense, 2000, p. 108.
43. Alves, José Carlos Moreira. Curso de Direito Romano – v. I. 13 ed. Rio de Janeiro: Forense, 2000, p. 108.
44. Cretella Junior, José. Curso de Direito Romano. 14 ed. Rio de Janeiro: Forense, 1991, p. 96 esclarece que "*Mancipium* é o poder exercido por um homem livre sobre outro homem livre *colocado* sob sua '*potestas*'. Assemelha-se o *mancipium*, por um lado, à *patria potestas* e, por outro lado, à *dominica potestas*. As pessoas em *mancípio* são *semilivres*".

Este, por sua vez, remancipava o filho ao genitor, que, alforriando-o, estabelecia com o dependente uma nova relação jurídica: a de patrono[45]. O patrono era o antigo senhor que libertava um escravo, a quem este, portanto, devia gratidão e reverência, tornando-se, por outro lado, segundo as Institutas de Justiniano[46], herdeiros dos libertos falecidos sem testamento.

Nas Institutas de Justiniano, esclarece-se que a velha fórmula herdada da Lei das Doze Tábuas foi abandonada, a fim de que os pais pudessem se apresentar ao magistrado e emancipar seus filhos[47]

Calcados na digressão histórica levada a cabo, não fazemos a identificação entre antecipação de plena capacidade de fato, por meio da emancipação, com antecipação de maioridade. Uma coisa é emancipar alguém, outra é essa pessoa alcançar a maioridade, porquanto algumas regras só se aplicam a pessoas maiores de 18, não aproveitando a emancipados que contarem com 16 ou 17 anos. Assim, um jovem, antes de completar 18 anos, mesmo emancipado, não poderá adotar um bebê em virtude da restrição constante do artigo 42 do Estatuto da Criança e do Adolescente (Lei nº 8069/90). Ser-lhe-á facultada tal possibilidade apenas quando atingir a maioridade.

As hipóteses de emancipação, por outro lado, estão arroladas no parágrafo único do artigo 5º do Código Civil, a saber:

> *"Art. 5º A menoridade cessa aos dezoito anos completos, quando a pessoa fica habilitada à prática de todos os atos da vida civil.*
>
> *Parágrafo único. Cessará, para os menores, a incapacidade:*
>
> *I – pela concessão dos pais, ou de um deles na falta do outro, mediante instrumento público, independentemente de homologação judicial, ou por sentença do juiz, ouvido o tutor, se o menor tiver dezesseis anos completos;*
>
> *II – pelo casamento;*
>
> *III – pelo exercício de emprego público efetivo;*
>
> *IV – pela colação de grau em curso de ensino superior;*
>
> *V – pelo estabelecimento civil ou comercial, ou pela existência de relação de emprego, desde que, em função deles, o menor com dezesseis anos completos tenha economia própria."*

O dispositivo em apreço cria três espécies de emancipação: a voluntária, a judicial e a legal.

A emancipação voluntária opera mediante a lavratura de escritura pública levada a efeito pelos dois genitores e só pode beneficiar jovem que conte pelo menos com 16 anos completos.

---

45. Correia, Alexandre e Sciascia, Gaetano. Manual de direito romano – v. I. 2 ed. São Paulo: Saraiva, 1953, p. 123.
46. Inst. 1,17.
47. Inst. 1, 12, 6.

Indagação interessante consiste em saber se o menor poderia demandar a sua emancipação, caso os pais voluntariamente se neguem a concedê-la. As opiniões se dividem. Pontes de Miranda[48] é categórico ao afirmar que sim. Vislumbrando tal possibilidade, mas apenas em casos excepcionais, pode-se mencionar também Paulo Nader[49].

Carlos Roberto Gonçalves[50] e Daniel Eduardo Carnacchioni[51] perfilham tese oposta, sendo, neste particular, prestigiados pelo seguinte julgado[52]:

> *"EMANCIPAÇÃO JUDICIAL. Extinção do processo, sem julgamento do mérito, bem decretada. Ilegitimidade de parte e impossibilidade jurídica do pedido. Emancipação voluntária que deve ser concedida pelos pais, não tendo o menor legitimidade para pleiteá-la em nome próprio. Ausência de previsão legal para a emancipação judicial de menor que não se encontre sob tutela. Sentença mantida. RECURSO DESPROVIDO."*

Concordamos com os ensinamentos de Pontes de Miranda, temperados pelas observações de Paulo Nader. Embora, na prática, vislumbremos uma quase invencível dificuldade do menor demonstrar ser-lhe mais oportuna a emancipação do que a sua permanência sob o poder familiar, diante da funcionalização dos direitos e da possiblidade teórica de que os genitores abusem da faculdade de negar a emancipação, o único remédio de se combater uma má utilização da faculdade insculpida no artigo 5°, parágrafo único, inciso I, pelos genitores, seria reconhecer legitimidade *ad causam* ao menor para pleitear a emancipação e suprir judicialmente a ausência da manifestação dos respectivos ascendentes.

Outra interessante questão se coloca quando um só dos pais pretende a emancipação, mas não o outro. Nesse caso, como a emancipação pode ser compreendida como um ato que deriva do exercício ponderado do poder familiar, cabível seria o manejo, pelo genitor que deseja a emancipação do filho, contra o que não o quer, ou mesmo que não se manifesta a respeito, de ação de solução de divergência no exercício do poder familiar, preconizada no artigo 1631 do Código Civil, como se pode depreender de sua leitura:

> *"Art. 1.631. Durante o casamento e a união estável, compete o poder familiar aos pais; na falta ou impedimento de um deles, o outro o exercerá com exclusividade.*
>
> *Parágrafo único. Divergindo os pais quanto ao exercício do poder familiar, é assegurado a qualquer deles recorrer ao juiz para solução do desacordo."*

48. Pontes de Miranda, Francisco Cavalcanti. Tratado de Direito Privado – tomo I. Campinas: Bookseller, 1999, p. 257.
49. Nader, Paulo. Curso de Direito Civil – v. I. 4 ed. Rio de Janeiro: Forense, 2007, p. 202.
50. Gonçalves, Carlos Roberto. Direito Civil Brasileiro – v. 6.8 ed. São Paulo: Saraiva, 2011, p 108.
51. Carnacchioni, Daniel Eduardo. Curso de Direito Civil – Institutos Fundamentais. Rio de Janeiro: Lumen Iuris, 2010, p. 121.
52. BRASIL. Tribunal de Justiça de São Paulo. APC 133092720098260664 SP 0013309-27.2009.8.26.0664. 6ª Câmara de Direito Privado, Relator Desembargador Paulo Alcides. Acórdão publicado no DJ de 08/06/2011.

Insta ressaltar, porém, a imensa dificuldade prática de provimento de pedido formulado nestes termos. Deverá, para tanto, restar claro que a emancipação é medida que reflete o melhor interesse do menor e que um dos genitores apenas não o concede por mero capricho ou desleixo. Além de tais hipóteses, não vislumbro possível tamanha intromissão judicial na vida privada, a ponto de se fazer substituir a vontade de um pai ou uma mãe pela fria e pontual apreciação que o magistrado pode extrair dos autos.

A emancipação voluntária, de outra banda, é irrevogável, porquanto exaure os seus efeitos no momento em que adequadamente for emitida a vontade dos pais no sentido de antecipar a plena capacidade do filho.

Por fim, uma derradeira questão se coloca quando refletimos acerca da emancipação voluntária: seriam os genitores, na forma do artigo 932, ainda responsabilizados na hipótese de danos acarretados por conduta de filho emancipado? Os tribunais pátrios têm abraçado as conclusões de Caio Mário da Silva Pereira[53], ao asseverar que um ato de vontade (a emancipação) não pode afastar a incidência de responsabilização que advém de lei (do artigo 932 do Código). Acertadamente, Daniel Eduardo Carnacchioni[54] entende apenas que a responsabilização do emancipado deixará de ser subsidiária e passará a ser solidária em relação aos genitores. Não por outro motivo já decidiu o Superior Tribunal de Justiça[55]:

> *"Suspensão do processo.*
>
> *Justifica-se sustar o curso do processo civil, para aguardar o desfecho do processo criminal, se a defesa se funda na alegação de legítima defesa, admissível em tese.*
>
> *Dano moral.*
>
> *Resultando para os pais, de quem sofreu graves lesões, consideráveis padecimentos morais, têm direito a reparação. Isso não se exclui em razão de o ofendido também pleitear indenização a esse título.*
>
> *Responsabilidade civil. Pais. Menor emancipado.*
>
> *A emancipação por outorga dos pais não exclui, por si só, a responsabilidade decorrente de atos ilícitos do filho."*

Dispõe, ainda, o inciso I, do parágrafo único do artigo 5º do Código Civil que a emancipação poderá ser judicialmente concedida, ouvido o tutor. A redação mostra-se obtusa, porquanto não deixa claro se o tutor comparecerá aos autos como autor ou se será ouvido no curso do processo e, nesse caso, se, quem promoveria a demanda seria o menor. Pontes de Miranda[56] entende que a lei supõe a capacidade

53. Pereira, Caio Mário da Silva. *Responsabilidade Civil*. Rio de Janeiro: Forense. 1998, p.91/92
54. Carnacchioni, Daniel Eduardo. Curso de Direito Civil – Institutos Fundamentais. Rio de Janeiro: Lumen Iuris, 2010, p. 122/123.
55. BRASIL. Superior Tribunal de Justiça. Resp 122.573/PR. Terceira Turma, Relator Ministro Eduardo Ribeiro. Acórdão publicado no DJ de 18/12/1998.
56. Pontes de Mir anda, Francisco Cavalcanti. Tratado das Ações – tomo III. Campinas: Bookseller, 1998, p. 64.

processual do menor, exigindo apenas que o tutor seja ouvido no curso da ação sobre a emancipação – e não que o último seja o autor da demanda. Clóvis Bevilaqua[57] endossa a tese, com a qual também concordamos.

Resta, por fim, apreciar as hipóteses de emancipação legal. São elas o casamento, o exercício de emprego público efetivo, a colação de grau em curso de nível superior e o estabelecimento civil ou comercial, ou a existência de relação de emprego, desde que, em função deles, o menor com 16 anos completos tenha economia própria. Cabe salientar que as hipóteses em exame operam de pleno direito, sem necessidade de qualquer formalidade para marcar a sua incidência.

Iniciemos, pois, breve análise das hipóteses de emancipação legal. Quanto ao casamento, a leitura do artigo 5º, parágrafo único, inciso II deve ser complementada pelas normas atinentes à autorização dos pais para as núpcias. Assim, só poderá contrair casamento, e, portanto, emancipar-se, o menor, com 16 anos completos, que, para tanto, esteja autorizado pelos genitores, na forma do artigo 1.517 e seguintes do Código Civil. Outra possibilidade de emancipação pelo casamento é para menores, independentemente da idade, que, no caso de gravidez, entendam oportuno unirem-se em matrimônio. Neste caso, o Código Civil não exige a anuência dos pais, mas vai mais longe e demanda sentença judicial que reconheça a possibilidade da união (artigo 1520 c/c 1525, II do Código Civil). De toda sorte, havendo a autorização judicial para que um menor impúbere case, ocorrerá interessante passagem da absoluta incapacidade para a plena capacidade.

O exercício de emprego público efetivo hoje se encontra um pouco esvaziado como hipótese de emancipação, pois os estatutos de servidores costumam demandar a idade mínima de 18 anos para a posse no cargo respectivo. Essa exigência decorre da possibilidade do servidor de assumir responsabilidades criminais, caso infrinja a lei, que só seriam puníveis se o infrator tivesse a idade de 18 anos. De toda sorte, excepcionalmente, há casos em que menores (com 16 ou 17 anos) logram êxito na aprovação em concursos públicos e movem ações tendentes a assegurar suas respectivas posses. Via de regra, nesses casos, providenciam antes sua emancipação voluntária, a fim de reforçar o argumento de que já se encontram maduros para ingressar no serviço público. Em algumas hipóteses, porém, o menor toma posse no cargo, mas entra em exercício apenas ao completar a maioridade, como se pode depreender do seguinte julgado[58]:

> *"CONSTITUCIONAL E ADMINISTRATIVO. MANDADO DE SEGURANÇA. CONCURSO PÚBLICO. DIREITO SUPERVENIENTE. POSSE DO CANDIDADATO EM CARGO PÚBLICO FALTANDO POUCOS DIAS PARA ATINGIR A IDADE MINIMA EXIGIDA. APLICAÇÃO DO ART. 7º, XXXIII,*

57. Beviláqua, Clóvis. Código Civil dos Estados Unidos do Brasil comentado – v. I. 9 ed. Rio de Janeiro: Francisco Alves, 1951, p. 212.
58. BRASIL. Tribunal Regional Federal da 5a Região. 9698 AL 0004834-14.2009.4.05.8000. Segunda Turma, Relator Desembargador Federal Francisco Barros Dias. Acórdão publicado no DJ de 22/04/2010.

DA CONSTITUIÇÃO FEDERAL.EXERCICIO DO CARGO CONDICIONADO AO ATINGIMENTO DOS DEZOITO ANOS. 1.7°XXXIIICONSTITUIÇÃO FEDE-

RALA hipótese é de mandado de segurança em que se buscou assegurar a posse e exercício em cargo público sem a exigência do requisito da idade mínima de 18 (dezoito) anos. 2. Cumpre observar que à época em que foi proferida a sentença recorrida (23 de outubro de 2009) o apelado já havia tomado posse no cargo em 08/09/2009 e entrado em exercício no aludido cargo público ao atingir 18 anos de idade, em 22 de setembro de 2009. 3. Nestas circunstâncias, em face da ocorrência de tal fato superveniente qual seja, atingimento da idade mínima para a investidura no cargo público, restou cessado o impedimento legal. 4. Precedente:TRF4, Terceira Turma, REO 200670000061418, Relator: Des. Federal LUIZ CARLOS DE CASTRO LUGON, julg. 14/11/2006, publ. DE: 31/07/2007, decisão unânime). 5. Ademais, nos termos do art. 13, parágrafo 1°, da Lei n°. 8.112/90, a não concretização do ato de posse do candidato poderá inviabilizar seu reconhecimento como servidor público perante a Administração caso haja desobediência à determinação prevista no ordenamento. 6. Embora o mesmo diploma legal estipule a idade mínima necessária para investidura no cargo público, qual seja, 18 (dezoito) anos de idade, em seu art. 5°, inciso V, do Estatuto dos Servidores Públicos Civis, tal requisito deve ser aplicado ao caso com certa ressalva. 7. Indiscutível que a investidura em cargo público se dá mediante a posse do candidato aprovado no referido cargo, entretanto, apenas a partir do efetivo exercício é que se configurará a relação concreta entre o servidor e a Administração Pública, quando se poderá exigir do servidor público o atendimento a todas obrigações, deveres e responsabilidades inerentes ao cargo por ele ocupado. 8. No caso dos autos, o Agravante, embora aprovado no concurso para provimento em cargo de Assistente Técnico Administrativo da Receita Federal, na data limite para a posse (08.09.2009), ainda não contará com a idade mínima exigida para se qualificar como servidor público. 9. Entretanto, o interessado obteve a maioridade no subsequente dia 22/09/09, quando completou os 18 (dezoito) anos necessários para a concretização do ato de investidura. 10. Não obstante se trate de direitos assegurados aos trabalhadores urbanos e rurais, a norma inserta no art. 7°, caput se entende que merece aplicabilidade ao caso o disposto no inciso XXXIII, na medida em que há menção expressa à possibilidade de trabalho do menor de 18 (dezoito) anos, previsão inexistente no texto constitucional em relação aos servidores públicos. Dispõe o inciso mencionado que se proíbe o trabalho noturno, perigoso ou insalubre aos menores de 18 (dezoito) anos, negando-se o direito a qualquer trabalho apenas aos menores de 16 (dezesseis) anos. 11. O referido dispositivo constitucional se configura como princípio sobre a acessibilidade do emprego aos jovens, estipulando os parâmetros que devem ser considerados na oferta de atividade laborativa aos menores de idade. 12. Considerando que no caso em destaque, o menor candidato aprovado em concurso público conta com mais de 17 (dezessete) anos, não se poderia cogitar diante das disposições constitucionais a oferta de emprego ou cargo, seja ele público ou particular, que resultasse em exercício laborativo noturno, perigoso ou insalubre. 13. A aprovação no concurso público se deu para o cargo de Assistente Técnico Administrativo da Receita Federal, de onde se pode deduzir e até mesmo concluir que nenhuma das ressalvas que o legislador constitucional previu para o trabalho os jovens entre 16 (dezesseis) e 18 (dezoito) anos se configurará no trabalho que venha a ser desempenhado pelo jovem aprovado. Trata-se, pois, de cargo a ser exercido em área burocrática e administrativa, não se olvidando ou cogitando qualquer atividade que possa colocar em risco a saúde, a formação e o bem-estar do interessado. 14. De qualquer maneira, mesmo amparado na garantia constitucional de acesso ao trabalho, há de se considerar também que no caso específico apresentado nos autos, o jovem possuindo 17 anos, 11 meses e alguns dias, completando 18 (dezoito) anos dentro dos quinze dias posteriores à data final possível para sua posse, pode-se invocar, até mesmo, a própria Lei n° 8.112/90, que em seu art. 15, parágrafo 1° prevê o prazo de 15 (quinze) dias para o servidor empossado entrar em exercício. 15. Assim, não há que se falar em impossibilidade do jovem interessado assumir todas as responsabilidades civis, penais e administrativas decorrentes de sua condição de servidor público, já que muito embora a investidura se dê com a posse, apenas com o efetivo exercício se atribuirá todos os direitos e deveres inerentes à condição de integrante do funcionalismo público federal. 16. Deste modo entendo que não se pode deixar de reconhecer o direito ao jovem candidato em assumir o cargo público almejado pois implicaria em submetê-lo a eventuais danos irreversíveis à sua eventual condição de servidor público e sua carreira como integrante do funcionalismo público federal, já que se estaria influenciando em seu detrimento na contagem do tempo de serviço público, bem como no proveito econômico dele decorrente. 17. Assim, há de se manter a sentença que trilhou o entendimento por mim firmado na referida decisão deferitória da liminar no aludido agravo de instrumento por mim proferida para reconhecer o direito do autor em tomar posse no cargo de Assistente Técnico Administrativo no Ministério da Fazenda, no último dia do prazo, qual seja, 08.09.2009, mas restringindo sua entrada no exercício do referido cargo apenas a partir do dia 22.09.2009, quando já terá completado os (dezoito) anos de idade. 18. Apelação e remessa oficial improvidas."

Entendemos, todavia, que a exigência da idade mínima de 18 anos está mais atrelada ao Direito Penal do que ao Direito Civil e serve para evitar que pessoas, ainda que emancipadas, possam, durante os últimos momentos de suas fases de inimputabilidade penal, praticar crimes contra a Administração Pública, razão pela qual, em princípio, discordamos dos julgados que afastam tal exigência para que pessoas menores de 18 anos possam ser investidas em funções públicas.

A colação de grau em curso superior teoricamente também emancipa o graduado. Ocorre, porém, que, somados todos os anos de ensinos fundamental, médio e superior, seria quase impossível que alguém lograsse êxito em se graduar antes dos 18 anos.

Por fim, o estabelecimento civil ou comercial, ou a existência de relação de emprego, desde que, em função deles, o menor com 16 anos completos tenha economia própria também são hipóteses de emancipação legal. Vale lembrar que a norma civil objetiva contemplar todos os casos em que o menor lance-se ao trabalho, seja por iniciativa própria, seja por haver sido contratado por terceiro, mas que, em qualquer caso, consiga o rendimento necessário para a própria sobrevivência.

Atente-se para o fato de que o Código frisa a ideia de se estabelecer civil ou comercialmente como ponto fulcral para a aquisição da plena capacidade, quando se trata de iniciativa própria do emancipado, somado ao fato de obter ganhos que o permitam desvencilhar-se da renda paterna. Deriva a previsão da emancipação tácita reconhecida em nosso direito pré-codificado, por meio da qual o filho, ao se afastar do lar paterno, estabelecia economia doméstica própria, desvencilhada dos seus genitores[59].

Podemos pensar, nos dias de hoje, para tal caso, no exemplo de jovens empreendedores que, hábeis na arte da informática, estabeleçam-se como empresários

59. Loureiro, Lourenço Trigo de. Instituições de Direito Civil Brasileiro – t. I. Rio de Janeiro: B. L. Garnier, 1871, p. 98.

individuais ou montem sua própria sociedade de desenvolvimento de *softwares*, retirando os dividendos necessários para arcar com suas despesas. Lembremos, porém, que o objetivo do artigo não é apenas tratar de emancipar o menor que seja sócio de determinada pessoa jurídica. Esse fato, aliás, por si, nada afeta a capacidade de fato do jovem púbere. Repita-se: dois fatores completam o suporte fático da mencionada emancipação – o lavor próprio do menor e a aferição de numerário capaz de fazer frente às suas despesas básicas.

O trabalho do menor nem sempre se faz em estabelecimento por ele erigido. Autoriza a Constituição Federal que o menor, a partir de 16 anos, trabalhe livremente para terceiros, desde que não assuma atividades noturnas, perigosas ou insalubres (artigo 7º, XXXIII da Carta Maior, permitindo, todavia, e sem implicar a emancipação, o trabalho do menor, a partir de 14 anos, como aprendiz). Enfim, sendo o jovem púbere contratado para trabalhar e logrando êxito em se sustentar, estará automaticamente emancipado.

Frise-se, por fim, que a mudança nas situações que levaram à emancipação legal do menor não o retornam ao estado anterior de incapacidade. Portanto, se uma jovem, com 17 anos, puser fim ao seu matrimônio, mesmo assim será plenamente capaz. Igualmente o jovem demitido de seu emprego, que era capaz de se sustentar antes da extinção do vínculo laboral, não retornará ao estado de relativa incapacidade.

Apreciados, pois, os principais aspectos sobre a capacidade da pessoa natural, avancemos para o estudo dos direitos de personalidade.

Capítulo 7
DIREITOS DE PERSONALIDADE

ASPECTOS INTRODUTÓRIOS

O estudo da personalidade nos remete a imprescindível tópico para a sua compreensão: a análise dos direitos de personalidade.

Em plástica metáfora, Adriano de Cupis[1] afirma que a personalidade é uma ossatura e os tecidos destinados a dar conteúdo a ela são os chamados direitos de personalidade. Compreendemos, portanto, que o núcleo básico de direitos subjetivos que dão consistência à personalidade, sem a qual ela não faria sentido, são denominados "direitos de personalidade".

Assim, negar a existência de direitos de personalidade significa repudiar a personalidade em si, seja física ou jurídica. Mal andou, portanto, o Enunciado 286, da IV Jornada de Direito Civil, organizada pelo Conselho da Justiça Federal, em Brasília, ao pugnar:

> *"Os direitos da personalidade são direitos inerentes e essenciais à pessoa humana, decorrentes de sua dignidade, não sendo as pessoas jurídicas titulares de tais direitos."*

Expliquemo-nos. As pessoas físicas têm natureza distinta das pessoas jurídicas, nem por isso, as últimas deixam de ser *pessoas*. Retornando ao conceito de direitos de personalidades, não podemos limitá-los apenas àqueles que decorrem da dignidade da pessoa humana. Não! O conceito não é esse! Direitos de personalidade são aqueles sem os quais não se poderia pensar em personalidade, por integrarem sua essência. Assim, a essência da personalidade natural é diferente da essência da personalidade jurídica. Não há que se pensar em personalidade natural sem o respeito à dignidade do agente. Logo, a dignidade da pessoa humana é a raiz dos direitos de personalidade dos *seres humanos*. Esse fato, por si, não exclui a existência de direitos de personalidade que digam respeito à essência das pessoas jurídicas e que, por isso, não devam derivar da dignidade *da pessoa humana*.

O equívoco, aliás, parece derivar da leitura que se faz da obra de Pietro Perlingieri[2], quando o mencionado autor assevera:

---

1. Cupis, Adriano de Pietro. *Os Direitos de Personalidade*. Lisboa: Livraria Morais. 1961, p. 15/17.
2. Perlingieri, Pietro. *O Direito Civil na Legalidade Constitucional*. Rio de Janeiro: Renovar. 2008, p.772/773

"257. Os chamados direitos da personalidade e pessoas jurídicas. É possível remover o equívoco sobre a extensão dos direitos da pessoa humana às pessoas jurídicas. Se a tutela da pessoa humana afunda suas raízes no princípio geral presente no art. 2 Const. e qualquer aspecto ou interesse concernente à pessoa é tutelado na medida em que sejam essenciais para seu pleno e livre desenvolvimento, também é verdade que qualquer interesse, referido às pessoas jurídicas, não apenas assume diferentes significados, mas recebe também uma tutela que encontra um fundamento diverso. Para as pessoas jurídicas o recurso ao princípio geral de tutela dos «direitos invioláveis» do homem constituiria uma referência totalmente injustificada, expressão de uma mistificadora interpretação extensiva fundada em um silogismo: a pessoa física é sujeito que tem tutela; a pessoa jurídica é sujeito; ergo, deve-se aplicar a mesma tutela à pessoa jurídica. Daí uma concepção dogmática e unitária da subjetividade como fato neutro. O valor do sujeito pessoa física é, todavia, diverso daquele do sujeito pessoa jurídica.

É necessário adquirir consciência da identidade apenas aparente de problemáticas como, por exemplo, o sigilo, a privacidade e a informação. Estes aspectos assumem valor existencial unicamente para a pessoa humana; nas pessoas jurídicas eles exprimem interesses diversos, geralmente de natureza patrimonial."

A visão de Luís A. Carvalho Fernandes[3] acerca dos direitos de personalidade da pessoa jurídica merece aplausos e caminha em sentido mais lúcido:

"A referência específica a estes direitos, que poderia ter lugar no estudo genérico da pessoa jurídica, justifica-se, fundamentalmente, pela circunstância de eles serem essenciais à própria noção de personalidade, de que constituem o conteúdo mínimo. Neste sentido se diz, justamente, que tais direitos são inerentes à personalidade, incidindo sobre os seus bens fundamentais, como sejam a vida, a honra, o nome. Deste modo, num plano formal, esta categoria de direitos faz ainda algum sentido quanto às pessoas colectivas, embora num plano ajustado à sua natureza e sem o sentido transcendental que ela reveste em relação às pessoas singulares."

Assim, é açodada a crítica formulada por Pietro Perlingieri de que a proteção ao sigilo, à intimidade e privacidade das pessoas jurídicas não passa da defesa de seus interesses patrimoniais. Exemplo contundente para desfazer o engano repousa nas próprias entidades religiosas. Um Concílio responsável pela escolha do Papa é evento que diz respeito a número limitadíssimo de membros da Igreja Católica. Suponha-se que alguém grave as discussões entre os Cardeais e que elas eventualmente venham a abalar a imagem da própria Igreja. A violação à milenar tradição de sigilo poderia sim, no exemplo dado, acarretar danos que não são patrimoniais, mas, à toda evidência, morais. Repita-se: não é pelo fato de os direitos de personalidade das pessoas jurídicas não terem a mesma extensão daquele reconhecido às pessoas naturais, que inexistiriam.

Há que se reconhecer, porém, a posição central que o ser humano ocupa no estudo do Direito Civil, o que faz, como visto, a amplitude dos direitos de personalidade das pessoas singulares ser infinitamente maior do que o das pessoas coletivas. Isso porém, repita-se, não nos autoriza a negá-los aos entes morais.

---

3. Fernandes, Luís A. Carvalho. Teoria Geral do Direito Civil – v. I. 2 ed. Lisboa: Lex, 1995, p. 188.

BREVE HISTÓRICO

Os direitos de personalidade são uma construção teórica relativamente recente, embora se tenham "*tornados possíveis a partir da descoberta da pessoa, que (...) só surge com o pensamento greco-cristão, e muito particular com o contributo deste último*"[4]. Não se pense, todavia, que, mesmo na ausência de uma formulação abstrata que os disciplinassem, deixassem tais direitos de existir nas civilizações mais antigas. O seu regramento, porém, era casuístico e alternava regras protetivas de cunho penal e civil. As Institutas de Justiniano[5] trazem um claro exemplo de proteção à honra da pessoa ao abordar, em título próprio, a questão "das injúrias", definindo-a como a imposição de ultrajes a uma pessoa. Assevera que, em toda espécie de injúria, pode ser intentada ação civil ou criminal, consistindo a pena, na primeira, em quantia estimada para compensar o dano[6].

Entender o nascimento dos direitos de personalidade como categoria abstrata demanda, como adverte Rabindranath V. A. Capelo de Sousa[7], passa por reconhecer que a caracterização do "percurso e do futuro histórico do homem" está referenciada por duas linhas de forças, em certa medidas antagônicas, a saber: *a)* de um lado, existem "vetores de especialização de tarefas e de diferenciação entre os homens, pontuadas mais por relações de dominação pessoal, grupal ou classista do que por lados de solidariedade social" e, de outro lado, *b)* emergem vetores libertários e igualitários, "decorrentes inclusivamente de postura algo diversas (como a revolta ou o amor) face ao real do processo histórico". As duas forças se reinscrevem gradualmente na consciência humana e na consciência cultural e jurídica da comunidade, guiando-nos ao estágio atual em que se encontra o tratamento jurídico do ser humano e, consequentemente, dos direitos de personalidade. Importante, pois, no dialético entrechoque de tais forças, compreender as contribuições trazidas pelo cristianismo (em virtude da ideia de dignidade da pessoa humana), pelo jusnaturalismo (em decorrência da concepção da existência de direitos inatos) e pelo iluminismo (pela valorização do indivíduo frente ao Estado)[8].

Tem-se assentado, pois, que o estabelecimento dos direitos de personalidade como categoria abstrata confunde-se com a exacerbação da proteção ao homem, fruto de uma convergência de significativas mudanças sociais, bem sintetizadas nas lições de César Fiúza[9]:

> *"(...) a evolução do capitalismo industrial, a concentração, a massificação, os horrores da Segunda Guerra Mundial, com o desenvolvimento da tecnologia, principalmente da biotecnologia etc., a*

---

4. Ascensão, José de Oliveira. Direito Civil – Teoria Geral – v. I. 2 ed. Coimbra: Coimbra, 2000, p. 72.
5. Inst. 4,4.
6. Inst. 4, 4, 10.
7. Capelo de Souza, Rabindranath V. A. *O Direito Geral de Personalidade*. Coimbra: Coimbra. 1995, p. 28
8. Fiúza, César. *Direito Civil – curso completo*. 8 ed. Belo Horizonte: Del Rey, 2004, p.158
9. Fiúza, César. *Direito Civil – curso completo*. 8 ed. Belo Horizonte: Del Rey, 2004, p.158

perspectiva muda. O paradigma do Estado Liberal é substituído pelo do Estado Social intervencionista, protetor do mais fraco. Os direitos de personalidade passam a integrar a esfera privada, protegendo o indivíduo, sua dignidade, contra a ganância e o poderio dos mais fortes. Ao lado desse prisma privatístico, continua a subsistir o público, em socorro do indivíduo contra o Estado. Tendo em vista essas duas esferas, privada e pública, os direitos de personalidade pertencem a ambas. Na esfera privada, fala-se em direitos de personalidade, terminologia cunhada por Otto Gierke. Na esfera pública, em direitos humanos e em direitos fundamentais, apesar de esses dois últimos grupos terem maior amplitude, englobando também as garantias políticas."

Todos esses movimentos sociais enfatizaram, em nossa consciência jurídica o inadiável dever de se conferir ao homem proteção mais condizente com a sua dignidade. Desenvolveram-se, pois, como duas faces da mesma moeda, normas de tutela de valores caros ao ser humano, inicialmente, por meio da teorização dos direitos fundamentais, no plano constitucional, para depois, no plano privado, erigir-se uma rica literatura sobre os direitos de personalidade, fenômeno que, aliás, coincidiu com a sua inclusão em códigos civis de todo o mundo, como, por exemplo, o alemão (artigo 823, 1), o italiano (artigos 5º ao 10), o português (artigos 70º ao 81º) e o brasileiro (artigos 11 a 21). Aprofundemos, pois, as diferenças entre os direitos fundamentais e os direitos de personalidade.

OS DIREITOS FUNDAMENTAIS E OS DIREITOS DE PERSONALIDADE

Esclarece Canotilho[10] que muitos direitos fundamentais são direitos de personalidade mas nem todos os direitos fundamentais o são, pois os últimos abarcariam os direitos de estado (cidadania), os direitos sobre a própria pessoa (vida, integridade física, moral e privacidade), os direitos distintivos da personalidade (identidade pessoal, direito à informática) e diversos direitos de liberdade (como o de expressão), enquanto, além deles, os primeiros englobariam os direitos fundamentais políticos e os direitos a prestações. Reconhece, porém, o autor que os mencionados direitos cada vez mais tendam a se confundir.

Vislumbramos, também, inúmeros pontos de contato entre os direitos de personalidade e os direitos fundamentais, reconhecendo, como fez o mencionado constitucionalista, a maior amplitude dos últimos.

Ressaltamos, porém, que diferenças existem. Ora, e no que se assentariam? Bem, como já visto, os direitos de personalidade servem de fonte para a inserção, nas relações privadas, de faculdades indispensáveis à proteção das pessoas. Ocorre, porém, que os direitos fundamentais irradiam sua incidência não apenas sobre a órbita privada, mas também sobre as searas penal, administrativa e tributária, entre outras.

Os direitos de personalidade são, portanto, mais uma peça na ampla rede de proteção que se confere à pessoa pela Constituição. Tomemos um exemplo: o direito

10. Canotilho. J. J. Gomes, *Direito constitucional*. 6 ed. Coimbra: Almedina, 1993, p. 520/521.

à vida. O mencionado direito é tutelado na Constituição Federal (artigo 5º, *caput*). No entanto, seus tentáculos se fazem sentir em normas civis (Código Civil, artigo 15), penais (Código Penal, artigo 121) e voltadas para o Estado na formulação de políticas públicas (Estatuto da Criança e do Adolescente, artigo 7º).

Em certa medida, quando abordamos, no Capítulo V da obra, a aplicação dos direitos fundamentais às relações privadas, mencionamos que havia defensores tanto da sua incidência imediata, quanto mediata. Nesse sentido, quer-nos parecer que os direitos de personalidade são um bem-sucedido exemplo de mediação legislativa para a aplicação da Constituição às relações privadas, sem que isso exclua a concomitante incidência dos mesmos preceitos sobre outras órbitas infraconstitucionais, como o direito penal, administrativo e tributário (no regramento, *v.g.*, da questão do sigilo).

A QUESTÃO DO DIREITO GERAL DE PERSONALIDADE

Esclarece Karl Larenz que a proteção da personalidade por meio de direitos especiais tipificados (vida, integridade física, nome, entre outros) foi estimada como insuficiente após a Segunda Guerra, em grande medida pelas atrocidades praticadas contra seres humanos não apenas pelo Estado, como por diversas entidades privadas. A jurisprudência, portanto, não esperaria que todos os direitos de personalidade fossem tipificados, porquanto as inúmeras possibilidades de violações aceleravam-se com o avanço da ciência humana. Assim, os tribunais houveram por bem invocar os artigos 1º e 2º da Lei Fundamental tedesca, que ressaltam o papel da dignidade da pessoa humana, combinados com a parte final do artigo 823, 1 do Código Civil alemão, para proclamar a existência de um direito geral de personalidade[11].

No mesmo sentido, esclarece Carlos Alberto da Mota Pinto[12] que a consagração do direito geral de personalidade permite tutelar bens pessoais não tipificados, possibilitando a proteção de circunstâncias cuja lesão ou ameaça só o devir poderia descortinar.

José de Oliveira Ascensão[13], após revelar a aceitação da tese sobre a existência de um direito geral de personalidade pela Faculdade de Direito de Coimbra e a sua rejeição pela Faculdade de Direito de Lisboa, posiciona-se contrário ao instituto por entender que, no direito geral de personalidade, o homem apareceria como objeto de si mesmo, o que seria uma impossibilidade lógica. Revela-se, todavia, favorável ao pensamento de que os direitos de personalidade, embora especiais (vale dizer, não encerrados em fórmula geral), não se arrolam em *numerus clausus* no Código Civil. Afirma, ainda, que a adoção do direito geral de personalidade não favoreceria

11. Larenz, Karl. Derecho Civil – Parte General. Madri: Revista de Derecho Privado, 1978, p. 160/161.
12. Pinto, Carlos Alberto da Mota. Teoria geral do direito civil. 3 ed. Coimbra: Coimbra, 1999, p. 207/208.
13. Ascensão, José de Oliveira. Direito Civil – Teoria Geral – v. I. 2 ed. Coimbra: Coimbra, 2000, p. 86/88.

a tipificação de novas modalidades especiais de direitos de personalidade, o que atentaria contra a segurança jurídica.

Entendemos, em realidade, que as duas teorias expostas (a da existência do direito geral de personalidade e a teoria dos direitos especiais de personalidade em *numerus apertus*) conduzem a resultados práticos muito semelhantes. O que não se pode tolerar é que se defenda a ideia de que os direitos de personalidade representariam um rol tipificado exaustivamente (*numerus clausus*) de valores protegidos pela lei civil.

Posicionando-nos sobre a controvérsia, entretanto, concordamos com o José de Oliveira Ascensão de que não se precisa recorrer à existência de um direito geral de personalidade, desde que se opte pela compreensão de que o rol presente em lei, dos direitos especiais de personalidade, é meramente enunciativo.

CARACTERÍSTICAS DOS DIREITOS DE PERSONALIDADE – A OPONIBILIDADE *ERGA OMNES*

Os direitos de personalidade são dotados de importantes características que, tomadas isoladamente, nada dizem, mas que, reunidas, informam a dimensão correta do instituto ora traçado.

Assim, em primeiro lugar, temos que os direitos de personalidade são direitos absolutos, na medida em que são oponíveis a todos. Vale lembrar que a oponibilidade *erga omnes* não é uma exclusividade de tal espécie de direitos, ocorrendo também nos direitos reais. Oportuna, portanto, a ressalva feita por José de Oliveira Ascensão[14], ao frisar que a expressão "direito absoluto" não significa "direito ilimitado", sendo, em realidade, o antônimo de "direito relativo", este último significando o direito que se insere em relação jurídica específica, em que há dois polos, sem que nenhum deles se confunda com toda a comunidade. Assim, um direito de crédito, por opor um credor determinado (por exemplo, João) a devedor certo (Pedro), é um direito relativo. Já a propriedade, ou o direito à vida, são direitos absolutos, na medida em que podem ser opostos a toda a comunidade.

A INDISPONIBILIDADE

Os direitos de personalidade são também indisponíveis, porquanto irrenunciáveis e intransmissíveis. Essa característica deriva da própria leitura do artigo 11 do Código Civil, que dispõe:

> *"Art. 11. Com exceção dos casos previstos em lei, os direitos da personalidade são intransmissíveis e irrenunciáveis, não podendo o seu exercício sofrer limitação voluntária."*

14. Ascensão, José de Oliveira. Direito Civil – Teoria Geral – v. I. 2 ed. Coimbra: Coimbra, 2000, p. 92.

Assim, sendo inconcebível que alguém venha a se despir da própria personalidade, é também incompreensível que possa fragilizá-la ao ponto de nulificá-la pela alienação ou renúncia dos direitos que lhe dão consistência. As discussões mais sérias, porém, residem na limitação que se pode impor aos direitos de personalidade. Enfrentemo-las.

José de Oliveira Ascensão[15] percebe, ao lado de restrições negociais, duas ordens de limites mais intensos aos direitos de personalidade: os limites intrínsecos e os limites extrínsecos. Os primeiros referem-se aos conteúdos legais demarcados para cada direito de personalidade, ao passo que os últimos decorrem da conjugação entre os direitos de personalidade de titulares diferentes.

O artigo 11 do Código Civil, em nosso ordenamento, parece admitir tais limitações aos direitos de personalidade, desde que previstas em lei. Elas, porém, não podem conduzir ao esvaziamento do núcleo essencial de tais bens imateriais. É, em última análise, a aplicação do Princípio da Proteção do Núcleo Essencial dos direitos fundamentais, que tranquilamente se pode transplantar para o estudo dos direitos de personalidade, porquanto inseridos no âmbito de incidência dos direitos fundamentais, e cuja explicação se encontra nas seguintes lições de Gilmar Ferreira Mendes[16]:

> "1.2.2.3 Princípio da Proteção do Núcleo Essencial
>
> Alguns ordenamentos constitucionais consagram a expressa proteção do núcleo essencial, como se lê no art. 19, II da Lei Fundamental alemã de 1949 e na Constituição portuguesa de 1976 (art. 18, III). Cuida-se, talvez, de preocupação exagerada do constituinte, pois, é fácil ver que a proteção do núcleo essencial dos direitos fundamentais deriva da supremacia da Constituição e do significado dos direitos fundamentais na estrutura constitucional dos países dotados de Constituições rígidas. Se se admitisse que a lei poderia restringir ilimitadamente direitos fundamentais, ter-se-ia a completa supressão do efeito vinculante desses direitos em relação ao legislador.
>
> De ressaltar, porém, que enquanto princípio expressamente consagrado na Constituição ou enquanto postulado constitucional imanente, o princípio da proteção do núcleo essencial (Wesensgehaltsgarantie) destina-se a evitar o esvaziamento do conteúdo do direito fundamental mediante estabelecimento de restrições descabidas, desmesuradas ou desproporcionais".

Assim, tolera-se o transplante de órgãos, pois, embora seja uma violação à integridade física do doador, é prevista em lei e não agride o núcleo básico de proteção à vida e à dignidade do doador. E o que dizer da prática esportiva (lutas, como boxe, MMA, entre outras) que podem implicar severa restrição à integridade física dos atletas? Elas seriam toleráveis pela nossa legislação? Entendemos que sim, desde que inseridas no espírito do artigo 3º da Lei nº 9.615/98, porquanto resguardado o núcleo essencial do direito à vida, que dispõe:

> *"Art. 3º O desporto pode ser reconhecido em qualquer das seguintes manifestações:*

15. Ascensão, José de Oliveira. Direito Civil – Teoria Geral – v. I. 2 ed. Coimbra: Coimbra, 2000, p. 92.
16. Mendes, Gilmar Ferreira. Direitos Fundamentais e Controle de Constitucionalidade. 2 ed. São Paulo: Celso Bastos, 1999, p. 38/39.

I – desporto educacional, praticado nos sistemas de ensino e em formas assistemáticas de educação, evitando-se a seletividade, a hipercompetitividade de seus praticantes, com a finalidade de alcançar o desenvolvimento integral do indivíduo e a sua formação para o exercício da cidadania e a prática do lazer;

II – desporto de participação, de modo voluntário, compreendendo as modalidades desportivas praticadas com a finalidade de contribuir para a integração dos praticantes na plenitude da vida social, na promoção da saúde e educação e na preservação do meio ambiente;

III – desporto de rendimento, praticado segundo normas gerais desta Lei e regras de prática desportiva, nacionais e internacionais, com a finalidade de obter resultados e integrar pessoas e comunidades do País e estas com as de outras nações."

Nessa linha, as mais intensas polêmicas quanto à relativa impossibilidade de limitações ao direito de personalidade se situam no estudo do direito à imagem e à privacidade, levando a imensas disputas judiciais, como doravante será apreciado.

Em nossa jurisprudência, ecoou o caso de modelo brasileira que, na praia de Cádiz, na Espanha, foi clandestinamente flagrada por um *paparazzo* em tórridas cenas de amor com o seu namorado. Divulgadas as filmagens para todo o mundo, as partes indevidamente filmadas aviaram ação em que se pretendia o reconhecimento de obrigação de não fazer, no sentido de que não mais fossem divulgadas as imagens pela rede mundial de computação.

O Juízo de primeiro grau houve por bem julgar improcedente a demanda, porquanto avaliou ter a modelo assumido o risco de se expor, ao protagonizar tão fortes cenas em meio público. Inconformada, a parte autora manejou apelação, que foi distribuída ao Desembargador do Tribunal de Justiça de São Paulo Ênio Santarelli Zuliani, que, anteriormente, em sede de agravo, já havia determinado a suspensão liminar da veiculação das imagens. Merece transcrição parte do ilustrado voto do relator do caso[17]:

"Apesar da ressalva sobre a impertinência de impugnar o Acórdão, cabe uma palavra sobre o direito de X e da própria Y que, ao contrário do que foi reproduzido pela mídia, continua perseguindo a exclusão do vídeo, conforme ela própria menciona na petição de fl. 662/663. A sentença é muito transparente ao estabelecer um limite para a transgressão do direito de imagem dos jovens que foram flagrados fazendo sexo na praia. É necessário acabar com essa exposição e tudo o que se escreveu sobre uma suposta legalidade de se punir libertinagem, retransmitindo o vídeo ad aeternum e sem cortes, encarna o fútil propósito de uma significativa parcela de opiniões em defesa do sacrifício de valores dos culpados pelos erros de conduta. Não se justifica perpetuar esse castigo moral que está sendo impingido aos autores, porque não é justo ou jurídico manter, indefinidamente, uma parte da vida deles exposta ao público, como se estivessem expiando um pecado digno da execração pública.

O Acórdão atentou para um valor fundamental da dignidade humana [art. 1o, III, da CF], optando pela consagração de um enunciado jurídico que estabeleça um basta contra essa atividade criminosa e que se caracteriza pela retransmissão, contra a vontade das pessoas filmadas clandestina-

17. BRASIL. Tribunal de Justiça de São Paulo. Apelação Cível 0120050-80.2008.8.26.0000. Voto do Desembargador Ênio Santarelli Zuliani. Publicado no DJ de 18/07/2008.

mente, de imagens depreciativas e que humilham os protagonistas, seus conhecidos, os parentes e suas futuras gerações. De todas as manifestações que foram emitidas em jornais e revistas, com o sensacionalismo imprudente dos jejunos do direito, não há uma voz que aponte uma boa razão para que a intimidade do casal permaneça devassada, como foi, até porque são cenas delituosas. A quem interessa isso, perguntei, quando relatei o Acórdão, e não foi dada resposta. Não é, que fique bem claro, preocupação com essa ou outra pessoa, notória ou simples, mas, sim, defesa de uma estrutura da sociedade, na medida em que a invasão de predicamentos íntimos constitui assunto que preocupa a todos, até porque a imprevisibilidade do destino poderá reservar, em algum instante, esses maus momentos para nós mesmos ou pessoas que nos são próximas e caras.

O relator não determinou que fosse bloqueado o site YOUTUBE, tendo isso ocorrido por uma equivocada interpretação do Juízo de Primeiro Grau, que, traduzindo de forma errada o que constou do despacho, expediu ofícios para que se interditasse o site por completo. O nome desse juiz foi citado, indevidamente, como defensor da censura, o que constitui uma leviandade, porque contraria tudo o já escrevi sobre o assunto [Ênio Santarelli Zuliani, Comentários à Lei de Imprensa, RT, coordenação de Luiz Manoel Gomes Júnior,2007, p. 54]:

(...)

O YOUTUBE articula-se, para justificar a inserção do vídeo e o acesso irrestrito, com a analogia, pretendendo convencer de que determinadas situações, mesmo que teoricamente ofensivas a direitos da personalidade, ganham licitude quando conhecidas [domínio público das obras literárias]. Uma coisa é esvaziar o direito autoral de um poema ou canção centenária festejada pelo povo como se fosse patrimônio da humanidade; outra, bem diferente, é pretender que o banalizar da vulgaridade conquiste a legalidade. Não. Ainda que testemunhemos a mediocridade e com ela nos resignemos, jamais poderemos admitir que o enfraquecimento dos costumes transforme o ilícito em assunto de rotina dos lares, o que anima escrever que a multiplicidade do replay do filme do casal não imuniza os infratores que teimam em divulgá-lo."

A tônica de todas as manifestações do Relator do feito, nas diversas oportunidades em que foram colhidas, foi a mesma, o direito à imagem, à intimidade podem ceder frente ao interesse público pela notícia. Ocorre, porém, que a reprodução do vídeo não tinha nenhum caráter informativo, longe disso, tão somente vulnerava a imagem dos então namorados que foram flagrados.

Não se está a defender a atitude do casal. Busca-se apenas chamar à reflexão sobre um fato: seria lícito imaginar que, ao produzir tórridas cenas de sexo em ambiente público, abriram, por completo, mão de sua intimidade. Estariam perpetuamente condenados por este erro? Mas, se assim fosse, estaríamos a admitir a renúncia completa a um direito de personalidade, aviltando uma de suas mais básicas características: a indisponibilidade.

Outro intrigante assunto, ainda referente ao uso da imagem, se dá com a possibilidade de se entabularem determinados negócios que versem sobre tais direitos. O Código Civil do Brasil disciplina a matéria no artigo 20:

"Art. 20. Salvo se autorizadas, ou se necessárias à administração da justiça ou à manutenção da ordem pública, a divulgação de escritos, a transmissão da palavra, ou a publicação, a exposição ou a utilização da imagem de uma pessoa poderão ser proibidas, a seu requerimento e sem prejuízo da indenização que couber, se lhe atingirem a honra, a boa fama ou a respeitabilidade, ou se se destinarem a fins comerciais.

Parágrafo único. Em se tratando de morto ou de ausente, são partes legítimas para requerer essa proteção o cônjuge, os ascendentes ou os descendentes."

Melhor haveríamos andado se estabelecêssemos uma cláusula geral sobre restrições negociais aos direitos de personalidade, como fez o Código Civil de Portugal, em seu artigo 81º:

"ARTIGO 81º

(Limitação voluntária dos direitos de personalidade)

I. Toda a limitação voluntária ao exercício dos direitos de personalidade é nula, se for contrária aos princípios da ordem pública.

2. A limitação voluntária, quando legal, é sempre revogável, ainda que com obrigação de indemnizar os prejuízos causados às legítimas expectativas da outra parte."

A leitura dos dispositivos transcritos nos faz compreender que, no Brasil, é possível, desde que autorizado, o uso da imagem do agente. Assim, *reality shows* cercam-se de cuidados, a fim de lograrem a autorização dos candidatos para a veiculação de suas imagens. Como visto, nada há de irregular nessa conduta.

Segundo nossa lei, porém, alguns cuidados devem ser levados em consideração quanto ao uso de imagem alheia. Assim, a lei estabelece que o uso não autorizado da imagem pode ser obstado se atingir a honra, a respeitabilidade, a boa fama do agente, ou caso se destine a fins comerciais. Algumas variáveis devem ser apreciadas, portanto a partir da leitura dos artigos 20 e 21 do Código Civil:

a) havendo autorização, pode ocorrer uso de imagem alheia com fins comerciais (como sói acontecer nos *reality shows*);

b) logo, tratando-se ainda de uso comercial, porém sem autorização da parte, mesmo que não se atinja a boa fama, a honra ou a respeitabilidade do agente, a proibição da utilização, somada à indenização pelo mal uso da imagem, são cabíveis, ambas calcadas na vedação ao enriquecimento sem causa de quem mal utiliza a imagem alheia, e à proteção ao núcleo essencial do direito de personalidade ora versado para se locupletar;

c) um uso não comercial, ainda que não autorizado, é permitido, desde que não atinja a honra, a boa fama e a respeitabilidade da pessoa. Utiliza-se, como exemplo, uma matéria para telejornal, no qual, casualmente, filma-se um transeunte, que, em estado plenamente normal, aparece ao fundo da imagem, sem que nada depreciativo lhe seja associado;

d) o uso comercial que afete a honra, a boa fama e a respeitabilidade são passíveis de proibição, por possível violação ao núcleo essencial do direito fundamental do titular, restando debater, como faremos no próximo tópico, se o controle à veiculação poderá ser preventivo ou se necessariamente será repressivo. Lembre-se apenas que a leitura constitucional do artigo 20 e 21 permite a veiculação de matérias, ainda que violadoras da boa fama do agente, desde que calcadas no interesse público de informação (como ocorre nas notícias envolvendo prisões preventivas de políticos e empresários, suspeitos de corrupção);

e) a autorização para o uso de imagem concedida pode, em regra, ser revogada, sob pena de se caracterizar ato de disposição definitiva do direito de personalidade do agente, e desde de que o direito de revogação não seja exercido abusivamente, cabendo a quem a revoga indenizar os prejuízos advindos de seu arrependimento.

Nessa esteira, um caso muito interessante, a versar justamente sobre a possibilidade de revogação de autorização para uso de imagem, ocorreu no Rio de Janeiro, onde três participantes de *reality show* cujo objetivo seria descobrir novos talentos musicais, almejavam que as cenas de suas respectivas eliminações não fossem ao ar.

O Desembargador Alexandre Freitas Câmara, indeferiu o pleito monocraticamente[18]. Merece também transcrição trecho de seu entendimento:

> *"Os agravantes inscreveram-se para participar de um programa televisivo desses que têm sido chamados de reality shows. Uma vez inscritos, passam a disputar uma competição para cujos vencedores são oferecidos vultosos prêmios. Ocorre que, tendo sido eliminados os agravantes, não querem agora submeter-se a ver sua imagem exposta em rede nacional de televisão. Para isso, postulam a desconstituição do contrato que celebraram, apontando cláusulas (especialmente a 9ª) que violariam princípios gerais do direito brasileiro, como a boa-fé e a dignidade da pessoa humana.*
>
> *Da cláusula impugnada extrai-se o seguinte trecho, destacado pelos recorrentes: '(...) o participante entende que poderá revelar e que outras partes poderão revelar informações sobre ele de natureza pessoal, particular, vergonhosa e não favorável. Entende que a contribuição ao programa poderá ser explorada de forma pejorativa, vergonhosa e/ou de forma desfavorável (...)'.*
>
> *Sobre o tema, vale trazer à colação ensinamento do eminente constitucionalista, professor titular da Faculdade de Direito da Universidade de São Paulo, Virgílio Afonso da Silva ('Direitos fundamentais e relações entre particulares', in Revista DireitoGV, vol. 1, n. 1, maio 2005, pp. 176 – 177):*
>
> *'(...) aqueles que participam dos chamados reality shows, tão em voga nas emissoras de televisão no Brasil e no mundo, o fazem com base no exercício de sua autonomia da vontade. Esse exercício acarreta, sem dúvida, restrições a direitos fundamentais, especialmente ao de privacidade. A desigualdade material entre, por exemplo, a Rede Globo, uma das maiores empresas de comunicação do mundo, e os participantes de seu reality show é inegável. Isso não significa, contudo, que haja uma necessidade de intervir nessa relação para proteger direitos fundamentais restringidos: a desigualdade material não interfere, necessariamente, na autenticidade das vontades.*
>
> *'Com isso, quero salientar que o recurso a desigualdades (fática e material), ainda que possa ser usado como elemento da argumentação jurídica nesse âmbito, deve ser encarado com extrema reserva. Parece-me que o decisivo é a sinceridade no exercício da autonomia privada, que não necessariamente terá alguma relação com desigualdades externas a ela'.*

18. BRASIL. Tribunal de Justiça do Rio de Janeiro. Agravo de Instrumento 0015710 – 75.2011.8.19.0000. Decisão Monocrática do Desembargador Alexandre Freitas Câmara, datada de 11/04/2011.

Ora, não pode haver dúvida de que os agravantes sabiam, exatamente, no que estavam se inscrevendo ao lançar-se como candidatos do reality show. Além disso, manifestaram sinceramente suas vontades, tanto que não buscam a anulação do negócio jurídico por vício de consentimento, mas sua 'rescisão'. E quem se inscreve em um reality show sabe, exatamente, o que lhe espera. A exposição a que seriam submetidos era conhecida, e a ela sinceramente se submeteram. Devem, pois, arcar agora com as consequências de seus atos."

A decisão certamente é polêmica, pois, se os direitos de personalidade são indisponíveis, a autorização para veiculação da imagem deveria, em tese, ser, a qualquer tempo revogável. Repita-se, em tese!

A leitura, porém, mais cuidadosa do *decisum* revela o seu acerto, pois, no caso concreto, inibe que autorizações dadas na mais absoluta boa-fé entre as partes, sejam imotivadamente revogadas, frustrando justas expectativas criadas entre os partícipes. Nessas hipóteses, as revogações das autorizações concedidas seriam um verdadeiro abuso de direito. Tal ponderação, todavia, só poderá ser feita caso a caso, tendo-se em mente que, na dúvida, a possibilidade de revogação haverá de prevalecer.

Por fim, tema adjacente ao tratado é a manipulação de dados pessoais no hodierno mundo digital. Em 2018, foi editada a Lei Geral de Proteção de Dados, LGPD (Lei 13.709/18), que dispõe sobre o tratamento de tais dados, inclusive nos meios digitais, por pessoa natural ou por pessoa jurídica de direito público ou privado, com o objetivo de proteger os direitos fundamentais de liberdade e de privacidade e o livre desenvolvimento da personalidade da pessoa natural.

Seu principal desiderato é assegurar a privacidade dessas informações pessoais, ao tempo em que permite um maior controle sobre elas. Além disso, a fixa regras sobre as formas de coleta, armazenamento e compartilhamento de dados tendo como fundamentos o respeito à privacidade, à autodeterminação informativa, à liberdade de expressão, de informação, de comunicação e de opinião, à inviolabilidade da intimidade, da honra e da imagem, ao desenvolvimento econômico e tecnológico, à inovação, à livre iniciativa, à livre concorrência, à defesa do consumidor e aos direitos humanos, ao livre desenvolvimento da personalidade, à dignidade e ao exercício da cidadania pelas pessoas naturais.

A violação aos mencionados preceitos, pormenorizados na citada lei, não apenas sujeitam o infrator à reparação civil, como pode ensejar a aplicação de multas elevadíssimas, limitadas a cinquenta milhões de reais.

A EXTRAPATRIMONIALIDADE, A VITALICIEDADE E A DEFESA DOS DIREITOS DE PERSONALIDADE

Os direitos de personalidade não são dotados de valoração econômica prévia, sendo, pois, extrapatrimoniais. Não significa pensar, porém, que, na hipótese de sua violação, não se possa fixar uma justa indenização para reparar os danos morais ou estéticos advindos do aviltamento de tão caros valores para a personalidade.

O Código Civil, aliás, trata da proteção aos direitos de personalidade no artigo 12, que dispõe:

> *"Art. 12. Pode-se exigir que cesse a ameaça, ou a lesão, a direito da personalidade, e reclamar perdas e danos, sem prejuízo de outras sanções previstas em lei.*
>
> *Parágrafo único. Em se tratando de morto, terá legitimação para requerer a medida prevista neste artigo o cônjuge sobrevivente, ou qualquer parente em linha reta, ou colateral até o quarto grau."*

A leitura da mencionada norma traz algumas inquietações, que merecem enfrentamento. A primeira delas diz respeito às medidas cabíveis para a eficaz proteção dos direitos de personalidade.

A exigência de interrupção da ameaça ou lesão a direito de personalidade envolve o primeiro conjunto de medidas cabíveis. Via de regra, tais providências são deduzidas judicialmente, por meio de ações inibitórias que imponham um *non facere* a quem quer que esteja violando os atributos da vítima. Em outras palavras: seria possível uma atuação preventiva do Poder Judiciário ou apenas repressiva?

Certamente, quanto a direitos de personalidade como vida e integridade física, é de todo conveniente que se evite seja perpetrada a agressão aos mencionados direitos de personalidade. E quanto à imagem e privacidade? No tópico anterior analisamos hipóteses do que consistiria na vulneração aos ditos atributos, ressaltando ser inconcebível a violação aos respectivos núcleos essenciais.

O tema já bateu às portas de nossa Suprema Corte. Note-se que o direito à informação é um dos pilares das sociedades que se reconhecem verdadeiramente democráticas. Por outro lado, é bem sabido que notícias açodadas podem irremediavelmente macular a honra daquele que estiver sob os holofotes da imprensa. A grande questão é: o Poder Judiciário haverá de fazer, quando provocado, como regra, a censura da notícia? Note-se que, na própria jurisprudência do Supremo Tribunal Federal, pôde-se encontrar julgado em que a proibição prévia da veiculação da matéria foi chancelada[19]:

> *"EMENTA: LIBERDADE DE IMPRENSA. Decisão liminar. Proibição de reprodução de dados relativos ao autor de ação inibitória ajuizada contra empresa jornalística.*
>
> *Ato decisório fundado na expressa invocação da inviolabilidade constitucional de direitos da personalidade, notadamente o da privacidade, mediante proteção de sigilo legal de dados cobertos por segredo de justiça. Contraste teórico entre liberdade de imprensa e os direitos previstos nos arts. 5º, incs. X e XII, e 220, caput, da CF. Ofensa à autoridade do acórdão proferido na ADPF nº 130, que deu por não recebida a Lei de Imprensa. Não ocorrência. Matéria não decidida na ADPF. Processo de reclamação extinto, sem julgamento de mérito. Votos vencidos. Não ofende a autoridade do acórdão proferido na ADPF nº 130, a decisão que, proibindo a jornal a publicação de fatos relativos ao autor de ação inibitória, se fundou, de maneira expressa, na inviolabilidade*

19. BRASIL. Supremo Tribunal Federal. Reclamação 9428. Tribunal Pleno. Relator Ministro César Peluso. Divulgado DJe de 24/06/2010.

constitucional de direitos da personalidade, notadamente o da privacidade, mediante proteção de sigilo legal de dados cobertos por segredo de justiça."

No entanto, o debate só se pôs claramente perante a Corte Constitucional do Brasil quando se indagou sobre a constitucionalidade dos já transcritos artigos 20 e 21 do Código Civil na ADI 4.815. A dúvida era: qualquer um pode lançar uma biografia de terceiro, ainda que não tenha por ele sido autorizado, ou, pelo contrário, só poderá fazê-lo se for previamente permitido pela personagem biografada ou sua família?

A relatora, Ministra Carmen Lúcia[20], assim balizou a matéria:

78. Pelo exposto, julgo procedente a presente ação direta de inconstitucionalidade para dar interpretação conforme à Constituição aos arts. 20 e 21 do Código Civil, sem redução de texto, para, a) em consonância com os direitos fundamentais à liberdade de pensamento e de sua expressão, de criação artística, produção científica, declarar inexigível o consentimento de pessoa biografada relativamente a obras biográficas literárias ou audiovisuais, sendo por igual desnecessária autorização de pessoas retratadas como coadjuvantes (ou de seus familiares, em caso de pessoas falecidas); b) reafirmar o direito à inviolabilidade da intimidade, da privacidade, da honra e da imagem da pessoa, nos termos do inc. X do art. 5º da Constituição da República, cuja transgressão haverá de se reparar mediante indenização."

A preferência, como se pode depreender da leitura do voto, é que o controle acerca da violação (ou não) dos direitos de personalidade do biografado/noticiado se dê de forma inibitória e não prévia, pois poderíamos estar a subverter a ideia de proteção, transmutando-a em censura. Nessa linha, convém transcrever as razões apresentadas pelo Ministro Luís Roberto Barroso[21] no mesmo julgamento:

"3. A mentira dolosa e deliberada, com o intuito de fazer mal a alguém, pode ser fundamento para considerar-se ilegítima a divulgação de um fato. Por exemplo, às vésperas de uma eleição se imputa falsamente a alguém a condição de pedófilo. Mas, de novo, a interferência do Judiciário há de ser a posteriori, com autocontenção máxima. Só casos excepcionais e raríssimos devem justificar a intervenção. Mas ninguém pode impedir que quem se considere lesado vá ao Judiciário, como assegura a Constituição (art. 5º, XXXV). Repito, porém: a regra absolutamente geral é a do controle posterior. Em casos excepcionalíssimos, extremos, teratológicos e justificados por um exame de proporcionalidade que considere a posição preferencial."

Podemos, pois, concluir que os artigos 20 e 21 do Código Civil continuam vigentes. A proibição prévia à veiculação, portanto, será a absoluta exceção. Não se pense, porém, que, havendo violação à honra do noticiado, nada será feito. Inúmeros remédios repressivos estão disponíveis: direito de resposta, a exigência de correção da notícia, a indenização e a responsabilização penal.

---

20. BRASIL. Supremo Tribunal Federal. ADI 4815. Voto da Ministra Carmen Lúcia. Disponível em http://www.stf.jus.br/arquivo/cms/noticiaNoticiaStf/anexo/ADI4815relatora.pdf, acesso em 04 de julho de 2015.
21. BRASIL. Supremo Tribunal Federal. ADI 4815. Voto do Ministro Luís Roberto Barroso. Disponível em http://www.stf.jus.br/arquivo/cms/noticiaNoticiaStf/anexo/ADI4815LRB. pdf, acesso em 04 de julho de 2015.

Cabe lembrar ainda, que, se a ofensa à imagem da pessoa se der por veículo de comunicação social, *a posteriori*, ser-lhe-á assegurado o direito de resposta, na forma da Lei nº 13.188/15, que considera "matéria qualquer reportagem, nota ou notícia divulgada por veículo de comunicação social, independentemente do meio ou da plataforma de distribuição, publicação ou transmissão que utilize, cujo conteúdo atente, ainda que por equívoco de informação, contra a honra, a intimidade, a reputação, o conceito, o nome, a marca ou a imagem de pessoa física ou jurídica identificada ou passível de identificação." Em tais hipóteses, o direito de resposta deverá ser exercido no prazo decadencial de 60 dias, por meio de pedido ao órgão responsável pela notícia. Deixando o responsável pela matéria de ofertar a retificação ou resposta almejada, no prazo posterior de sete dias à apresentação do pedido pelo prejudicado, nascerá o interesse jurídico para propositura da ação de fazer, consistente na veiculação do desagravo, que segue rito especial, em conformidade que a urgência que a mitigação ao abalo de imagem demanda.

Enfatize-se, porém, que a ordem inibitória contra a medida aviltante do direito de personalidade, seja qual for, inclusive por órgão de comunicação social, não exclui, como menciona o artigo 12 do Código Civil, a reparação pecuniária pelos danos morais já experimentados, talvez a providência mais recorrente em nossas cortes. É uma solução muito próxima à preconizada pelo Código Português. Vejamos:

> *"ARTIGO 70º*
>
> *(Tutela geral da personalidade)*
>
> *1. A lei protege os indivíduos contra qualquer ofensa ilícita ou ameaça de ofensa à sua personalidade física ou moral.*
>
> *2. Independentemente da responsabilidade civil a que haja lugar, a pessoa ameaçada ou ofendida pode requerer as providências adequadas às circunstâncias do caso, com o fim de evitar a consumação da ameaça ou atenuar os efeitos da ofensa já cometida.*
>
> *ARTIGO 71º*
>
> *(Ofensa a pessoas já falecidas)*
>
> *1. Os direitos de personalidade gozam igualmente de protecção depois da morte do respectivo titular.*
>
> *2. Tem legitimidade, neste caso, para requerer as providências previstas no nº 2 do artigo anterior o cônjuge sobrevivo ou qualquer descendente, ascendente, irmão, sobrinho ou herdeiro do falecido."*
>
> *3. Se a ilicitude da ofensa resultar da falta de consentimento, só as pessoas que o deveriam prestar têm legitimidade, conjunta ou separadamente, para requerer as providências a que o número anterior se refere.*

Percebe-se, da leitura dos dois Códigos – do Brasil e de Portugal – que as duas atitudes preconizadas para a defesa dos direitos de personalidade são muito semelhantes: a adoção de medidas acautelatórias, que façam cessar a lesão e o estabelecimento, quando o for caso, de indenização pelos danos já perpetrados.

Ocorre que, em Portugal, intenso debate doutrinário foi travado quanto à proteção aos direitos de personalidade de pessoa já falecida (artigo 71º da lei lusitana e parágrafo único do artigo 12 da brasileira). As dúvidas são muitas – vão desde quem seria o verdadeiro titular do direito desrespeitado, até as consequências exatas advindas da violação (se inibitórias ou indenizatórias) e foram bem resumidas no voto proferido pelo Juiz Salvador da Costa[22] em julgado processado perante o Supremo Tribunal de Justiça de Portugal. Analisemos um trecho do aresto:

> *"3. Façamos agora a análise da particularidade da ofensa à memória das pessoas falecidas.*
>
> *A ofensa a pessoas falecidas, para além de integrar o tipo criminal do artigo 185° do Código Penal, a que já se fez referência, também encontra tutela no artigo 71° do Código Civil.*
>
> *Expressa o último dos referidos artigos, por um lado, que os direitos de personalidade gozam igualmente de protecção depois da morte do respectivo titular (n° 1).*
>
> *E, por outro, terem legitimidade para requerer as providências previstas no n° 2 do artigo anterior o cônjuge sobrevivo ou qualquer descendente, ascendente, irmão, sobrinho ou herdeiro do falecido (n° 2).*
>
> *Recorde-se que o n° 2 do artigo 70° deste Código, para o qual o n° 2 do artigo em análise remete, expressa que, independentemente da responsabilidade civil a que haja lugar, a pessoa ameaçada ou ofendida pode requerer as providências adequadas às circunstâncias do caso, com o fim de evitar a consumação da ameaça ou atenuar os efeitos da ofensa já cometida.*
>
> *A doutrina está dividida a propósito da interpretação dos n°s 1 e 2 do artigo 71° do Código Civil, ou seja, quanto às questões de saber, por um lado, se a protecção que envolvem se reporta ainda a direitos de personalidade das pessoas falecidas ou das pessoas a que se refere o último dos mencionados normativos.*
>
> *E, por outro, na segunda hipótese, se as referidas pessoas têm ou não direito a indemnização ou compensação no quadro da responsabilidade civil, ou apenas a faculdade de requererem em juízo as mencionadas providências no âmbito do processo de jurisdição voluntária a que se reportam os artigos 1474° e 1475° do Código de Processo Civil.*
>
> *PIRES DE LIMA e ANTUNES VARELA, no 'Codigo Civil Anotado', volume I, Coimbra, 1987, página 105, e DIOGO LEITE DE CAMPOS, 'Lições de Direitos de Personalidade', Coimbra, 1995, páginas 44 e 45, entendem, os primeiros que em certa medida a protecção em causa constitui um desvio à regra do artigo 68° do Código Civil, e o último que a personalidade se prolonga para depois da morte, e defenderem os parentes e herdeiros do falecido um interesse deste, em nome dele, e não um interesse próprio.*
>
> *Diverso é o entendimento de JOSÉ DE OLIVEIRA ASCENSÃO, 'Direito Civil, Teoria Geral, volume I, Introdução, As Pessoas, Os Bens', Coimbra, 1998, páginas 89 a 91, de LUIS A. CARVALHO FERNANDES, 'Teoria Geral do Direito Civil', Lisboa, 1995, páginas 179 a 181, e de HEINRICH EWALD HORSTER. 'A Parte Geral do Código Civil Português, Teoria Geral do Direito Civil', Coimbra, 1992, páginas 259 a 263.*
>
> *O primeiro entende que o prolongamento para além da morte apenas ocorre em relação ao valor pessoal e que a protecção da lei se reporta apenas à memória do falecido, e que não há direito a indemnização nem para o finado nem para as pessoas a que se reporta o n° 2 do artigo 71° do Código Civil.*
>
> *O segundo, por seu turno, entende que a lei protege o interesse das pessoas previstas no artigo 71°, n° 2, do Código Civil, em função da dignidade do falecido, mas que não têm direito a in-*

22. PORTUGAL. Supremo Tribunal de Justiça. Processo 07B355. Voto do Juiz Salvador da Costa. Acórdão de 18/10/2007.

demnização, limitando-se a tutela às providências mencionadas naquele preceito, e o terceiro considera que as aludidas pessoas exercem um direito próprio no interesse de outrem, mas que não têm direito a indemnização.

De modo diverso dos últimos mencionados autores entendem RABINDRANATH VALENTINO ALEIXO CAPELO DE SOUSA, 'Direito Geral de Personalidade', Coimbra, 1995, páginas 10 a 19, PEDRO PAIS DE VASCONCELOS, 'Teoria Geral do Direito Civil', Coimbra, 2007, páginas 86 e 87 e 'Direito de Personalidade', Coimbra, 2006, páginas 118 a 123, CARLOS ALBERTO MOTA PINTO, 'Teoria Geral do Direito Civil', Coimbra, 2005, páginas 206 a 213, ANTÓNIO MENEZES CORDEIRO, 'Tratado de Direito Civil Português', I, Parte Geral, Tomo III, Pessoas, Coimbra, 2004, páginas 461 a 467, e JOÃO DE CASTRO MENDES, 'Teoria Geral do Direito Civil', volume I, Lisboa, 1978 páginas 109 a 111. Estes últimos autores consideram que a personalidade cessa com a morte da pessoa; mas enquanto o primeiro considera que alguns dos bens nela integrados permanecem no mundo das relações jurídicas e são autonomamente protegidos em termos de tutela depois da morte, os restantes interpretam a lei no sentido de que a tutela legal se refere aos direitos das pessoas previstas no nº 2 do artigo 71º do Código Civil, em cuja titularidade se inscrevem os direitos de personalidade.

Acresce que todos eles entendem que as mencionadas pessoas têm direito a indemnização ou compensação por virtude da ofensa à memória do falecido, verificados os respectivos pressupostos.

Ora, a solução para o caso há-de assentar, como é natural, na interpretação do disposto nos artigos 71º, nºs 1 e 2, do Código Civil, tendo em conta o que se prescreve no artigo 9º daquele diploma, e na sua aplicação ao quadro de facto que as instâncias deram por assentes em sede de condensação e que não foi posto em causa no âmbito dos recursos. Resulta da lei que a personalidade se adquire com o nascimento completo e com vida e que cessa com a morte (artigos 66º, nº 1 e 68º, nº 1, do Código Civil).

Assim, não obstante o primeiro dos referidos normativos expressar que a personalidade jurídica cessa com a morte, o terceiro artigo seguinte – o nº 1 do artigo 71º – expressa que os direitos de personalidade gozam de protecção depois da morte do respectivo titular.

Na fixação do sentido e do alcance da lei, deve o intérprete presumir ter o legislador consagrado as soluções mais acertadas e sabido exprimir o seu pensamento em termos adequados (artigo 9º, nº 3, do Código Civil).

A expressão igualmente que consta no nº 1 do artigo 71º do Código Civil decorre da circunstância de no nº 1 do artigo anterior se estabelecer proteger a lei os indivíduos contra qualquer ofensa à sua personalidade física ou moral.

Ora, como o nº 1 do artigo 70º do Código Civil se reporta, naturalmente, as pessoas com personalidade jurídica, isto é aos vivos, salientando o desvio àquele preceito, foi inserido no nº 1 do artigo 71º do mesmo diploma a expressão igualmente.

Tendo em conta o elemento literal do nº 1 do artigo 71º do Codigo Civil, a par do seu escopo finalístico de protecção da memória das pessoas falecidas ou do respeito dos mortos, impõe-se a conclusão no sentido de que, embora a personalidade jurídica cesse com a morte, alguns dos direitos que a integravam continuam a ser protegidos depois do decesso da pessoa. Nesta perspectiva, não se configura contraditória a cessação da personalidade jurídica com a morte das pessoas com a protecção de alguns dos direitos que a integravam, como valores pessoais que se destacam sob a motivação do respeito pela memória de quem terminou de viver.

6. Finalmente, atentemos na síntese da solução para o caso decorrente dos factos declarados assentes nas instâncias e da lei, o direito à liberdade de expressão e de informação por via da imprensa não prevalece, em regra, sobre o direito das pessoas à honra, bom nome e consideração social.

> *Os recorridos ofenderam ilícita e culposamente a memória do já falecido ascendente dos recorrentes, que a lei protege, não obstante a respectiva personalidade jurídica haver cessado com a morte.*
>
> *A referida ofensa, pela sua natureza e estrutura, não afectou directamente os direitos de personalidade dos recorridos, certo que só afectou aspectos destacados da personalidade do seu ascendente.*
>
> *O nº 2 do artigo 71º não atribui às pessoas a que se reporta um direito próprio de indemnização lato sensu, mas tão só a legitimidade de requerer as providências previstas no nº 2 do artigo 70º, ambos do Código Civil.*
>
> *Os recorrentes não têm, por isso, no confronto dos recorridos, o direito de lhe exigir a pretendida compensação por danos não patrimoniais."*

A rica leitura proporcionada pela transcrição do trecho acima indica o vulto das polêmicas que rondam a defesa do direito de personalidade das pessoas falecidas. A primeira discussão orbita ao redor do eventual prolongamento da própria personalidade, como decorrência do reconhecimento da proteção dos direitos ora versados *post mortem*.

O problema pode ser assim assentado: como não existem direitos sem sujeitos, há quem não possa imaginar os direitos de personalidade do morto, sem que exista um titular que, eventualmente, poderia ser o próprio falecido.

Ocorre, porém, que não vislumbramos precisamente um *direito subjetivo de personalidade* quando tratamos da memória de pessoas falecidas. Imaginamos que o que está em risco é um dos valores mais caros da civilização humana: o respeito aos que não estão vivos. Mais do que uma proteção que demande o reconhecimento de um direito, subjetivamente deferido a certo titular, percebemos a existência, na espécie, de *interesse legítimo* de toda a sociedade, para a defesa de um dos pilares de nossa sociedade, o respeito aos mortos.

No entanto, o Código de Processo Civil exige, no seu artigo 18, que, para se pleitear, em nome próprio, direito alheio, há necessidade de autorização legal. Pois bem, ei-la no artigo 12 do nosso Código Civil. Vislumbramos dessa forma, na última norma, apenas uma autorização legislativa ao cônjuge sobrevivente, ou qualquer parente em linha reta, ou colateral até o quarto grau, para substituir toda a comunidade na defesa do bom nome de seu ente querido pré-morto. Não entendemos estar encerrada nela qualquer passaporte para obtenção de automática indenização, na hipótese de violação a direito de personalidade de pessoa já falecida.

Ocorre, porém, que não são poucos os julgados que vislumbram, no mencionado dispositivo, a sede material, ao nosso ver equivocadamente, do pleito indenizatório para os parentes do morto ofendido. Eis interessante exemplo extraído de nossa jurisprudência[23]:

23. BRASIL. Tribunal de Justiça do Distrito Federal e Territórios. Apelação Cível *20090810077158*. 5a Turma Cível. Relator Desembargador João Egmont. Divulgado DJe de 10/05/2011 p. 144.

"DIREITO CONSTITUCIONAL E CIVIL AÇÃO DE CONHECIMENTO. INDENIZAÇÃO POR DANOS MORAIS. PRELIMINAR DE ILEGITIMIDADE ATIVA NÃO CONHECIDA. PUBLICAÇÃO DE FOTO. FINITITUDE DO DIREITO DE HUMANIDADE. IMAGEM DE PESSOA FALECIDA, VÍTIMA DE HOMICIDIO, COM OS SEGUINTES DIZERES: PRESIDIÁRIO MORTO A CAMINHO DE CASA. EQUÍVOCO DA MANCHETE SENSACIONALISTA. AUSÊNCIA DE AUTORIZAÇÃO E VEICULAÇÃO DE INFORMAÇÕES DEGRADANTES. OFENSA À DIGNIDADE HUMANA. EXCESSO NO DIREITO DE INFORMAÇÃO. DEVER DE REPARAR. VALOR DA INDENIZAÇÃO. CONDIÇÃOECONÔMICA DAS PARTES.PECULIARIDADES DOCASO.

1. O art. 12, parágrafo único, do Código de Civil prevê que em se tratando de pessoa morta, o cônjuge sobrevivente, ou qualquer parente em linha reta, ou colateral até o quarto grau tem legitimação para exigir que cesse a ameaça, ou a lesão, a direito da personalidade, bem como reclamar perdas e danos, sem prejuízo de outras sanções previstas em lei.

1.1 'A tutela dos objetos do direito de personalidade e, por conseguinte, a proteção integral do sujeito que titulariza os direitos que decorrem dessa situação jurídica, podem revelar a necessidade de cuidado jurídico mesmo após a morte de quem, por primeiro, deles foi titular. É certo que as potências e atos da natureza humana podem criar situações jurídicas de vantagem para o seu titular e, depois, para os seus descendentes e, por isso nada obsta que se permita a tutela de um direito de personalidade, após a morte de seu titular' (in Código Civil Comentado, 7ª Ed. RT, p. 225).

2. Quando a reportagem tem conteúdo meramente informativo, procurando esclarecer o público a respeito de assunto de interesse geral, sem enveredar na vida privada do cidadão, ou seja, quando há apenas o animus narrandi, não se vislumbra a existência de culpa ou dolo, ainda que a matéria objeto da reportagem contrarie os interesses da pessoa ali referida.

3. Apenas a publicação de notícia em jornal que ultrapasse os limites da divulgação de informação, da expressão de opinião e da livre discussão de fatos, afrontando a honra e integridade moral de pessoas, deve ser passível de reparação de ordem moral.

4. Enseja o dever de indenizar a publicação de foto extremamente forte de pessoa falecida, estendida no chão, com a face embebida em sangue, quando feita sob manchete sensacionalista, sem qualquer ressalva quanto à imagem do de cujus, acusando-o de ter várias passagens pela polícia por porte de droga, tentativa de homicídio e furto qualificado, em situação que devassa sua intimidade e honra.

5. A responsabilidade civil, nestes casos, advém do abuso perpetrado em colisão com os direitos de personalidade (honra, imagem e vida privada) da vítima e de seus familiares, já que a atividade jornalística, mesmo que seja livre para informar, não é absoluta, devendo ser reprimida quando importar em abusos.

5.1 Enfim. 'A mera publicação desautorizada das fotos do cadáver do pai dos Autores já ensejaria a violação aos direitos de intimidade, honra subjetiva e vida privada dos Autores (art.5°, inciso X, da Constituição Federal), mas o Réu foi além, e veiculou imagens chocantes, com informações imprecisas, denotando que ali se tratava de um preso, sendo que, apesar de condenado, o de cujus à época da morte era trabalhador e, portanto, já ressocializado (fl. 34). Logo, a notícia foi capaz, também, de violar a honra objetiva e a imagem do de cujus, o que merece ainda mais censura por este Julgador' (Juiz de Direito Dr. Josmar Gomes de Oliveira).

6. Presentes os pressupostos ensejadores da responsabilidade civil, quais sejam, o dano experimentado pela família, a conduta lesiva praticada pelo veículo de imprensa e o nexo de causalidade entre ambos, impõe-se a condenação do ofensor como forma de se mitigar a dor e o sofrimento experimentados em virtude da injusta e macabra exposição do pai em manchete sensacionalista de periódico.

7. A fixação do valor da indenização precisa considerar as condições pessoais e econômicas das partes, de modo que o arbitramento seja feito com moderação e razoabilidade, dentro das peculiaridades de cada caso, de forma a evitar-se tanto o enriquecimento indevido do ofendido como a abusiva reprimenda do ofensor.

8. Recurso não provido."

Ora, é de indagar-se, então estaríamos a defender, ao contrário do julgado transcrito, que a indenização ao parente do falecido pela desonra ao seu nome seria inviável? É claro que não! Defendemos apenas a tese de que a sede material a sustentar o pleito não é o parágrafo único do artigo 12 do Código Civil, ou, em outras palavras, que a indenização não é benefício automaticamente outorgado a qualquer parente indicado no citado dispositivo legal, mas seu cabimento deverá ser demonstrado caso a caso. Expliquemo-nos.

Sabe-se que a ofensa a ente querido morto *pode* ou *não* engendrar danos morais a seus parentes vivos, mormente aos mais distantes, como um primo ou um sobrinho-neto (colaterais em quarto grau). Não há uma correlação automática, repita-se, entre a agressão à memória do falecido e a violação a direitos de personalidades dos parentes ainda vivos. Tomemos um exemplo.

João, pessoa batalhadora, na adolescência, migrou do sertão do Nordeste do Brasil para Brasília, a fim de tentar se estabelecer profissionalmente. Durante 50 anos lograra experimentar relativo sucesso profissional e, no mencionado período, nunca entrou em contato com os irmãos, sobrinhos e sobrinhos-netos, vindo, por causas naturais, a falecer. Após a sua morte, fora veiculada matéria difamatória em informativo de clube social ao qual era associado, maculando-lhe o bom nome. É de indagar-se: em que medida se pode imaginar que sobrinhos-netos (colaterais em quarto grau) do falecido haveriam sido afetados pela notícia, circunscrita apenas a associados do clube? Como pensar que o artigo 12, parágrafo único, do Código Civil, estaria assegurando a tão distantes pessoas o direito à indenização? A resposta é uma só: não assegura. O que a lei civil fez foi apenas assegurar a tais sobrinhos-netos a condição de substitutos processuais, na forma do artigo 18 do novo Código de Processo Civil, para que busquem a tutela inibitória quanto à caluniosa matéria de nosso exemplo.

Em realidade, a ofensa a morto capaz de gerar indenização aos entes queridos circunscreve-se ao plano do dano "em ricochete", assim compreendido como aquela situação em que "uma pessoa que sofre o 'reflexo' de um dano causado a outra pessoa"[24], vale dizer, a ofensa jurídica é voltada contra o agente morto, mas afeta a esfera jurídica de seus parentes vivos.

É o reconhecimento do dever de indenizar por violação à esfera pessoal dos parentes vivos da vítima, que reflexamente sofreram pelo agravo. Ocorre que a sede

24. Pereira, Caio Mário da Silva. "Responsabilidade Civil". 8 ed. Rio de Janeiro: Forense, 1998, p. 43.

material do pleito indenizatório é a mesma de qualquer pedido de reparação civil: a combinação do artigo 186 com o artigo 927, ambos do Código Civil.

Assim, a conclusão mais razoável é a de que o parágrafo único do artigo 12 de nossa Lei Civil assegura tão somente a adoção, pelos legitimados extraordinários, das medidas inibitórias definidas no *caput*. A possibilidade ou não de indenização dos mencionados parentes circunscreve-se à aplicação de diversos dispositivos do Código Civil (artigos 186 e 927).

Seja, porém, a indenização lastreada na incidência do artigo 12 ou dos artigos 186, combinado com 927, outro grave problema tem atormentado nossos julgadores. Imaginemos que a memória de determinada pessoa falecida tenha sido aviltada por determinado incauto. Seria possível, apesar de seu erro, admitir-se que respondesse a diversas ações, em diversas cidades, em tempos diferentes, a fim de indenizar um por um, os parentes que se tenham sentido ofendidos?

A preocupação se repete em tema muito próximo: o homicídio, doloso ou culposo, de parente próximo. Seria admissível a pulverização de demandas, agravando-se sobremaneira o *quantum* indenizatório e a logística de defesa do Réu? Em interessante estudo, aduz Antônio Jeová Santos[25]:

> *"A ação de indenização por* dano moral *tem certa peculiaridade. Tome-se uma família composta por sete pessoas, seis irmãos e a mãe. se o pai morreu em um acidente de trânsito, por exemplo, se a mãe e dois dos filhos intentarem a ação, ao depois, não poderão os demais tentarem receber novas indenizações. o montante pecuniário é um só. Apenas aqueles que ajuizaram a demanda serão indenizados. os demais não poderão pulverizar vários pedidos e receber múltiplas indenizações.*
>
> *Levada ao paroxismo a ideia de que todos que padecem* dano moral *estão legitimados para a postulação da indenização, ter-se-ia uma gama enorme de demandas contra apenas uma pessoa, a responsável pelo evento. os amigos íntimos, os admiradores, o namorado, os vizinhos, todos poderiam alegar ruptura no equilíbrio espiritual pela saudade deixada pelo* de cujus *e aforar inúmeras ações. Se todos os que sentiram pela morte de John Kennedy, norte-americanos e estrangeiros, resolvessem processar Lee Oswald por danos morais, ter-se-ia um sem número de demandas, o que mostra quão infundada é estender a possibilidade de várias pessoas se intitularem parte legítima em ações diversas para postular dano extrapatrimonial"*
>
> (...)
>
> *Não pode deixar de ser considerado que a morte de alguém atinge não só os parentes diretos, aqueles que estão mais diuturnamente com a vítima, mas também os amigos, vizinhos, parentes mais distantes e outros. Se todos eles resolvessem, individualmente, pedir indenização, o agressor jamais teria sossego diante da possibilidade de, a qualquer momento, ser molestado com mais uma demanda. É tão esdrúxula essa situação que a legislação teria de pôr freio a essa possibilidade, a essa realidade.*
>
> *Como não existe lei, é o juiz que tem suprir a lacuna e encontrar soluções adequadas quando diante de situações como as que vêm sendo retratadas."*

25. Santos, Antônio Jeová. Dano Moral Indenizável. 4 ed. São Paulo: RT, 2001, p. 469/470.

A questão já foi levada ao Superior Tribunal de Justiça, em julgado no qual parentes distintos de duas pessoas, falecidas no mesmo acidente aéreo, propuseram ações autônomas e pulverizadas almejando a indenização pela perda dos respectivos entes queridos. A Corte, num primeiro momento, apoiou-se nas razões apontadas no voto do Ministro Luis Felipe Salomão e concluiu que, no caso de morte de familiares, a indenização deveria ser globalmente fixada[26]:

> *"(...)*
>
> *5. Assim, a solução de simplesmente multiplicar o valor que se concebe como razoável pelo número de autores, tem a aptidão de tornar a obrigação do causador do dano demasiado extensa e distante de padrões baseados na proporcionalidade e razoabilidade.*
>
> *Considero que a solução que adota como razoável determinado valor e apenas multiplica-o pelo número de autores está apoiada unicamente em uma das extremidades da relação jurídica advinda do fato danoso. Salvo erro de minha percepção, analisa-se tão somente a extensão do dano para o arbitramento da indenização, desconsiderando o outro extremo da relação, que é a conduta do causador do dano, com a valoração de sua reprovabilidade e, ademais, todas as circunstâncias do caso concreto.*
>
> *A solução que julgo adequada deve, a um só tempo, sopesar a extensão do dano e a conduta de seu causador, e, nesse passo, em boa verdade, muito embora por vezes os atingidos pelo fato danoso sejam vários, a conduta do réu é única, e sua reprovabilidade é igualmente uma só, e isso, a meu juízo, deve ser considerado na fixação da indenização por dano moral.*
>
> *Por isso, alinho-me aos precedentes que atribuem a indenização por morte à família do morto de forma global – com apenas uma ressalva da qual tratarei adiante -, sem olvidar que, deveras, como bem assinalou o relator na sessão de julgamento inicial, há precedentes em sentido contrário.*
>
> *(...)*
>
> *6. Feito esse breve retrospecto da jurisprudência – sem olvidar de que há, deveras, entendimento em sentido contrário, como noticiado pelo eminente Relator -, cumpre salientar que a doutrina também tem sufragado a conclusão de que a indenização por danos morais, em razão da morte de parente próximo, deve ser arbitrada de forma global, entendida, portanto, como um montante destinado à família, valor este que, de regra, é rateado igualmente entre os integrantes do grupo.*
>
> *Embora por outros fundamentos, este também é o entendimento de Humberto Theodoro Junior:*
>
> *No caso, por exemplo, de ofensa a um pai de família, não é razoável atribuir uma indenização de monta a cada um dos membros do conjunto familiar, mormente quando este esteja integrado por menores de pequena idade, ainda sem o discernimento necessário para dar ao evento urna dimensão moral maior. É preferível ver-se, na hipótese, o núcleo familiar corno uma unidade ou urna comunidade, cuja honra foi ofendida e que, assim, se faz merecedora de reparação geral, em benefício conjunto de todos os seus integrantes. Não que urna criança não tenha honra a ser tutelada, mas é que a sua imaturidade não justificaria urna reparação isolada, fora do contexto maior da família (THEODORO JUNIOR, Humberto. Comentários ao novo código civil. Volume 3. Sálvio de Figueiredo Teixeira (Coord.). Rio de Janeiro: Forense, 2003. p. 49).*
>
> *7. Não se desconhece que o dano moral é uma violação individualmente experimentada por cada pessoa, portanto, da mesma forma, deve ser considerada em sua individualidade.*

26. BRASIL. Supremo Tribunal Federal. REsp 1127913. Voto do Ministro Luis Felipe Salomão. Acórdão publicado no DJe de 30/10/2012.

Porém, a solução que ora se contrapõe àquela apresentada pelo Relator, considera, a um só tempo, tanto a individualidade dos atingidos pelo dano, quanto a conduta do causador, a qual, repita-se, é uma só.

(...)

Quanto à preocupação de que outros legitimados sejam impedidos de pleitear indenizações, o problema é apenas aparente e, a meu juízo, é contornado pela solução proposta, uma vez que ela não afasta essa possibilidade.

Se para o arbitramento da indenização deve ser considerado o número de autores, certamente uma ação proposta apenas por parte dos legitimados conduzirá a indenização de menor valor. Assim, tendo sido a indenização fixada em valor reduzido em uma hipótetica primeira ação, nada impede que futuramente outros legitimados proponham sua pretensão, de modo que a soma atingida pelas duas – se bem conduzidas as condenações – não atinja patamares desarrazoados."

O arrojado entendimento, contudo, foi superado no julgamento dos embargos de divergência opostos ao transcrito recurso especial. Válida a leitura de parte da ementa[27]:

"(...)

4. Nessa linha, a fixação de valor reparatório global por núcleo familiar – nos termos do acórdão embargado – justificar-se-ia apenas se a todos os lesados (que se encontram em idêntica situação, diga-se de passagem) fosse conferido igual tratamento, já que inexistem elementos concretos, atrelados a laços familiares ou afetivos, que fundamentem a discriminação a que foram submetidos os familiares de ambas as vítimas."

Ainda assim, a virtude do julgado foi lançar luzes ao debate. De nossa parte, entendemos que se a família da vítima era muito numerosa, uma grande quantidade de ações exacerbará o caráter punitivo da responsabilidade civil. Assim, ainda que a indenização não seja fixada globalmente, acreditamos que o número de agentes pretensores à reparação civil é critério que se deve levar em consideração ao se fixar o valor da indenização, aos quais agregamos mais alguns:

a) sempre que possível, o magistrado deverá determinar a conexão dos feitos, a fim de julgá-los numa única assentada, a fim de pontuar se a indenização estará ou não sendo extorsiva;

b) sendo impossível a conexão, um dos aspectos a serem considerados, e que poderá, não raro, ser colhida da própria certidão de óbito do falecido, é se existem outros possíveis legitimados para a demanda. Tal informação balizará o *quantum* a ser pago em hipotética primeira ação;

c) deverão os interessados ainda atentar para o prazo prescricional para a propositura dos feitos indenizatórios que, no Brasil, é de três anos (Código Civil, art. 206, § 3º, inciso V), lembrando que a propositura da ação por um dos legitimados não interrompe a prescrição para os outros.

---

27. BRASIL. Superior Tribunal de Justiça. EREsp 1127913/RS, Rel. Ministro NAPOLEÃO NUNES MAIA FILHO, CORTE ESPECIAL, julgado em 04/06/2014, DJe 05/08/2014.

O estabelecimento, porém, de valor global de indenização a ser pago a um ou alguns membros familiares demandaria intervenção legislativa, transformando aquele ou aqueles que acionassem o Réu em primeiro lugar em substituto processual dos demais, algo que não se verifica no texto atual de nossa lei civil. Assim, ainda que o magistrado deva, na fixação individual do valor da reparação, quando possível, raciocinar globalmente, ele não está autorizado a estabelecer o valor a ser pago ao grupo familiar, dividindo-o pela quota de cada parente litigante.

Apreciados, pois, os aspectos mais genéricos acerca dos direitos de personalidade, façamos enfrentamento mais pontual do tratamento que recebem na lei e na doutrina.

DIREITOS DE PERSONALIDADE. DIREITO À VIDA

Talvez o mais intuitivo dos direitos de personalidade seja o direito à vida. Nelson Rosenvald e Cristiano Chaves de Farias[28] advertem que o mencionado direito se completa pela ideia de dignidade da pessoa humana.

ASSIM, AO NOS REFERIRMOS AO MENCIONADO INSTITUTO, O CORRETO SERIA TRATAR DO "DIREITO À VIDA DIGNA"

As grandes inquietações acerca do direito à vida parecem se referir sobretudo aos seus limites, porquanto, nos dias de hoje, inadmissível se mostra afirmar que um dado direito de personalidade, ainda que seja à vida, seja, *a priori*, mais importante do que outros. Assim, tratar do direito à vida demanda enfrentar as situações limítrofes, nas quais, em tese, poderia ser eclipsado por outros valores.

Elegemos, entre tantas, algumas situações concretas em que tal dilema pode ocorrer. A primeira delas diz respeito à adoção de tratamentos médicos que garantam a sobrevida de paciente debilitado por algum mal. Não raro, médicos sentem-se compelidos a sujeitar pacientes, mesmo contra as vontades dos últimos, a procedimento nos quais nem os profissionais de saúde acreditam[29], tão somente com o objetivo de garantir sobrevida ao doente. O Conselho Federal de Medicina, sensível ao dilema ético ao qual se sujeitam os profissionais por ele regidos, editou a Resolução nº 1.995/2012, que regulou instrumento jurídico que pode minorar tais angústias: o chamado testamento vital.

28. Farias, Cristiano Chaves de, e Rosenvald, Nelson. *Direito Civil – Teoria Geral*.9 ed. Rio de Janeiro: Lumen Juris, 2011, p. 179.
29. Colhe-se essa informação em interessante matéria veiculada pelo Conselho Federal de Medicina na página http://portal.cfm.org.br/index.php?option=com_content&view=arti cle&id=23202:testamento-vital-permitira-as-pessoas-definirem-limites-terapeuticos-na- manutencao-da-vida&catid=3, acesso em 05 de novembro de 2012.

O instituto não é inédito e já era regrado em outras nações. Ele já se encontra regulado, por exemplo, na Espanha, desde 2002, por meio da Lei nº 41/2012. No artigo 11 do mencionado diploma, está assentado[30]:

"1. Pelo documento de instruções prévias, uma pessoa maior, capaz e livre manifesta antecipadamente sua vontade, com o fim de que esta se cumpra no momento em que chegue a situações em cujas circunstâncias não seja capaz de expressá-la pessoalmente, sobre os cuidados e o tratamento de sua saúde ou, uma vez falecendo, sobre o destino de seu corpo e órgãos. O outorgante do documento pode designar, ademais, um representante para que, chegado o momento, sirva como seu interlocutor com o médico ou a equipe de saúde para dar cumprimento às instruções prévias."

Na Argentina, em maio de 2012, foi aprovada a chamada "Lei da Morte Digna", que, acolheu, em terras plantinas, a prática do testamento vital. Dispõe a mencionada norma, que acrescentou o artigo 11 à Lei nº 26.529/2009[31]:

"Artigo 11: Diretivas antecipadas. Toda pessoa capaz, maior, pode dispor diretivas antecipadas sobre sua saúde, podendo consentir ou rueepudiar determinados tratamentos médicos, preventivos ou paliativos, e decisões relativas à sua saúde. As diretivas deverão ser aceitas pelo médico encarregado, salvo as que implicarem desenvolver práticas eutanásicas, hipótese em que se terão como inexistentes."

Emblemático, no país platino, caso posto, à apreciação de sua Corte Suprema em julho de 2015. Trata-se da história de paciente que se encontrava em estado vegetativo, há 20 anos, como reflexo de complicações que se originaram a partir de acidente de motocicleta. Pois bem, não existiam instruções escritas dadas pelo paciente antes de sofrer as severas restrições ao seu quadro clínico. Ocorre, porém, que seus familiares foram firmes ao afirmar que o mencionado senhor enfermo manifestara, quando consciente, que desejaria interromper o tratamento, na hipótese de severa deterioração ao seu quadro clínico. A Corte Suprema, então, acatou o pleito, por entender que não se estava a vindicar uma eutanásia, mas a simples e digna interrupção de tratamento que artificialmente estendia a vida de pessoa em estado vegetativo[32].

---

30. Tradução livre do texto original: "*1. Por el documento de instrucciones previas, uma persona mayor de edad, capaz y libre, manifiesta anticipadamente su voluntad, con objeto de que ésta se cumpla en el momento en que llegue a situaciones em cuyas circunstancias no sea capaz de expresarlos personalmente, sobre los cuidados y el tratamiento de su salud o, una vez llegado el fallecimiento, sobre el destino de su cuerpo o de los órganos del mismo. El otorgante del documento puede designar, además, un representante para que, llegado el caso, sirva como interlocutor suyo con el médico o el equipo sanitario para procurar el cumplimiento de las instrucciones previas*".
31. Tradução livre do texto original: "*Artículo 11: Directivas anticipadas. Toda persona capaz mayor de edad puede disponer directivas anticipadas sobre su salud, pudiendo consentir o rechazar determinados tratamientos médicos, preventivos o paliativos, y decisiones relativas a su salud. Las directivas deberán ser aceptadas por el médico a cargo, salvo las que impliquen desarrollar prácticas eutanásicas, las que se tendrán como inexistentes.*".
32. O periódico platino La Nacíon, em seu sítio eletrônico, tratou do posicionamento da corte, a saber: "*Em su fallo, la Corte,con los votos de Ricardo Lorenzetti, Elena Highton de Nolasco y Juan Carlos Maqueda, precisó que la Ley de Derechos del Paciente ya contempla situaciones como la de Diez, imposibilitado de expresar su consentimiento informado, y ratifica el derecho de sus familiares a dar testimonio de la voluntad del paciente respecto de los tratamientos médicos que éste quiere o no recibir. El tribunal también aclaró que no se estaba*

Não difere muito o texto argentino da lei portuguesa sobre o tema (Lei nº 25/2012), de 16 de julho de 2012. Afirma-se, no 2º artigo da norma:

> *"Artigo 2º*
>
> *Definição e conteúdo do documento*
>
> *1 — As diretivas antecipadas de vontade, designadamente sob a forma de testamento vital, são o documento unilateral e livremente revogável a qualquer momento pelo próprio, no qual uma pessoa maior de idade e capaz, que não se encontre interdita ou inabilitada por anomalia psíquica, manifesta antecipadamente a sua vontade consciente, livre e esclarecida, no que concerne aos cuidados de saúde que deseja receber, ou não deseja receber, no caso de, por qualquer razão, se encontrar incapaz de expressar a sua vontade pessoal e autonomamente."*

Os regramentos citados não representam uma autorização para a prática da eutanásia ativa, na qual há intervenção médica para que se abrevie a vida do doente. Vale, aliás, diferenciar tal conceito do relativo à ortotanásia[33]. Na ortotanásia, do grego *orthos* (reto) e *thanatos* (morte), ocorre a morte ao seu tempo. Não se atua proativamente a fim de se abreviar o óbito, apenas se põe fim a tratamentos que perderam a indicação pelo grau em que se encontra a doença. Nesse sentido, há quem vislumbre também diferença em relação à eutanásia passiva, esta última implicando a suspensão de medidas que seriam adequadas para o caso, abreviando, por omissão, a vida do agente. É de se ressaltar, porém, serem a ortotanásia e eutanásia passiva, para outros autores, expressões sinônimas[34].

Controvérsias etimológicas à parte, temos que o verdadeiro debate foi bem traçado pelos médicos americanos Tom L. Beauchamp e James F. Childress[35]:

> *"Quando matar não é moralmente diferente de deixar morrer*
>
> *Podemos tratar agora de nossa terceira questão: 'Há uma diferença moral entre matar e deixar morrer?' Afirmar (como fazemos) que matar não é moralmente diferente de deixar morrer significa simplesmente dizer que qualificar um ato, corretamente, como um ato de 'matar' ou de 'deixar morrer' não acarreta em si nenhuma determinação de se uma ação é melhor ou pior, mais ou menos justificada, do que a outra. Alguns atos particulares de matar (um assassinato brutal, por exemplo) podem ser piores do que alguns atos de deixar morrer (a omissão de um tratamento para um paciente que está em estado vegetativo permanente, digamos), mas alguns atos particulares de deixar morrer (não ressuscitar um paciente que poderia ser salvo, por exemplo) também podem ser piores do que alguns casos particulares de matar (como uma morte piedosa a pedido do paciente). Não há nada em 'matar' e 'deixar morrer' que implique julgamentos acerca do caráter certo ou errado das ações, ou acerca de sua beneficência ou não maleficência. O que é certo e o que é errado dependem do mérito da justificação que está por trás da ação, e não do tipo de*

---

frente a un caso de eutanasia o muerte asistida y pidió evitar las "judicializaciones innecesarias de decisiones relativas al cese de prácticas médicas". La Corte subrayó que el pedido de las hermanas de Diez constituye sólo "una abstención terapéutica" que se encuentra contemplada en la jurisprudencia."

33. Villas-Bôas. Maria Elisa. "Da eutanásia ao prolongamento artificial da vida". Rio de Janeiro: Forense, 2005, p. 73/74.
34. Godinho, Adriano Marteleto. *Testamento vital e o ordenamento brasileiro. Jus Navigandi*, Teresina, ano 15, n. 2545, 20 jun 2010. Disponível em http://jus.com.br/revista/texto/15066.
35. Beauchamp, Tom L. e Childress, James F. Princípios de ética biomédica. São Paulo: Loyola, 2002, p. 250/251.

ação. Portanto, nem matar nem deixar morrer são em si errados, e no tocante a isso tais ações devem ser distinguidas do assassinato, que é errado por si. Tanto matar como deixar morrer são errados prima facie, mas, em algumas circunstâncias, podem ser justificados.

Seria absurdo aceitar todos os casos de deixar morrer como justificados, e é não menos absurdo considerar injustificadas todas as situações em que se mata (por exemplo, matar em autodefesa). Para um julgamento de que um ato de matar ou de deixar morrer é justificado ou injustificado é necessário que se saiba sobre o caso algo além dessas características. Precisamos saber algo sobre o motivo do autor (se é benevolente ou de má-fé, por exemplo), o desejo do paciente e as consequências do ato. Somente esses fatores adicionais permitirão que localizemos a ação num mapa moral e que façamos um julgamento normativo sobre ele. Para se determinar a sua aceitabilidade, portanto, todos os casos de matar e deixar morrer têm de satisfazer critérios independentes, como o balanço das vantagens e desvantagens para o paciente"

Nessa linha, sabemos que a eutanásia é prática proibida no Brasil, restando a possibilidade apenas de se conjugar a vontade do agente à boa prática da ortotanásia. Valendo-se das palavras dos médicos citados, matar, ainda que por piedade, no país, é conduta típica, antijurídica e punível. Resta saber se deixar que a pessoa morra, segundo estritos parâmetros terapêuticos, antecipadamente traçados, representaria uma ilicitude ou não.

Novamente a resposta parece repousar na análise do conflito de direitos fundamentais: de um lado o direito à vida e, de outro, a questão da liberdade individual e da dignidade da pessoa humana. A legislação argentina mediou o conflito de forma interessante – as decisões do paciente deverão ser aceitas, salvo as que representarem eutanásia, aqui compreendida a conduta que acelera a morte natural por meio de condutas médicas. Na linguagem de Tom L. Beauchamp e James F. Childress os platinos parecem haver prestigiado o "deixar morrer", repudiando o "matar", ainda que a última conduta se faça com a mais nobre das intenções.

No Brasil, carentes ainda de lei sobre o tema, o CFM resolveu traçar balizas éticas a serem observadas pelos médicos nas situações ora em debate, insculpidas na Resolução nº 1.995/2012, que dispõe:

"Art. 1º Definir diretivas antecipadas de vontade como o conjunto de desejos, prévia e expressamente manifestados pelo paciente, sobre cuidados e tratamentos que quer, ou não, receber no momento em que estiver incapacitado de expressar, livre e autonomamente, sua vontade.

Art. 2º Nas decisões sobre cuidados e tratamentos de pacientes que se encontram incapazes de comunicar-se, ou de expressar de maneira livre e independente suas vontades, o médico levará em consideração suas diretivas antecipadas de vontade.

§ 1º Caso o paciente tenha designado um representante para tal fim, suas informações serão levadas em consideração pelo médico.

§ 2º O médico deixará de levar em consideração as diretivas antecipadas de vontade do paciente ou representante que, em sua análise, estiverem em desacordo com os preceitos ditados pelo Código de Ética Médica.

§ 3º As diretivas antecipadas do paciente prevalecerão sobre qualquer outro parecer não médico, inclusive sobre os desejos dos familiares.

§ 4º O médico registrará, no prontuário, as diretivas antecipadas de vontade que lhes foram diretamente comunicadas pelo paciente.

§ 5º Não sendo conhecidas as diretivas antecipadas de vontade do paciente, nem havendo representante designado, familiares disponíveis ou falta de consenso entre estes, o médico recorrerá ao Comitê de Bioética da instituição, caso exista, ou, na falta deste, à Comissão de Ética Médica do hospital ou ao Conselho Regional e Federal de Medicina para fundamentar sua decisão sobre conflitos éticos, quando entender esta medida necessária e conveniente."

O Código Civil do Brasil, embora não tenha tratado diretamente do assunto, parece estar em harmonia com o espírito da resolução ao dispor:

"Art. 15. Ninguém pode ser constrangido a submeter-se, com risco de vida, a tratamento médico ou a intervenção cirúrgica."

Depreende-se, da norma, que a vontade do agente não é elemento dispensável, quando se trata de terapêuticas intrusivas, porquanto autorizado que o paciente não possa a ser constrangido a tratamentos que impliquem, segundo a linguagem codificada, "riscos de vida". Sabe-se, porém, que os tratamentos que representem tais riscos não são os únicos que devem ser repudiados. Assim o são aqueles que afrontam o seu direito à morte digna.

A falta de lei seria, assim, um óbice à aplicação do testamento vital no país? Temos que não, pois, conforme mencionado alhures, os direitos de personalidade positivados integram um rol meramente exemplificativo. É reconhecido por lei ser da essência da personalidade humana não ser submetido a tratamentos que impliquem riscos de vida. Ocorre, porém, que, sendo a dignidade da pessoa humana um dos pilares de nossa sociedade, deduz-se do sistema ser também vedado submeter o paciente a terapias que afrontem a sua dignidade, hipótese, aliás, que alberga a proteção às testemunhas de Jeová que não almejam receber transfusão de sangue de outras pessoas. Os adeptos dessa tradicional religião poderão, doravante, valer-se do testamento vital para indicar aos seus médicos, nas hipóteses de inconsciência, que não aceitam a sujeição a qualquer terapêutica que envolva a transfusão de sangue. Os profissionais da saúde, ao seu turno, podem acatar a vontade do paciente sem o temor de responderem por falta ética perante o respectivo Conselho.

Uma última observação, porém, faz-se necessária. Todas as conclusões às quais chegamos dizem respeito à aplicação do testamento vital a pessoas plenamente capazes. É ato personalíssimo e, na hipótese de inconsciência do paciente, prevalecerá sobre a vontade dos familiares.

Pergunta interessante, porém, é: os familiares podem, na ausência de testamento vital, determinar o tratamento que deverá ou não ser aplicado ao ente querido? Acreditamos que os limites da disposição da vida alheia sejam mais estreitos do que o da própria. Logo, se uma pessoa, testemunha de Jeová, não antecipou nenhuma diretiva quanto às transfusões sanguíneas (em testamento vital), estando inconsciente, ela será reputado absolutamente incapaz, na forma do inciso III do artigo 3º do Código Civil. Nesse aspecto, na dúvida, haverá necessidade de se prestigiar a vida do paciente. Situação distinta, porém, é aquela em que o paciente, por exemplo, já se encontra em situação de morte cerebral e se indaga à família se os aparelhos que artificialmente mantêm ativas algumas funções vitais podem ser desligados. Nesse caso, a vontade da família, inclusive quanto à realização de transplantes, supondo inexistente qualquer diretiva dada pelo paciente, haverá de prevalecer.

A INTEGRIDADE FÍSICA E A DISPOSIÇÃO DO CORPO EM VIDA E *POST MORTEM*

O Código Civil brasileiro determina, quanto à possibilidade de disposição de órgãos e tecidos:

> *"Art. 13. Salvo por exigência médica, é defeso o ato de disposição do próprio corpo, quando importar diminuição permanente da integridade física, ou contrariar os bons costumes.*
>
> *Parágrafo único. O ato previsto neste artigo será admitido para fins de transplante, na forma estabelecida em lei especial.*
>
> *Art. 14. É válida, com objetivo científico, ou altruístico, a disposição gratuita do próprio corpo, no todo ou em parte, para depois da morte.*
>
> *Parágrafo único. O ato de disposição pode ser livremente revogado a qualquer tempo."*

A questão da disposição do próprio corpo remonta novamente ao embate entre a autonomia privada e a proteção à integridade física das pessoas. Atos corriqueiros ilustram o conflito que, nos extremos, é de fácil deslinde. Assim, ninguém deverá operar qualquer objeção pela doação de tecidos renováveis, como o cabelo (para fins estéticos) ou o sangue (para manutenção de estoques em casas de saúde). Igualmente incontroversa seria a *inviabilidade* de se doar, antes da caracterização da morte encefálica, algum órgão vital como o coração.

As questões limítrofes referem-se a pontos de grande relevância psicológica, como a mudança de sexo, ou a manifestação de certas síndromes que promovem certas mutilações corporais. Quanto à primeira delas, a sociedade experimentou profundas transformações, sendo, atualmente, regulada pela Resolução do Conselho Federal de Medicina, nº 1955/10, que determina:

> *"Art. 4º Que a seleção dos pacientes para cirurgia de transgenitalismo obedecerá a avaliação de equipe multidisciplinar constituída por médico psiquiatra, cirurgião, endocrinologista, psicólogo e assistente social, obedecendo os critérios a seguir definidos, após, no mínimo, dois anos de acompanhamento conjunto:*
>
> *1) Diagnóstico médico de transgenitalismo;*
>
> *2) Maior de 21 (vinte e um) anos;*
>
> *3) Ausência de características físicas inapropriadas para a cirurgia."*

Preocupa-se a resolução com decisões açodadas, que representem efêmeros impulsos de desastrosas consequências, porquanto levariam à irremediável mutilação de certos órgãos sexuais.

Assim, a indicação do procedimento se dá para a adequação do sexo psicológico ao sexo biológico. Sendo um imperativo da dignidade humana, a mudança de sexo implicará alteração de todos os dados constantes do registro de nascimento da pessoa, inclusive quanto ao prenome e ao sexo. Nesse sentido, cabe apreciar o seguinte julgado do Superior Tribunal de Justiça[36]:

"Direito civil. Recurso especial. Transexual submetido à cirurgia de redesignação sexual. Alteração do prenome e designativo de sexo.

Princípio da dignidade da pessoa humana.

– Sob a perspectiva dos princípios da Bioética – de beneficência, autonomia e justiça –, a dignidade da pessoa humana deve ser resguardada, em um âmbito de tolerância, para que a mitigação do sofrimento humano possa ser o sustentáculo de decisões judiciais, no sentido de salvaguardar o bem supremo e foco principal do Direito: o ser humano em sua integridade física, psicológica, socioambiental e ético-espiritual.

A afirmação da identidade sexual, compreendida pela identidade humana, encerra a realização da dignidade, no que tange à possibilidade de expressar todos os atributos e características do gênero imanente a cada pessoa. Para o transexual, ter uma vida digna importa em ver reconhecida a sua identidade sexual, sob a ótica psicossocial, a refletir a verdade real por ele vivenciada e que se reflete na sociedade.

A falta de fôlego do Direito em acompanhar o fato social exige, pois, a invocação dos princípios que funcionam como fontes de oxigenação do ordenamento jurídico, marcadamente a dignidade da pessoa humana – cláusula geral que permite a tutela integral e unitária da pessoa, na solução das questões de interesse existencial humano.

Em última análise, afirmar a dignidade humana significa para cada um manifestar sua verdadeira identidade, o que inclui o reconhecimento da real identidade sexual, em respeito à pessoa humana como valor absoluto.

Somos todos filhos agraciados da liberdade do ser, tendo em perspectiva a transformação estrutural por que passa a família, que hoje apresenta molde eudemonista, cujo alvo é a promoção de cada um de seus componentes, em especial da prole, com o insigne propósito instrumental de torná-los aptos de realizar os atributos de sua personalidade e afirmar a sua dignidade como pessoa humana.

A situação fática experimentada pelo recorrente tem origem em idêntica problemática pela qual passam os transexuais em sua maioria: um ser humano aprisionado à anatomia de homem, com o sexo psicossocial feminino, que, após ser submetido à cirurgia de redesignação sexual, com a adequação dos genitais à imagem que tem de si e perante a sociedade, encontra obstáculos na vida civil, porque sua aparência morfológica não condiz com o registro de nascimento, quanto ao nome e designativo de sexo.

Conservar o 'sexo masculino' no assento de nascimento do recorrente, em favor da realidade biológica e em detrimento das realidades psicológica e social, bem como morfológica, pois a

36. BRASIL. Superior Tribunal de Justiça. REsp 1008398/SP, Rel. Ministra Nancy Andrighi, TERCEIRA TURMA, julgado em 15/10/2009, DJe 18/11/2009 REsp 1127913.

aparência do transexual redesignado, em tudo se assemelha ao sexo feminino, equivaleria a manter o recorrente em estado de anomalia, deixando de reconhecer seu direito de viver dignamente.

Assim, tendo o recorrente se submetido à cirurgia de redesignação sexual, nos termos do acórdão recorrido, existindo, portanto, motivo apto a ensejar a alteração para a mudança de sexo no registro civil, e a fim de que os assentos sejam capazes de cumprir sua verdadeira função, qual seja, a de dar publicidade aos fatos relevantes da vida social do indivíduo, forçosa se mostra a admissibilidade da pretensão do recorrente, devendo ser alterado seu assento de nascimento a fim de que nele conste o sexo feminino, pelo qual é socialmente reconhecido.

Vetar a alteração do prenome do transexual redesignado corresponderia a mantê-lo em uma insustentável posição de angústia, incerteza e conflitos, que inegavelmente atinge a dignidade da pessoa humana assegurada pela Constituição Federal. No caso, a possibilidade de uma vida digna para o recorrente depende da alteração solicitada. E, tendo em vista que o autor vem utilizando o prenome feminino constante da inicial, para se identificar, razoável a sua adoção no assento de nascimento, seguido do sobrenome familiar, conforme dispõe o art. 58 da Lei nº 6.015/73.

Deve, pois, ser facilitada a alteração do estado sexual, de quem já enfrentou tantas dificuldades ao longo da vida, vencendo-se a barreira do preconceito e da intolerância. O Direito não pode fechar os olhos para a realidade social estabelecida, notadamente no que concerne à identidade sexual, cuja realização afeta o mais íntimo aspecto da vida privada da pessoa. E a alteração do designativo de sexo, no registro civil, bem como do prenome do operado, é tão importante quanto a adequação cirúrgica, porquanto é desta um desdobramento, uma decorrência lógica que o Direito deve assegurar.

Assegurar ao transexual o exercício pleno de sua verdadeira identidade sexual consolida, sobretudo, o princípio constitucional da dignidade da pessoa humana, cuja tutela consiste em promover o desenvolvimento do ser humano sob todos os aspectos, garantindo que ele não seja desrespeitado tampouco violentado em sua integridade psicofísica. Poderá, dessa forma, o redesignado exercer, em amplitude, seus direitos civis, sem restrições de cunho discriminatório ou de intolerância, alçando sua autonomia privada em patamar de igualdade para com os demais integrantes da vida civil. A liberdade se refletirá na seara doméstica, profissional e social do recorrente, que terá, após longos anos de sofrimentos, constrangimentos, frustrações e dissabores, enfim, uma vida plena e digna.

De posicionamentos herméticos, no sentido de não se tolerar 'imperfeições' como a esterilidade ou uma genitália que não se conforma exatamente com os referenciais científicos, e, consequentemente, negar a pretensão do transexual de ter alterado o designativo de sexo e nome, subjaz o perigo de estímulo a uma nova prática de eugenia social, objeto de combate da Bioética, que deve ser igualmente combatida pelo Direito, não se olvidando os horrores provocados pelo holocausto no século passado.

Recurso especial provido."

Questão ainda mais dramática é a da promoção de alterações corporais, algumas derivadas de síndromes diversas, como explana Mariana Alves Lara[37]:

"Em sentido oposto, a destruição de parte da neuromatriz pode ocasionar a perda da sensação de posse de parte do corpo. Por exemplo, após um trauma cerebral, tumor ou acidente vascular cerebral que venha a causar lesões em um dos lobos parietal, o paciente pode desenvolver a sín-

37. Lara, Mariana Alves. *O Direito à Liberdade de Uso e (Auto)Manipulação do Corpo*. Disponível em http://www.bibliotecadigital.ufmg.br/dspace/bitstream/handle/1843/BUOS-8XTP7G/ disserta__o_mariana_alves_lara.pdf?sequence=1, acesso em 20 de novembro de 2012.

drome da hemiagnosia, tornando-se indiferente a todo um lado do corpo. Nesses casos, a pessoa nega que os membros desse lado esquecido pertençam ao seu corpo.

Também existe a síndrome conhecida por 'Body Integrity Identity Disorder' (BIID), responsável por gerar uma incompatibilidade entre a experiência corporal do indivíduo e a atual estrutura do seu corpo. Os wannabes, como são conhecidos os indivíduos que sentem essa discrepância entre o corpo real e o vivenciado, desenvolvem desejos de amputação de membros saudáveis e indesejados por considerarem-nos estranhos ao corpo."

A questão é saber até onde se pode tolerar a mutação corporal pelo impulso volitivo do indivíduo. O artigo 13 do Código Civil, já transcrito, permite, nessa linha, qualquer manipulação corporal que deixe de implicar *diminuição permanente da integridade física*. Logo, pequenas intervenções, como a colocação de brincos que alargam o lobo da orelha, ou "piercings" em determinadas regiões do corpo, são plenamente aceitáveis.

Assim, salvo os já apreciados casos de transgenitalização, ou outros em que a saúde psíquica imponha o justificável sacrifício de algum órgão do agente, mutilações permanentes de partes do corpo não poderão ser toleradas.

Por outro lado, como visto, embora a letra fria do artigo em análise proíba alterações corporais permanentes, o bem estar psíquico, no caso de transgenitalização, após a ponderação de valores constitucionais a serem preservados (integridade física X integridade psíquica), poderá apontar para certas mutações corporais que, embora permanentes, atendam a reclamos de saúde do agente.

A QUESTÃO DO NOME

O nome é o traço de identificação do sujeito que o vincula a uma família. A sua compreensão importa para o indivíduo, porquanto se está a tratar de importante direito de personalidade, mas também goza de relevo social tendo em vista que a realização de qualquer negócio jurídico demanda a perfeita identificação das partes envolvidas.

Logo, os principais aspectos a serem abordados, no presente tópico, orbitam ao redor da composição do nome e da possibilidade de sua alteração. Enfrentemo-los.

A Lei de Registros Públicos (Lei 6.015/73), especialmente nos artigos 54 e seguintes, indica os elementos constitutivos do nome civil, a saber:

"Art. 54. O assento do nascimento deverá conter: (...)

4°) o nome e o prenome, que forem postos à criança; (...)

6°) a ordem de filiação de outros irmãos do mesmo prenome que existirem ou tiverem existido;

7°) Os nomes e prenomes, a naturalidade, a profissão dos pais, o lugar e cartório onde se casaram, a idade da genitora, do registrando em anos completos, na ocasião do parto, e o domicílio ou a residência do casal.

8°) os nomes e prenomes dos avós paternos e maternos;"

Depreende-se da leitura que a norma designa como prenome o elemento primeiro, aquele que se escolhe livremente pelos pais. Essa designação, todavia, é limitada, porquanto, segundo o parágrafo único do artigo 55 da Lei de Registros Públicos, os "oficiais do registro civil não registrarão prenomes suscetíveis de expor ao ridículo os seus portadores. Quando os pais não se conformarem com a recusa do oficial, este submeterá por escrito o caso, independente da cobrança de quaisquer emolumentos, à decisão do Juiz competente."

O segundo elemento do nome civil é o sobrenome. Nelson Rosenvald e Cristiano Chaves de Farias[38] lembram a falta de uniformidade do legislador ao se referir a este componente do nome. Com efeito, enquanto a Lei de Registros Públicos se vale das expressões "prenome e nome" para tratar das partes que integram a nomenclatura do sujeito, outras, como A Lei de Registros Públicos, refere-se a ele apenas pela expressão "nome". Como bem salientado pelos autores, outras normas alteram o padrão de se referir ao sobrenome da forma como o faz a Lei de Registros Públicos. Com efeito, a Lei nº 5.478/68 (Lei de Alimentos) prefere valer-se da própria expressão "sobrenome" para indicar os apelidos de família, como o fazem também a Lei nº 8.069/90 (Estatuto da Criança e do Adolescente) e a Lei nº 9.504/97 (que estabelece normas para eleições). Vejamos:

> *"Lei nº 5.478/68 – Art. 2º. O credor, pessoalmente, ou por intermédio de advogado, dirigir-se-á ao juiz competente, qualificando-se, e exporá suas necessidades, provando, apenas o parentesco ou a obrigação de alimentar do devedor, indicando seu nome e sobrenome, residência ou local de trabalho, profissão e naturalidade, quanto ganha aproximadamente ou os recursos de que dispõe."*
>
> *"Lei nº 8.069/90 – Art. 143. E vedada a divulgação de atos judiciais, policiais e administrativos que digam respeito a crianças e adolescentes a que se atribua autoria de ato infracional.*
>
> *Parágrafo único. Qualquer notícia a respeito do fato não poderá identificar a criança ou adolescente, vedando-se fotografia, referência a nome, apelido, filiação, parentesco, residência e, inclusive, iniciais do nome e sobrenome." (Redação dada pela Lei nº 10.764, de 12.11.2003.*
>
> *"Lei nº 9.504/97 – Art. 12. O candidato às eleições proporcionais indicará, no pedido de registro, além de seu nome completo, as variações nominais com que deseja ser registrado, até o máximo de três opções, que poderão ser o prenome, sobrenome, cognome, nome abreviado, apelido ou nome pelo qual é mais conhecido, desde que não se estabeleça dúvida quanto à sua identidade, não atente contra o pudor e não seja ridículo ou irreverente, mencionando em que ordem de preferência deseja registrar-se.*
>
> *§ 1º Verificada a ocorrência de homonímia, a Justiça Eleitoral procederá atendendo ao seguinte:*
>
> *I – havendo dúvida, poderá exigir do candidato prova de que é conhecido por dada opção de nome, indicada no pedido de registro;*

38. Farias, Cristiano Chaves de, e Rosen vald, Nelson. *Direito Civil – Teoria Geral.* 9 ed. Rio de Janeiro: Lumen Juris, 2011, p. 255.

II – ao candidato que, na data máxima prevista para o registro, esteja exercendo mandato eletivo ou o tenha exercido nos últimos quatro anos, ou que nesse mesmo prazo se tenha candidatado com um dos nomes que indicou, será deferido o seu uso no registro, ficando outros candidatos impedidos de fazer propaganda com esse mesmo nome;

III – ao candidato que, pela sua vida política, social ou profissional, seja identificado por um dado nome que tenha indicado, será deferido o registro com esse nome, observado o disposto na parte final do inciso anterior;

IV – tratando-se de candidatos cuja homonímia não se resolva pelas regras dos dois incisos anteriores, a Justiça Eleitoral deverá notificá-los para que, em dois dias, cheguem a acordo sobre os respectivos nomes a serem usados;

V – não havendo acordo no caso do inciso anterior, a Justiça Eleitoral registrará cada candidato com o nome e sobrenome constantes do pedido de registro, observada a ordem de preferência ali definida.

§ 2º A Justiça Eleitoral poderá exigir do candidato prova de que é conhecido por determinada opção de nome por ele indicado, quando seu uso puder confundir o eleitor."

O prenome, conforme mencionado, é escolhido pelos genitores, enquanto o sobrenome necessariamente repete todos ou alguns daqueles pertencentes aos ascendentes imediatos. Tradicionalmente, mas não de forma obrigatória, no Brasil, o sobrenome é inaugurado pelo apelido de família materno e finalizado pelo paterno.

Estabelecido, no assento de nascimento, o nome completo do indivíduo, este somente será alterado em hipóteses excepcionais. Lembre-se que o nome, por ser importante traço distintivo da pessoa, interessa a terceiros, razão pela qual não se pode banalizar a sua mudança. Imagine-se, por exemplo, um estelionatário. Fora fácil a mudança de sua designação, a cada golpe, oficialmente alteraria o prenome e os apelidos de família, tornando muito difícil a sua identificação.

Nessa esteira, tem-se que o nome pode ser modificado em hipóteses muito estreitas. A primeira delas está consubstanciada no artigo 56 da Lei de Registros Públicos Lei 6.015:

"Art. 56. O interessado, no primeiro ano após ter atingido a maioridade civil, poderá, pessoalmente ou por procurador bastante, alterar o nome, desde que não prejudique os apelidos de família, averbando-se a alteração que será publicada pela imprensa."

A leitura isolada do dispositivo poderia levar a conclusões absurdas. Em primeiro lugar, a modificação disposta no artigo não prescinde de intervenção judicial. Assim, não basta comparecer, quando se completam os 18 anos, ao Cartório onde constam os assentos de nascimento, para alterar-se o nome. Não funciona assim! Necessário que se encete procedimento, a tramitar perante a Vara de Registros Públicos, tendente a modificar a designação.

Outro ponto que se deve ter cuidado é com a extensão da aludida alteração. Açodada leitura pode fazer o operador do direito imaginar que qualquer mudança seria aceitável. Não é assim! A primeira aparente restrição é quanto à alteração do prenome. O artigo 58 da Lei de Registros Públicos diz que este componente do nome é *definitivo*. Lembremos, por outro lado, que a mesma lei utiliza a expressão "nome" para referir-se aos apelidos de família. Conclui-se, portanto, que o artigo 56 da LRP não faculta alteração de prenome, mas apenas do sobrenome e, ainda assim, quando não se comprometer a identificação do sujeito que almejou a mudança, por supressão de patronímicos que o vinculem às famílias paterna ou materna. Assim, a hipótese mais comum de incidência do artigo 56 é o acréscimo de sobrenome de pais, mães ou avós que, por algum motivo, não constou do assento de nascimento. Importante a leitura de julgados do Superior Tribunal de Justiça a respeito da matéria:

> *"RECURSO ESPECIAL – INTERPOSIÇÃO PELA PROCURADORIA DE JUSTIÇA – POSSIBILIDADE – AUTONOMIA FUNCIONAL (ART. 127, §1°, DA CF/88) – OBSERVÂNCIA – REGISTRO CIVIL – ALTERAÇÃO – PATRONÍMICO MATERNO – ACRÉSCIMO – POSSIBILIDADE – RESPEITO A ESTIRPE FAMILIAR – IDENTIFICAÇÃO, NA ESPÉCIE – RECURSO ESPECIAL PROVIDO.*
>
> *I – Admite-se o manejo de recurso especial interposto pelo Procurador de Justiça por força do princípio da autonomia funcional (art. 127, §1°, da CF/88).*
>
> *II – O sistema jurídico exige que a pessoa tenha os patronímicos que identifiquem sua condição de membro de sua família e o prenome que a individualize entre seus familiares.*
>
> *III – Portanto, a alteração do nome deve preservar os apelidos de família, respeitando, dessa forma, a sua estirpe, nos exatos termos do artigo 56, da Lei n. 6.015/73. Identificação, na espécie.*
>
> *IV – Recurso especial provido."*[39]
>
> *"REGISTRO CIVIL. NOME DE FAMÍLIA. SUPRESSÃO POR MOTIVOS RELIGIOSOS. AUSÊNCIA DE PREVISÃO LEGAL. INADMISSIBILIDADE.*
>
> *1. O pedido formulado pelos recorrentes tem por objeto a supressão do patronímico paterno – utilizado para identificar a família, composta por um casal e três menores de idade – em virtude das dificuldades de reconhecimento do sobrenome atual dos recorrentes como designador de uma família composta por praticantes do Judaísmo.*
>
> *2. As regras que relativizam o princípio da imutabilidade dos registros públicos não contemplam a possibilidade de exclusão do patronímico paterno por razões de ordem religiosa – especialmente se a supressão pretendida prejudica o apelido familiar, tornando impossível a identificação do indivíduo com seus ascendentes paternos. Art. 56 da Lei 6.015/73.*
>
> *3. O art. 1.565, §1°, do CC/02 em nenhum momento autoriza a supressão ou substituição do sobrenome dos nubentes. Apenas faculta a qualquer das partes o acréscimo do sobrenome do outro cônjuge aos seus próprios patronímicos.*
>
> *4. Recurso especial a que se nega provimento."*[40]
>
> *DIREITO CIVIL. ALTERAÇÃO DO ASSENTAMENTO DE NASCIMENTO NO REGISTRO CIVIL APÓS A MAIORIDADE. ACRÉSCIMO DO SOBRENOME DOS PAIS DE CRIAÇÃO.*
>
> *ARTIGO 56 DA LEI N° 6.015/73. ADMISSIBILIDADE.*

---

39. BRASIL. REsp 1256074/MG, Rel. Ministro MASSAMI UYEDA, TERCEIRA TURMA, julgado em 14/08/2012, DJe 28/08/2012.
40. BRASIL. REsp 1189158/SP, Rel. Ministra NANCY ANDRIGHI, TERCEIRA TURMA, julgado em 14/12/2010, DJe 11/02/2011.

I – Não é absoluto o princípio da imutabilidade do nome de família, admitindo-se, excepcionalmente, a alteração do patronímico, desde que presentes a justa motivação e a prévia intervenção do Ministério Público. No caso dos autos, presentes os requisitos autorizadores, já que pretende a recorrente, tão somente, prestar uma homenagem àqueles que a criaram, acrescendo ao seu assento de nascimento o nome de família daqueles que considera seus pais verdadeiros, nada obsta que se autorize a alteração.

Recurso conhecido e provido, com as ressalvas do relator. [41]

Esse posicionamento, aliás, é abraçado por Sílvio de Salvo Venosa[42], ao asseverar: *"No tocante ao art. 56, deve o interessado respeitar a imutabilidade do prenome, de acordo com o art. 58, bem como os* apelidos de família *(sobrenome). Afora isso, poderá acrescentar novos nomes intermediários, como, por exemplo, inserir um apelido pelo qual ficou conhecido, colocar o nome dos avós etc. Para isso, tem o interessado o prazo de decadência de um ano após ter atingido a maioridade. Os apelidos de família são adquiridos ipso iure, nos termos dos arts. 55, caput, 59 e 60."*

Questão diversa é a alteração de prenome ou sobrenome por motivos socialmente relevantes. Assim, erros gráficos evidentes, homonímias depreciativas, nomes que exponham o titular ao ridículo, ou até mesmo a exclusão do sobrenome de pais que se mostraram muito ausentes têm sido toleradas jurisprudencialmente. Vejamos interessante caso ilustrativo da última hipótese[43]:

"CIVIL. REGISTRO PUBLICO. NOME CIVIL. PRENOME. RETIFICAÇÃO. POSSIBILIDADE. MOTIVAÇÃO SUFICIENTE. PERMISSÃO LEGAL. LEI 6.015/1973, ART. 57. HERMENEUTICA. EVOLUÇÃO DA DOUTRINA E DA JURISPRUDENCIA. RECURSO PROVIDO.

I – O nome pode ser modificado desde que motivadamente justificado. No caso, além do abandono pelo pai, o autor sempre foi conhecido por outro patronímico.

II – A jurisprudência, como registrou Benedito Silvério Ribeiro, ao buscar a correta inteligência da lei, afinada com a 'lógica do razoável', tem sido sensível ao entendimento de que o que se pretende com o nome civil é a real individualização da pessoa perante a família e a sociedade."

Outras causas ainda podem ensejar a alteração de nome: *a)* a inclusão de apelido público notório (Xuxa, Pelé, Didi, Lula, entre outras personalidades brasileiras), como facultado pelo artigo 58 e respectivo parágrafo único da Lei de Registros públicos; *b)* a adoção (Estatuto da Criança e do Adolescente, artigo 47, parágrafos 5° e 6°, c – determinando-se a utilização, pelo adotado, do patronímico dos adotantes e facultando-se a substituição do prenome antigo por um novo); *c)* a acréscimo ou substituição[44] do sobrenome pelo do outro cônjuge, em virtude de casamento (artigo

41. BRASIL. REsp 605.708/RJ, Rel. Ministro CASTRO FILHO, TERCEIRA TURMA, julgado em 16/08/2007, DJe 05/08/2008.
42. Venosa, Sílvio de Salvo. *Direito Civil – v. I.* 5 ed. São Paulo: Atlas. 2005, p.223
43. BRASIL. REsp 66643/SP, Rel. Ministro SÁLVIO DE FIGUEIREDO TEIXEIRA, QUARTA TURMA, julgado em 21/10/1997, DJ 09/12/1997, p. 64707.
44. Embora o Código Civil, no parágrafo 1° do artigo 1.565 permita apenas o acréscimo do sobrenome do nubente, a substituição também é possível, como se depreende da leitura do seguinte julgado: "DIREITO CIVIL. RECURSO ESPECIAL. CASAMENTO. NOME CIVIL. SUPRESSÃO DE PATRONÍMICO. POSSIBI-

1565, § 1º do Código Civil) ou união estável; *d)* adoção do nome de solteiro após a separação judicial, divórcio (artigo 1571, § 2º e 1578 do Código Civil), anulação ou declaração de nulidade do casamento; *e)* acréscimo do sobrenome do padrasto ou madrasta, nas hipóteses de união estável e desde que haja concordância destes (Lei de Registros Públicos, artigo 57, § 8º).

Não se olvide, por outro lado que, sensível às questões de adequação do nome à identidade sexual autopercebida, o Conselho Nacional de Justiça baixou o Provimento 73/2018, a permitir a averbação da alteração do prenome e do gênero nos assentos de nascimento e casamento de pessoa transgênero no Registro Civil das Pessoas Naturais. Tal procedimento é extrajudicial, cabendo a intervenção do juiz corregedor apenas nas hipóteses em que o registrador tenha suspeitas do desiderato de alteração esteja assentado em fraude, falsidade, má-fé, vício de vontade ou simulação quanto ao desejo real da pessoa requerente.

Por fim, cabe registrar que o pseudônimo, quando utilizado para atividades lícitas, goza da mesma proteção que o nome (artigo 19 do Código Civil). A razão é óbvia. Tanto o nome, quanto o pseudônimo, assumem o papel de individualizar o sujeito perante sua família, amigos e sociedade. Os mesmos bens jurídicos que seriam aviltados pela má utilização do nome o serão pela do pseudônimo. Bem andou, portanto, o legislador ao equipará-los para fins de proteção.

Acreditamos, assim, haver abordado relevantes aspectos dos direitos de personalidade, lembrando que, como visto, o seu rol não exaustivo torna inesgotável a análise do tema. As linhas ora traçadas servirão, portanto, apenas como introito para aqueles que realmente almejarem se debruçar sobre tão complexo assunto.

LIDADE. DIREITO DA PERSONALIDADE. Desde que não haja prejuízo à ancestralidade, nem à sociedade, é possível a supressão de um patronímico, pelo casamento, pois o nome civil é direito da personalidade. Recurso especial a que não se conhece. (REsp 662799/MG, Rel. Ministro Castro Filho, TERCEIRA TURMA, julgado em 08/11/2005, DJ 28/11/2005, p. 279).

Capítulo 8
PESSOA JURÍDICA

ASPECTOS INTRODUTÓRIOS

A civilização moderna seria inconcebível sem a existência das pessoas jurídicas. Elas conservam posição de destaque nas diversas relações humanas, empregando milhões de pessoas, movimentando fabulosas quantias anualmente, dinamizando extraordinariamente o comércio no globo.

Pessoa é um vocábulo de origem latina cujo significado primitivo *(persona)* era máscara[1]. Inicialmente usada para designar um instrumento de uso de atores nos teatros romanos, por um processo de evolução linguística, passou a denominar, em primeiro lugar, os seres humanos em geral e, hodiernamente, todos os atores do "palco" jurídico, inclusive os entes morais. Estes, há que se frisar, derivaram da própria necessidade dos indivíduos de se organizarem em coletividades para alcançarem escopos comuns, impossíveis de serem concretizados por um único homem, sendo, pois, uma evolução natural e não uma criação humana artificial.

Possível, assim, conceituar, para início de análise, as pessoas jurídicas, segundo o Diego Espín Canovas[2] como "(...) a coletividade de pessoas ou conjunto de bens que, organizada para a realização de um fim permanente, obtém o reconhecimento pelo Estado como sujeito de Direito"

A definição de pessoa jurídica assim lançada pode falsamente nos induzir à conclusão de não estarmos tratando de uma questão tormentosa. Lembra Francisco Amaral[3], com a precisão que lhe é habitual, que o conceito em apreço é de elaboração moderna, situada entre os séculos XVIII e XIX. E, mesmo assim, como acentua Francesco Ferrara[4], experimentou grande variação histórica.

Nessa esteira, sabe-se que, em Roma, as pessoas jurídicas não eram tratadas como uma categoria abstrata, passível de teorização pelos juristas. Todavia, os princípios por eles criados, generalizados, serviram de base para as modernas formulações[5].

---

1. Monteiro, Washington de Barros. Curso de Direito Civil – v. I. 41 ed. São Paulo: Saraiva, 2007, p. 61.
2. Espín Canovas, Diego. Manual de Derecho Civil Español – v. I, 2 ed. Madri: Revista de Derecho Privado, 1959, p. 290: "*Persona jurídica es, pues, la coletividad de personas o conjunto de bienes que, organizado para la realización de un fin permanente, obtiene el reconocimiento por el Estado como sujeto de derecho*".
3. Amar al, Francisco. Direito civil – introdução. 6 ed. Rio de Janeiro: Renovar, 2003, p. 277.
4. Ferr ar a, Francesco. Trattato di diritto civile italiano. Roma: Athenaeum, 1921, p. 598/599.
5. Correia, Alexandre e Sciascia, Gaetano. Manual de direito romano – v. I. 2 ed. São Paulo: Saraiva, 1953, p. 51.

De qualquer sorte, os romanos entenderam, a partir do direito clássico, que entidades poderiam existir com direitos distintos dos seus integrantes. Inicialmente, esse pensamento se desenhou a respeito de certas pessoas de direito público, dotadas de alguma soberania, como o Estado – o *populus romanus* – as *civitates* e as *coloniae*. Em relação aos municípios (comunidades agregadas às tribos romanas, sem soberania), as relações eram regidas tipicamente pelo direito privado, sendo considerados, pois, os embriões das demais entidades de base corporativa[6], estendendo-se o seu modelo a outros entes livremente formados pela associação de pessoas: os *collegia*[7], em que preponderava a figura dos sócios ou associados, e que também eram chamados de *universitatis, societates, corpora*. Eram, pois, corporações, assim tratadas como coletividades às quais se reconhecia capacidade jurídica. Concedia-se, a tais figuras, o chamado *corpus habere*, ou seja, poderiam possuir uma espécie de estabelecimento e uma representação em juízo[8].

Já as atuais fundações não contavam com tal denominação no Direito Romano. Irretorquível, todavia, a existência, no direito pós-clássico, de determinadas entidades que a elas muito se assemelhavam, possuindo base patrimonial, como as igrejas, os conventos, os hospitais, os hospícios e estabelecimentos de beneficência. Podiam, inclusive, herdar[9], embora nos lembre Moreira Alves[10] que não há, nos textos romanos, fontes seguras que indiquem, a despeito de tal tratamento, serem compreendidas como verdadeiras pessoas jurídicas.

Em realidade, a conformação das fundações radica-se na Idade Média, influenciada pela forma de organização da Igreja. Afirma Ferrara, opinião, de certo modo, compartilhada por Paulo Nader[11], que a Igreja, pelo direito canônico medieval, não era concebida como a soma dos fiéis (*universitas fidelium*). Este modelo jurídico deixava, assim, de dar destaque para a base corporativa da pessoa, passando a ressaltar a Igreja como o império de Deus sobre a terra, sendo, pois, uma unidade mística, invisível, e todos os institutos eclesiásticos consideravam-se como entes ideais, fundados por uma vontade superior. Cada ente eclesiástico era tratado, portanto, como uma unidade autônoma. Assim se desenvolveu a ideia hodierna de fundação autônoma, como sujeito de natureza ideal e transcendental. A universalidade seria um *corpus mysticum*, um *nomen iuris*.

Ainda na Idade Média, tem-se que os germânicos, não criaram um ente ideal para designar a coletividade organizada. Sua base era sobretudo materialista, ao contrário dos canonistas, e consideravam todos os bens doados às igrejas, não como

6. Alves, José Carlos Moreira. Curso de Direito Romano – v. I. 13 ed. Rio de Janeiro: Forense, 2000, p. 133.
7. Correia, Alexandre e Sciascia, Gaetano. Manual de direito romano – v. I. 2 ed. São Paulo: Saraiva, 1953, p. 51.
8. Ferrara, Francesco. Trattato di diritto civile italiano. Roma: Athenaeum, 1921, p. 600.
9. Chamoum, Ebert. Instituições de direito romano. 5 ed. Rio de Janeiro: Forense, 1968, p. 71.
10. Alves, José Carlos Moreira. Curso de Direito Romano – v. I. 13 ed. Rio de Janeiro: Forense, 2000, p. 133.
11. Nader, Paulo. Curso de Direito Civil – v. I. Rio de Janeiro: Forense, 2003, p. 229.

partes integrantes de massa patrimonial sob a titularidade de algum ente abstrato, mas como propriedades dos santos aos quais eram dedicadas[12]. Todas essas diversas concepções existentes, tão diferentes, entrechocaram-se e amoldaram-se na Idade Moderna, em verdadeiro caos[13].

Mais recentemente, já no século XIX, as pessoas jurídicas passaram a interessar ao legislador, vez que associações e fundações eclesiásticas, bem como as pias, acumularam grande patrimônio impossibilitado de ser comerciado (mão morta). Normas foram, então, ditadas para mitigarem a proliferação de pessoas eclesiásticas, impedindo a reconstituição da mão morta[14].

Com essa regulamentação, passou-se a indagar se o Estado criaria as pessoas jurídicas, se apenas atestaria a sua existência, ou mesmo se conferiria roupagem jurídica a uma formação social. Assim, várias teorias surgiram para explicar o fenômeno da personalidade moral, sendo três as concepções das quais estas derivavam[15].

TEORIAS EXPLICATIVAS DA PESSOA JURÍDICA

Conforme noticiado, há três grandes conjuntos que agregam as diversas explicações para as pessoas jurídicas. O primeiro deles congrega aquelas cuja premissa é a de que *apenas homens podem ser sujeitos de direito*. Derivam desse entendimento a teoria da ficção e a do patrimônio afetado a um fim.

A primeira indica que, sendo apenas os homens sujeitos de direito, as pessoas jurídicas seriam criadas pela lei como uma ficção, uma abstração[16]. A capacidade jurídica de tais entes (abstratos) restringir-se-ia a relações patrimoniais. Essa teoria, que tem como grandes nomes Savigny e Putcha, não pôde ser aceita, não apenas pela falsidade da premissa, mas também porque não explica como um sujeito abstrato seria apenas uma "larva" de sujeito (na linguagem de Francesco Ferrara). Não se pode, afirma o civilista italiano ao citar Brinz, fingir prender o cabelo em um prego imaginário na parede, tal qual não se pode fingir haver um sujeito de direito se ele realmente não existir[17].

Entre nós, Orlando Gomes abraçou a teoria ficcionista. Embora discordemos de suas conclusões, imperiosa a leitura de seus apontamentos[18]:

"Compreende-se, pelo exposto, que as pessoas jurídicas têm sua base na realidade social. Mas a personalidade, isto é, a atribuição de capacidade jurídica, à semelhança do que ocorre com as pessoas naturais, é uma ficção de Direito, *porque não passa de simples processo técnico. O*

12. Hattenhauer, Hans. Conceptos Fundamentales del Derecho Civil. Barcelona: Ariel, 1987, p. 31.
13. Ferrara, Francesco. Trattato di diritto civile italiano. Roma: Athenaeum, 1921, p. 601.
14. Ferrara, Francesco. Trattato di diritto civile italiano. Roma: Athenaeum, 1921, p. 601.
15. Ferrara, Francesco. Trattato di diritto civile italiano. Roma: Athenaeum, 1921, p. 602.
16. Nader, Paulo. Curso de Direito Civil – v. I. Rio de Janeiro: Forense, 2003, p. 235.
17. Ferrara, Francesco. Trattato di diritto civile italiano. Roma: Athenaeum, 1921, p. 601.
18. Gomes, Orlando. Introdução ao Direito Civil. 4 ed. Rio de Janeiro: Forense, 1974, p. 211.

> *temor de dizê-lo, para evitar mal-entendidos, constitui, provavelmente, a razão determinante da afirmação de que as pessoas jurídicas têm* realidade técnica. *A expressão, bem analisada, não tem sentido. A técnica jurídica é o conjunto de processos por meio dos quais a* política jurídica *se realiza. Dentre esses processos, encontra-se a ficção, que é eminentemente artificial, consistindo, como consiste, em apresentar, como verdadeira, situação imaginária. A atribuição de* personalidade *ao agrupamento de indivíduos sob os pressupostos já mencionados é, essencialmente, esse processo técnico da ficção, pelo qual se imagina esse grupo como individualidade. Em si, a personalização é uma* ficção. *Tanto assim que certos grupos, como, v. g., a família, e certos núcleos concentrados de interesse, como v. g., a herança jacente, também não a possuem. A chamada realidade técnica nada explica se tem o significado que lhe emprestam."*

Caio Mário da Silva Pereira, entretanto, refuta acertadamente tais apontamentos[19]:

> *"Uma concepção desta sorte* [Teoria da Ficção] *nem explica satisfatoriamente nem soluciona o problema existente da pessoa jurídica na ciência jurídica. Teixeira de Freitas já estranhava que ainda sobrevivesse na ciência jurídica, e apontava a falsidade da premissa fundamental da doutrina: não há* realidade *apenas na matéria ou no que é perceptível pelos sentidos; o direito moderno não tem necessidade de usar os mesmos recursos do direito romano, no qual o pretor ia reformando o direito vigente fingindo que o conservava e respeitava. Por outro lado, se se parte da ideia de que somente o homem pode ser sujeito de direito, nada se lucra com a ficção, pois que o ente abstrato continuaria igualmente insuscetível daquele poder, e então seria fictício, igualmente, o direito, constituído sobre a ideia de que o sujeito é uma criação intelectual sem existência. Acresce que a mais importante dessas pessoas é o Estado, se este como pessoa jurídica é mera ficção, então a lei, que cria a pessoa jurídica como ficção, seria por sua vez a manifestação de um ente fictício, e o direito jamais conseguiria conciliação para esta abstrusa construção: a lei cria a pessoa jurídica como ente fictício; mas a lei emana do Estado, que é uma ficção; e, se à criação da pessoa jurídica deve preceder a vontade da lei, fica sem explicação a personalidade do Estado, que sendo fictício dependeria da preexistência de algo que o reconhecesse."*

As críticas sobre a teoria da ficção levaram a uma nova, porém, negando mesmo a existência da personalidade dos entes morais (teoria do patrimônio afetado a um fim). Certamente, sendo a pessoa jurídica uma ficção, ela verdadeiramente não existiria. Faltando uma pessoa, forçoso admitir que haveria patrimônio sem sujeito. O escopo, portanto, seria o centro sobre o qual orbita todo um patrimônio. Os problemas da teoria tratada são inúmeros. Reduz indevidamente a participação das pessoas físicas no ente moral, não explicando a existência de pessoas jurídicas sem patrimônio e, tampouco, logra fazê-lo quanto às pessoas jurídicas de direito público[20].

Outras teorias, entretanto, partem do princípio de que além dos homens, há organismos sociais que podem ser sujeitos de direito. Entre elas, a teoria da realidade. Gierke está entre os próceres de tal pensamento.

Essa teoria – organicista – supõe que o ente jurídico estudado é realidade distinta da figura dos seus associados, isto é, daqueles que a compõem. Nesse sentido,

19. Pereira, Caio Mário da Silva. Instituições de directo civil – v. I. 22 ed. Rio de Janeiro: Forense, 2008, p.303.
20. Ferrara, Francesco. Trattato di diritto civile italiano. Roma: Athenaeum, 1921, p. 602/603.

os adeptos da teoria defendem como aplicável tanto aos homens quanto às pessoas morais a ideia de Claude Bernard de que o organismo é um todo vivente, composto igualmente de seres vivos[21]. Surgiriam pelo fato histórico ou pelo voluntário associativo, não sendo criadas pelo Estado, mas declaradas por ele.

Esse raciocínio, entretanto, padece do vício de ser mais sociológico do que propriamente jurídico, sendo uma concepção transcendental do fenômeno. Sua vantagem, entretanto, foi haver reconhecido a personalidade dos entes morais, alargando seu conceito da esfera patrimonial às relações de direito público, fortalecendo ainda o movimento tendente à liberdade de associação.

A terceira teoria, também realista (defendida por Ferrara, Geny, entre outros) é a da realidade técnica, ou seja, a personificação de tais entes seria construção da técnica jurídica, correspondendo a uma necessidade social de criação de pessoas coletivas, dotadas de patrimônio próprio, imbuídas de certos fins. Enquanto a teoria organicista não passou de uma simples analogia, verifica-se que a teoria da realidade técnica, ao mostrar que o exercício da atividade jurídica é indispensável à existência das mesmas, evidencia que essas pessoas não podem ser reduzidas a simples criações artificiais das leis. Diego Espín Canova[22] resume as virtudes dessa teoria:

> *"A nosso juízo, esta construção formalista responde à verdadeira essência das pessoas jurídicas. Estas têm uma existência real, derivada dos fins sociais que as dão nascimento, e o Direito, em atenção a essa realidade dirigida a um fim lícito que se considera digno de proteção, as investe de personalidade jurídica, que, enquanto categoria jurídica, não pode emanar senão do ordenamento jurídico. Por isso a estrutura das pessoas jurídicas consta, como diz Ferrara, de um duplo elemento: o substrato que se personifica e o reconhecimento do Estado".*

A pedra de toque da teoria, portanto, dá-se quanto ao nascimento da pessoa jurídica. Ela apenas irá existir se reunir duas mínimas condições: o substrato (conjunto de bens e pessoas, que a torna uma realidade) e o reconhecimento do Estado (no Brasil, por meio do registro no competente cartório), a formalizar o seu nascimento. Aderimos ao entendimento de que a terceira teoria, ora explanada, é a que melhor ilustra a criação de pessoas coletivas.

Outro grupo de doutrinadores, ao seu turno, parte da premissa de que *as pessoas jurídicas se reduzem sempre a homens, associados ou ordenados, mas os sujeitos de direitos seriam os últimos*. Entre estes, destacam-se Jhering, Heuvel, Meurer, Binder e Kelsen. O último nos fornece um panorama geral de tal pensamento[23]:

> *"Os deveres e direitos têm sempre – como já acentuamos – a conduta de determinados indivíduos como conteúdo. Quando a ordem jurídica estadual impõe deveres e direitos de uma corporação, quando se fala de deveres e direitos de uma corporação, apenas se pode tratar de deveres cujo*

21. Oliveir a Toro, Jorge. Manual de Derecho Administrativo. 3. ed, Porrúa, 1972, pág. 266.
22. Espín Canovas, Diego. Manual de Derecho Civil Español – v. I, 2 ed. Madri: Revista de Derecho Privado, 1959, p. 292.
23. K elsen, Hans. Teoria Pura do Direito. 5 ed. São Paulo: Martins Fontes, 1996, p. 199.

cumprimento ou violação é operada através da conduta de indivíduos, e de cujo exercício se processa igualmente por meio da conduta de indivíduos – indivíduos que pertencem à corporação."

Outras duas teorias situam-se ao lado da última negando existência aos entes morais. São elas a teoria do patrimônio destinado a um fim, já citada, e a teoria da propriedade coletiva. Essas teorias, por óbvio, devem ser afastadas, visto que há um véu que separa a órbita de atuação das pessoas jurídicas e das pessoas físicas que compõem os seus quadros. As críticas que se dirigem, portanto, aos ficcionistas, servem igualmente para repudiar a aplicação das teorias negativistas.

Assim, temos por abordada a natureza da personalidade jurídica, ressaltando que a teoria da realidade técnica (chamada de formalista por Diego Espín Canovas) é a que melhor explica os entes ora estudados. Observaremos, doravante, como, segundo o direito do Brasil, esses entes são classificados, nascem, são extintos, se organizam e quais os abusos passíveis da sua utilização, bem como os remédios aplicáveis a tais males.

CLASSIFICAÇÃO DAS PESSOAS JURÍDICAS – PESSOAS JURÍDICAS DE DIREITO PÚBLICO

As pessoas jurídicas podem ser classificadas, inicialmente, em dois grandes conjuntos: as pessoas jurídicas de direito público e as pessoas jurídicas de direito privado, como se pode deduzir da leitura dos artigos 41 e 44 do Código Civil.

As pessoas jurídicas de direito público, ao seu turno, podem ser de direito internacional (os Estados soberanos, as entidades a eles equiparados, como a Santa Sé, e as organizações internacionais, como a ONU), ou de direito interno (a União, os Estados, os Territórios, o Distrito Federal, os Municípios, as autarquias, as fundações públicas e as associações públicas).

O foco da presente obra não é a detida análise de tais entes. Algumas confusões terminológicas devem, no entanto, ser afastadas nessas linhas introdutórias. Assim, quando se afirma que os Estados soberanos são pessoas jurídicas de direito internacional público, tem-se que a República Federativa do Brasil é quem ostenta tal titularidade. Entretanto, a nossa forma de Estado é federal, existindo, portanto, pessoas jurídicas de direito público interno, sem soberania, mas que detêm *autonomia* para, nos limites das competências estabelecidas na Constituição Federal, organizarem-se e editarem normas próprias. Enquadram-se nessa hipótese: a União, os Estados, o Distrito Federal, os Territórios e os Municípios.

Atente-se para o fato de que as funções de Chefe de Estado, que induz legitimidade para representação do Estado brasileiro perante outras pessoas de direito internacional público, e de Chefe de Governo da União, relativas ao exercício interno das competências federais reservadas a essa pessoa de direito público interno, condensam-se na figura do Presidente da República, como se deduz da leitura do artigo 84 da Carta Federal. Não podemos pensar, porém, que pela concentração de poderes nas mãos do Presidente da República, que República Federativa do Brasil e União são a mesma pessoa, porquanto aquela congrega outros entes de direito público interno (Estados, Distrito Federal, Territórios e Municípios), enquanto a última é apenas parte integrante da primeira.

Pois bem, outra confusão terminológica que se deve abandonar ocorre entre Administração Pública e pessoas jurídicas de direito público interno, eis que aquela é também integrada por pessoas jurídicas de direito privado. Tampouco as pessoas jurídicas de direito público se confundem com os "Governos". Convém, neste específico tópico, conferir os apontamentos de Edimir Netto de Araújo[24], que explica o significado das expressões que buscamos extremar do conceito de pessoa jurídica de direito público:

> *"Os serviços públicos são prestados predominantemente pela Administração Pública, seja em sua forma direta, por seus órgãos e entidades, seja delegando tais serviços a outras pessoas jurídicas. A palavra 'administração' é um vocábulo* análogo *(mesma grafia, diversos significados, mas inter-relacionados), com vários sentidos: conjunto de órgãos administrativos, atividade de gerir bens ou interesses públicos ou privados, disciplina de certas atividades etc. O sentido técnico-jurídico, que nos interessa, é oposto ao de propriedade: concerne a poderes de* gerência e conservação, *ao invés de poderes de* disponibilidade e alienação.
>
> *Administração privada (ou de empresas, sociedades etc.) é a gerência de bens ou interesses privados ou particulares. Já quando os fins se referem ao Estado, é administração pública, que pode ser sinônimo de 'Administração', grafada com 'A' maiúsculo (máquina administrativa do Estado, seus órgãos e entidades), ou então 'administração', grafada com 'a' minúsculo (atividade de administrar, atividades administrativas).*
>
> *Um dos sentidos da palavra administrar é o de 'governar', por isso Administração e Governo muitas vezes se confundem, até mesmo como sinônimos. Mas, materialmente, Governo é o conjunto de funções estatais básicas, e Administração é o conjunto de funções/atribuições necessárias aos serviços públicos, a serem desempenhadas por órgãos ou entidades do Estado.*
>
> *Por isso, formalmente, Governo é o conjunto de órgãos e poderes constitucionais (com seus agentes políticos), e Administração é o conjunto de órgãos ou entidades (com seus servidores e empregados) instituídos para a realização dos objetivos do Governo; operacionalmente, governar é conduzir politicamente os negócios e serviços públicos, e administrar é desempenhar regular e continuamente os serviços do Estado."*

Assim, as lições acima nos fazem notar que a Administração Federal, por exemplo, é uma só, ao longo dos anos, mesmo que sua feição interna se altere de tempos em tempos. Os governos, por outro lado, no regime republicano, nela se alternam, buscando, assim esperamos, concretizar o bem comum.

Nessa esteira, sabemos que a Administração se biparte em Administração Direita (União, Estados, Distrito Federal, Territórios e Municípios) e Administração Indireta. A última é integrada por entes dotados de personalidade jurídica própria,

24. Araújo, Edimir Netto de. Curso de Direito Administrativo. 5 ed. São Paulo: Saraiva, 2010, p. 149.

criados ou mantidos pela União, Estados, Distrito Federal, e Municípios, dentro de suas respectivas esferas de competências, para prestarem serviços públicos, ou de interesse público delegáveis, ou, em certas hipóteses, para agirem na esfera econômica[25]. A Administração Indireta pode ser composta por pessoas de direito público interno (autarquias, fundações públicas e associações públicas), bem como por pessoas de direito privado (sociedades de economia mista, empresas públicas, associações privadas compostas por Entes públicos e fundações de direito privado instituídas por Entes Públicos).

As pessoas jurídicas de direito público interno integrantes da Administração Indireta decorrem da ideia de que a descentralização de competências entre entidades distintas pode prover o Estado de maior agilidade para a consecução de serviços públicos. Muitas vezes, o fenômeno da repartição de atribuições no seio da Administração Pública inicia-se com o fenômeno da desconcentração (criação de órgãos dentro da *mesma pessoa jurídica*). Assim, a União, para cuidar das telecomunicações, no passado, houve por bem, em determinado momento, criar um importante órgão, ainda existente, denominado Ministério das Comunicações. Note-se que o Ministério nada mais é do que uma parte da pessoa jurídica União. Logo, quando se demandar contra um ato praticado no seio do órgão, o réu da demanda não será o Ministério das Comunicações, mas a própria pessoa jurídica União.

No entanto, a Lei Geral de Telecomunicações transferiu parte das competências originariamente reconhecidas ao Ministério das Comunicações, acrescidas de novas atribuições, para uma autarquia criada em 1997, chamada de ANATEL, cabendo, após a norma, ao Ministério das Comunicações, formular políticas públicas que orientassem a conduta da Agência Nacional de Telecomunicações, enquanto esta assumia o papel de ente regulador das telecomunicações e braço fiscalizador da prestação de tais serviços.

Percebe-se, do exemplo, a finalidade das autarquias. O termo vem de "poder próprio" e indica uma pessoa jurídica de direito público, sem subordinação hierárquica aos Entes da Administração Pública Direta (a ANATEL não é subordinada ao Ministério das Comunicações, sendo mesmo dotada de discricionariedade técnica para agir dentro de suas atribuições, ainda que desagrade à União), dotada de competência para a prestação de certos serviços públicos. As fundações públicas, por outro lado, em nada diferem das autarquias, havendo pelo próprio Supremo Tribunal Federal, em distintos julgados, sido denominadas como uma espécie do gênero autárquico[26]. Trata-se de verdade tão cristalina que, embora seja a USP uma autarquia, e a UnB uma fundação pública, não existe, entre elas, uma significativa divergência.

---

25. Faria, Edimur Ferreira de. Curso de Direito Administrativo Positivo. 4 ed. Belo Horizonte: Del Rey, 2001, p. 79.
26. BRASIL. Supremo Tribunal Federal. Conflitos de Jurisdição 6853 e 6816, por exemplo.

As associações públicas, por outro lado, são uma nova espécie de pessoa jurídica de direito público interno e são constituídas a partir do consórcio de diferentes Entes Federados para a consecução de fins comuns entre si, cuja operacionalização seja facilitada pela criação de uma pessoa jurídica de direito público. São basicamente autarquias "interfederativas". Decorrem da autonomização de certos serviços públicos que, muito embora pudessem ser prestados conjuntamente por Entes diversos, mandam boas práticas de organização para que se crie uma pessoa jurídica de direito público apta a melhor conduzir os esforços comuns.

Os Entes Federados, após a opção pela constituição das pessoas sob exame, em protocolo de intenções, ratificarão seus intentos por meio de leis aprovadas pelos respectivos Poderes Legislativos. Assim procedendo, farão nascer, consoante o disposto na Lei Federal nº 11.107/05, as entidades ora abordadas.

Exemplos interessantes existem para ilustrar tais pessoas. O primeiro deles foi a necessidade de coordenar a atuação das Administrações federal, estadual fluminense e municipal do Rio de Janeiro para a organização das Olimpíadas do Rio de Janeiro de 2016. Coroando objetivo proposto, editou-se a Lei Federal nº 12.396/2011, que criou uma verdadeira Associação Pública, de natureza autárquica, denominada Autoridade Pública Olímpica – APO. Outro exemplo interessante nos é fornecido por municípios baianos, que criaram o CISSUDOESTE – Consórcio Intermunicipal de Saúde do Sudoeste Baiano. A cláusula quarta do protocolo de intenções para criação da associação, assim a definiu[27] – "CISSUDOESTE é constituído como associação pública, com personalidade jurídica de direito público e natureza autárquica que integra a administração indireta de todos os entes da Federação consorciados, para estabelecer relações de cooperação federativa, inclusive a realização de objetivos comuns."

Lembremos, por outro lado, que a Administração Pública também é integrada por pessoas jurídicas de direito privado. Neste caso, a forma de constituição obedecerá ao disposto no tópico seguinte.

PESSOAS JURÍDICAS DE DIREITO PRIVADO – DISPOSIÇÕES COMUNS

As pessoas jurídicas de direito privado, são arroladas no artigo 44 do Código Civil:

> *"Art. 44. São pessoas jurídicas de direito privado:*
>
> *I – as associações;*
>
> *II – as sociedades;*

27. Texto integral do protocolo de intenções disponível em http://www.tmunicipal.org. br/prefeitura/bomjesusdaserra/publicacao/abre_documento.cfm?arquivo=_reposito- rio/_publicacoes/_documentos/_ato_oficial/49/04F20687-F3AC-1008-F69EAC4E6A- 014AFC25022010084522.pdf, acesso em 06 de fevereiro de 2013.

III – as fundações.

IV – as organizações religiosas; (Incluído pela Lei nº 10.825, de 22.12.2003)

V – os partidos políticos. (Incluído pela Lei nº 10.825, de 22.12.2003)

VI – as empresas individuais de responsabilidade limitada. (Incluído pela Lei nº 12.441, de 2011)

§ 1º São livres a criação, a organização, a estruturação interna e o funcionamento das organizações religiosas, sendo vedado ao poder público negar-lhes reconhecimento ou registro dos atos constitutivos e necessários ao seu funcionamento. (Incluído pela Lei nº 10.825, de 22.12.2003)

§ 2º As disposições concernentes às associações aplicam-se subsidiariamente às sociedades que são objeto do Livro II da Parte Especial deste Código. (Incluído pela Lei nº 10.825, de 22.12.2003)

§ 3º Os partidos políticos serão organizados e funcionarão conforme o disposto em lei específica. (Incluído pela Lei nº 10.825, de 22.12.2003)"

Muito embora existam, pelo Código Civil, seis espécies de pessoas jurídicas de direito privado, certo é que elas se separam em dois grandes grupos: as pessoas jurídicas de base corporativa e as pessoas jurídicas de base patrimonial. No primeiro grupo, relevo maior se dá aos membros da entidade, ao seu *corpo* social, donde provém o nome "corporação". Enquadram-se, na hipótese, as associações, as sociedades, os partidos políticos, as empresas individuais e, na maior parte dos casos, as organizações religiosas. Já nas pessoas jurídicas de base patrimonial (as fundações e, eventualmente, algumas organizações religiosas), avulta a existência de um conjunto de bens voltados para a consecução de finalidades específicas.

Abordemos, porém, antes de ingressarmos na organização de cada uma das mencionadas espécies, as disposições comuns a todas elas aplicáveis.

O primeiro dispositivo aplicado igualmente a todas as pessoas jurídicas de direito privado diz respeito ao seu "nascimento". Determina o Código:

"Art. 45. Começa a existência legal das pessoas jurídicas de direito privado com a inscrição do ato constitutivo no respectivo registro, precedida, quando necessário, de autorização ou aprovação do Poder Executivo, averbando-se no registro todas as alterações por que passar o ato constitutivo.

Parágrafo único. Decai em três anos o direito de anular a constituição das pessoas jurídicas de direito privado, por defeito do ato respectivo, contado o prazo da publicação de sua inscrição no registro."

O artigo transcrito indica claramente a adoção, entre nós, da teoria da realidade técnica. Com efeito – as pessoas jurídicas são constituídas a partir do substrato formado pela comunhão de bens e pessoas ao redor de determinada finalidade (a indicar, entre os interessados, a firme intenção de constituir um ente privado, a chamada *affectio societatis*), mas não apenas dele. Necessita-se, ademais, de um ato estatal formal que crive no tempo o seu nascimento: o seu registro na Junta Comercial ou no respectivo Cartório de Registro.

Tome-se um exemplo para bem ilustrar a situação: um certo número de amigos da faculdade cria um grupo, muito organizado, de estudos. Cada membro deve contribuir mensalmente para aquisição de livros e periódicos, bem como para o aluguel de uma sala de estudos, onde poderão debater os temas de interesse comum. Observe-se que existe um substrato para a criação de uma pessoa jurídica, mas ela ainda não nasceu, por faltar-lhe, na linguagem de Diego Espín Canova[28] o "reconhecimento estatal". Este apenas ocorrerá se houver, algum dia, o registro de seus atos constitutivos. Até lá, estaremos diante apenas de uma associação de fato, mas não de direito.

Ocorre, por outro lado, que amadurecida a ideia de constituição de entidade voltada ao fomento do saber, os amigos decidem criar uma associação, elaborando seu estatuto e levando-o a registro. Neste momento, nasce uma nova pessoa jurídica.

O leitor mais atento poderá estar indagando sobre os reflexos práticos dos apontamentos traçados. Deverá estar recordando que o novo Código de Processo Civil, a exemplo do antigo, indica algumas entidades que detêm legitimidade para figurar em juízo. São elas:

"Art. 75. Serão representados em juízo, ativa e passivamente: (...)

V – a massa falida, pelo administrador judicial;

VI – a herança jacente ou vacante, por seu curador; VII – o espólio, pelo inventariante;

(...)

IX – a sociedade e a associação irregulares e outros entes organizados sem personalidade jurídica, pela pessoa a quem couber a administração de seus bens;

(...)

XI – o condomínio, pelo administrador ou síndico."

A pergunta mais frequente seria: as entidades acima descritas seriam, pois, pessoas jurídicas, uma vez que detêm capacidade para estar em juízo? A resposta mais adequada é não! Não existe, em seu âmbito, a *afectio societatis* necessária para a constituição da pessoa, tampouco, em muitos outros casos, o "reconhecimento estatal" necessário para que sejam tratados como entes dotados de personalidade.

Pois bem, o registro, apto a levar ao nascimento da pessoa jurídica, declarará, segundo o artigo 46 do Código Civil: *a)* a denominação, os fins, a sede, o tempo de duração e o fundo social, quando houver, *b)* o nome e a individualização dos fundadores ou instituidores, e dos diretores, *c)* o modo por que se administra e representa, ativa e passivamente, judicial e extrajudicialmente, *d)* se o ato constitutivo é reformável no tocante à administração, e de que modo, *e)* se os membros respondem, ou não, subsidiariamente, pelas obrigações sociais e, *f)* as condições de extinção da pessoa jurídica e o destino do seu patrimônio, nesse caso.

Uma vez constituída, exsurge uma indagação: as pessoas jurídicas respondem ou não pelos atos de seus administradores? O Código Civil fornece as seguintes respostas:

28. Espín Canovas, Diego. Manual de Derecho Civil Español – v. I, 2 ed. Madri: Revista de Derecho Privado, 1959, p. 292.

"Art. 47. Obrigam a pessoa jurídica os atos dos administradores, exercidos nos limites de seus poderes definidos no ato constitutivo.

(...)

Art. 1.015. No silêncio do contrato, os administradores podem praticar todos os atos pertinentes à gestão da sociedade; não constituindo objeto social, a oneração ou a venda de bens imóveis depende do que a maioria dos sócios decidir.

Parágrafo único. O excesso por parte dos administradores somente pode ser oposto a terceiros se ocorrer pelo menos uma das seguintes hipóteses:

I – se a limitação de poderes estiver inscrita ou averbada no registro próprio da sociedade;

II – provando-se que era conhecida do terceiro;

III – tratando-se de operação evidentemente estranha aos negócios da sociedade."

Dois problemas se desenham de forma bem clara a partir da leitura dos dispositivos transcritos: um trata da responsabilização da pessoa jurídica quando o administrador age dentro dos limites que lhe são permitidos pelos atos constitutivos e outro é o problema da responsabilização quando se extrapolam tais poderes.

No primeiro caso, não há dúvida. O administrador é órgão da pessoa jurídica, por isso é a sua voz, fazendo-a presente nas relações jurídicas, vinculando-a quando atua dentro dos limites que lhe foram expressamente deferidos.

As querelas mais acaloradas colocam-se quando o administrador extrapola tais poderes. É de indagar-se: responsabilizar-se-ia a pessoa jurídica? Duas poderiam ser as respostas à indagação. A primeira decorreria da interpretação literal do Código Civil. Expliquemo-la.

Como visto, o artigo 47 do Código Civil trata da atuação dos administradores da pessoa jurídica nos limites impostos pelos estatutos, ao passo que o artigo 1.015, embora se refira especificamente às sociedades, poderia ser analogicamente utilizado para o enfrentamento da problemática suscitada para *todas as pessoas jurídicas*, a partir do excesso na utilização dos poderes deferidos aos que devem geri-la. Pois bem, o último dispositivo parte da regra geral de que o excesso de poderes, por parte do administrador, vincula a sociedade perante terceiros, excetuando, porém, três hipóteses: *a)* se a limitação de poderes estiver inscrita ou averbada no registro próprio da sociedade; *b)* provando-se que era conhecida do terceiro; e, *c)* tratando-se de operação evidentemente estranha aos negócios da sociedade (chamados de atos *ultra vires*).

A ideia contida na lei parece ser de fácil explicação. Como as pessoas jurídicas, para nascerem, demandam o registro de seus atos constitutivos, as informações sobre os poderes que podem ser exercidos por seus administradores e o seu objeto seriam, em tese, facilmente obtidas junto ao competente cartório ou junta comercial. Eis a explicação para as exceções contidas no inciso I e III do parágrafo único do artigo 1.015. Assim, uma pessoa diligente, antes de celebrar negócios jurídicos com a sociedade, buscaria conhecer os seus atos constitutivos, para saber se o administrador está ou não agindo conforme os poderes que lhe são delegados. A outra exceção, por outro lado, parte da premissa de que a ninguém é dado beneficiar-se da própria torpeza. Assim, se o terceiro demonstrar que conhecia, por qualquer modo, o excesso de poderes, a sociedade estaria desvinculada do ato praticado pelo administrador malicioso.

Ocorre, porém, que o dado de realidade indica que poucas são as pessoas que, antes de celebrarem negócios jurídicos com as sociedades, buscam conhecer os atos constitutivos das últimas. Além disso, a operacionalização dos dispositivos contidos no artigo 1.015, parágrafo único, do Código Civil, mostra-se tormentosa. Desenha-se, assim, a segunda resposta possível ao questionamento sobre a validade dos atos praticados em excesso de representação pelos administradores.

Marlon Tomazette[29], com precisão que lhe caracteriza a pena, alerta que "a modernidade e a massificação das relações impõem neste caso a aplicação da teoria da aparência, pela qual se o ato parece regular é dessa forma que ele deve ser tratado". Não por outro motivo, já entendeu o Superior Tribunal de Justiça[30]:

> *"DIREITO COMERCIAL. SOCIEDADE POR QUOTAS DE RESPONSABILIDADE LIMITADA. GARANTIA ASSINADA POR SÓCIO A EMPRESAS DO MESMO GRUPO ECONÔMICO. EXCESSO DE PODER. RESPONSABILIDADE DA SOCIEDADE. TEORIA DOS ATOS ULTRA VIRES. INAPLICABILIDADE. RELEVÂNCIA DA BOA-FÉ E DA APARÊNCIA. ATO NEGOCIAL QUE RETORNOU EM BENEFÍCIO DA SOCIEDADE GARANTIDORA.*
>
> *1. Cuidando-se de ação de declaração de nulidade de negócio jurídico, o litisconsórcio formado no polo passivo é necessário e unitário, razão pela qual, nos termos do art. 320, inciso I, do CPC* [Art. 345, I do Novo CPC], *a contestação ofertada por um dos consortes obsta os efeitos da revelia em relação aos demais. Ademais, sendo a matéria de fato incontroversa, não se há invocar os efeitos da revelia para o tema exclusivamente de direito.*
>
> *2. Não há cerceamento de defesa pelo simples indeferimento de produção de prova oral, quando as partes, realmente, litigam exclusivamente em torno de questões jurídicas, restando incontroversos os fatos narrados na inicial.*
>
> *3. A partir do Código Civil de 2002, o direito brasileiro, no que concerne às sociedades limitadas, por força dos arts. 1.015, § único e 1.053, adotou expressamente a ultra vires doctrine.*
>
> *4. Contudo, na vigência do antigo Diploma (Decreto nº 3.708/19, art. 10), pelos atos ultra vires, ou seja, os praticados para além das forças contratualmente conferidas ao sócio, ainda que extravasassem o objeto social, deveria responder a sociedade.*
>
> *5. No caso em julgamento, o acórdão recorrido emprestou, corretamente, relevância à boa-fé do banco credor, bem como à aparência de quem se apresentava como sócio contratualmente habilitado à prática do negócio jurídico.*
>
> *6. Não se pode invocar a restrição do contrato social quando as garantias prestadas pelo sócio, muito embora extravasando os limites de gestão previstos contratualmente, retornaram, direta*

29. Tomazette, Marlon. Curso de direito empresarial: teoria geral e sociedades. São Paulo: Atlas, 2008, v. 1, p. 302.
30. BRASIL. Superior Tribunal de Justiça. REsp 704.546/DF, Rel. Ministro Luis Felipe Salomão, QUARTA TURMA, julgado em 01/06/2010, DJe 08/06/2010.

ou indiretamente, em proveito dos demais sócios da sociedade fiadora, não podendo estes, em absoluta afronta à boa-fé, reivindicar a ineficácia dos atos outrora praticados pelo gerente.

7. Recurso especial improvido."

Em perfeita sintonia com o julgado, editou-se o Enunciado nº 11 pela I Jornada de Direito Empresarial, organizada pelo Conselho da Justiça Federal. Vejamos o seu teor:

"11. A regra do art. 1.015, parágrafo único, do Código Civil deve ser aplicada à luz da teoria da aparência e do primado da boa-fé objetiva, de modo a prestigiar a segurança do tráfego negocial. As sociedades se obrigam perante terceiros de boa-fé."

Embora prefiramos a vertente interpretativa que prima pela aplicação da teoria da aparência, temos que a sua incidência torna letra morta o artigo 1.015 do Código Civil. A única explicação possível para isso é que, diante do caso concreto, entenda-se que a literalidade da norma, ao ferir o dado de realidade e o postulado da boa-fé objetiva, seria de aplicação inconstitucional, por violação ao princípio da proporcionalidade.

Ora, a proporcionalidade, conforme discutido alhures, é composta por três subprincípios[31]: adequação (avaliação se a norma efetivamente conduz ao fim de interesse público visado), necessidade (ponderação se a medida preconizada pela lei excede os limites indispensáveis à proteção do bem jurídico almejado) e proporcionalidade em sentido estrito (a evitar a utilização de medidas que, embora adequadas e necessárias, sejam exageradas pelos mínimos benefícios que trarão diante dos sacrifícios impostos).

Nessa esteira, cumpre indagar: qual o objetivo do parágrafo único do artigo 1.015? A resposta parece ser simples: proteger as sociedades de administradores inescrupulosos, sem vulnerar demasiadamente os interesses daqueles que negociam com as ditas pessoas jurídicas, o que poderia comprometer o tráfego jurídico.

Pois bem, partindo-se de tal postulado, entender que o excesso de poderes, por parte do administrador, vincula a sociedade perante terceiros, excetuando, porém, apenas três hipóteses (se a limitação de poderes estiver inscrita ou averbada no registro próprio da sociedade; provando-se que era conhecida do terceiro; e, tratando-se de operação evidentemente estranha aos negócios da sociedade) é solução demasiadamente tímida, protegendo desmesuradamente a sociedade, em detrimento dos interesses de terceiros que com ela negociam. A dita proteção vulnera o subprincípio da necessidade na medida em que só se justifica proteger as sociedades para fomentar o tráfego jurídico. Ocorre que, desvinculá-las dos atos praticados em excesso de poderes, mas aparentemente corretos, termina por vulnerar o mencionado tráfego. Assim a medida preconizada pela lei (parágrafo único do artigo 1.015 do Código Civil) excede os limites indispensáveis à proteção do bem jurídico almejado (proteção às sociedades empresariais, para conservação e fomento do tráfego jurídico). Acreditamos, portanto, que a aplicação da teoria da aparência, em detrimento da

31. Bonavides, Paulo. Curso de direito constitucional. 22 ed. São Paulo: Malheiros, 2008, p. 396/398.

literal aplicação do artigo 1.015 do Código Civil, é a medida mais acertada do ponto de vista constitucional.

Ainda a respeito dos atos de administração, determina o artigo 48 do Código Civil:

> *"Art. 48. Se a pessoa jurídica tiver administração coletiva, as decisões se tomarão pela maioria de votos dos presentes, salvo se o ato constitutivo dispuser de modo diverso.*
>
> *Parágrafo único. Decai em três anos o direito de anular as decisões a que se refere este artigo, quando violarem a lei ou estatuto, ou forem eivadas de erro, dolo, simulação ou fraude."*

O Código consagra a regra democrática da administração segundo a vontade da maioria. Ressalte-se que o dispositivo em análise opera no silêncio dos atos constitutivos, que podem optar por estrutura mais complexa de administração, dividindo competências entre diretorias e gerências, por exemplo. É de se notar, ainda, o parágrafo único, que estabelece o direito de anular as decisões a que se refere o artigo abordado dentro do prazo de três anos, quando violarem a lei ou estatuto, ou forem eivadas de erro, dolo, simulação ou fraude. Percebe-se, como se verá no capítulo dedicado ao estudo das nulidades, que a regra representa dupla exceção. Inicialmente, quanto aos demais negócios jurídicos, o prazo para a anulação decorrente de erro, dolo e fraude é de quatro anos (artigo 171). Quanto à simulação, a regra é ainda mais excepcional, porquanto, segundo o Código Civil de 2002, quanto aos demais negócios jurídicos, a consequência da simulação é a nulidade, sendo portanto insuscetível de convalidação pela decadência. Ocorre, porém, que, tratando-se de simulação em deliberações administrativas da pessoa jurídica, o defeito passa a representar uma mera anulabilidade, passível de ser sanada pelo decurso de prazo.

Por fim, encerrando os dispositivos a respeito da administração da pessoa jurídica, o Código, no artigo 49, aduz que se a administração da pessoa jurídica vier a faltar, o juiz, a requerimento de qualquer interessado, nomear-lhe-á administrador provisório. Cabe frisar que, via de regra, nas pessoas jurídicas de estrutura mais elaborada, o dispositivo é de rara aplicação, tendo em vista as disposições internas sobre desempenho de competências nas hipóteses de ausência dos respectivos administradores.

Analisados, assim, os principais aspectos sobre a administração da pessoa jurídica, necessário que se enfrente um dos mais fascinantes temas relacionados ao estudo encetado: a desconsideração da personalidade jurídica.

A DESCONSIDERAÇÃO DA PERSONALIDADE JURÍDICA: COLOCAÇÃO DO PROBLEMA

As pessoas jurídicas nascem com a inscrição do seu ato constitutivo no Cartório ou órgão público competente. O seu traço característico é a autonomia patrimonial. Imaginemos uma sociedade anônima. Caso estivesse atada à figura de seus acionistas para agir, para negociar, para responder em juízo, enfim, para praticar todos os atos da vida civil, certamente estaria inviabilizada, e consigo, a civilização moderna.

Ademais, como se explanou, a personalidade jurídica é uma realidade técnica; logo, devem os entes coletivos serem encarados de forma distinta das pessoas e bens que compõem o seu substrato.

Qualquer tese que mitigue desmesuradamente essa realidade deve ser absorvida com reservas, pois, se a teoria das pessoas morais é indispensável à atual civilização tal qual a conhecemos, não podemos permitir que a sua desconsideração se transforme em regra, esvaziando sobremaneira a sua utilidade. Atento a isto, o Código Civil dispôs:

> *"Art. 50. Em caso de abuso da personalidade jurídica, caracterizado pelo desvio de finalidade ou pela confusão patrimonial, pode o juiz, a requerimento da parte, ou do Ministério Público quando lhe couber intervir no processo, desconsiderá-la para que os efeitos de certas e determinadas relações de obrigações sejam estendidos aos bens particulares de administradores ou de sócios da pessoa jurídica beneficiados direta ou indiretamente pelo abuso.*
>
> *§ 1º Para os fins do disposto neste artigo, desvio de finalidade é a utilização da pessoa jurídica com o propósito de lesar credores e para a prática de atos ilícitos de qualquer natureza.*
>
> *§ 2º Entende-se por confusão patrimonial a ausência de separação de fato entre os patrimônios, caracterizada por:*
>
> *I cumprimento repetitivo pela sociedade de obrigações do sócio ou do administrador ou vice-versa;*
>
> *II transferência de ativos ou de passivos sem efetivas contraprestações, exceto os de valor proporcionalmente insignificante; e*
>
> *III outros atos de descumprimento da autonomia patrimonial.*
>
> *§ 3º O disposto no caput e nos §§ 1º e 2º deste artigo também se aplica à extensão das obrigações de sócios ou de administradores à pessoa jurídica.*
>
> *§ 4º A mera existência de grupo econômico sem a presença dos requisitos de que trata o caput deste artigo não autoriza a desconsideração da personalidade da pessoa jurídica.*
>
> *§ 5º Não constitui desvio de finalidade a mera expansão ou a alteração da finalidade original da atividade econômica específica da pessoa jurídica.*

Assim, avancemos para a compreensão da teoria da desconsideração da personalidade jurídica, tendo em mente que ela busca harmonizar a necessidade de se coibir o mal-uso dos entes morais, sem, todavia, fragilizar em demasia o instituto.

A ADOÇÃO DA TEORIA DA REALIDADE TÉCNICA E SUA HARMONIZAÇÃO COM O ESTUDO DA DESCONSIDERAÇÃO DA PERSONALIDADE JURÍDICA A PARTIR DAS LIÇÕES DE ROLF SERICK

Como enfatizado, a doutrina mais razoável acerca da realidade jurídica é a esposada, entre outros, por Francesco Ferrara, sendo denominada de teoria da realidade técnica.

Recorramos, pois, às lições do civilista Italiano[32]:

32. Ferrara, Francesco. Trattato di diritto civile italiano. Roma: Athenaeum, 1921, p. 610, afirma textualmente: *126. Le persone giuridiche risultano da due elementi, uno materiale, l'altro formale, cioè l'esistenza di*

"126. As pessoas jurídicas resultam de dois elementos, um material, outro formal, isto é a existência de um substrato e a concessão de personalidade. A constituição se desenvolve, portanto, em duas fases distintas, num processo de formação do ente social, seja associativo ou institucional, e em um segundo estágio que confirma juridicamente o ente formado e o acolhe no campo do direito. A pessoa jurídica não nasce, a rigor, antes da segunda fase, com a intervenção do direito objetivo, mas para evitar que este não caia no vazio, pressupõe já a formação de um substrato".

É justamente essa bipartição lógica que viabiliza a teoria da desconsideração da personalidade jurídica. Ora, o Estado faz incidir o Direito sobre o substrato, dotando-o de personalidade jurídica. Se assim o faz, é para que o ente aja conforme o direito, jamais abusando da forma e das garantias que se lhe concedem para trazer prejuízos a outrem.

O Poder Público, nessa esteira, não pode compactuar com a fraude que seria possibilitada pela incidência da lei e de garantias da personalidade jurídica (como a autonomia entre a figura dos sócios e da sociedade) a proteger sócios inescrupulosos que se valessem do aparato legal de regência para perpetrarem fraudes. Resta, então, nesses casos excepcionalíssimos, levantar o véu jurídico que protegeria o substrato, para impedir que se alimente torpeza sob os olhos complacentes do Estado. Assim, inicialmente, consagrou-se que a teoria da desconsideração da personalidade jurídica deveria ter lugar nos casos de abuso de direito ou fraude, ou quando fosse imperativo ao ordenamento jurídico que se levantasse o véu da pessoa jurídica.

Rolf Serick[33], em detalhado estudo acerca do tema, sistematizou o que ora se defende, construindo a teoria em apreço a partir da análise de casos concretos da jurisprudência americana. Vejamos:

"O presente estudo demostrou que a estrutura formal da pessoa jurídica pode ser desconsiderada em dois casos: um deles, quando ela é utilizada abusivamente para fins ilícitos, e outra para subsumir determinadas normas à pessoa jurídica. Em ambos os casos se penetra até alcançar o substrato pessoal ou real que a constitue, seja para evitar o abuso, seja para buscar a realização do sentido contido na norma de cuja aplicação se trata."

Assim, o jurista alemão chegou a quatro importantes conclusões em seu estudo. A primeira delas é a de que[34]:

---

un substrato e la concessione di personalità. La costituzione si svolge in due fasi distinte di personalità. in un processo di formazione dell'ente sociale, sia associativo od istituzionale, ed in un secondo stadio che suggella giuridicamente l'ente formato e lo accoglie nel campo del diritto. La persona giuridica anzi a rigore non nasce che nella seconda fase, con l'intervento del diritto obbiettivo, ma poichè questo noc cade nel vuoto, presuppone già la formazione d'un substrato.

33. Serick, Rolf. Aparencia y Realidad en las Sociedades Mercantiles, Barcelona: Ariel, 1958, p. 253: *"El presente estudio ha demostrado que la estructura formal de la persona jurídica puede ser desestimada en dos casos: una de ellas, cuando se la utiliza abusivamente para fines ilícitos, y otra para enlazar determinadas normas con la persona jurídica. En ambos os casos se penetra hasta alcanzar el substrato personal o real que la constituye, ya sea para evitar el abuso, ya se procure la realización del sentido contenido en la norma de cuya aplicación se trata."*

34. Serick, Rolf. Aparencia y Realidad en las Sociedades Mercantiles, Barcelona: Ariel, 1958, p. 241: *"Si la estructura formal de la persona jurídica se utiliza de manera abusiva, el juez podrá descartarla para que fracase*

> *"Se a estrutura formal da pessoa jurídica se utiliza de maneira abusiva, o juiz poderá descartá-la para que fracasse o resultado contrário ao Direito que se persegue, para o qual prescindirá da regra fundamental que estabelece uma radical separação entre a sociedade e os sócios"*

Talvez esta seja a mais importante contribuição de Rolf Serick, a qual decorre logicamente até mesmo da teoria sobre a personalidade dos entes morais como uma realidade técnica, tal qual esposada por Ferrara. Coloca, dessarte, o abuso como a pedra de toque para a desconsideração da personalidade do ente, desde que os sócios se escondam atrás do véu da personalidade para deixarem de cumprir um imperativo legal, ou, simplesmente, para lesar terceiros.

Albertino Daniel de Melo[35], ao analisar as lições do Jurista Alemão, afirma:

> *"Mas, um intuito de fraudar é requisito para a configuração subjetiva do abuso. Serick apresenta dois exemplos em que a solução afirmando existência de fraude irá depender de que fique provado o intuito de fraudar a lei: (...). Em qualquer caso, a fraude à lei coincide com um fato pessoal pelo qual o sujeito de direito procura se esquivar à incidência de normas, utilizando institutos – personalidade jurídica, sociedade – contrariamente aos fins que lhes são próprios.*
>
> *Utilizar um tipo societário de responsabilidade limitada com intuito de beneficiar um sócio (verdadeiro sócio-dominador) é um negócio indireto. Se outro intento não vier a viciar gravemente a constituição societária, não se pode dizer que há abuso de sociedade."*

As opiniões expressadas nas linhas anteriores merecem alguma reflexão, o que será feito pela discussão das formas de abuso do direito societário frente à necessidade de desconsideração da personalidade jurídica.

Assim, em primeiro lugar, haveria de se perguntar: quando se verificaria a fraude à lei?

Francesco Messineo[36] não deixou lacunas ao explicar o que seria a fraude à lei, contrapondo-a ao negócio ilegal, como se pode notar:

> *"3 – Por outro lado, não se confunda com o negócio ilegal o negócio fraudulento, ou em fraude à lei imperativa, embora também esta última seja considerada pelo código, como tendo causa*

---

el resultado contrario a Derecho que se persigue, para lo cual prescindirá de la regla fundamental que establece una radical separación entre la sociedad y los socios."

35. Melo, Albertino Daniel de. *Sanção Civil por Abuso de Sociedade.* Belo Horizonte: Del Rey, 1997, p. 77.

36. Messineo, Francesco. *Manuale di Diritto Civile e Commerciale*, 9 ed. Milão: Dott. A. Giuffrè, 1957, *p. 602: "3- Peraltro, non va scambiato col negozio illegale il negozio fraudolenteo, o in frode alla legge imperative, sebbene anche quet'ultimo sia considerato dal codice, come avente causa illecita (cfr. 1344); invero, su tale configurazione del negozio fraudolento, sono state avanzate riserve. In ambi i casi, la norma, contro cui il negozio si erige, è una norma imperativa; senonchè, mentre il negozio illegale viola apertamente la norma, il negozio in frode alla legge è caratterizzato dalla circostanza che esso rispetta la lettera della legge, mentre, in fatto, tenta di eludere l'applicazione e di contravvenirne lo scopo con mezzi indiretti (1344) (cfr., anche, 1526 terzo comma; 2097 capov.; 2744; 2115 terzo comma.) Piu precisamente, è illecito il negozio che mira a conseguire un risultado analogo, ossia praticamente equivalente, a quello previsto e vietato da una norma proibitiva e che non si può conseguirel; il risultato, perseguito col negozio fraudolento, è, inoltre, tale, da soddisfare le esigenze dell'autore del negozio, ma senza far-lo incorrer nella sanzione che è irrogata, per il caso di aperta violazione della norma medesima."*

ilícita (cfr. 1344); em verdade, sobre tais configurações do negócio fraudulento, havia reservas avançadas.

Em ambos os casos, a norma, contra a qual o negócio jurídico se erige, é uma norma imperativa; mas, enquanto o negócio jurídico ilegal viola abertamente a norma, o negócio em fraude à lei é caracterizado pela circunstância que este respeita a letra da lei, enquanto, na verdade, tenta iludi-la a aplicação e transgredi-la o escopo com meios indiretos. Mais precisamente, é ilícito o negócio que objetiva conseguir um resultado análogo, ou seja, praticamente equivalente àquele previsto e vedado por uma norma proibitiva e que não se pode conseguir; o resultado, perseguido com o negócio fraudulento, é, além disso, tal que satisfaz a exigência do autor do negócio, mas sem fazê-lo incorrer na sanção que é atribuída, para o caso de aberta violação da mesma norma."

Dessa maneira, diferenças devem ser feitas quanto à fraude à lei e à violação aberta à lei, que gera nulidade ipso facto. Assim, quanto a uma pessoa jurídica constituída de maneira a violar-se abertamente a letra da lei, não se precisa aplicar a teoria da desconsideração da personalidade jurídica, porque o que existe aí é um simples substrato sobre o qual não incidiu o reconhecimento do Estado, porquanto nulo ou inexistente.

Pode ocorrer, entretanto, que a personalidade jurídica seja utilizada apenas para fraudar a lei. É o caso típico do direito americano o qual passamos a narrar.

Sabe-se que, a partir, de 1889, pelo *Iterstate Commerce Act* de 1889, complementado pelo *Elkin Act* de 1903, proibiu-se que uma empresa de transporte concedesse a alguma corporação uma preferência indevida frente as demais.

Ocorre que uma certa companhia, *Pabst Brewing Co.*, criou uma segunda empresa, a *Milwakee Refrigerator Transit Co.*, que negociava o transporte das mercadorias da primeira com sociedades transportadoras.

Em cada negócio intermediado, a *Milwakee Refrigerator Transit Co.*, recebia uma comissão. Acontece que a dita comissão, já que tanto ela como a *Pabst Brewing Co.* eram praticamente o mesmo ente, funcionava como verdadeiro abatimento no transporte dos produtos da última. Conseguia-se, portanto, um fim, por maneira oblíqua, que era vedado diretamente pelo *Interstate Commerce Act* e pelo *Elkin Act*, devendo, como o foi, ser desconsiderada a personalidade jurídica das pessoas envolvidas.

Mas a fraude à lei não é a única modalidade possível. Há ainda a fraude contra credores que seria, consoante doutrina Caio Mário da Silva Pereira[37]:

"a manobra engendrada com o fito de prejudicar terceiro; e tanto se insere no ato unilateral (caso em que macula o negócio ainda que dela não participe outra pessoa), como se imiscui no ato bilateral (caso em que a maquinação é concertada entre as partes)."

A desconsideração da personalidade jurídica, nesse ponto, deve ser aplicada com reservas, uma vez esgotados os meios próprios de se reverter o negócio anulável

37. Pereira, Caio Mário da Silva. Instituições de Direito Civil – v. I. 5 ed. Rio de Janeiro: Forense. p. 370.

pela Ação Pauliana. Só frustrada essa tentativa, quiçá pela impossibilidade de desconstituição dos efeitos do ato fraudulento (v.g. para proteção da boa-fé de terceiros que adquiriram um imóvel originariamente alienado em fraude a credores) seria razoável admitir-se a desconstituição da personalidade jurídica, para se buscar no patrimônio dos sócios a garantia às dívidas da empresa.

Diferem, ademais, os vícios abordados dos chamados negócios jurídicos indiretos, como bem notou Albertino Daniel de Melo, inexistindo, nos últimos, a vontade dirigida de fraudar terceiros.

Façamos, no entanto, um reparo quanto ao exemplo dado pelo autor. Segundo ele, a utilização de um tipo societário de responsabilidade limitada com intuito de beneficiar um sócio (verdadeiro sócio-dominador) seria um negócio indireto. Discordamos dessa conclusão.

O negócio indireto, consoante, Francesco Messineo[38] é aquele para o qual se escolhe via transversa em lugar da que seria usual e se produz uma dissonância entre o meio usado (negócio típico) e a finalidade almejada (como sói acontecer quando um devedor outorga uma procuração ao credor, a fim de que este, dela munido, cobre dívidas em que o primeiro figura como credor, para que, após o recebimento do numerário, fique quitado o débito existente entre as partes originárias).

Assim, quando uma sociedade limitada é constituída, atribuindo-se 99% (noventa e nove por cento das quotas) para um sócio e o restante para outro, simula-se a sua existência para que se albergue o funcionamento de sociedade unipessoal de responsabilidade limitada. Forçoso concluir, portanto, que, diferentemente do afirmado por Albertino Daniel de Melo[39], trata a hipótese de simulação e não de negócio indireto. A simulação, porém, na constituição da pessoa jurídica, leva à invalidade do ato constitutivo e não à episódica aplicação da teoria da desconsideração, como adiante veremos.

Com efeito, não olvidemos que o negócio indireto, como ressaltou Messineo, é efetivo e não aparente, como seria uma sociedade por quotas de responsabilidade limitada, criada para beneficiar unicamente seu verdadeiro dono (o possuidor, por exemplo, de 95%), sendo este o único a auferir lucros e integralizar o capital social. Esse é um caso de simulação, voltamos a repetir, embora nem sempre objetive lesar a terceiros.

Feitas tais observações, podemos seguir com o estudo, analisando a segunda proposição de Serick[40], segundo a qual:

38. Messineo, Francesco. *Manuale di Diritto Civile e Commerciale,* 9 ed. Milão: Dott. A. Giuffrè, 1957, p. 581.
39. Melo, Albertino Daniel de. *Sanção Civil por Abuso de Sociedade.* Belo Horizonte: Del Rey, 1997, p.77.
40. Serick, Rolf. Aparencia y Realidad en las Sociedades Mercantiles, Barcelona: Ariel, 1958, p. 246: *No basta alegar que si no se descarta la forma de la persona jurídica no podrá lograrse la finalidad de una norma o de un negocio jurídico. Sin embargo, cuando se trate de la eficacia de una regla del Derecho de sociedades de valor tan fundamental que no deba encontrar obstáculos ni de manera indirecta, la regla general formulada en el párrafo anterior debe sufrir una excepción.*

"Não basta alegar que se não se desconsiderar a forma da persona jurídica não se poderá obter a finalidade duma norma ou dum negócio jurídico.

Sem embargo, quando se trata da eficácia duma regra de Direito de sociedades de valor tão fundamental que não deva encontrar obstáculos nem de maneira indirecta, a regra geral formulada no parágrafo anterior [de que a desconsideração depende de abusos ou fraudes] *deve sofrer uma exceção."*

Embora o princípio da desconsideração da personalidade jurídica esteja intimamente relacionado ao abuso e à fraude, casos existem em que estes são dispensados, quando assim decorrer da vontade lei. É o caso do artigo 28, § 5º do Código de Defesa do Consumidor, que será analisado adiante, e que determina:

"Art. 28. (...)

§ 5º Também poderá ser desconsiderada a pessoa jurídica sempre que sua personalidade for, de alguma forma, obstáculo ao ressarcimento de prejuízos causados aos consumidores."

A terceira conclusão[41] a que chega o Autor alemão é a de que:

"As normas que se fundam em qualidades ou capacidades humanas ou que consideram valores humanos também devem aplicar-se às pessoas jurídicas quando a finalidade da norma corresponda à desta classe de pessoas. Neste caso, poder-se-á penetrar até os homens situados sob a pessoa jurídica, para comprovar se é verificável a hipótese da qual depende a eficácia da norma."

Com tal enunciado, deseja esclarecer o autor alemão que as regras concernentes a pessoas físicas podem, em determinadas hipóteses, ser aplicadas às jurídicas. Com efeito, por óbvio, não há que se falar em raça, estado civil ou sexo da pessoa jurídica. Pode ocorrer, entretanto, que a pessoa jurídica seja criada justamente para mitigar normas relativas a direito empresarial, de família ou mesmo de personalidade. Possível vislumbrar, como exemplo suscitado por Serick, a hipótese em que se afirma estar *casado* um ente moral com um ser humano para fins de aplicação da lei empresarial (jamais com relação aos aspectos de direito de família). Poderíamos lembrar como hipótese julgados atuais da jurisprudência brasileira, em que, em ação de divórcio, constata-se que o marido, já pensando em se separar, constitui uma pessoa jurídica para a qual carreia todo o novo patrimônio adquirido. Esses bens, no entanto, serão partilhados, segundo o regime de bens vigente, desconsiderando-se a personalidade do ente constituído, tratando-lhes como se do marido fossem. É a chamada, entre nós, desconsideração inversa.

A última proposição de Serick[42] assim pode ser colocada:

41. Serick, Rolf. Aparencia y Realidad en las Sociedades Mercantiles, Barcelona: Ariel, 1958, p. 251: "*Las normas que se fundan en cualidades o capacidades humanas o que consideran valores humanos también deben aplicarse a las personas jurídicas cuando la finalidad de la norma corresponda a la de esta clase de personas. En este caso podrá penetrarse hasta los hombres situados detrás de la persona jurídica para comprobar si concurre la hipótese de que depende la eficacia de la norma*".

42. Serick, Rolf. Aparencia y Realidad en las Sociedades Mercantiles, Barcelona: Ariel, 1958, p. 256: "*Si la forma de la persona jurídica se utiliza para ocultar que de hecho existe identidad entre las personas que intervienen en*

"Se a forma da pessoa jurídica se utiliza para ocultar que, de fato, existe identidade entre as pessoas que intervêm num ato determinado, poderá quedar descartada a forma da dita pessoa quando a norma que se deva aplicar pressuponha que a identidade ou diversidade dos sujeitos interessados, não é puramente nominal, senão verdadeiramente efetiva."

Tal hipótese se verifica quando a lei exige diversidade de pessoas a realizarem um negócio jurídico, configurando-se o ato levado a cabo pelo ente moral e individual, como praticado entre uma única pessoa (exemplo: compra e venda de um ser para si mesmo). Logo, quando a personalidade jurídica for utilizada *apenas* para "forçar" a existência de segunda entidade no polo da relação jurídica, ela deve ser desconsiderada.

Colocados esses princípios que, de maneira geral, norteiam a teoria da desconsideração da personalidade jurídica, passemos a breves considerações sobre a *disregard doctrine* no direito brasileiro.

A DESCONSIDERAÇÃO DA PERSONALIDADE JURÍDICA NO DIREITO BRASILEIRO

No direito brasileiro, assentou-se a ideia de que a teoria da desconsideração da personalidade jurídica se biparte em teoria maior e teoria menor. A consagração do dito entendimento se deu após o julgado a seguir transcrito, do Superior Tribunal de Justiça[43]:

"Responsabilidade civil e Direito do consumidor. Recurso especial.

Shopping Center de Osasco-SP. Explosão. Consumidores. Danos materiais e morais. Ministério Público. Legitimidade ativa. Pessoa jurídica. Desconsideração. Teoria maior e teoria menor. Limite de responsabilização dos sócios. Código de Defesa do Consumidor.

Requisitos. Obstáculo ao ressarcimento de prejuízos causados aos consumidores. Art. 28, § 5º.

Considerada a proteção do consumidor um dos pilares da ordem econômica, e incumbindo ao Ministério Público a defesa da ordem jurídica, do regime democrático e dos interesses sociais e individuais indisponíveis, possui o Órgão Ministerial legitimidade para atuar em defesa de interesses individuais homogêneos de consumidores, decorrentes de origem comum.

A teoria maior da desconsideração, regra geral no sistema jurídico brasileiro, não pode ser aplicada com a mera demonstração de estar a pessoa jurídica insolvente para o cumprimento de suas obrigações.

Exige-se, aqui, para além da prova de insolvência, ou a demonstração de desvio de finalidade (teoria subjetiva da desconsideração), ou a demonstração de confusão patrimonial (teoria objetiva da desconsideração).

---

un acto determinado, podrá quedar descartada la forma de dicha persona cuando la norma que se deba aplicar presuponga que la identidad o diversidad de los sujetos interesados no es puramente nominal, sino verdaderamente efectiva."

43. BRASIL. Superior Tribunal de Justiça. *REsp 279.273/SP, Rel. Ministro ARI PARGENDLER, Rel. p/ Acórdão Ministra Nancy Andrighi, Terceira Turma, julgado em 04/12/2003, DJ 29/03/2004, p. 230.*

A teoria menor da desconsideração, acolhida em nosso ordenamento jurídico excepcionalmente no Direito do Consumidor e no Direito Ambiental, incide com a mera prova de insolvência da pessoa jurídica para o pagamento de suas obrigações, independentemente da existência de desvio de finalidade ou de confusão patrimonial.

Para a teoria menor, o risco empresarial normal às atividades econômicas não pode ser suportado pelo terceiro que contratou com a pessoa jurídica, mas pelos sócios e/ ou administradores desta, ainda que estes demonstrem conduta administrativa proba, isto é, mesmo que não exista qualquer prova capaz de identificar conduta culposa ou dolosa por parte dos sócios e/ou administradores da pessoa jurídica.

A aplicação da teoria menor da desconsideração às relações de consumo está calcada na exegese autônoma do § 5º do art. 28, do CDC, porquanto a incidência desse dispositivo não se subordina à demonstração dos requisitos previstos no caput do artigo indicado, mas apenas à prova de causar, a mera existência da pessoa jurídica, obstáculo ao ressarcimento de prejuízos causados aos consumidores.

Recursos especiais não conhecidos."

Podemos concluir, a partir da leitura da ementa transcrita, que a regra inserida no artigo 50 do Código Civil representaria a teoria maior da desconsideração. A teoria maior, ao seu turno, pode ser subjetiva ou objetiva.

Na primeira hipótese, teoria maior subjetiva, decorreria da utilização da pessoa jurídica para o cometimento de fraudes, ou em virtude do abuso de direito societário. Chamamos a atenção, porém, para peculiar aspecto. Nossa lei, aliás, esclarece, no parágrafo primeiro do artigo 50 do Código Civil, que se entende por desvio de finalidade a utilização dolosa da pessoa jurídica com o propósito de lesar credores e para a prática de atos ilícitos de qualquer natureza. Bem andou o legislador ao assim estabelecer. A desconsideração é uma exceção e não uma regra a ser invocada em todas as questões envolvendo prejuízos perpetrados por entes morais e o elemento subjetivo (dolo de se mal utilizar a personalidade), ou o cometimento de atos ilícitos, é a garantia para que o remédio (a desconsideração) não se transforme em veneno pela excessiva banalização.

As fraudes perpetradas, a gerarem a incidência da teoria estudada, são levadas a cabo no *curso* do funcionamento da pessoa, dando lugar à desconsideração dos episódicos atos cometidos de forma reprovável. A personalidade, para todos os outros fins, distintos dos negócios abusivos, persistirá. Hipótese distinta, todavia, acontecerá se o próprio ato constitutivo da pessoa estiver viciado. É o caso, por exemplo, da simulação, dolo ou coação na criação da pessoa. Estes afetariam o plano da validade e levariam à desconstituição da própria personalidade.

Quanto à teoria maior objetiva, ela deriva da ausência de distinção entre patrimônio do sócio e da sociedade. Ocorre quando o sócio adquire bens em nome da sociedade e a sociedade o faz em nome do sócio. Logo, os credores de cada um não saberão, ao certo, quem executar para cobrar suas dívidas, eis que o acervo de bens da pessoa jurídica e física terminam por se confundir. A única solução possível, pois, seria a desconsideração para evitar prejuízos aos credores. Novamente o legislador detalhou possíveis hipóteses de incidência do instituto da confusão patrimonial, no parágrafo segundo do artigo 50, do Código Civil:

Art. 50. (...)

§ 2º Entende-se por confusão patrimonial a ausência de separação de fato entre os patrimônios, caracterizada por:

I cumprimento repetitivo pela sociedade de obrigações do sócio ou do administrador ou vice-versa;

II transferência de ativos ou de passivos sem efetivas contraprestações, exceto os de valor proporcionalmente insignificante; e

III outros atos de descumprimento da autonomia patrimonial.

§ 3º O disposto no caput e nos §§ 1º e 2º deste artigo também se aplica à extensão das obrigações de sócios ou de administradores à pessoa jurídica.

§ 4º A mera existência de grupo econômico sem a presença dos requisitos de que trata o caput deste artigo não autoriza a desconsideração da personalidade da pessoa jurídica.

§ 5º Não constitui desvio de finalidade a mera expansão ou a alteração da finalidade original da atividade econômica específica da pessoa jurídica.

Interessante notar que a desconsideração da personalidade jurídica (seja por fraude ou abuso de personalidade, seja por confusão patrimonial) pode ocorrer de maneira inversa. Vejamos o julgado[44]:

"PROCESSUAL CIVIL. EMBARGOS DE TERCEIRO. AÇÃO DE EXECUÇÃO. DESCONSIDERAÇÃO DA PERSONALIDADE JURÍDICA NA FORMA INVERSA. CONFUSÃO PATRIMONIAL. EMPRESA CONSTITUÍDA APENAS PARA EMISSÃO DE NOTA FISCAL.

1. Permite-se, em caráter excepcional, a desconsideração da personalidade jurídica na forma inversa, se constatada a confusão patrimonial com o objetivo de frustrar a execução da dívida, mormente quando a empresa foi unicamente constituída para a emissão de notas fiscais pelos serviços prestados pelos seus sócios, na qualidade de pessoas físicas.

2. Recurso não provido."

Resta, ainda, analisar a teoria menor da personalidade jurídica. Informa o Superior Tribunal de Justiça[45] incidir "*com a mera prova de insolvência da pessoa jurídica para o pagamento de suas obrigações, independentemente da existência de desvio de finalidade ou de confusão patrimonial*". Verifica-se, excepcionalmente, no direito ambiental e no direito do consumidor, possuindo, nesta seara, sede material no parágrafo quinto do artigo 28 do Código de Defesa do Consumidor:

"Art. 28. (...)

§ 5º Também poderá ser desconsiderada a pessoa jurídica sempre que sua personalidade for, de alguma forma, obstáculo ao ressarcimento de prejuízos causados aos consumidores."

---

44. BRASIL. Tribunal de Justiça do Distrito Federal e Territórios. 20080110743970APC, Relator Des. Cruz Macedo, 4ª Turma Cível, Data de Julgamento: 09/06/2010, Publicado no DJE: 29/06/2010. Pág.: 130.

45. BRASIL. Superior Tribunal de Justiça. *REsp 279.273/SP, Rel. Ministro ARI PARGENDLER, Rel. p/ Acórdão Ministra Nancy Andrighi, Terceira Turma, julgado em 04/12/2003, DJ 29/03/2004, p. 230.*

É fato que a teoria menor da desconsideração, ora versada, alarga as fronteiras do instituto da desconsideração, tal qual originariamente preconizado. Ocorre, entretanto, que a facilitação da desconsideração em lides consumeristas foi uma opção legislativa, não cabendo aos Tribunais refrear o alcance legal ao aplicar os requisitos clássicos da teoria maior. Bem andou, portanto, o Tribunal de Justiça do Distrito Federal e Territórios ao proferir o seguinte julgado[46]:

> *AGRAVO DE INSTRUMENTO. CUMPRIMENTO DE SENTENÇA. EXECUÇÃO. DESCONSIDERAÇÃO DA PERSONALIDADE JURÍDICA. RELAÇÃO DE CONSUMO. TEORIA MENOR. ART. 28, § 5º DO CDC. 1. A DESCONSIDERAÇÃO DA PERSONALIDADE JURÍDICA CONSTITUI MEDIDA DE CARÁTER EXCEPCIONAL, CUJA ADOÇÃO EXIGE O ATENDIMENTO DOS PRESSUPOSTOS LEGAIS ESPECÍFICOS. EM SE TRATANDO DE RELAÇÕES DE CONSUMO, APLICA-SE A TEORIA MENOR DA DESCONSIDERAÇÃO, CUJA APLICAÇÃO EXIGE APENAS A INSOLVÊNCIA DO FORNECEDOR. 2. O ART. 28, § 5º DO CDC, COM O OBJETIVO DE ASSEGURAR O PLENO RESSARCIMENTO DOS DANOS CAUSADOS AOS CONSUMIDORES, AUTORIZA AO JULGADOR, A PAR DAS SITUAÇÕES DESCRITAS NO CAPUT DO ART. 28, A "TAMBÉM" PROMOVER A DESCONSIDERAÇÃO DA PERSONALIDADE JURÍDICA QUANDO A PERSONALIDADE DO FORNECEDOR FOR, DE ALGUMA FORMA, OBSTÁCULO AO RESSARCIMENTO DE PREJUÍZOS IMPUTADOS. 3. AGRAVO CONHECIDO E PROVIDO.*

Por fim, a jurisprudência tem se defrontado com casos de encerramento irregular das operações da pessoa jurídica, sem a devida baixa nos órgãos de registro e, algumas vezes, por tal hipótese, vem empregando a desconsideração da personalidade de quem assim age. Vejamos, a respeito, o entendimento consagrado em dois julgados. No primeiro deles, levantou-se o véu da personalidade no caso narrado[47]:

> *"AGRAVO REGIMENTAL NO AGRAVO DE INSTRUMENTO. PROCESSUAL CIVIL. ADMISSIBILIDADE. DISSÍDIO JURISPRUDENCIAL. TRANSCRIÇÃO DE EMENTAS. AUSÊNCIA DE PREQUESTIONAMENTO. SÚMULA Nº 282/STF. NEGATIVA DE PRESTAÇÃO JURISDICIONAL. NÃO OCORRÊNCIA. CIVIL. DESCONSIDERAÇÃO DA PERSONALIDADE JURÍDICA. DISSOLUÇÃO IRREGULAR. OCORRÊNCIA. REVISÃO. SÚMULA Nº 7/STJ.*
>
> *1. A divergência jurisprudencial com fundamento na alínea 'c' do permissivo constitucional, nos termos do art. 541, parágrafo único, do CPC* [Art. 1.029 do Novo CPC] *e do art. 255, § 1º, do RISTJ, exige que se comprove e demonstre, com a transcrição dos trechos dos julgados que configurem o dissídio, mencionando-se as circunstâncias que identifiquem ou assemelhem os casos confrontados, não sendo bastante a simples reprodução de ementas sem o necessário cotejo analítico a evidenciar a similitude fática entre os casos apontados e a divergência de interpretações.*
>
> *2. Não há falar em negativa de prestação jurisdicional se o tribunal de origem motiva adequadamente sua decisão, solucionando a controvérsia com a aplicação do direito que entende cabível à hipótese, apenas não no sentido pretendido pela parte.*

---

46. BRASIL. Tribunal de Justiça do Distrito Federal e Territórios. 20130020271144AGI, Relator: Ana Cantarino, 6ª Turma Cível, Data de Julgamento: 15/01/2014, Publicado no DJE: 21/01/2014. Pág.: 188.

47. BRASIL. Superior Tribunal de Justiça. *AgRg no Ag 668.190/SP, Rel. Ministro* Ricardo Villas Bôas Cueva, *Terceira Turma, julgado em* 13/09/2011, DJe 16/09/2011)

3. Ausente o prequestionamento, até mesmo de modo implícito, de dispositivos apontados como violados no recurso especial, incide o disposto na Súmula nº 282 do STF: 'É inadmissível o recurso extraordinário, quando não ventilada, na decisão recorrida, a questão federal suscitada'.

4. Ainda que tivesse sido prequestionado o art. 472 do CPC [Art. 506 do Novo CPC], *in casu, o deferimento da desconsideração da pessoa jurídica se deu em sede de execução da sentença proferida nos autos de indenização em virtude de acidente automobilístico envolvendo as partes litigantes ocorrido em 9.4.1991, e, portanto, em momento anterior ao noticiado desligamento da sócia, reconhecido por sentença trânsita, ocorrido em 8.10.1991.*

5. A desconsideração da personalidade jurídica, com a consequente invasão no patrimônio dos sócios para fins de satisfação de débitos da empresa, é medida de caráter excepcional sendo apenas admitida em caso de evidente caracterização de desvio de finalidade, confusão patrimonial ou, ainda, conforme reconhecido por esta Corte Superior, nas hipóteses de dissolução irregular sem a devida baixa na junta comercial (Precedentes: REsp 1.169.175/DF, Rel. Ministro Massami Uyeda, Terceira Turma, julgado em 17/2/2011, DJe 4/4/2011; AgRg no Ag 867.798/DF, Rel. Ministro Luis Felipe Salomão, Quarta Turma, julgado em 21/10/2010, DJe 3/11/2010) 6. Evidenciada a dissolução irregular da empresa, matéria cuja revisão revela-se inviável em sede de recurso especial tendo em vista o óbice da Súmula nº 7/STJ, merece ser mantido o redirecionamento.

7. Agravo regimental não provido."

Ocorre que, em sentido contrário, o mesmo Superior Tribunal de Justiça decidiu[48]:

"CIVIL E PROCESSUAL CIVIL. AGRAVO. RECURSO ESPECIAL. CUMPRIMENTO DE SENTENÇA. DESCONSIDERAÇÃO DA PERSONALIDADE JURÍDICA. ENCERRAMENTO IRREGULAR. INSUFICIÊNCIA.

A mera demonstração de insolvência da pessoa jurídica ou de dissolução irregular da empresa sem a devida baixa na junta comercial, por si sós, não ensejam a desconsideração da personalidade jurídica.

Agravo não provido."

Recorramos novamente às precisas observações de Marlon Tomazette[49], com as quais concordamos, para quem a dissolução irregular da sociedade, em certas hipóteses, pode ser considerada uma modalidade de desvio de função da pessoa jurídica, sendo enquadrada, portanto, como um exemplo fático de desconsideração albergada pela teoria maior subjetiva. O simples encerramento irregular, sem outros indícios de abuso de direito societário (indícios como, por exemplo, a criação de uma nova pessoa jurídica, pretensamente livre das dívidas pretéritas) não seria capaz de ensejar o levantamento do véu da personalidade, a menos que, com o dito encerramento, consumidores sejam lesados. Vejamos:

"A princípio, não há nenhuma ilicitude na criação de uma nova pessoa jurídica. Todavia, quando se cria um novo ente em detrimento dos credores da sociedade primitiva, dissolvida irregularmente, há claramente um desvio da função da pessoa jurídica. Ora, se os sócios pretendiam continuar a

48. BRASIL. Superior Tribunal de Justiça. AgRg no REsp 1173067/RS, Rel. Ministra Nancy Andrighi, Terceira Turma, julgado em 12/06/2012, DJe 19/06/2012)

49. Tomazette, Marlon. Curso de direito empresarial: teoria geral e sociedades. 5. ed. São Paulo: Atlas, 2013, v. 1, p. 253.

atividade exercida, o melhor caminho seria na sociedade já existente. A criação de um novo ente representa claramente um mau uso do instituto da pessoa jurídica."

Enfatizemos, ainda, que, quanto ao procedimento da desconsideração, ordinariamente ela se dava de forma incidental, sem a intimação dos sócios ou da sociedade para se manifestarem sobre o pedido. Ocorre, porém, que o novo Código de Processo Civil estabeleceu nova dinâmica para que se levante o véu da personalidade. Assim, de acordo com o artigo 133 e seguintes da lei processual, salvo se requerida na própria petição inicial, a desconsideração deverá ser deduzida por meio de incidente próprio, no qual será citada a pessoa jurídica ou seu sócio e demonstrados os requisitos legais que autorizam o deferimento do pleito. Até que se decida sobre o levantamento ou não do véu da personalidade, deverá permanecer suspenso o processo principal.

Apreciados, portanto, os principais aspectos acerca da desconsideração da personalidade jurídica, cabe, ainda que brevemente, enfrentar a questão atinente à sua extinção.

A EXTINÇÃO DAS PESSOAS JURÍDICAS DE DIREITO PRIVADO

O Código Civil determina em seu artigo 51:

"Art. 51. Nos casos de dissolução da pessoa jurídica ou cassada a autorização para seu funcionamento, ela subsistirá para os fins de liquidação, até que esta se conclua.

§ 1º Far-se-á, no registro onde a pessoa jurídica estiver inscrita, a averbação de sua dissolução.

§ 2º As disposições para a liquidação das sociedades aplicam-se, no que couber, às demais pessoas jurídicas de direito privado.

§ 3º Encerrada a liquidação, promover-se-á o cancelamento da inscrição da pessoa jurídica."

A extinção da pessoa jurídica, ou sua dissolução em sentido lato, é representada por todo o procedimento que leva ao seu término. A dissolução em sentido estrito, por sua vez, guarda outro significado[50], representado pelo ato específico que desencadeia o processo de extinção ou de saída do sócio.

Assim, como adverte o *caput* do artigo 51, a personalidade do ente moral perdurará mesmo depois de ocorrido o ato que desencadeou o processo de extinção (a dissolução em sentido estrito), estendendo-se até que a sua liquidação se complete, oportunidade na qual, conforme determinado pelo terceiro parágrafo do artigo em apreço, ocorrerá o cancelamento da inscrição da pessoa jurídica. Só então, do ponto de vista formal, desaparecerá a pessoa jurídica.

O artigo 51 do Código Civil manda aplicar, no que couber, as hipóteses de extinção das sociedades às demais pessoas jurídicas. Nesta esteira, determinam os

50. Coelho, Fábio Ulhoa. Manual de Direito Comercial – Direito Empresarial. 22 ed. São Paulo: Saraiva, 2010, v. 1, p. 169.

artigos 1.033 (dissolução de pleno direito) e 1.034 (dissolução judicial) de nossa Norma Civil:

> *"Art. 1.033. Dissolve-se a sociedade quando ocorrer:*
>
> *I – o vencimento do prazo de duração, salvo se, vencido este e sem oposição de sócio, não entrar a sociedade em liquidação, caso em que se prorrogará por tempo indeterminado;*
>
> *II – o consenso unânime dos sócios;*
>
> *III – a deliberação dos sócios, por maioria absoluta, na sociedade de prazo indeterminado;*
>
> *IV – a falta de pluralidade de sócios, não reconstituída no prazo de cento e oitenta dias;*
>
> *V – a extinção, na forma da lei, de autorização para funcionar.*
>
> *Parágrafo único. Não se aplica o disposto no inciso IV caso o sócio remanescente, inclusive na hipótese de concentração de todas as cotas da sociedade sob sua titularidade, requeira no Registro Público de Empresas Mercantis a transformação do registro da sociedade para empresário individual, observado, no que couber, o disposto nos arts. 1.113 a 1.115 deste Código. (Incluído pela lei Complementar nº 128, de 2008)*
>
> *Art. 1.034. A sociedade pode ser dissolvida judicialmente, a requerimento de qualquer dos sócios, quando:*
>
> *I – anulada a sua constituição;*
>
> *II – exaurido o fim social, ou verificada a sua inexequibilidade."*

Determinada a dissolução em sentido estrito da pessoa por qualquer das hipóteses acima sugeridas, inaugura-se uma segunda etapa: a liquidação. Nessa ocasião, os ativos da pessoa são apurados, a fim de que, honrados os débitos, seja dado ao patrimônio remanescente o destino previsto na lei ou estatuto. Concluída essa fase, cancela-se o registro e a pessoa deixa de existir formalmente.

Análise mais detalhada, porém, dos procedimentos acima descritos tocará mais adequadamente aos doutrinadores do direito empresarial brasileiro.

AS PESSOAS JURÍDICAS DE DIREITO PRIVADO INTRODUÇÃO AO ESTUDO DE SUAS ESPÉCIES

O Código Civil de 1916 tratava apenas de três espécies de pessoas jurídicas: *a)* as sociedades civis, religiosas, pias, morais, científicas ou literárias, as associações de utilidade pública; *b)* as sociedades mercantis e; *c)* os partidos políticos. O Código Civil de 2002, todavia, iniciara sua vigência tratando apenas das seguintes modalidades: as fundações, as associações e as sociedades. Deduzia-se, portanto, que algumas das espécies tratadas na lei anterior, especialmente, as "sociedades religiosas" e os "partidos políticos", teriam sido absorvidos pelo modelo preconizado para as associações.

Observando a alteração pela óptica estritamente jurídica, nada havia de errado com a inovação, afinal, ela atendia à tradicional classificação das pessoas jurídicas de direito privado quanto ao elemento preponderante de seu substrato: as pessoas jurídicas de direito privado de base corporativa (associações e sociedades) e as pessoas jurídicas de direito privado de base patrimonial (fundações).

Ocorre, porém, do ponto de vista sociológico, que inúmeros temores foram percebidos nos seios de grupos religiosos. O fenômeno fora bem apreendido por Ricardo Mariano[51], como se pode perceber da leitura:

> *"Evangélicos de diferentes igrejas, de modo geral, ficaram descontentes com a mudança legal. Mas, como frisamos, disseminaram-se insatisfações e temores mais preocupantes a respeito dos efeitos da nova legislação que o mero mal-estar. No fórum de debates do JesusSite, um participante indaga: 'Afinal, há ou não uma 'conspiração' para que cada vez mais a igreja seja submetida ao Estado?' Miguel Reale, supervisor da comissão elaboradora e revisora do novo Código Civil, em artigo publicado em O Estado de S. Paulo, dia 5 de julho de 2003, reconhece o problema: 'As relações entre o Estado e a Igreja têm criado, no Brasil, problemas às vezes de difícil solução, como está acontecendo com o novo Código Civil, acusado de ter reduzido as Igrejas a meras 'associações civis', sujeitas a mandamentos estatais.' Essas acusações foram efetuadas sobretudo por pentecostais. David Tavares Duarte (2003, p. 2-3), presidente da comissão jurídica da Convenção Geral das Assembleias de Deus no Brasil, constata que 'a igreja como associação civil [...], num mundo temporal, cada vez mais secular, pelos seus legítimos representantes há de entender o espírito da secularização que impera no momento e, por conseguinte, responder através de uma estratégia racional, que sua bandeira é de ordem e respeito ao legal' (grifos meus). Não obstante rejeite o 'espírito de secularização', o pastor assembleiano mostrou-se resignado e disposto a respeitar a nova ordem jurídica. Essa, em princípio, constituiu a reação predominante nesse meio religioso.*
>
> *Entre as principais inovações estatuídas pelo Código Civil está o Artigo 50. Seu objetivo precípuo consiste em disciplinar os administradores das associações 'em caso de abuso de personalidade, caracterizado pelo desvio de finalidade ou pela confusão patrimonial'. Na ocorrência desse abuso, o juiz pode decidir, a requerimento da parte ou do Ministério Público, que a pena incida sobre os 'bens particulares dos administradores' da associação Daí o fato de esse artigo ter constado como um dos mais temidos pelos pastores pentecostais. O que tornava o Artigo 50 ainda mais ameaçador para vários dirigentes evangélicos era a possibilidade de intervenção do Ministério Público, cujos poder, atuação e rigor em nossa sociedade se ampliaram muito nos últimos anos religiosa – presidente, vice-presidentes, secretários e tesoureiros. Penhora, confisco, multa e até prisão foram algumas das sanções previstas por advogados evangélicos para os responsáveis por tal delito. Para o juiz cível Leonel Carlos da Costa, do Foro de Santana, em São Paulo, se houver desvio de finalidade ou confusão do patrimônio da associação com bens particulares, 'os administradores poderão pagar o prejuízo do próprio bolso, ter seus bens confiscados, ser destituídos e mesmo ir para a cadeia'.*
>
> *O Artigo 57 também causaria importantes mudanças no estatuto e no funcionamento das igrejas, ao estabelecer que 'a exclusão do associado só é admissível havendo justa causa, obedecido o disposto no estatuto'. Essa norma implica que o estatuto, cujo conteúdo deve ser de livre acesso a todos os associados, tem que definir objetivamente as transgressões passíveis de penalidade bem como o teor e os critérios de sua aplicação, observando-se sempre, quando aplicada a pena, o princípio da proporcionalidade. Sendo o estatuto omisso nesse aspecto, continua o texto do referido artigo, a exclusão 'poderá também ocorrer se for reconhecida a existência de motivos graves, em deliberação fundamentada, pela maioria absoluta dos presentes à assembleia geral*

51. Mariano, Ricardo. A reação dos evangélicos ao novo Código Civil. Disponível em http://revistaseletronicas.pucrs.br/ojs/index.php/civitas/article/viewFile/57/57, acesso em 07 de março de 2013.

especialmente convocada para esse fim'. Seu parágrafo único prevê que, uma vez decretada a exclusão, ao excluído 'caberá sempre recurso à assembleia geral', que decide se a punição ao associado é procedente ou não. Mais que isso: o Código permite que o acusado, sentindo-se vítima de discriminação ou das ações de um poder discricionário, pleiteie na Justiça reparação, inclusive indenizatória, pelos danos sofridos."

Assim, aos olhos de inúmeros religiosos, o Código Civil de 2002 mostrou-se demasiadamente intrusivo, caso aceita a tese de que as entidades das quais faziam parte eram, em realidade, associações. Natural e legítimo, portanto, que houvesse uma movimentação no Parlamento, a fim de que elas fossem objeto de regramento jurídico próprio. Dessa forma, após inúmeras discussões, o Projeto nº 634/03, da Câmara dos Deputados, foi convertido em lei dando ao artigo 44 do Código Civil sua atual redação.

O sistema criado pela modificação legal respeita a separação entre Estado e Igreja. Decorre da compreensão de que, em especial, os artigos 59 a 63 do Código Civil trariam inúmeros embaraços às entidades religiosas e também aos partidos políticos. Assim, optou-se por desvinculá-los formalmente do texto legal usado para regrar as associações.

Não se pense, contudo, que o modelo associativo foi abandonado por tais espécies de pessoas jurídicas. Não, subsidiariamente, os estatutos das Igrejas poderão valer-se do modelo ideal preconizado para as associações ou mesmo para as fundações a fim de se organizarem. Acontece, porém, que tal vinculação não será obrigatória e não se negará registro a uma entidade religiosa que assim não agir, organizando-se de forma absolutamente diferente daquela estatuída pelo Código Civil para as associações e fundações.

A III Jornada de Direito Civil, entretanto, no seu Enunciado 143, declarou: "A liberdade de funcionamento das organizações religiosas não afasta o controle de legalidade e legitimidade constitucional de seu registro, nem a possibilidade de reexame pelo Judiciário da compatibilidade de seus atos com a lei e com seus estatutos."

Assenta-se, assim, a ideia de que, embora não jungida aos ditames do Código Civil, as entidades religiosas não estão acima da lei ou da Constituição. Pensamos, porém, ser necessária extrema prudência ao se tentar realizar o controle judicial de legalidade e constitucionalidade dos atos de registro das Igrejas sugerido pelo Enunciado.

Ora, a própria Constituição cria importantes premissas para o funcionamento das entidades religiosas: a liberdade de culto e a liberdade associativa. Tais valores constitucionais somente poderão ser afastados se, em juízo de ponderação, ficar evidente que o estatuto de uma Igreja viola, por exemplo, direitos fundamentais dos seus fiéis. Nessa hipótese, ao menos em tese, o controle judicial seria possível, embora, na prática, se deva ter acentuada cautela para não desbordar para o controle ideológico das entidades religiosas por agentes estatais.

Quanto aos partidos políticos, embora também não se prendam ao modelo associativo e fundacional do Código Civil, a liberdade de organização de tais agremiações não goza da mesma amplitude das entidades religiosas, como se pode deduzir do disposto na Lei nº 9.096/95:

> *"Art. 14. Observadas as disposições constitucionais e as desta Lei, o partido é livre para fixar, em seu programa, seus objetivos políticos e para estabelecer, em seu estatuto, a sua estrutura interna, organização e funcionamento.*
>
> *Art. 15. O Estatuto do partido deve conter, entre outras, normas sobre:*
>
> *I – nome, denominação abreviada e o estabelecimento da sede na Capital Federal;*
>
> *II – filiação e desligamento de seus membros;*
>
> *III – direitos e deveres dos filiados;*
>
> *IV – modo como se organiza e administra, com a definição de sua estrutura geral e identificação, composição e competências dos órgãos partidários nos níveis municipal, estadual e nacional, duração dos mandatos e processo de eleição dos seus membros;*
>
> *V – fidelidade e disciplina partidárias, processo para apuração das infrações e aplicação das penalidades, assegurado amplo direito de defesa;*
>
> *VI – condições e forma de escolha de seus candidatos a cargos e funções eletivas;*
>
> *VII – finanças e contabilidade, estabelecendo, inclusive, normas que os habilitem a apurar as quantias que os seus candidatos possam despender com a própria eleição, que fixem os limites das contribuições dos filiados e definam as diversas fontes de receita do partido, além daquelas previstas nesta Lei;*
>
> *VIII – critérios de distribuição dos recursos do Fundo Partidário entre os órgãos de nível municipal, estadual e nacional que compõem o partido;*
>
> *IX – procedimento de reforma do programa e do estatuto.*
>
> *Art. 15-A. A responsabilidade, inclusive civil e trabalhista, cabe exclusivamente ao órgão partidário municipal, estadual ou nacional que tiver dado causa ao não cumprimento da obrigação, à violação de direito, a dano a outrem ou a qualquer ato ilícito, excluída a solidariedade de outros órgãos de direção partidária. (Redação dada pela Lei nº 12.034, de 2009)"*

Trata, ainda, o Código Civil, no artigo 44, das empresas individuais de responsabilidade limitada. Disciplinadas pelo artigo 980-A do Código Civil, essas pessoas jurídicas têm a peculiar característica de serem unipessoais, ou seja, dotadas de sócio único. Primam, no entanto, pela separação patrimonial entre o acervo de bens particulares do sócio único e aqueles que integram a atividade empresarial. Eventuais dívidas da EIRELI são suportadas pelo seu próprio patrimônio, sem que se avance sobre o acervo patrimonial do sócio. O mencionado dispositivo legal assim normatiza:

> *"Art. 980-A. A empresa individual de responsabilidade limitada será constituída por uma única pessoa titular da totalidade do capital social, devidamente integralizado, que não será inferior a 100 (cem) vezes o maior salário-mínimo vigente no País.*
>
> *§ 1º O nome empresarial deverá ser formado pela inclusão da expressão 'EIRELI' após a firma ou a denominação social da empresa individual de responsabilidade limitada.*
>
> *§ 2º A pessoa natural que constituir empresa individual de responsabilidade limitada somente poderá figurar em uma única empresa dessa modalidade.*

§ 3º A empresa individual de responsabilidade limitada também poderá resultar da concentração das quotas de outra modalidade societária num único sócio, independentemente das razões que motivaram tal concentração.

§ 4º (VETADO).

§ 5º Poderá ser atribuída à empresa individual de responsabilidade limitada constituída para a prestação de serviços de qualquer natureza a remuneração decorrente da cessão de direitos patrimoniais de autor ou de imagem, nome, marca ou voz de que seja detentor o titular da pessoa jurídica, vinculados à atividade profissional.

§ 6º Aplicam-se à empresa individual de responsabilidade limitada, no que couber, as regras previstas para as sociedades limitadas."

Parece-nos claro que a norma transcrita teve a virtude de possibilitar ao empreendedor, que não almejasse se unir a outros sócios, albergar-se sob o escudo da limitação patrimonial de uma pessoa jurídica. Antes da alteração do Código Civil, com a inserção do artigo 980-A, o mesmo objetivo era alcançado com a inclusão de sócio demasiadamente minoritário (com 1% das quotas, por exemplo) a compor determinada *sociedade* limitada. Não se pense, todavia, que a criação de uma EIRELI é simples.

O seu capital social deverá estar integralizado no ato de sua constituição, e será de consideráveis cem salários mínimos, o que diminui o rol de pessoas físicas financeiramente capacitadas para criarem o ente em questão. Assim, caso o interessado não possua o capital estabelecido em lei, ou procurará um sócio para constituir uma pessoa jurídica, ou necessariamente continuará a exercer a atividade empresarial como pessoa física, na qualidade de empresário individual (sem gozar da limitação de responsabilidade).

Cremos, assim, que, sucintamente, as espécies mais novas de pessoas jurídicas foram tratadas. Passemos ao enfrentamento das questões que sempre interessaram mais detidamente à Parte Geral do Direito Civil, relativos às associações e às fundações.

AS ASSOCIAÇÕES

As associações são pessoas jurídicas de base corporativa, portanto, nelas sobreleva a figura dos seus associados. Diferem de outro modelo de pessoas jurídicas de base corporativa – as sociedades – por existir, nas últimas, a pretensão de divisão de lucros entre os sócios. Nesse ponto, oportuna a ressalva elaborada por Gustavo Tepedino, Heloisa Helena Barboza e Maria Celina Bodin de Moraes[52] no sentido de que mal andou o Código Civil ao estabelecer que as associações não possuíam finalidade econômica, porquanto seus associados se unem para extrair delas vantagens que podem sim derivar da exploração de serviços dotados de natureza econômica. A pedra de toque, todavia, repita-se, é que não haverá repartição de lucros entre os seus membros. Vejamos, pois, o que dispõe o artigo 53 do Código Civil:

---

52. Bodin de Moraes, Maria Celina; Barbosa, Heloisa Helena e Tepedino, Gustavo. Código Civil Interpretado – conforme a Constituição da República – v. I. Rio de Janeiro: Renovar, 2004, p. 136/137.

"Art. 53. Constituem-se as associações pela união de pessoas que se organizem para fins não econômicos.

Parágrafo único. Não há, entre os associados, direitos e obrigações recíprocos."

Termina o dispositivo transcrito, em seu parágrafo, por enfatizar a ideia de que, entre os associados, não há direitos e deveres recíprocos. A relação, pois, se desenha sempre entre a associação e seus membros. Logo, por exemplo, se um dos associados atrasar o pagamento da mensalidade devida à pessoa jurídica, os demais, que a pagam pontualmente, não estarão legitimados a moverem a competente ação de cobrança. Essa faculdade reserva-se apenas a quem trava relações jurídicas com o associado, no sentido de cumprir o respectivo estatuto, vale dizer, a associação.

O artigo 54, ao seu turno, determina:

"Art. 54. Sob pena de nulidade, o estatuto das associações conterá: I – a denominação, os fins e a sede da associação;

II – os requisitos para a admissão, demissão e exclusão dos associados; III – os direitos e deveres dos associados;

IV – as fontes de recursos para sua manutenção;

V – o modo de constituição e de funcionamento dos órgãos deliberativos; (Redação dada pela Lei nº 11.127, de 2005)

VI – as condições para a alteração das disposições estatutárias e para a dissolução. VII – a forma de gestão administrativa e de aprovação das respectivas contas. (Incluído pela Lei nº 11.127, de 2005)"

Perceba-se que a ausência de qualquer dos elementos acima apontados pode redundar na nulidade do estatuto, medida, aliás, que reputamos exagerada. Ora, a nulidade é remédio extremo, insuscetível de convalescimento por decurso de tempo ou por correção posterior (confirmação do negócio). Logo, parece estapafúrdio pensar que uma associação que funcione de forma proba, cumprindo todos os seus deveres, por haver omitido, no estatuto, a forma de aprovação das contas, tenha o ato constitutivo considerado *nulo*, sendo impreterivelmente despersonalizada. Melhor andaria a Lei Civil, caso considerasse apenas a ausência de apenas alguns dos requisitos insculpidos no artigo 54 como causa de nulidade, conservando, para a grande maioria deles, como consequência, a anulabilidade. Ocorre, porém, que, como assim não fez o legislador, não há outra hipótese, senão a de consideremos, de fato, nulo o estatuto omisso. Por outro lado, caso haja interesse na inclusão de aspectos outros não versados no artigo transcrito, não haverá qualquer óbice, desde que, é claro, mantenham-se nos limites tolerados pelo ordenamento jurídico.

Outro dispositivo intrigante do Código Civil é o artigo 55, que afirma possuírem os associados iguais direitos, facultando, todavia, ao estatuto, instituir categorias com vantagens especiais. O enigmático dispositivo poderia descambar para duas possíveis interpretações. A primeira delas indica que, *a priori*, no silêncio do estatuto, os associados teriam iguais direitos. Estaria, no entanto, facultada a criação de categorias especiais em que alguma diferenciação fosse tolerada, desde que prevista no estatuto. Seria o caso dos sócios remidos[53].

A segunda linha interpretativa, com a qual concordamos, não usa o silêncio ou não do estatuto como o parâmetro para diverso tratamento entre associados. Antes, busca diferenciar, em tese, direitos (que não poderiam ser tratados de forma distinta entre associados) de vantagens, que poderiam. Estariam enquadrados entre os últimos todos aqueles em que a distinção entre categorias de membros fosse assentada em dados "razoáveis, objetivos e dignos de tutela pelo ordenamento pátrio" [54].

Temos, assim, que o próprio Estatuto possui liberdade para estabelecer, *a priori*, quais seriam os direitos dos associados que devem primar, neste capítulo, pela igualdade entre todos os membros. Entre tais prerrogativas, pensamos enquadrar-se o direito à ampla defesa e ao contraditório antes da aplicação de qualquer sanção, o direito de votar, que, embora possam ser extremados assuntos em que o voto fosse assegurado apenas a determinadas categorias de sócios (como aquelas em que pudessem se manifestar apenas os associados com mais de dez anos de tempo de associação) jamais poderá ser suprimido por completo, por exemplo privando um associado da participação de toda e qualquer assembleia para deliberação de assuntos diversos.

Quanto às vantagens especiais, poderíamos lembrar a aquisição de títulos de sócios remidos (no qual se dispensa o pagamento de contribuições adicionais para a Associação, além dos valores gastos na aquisição do título), a composição de determinados conselhos da Associação apenas por sócios mais antigos, ou que mais contribuam, entre outras hipóteses.

O *caput* do artigo 56, por outro lado, trata do caráter personalíssimo, em regra da qualidade de associado, que pode ser afastado pelo estatuto da Associação. Vejamos:

> *"Art. 56. A qualidade de associado é intransmissível, se o estatuto não dispuser o contrário."*

O parágrafo único do citado artigo, ao contrário da clareza do *caput*, traz enigmático comando. Afirma que se "*o associado for titular de quota ou fração ideal do patrimônio da associação, a transferência daquela não importará, de per si, na atribuição da qualidade de associado ao adquirente ou ao herdeiro, salvo disposição diversa do estatuto*".

A correta compreensão do comando demanda, preliminarmente, o enfrentamento da bipartição entre a condição de associado e de titular de quota ou fração ideal do patrimônio da pessoa jurídica. O fenômeno não é inédito e já vem preocupando os estudiosos do Direito Empresarial, especialmente quando abordam as sociedades em que a condição de sócio, legal ou estatutariamente, for intransmissível. Importante

53. Oliveira, J. M. Leoni Lopes de. Novo Código Civil Anotado (arts. 1º a 232). 3 ed. Rio de Janeiro: Lumen Juris, 2006, p. 121.

54. Tepedino, Gustavo. Bar boza, Heloisa Helena e Bodin de Moraes, Maria Celina. Código Civil Interpretado – Conforme a Constituição da República – v. 1. Rio de Janeiro: Renovar, 2004, p. 142.

a leitura das lições de Marlon Tomazette[55] acerca das sociedades simples, em que o caráter personalíssimo da participação societária, como regra, também está presente:

> *"A sociedade simples é uma sociedade eminentemente de pessoas, na qual os sócios não podem ser substituídos nas suas funções sem o consentimento dos demais. Ademais, em geral, os sócios terão uma qualificação profissional específica, dada a natureza não empresarial da atividade desenvolvida. Em virtude disso, seria estranho que a quota de um sócio fosse penhorada e alienada judicialmente, havendo aquisição por um terceiro, que ingressaria na sociedade. Assim, à luz de tal raciocínio, não haveria como os credores particulares do sócio lançarem mão de qualquer medida que afetaria a sociedade.*
>
> *Todavia é certo que a quota representa direitos patrimoniais do sócio, os quis têm valor econômico e integram o seu patrimônio pessoal. E, de acordo com o artigo 591 do CPC, 'o devedor responde, para o cumprimento de suas obrigações, com todos os seus bens presentes e futuros, salvo as restrições estabelecidas em lei.' Assim sendo, a quota, como bem integrante do patrimônio do sócio devedor, pode estar sujeita à constrição judicial, para satisfazer os direitos dos credores.*
>
> *Há, pois, um conflito entre o direito do credor e o direito dos demais sócios, de não aceitarem uma pessoa estranha. O STJ, em relação às limitadas, firmou uma orientação privilegiando o direito do credor, asseverando a penhorabilidade da cota, mas atentando a princípios do direito societário, ao assegurar que 'havendo restrição ao ingresso do credor como sócio, deve-se facultar à sociedade, na qualidade de terceira interessada, remir a execução, remir o bem ou concedê-la e aos demais sócios a preferência na aquisição das cotas, a tanto por tanto (CPC, arts. 1.117, 1.118 e 1.119), assegurando-se ao credor, não ocorrendo solução satisfatória, o direito de requerer a dissolução total ou parcial da sociedade'.*
>
> *Nas sociedades simples, uma solução similar é consagrada pelo Código Civil de 2002 com mais concessões aos princípios de direito societário. A quota está sim, sujeita aos credores particulares do sócio, mas não haverá possibilidade do ingresso de estranhos na sociedade, nem temporariamente. O artigo 1.026 assevera que, na ausência de outros bens, os credores do sócio poderão fazer recair a execução sobre o direito do sócio aos lucros, ou sobre o direito do sócio sobre o patrimônio social em caso de liquidação. Neste último caso, haverá a dissolução parcial da sociedade, com a exclusão de pleno direito do sócio e o depósito em juízo, em 90 dias, do valor em dinheiro equivalente à sua parte na sociedade."*

Urge, no entanto, adaptar tais conclusões ao estudo das associações. Nelas, nem sempre o associado será titular de quota ou fração ideal sobre o patrimônio da pessoa jurídica. Muitas vezes, a associação pode funcionar lastreada nas contribuições periódicas dos associados, sem a aquisição de bens corpóreos, de caráter patrimonial, prestando, tão somente, serviços aos seus membros. Imaginemos, por exemplo, uma associação de estudiosos de direito privado. Esta, mesmo sem a constituição de um acervo patrimonial palpável, pode funcionar bem no papel de intermediação na contratação de palestrantes de alto nível para colóquios mensais com seus membros, a partir das mensalidades recolhidas dos associados. Nesse caso, não se vislumbra a necessidade de se atribuir ao associado uma quota ou *fração ideal* sobre o patrimônio da pessoa jurídica.

---

55. Tomazette, Marlon. Curso de direito empresarial: teoria geral e sociedades. São Paulo: Atlas, 2008, v. 1, p. 294/295.

Pensemos, no entanto, numa associação de apoio ao treinamento de atletas, cujo objetivo maior seja a aquisição de modernos equipamentos para aprimoramento de suas habilidades. Nessa hipótese, possível imaginar a atribuição estatutária de *quotas* ou *frações ideais* aos atletas sobre o valioso patrimônio.

Assim, uma importante peculiaridade se faz sentir no tratamento das associações, quando comparadas às sociedades. Nestas, necessariamente o capital social será dividido em quotas, que encarnam a participação patrimonial dos membros na pessoa jurídica. Subsiste, ao lado de tal participação, o reconhecimento de direitos pessoais, como o de votar e ser votado nas assembleias, ou mesmo de fiscalizar os atos de administração da pessoa jurídica[56]. Nas associações, porém, como visto, *é possível, mas não necessário*, que se reconheçam, ao lado dos direitos pessoais do associado (sempre existentes, seja qual for o modelo associativo), *quotas* e, portanto, participação do membro no patrimônio da pessoa jurídica. Assim, no nosso primeiro exemplo, da associação de estudiosos de direito privado, serão reconhecidos aos membros apenas direitos pessoais, ao passo que, no segundo exemplo, da associação de atletas, direitos patrimoniais (quotas) e pessoais.

Urge asseverar, porém, que a existência de quotas ou frações ideais reconhecidas ao associado deverá ser expressa, constando, assim, do estatuto da associação. Pois bem, apenas neste último modelo associativo, ou seja, quando constar do estatuto a participação do associado no acervo patrimonial da pessoa jurídica (por meio de quotas) é que se poderá admitir a incidência do parágrafo único do artigo 56 do Código Civil. Nessa hipótese, havendo autorização do estatuto, a transferência da quota implicará a transmissão da qualidade de associado. Caso contrário, inexistindo tal autorização, a transferência dos direitos patrimoniais do associado, caso ocorra, não implicará a correspectiva transmissão da sua qualidade de associado. Percebe-se aqui apenas a constituição de um direito eventual do adquirente das quotas sobre o patrimônio da associação, sem que haja o seu ingresso nos quadros associativos.

E qual o regime jurídico seria aplicável a terceiro adquirente de quotas da associação, mas que não tenha se transformado em associado? Ora, da mesma forma que já se vem admitindo a penhora de quotas de sócios em sociedades simples a ensejar a *dissolução parcial da pessoa jurídica*, a transferência de quotas pelo associado levará a semelhante desfecho nas associações, por combinação do disposto no artigo 51, parágrafo segundo e no parágrafo único do artigo 1.026, ambos do código Civil, que, como bem sabido, dispõem:

> *"Art. 51. Nos casos de dissolução da pessoa jurídica ou cassada a autorização para seu funcionamento, ela subsistirá para os fins de liquidação, até que esta se conclua.*
>
> *(...)*
>
> *§ 2º As disposições para a liquidação das sociedades aplicam-se, no que couber, às demais pessoas jurídicas de direito privado.*

---

56. Tomazette, Marlon. Curso de direito empresarial: teoria geral e sociedades. São Paulo: Atlas, 2008, v. 1, p. 291.

(...)

Art. 1.026. O credor particular de sócio pode, na insuficiência de outros bens do devedor, fazer recair a execução sobre o que a este couber nos lucros da sociedade, ou na parte que lhe tocar em liquidação.

Parágrafo único. Se a sociedade não estiver dissolvida, pode o credor requerer a liquidação da quota do devedor, cujo valor, apurado na forma do art. 1.031, será depositado em dinheiro, no juízo da execução, até noventa dias após aquela liquidação."

Outra inquietante questão sobre as associações diz respeito ao artigo 57 de nossa Lei Civil, que estabelece:

Art. 57. A exclusão do associado só é admissível havendo justa causa, assim reconhecida em procedimento que assegure direito de defesa e de recurso, nos termos previstos no estatuto. (Redação dada pela Lei nº 11.127, de 2005)

O dispositivo transcrito, cuja redação foi dada em 2005, representou a incorporação, quanto às associações, do preceito constitucional da ampla defesa e do contraditório. Vale lembrar que a redação original da norma preconizava:

"Art. 57. A exclusão do associado só é admissível havendo justa causa, obedecido o disposto no estatuto; sendo este omisso, poderá também ocorrer se for reconhecida a existência de motivos graves, em deliberação fundamentada, pela maioria absoluta dos presentes à assembleia geral especificamente convocada para este fim".

Nesse sentido, a aplicação literal do texto original indicava que a exclusão de associado poderia se fazer apenas lastreada em justa causa, preestabelecida no estatuto, ou em motivos graves deliberados pela assembleia geral. Em nenhum momento, porém, estava disciplinado o exercício da ampla defesa e do contraditório pelo excluído, bastando que sua expulsão tivesse o unilateral reconhecimento da justa causa pelo órgão associativo competente.

Pois bem, certa feita, no Rio de Janeiro, associação de compositores decidiu, no estrito cumprimento de seu estatuto, nomear uma comissão para apurar transgressões cometidas por associado, a fim de excluí-lo. Levado a efeito tal mister, determinou-se a saída do associado, que, irresignado, buscou o Poder Judiciário sob o argumento de que a malfadada comissão não lhe assegurara a ampla defesa e o contraditório. A questão, após galgar todos os níveis de apreciação judicial, subiu ao Supremo Tribunal Federal, que determinou a reintegração do associado, como se depreende da leitura do julgado[57].

"EMENTA: SOCIEDADE CIVIL SEM FINS LUCRATIVOS. UNIÃO BRASILEIRA DE COMPOSITORES. EXCLUSÃO DE SÓCIO SEM GARANTIA DA AMPLA DEFESA E DO CONTRADITÓRIO. EFICÁCIA DOS DIREITOS FUNDAMENTAIS NAS RELAÇÕES PRIVADAS. RECURSO DESPROVIDO. I. EFICÁCIA DOS DIREITOS FUNDAMENTAIS NAS RELAÇÕES PRIVADAS.

57. BRASIL. Supremo Tribunal Federal. RE 201819, Relator(a): Min. ELLEN GRACIE, Relator(a) p/ Acórdão: Min. GILMAR MENDES, Segunda Turma, julgado em 11/10/2005, DJ 27-10-2006 PP-00064 EMENT VOL-02253-04 PP-00577 RTJ VOL-00209-02 PP-00821.

As violações a direitos fundamentais não ocorrem somente no âmbito das relações entre o cidadão e o Estado, mas igualmente nas relações travadas entre pessoas físicas e jurídicas de direito privado. Assim, os direitos fundamentais assegurados pela Constituição vinculam diretamente não apenas os poderes públicos, estando direcionados também à proteção dos particulares em face dos poderes privados. II. OS PRINCÍPIOS CONSTITUCIONAIS COMO LIMITES À AUTONOMIA PRIVADA DAS ASSOCIAÇÕES. A ordem jurídico-constitucional brasileira não conferiu a qualquer associação civil a possibilidade de agir à revelia dos princípios inscritos nas leis e, em especial, dos postulados que têm por fundamento direto o próprio texto da Constituição da República, notadamente em tema de proteção às liberdades e garantias fundamentais. O espaço de autonomia privada garantido pela Constituição às associações não está imune à incidência dos princípios constitucionais que asseguram o respeito aos direitos fundamentais de seus associados. A autonomia privada, que encontra claras limitações de ordem jurídica, não pode ser exercida em detrimento ou com desrespeito aos direitos e garantias de terceiros, especialmente aqueles positivados em sede constitucional, pois a autonomia da vontade não confere aos particulares, no domínio de sua incidência e atuação, o poder de transgredir ou de ignorar as restrições postas e definidas pela própria Constituição, cuja eficácia e força normativa também se impõem, aos particulares, no âmbito de suas relações privadas, em tema de liberdades fundamentais. III. SOCIEDADE CIVIL SEM FINS LUCRATIVOS. ENTIDADE QUE INTEGRA ESPAÇO PÚBLICO, AINDA QUE NÃO-ESTATAL. ATIVIDADE DE CARÁTER PÚBLICO. EXCLUSÃO DE SÓCIO SEM GARANTIA DO DEVIDO PROCESSO LEGAL. APLICAÇÃO DIRETA DOS DIREITOS FUNDAMENTAIS À AMPLA DEFESA E AO CONTRADITÓRIO. As associações privadas que exercem função predominante em determinado âmbito econômico e/ou social, mantendo seus associados em relações de dependência econômica e/ou social, integram o que se pode denominar de espaço público, ainda que não-estatal. A União Brasileira de Compositores – UBC, sociedade civil sem fins lucrativos, integra a estrutura do ECAD e, portanto, assume posição privilegiada para determinar a extensão do gozo e fruição dos direitos autorais de seus associados. A exclusão de sócio do quadro social da UBC, sem qualquer garantia de ampla defesa, do contraditório, ou do devido processo constitucional, onera consideravelmente o recorrido, o qual fica impossibilitado de perceber os direitos autorais relativos à execução de suas obras. A vedação das garantias constitucionais do devido processo legal acaba por restringir a própria liberdade de exercício profissional do sócio. O caráter público da atividade exercida pela sociedade e a dependência do vínculo associativo para o exercício profissional de seus sócios legitimam, no caso concreto, a aplicação direta dos direitos fundamentais concernentes ao devido processo legal, ao contraditório e à ampla defesa (art. 5º, LIV e LV, CF/88). IV. RECURSO EXTRAORDINÁRIO DESPROVIDO."

O Código Civil, sob o impacto da decisão, foi, então, alterado, passando-se a exigir a concessão de ampla defesa e do contraditório antes de se excluir o associado por justa causa. O procedimento, porém, para a concessão de tais direitos pode ser traçado pelos atos internos da pessoa jurídica, desde que não violem o núcleo essencial da cláusula da ampla defesa e do contraditório.

E como fazer para se aferir se o estatuto fere ou não a essência de tais direitos constitucionais? Necessário que se analise se os três subprincípios da ampla defesa e do contraditório estão presentes. São eles[58]:

58. Mendes, Gilmar Ferreira. Significado do Direito de Defesa. ADV Advocacia Dinâmica: informativo semanal, v. 13, n. 35, p. 438-437, set. 1993.

"– Direito de informação (Recht auf Information), que obriga o órgão julgador a informar a parte contrária dos atos praticados no processo e sobre os elementos dele constantes;

Direito de manifestação (Recht auf Ausserung), que assegura ao defendente a possibilidade de manifestação oralmente ou por escrito sobre os elementos fáticos e jurídicos constantes no processo;

Direito de ver seus argumentos considerados (Recht auf Beruckschtigung) que exige do julgador capacidade e isenção de ânimo (aufnahmefahigkert und Aufnahmebeitschuaft) para contemplar as razões apresentadas (Cp. Pieroth e Schink Guindrechke Stratsrechket II, Heidelberg, 1988, p. 281, Battis e Jusy, Einfunhrung in das Staatsrechk, heidelberg, 1991, p. 363, 364, Ver, também, Durg/Assmann, in Maung Surg, Grundgeset, Kommentar, art. 103, vol. IV, nº 97".

A leitura acima nos remete à necessidade de não nos conformamos com o aspecto meramente *formal* da ampla defesa. Essa não se contempla apenas pelo fato de se dar conhecimento das eventuais acusações ao interessado, tampouco pela singela chance de manifestação ao último garantida sobre o que se lhe imputa. Nada disso fará sentido sem que se assegure a quem se defende o direito de ver considerados os próprios argumentos. O atendimento a esse requisito só ocorrerá caso decisões *fundamentadas* indiquem cabalmente o acolhimento ou rejeição do que fora suscitado pelo defendente. Repita-se: ampla defesa e contraditório, no sentido material, só ocorrerão caso os três direitos (informação, manifestação e faculdade de ver considerados os próprios argumentos) sejam respeitados. De outra forma, estaremos diante de pálido arremedo do princípio sob análise, como não raro se verifica em diversos processos administrativos e judiciais, nos quais, infelizmente, a ampla defesa e o contraditório são garantidos apenas sob o ponto de vista formal.

O artigo 58 do Código Civil, por outro lado, determina:

"Art. 58. Nenhum associado poderá ser impedido de exercer direito ou função que lhe tenha sido legitimamente conferido, a não ser nos casos e pela forma previstos na lei ou no estatuto."

A hipótese em comento versa sobre a impossibilidade de restrição aos direitos e funções dos associados. Assim, o direito à participação em assembleia não pode ser limitado arbitrariamente pelo presidente da associação, mas pode o estatuto determinar que aqueles que não tenham as mensalidades em dia sejam privados de voz em tais eventos.

As assembleias gerais, ao seu turno, estão disciplinadas no artigo 59 do Código Civil. Esse dispositivo, a exemplo de outros relativos às associações, foi modificado, a fim de se tornar menos intrusivo. Comparemos as duas redações, a começar pela original:

Art. 59. Compete privativamente à assembleia geral:

I – eleger os administradores;

II – destituir os administradores;

III – aprovar as contas;

IV – alterar o estatuto.

Parágrafo único. Para as deliberações a que se referem os incisos II e IV é exigido o voto concorde de dois terços dos presentes à assembleia especialmente convocada para esse fim, não podendo ela deliberar, em primeira convocação, sem a maioria absoluta dos associados, ou com menos de um terço nas convocações seguintes.

A redação atual, ao seu turno, dispõe:

"Art. 59. Compete privativamente à assembleia geral: (Redação dada pela Lei nº 11.127, de 2005)

I – destituir os administradores; (Redação dada pela Lei nº 11.127, de 2005)

II – alterar o estatuto. (Redação dada pela Lei nº 11.127, de 2005)

Parágrafo único. Para as deliberações a que se referem os incisos I e II deste artigo é exigido deliberação da assembleia especialmente convocada para esse fim, cujo quorum será o estabelecido no estatuto, bem como os critérios de eleição dos administradores. (Redação dada pela Lei nº 11.127, de 2005)"

Os temas privativamente sujeitos à apreciação da assembleia geral foram reduzidos após a edição da Lei nº 11.127/2005. Continuam, após a alteração legislativa, sendo objeto de sua apreciação única a destituição de administradores e a alteração de estatuto. Ocorre, porém, que a eleição de administradores e a aprovação de contas puderam ser delegadas a outros órgãos, como colégios eleitorais, na primeira hipótese, e conselhos fiscais, na segunda.

Outro objeto de mudança foi o quórum para que os assuntos de apreciação exclusiva da assembleia pudessem ser votados. Na redação original do Código, apenas dois terços dos presentes à assembleia poderiam deliberar pela alteração de estatuto ou destituição de administradores. A assembleia, por outro lado, só poderia ser instalada em segunda convocação, com a presença mínima de um terço dos associados.

Tais exigências atribulavam muito o funcionamento de grandes associações de âmbito nacionais, que, num país de dimensões continentais como o Brasil, dificilmente seriam capazes de congregar pelo menos um terço dos seus membros em assembleia geral. Assim, a fim de evitar o imobilismo de tais entes, a alteração no Código Civil, delegando o quórum deliberativo para o estatuto, mostrou-se salutar.

Igualmente positiva a nova redação do artigo 60 do Código Civil, que, a partir de 2005, remeteu ao estatuto a forma de convocação dos órgãos colegiados das associações, mas permitiu, em qualquer hipótese, que a solicitação de 1/5 dos associados pudesse convocar não apenas uma assembleia geral, mas serviria para forçar a deliberação por qualquer órgão colegiado de temas previamente postos à análise.

Finalmente, temos o artigo 61 do Código Civil que disciplina o destino dos bens da associação na hipótese de sua extinção. Vejamos:

"Art. 61. Dissolvida a associação, o remanescente do seu patrimônio líquido, depois de deduzidas, se for o caso, as quotas ou frações ideais referidas no parágrafo único do art. 56, será destinado à entidade de fins não econômicos designada no estatuto, ou, omisso este, por deliberação dos associados, à instituição municipal, estadual ou federal, de fins idênticos ou semelhantes.

§ 1º Por cláusula do estatuto ou, no seu silêncio, por deliberação dos associados, podem estes, antes da destinação do remanescente referida neste artigo, receber em restituição, atualizado o respectivo valor, as contribuições que tiverem prestado ao patrimônio da associação.

§ 2º Não existindo no Município, no Estado, no Distrito Federal ou no Território, em que a associação tiver sede, instituição nas condições indicadas neste artigo, o que remanescer do seu patrimônio se devolverá à Fazenda do Estado, do Distrito Federal ou da União."

A compreensão da norma em comento nos remete novamente ao parágrafo único do artigo 56, que trata da possibilidade do associado ser titular de quota ou fração ideal do patrimônio associativo. Nessa hipótese, a extinção da pessoa jurídica levará em conta os interesses patrimoniais do associado, encarnados na quota sobre o patrimônio da Associação. Deliberada a extinção da Associação e realizada a sua liquidação, será pago o seu passivo, na forma do artigo 1.108 do Código Civil. O remanescente poderá ter destino diverso, consoante cada situação a seguir tratada. Inicialmente, apurar-se-á a fração ideal de cada associado sobre o patrimônio da pessoa jurídica, de acordo com a sua contribuição histórica. Se o saldo, após o abatimento das dívidas da associação, for suficiente para cobrir o montante de todas as frações ideais, elas serão pagas aos membros da pessoa jurídica extinta, não podendo, repita-se, superar o valor atualizado das contribuições históricas. Havendo ainda saldo, o excedente será destinado à entidade de fins não econômicos designada no estatuto, ou, omisso este, por deliberação dos associados, à instituição municipal, estadual ou federal, de fins idênticos ou semelhantes.

Na hipótese, todavia, de não se garantir ao associado participação sobre o acervo patrimonial da associação por meio de quotas ou frações ideais, ainda assim, será possível, como indica o parágrafo primeiro do artigo 61, que os seus membros, por cláusula do estatuto ou, no seu silêncio, por deliberação deles, antes da destinação do remanescente referida neste artigo, recebam em restituição, atualizado o respectivo valor, as contribuições que tiverem prestado ao patrimônio da associação.

Inexistindo, por derradeiro, no Município, no Estado, no Distrito Federal ou no Território, em que a associação tiver sede, instituição municipal, estadual ou federal, de fins idênticos ou semelhantes aos da associação extinta, e caso já se tenham pago, se for o caso, os associados, na forma das linhas anteriores, o remanescente do patrimônio, se houver, se devolverá à Fazenda do Estado, do Distrito Federal ou da União.

Apreciados, assim, os tópicos mais importantes sobre as associações, passemos à abordagem do derradeiro assunto acerca da pessoa jurídica: as fundações.

AS FUNDAÇÕES

O derradeiro modelo de pessoa jurídica a ser estudado diz respeito às fundações, que são entes cuja ênfase recai a vinculação do acervo patrimonial à consecução de finalidades pré-estabelecidas, e não sobre sua base corporativa, como ocorre nos demais modelos estudados. Dois, portanto, são seus traços fundamentais[59]: *a)* conjunto de bens; *b)* uma finalidade a ser concretizada para qual são direcionados os bens constantes do acervo patrimonial.

Outra não pode ser a conclusão que se extrai do artigo 62 do Código Civil, que determina:

> *"Art. 62. Para criar uma fundação, o seu instituidor fará, por escritura pública ou testamento, dotação especial de bens livres, especificando o fim a que se destina, e declarando, se quiser, a maneira de administrá-la.*
>
> *Parágrafo único. A fundação somente poderá constituir-se para fins religiosos, morais, culturais ou de assistência."*

A leitura do dispositivo demanda breves comentários. Em primeiro lugar, quanto à natureza do ato de instituição, Pontes de Miranda[60] assevera ser negócio jurídico unilateral e não receptício, podendo ou não ser *inter vivos*. No caso de negócio *inter vivos* será irrevogável, ao passo que, na segunda hipótese, poderá ser revogado, tanto que se revogue o testamento.

Importante, porém, frisar que o instituidor não é *membro* da fundação, podendo, quando muito, integrar os seus órgãos de administração[61]. Suas principais finalidades foram arroladas no parágrafo único do artigo 62, a saber: "I – assistência social, II – cultura, defesa e conservação do patrimônio histórico e artístico, III – educação, IV – saúde, V – segurança alimentar e nutricional, VI – defesa, preservação e conservação do meio ambiente e promoção do desenvolvimento sustentável, VII – pesquisa científica, desenvolvimento de tecnologias alternativas, modernização de sistemas de gestão, produção e divulgação de informações e conhecimentos técnicos e científicos, VIII – promoção da ética, da cidadania, da democracia e dos direitos humanos; IX – atividades religiosas". Elas, todavia, embora bastante completas, podem não ser as únicas, eis que, como muito bem sentido pelo Enunciado 8, da I Jornada de Direito Civil: "A constituição de fundação para fins científicos, educacionais ou de promoção do meio ambiente está [estavam] compreendida no Código Civil, art. 62, parágrafo único", ainda quando não faziam parte do rol do parágrafo único do art. 62, que foi ampliado pela Lei nº 13.125/15 a fim de adotar sua hodierna formatação.

Relevante, porém, destacar-se que não se pode admitir como finalidade plausível a distribuição de lucro entre os integrantes dos órgãos da fundação, embora, como muito bem sentido por Fábio Ulhoa Coelho, nada impede que fundações universitárias cobrem mensalidades de seus alunos, a fim de poderem bem desempenhar seus misteres[62].

---

59. Nader, Paulo. Curso de Direito Civil – v. I. Rio de Janeiro: Forense, 2003, p. 277.
60. Pontes de Miranda, Francisco Cavalcanti. Tratado de Direito Privado – tomo I. Campinas: Bookseller, 1999, p. 529/532.
61. Coelho, Fábio Ulhoa. Curso de Direito Civil – v. I. São Paulo: Saraiva, 2003, p. 254.
62. Coelho, Fábio Ulhoa. Curso de Direito Civil – v. I. São Paulo: Saraiva, 2003, p. 255.

O artigo 63 do Código Civil, ao seu turno, determina:

"Art. 63. Quando insuficientes para constituir a fundação, os bens a ela destinados serão, se de outro modo não dispuser o instituidor, incorporados em outra fundação que se proponha a fim igual ou semelhante."

O Código Civil de 1916 dispunha de forma diversa. Determinava que, sendo insuficientes para constituir a fundação, os bens doados seriam convertidos em títulos da dívida pública, se outra coisa não se dispusesse pelo instituidor, até que, aumentados com os rendimentos ou novas dotações, perfizessem capital bastante para o funcionamento da nova pessoa jurídica.

Percebe-se como bem andou o legislador pátrio ao alterar a antiga estipulação. Ora, e se novas dotações de bens jamais ocorressem? Permaneceria a fundação em estado de maturação, sem jamais se converter em pessoa jurídica? E, nesse tempo, o que seria da consecução de suas finalidades básicas?

Assim, na hipótese de insuficiência de bens para constituição imediata da nova fundação, a reversão dos já dotados para outra já existente revela uma concessão do Código de 2002 aos princípios da operabilidade e da socialidade, pois, sem delongas, o patrimônio disposto pelo instituidor estará a serviço dos altruísticos fins que inspiraram a tentativa de criação da frustrada fundação.

Duas observações se fazem necessárias. A primeira delas é a de que, se o instituidor preferir a sistemática preconizada pelo Código de 1916, ele pode abraçá-la, desde que o faça de forma expressa no testamento ou na escritura pública de instituição. A segunda observação é a de que, sendo insuficientes os bens, a sua reversão para outra fundação deverá ser solicitada ao Juízo competente pelo órgão do Ministério Público competente para zelar pelas fundações privadas.

De qualquer sorte, o simples negócio jurídico de instituição é bastante para fazer nascer a obrigação ao instituidor de transferir o domínio dos bens dotados à nova fundação, como preconiza o artigo 64 do Código Civil. Em outras palavras, não se admite revogação do ato, tampouco arrependimento posterior. Assim, se o instituidor permanecer inerte quanto à dita transferência, ou Órgão Ministerial (caso não definitivamente constituída a nova pessoa), ou a própria fundação, caso já existente, poderão manejar a ação de obrigação de fazer, que objetive a transferência judicial da coisa dotada.

O leitor atento, porém, deve ter percebido que, ao tratarmos de ato de instituição, ainda não estamos nos referindo ao momento em que já adquire personalidade a fundação. Não. Seu estatuto deve ser elaborado, aprovado e, só então, registrado, o que, então, marcará o início da existência do ente privado.

Pois bem, a elaboração do estatuto pode ser direta, pelo instituidor, ou fiduciária, quando conferida a terceiro. Trata-se de ato vinculado às finalidades básicas traçadas pelo instituidor, como leciona José Eduardo Sabo Paes[63], sendo admissíveis apenas detalhamentos de tais fins, sem modificações substanciais.

Nas duas hipóteses (elaboração direta ou fiduciária), o texto final do estatuto deverá ser submetido ao Ministério Público, que, por igual, será chamado a opinar caso se pretenda fazer futuras alterações no mencionado documento (art. 67 do Código Civil). Em casos extremos, se o estatuto não for elaborado no prazo assinado pelo instituidor, ou, não havendo prazo, em 180 dias, a incumbência de redigir o respectivo texto tocará ao Ministério Público.

Insta frisar que não são poucos os exemplos disponíveis na própria internet com modelos sugeridos de tais documentos pelos próprios Ministérios Públicos dos Estados do Brasil, o que, de certa forma, facilita a análise dos respectivos textos pelas autoridades competentes[64]. Urge mencionar que, caso não aprovado o texto inicial pelo Órgão Ministerial, é cabível, a pedido do interessado, a intervenção judicial, a fim de que o modelo sugerido (e recusado pelo Ministério Público) seja levado a registro.

A competência ministerial em relação às fundações não se restringe à análise inicial do estatuto. Deve ainda zelar pelo funcionamento dos mencionados entes, a fim de evitar que se afastem de suas disposições estatutárias e, principalmente, das finalidades traçadas pelo seus respectivos instituidores. Neste sentido, determina o artigo 66 do Código Civil:

> *"Art. 66. Velará pelas fundações o Ministério Público do Estado onde situadas.*
>
> *§ 1º Se funcionarem no Distrito Federal, ou em Território, caberá o encargo ao Ministério Público Federal.*
>
> *§ 2º Se estenderem a atividade por mais de um Estado, caberá o encargo, em cada um deles, ao respectivo Ministério Público."*

Quanto à alteração do estatuto, além das observações já levadas a cabo a respeito da necessária intervenção ministerial, tem-se que, para além do requisito citado, ela apenas será possível caso, concomitantemente, a reforma seja deliberada por dois terços dos competentes para gerir e representar a fundação; e não contrarie ou desvirtue o fim desta.

Não bastasse tamanho cuidado para se autorizar a mudança no ato normativo interno da fundação, garante-se também, em apreço ao direito de fiscalização da

---

63. Paes, José Eduardo Sabo. *Fundações, associações e entidades de interesse social*. 6ª ed. Brasília: Brasília Jurídica, 2006. p. 349.
64. Modelos de estatutos de fundações podem, por exemplo, ser colhidos nas seguintes páginas: http://www.mpba.mp.br/atuacao/caocif/fundacoes/pecas/modelo_estatuto_fundacao. pdf, http://www.mp.ce.gov.br/orgaos/CAOFURP/modelos/Modelo.de.Estatuto.-.Fundacao. doc e http://www.mp.ma.gov.br/index.php/promotoria-de-fundacoes/84-promotorias/ promotorias-especializadas/promotoria-de-fundacoes/ promotoria-fundacoes-paginas- estaticas/5571-modelo-de-estatuto-para-fundacoes, acessos no dia 27 de maio de 2013.

lisura do ato pela minoria discordante, que os administradores da fundação, ao submeterem o estatuto ao órgão do Ministério Público, deem ciência aos dissonantes para que impugnem a alteração, se quiserem, em dez dias. Como a impugnação judicial da alteração é uma opção aos que com ela não concordarem, temos que se trata, na espécie, de litisconsórcio facultativo unitário, em que qualquer membro integrante da minoria vencida estará legitimado a propor a ação referida no artigo 68 da Lei Civil.

Por fim, preceitua o artigo 69 do Código Civil que, tornando-se ilícita, impossível ou inútil a finalidade a que visa a fundação, ou vencido o prazo de sua existência, o órgão do Ministério Público, ou qualquer interessado, lhe promoverá a extinção, incorporando-se o seu patrimônio, salvo disposição em contrário no ato constitutivo, ou no estatuto, em outra fundação, designada pelo juiz, que se proponha a fim igual ou semelhante. Ora, outra não podia ser a solução. Como bem sabido, as fundações são pessoas jurídicas de base patrimonial (não corporativa). Seria um contrassenso, pois, tolerar que o patrimônio existente ao tempo de sua extinção fosse partilhado entre seus dirigentes ou regressasse ao patrimônio do instituidor.

Assim, temos por analisados os principais aspectos sobre as pessoas jurídicas. Avancemos, pois, ao estudo do domicílio.

CAPÍTULO 9
DOMICÍLIO

ASPECTOS INTRODUTÓRIOS

A sedentarização é fenômeno comum entre as diversas sociedades humanas. O indivíduo, após fixar-se em determinado lugar, mantém uma rede de interesses e negócios em torno de si, que têm na referência geográfica um dos mais importantes elementos.

O reflexo jurídico deste fenômeno foi a construção do conceito legal de domicílio. Fustel de Coulanges[1] fornece interessante apanhado histórico sobre a origem comum do domicílio (que etimologicamente deriva de *domus*, ou seja, a casa onde o homem habita[2]) e de propriedade nas sociedades antigas, especialmente, na romana:

> *"Há três coisas que, desde as mais antigas eras, encontram-se fundadas e solidamente estabelecidas nas sociedades grega e itálica: a religião doméstica, a família, o direito de propriedade; três coisas que tiveram entre si, na origem, uma relação evidente, e que parecem terem sido inseparáveis.*
>
> *A ideia de propriedade privada fazia parte da própria religião. Cada família tinha seu lar e seus antepassados. Esses deuses não podiam ser adorados senão por ela, e não protegiam senão a ela; eram sua propriedade exclusiva.*
>
> *Ora, entre esses deuses e o solo, os homens das épocas mais antigas divisavam uma relação misteriosa. Tomemos, em primeiro lugar, o lar; esse altar é o símbolo da vida sedentária, como o nome bem o indica. Deve ser colocado sobre a terra, e, uma vez construído, não o devem mudar mais de lugar. O deus da família deseja possuir morada fixa; materialmente, é difícil transportar a terra sobre a qual ele brilha; religiosamente, isso é mais difícil ainda, e não é permitido ao homem senão quando é premido pela dura necessidade, expulso por um inimigo, ou se a terra não o puder sustentar por ser estéril. Quando se constrói o lar, é com o pensamento e a esperança de que continue sempre no mesmo lugar. O deus ali se instala, não por um dia, nem pelo espaço de uma vida humana, mas por todo o tempo em que dure essa família, e enquanto restar alguém que alimente a chama do sacrifício. Assim o lar toma posse da terra; essa parte da terra torna-se sua, é sua propriedade.*
>
> *E a família, que por dever e por religião fica sempre agrupada ao redor desse altar, fixa-se ao solo como o próprio altar. A ideia de domicílio surge naturalmente. A família está ligada ao altar, o altar ao solo; estabelece-se estreita relação entre a terra e a família. Aí deve ter sua morada permanente, que jamais abandonará, a não ser quando obrigada por força superior. Como o lar, a família ocupará sempre esse lugar. Esse lugar lhe pertence, é sua propriedade; e não de um homem somente, mas de toda uma família, cujos diferentes membros devem, um após outro, nascer e morrer ali.*

---

1. Fustel de Coulanges, Numa-Denys. A Cidade Antiga. Disponível em http://www. ebooksbrasil.org/eLibris/cidadeantiga.html, acesso em 29/03/2013.
2. Ferrara, Francesco. Trattato di diritto civile italiano. Roma: Athenaeum, 1921, p. 548.

Sigamos o raciocínio dos antigos. Dois lares representam duas divindades distintas, que nunca se unem ou se confundem; isso é tão verdade, que o casamento entre duas famílias não estabelece aliança entre seus deuses. O lar deve ser isolado, isto é, separado claramente de tudo o que não lhe pertence; os estranhos não devem aproximar-se dele no momento em que se celebram as cerimônias do culto; não devem nem mesmo sê-lo; por isso os manes são conhecidos como deuses ocultos, mychioi ou deuses interiores penates. Para que essa regra religiosa seja rigorosamente cumprida, é necessário que ao redor do altar, a certa distância, haja uma cerca. Pouco importa que seja uma paliçada, uma sebe ou um muro de pedras. Seja qual for, ela marca a divisa que separa o domínio de um lar. Esse recinto é considerado sagrado. Ultrapassá-lo, é ato de impiedade. O deus vela sobre ele, e toma-o sob sua guarda; por isso dão a esse deus o epíteto de erkeios. Essa linha divisória traçada pela religião, e por ela protegida é o emblema mais certo, a marca mais irrecusável do direito de propriedade."

A rica leitura aponta que historicamente os deuses "lares" eram cultuados em altares domésticos, iluminados por uma chama que não se podia apagar. Interessante notar que, por evolução linguística, o local da casa destinado a se acender uma fogueira (hoje com finalidade estética e de aquecimento) é a "lareira".

De toda a sorte, era a partir da fixação do deus lar em seu altar que a família não apenas se apoderava do local, como o cercava, fazendo nascer dois institutos jurídicos da maior relevância: o domicílio e a propriedade imobiliária.

É certo que, nos dias de hoje, a finalidade da constituição do domicílio é bem distinta da Antiguidade, período em que não havia nítida distinção entre religião, moral e direito. Urge, portanto, que avancemos na análise do atual conceito de domicílio.

CONCEITO ATUAL DE DOMICÍLIO

O domicílio é a sede estável da pessoa[3], dedutível de sua intenção de fixação com ânimo definitivo. Esse entendimento, aliás, deriva da própria leitura do artigo 70 do Código Civil:

"Art. 70. O domicílio da pessoa natural é o lugar onde ela estabelece a sua residência com ânimo definitivo."

Pertinente, portanto, que se estabeleça uma diferença entre institutos muito assemelhados que, por vezes, são pressupostos uns dos outros: a morada, a residência e o domicílio, assim dispostos em razão diretamente proporcional à estabilidade do vínculo entre o indivíduo e o lugar ocupado.

Assim, a morada é a mais acidental relação entre um indivíduo e o local onde se encontra. Cinge-se a hipóteses transitórias, como, por exemplo, uma breve temporada em que, acabando de sair de casa por se separar da esposa, um sujeito se alberga na casa de um amigo, até constituir nova residência.

3. Ferrara, Francesco. Trattato di diritto civile italiano. Roma: Athenaeum, 1921, p. 549.

A residência, por sua vez, indica o local onde o agente se estabelece, com ou sem ânimo definitivo. No primeiro caso, podemos lembrar a hipótese em que um professor, domiciliado em Brasília, vai fazer um doutorado no Rio de Janeiro. O objetivo é apenas de completar o seu curso, e não ficar, em definitivo, no Rio de Janeiro. Logo, ainda que alugue um apartamento, terá apenas uma residência nessa cidade.

Suponhamos, porém, que o mencionado Professor tenha recebido um convite para lecionar no Rio de Janeiro, decidindo lá permanecer. Neste momento, revela-se a sua intenção de fixar-se, com ânimo definitivo, na Cidade Maravilhosa, fato que implicaria a constituição de novo domicílio.

Assim, o conceito tradicional de domicílio encerra duplo elemento – um objetivo (fixação de residência) e outro subjetivo (com a intenção de lá permanecer – o chamado ânimo definitivo). Percebe-se, pois, que a residência é um dos elementos do conceito de domicílio, embora prescindível em algumas hipóteses como adiante abordaremos.

ESPÉCIES DE DOMICÍLIO

A primeira espécie de domicílio é o geral, também chamado de voluntário, constante do já abordado artigo 70 do Código Civil. Urge ressaltar que um sujeito pode possuir mais de uma residência onde esteja fixado com ânimo definitivo. Nesse caso, possuirá mais de um domicílio (artigo 71 do Código Civil). Nessa esteira, não são raras as hipóteses em que pessoas possuem uma pluralidade de domicílios, como sói acontecer a um fazendeiro que se alterne, durante a mesma semana, entre a sede de sua fazenda, situada, por exemplo, no interior de Goiás, e Brasília, onde tem apartamento e os filhos estudam.

Seja como for, único ou plural, a pessoa natural pode cambiar de domicílio. Basta, na forma do artigo 74, declarar a intenção de mudar de domicílio, após alteração de sua residência, às municipalidades dos lugares, que deixa, e para onde vai, ou, se tais declarações não fizer, da própria mudança, com as circunstâncias que a acompanharem. Lembra Paulo Nader[4] tratarem-se as malfadadas declarações daqueles comunicados feitos às empresas de água, luz, telefone, entre outros, da mudança efetivada.

A lei reconhece, de outra banda, hipótese em que o indivíduo, embora não tenha residência, possua domicílio, como pode acontecer com determinados artistas circenses ou com alguns andarilhos. Nessa hipótese, será considerado, a teor do artigo 73 do Código, como domicílio da pessoa natural, que não tenha residência habitual, o lugar onde for encontrada. Este é o chamado domicílio ocasional ou eventual.

4. Nader, Paulo. Curso de Direito Civil – v. I. Rio de Janeiro: Forense, 2003, p. 208.

Ao lado dos casos estudados, determina ainda o Código Civil que é "também domicílio da pessoa natural, quanto às relações concernentes à profissão, o lugar onde esta é exercida" (artigo 72 do Código Civil). Frisa, ainda, que, "se a pessoa exercitar profissão em lugares diversos, cada um deles constituirá domicílio para as relações que lhe corresponderem". Tais regras assumem especial importância no direito processual do trabalho, servindo de parâmetro para a determinação do foro competente para o ajuizamento de demandas trabalhistas, usualmente propostas no local da prestação do serviço.

Tem-se, ainda, o chamado domicílio negocial, local eleito pelas partes de determinado contrato para, na forma do artigo 78 do Código Civil, serem cumpridas obrigações oriundas da avença. Comumente, a cláusula é identificada com o chamado foro de eleição. Na realidade, ela é mais ampla, pois a última (foro de eleição) diz tão somente respeito à escolha do local onde judicialmente serão dirimidas as controvérsias nascidas da interpretação ou do descumprimento do contrato, ao passo que a primeira determina em que local as obrigações contratuais serão adimplidas (que poderá ser distinto do domicílio de ambas as partes).

Seja como for, Carlos Roberto Gonçalves suscita duas questões que não merecem ser olvidadas a respeito do foro de eleição[5]. A primeira delas diz respeito à obrigatoriedade ou não de propositura da ação no foro de eleição, pela parte que busque o Poder Judiciário para dirimir controvérsias envolvendo avença em que conste tal cláusula. Seria possível, nesse caso, o litigante valer-se do foro geral (domicílio do Réu), para propor a ação? Carlos Roberto Gonçalves entende que sim. Seu pensamento se guia por julgados como o ilustrativo acórdão do Tribunal de Justiça do Distrito Federal[6]:

> *"AGRAVO DE INSTRUMENTO. AÇÃO DE BUSCA E APREENSÃO PROPOSTA NO DOMICÍLIO DO DEVEDOR E NÃO NO FORO DE ELEIÇÃO. 1. 'O FORO DE ELEIÇÃO POR CLÁUSULA CONTRATUAL NÃO OBSTA A PROPOSITURA DE AÇÃO NO FORO DO DOMICÍLIO DO RÉU, NÃO CABENDO A ESTE EXCEPCIONAR O JUÍZO' (CF. RT.508/151). 2. RECURSO IMPROVIDO"*

Ocorre, porém, que essa solução não parece haver sido abonada pelo Superior Tribunal de Justiça. Vejamos o que se determinou no seguinte aresto[7]:

> *"DIREITO PROCESSUAL CIVIL. EXCEÇÃO DE INCOMPETÊNCIA. AÇÃO DE REPARAÇÃO DE DANOS. RESPONSABILIDADE CONTRATUAL. FORO DE ELEIÇÃO. CONTRATO DE FRANQUIA. LOCAL DO DANO. LOCAL DO DOMICÍLIO DO RÉU. COMPETÊNCIA TERRITORIAL RELATIVA. RECURSO ESPECIAL PROVIDO. JULGAMENTO CONJUNTO COM O RESP 930.875/MT.*

---

5. Gonçalves, Carlos Roberto. Direito Civil Brasileiro – Parte Geral – v. I. 3 ed. São Paulo: Saraiva, 2006, p. 146/147.
6. BRASIL. Superior Tribunal de Justiça. REsp 1087471/MT, Rel. Ministro Sidnei Beneti, TERCEIRA TURMA, julgado em 14/06/2011, DJe 17/06/2011.
7. BRASIL. Tribunal de Justiça do Distrito Federal. AG: 20060020033711 DF, Relator: Antoninho Lopes, Data de Julgamento: 24/05/2006, 1ª Turma Cível, Data de Publicação: DJU 12/09/2006 Pág. 93.

> *1. A competência para a ação que visa à reparação de danos, fundada em responsabilidade contratual ou extracontratual, deve ser proposta no local onde se produziu o dano não no domicílio do réu.*
> *Trata-se, no entanto, de competência territorial relativa que, portanto, pode ser derrogada por contrato, de modo a prevalecer o foro de eleição.*
> *2. Não desfaz a validade do foro de eleição a circunstância do ajuizamento da ação, decorrente de contrato de franquia, como ação indenizatória, porque esta sempre tem como antecedente a lide contratual.*
> *3. Inaplicável o Código de Defesa do Consumidor ao contrato de franquia, não se admite a alegação de abusividade da cláusula de eleição de foro ao só argumento de tratar-se de contrato de adesão.*
> *4. Recurso especial provido, com determinações e imediata remessa dos autos ao Juízo do foro de eleição (Rio de Janeiro), realizado o julgamento em conjunto com o REsp 930.875/MT."*

Atente-se, porém, que o foro de eleição não será sempre admitido. Eis a segunda questão suscitada por Carlos Roberto Gonçalves. Temos, nessa esteira, que existem freios para a escolha de foro para a resolução judicial de conflitos contratuais. Ilustrativo, a respeito, o seguinte julgado[8]:

> *"Competência. Ação ordinária de anulação de negócio jurídico c/c restituição de valores e indenização por danos morais proposta no foro do domicilio do autor. Réu que tem sua sede em outra Comarca. Acolhimento de exceção de incompetência arguida pelo réu. Validade da cláusula de eleição de foro. Ausência de abusividade da cláusula de eleição de foro. Critérios objetivos para sua aferição: a) intelecção para entender o sentido e o alcance da cláusula de eleição; b) dificuldade no acesso ao Judiciário; c) obrigatoriedade de adesão. Aplicação mesmo quando em causa relação de consumo. Produto destinado a público restrito de 'colecionador' de veículos raros e de alto valor no mercado. Agravante que não se enquadra como sendo a parte mais fraca ou mesmo sem condições de acompanhar o processo na capital mineira. Recurso desprovido. A cláusula de eleição de foro só não prevalece quando abusiva e que é constatada por critérios objetivos:*
>
> *a) intelecção para entender o sentido e o alcance da cláusula de eleição; b) dificuldade de acesso ao Judiciário; c) obrigatoriedade da adesão. Não existe abusividade quando o agravante, dada sua condição pessoal e ao fato do produto adquirido ser próprio de público restrito e com reconhecimento da condição de 'colecionador' de veículos de alto valor de mercado, não fazendo jus ao reconhecimento como sendo a parte mais fraca ou mesmo sem condições de acompanhar adequadamente o processo na capital mineira."*

Concordamos, em linhas gerais, com a impossibilidade de admissão de foros de eleição abusivamente inseridos nas avenças, como pode ocorrer nas hipóteses suscitadas no julgado acima transcrito, a saber: *a)* quando houver dificuldade de intelecção para entender o sentido e o alcance da cláusula de eleição; *b)* dificuldade de acesso ao Judiciário; *c)* obrigatoriedade da adesão. A única ressalva é que a terceira hipótese (obrigatoriedade de adesão) sugere que a cláusula de eleição seria nula em qualquer contrato de adesão. Ocorre, porém, que tal nulidade se circunscreve

---

8. BRASIL. Tribunal de Justiça de São Paulo. AI: 1755789420118260000 SP 0175578- 94.2011.8.26.0000, Relator: Kioitsi Chicuta, Data de Julgamento: 08/09/2011, 32ª Câmara de Direito Privado, Data de Publicação: 09/09/2011.

às hipóteses nas quais exista vulnerabilidade de uma das partes, como pode se dar nas relações de consumo, ou em que não se haja evidente prejuízo para a defesa do aderente. Nas demais hipóteses, seria admissível a inserção do foro de eleição. Enfim: o norte para o reconhecimento da invalidade da citada cláusula é a vulneração aos princípios constitucionais da ampla defesa, bem como a da inafastabilidade da apreciação de conflitos pelo Poder Judiciário (CF, artigo 5º, inciso XXXV).

Por fim, há hipóteses em que a lei estabelece um domicílio para o agente. Tais hipóteses estão tratadas no artigo 76 do Código Civil:

> *"Art. 76. Têm domicílio necessário o incapaz, o servidor público, o militar, o marítimo e o preso.*
>
> *Parágrafo único. O domicílio do incapaz é o do seu representante ou assistente; o do servidor público, o lugar em que exercer permanentemente suas funções; o do militar, onde servir, e, sendo da Marinha ou da Aeronáutica, a sede do comando a que se encontrar imediatamente subordinado; o do marítimo, onde o navio estiver matriculado; e o do preso, o lugar em que cumprir a sentença."*

Poucas observações devem ser feitas a respeito do domicílio necessário. A primeira delas é a de que nada impede a coexistência entre o domicílio voluntário e o domicílio necessário, determinado pela norma, pois, conforme já mencionado, entre nós, prevalece a regra da pluralidade de domicílios. Assim, um servidor público lotado em Brasília, mas que resida em Luziânia/GO (cidade do entorno do Distrito Federal) possuirá um domicílio voluntário (Luziânia), ao lado do seu domicílio necessário (Brasília).

A segunda é a de que o estabelecimento de domicílio necessário para o servidor público apenas ocorrerá nas hipóteses em que ele exerça permanentemente as suas funções, o que exclui da hipótese os servidores comissionados e os servidores ainda não estáveis. Quanto ao preso, este só será dotado de domicílio necessário quando cumprir sentença. Assim, uma prisão cautelar (temporária ou provisória) não implicará a criação de domicílio necessário para a pessoa trancafiada.

Outra questão relativa ao domicílio, que merece ser enfrentada, é a da alegação de extraterritorialidade pelo agente diplomático brasileiro citado no exterior. O artigo 77 do Código Civil dispõe:

> *"Art. 77. O agente diplomático do Brasil, que, citado no estrangeiro, alegar extraterritorialidade sem designar onde tem, no país, o seu domicílio, poderá ser demandado no Distrito Federal ou no último ponto do território brasileiro onde o teve."*

A alegação de extraterritorialidade diz respeito, em realidade, aos chamados privilégios diplomáticos. Determina a Convenção de Viena (1961) que, quando em missão diplomática, os membros dessa carreira (embaixadores a terceiros-secretários) ou do quadro administrativo e técnico, desde que, no último caso, oriundos do Estado acreditante (ou seja, não recrutados no Estado onde funciona a embaixada), gozarão de ampla imunidade penal e civil[9].

---

9. Rezek, José Francisco. Direito Internacional Público. 5 ed. São Paulo: Saraiva, p. 171.

Nessa esteira, caso sejam demandados no Estado onde estejam desempenhando sua missão, poderão invocar os seus privilégios diplomáticos, suscitando sejam demandados no Brasil. Assim, o autor poderá optar entre dois foros para acionar o diplomata em solo nacional: o Distrito Federal ou o último ponto do território nacional onde o Réu tenha fixado domicílio.

DOMICÍLIO DA PESSOA JURÍDICA

O Código Civil disciplina de forma precisa o domicílio das pessoas jurídicas, tanto de direito público, quanto privado:

Art. 75. Quanto às pessoas jurídicas, o domicílio é:

I – da União, o Distrito Federal;

II – dos Estados e Territórios, as respectivas capitais;

III – do Município, o lugar onde funcione a administração municipal;

IV – das demais pessoas jurídicas, o lugar onde funcionarem as respectivas diretorias e administrações, ou onde elegerem domicílio especial no seu estatuto ou atos constitutivos.

§ 1º Tendo a pessoa jurídica diversos estabelecimentos em lugares diferentes, cada um deles será considerado domicílio para os atos nele praticados.

§ 2º Se a administração, ou diretoria, tiver a sede no estrangeiro, haver-se-á por domicílio da pessoa jurídica, no tocante às obrigações contraídas por cada uma das suas agências, o lugar do estabelecimento, sito no Brasil, a que ela corresponder.

A leitura do dispositivo acima nos faz perceber que o domicílio da União é o Distrito Federal. Isso não significa, porém, que as demandas contra esse Ente da Federação necessariamente sejam propostas em Brasília. Em realidade, quando a União for autora, ela deverá mover a ação na seção judiciária onde tiver domicílio (artigo 109, § 1º da Constituição Federal). Quando for ré, as ações poderão ser aforadas na seção judiciária em que for domiciliado o autor, naquela onde houver ocorrido o ato ou fato que deu origem à demanda ou onde esteja situada a coisa, ou, ainda, no Distrito Federal (artigo 109, § 2º da Constituição Federal).

Os estados, por sua, vez terão como domicílio suas respectivas capitais e os municípios, os locais onde funcionarem as suas administrações. As demais pessoas jurídicas, o lugar onde funcionarem as respectivas diretorias e administrações, ou onde elegerem domicílio especial no seu estatuto ou atos constitutivos. A grande questão diz respeito aos parágrafos primeiro e segundo do artigo 75. Ela versa sobre a pluralidade de domicílio da pessoa jurídica, vinculando-o ao conceito de estabelecimento.

Nesta esteira, o artigo 1.142 do Código Civil assevera:

"Art. 1.142. Considera-se estabelecimento todo complexo de bens organizado, para exercício da empresa, por empresário, ou por sociedade empresária."

Corriqueira a confusão entre estabelecimento e local de funcionamento da sociedade empresarial. Ocorre, em realidade, que o estabelecimento é um complexo de bens, e não o local onde se assentam tais bens[10]. A localização do estabelecimento apenas servirá de parâmetro para a caracterização de múltiplos domicílios da pessoa jurídica.

As pessoas jurídicas sediadas no estrangeiro poderão ter estabelecimentos no Brasil. Não se confunde tal situação, porém, com sociedades regularmente constituídas no Brasil, ainda que conte, como acionistas, com sociedades estrangeiras. As chamadas multinacionais seguem muito esse modelo. Embora sejam constituídas originariamente em outras nações, subscrevem majoritariamente o capital social de empresas sediadas no Brasil, que recebem a sua denominação, via de regra seguida da expressão "(...) do Brasil".

A tais pessoas jurídicas (constituídas no Brasil ainda que por capital social subscrito por pessoas jurídicas estrangeiras) aplica-se a regra geral do domicílio, insculpida no inciso IV do artigo 75 do Código Civil. Já às pessoas jurídicas genuinamente estrangeiras, que não constituam pessoas jurídicas no Brasil, mas que aqui apenas tenham filiais, verdadeiros escritórios de representação, aí sim, será aplicável o parágrafo segundo do artigo 75 da Lei Civil, a determinar que "se a administração, ou diretoria, tiver a sede no estrangeiro, haver-se-á por domicílio da pessoa jurídica, no tocante às obrigações contraídas por cada uma das suas agências, o lugar do estabelecimento, sito no Brasil, a que ela corresponder".

Assim, as inúmeras relações jurídicas travadas pelas pessoas jurídicas ou naturais estarão umbilicalmente atreladas à ideia de domicilio, cujos contornos gerais temos por analisados.

10. Tomazette, Marlon. Curso de direito empresarial: teoria geral e sociedades. São Paulo: Atlas, 2008, v. 1, p. 88.

Capítulo 10
BENS

ASPECTOS INTRODUTÓRIOS

Afirmamos alhures que o Código Civil, em sua Parte Geral, disciplinava uma relação jurídica. O primeiro elemento, os seus sujeitos, já foram analisados quando estudamos as pessoas físicas e jurídicas.

Inauguramos, neste capítulo, a abordagem sobre o segundo elemento da relação jurídica: o seu objeto, tratado genericamente pela Lei Civil quando ela aborda os "Bens". Atente-se ao fato de que o Código Civil optou por tratar de forma distinta bens e coisas. Limitaremos a nossa análise ao conceito jurídico dos institutos ora tratados (bens).

Nessa esteira, temos que bem é gênero e coisa espécie. A própria abordagem dos institutos, pelo Código Civil, reforça a ideia, porquanto o primeiro é disciplinado na Parte Geral de nossa lei, ao passo que o último o é no livro específico dedicado aos direitos reais. Conquanto reconheçamos a multiplicidade de critérios distintivos, adotamos o pensamento de Orlando Gomes[1], segundo o qual bem pode abranger objetos de direito sem valor econômico, ao passo que coisa se restringe a utilidades patrimoniais. Em sentido ainda mais restrito, utilização que, na realidade preferimos, o vocábulo "coisa" se usa apenas para designar objetos corpóreos.

A coisa, aduz o festejado jurista[2], para assim ser considerada, deve, pois, reunir os seguintes atributos: *a)* economicidade; *b)* permutabilidade e, *c)* limitabilidade, ou seja, deve ser valorado economicamente, sendo passível de troca. Tem, ademais, que ser apropriável, o que induz a sua limitabilidade, porquanto apenas podemos trocar objetos quando forem definidos, restritos, dotados de valor certo. É inimaginável alguém, ao menos no aspecto privatístico, incluir como objeto da relação jurídica o ar atmosférico, senão quando, por exemplo, envazado em cilindros para mergulho. Em resumo: a noção restringe-se ao que pode ser objeto de domínio e posse. Abordemos, com mais vagar, o tema.

---

1. Gomes, Orlando. Introdução ao Direito Civil. 4 ed. Rio de Janeiro: Forense, 1974, p. 222.
2. Gomes, Orlando. Introdução ao Direito Civil. 4 ed. Rio de Janeiro: Forense, 1974, p. 222.

A COISA COMO OBJETO DO DIREITO DE PROPRIEDADE

Conforme salientamos, a coisa deve ser objeto de posse e domínio. Assim, indaguemos: seria possível a apropriação de objetos incorpóreos?

O Código Civil da Alemanha[3] não parece deixar espaço para dúvidas ao determinar:

> *"Seção 90*
>
> *Conceito de coisa*
>
> *Apenas objetos corpóreos são legalmente coisas."*

O Código Civil de Portugal, ao seu turno, parece enfrentar o tema de forma ligeiramente diversa:

> *"ARTIGO 1302º*
>
> *(Objecto do direito de propriedade)*
>
> *Só as coisas corpóreas, móveis ou imóveis, podem ser objecto do direito de propriedade regulado neste código."*
>
> *ARTIGO 1303º*
>
> *(Propriedade intelectual)*
>
> *1. Os direitos de autor e a propriedade industrial estão sujeitos a legislação especial.*
>
> *2. São, todavia, subsidiariamente aplicáveis aos direitos de autor e à propriedade industrial as disposições deste código, quando se harmonizem com a natureza daqueles direitos e não contrariem o regime para eles especialmente estabelecido."*

A leitura da lei portuguesa nos faz presumir, naquela Nação, a existência de "coisas" corpóreas e "coisas" incorpóreas. A grande discussão se coloca quanto à "propriedade" sobre objetos (coisas) incorpóreos. Ora, embora o artigo 1302º do Código de Portugal sugira que o direito de propriedade, tratado *nessa* norma, deva incidir sobre bens corpóreos, parece, o artigo seguinte, admitir que formas diferentes de propriedade (imaterial) sejam disciplinados por legislação extravagante, sobre a qual incidirão subsidiariamente os comandos do Código Civil.

José de Oliveira Ascensão[4] nos brinda com lúcida compreensão da norma portuguesa, ao esclarecer que a interpretação literal do Código Civil de Portugal não parece ser a mais adequada. Afirma que os direitos do autor (assim como a propriedade industrial) sequer podem ser considerados direitos reais, porquanto não se submetem ao domínio exclusivo de um só.

A forma como se coloca a questão é apropriada. Quando somos donos de um carro, ao exercermos sobre ele os poderes derivados da propriedade (usar, fruir e dis-

---

3. Tradução livre da versão inglesa do BGB, disponível em http://www.fd.ul.pt/LinkClick. aspx?fileticket=KrjHyaFOKmw%3D&tabid=505, acesso em 15 de julho de 2013.
4. Ascensão, José de Oliveira. Direito Civil – Teoria Geral – v. I. 2 ed. Coimbra: Coimbra, 2000, p. 353/354.

por), tal utilização da coisa exclui o concomitante uso por terceiros. A oponibilidade *erga omnes* do direito real seria uma face da moeda, enquanto a exclusividade, a outra.

Igual fenômeno não ocorre com os direitos imateriais. O fato de haver publicado um livro em Brasília não impede que a obra seja indevidamente copiada em outra cidade do Brasil. A exclusividade, portanto, que exsurge do simples manejo das faculdades do domínio, não se verificaria quanto aos direitos do autor e quanto à propriedade industrial.

Conclui Ascensão[5], assim, que a chamada propriedade imaterial cuidaria de direitos de monopólio. Seriam, portanto, direitos pessoais e em nada se mostrariam enfraquecidos por essa constatação. Artificial seria vislumbrá-los como uma propriedade, passível, por exemplo, de aquisição por usucapião. E nem mesmo a sua defesa possessória seria oportuna. Hoje contamos com contundentes instrumentos processuais, como a antecipação de tutela na obrigação de não fazer, que garantiriam uma eficaz proteção dos institutos tratados.

Assim, mesmo a lei brasileira não tendo esclarecido se a expressão "coisas" se restringe a bens materiais, temos que sim, pela singularidade de que elas são objetos de direitos reais e estes demandam exclusividade no manejo das suas faculdades, o que só se verifica, como visto, quanto a objetos corpóreos.

Ressaltamos, entretanto, que o Superior Tribunal de Justiça tem se mostrado vacilante quanto ao tema. Em julgado que versa sobre propriedade industrial, admitiu o exercício de propriedade sobre uma patente. Vejamos[6]:

> *"CIVIL – INTERDITO PROIBITORIO – PATENTE DE INVENÇÃO DEVIDAMENTE REGISTRADA – DIREITO DE PROPRIEDADE.*
>
> *I – A doutrina e a jurisprudência assentaram entendimento segundo o qual a proteção do direito de propriedades, decorrente de patente industrial, portanto, bem imaterial, no nosso direito, pode ser exercida através das ações possessórias.*
>
> *II – O prejudicado, em casos tais, dispõe de outras ações para coibir e ressarcir-se dos prejuízos resultantes de contrafação de patente de invenção. Mas tendo o interdito proibitório índole eminentemente preventiva, inequivocamente, é ele meio processual mais eficaz para fazer cessar, de pronto, a violação daquele direito.*
>
> *III – Recurso não conhecido."*

Ocorre, porém, que, ao tratar de direito autoral, negou o manejo das ações possessórias[7]:

> *"Agravo regimental. Recurso especial. Direitos autorais. Interdito proibitório cumulado com perdas e danos.*

5. Ascensão, José de Oliveira. Direito Civil – Teoria Geral – v. I. 2 ed. Coimbra: Coimbra, 2000, p. 353/354.
6. BRASIL. Superior Tribunal de Justiça. REsp 7196/RJ, Rel. Ministro Waldemar Zveiter, TERCEIRA TURMA, julgado em 10/06/1991, DJ 05/08/1991, p. 9997.
7. BRASIL. Superior Tribunal de Justiça. AgRg no REsp 256.132/RS, Rel. Ministro Carlos Alberto Menezes DIREITO, TERCEIRA TURMA, julgado em 25/09/2000, DJ 20/11/2000, p. 292.

1. O descabimento, quanto aos direitos autorais, do interdito proibitório não afasta o direito à indenização postulado com base no mesmo fato, qual seja a utilização de obras musicais sem a devida contraprestação financeira. Assim, repelida a proteção possessória, pode a ação prosseguir no tocante ao pedido indenizatório, igualmente formulado.

2. Agravo regimental improvido."

Reforçamos nossa adesão ao último entendimento. Ações fundadas em posse ou no domínio devem recair sobre coisas corpóreas, como decorrência do princípio da exclusividade do manejo dos poderes de usar, fruir e dispor do objeto.

Superado, porém, o debate, passemos à classificação dos bens no Direito do Brasil.

CLASSIFICAÇÃO DOS BENS

Os bens podem ser classificados segundo dois grandes critérios. No primeiro caso, consideramo-los tomados isoladamente. Assim, usemos como exemplo uma caneta. Podemos pensar na classificação de tal bem isoladamente. Nessa hipótese, iremos observá-la – e apenas ela – sendo possível, a partir disso, indagar se ela seria um bem móvel ou imóvel, consumível ou inconsumível, divisível ou indivisível. Note-se que as respostas demandadas exigirão apenas que se pense na caneta, sem que seja necessário compará-la com qualquer outro bem. Assim, nos deparamos com a classificação dos bens tomados em si mesmos.

Ocorre, todavia, que poderíamos indagar a respeito da mesma caneta. Ela é um bem principal ou acessório? Tal resposta seria impossível de ser dada, caso levemos em consideração apenas o dito utensílio. Com efeito, se compararmos a caneta à sua tampa, certamente ela será um bem principal, mas se compararmos a caneta ao Escritório à qual pertence, ela será um acessório. Assim, um bem só pode ser principal ou acessório em relação a outro objeto. Não por outro motivo, estamos diante da classificação dos bens reciprocamente considerados. Inauguremos, pois, nossa abordagem pela análise dos bens tomados em si mesmos.

OS BENS TOMADOS EM SI MESMOS: BENS MATERIAIS E IMATERIAIS

A presente classificação já era conhecida pelos romanos. Nas Institutas de Justiniano[8], afirmava-se que as coisas eram corpóreas quando pudessem ser tocadas, como, entre outros objetos, um terreno, um escravo, um vestido, ouro, prata. As incorpóreas, ao seu turno, seriam aquelas que não se poderiam tocar, como, por exemplo, a herança, as obrigações, o usufruto e o uso.

Atualmente a classificação, embora não legislada, foi levemente aperfeiçoada, sendo certo que os bens materiais, ou corpóreos, são aqueles que podem ser apre-

8. Inst. 2, 2.

endidos pelos sentidos, ao passo que incorpóreos são os que não podem. Assim, um carro e um prédio são obviamente bens materiais. A energia elétrica, igualmente, é corpórea, porquanto se pode senti-la. Os direitos e as prestações, por outro lado, são bens imateriais.

A classificação ora estudada é importante pois, como já debatido, o conceito de coisas e bens orbita em torno da materialidade do objeto. Não bastasse isso, os bens imateriais, salvo na hipótese de transmissão em virtude de morte, transmite-se pela simples cessão, ao passo que os objetos corpóreos, além do negócio jurídico de transmissão (como, por exemplo, a compra e venda) se aperfeiçoam pela tradição da coisa ou pelo seu registro, na hipótese de alienação de bens imóveis.

BENS IMÓVEIS

A importância de determinados bens para um grupo social pode determinar a forma como se opera a sua transmissão: mais ou menos solene.

Especula-se que, em Roma, durante o século VI a. C., foram definidas coisas que deveriam ser declaradas no censo, estabelecido pelo Sexto Rei de Roma – Sérvio Túlio, e que serviriam de parâmetro para o cálculo da riqueza do cidadão[9]. Esses bens eram chamados de *res mancipi* e a forma de sua transmissão era solene (*mancipatio* e *in iure cessio*). Como a sociedade romana, nos primórdios, era essencialmente agrícola, enquadravam-se entre tais coisas o *ager Romanus* (designação do solo onde se assentou Roma), os *praedia ilatica* (imóveis itálicos), as casas, as servidões prediais rústicas, os escravos, os animais de carga e tração (salvo camelos e elefantes, desconhecidos dos romanos nas suas origens)[10].

A distinção acima mencionada foi sendo abandonada à medida que o direito pretoriano passava a permitir a transmissão de *res mancipi* sem que se observasse a solenidade exigida para esse tipo de operação, de tal sorte que, ao tempo de Justiniano, já houvera caído a dita classificação em completo desuso, sendo, assim, substituída pela divisão das coisas em móveis e imóveis[11].

Pois bem, como acentuado, à medida em que um determinado bem ganha relevância social, são aprimorados os mecanismos de identificação de seus titulares e solenização de sua transmissão. Nos últimos séculos, vivemos o apogeu da riqueza imobiliária, realidade que se arrefece com a expansão da atividade industrial e

9. Serafini, Filippo. Diritto Romano. 10 ed. Roma: Athenaeum, 1920, p. 179, traduz essa ideia ao afirmar: "Non è facile conoscere com precisione il critério che separava le *res mancipi*. La spegazione più probabile sembra la seguinte. Se cose mancipabili erano quelle che dovevano essere dichiarate nel censo, introdotto da Servio Tullio, per calcolare la ricchezza dei cittadini ed assegnare ai medesimi la classe rispettiva in cui dovevano votare nei comizi.".
10. Alves, José Carlos Moreira. Curso de Direito Romano – v. I. 13 ed. Rio de Janeiro: Forense, 2000, p. 146/147.
11. Correia, Alexandre e Sciascia, Gaetano. Manual de direito romano – v. I. 2 ed. São Paulo: Saraiva, 1953, p. 57/58.

tecnológica, pois a organização das pessoas jurídicas em sociedades por quotas e por ações faz com que tais papéis sejam o volátil, porém dinâmico, vetor da riqueza contemporânea.

Ainda assim, os bens imóveis são dotados de grande importância social e econômica, fato que justifica o tratamento a eles dados pela nossa lei. Já os bens móveis, no afã de se estimular a circulação de riquezas, merecem disciplina facilitadora do tráfego jurídico.

Mas qual seria a grande diferença, aos olhos da lei, entre bens móveis e imóveis, para que assim sejam classificados? O principal critério para distinção entre eles – mas não o único – prende-se ao aspecto naturalístico e se refere às consequências do deslocamento da coisa para a sua própria substância. Assim, caso seja transportada e isso não a afete, será considerada móvel; na hipótese contrária, imóvel, como se pode deduzir da leitura conjunta dos artigos 79 e 82 do Código Civil:

> *"Art. 79. São bens imóveis o solo e tudo quanto se lhe incorporar natural ou artificialmente.*
>
> *(...)*
>
> *Art. 82. São móveis os bens suscetíveis de movimento próprio, ou de remoção por força alheia, sem alteração da substância ou da destinação econômico-social."*

Deduz-se, portanto, que o solo é o bem imóvel por excelência. Sua natureza, todavia, transmite-se a tudo que natural ou artificialmente se lhe incorporar – são as chamadas acessões. Já abordamos, então, três tipos de imóveis: os imóveis por natureza (o solo), os imóveis por acessão natural (acréscimos de terra a determinado imóvel, sem a participação humana, como ilhas naturalmente formadas, aluvião e avulsão) e imóveis por acessão artificial (plantações e construções feitas pelo homem).

Quanto aos imóveis por natureza, não olvidemos que o artigo 1.229 estabelece que a propriedade imobiliária estende-se ao espaço aéreo e ao subsolo a uma altura ou profundidade úteis ao seu exercício. Esse é o denominado princípio da utilidade do exercício. Logo, não há interesse para o proprietário de evitar que um avião trafegue, em elevada altitude, sobre sua casa.

Há, por outro lado, que se observar a ressalva insculpida no artigo 176 da Constituição Federal e no artigo 1.230 do Código Civil, segundo o qual "a propriedade do solo não abrange as jazidas, minas e demais recursos minerais, os potenciais de energia hidráulica, os monumentos arqueológicos e outros bens referidos por leis especiais", a saber, o Código de Águas (Dec. 24.643/34) e o Código de Mineração (Dec.-Lei 227/67).

Bem, ao lado dos imóveis por natureza, temos os imóveis por acessão natural como árvores, arbustos, plantas rasteiras, e, na forma do artigo 1.248 do Código Civil, a aluvião, a avulsão, a formação de ilhas, o álveo abandonado. Paulo Nader[12]

12. Nader, Paulo. Curso de direito civil – v. I. Rio de Janeiro: Forense, 2003, p. 314.

assevera que pouco importa se as árvores foram plantadas por seres humanos ou não, elas serão bens imóveis por acessões naturais. Ousamos, após analisarmos o artigo 1.248 do Código Civil, discordar da assertiva. Vejamos a norma:

> *"Art. 1.248. A acessão pode dar-se:*
>
> *I – por formação de ilhas;*
>
> *II – por aluvião;*
>
> *III – por avulsão;*
>
> *IV – por abandono de álveo;*
>
> *V – por plantações ou construções."*

A categorização das plantações como acessões artificiais ganha importância à medida que a lei disciplina uma série de relações jurídicas para as hipóteses de plantações ou construções, com sementes e materiais próprios em terrenos alheios, ou com sementes e materiais alheios em terras próprias. Assim, foi a lei, a partir do artigo 1.253 do Código Civil, que equiparou as plantações feitas pelo homem a acessões artificiais.

As acessões, como visto, podem ser também artificiais (construções e plantações realizadas pelos homens). Importante, porém, que haja sempre uma aderência física entre o objeto e o solo. Não entendemos, assim, haver mais espaço para aquilo que o Código Civil de 1916 tratava como acessão intelectual. Expliquemo-nos, tomando como base a redação da norma revogada:

> *"Art. 43. São bens imóveis:*
>
> *I. O solo com os seus acessórios e adjacências naturais compreendendo a superfície, as árvores e frutos pendentes, o espaço aéreo e o subsolo.*
>
> *II. Tudo quanto o homem incorporar permanentemente ao solo, como a semente lançada à terra, os edifícios e construções, de modo que se não possa retirar sem destruição, modificação, fratura, ou dano.*
>
> *III Tudo quanto no imóvel o proprietário mantiver intencionalmente empregado em sua exploração industrial, aformoseamento, ou comodidade."*

Os dois primeiros incisos do artigo 43 da Lei Civil pretérita tratavam das acessões físicas (naturais e artificiais), mantidas pelo Código atual. Ocorre, porém, que o terceiro inciso abordava categoria diversa: os bens imóveis por acessão intelectual, assim compreendidos aqueles que o proprietário mantinha intencionalmente empregados em sua exploração industrial, aformoseamento ou comodidade, como ocorria com os móveis da casa, com o trator da fazenda, o armário embutido, a escada justaposta de incêndio, entre outros.

Andou bem o legislador ao extirpar tal categoria da classificação dos bens imóveis. A razão nos parece simples. O bem deve ser classificado como móvel ou imóvel por suas características intrínsecas e não por sua função em relação a outros. Não é por outro motivo que estamos lidando com a classificação dos bens tomados em si mesmos. Ora, se um objeto, para ser tido como imóvel, necessitava da análise de sua destinação em relação a outro, parece-nos que estaríamos a tratar de classificação dos bens *reciprocamente* considerados.

A boa técnica foi restaurada quando o legislador civil, nos artigos 93 e 94 do nosso Código, positivou a figura das "pertenças" como espécie de bens reciprocamente considerados. Como observaremos adiante, nessa categoria, podemos enquadrar todos as coisas outrora tidas como bens imóveis por acessão intelectual.

Não se pense, porém, que nas linhas anteriores se esgotam os bens imóveis, pois o Código Civil ainda trata dos que o são por determinação legal. Vejamos:

> *"Art. 80. Consideram-se imóveis para os efeitos legais:*
>
> *I – os direitos reais sobre imóveis e as ações que os asseguram;*
>
> *II – o direito à sucessão aberta."*

Clóvis Beviláqua[13] ensina que os direitos, a rigor, por sua natureza, não entrariam no conceito natural de bens móveis, tampouco de imóveis. O legislador, porém, objetivando conferir maior segurança jurídica a determinados negócios, classificou alguns bens como imóveis por determinação legal, assim considerados os direitos reais sobre imóveis e as ações que os asseguram, bem como o direito à sucessão aberta e outros como móveis.

Quanto aos primeiros imóveis por destinação legal (os direitos reais sobre imóveis e respectivas ações), sabemos que, ao lado da propriedade, o mais robusto dos direitos reais, outros dela derivam, como o usufruto, a superfície, a servidão, entre outros. A mesma razão econômica para a solenização da transmissão da propriedade do bem imóvel justifica a adoção dos mesmos cuidados para constituição, transmissão e extinção dos demais direitos reais, dela derivados. Assim, da mesma forma que se exige escritura pública para transmissão da propriedade imobiliária quando o bem possuir valor superior a 30 salários mínimos, haverá de se respeitar tal solenidade para a constituição de um usufruto, ou mesmo do direito de superfície sobre a referida coisa.

De outra banda, a sucessão se considera aberta no momento da morte do *de cujus*. No exato momento do óbito, opera-se a transmissão dos bens aos herdeiros do falecido (artigo 1.792). Ocorre, porém, que, mesmo fictamente retroagindo a transmissão patrimonial ao momento do passamento, a efetiva divisão dos bens deixados, segundo as quotas cabíveis a cada sucessor, haverá de aguardar o fim do inventário e da partilha. Até lá, a herança deverá ser conservada, evitando-se que se fragmente e se dilapide nas mãos de herdeiros inescrupulosos. A lei, a fim de se implementar esse objetivo, adota alguns cuidados. O primeiro deles é tratar da herança como um todo indivisível, a teor do artigo 1.791 do Código Civil:

---

13. Beviláqua, Clóvis. Código Civil dos Estados Unidos do Brasil comentado – v. I. 9 ed. Rio de Janeiro: Francisco Alves, 1951, p. 286.

"Art. 1.791. A herança defere-se como um todo unitário, ainda que vários sejam os herdeiros.

Parágrafo único. Até a partilha, o direito dos coerdeiros, quanto à propriedade e posse da herança, será indivisível, e regular-se-á pelas normas relativas ao condomínio."

Estabelecida a indivisibilidade da herança, outra medida protetiva para o espólio é que os direitos advindos da sucessão aberta sejam tratados como bens imóveis, solenizando-se sua transmissão. Nesse sentido, ao lado do já transcrito artigo 80 do Código Civil, o artigo 1.793 determina:

"Art. 1.793. O direito à sucessão aberta, bem como o quinhão de que disponha o coerdeiro, pode ser objeto de cessão por escritura pública.

§ 1º Os direitos, conferidos ao herdeiro em consequência de substituição ou de direito de acrescer, presumem-se não abrangidos pela cessão feita anteriormente.

§ 2º É ineficaz a cessão, pelo coerdeiro, de seu direito hereditário sobre qualquer bem da herança considerado singularmente.

§ 3º Ineficaz é a disposição, sem prévia autorização do juiz da sucessão, por qualquer herdeiro, de bem componente do acervo hereditário, pendente a indivisibilidade."

Por fim, o Código Civil conserva a natureza imobiliária para alguns bens, como estabelece o artigo 81:

"Art. 81. Não perdem o caráter de imóveis:

I. – as edificações que, separadas do solo, mas conservando a sua unidade, forem removidas para outro local;

II – os materiais provisoriamente separados de um prédio, para nele se reempregarem."

As edificações, quando fixadas no solo, são classificadas como acessões. Teoricamente, perdendo tal aderência, mobilizar-se-iam. A legislação civil, todavia, conserva fictamente a natureza de imóvel, quando a casa, por exemplo, é destacada como um todo e posta sobre um caminhão para transporte e fixação em outro local.

A mobilização naturalística de certas coisas, sem a correspectiva alteração de seu *status* jurídico, é igualmente obstada pelo inciso II do artigo 81 do Código Civil, ao determinar que os "materiais provisoriamente separados de um prédio, para nele se reempregarem", não deixam de ser imóveis. É a hipótese de destacamento de partes integrantes de construções para restaurações, voltando as peças a serem incorporadas à edificação após o procedimento.

O traço coincidente entre os incisos citados é a destinação dos bens destacados. Nos dois casos, eles voltarão naturalisticamente a serem imobilizados, ou como uma edificação fixada no solo (inciso I do artigo 81) ou como partes de uma construção já fixada (inciso II). Em qualquer outra hipótese, os bens mencionados voltarão a ser imóveis.

BENS MÓVEIS

Vimos que móveis são aqueles bens "suscetíveis de movimento próprio, ou de remoção por força alheia, sem alteração da substância ou da destinação econômico-social", consoante preceitua o artigo 82 do Código Civil.

Chamam-se os bens suscetíveis de movimento próprio de semoventes, neles incluídos os animais apropriáveis pelos homens (bovinos, suínos, equinos, entre outros). Todos citados no dispositivo, porém, são móveis por natureza, até mesmo os navios e as aeronaves, que são passíveis de serem dados como garantia hipotecária (artigo 1.473, VI e VII do Código Civil). Nessa hipótese, embora não se transformem em imóveis, são a eles equiparados para fins de concessão de garantia real.

Ocorre, ademais, que, a exemplo do que se dá com os imóveis, a lei versa sobre bens intangíveis como móveis. São eles:

> *"Art. 83. Consideram-se móveis para os efeitos legais:*
>
> *I – as energias que tenham valor econômico;*
>
> *II – os direitos reais sobre objetos móveis e as ações correspondentes;*
>
> *III – os direitos pessoais de caráter patrimonial e respectivas ações."*

Ora, se o objetivo do legislador quando pensou a respeito dos imóveis por destinação legal era a solenização de sua constituição, transmissão e extinção, o fim aqui versado é o oposto: almeja-se dinamizar o comércio jurídico, estimulando-se as trocas.

Assim, as energias que tenham valor econômico são um dos motores da moderna economia. Não faria sentido tratá-las de outra forma, senão como bens móveis. Os direitos reais sobre objetos móveis e as ações correspondentes seguem igualmente a mesma lógica pela qual os direitos reais sobre imóveis são também considerados bens imóveis. Ora, se a transmissão da propriedade de um bem móvel se dá pela simples tradição, não haveria motivos para solenizar a constituição, por exemplo, de usufruto sobre a mesma coisa.

Por fim, os direitos pessoais de caráter patrimonial e suas respectivas ações são também tratados como bens móveis. É o caso dos créditos advindos de obrigações pecuniárias. Sua transmissão não demanda nenhuma grande formalidade, pois, do contrário, o comércio jurídico estaria prejudicado.

Por fim, citemos, ao lado dos bens móveis versados no Código Civil, uma modalidade tratada pela doutrina: os bens móveis por antecipação, assim compreendidas aquelas coisas que, embora sejam acessões artificiais ou naturais, e, portanto, sejam imóveis, tenham a sua natureza de bens móveis voluntariamente antecipada para fins de realização de negócios jurídicos. É o que ocorre com a venda antecipada de uma safra. No momento do contrato, os grãos são bens imóveis por acessão artificial, embora já sejam negociados como se destacados do solo fossem, o que anteciparia o seu tratamento como móveis.

IMPORTÂNCIA DA DISTINÇÃO ENTRE BENS MÓVEIS E IMÓVEIS

A principal implicação prática da distinção entre bens móveis e imóveis diz respeito à maneira pela qual suas respectivas transmissões se aperfeiçoam: a dos bens móveis ocorre por meio da tradição e dos imóveis pelo registro da escritura no cartório competente. Além disso, os imóveis podem ser oferecidos como garantia por meio de hipoteca e anticrese, ao passo que os móveis apenas por meio de penhor. Não bastasse isso, alguns negócios jurídicos são previstos especificamente para cada um dos dois tipos de bens: mútuo e depósito, para bens móveis e superfície para imóveis, por exemplo. Por fim, tem-se que, salvo no regime da separação absoluta (artigo 1.647 do Código Civil), a autorização do cônjuge é indispensável para alienar ou gravar de ônus real os bens imóveis.

BENS FUNGÍVEIS E INFUNGÍVEIS

Chamam-se de fungíveis os bens que podem ser trocados por outros da mesma quantidade, qualidade e espécie, tal como disciplinado artigo 85:

"Art. 85. São fungíveis os móveis que podem substituir-se por outros da mesma espécie, qualidade e quantidade."

Os bens infungíveis, ao seu turno, são aqueles que não podem ser substituídos por outro da mesma espécie, qualidade e quantidade. A ideia que permeia o conceito vem desde Roma.

Resta evidente que o critério de substituição de um bem por outro admite certa dose de subjetividade, o que sobreleva a importância das partes na celebração dos negócios jurídicos. Assim, um frigorífico, ao comprar gado, por mais nobre que sejam as peças adquiridas, estará a adquirir bens fungíveis, avaliados pelo peso e por outros aspectos que não os tornam únicos. Quando se compra, porém, um touro reprodutor, campeão de exposições, seu histórico o torna uma peça única.

O que estamos afirmando é que a singularidade da peça não está apenas em seus aspectos intrínsecos, mas na valoração a ela dada pelos partícipes do negócio jurídico. Assim, uma simples caneta esferográfica de plástico seria, em princípio, um bem fungível. Suponhamos, entretanto, que, com ela, um Presidente da República haja sancionado uma histórica lei. Colecionadores de objetos históricos poderiam ver, nesse fato, um aspecto de singularização a tornar o bem infungível. Outras pessoas, todavia, insensíveis a tais questões, continuarão a enxergar a dita caneta como um bem facilmente substituível por outros da mesma espécie e qualidade.

BENS CONSUMÍVEIS E INCONSUMÍVEIS

Chamam-se de consumíveis os bens cujo primeiro uso implica sua destruição ou alienação. É o que se pode deduzir do artigo 86 do Código Civil:

Art. 86. São consumíveis os bens móveis cujo uso importa destruição imediata da própria substância, sendo também considerados tais os destinados à alienação.

Poderiam, como lembram os italianos, ser considerados inconsumíveis os bens, ainda que deterioráveis, desde que a destruição da própria substância não seja imediata, vale dizer, no seu primeiro uso[14]. Assim, uma bala seria um bem consumível, como também o seria uma geladeira posta à venda em loja de eletrodomésticos, porquanto, no seu primeiro uso, ela será destinada à alienação. Um automóvel, por outro lado, assim como a geladeira de nossas casas, seriam bens inconsumíveis.

A importância do conceito se reflete sobretudo quando volvemos nossos olhares para o usufruto. Esse direito deve recair preferencialmente sobre bens inconsumíveis, sendo, na hipótese, chamado de usufruto próprio. Caso incida sobre bens consumíveis, haverá o chamado usufruto impróprio e, ao seu final, em vez de se devolver a própria coisa dada em usufruto, serão devolvidas outras, da mesma espécie, qualidade e gênero, como determina o § 1º do artigo 1.392 do Código Civil.

BENS SINGULARES E COLETIVOS

Afirma o Código Civil (art. 89) que são "*(...) singulares os bens que, embora reunidos, se consideram de per si, independentemente dos demais.*" Busca, assim, indicar que relações jurídicas podem incidir sobre objetos individualizados. Tal fenômeno acontece corriqueiramente, quando compramos um livro, um carro, uma caneta. A relação jurídica incide sobre o objeto especificado.

Notemos, todavia, que os bens singulares podem ser representados por um todo orgânico (um animal, por exemplo) ou por um todo mecânico, derivado da junção de peças (como um navio) sendo, respectivamente, em cada uma das hipóteses, classificados como simples ou compostos[15]. O critério, pois, erigido por jurisconsultos romanos, leva em conta se as partes integrantes do bem desaparecem ou não como coisas existentes sobre si[16]. No primeiro caso, os objetos serão simples, e, no outro, compostos.

Não raro, porém, em vez de se comprar um boi, por exemplo, há a necessidade de aquisição de um rebanho. Nessa hipótese, estaremos diante de uma única compra ou de tantas quantos forem os animais adquiridos[17]?

---

14. Tramontano, Luigi. Codice Civile Spiegato. Piacenza: CELT, 2005, p. 480 traduz claramente a ideia: "incomsumabili: quelle che possono usarsi nel tempo ma che sono comunque soggette a deteriorazione d'uso (l'automobile del precedente esempio)".
15. Alves, José Carlos Moreira. Curso de Direito Romano – v. I. 13 ed. Rio de Janeiro: Forense, 2000, p. 142.
16. Correia, Alexandre e Sciascia, Gaetano. Manual de direito romano – v. I. 2 ed. São Paulo: Saraiva, 1953, p. 60.
17. Larenz, Karl. Derecho Civil – Parte General. Madri: Revista de Derecho Privado, 1978, p. 377 assim materializa a ideia abordada: "*Cosa unitária y pluralidad de cosas.* — Quien toma em la mano un libro, una cuchara o un lapicero, no duda de que uno de tales objetos es una sola cosa. No obstante, cabe preguntar que sucede en el caso de una serie completa de libros, o de una biblioteca, y si se trata aqui respectivamente

O nosso Código, objetivando a simplificação do tráfego jurídico, opta por reconhecer as universalidades de fato ou de direito, permitindo que, sobre elas, quando assim interessar às partes, recaiam relações jurídicas unitárias. É o que se depreende da leitura do artigo 90 do Código Civil que, no entanto, ressalva a possibilidade de que continuem a serem possíveis negócios jurídicos incidentes isoladamente sobre cada bem singular que integra a universalidade. Vejamos:

> *"Art. 90. Constitui universalidade de fato a pluralidade de bens singulares que, pertinentes à mesma pessoa, tenham destinação unitária.*
>
> *Parágrafo único. Os bens que formam essa universalidade podem ser objeto de relações jurídicas próprias."*

As universalidades são, de fato, aquelas em que existe um vínculo finalístico entre os objetos, que possuem destinação unitária. É o caso da biblioteca, da frota de carros, do rebanho de animais. Conhece-se, porém, outro tipo de universalidade: a de direito. Sobre ela dispõe o artigo 91 do Código:

> *Art. 91. Constitui universalidade de direito o complexo de relações jurídicas, de uma pessoa, dotadas de valor econômico.*

Assim, mesmo havendo grande heterogeneidade entre os bens que a compõem, prefere a lei dar-lhes um único fim, ao menos, até que se realize a respectiva partilha. Nessas hipóteses, estaremos diante das universalidades de direito, como o espólio, a massa falida e o patrimônio. Dediquemos, porém, algumas linhas ao tratar do patrimônio.

O PATRIMÔNIO

A palavra "patrimônio" tem uso corrente entre os operadores do direito e significa o "*complexo das relações jurídicas de uma pessoa, que tiverem valor econômico*"[18]. Deduz-se do conceito transcrito que as mencionadas relações jurídicas de conteúdo econômico envolvem não apenas as que redundam créditos para o interessado, mas também as que engendram débito. Dessarte, ainda que o sujeito tenha mais dívidas do que outros bens, ainda assim, será titular de patrimônio. Excepcionalmente, porém, a lei poderá exigir como pressuposto de sua incidência a existência de patrimônio líquido, vale dizer, a constatação de saldo positivo entre o acervo de bens e créditos, de um lado, e de débitos do outro. Importante exemplo nos é dado pelo artigo 1711 do Código Civil, ao dispor:

---

de *uma* cosa en la que pudiese existir *un solo* derecho de propiedad susceptible de transmisión por un acto único, o si se trata de tantas cosas y derechos de propiedad en particular como volúmenes existan en la serie o en la biblioteca.".

18. Beviláqua, Clóvis. Código Civil dos Estados Unidos do Brasil comentado – v. I. 9 ed. Rio de Janeiro: Francisco Alves, 1951, p. 304.

> *"Art. 1.711. Podem os cônjuges, ou a entidade familiar, mediante escritura pública ou testamento, destinar parte de seu patrimônio para instituir bem de família, desde que não ultrapasse um terço do patrimônio líquido existente ao tempo da instituição, mantidas as regras sobre a impenhorabilidade do imóvel residencial estabelecida em lei especial."*

Percebe-se, portanto, dos apontamentos acima delineados que, ao menos originariamente, pelo Direito Civil, fora estabelecida uma correlação entre personalidade e patrimônio. Orlando Gomes extrai da premissa lançada, por ele denominada de teoria clássica do patrimônio, as seguintes consequências[19]:

> *"1°, só as pessoas, naturais ou jurídicas, podem ter patrimônio; 2°, toda a pessoa tem necessariamente um patrimônio;*
>
> *3°, cada pessoa só pode ter um patrimônio; 4°, o patrimônio é inseparável da pessoa"*

Crítica, porém, o que chama de subjetivismo da concepção, por entender que confunde duas noções distintas: patrimônio e personalidade. Ressalta que a doutrina moderna do patrimônio se mostra vantajosa por estabelecer um vínculo objetivo entre os bens que compõem o patrimônio: a sua própria destinação. Alia, portanto, ao patrimônio geral, diversos patrimônios especiais. Transcrevamos, pois, seu entendimento[20]:

> *"No patrimônio geral, os elementos unem-se pela relação subjetiva comum com a pessoa. No patrimônio especial, a unidade resulta objetivamente da unidade do fim para o qual a pessoa destacou, do seu patrimônio geral, uma parte dos bens que o compõem.*

A ideia de afetação explica a possibilidade da existência de patrimônios especiais. Consiste numa restrição pela qual determinados bens se dispõem, para servir a fim desejado, limitando-se, por este modo, a ação dos credores."

Caio Mário, por outro lado, cerra fileiras ao lado dos defensores da teoria tradicional, ao assim consignar[21]:

> *"(...) Os bens existem no patrimônio do titular, ora com o encargo de serem transferidos a outrem, ora sob a condição de o serem em determinadas circunstâncias, e, então, poderão, ou não, ser transmitidos ou permanecer em definitivo. Mas sempre como massa de bens e não como um patrimônio distinto do seu sujeito. Por uma questão de linguagem, às vezes são estes acervos bonitários apelidados de 'patrimônios separados', em atenção aos fins a que se destinam certos bens, ou às circunstâncias de se impor ao sujeito a sua discriminação, ou pela necessidade de se administrarem de maneira especial. Não obstante, porém, a separação de tais acervos ou massas, o patrimônio do indivíduo há de ser tratado como unidade, em razão da unidade subjetiva das relações jurídicas."*

Entendemos que nosso legislador acatou o posicionamento de Orlando Gomes, ao acrescentar à Lei nº 4.591/64 os seguintes dispositivos:

---

19. Gomes, Orlando. Introdução ao Direito Civil. 4 ed. Rio de Janeiro: Forense, 1974, p. 225.
20. Gomes, Orlando. Introdução ao Direito Civil. 4 ed. Rio de Janeiro: Forense, 1974, p. 226.
21. Pereira, Caio Mário da Silva. Instituições de directo civil – v. I. 20 ed. Rio de Janeiro: Forense, 2004, p.396.

"CAPÍTULO I-A.

DO PATRIMÔNIO DE AFETAÇÃO

(Incluído pela Lei nº 10.931, de 2004)

Art. 31-A. A critério do incorporador, a incorporação poderá ser submetida ao regime da afetação, pelo qual o terreno e as acessões objeto de incorporação imobiliária, bem como os demais bens e direitos a ela vinculados, manter-se-ão apartados do patrimônio do incorporador e constituirão patrimônio de afetação, destinado à consecução da incorporação correspondente e à entrega das unidades imobiliárias aos respectivos adquirentes. (Incluído pela Lei nº 10.931, de 2004)

§ 1º O patrimônio de afetação não se comunica com os demais bens, direitos e obrigações do patrimônio geral do incorporador ou de outros patrimônios de afetação por ele constituídos e só responde por dívidas e obrigações vinculadas à incorporação respectiva. (Incluído pela Lei nº 10.931, de 2004)"

Assim, em situações específicas, discriminadas em lei, poderão ser expressamente apartados certos bens para constituírem patrimônios específicos, afetados a finalidades previamente estabelecidas.

Não se pense, porém, aí estarem exauridas as formas de se classificar o patrimônio do sujeito. Hodiernamente a teoria civilista, em atenção ao princípio da dignidade da pessoa humana, protege a existência de acervo patrimonial mínimo, capaz de garantir a proteção FUNCIONALIZADA do ser humano. Assim, são estabelecidas regras de impenhorabilidade, por exemplo, que impedem o aviltamento patrimonial do indivíduo[22].

BENS RECIPROCAMENTE CONSIDERADOS

Apreciada a classificação proposta por nossa lei civil sobre os bens tomados em si mesmos, cabe breve incursão sobre os bens reciprocamente considerados.

Vejamos que a classificação ora versada só faz sentido quando comparamos um bem ao outro. Logo, é um equívoco, do ponto de vista técnico, indagar se uma piscina é um bem principal ou acessório. A pergunta que se deve fazer é: em relação a quê? Em outras palavras, a piscina, em relação à suas próprias raias destacáveis, seria um bem principal? E em relação ao parque aquático onde se localiza, seria ela um bem principal ou acessório?

Na primeira hipótese, vislumbramos ser um bem principal. Já, na segunda, acessório. A conclusão à qual se pode chegar, portanto, é que uma mesma coisa, a depender da referência tomada, pode ter sua situação alternada entre principal e acessório.

A diferença, pois, entre bem acessório e principal foi assim estabelecida pelo Código Civil:

22. Carnacchioni, Daniel Eduardo. Curso de Direito Civil – Institutos Fundamentais. Rio de Janeiro:Lumen Iuris, 2010, p. 377/378.

"Art. 92. Principal é o bem que existe sobre si, abstrata ou concretamente; acessório, aquele cuja existência supõe a do principal."

Repita-se: o critério eleito pela Lei Civil só fará sentido quando comparados bens entre si. Mas, ainda assim, resta explorar o que seria existir "sobre si, abstrata ou concretamente". E o que seria uma existência calcada na suposição de um bem principal?

Talvez um critério seguro tenha sido fornecido por Roberto de Ruggiero ao analisar o tema discutido. Afirma o jurista italiano que a ligação entre o bem principal e acessório é tal que, havendo conjunção entre os dois, o primeiro determinará a função do todo. Logo, pode-se entender que o "existir sobre si", ocorreria quando um bem assumisse uma posição preponderante a ponto de determinar a função econômico-social do todo[23].

Superado esse ponto, é de indagar-se: qual a principal implicação de se classificar um bem como principal ou acessório? A resposta remonta ao brocardo jurídico "*accessorium sequitur suum principale*", que significa "o acessório segue o seu principal", conhecida como regra da gravitação jurídica.

É de se notar que, não raro, ao se indagar sobre o conceito de bens acessórios, juristas menos avisados afirmem serem aqueles que seguem a sorte do principal. Mas não é esse o conceito! Estariam a classificar o bem acessório por uma de suas possíveis consequências e não pela causa[24]. Frise-se: uma de suas *possíveis* consequências e não uma de suas *necessárias* consequências. Sim, seguir a sorte do principal não acontece em *todos* os casos. Há hipóteses em que a lei aparta alguns casos da regra geral, como ocorre nas pertenças (art. 94 do Código Civil) e em algumas acessões (par. único do art. 1.255, art. 1.258 e art. 1.259, todos do Código Civil). Nessas hipóteses, embora estejamos tratando de bens acessórios, houve por bem a lei determinar que não necessariamente seguissem a sorte do principal. Apreciados os aspectos introdutórios, passemos à análise dos bens acessórios em espécie.

ESPÉCIE DE ACESSÓRIOS – AS PERTENÇAS

A primeira modalidade de acessórios, segundo nossa Lei Civil são as pertenças. Assim o Código Civil as define:

"Art. 93. São pertenças os bens que, não constituindo partes integrantes, se destinam, de modo duradouro, ao uso, ao serviço ou ao aformoseamento de outro."

Tentemos compreender o conceito legal a partir de um exemplo simples. A tampa de uma caneta não é uma parte integrante do bem principal (a caneta), mas,

23. Ruggiero, Roberto de. Instituições de Direito Civil – v. II. Campinas: Bookseller, 1999, p. 418/419.

24. Como mencionado alhures, a causa para se afirmar que um bem é acessório é o fato de supor a existência de outro – o bem principal.

de forma duradoura, está destinada ao uso, ao serviço e, não raro, ao aformoseamento do último. A tampa da caneta seria, assim, uma pertença sua. Assim também os móveis de uma casa. Não integrariam a estrutura interna do próprio prédio, como o fazem as paredes, mas estão destinados ao uso, ao serviço ou ao aformoseamento da edificação, sendo, portanto, suas pertenças.

Os dois exemplos acima expostos nos fazem notar que a pedra de toque para a compreensão do que vem a ser uma pertença é a sua distinção em relação às partes integrantes. O próprio Código Civil frisa tal aspecto ao asseverar, no artigo 94, serem as pertenças "(...) os *bens que, não constituindo partes integrantes, se destinam, de modo duradouro, ao uso, ao serviço ou ao aformoseamento de outro*".

Convém, portanto, sejam extremadas as pertenças das partes integrantes. Partes integrantes, como se pode deduzir da própria nomenclatura, participam da estrutura interna do bem. Não se pode imaginar a coisa sem as partes que a integram. Seria, assim, concebível um automóvel sem as suas rodas e pneus? É claro que não! Por outro lado, podemos imaginar o mesmo veículo sem o aparelho de som nele instalado posteriormente à compra? A resposta é uma só: sim, podemos! Logo, as rodas e pneus seriam partes integrantes, ao passo que o aparelho de som instalado seria uma pertença.

Outros exemplos se sucederiam: muitos pais de crianças, ao adquirirem livros didáticos para seus filhos, envolvem-nos cuidadosamente com capa plástica para melhor conservá-los ao longo do ano letivo. Assim, folhas de papel, que compõem a estrutura interna do livro, seriam suas partes integrantes, ao passo que a capa plástica aposta para proteger o livro seria uma pertença.

Em resumo: as partes integrantes são os próprios componentes da coisa, ao passo que as pertenças são bens diferentes do principal, mas que são empregadas no seu uso, serviço ou aformoseamento.

Cabe frisar, ainda, que doutrinariamente se tem feito distinção entre partes integrantes essenciais e não essenciais, conceitos transplantados do direito civil germânico. O Código Civil alemão, aliás, dispõe[25]:

> *"Parágrafo 93*
>
> *Partes Essenciais de uma coisa*
>
> *Partes de uma coisa que não podem ser separadas sem que uma ou a outra sejam destruídas ou submetidas à alteração de natureza (partes essenciais) não podem ser objeto de direitos separados."*

Karl Larenz[26], ao abordar o conceito de partes integrantes essenciais e não essenciais explica que, as primeiras, ao contrário do que o senso comum poderia

25. Tradução livre da versão inglesa do BGB, disponível em http://www.fd.ul.pt/LinkClick. aspx?fileticket=KrjHyaFOKmw%3D&tabid=505, acesso em 15 de julho de 2013.

26. Larenz, Karl. Derecho Civil – Parte General. Madri: Revista de Derecho Privado, 1978, p. 379/380 traduz tal pensamento ao assim afirmar: "*d) Partes integrantes de las cosas.— Las partes espacialmente distinguibles*

apontar, não são aquelas de especial relevância para a natureza da coisa, seja para sua identidade, qualidade ou utilidade, mas aquelas que não podem ser destacadas da coisa sem que tal fato acarrete uma separação antieconômica. Apreendendo de forma muito clara tais ensinamentos, assevera Leonardo Brandelli[27]:

> *"Partes integrantes essenciais são aquelas que não podem ser separadas entre si sem que alguma resulte destruída ou essencialmente modificada.*
>
> *Partes integrantes não essenciais são as que podem ser separadas da coisa sem que isso signifique um prejuízo à sua existência.*
>
> *Note-se que, para auferir se há ou não a possibilidade de separação da coisa sem que seja substancialmente modificada, tomar-se-á em conta um critério econômico-social e não naturalístico, isto é, ver-se-á se a separação seria antieconômica e não se há relevância para a natureza da coisa.*
>
> *Assim, restará modificada na sua essência a parte integrante, quando sua utilidade e o seu valor ficarem reduzidos substancialmente por consequência da separação. Isso não ocorre, todavia, com as partes facilmente movíveis e que são tratadas no tráfico como coisas independentes e assim, facilmente substituíveis e novamente utilizáveis.*
>
> *(...)*
>
> *Com efeito, coisas que à primeira vista possam parecer partes integrantes essenciais, após uma melhor análise com vistas ao critério econômico (que é o juridicamente relevante), qualificar-se-ão como partes integrantes não essenciais. É o caso, por exemplo, dos pneus de um automóvel que, para efeitos legais, são uma parte integrante não essencial, mesmo tendo-se em mente que o automóvel não possa circular sem os pneus. Isto ocorre porque o pneu pode facilmente ser substituído, além de ser uma coisa que, mesmo após sua separação, continua tendo valor, isto é, não há uma desvalorização substancial pela separação.*
>
> *(...)*
>
> *As pertenças, da mesma forma que as partes integrantes não essenciais, podem ser objeto de direitos separados e, por isso, nem sempre é fácil distingui-las na prática. Para tal fim, deve-se adotar o critério da não fundamentalidade para a utilização da coisa principal e o da conservação da individualidade, sempre presentes nas pertenças. As pertenças, ao contrário das partes integrantes não essenciais, não formam com a coisa principal uma unidade."*

Assim, volvendo ao exemplo do carro, o ponto da lataria onde se encontra o chassis seria uma parte integrante essencial, enquanto os pneus seriam uma parte integrante não essencial e o aparelho de som do veículo uma pertença. Tal fato se

---

de una cosa que debe considerarse como unidad son designadas por la ley como partes integrantes de la misma. Las partes integrantes de una cosa comparten, si no se ha dispuesto de distinta forma, el destino jurídico de la cosa en su totalidad. La venta y la transferência de uma cosa determinada comprenden, por tanto, el conjunto de sus partes integrantes, si no se han exceptuado explicitamente algunas de ellas. Entre las partes integrantes distingue la ley las llamadas «esenciales» y las «no esenciales». Estas denominaciones pueden inducir a error. Respecto a las partes integrantes «esenciales», no se trata de aquellas que son de especial relevancia para la naturaleza de la cosa, ya sea para su identidad, su calidad o su utilidad, sino de aquellas cuya separación (dei resto de la cosa o de las partes que despues quedaren) seria antieconómica. El Código pretende evitar separaciones antieconómicas cuando determina que las denominadas partes integrantes esenciales —en tanto no estén efetivamente separadas entre si— no pueden ser objeto de derechos especiales (art. 93)"

27. Brandelli, Leonardo. A Relação de Pertencialidade no Direito Brasileiro. Disponível em http://fm.cartorios.net/plugins/filemanager/files/1jundiai/artigos/Relacao_de_ Pertencialidade_no_Direito_Civil_Brasileiro.pdf, acesso em 11/07/2015.

deve à impossibilidade de separar a parte onde se encontra gravado o chassis do resto do veículo sem uma substancial perda de valor, enquanto os pneus podem sê-lo. No entanto, ambos são partes integrantes, pois não se pode imaginar um carro sem chassis ou sem pneus. O som, todavia, segundo os critérios da autonomia e da não fundamentalidade, seria uma pertença, pois conserva sua individualidade frente ao veículo e não é imprescindível à existência do carro (em resumo, não se pode imaginar um carro funcionalmente útil sem pneus, mas podemos fazê-lo sem o aparelho de som).

Feitas tais observações, seria cabível indagar: as pertenças, de fato, seriam bens acessórios? A discussão é justificável, ante o peso daqueles que defendem posições distintas. Ferrara[28], nessa esteira, deixa claro não considerá-las como bens acessórios, ao afirmar:

> *"Tem-se, até então, evitado cuidadosamente falar-se em coisas acessórias a propósito das partes integrantes e das pertenças. Ainda assim, a doutrina dominante reconduz a tais categorias as partes constitutivas e as coisas auxiliares, cometendo uma imprecisão no que toca aos primeiros e semeando o germe da confusão no que se refere aos últimos. A noção de coisa acessória é, de fato, indeterminada e elástica, e compreende na sua esfera as figuras mais díspares, que só têm em comum uma certa relação de subordinação e de dependência com a coisa: assim o fruto é um acessório da árvore que o produz, o alvius derelictus é acessório dos fundos ribeirinhos, a pertença é acessório da coisa principal, a sela é acessório do cavalo, os documentos de aquisição são acessórios dos direitos de propriedade transferidos e uma infinidade de outras aplicações.*
>
> *Esse conceito extraordinariamente vago é inservível para o direito e deve ser refutado. Mas deve outrossim negar-se o conceito de coisa acessória onde houver uma figura jurídica individualizada, com caracteres e efeitos próprios, como no caso das partes integrantes e pertenças. Afirmar-se que a pertença é uma coisa acessória à principal não acrescenta nada à teoria, mas, em verdade, cria confusão, porquanto se pode ser induzido a aplicar os princípios das pertenças a outras coisas*

28. Ferrara, Francesco. Trattato di diritto civile italiano. Roma: Athenaeum, 1921, p. 795, tradução livre de : *"168. Si è fin qui evitato con ogni cura di parlare di cose accessorie. a propósito delle parti e delle pertinenze. E pure la dottrina dominante riconduce a tale categoria le parti costitutive e le cose ausiliarie, commettendo un' inesattezza per cio che riguarda le prime, e seminando germi di confusione per cio che attiene alle seconde. La nozione di cosa accessoria infatti è indeterminata ed elástica, e comprende nella sua sfera le figure più disparate che hanno solo di comune un certo rapporto di subordinazione e di dipendenza verso la cosa: così il frutto è un accessorio dell'albero che lo produce, l'alvius derelictus è accessorio dei fondi rivieraschi, la pertinenza è accessorio della cosa principale. La sella è un accessorio del cavalo, i documenti d'acquisto sono accessori dei diritto, di proprietà trasferito, ed altre infinite applicazioni. Questo concetto straordinariamente vago è per il diritto inservibile, e deve rifiutarsi. Ma deve altresi il concetto di cosa accessoria negarsi là, dove esiste una figura individuata di diritto, com propri caratteri ed effetti, come nel caso di parte costitutiva e pertinenza. Il dire che la pertinenza è una cosa accessoria alla principale, non aggiunge niente alla teoria, ma sivvero crea confusioni, in quanto si può essere indotti ad applicare i principi dele pertinenze ad altre cose accessorie. Peraltro, al concetto di cosa accessoria resta un valore giuridico, dove si intenda limitatamente a quegli oggetti, che senza esser parti o pertinenze, pure secundo l'intenzione dei contraenti si considerano come destinati a servire od aggiunti ad un'altra cosa principale, e perciò trasmessi contemporaneamente con quest'ultima. L' idea che presiede alla nozione di accessori è essenzialmente di natura diversa di quella di pertinenza, che è una forma di colleganza reale. Infatti il concetto di cosa accessoria è di natitra puramente subbiettiva: è una colleganza volontaria, presuntira, accidentale, variabile secondo le circunstanze e secondo gli interessi individuali: accessorio è quello che per volontà delle parti, interpetrato anche secondo gli usi dei commercio, ha un valore subordinato rispetto ad un'altra cosa principale, e perciò deve intendersi compreso nell' alienazione di quella."*

acessórias. Por outro lado, sobre o conceito de coisa acessória repousa um valor jurídico, que se circunscreve limitadamente àqueles objetos, que sem ser partes integrantes ou pertenças podem, segundo intenção dos contratantes serem considerados como destinados a servir ou adicionarem-se a uma coisa principal e, por isso, transmitir-se simultaneamente com esta última. A ideia que preside à noção de acessório é de natureza essencialmente diversa daquela da pertença, que é uma forma de ligação real. Na verdade, o conceito de coisa acessória é de natureza puramente subjetiva: é uma ligação voluntária, presumida, acidental, variável segundo as circunstâncias e segundo os interesses individuais: acessório é aquele que por vontade das partes, interpretado, também segundo os usos comerciais, há um valor subordinado referente a uma outra coisa principal e, por isso, deve entender-se compreendido na alienação daquela."

A leitura das contundentes críticas lançadas à teoria dominante nos faz compreender que Ferrara entende as pertenças como um *tertium genus* em relação aos bens acessórios e principais. Logo, para o mencionado autor, elas não seriam acessórios, tampouco principais, mas simplesmente... pertenças!

Não obstante o peso da pena de Ferrara, somos obrigados a discordar de suas lições. Ora, a lei brasileira adotou claramente um conceito para acessório e para principal: é acessório aquele bem que, comparado a outro, supõe a existência do último. Assim lançada a premissa, como as pertenças servem ao uso, ao serviço ou ao aformoseamento de outro bem, é óbvio que supõem a existência deste ao qual servem, sendo, assim, bens acessórios.

É fato que as pertenças não seguem, em regra, a sorte do bem principal. Acontece, repita-se, que seguir a sorte do bem principal não é o pressuposto para ser acessório, mas sua mera consequência e que não necessariamente será aplicada a todos os bens acessórios, como discutido alhures.

ESPÉCIE DE ACESSÓRIOS – OS FRUTOS

A segunda modalidade de acessórios, segundo nossa Lei Civil são os frutos, assim tratados por nossa lei:

"Art. 95. Apesar de ainda não separados do bem principal, os frutos e produtos podem ser objeto de negócio jurídico."

Frutos são bens que podem ser destacados do principal sem que tal fato acarrete diminuição de sua substância. Justamente por esse fato, diferem dos produtos, cuja separação da coisa que lhe dá origem acarreta a diminuição do bem principal. Vejamos exemplo simplório da diferença: a extração de ovos da galinha seria a percepção de seus frutos (do ponto de vista biológico), enquanto o seu abate para que se consuma sua carne seria voltado à obtenção de um produto seu. Igualmente, a colheita agrícola de determinada propriedade se enquadra como frutos, ao passo que a extração de areia do solo de produto. Seguindo tal lógica, os exemplos são inúmeros.

Reveste-se de importância a classificação dos frutos. São, quanto à origem, classificados em naturais, industriais e civis, caso provenham, no primeiro caso, espontaneamente do bem principal por sua própria força orgânica (cria dos animais) ou, na segunda hipótese, caso resulte da intervenção humana (brinquedos frutos de uma linha de produção de uma indústria, outros bens manufaturados). Quanto à terceira hipótese, assim são considerados os rendimentos obtidos pela utilização da coisa por terceiro, que não o seu dono, como aluguéis e juros[29].

Quanto ao seu estado, os frutos podem ser: *a)* pendentes, se ainda unidos ao bem principal, *b)* quando destes destacados, podem ser percebidos (caso civis ou industriais) e colhidos (caso naturais), *c)* estantes são aqueles que, mesmo após percebidos ou colhidos, são conservados em determinado local, ainda existindo, *d)* consumidos aqueles que, ao contrário dos últimos, após separados, já não mais existem e, *e)* percipiendos, aqueles que deveriam, mas não foram destacados da coisa principal[30].

A grande importância do estudo dos frutos e seu estado é sentida na análise dos efeitos da posse, quando se disciplina a quem eles pertencerão – ao possuidor, ou ao proprietário – conforme a boa-fé ou a má-fé daquele que se apossou do bem principal (art. 1.214 a 1.216 do Código Civil):

"Art. 1.214. O possuidor de boa-fé tem direito, enquanto ela durar, aos frutos percebidos.

Parágrafo único. Os frutos pendentes ao tempo em que cessar a boa-fé devem ser restituídos, depois de deduzidas as despesas da produção e custeio; devem ser também restituídos os frutos colhidos com antecipação.

Art. 1.215. Os frutos naturais e industriais reputam-se colhidos e percebidos, logo que são separados; os civis reputam-se percebidos dia por dia.

Art. 1.216. O possuidor de má-fé responde por todos os frutos colhidos e percebidos, bem como pelos que, por culpa sua, deixou de perceber, desde o momento em que se constituiu de má-fé; tem direito às despesas da produção e custeio."

ESPÉCIE DE ACESSÓRIOS – AS BENFEITORIAS E ACESSÕES

As últimas modalidades de acessórios são benfeitorias e as acessões. Aquelas assim são tratadas pelo Código Civil:

Art. 96. As benfeitorias podem ser voluptuárias, úteis ou necessárias.

§ 1º São voluptuárias as de mero deleite ou recreio, que não aumentam o uso habitual do bem, ainda que o tornem mais agradável ou sejam de elevado valor.

§ 2º São úteis as que aumentam ou facilitam o uso do bem.

§ 3º São necessárias as que têm por fim conservar o bem ou evitar que se deteriore. Art. 97. Não se consideram benfeitorias os melhoramentos ou acréscimos sobrevindos ao bem sem a intervenção do proprietário, possuidor ou detentor.

29. Rodrigues, Sílvio – Direito Civil – Parte Geral v. 1. 32 ed. São Paulo: Saraiva, 2002, p. 140.
30. Beviláqua, Clóvis. Código Civil dos Estados Unidos do Brasil comentado – v. I. 9 ed. Rio de Janeiro: Francisco Alves, 1951, p. 307.

Benfeitorias são obras ou despesas efetuadas em coisa já existente para evitar-lhe a ruína (quando necessárias), aumentar-lhe o proveito econômico (quando úteis) ou tão somente, torná-la mais confortável ou bonita (benfeitorias voluptuárias). A pedra de toque do conceito é que transformam coisa já existente, melhorando-a[31]. Diferem das pertenças pois, ao transformarem a coisa, pois a ela se incorporam, não mantendo sua individualidade, como o fazem as primeiras.

As acessões, por seu turno, representam uma adesão de coisa, que não existia no bem principal, a este. O Código Civil de Portugal, ao contrário do nosso, estabelece-lhes um conceito:

SECÇÃO III
Acessão SUBSECÇÃO I
Disposições gerais ARTIGO 1325°
(Noção)
Dá-se a acessão, quando com a coisa que é propriedade de alguém se une e incorpora outra coisa que lhe não pertencia.

É, em realidade, um acréscimo de uma coisa a outra, cujos requisitos são[32]:

"1) a existência de duas coisas distintas; 2) sua união material, de tal modo que surja uma outra coisa, diversa das que se unirem; 3) pertencerem as duas coisas a proprietários distintos, pois que, se pertencerem a um só proprietário, não haverá, juridicamente, acessão; 4) entre as coisas, uma acede à outra, vale dizer, que uma seja principal, para, por exclusão, saber-se qual a acedida."

Há que se observar que as benfeitorias e as acessões não se confundem, pois as primeiras transformam coisas já existentes, enquanto as acessões, por acréscimo de volume derivado, via de regra, da junção natural ou industrial de uma à outra, fazem surgir coisa nova, agregada ao bem principal[33].

E não se pense ser a discussão desprovida de significado prático. A principal consequência reside na indenização a ser paga a quem realizou ou benfeitorias ou acessões em estado de má-fé. Vejamos.

O Código Civil determina:

"Art. 1.220. Ao possuidor de má-fé serão ressarcidas somente as benfeitorias necessárias; não lhe assiste o direito de retenção pela importância destas, nem o de levantar as voluptuárias.
(...)
Art. 1.255. Aquele que semeia, planta ou edifica em terreno alheio perde, em proveito do proprietário, as sementes, plantas e construções; se procedeu de boa-fé, terá direito a indenização.
Parágrafo único. Se a construção ou a plantação exceder consideravelmente o valor do terreno, aquele que, de boa-fé, plantou ou edificou, adquirirá a propriedade do solo, mediante pagamento da indenização fixada judicialmente, se não houver acordo."

---

31. Ascensão, José de Oliveira. Direito Civil – Teoria Geral – v. I. 2 ed. Coimbra: Coimbra, 2000, p. 390/391.
32. Bessone, Darcy. Direitos Reais. 2 ed. São Paulo: Saraiva, 1996, p. 199.
33. Gonçalves, Carlos Roberto. Direito Civil Brasileiro – v. I. São Paulo: Saraiva, 2003, p. 265.

A ideia de nossa lei é a seguinte. Quem, em estado de má-fé, realiza uma benfeitoria necessária, na condição de possuidor e, portanto, em imóvel alheio, fá-lo-á em prédio já existente, pertencente ao proprietário. Assim, ao evitar a ruína de tal prédio, estará agindo na defesa presumida dos interesses do dono da coisa, evitando que a construção já existente pereça. Justo, pois, que seja indenizado, evitando-se o enriquecimento sem causa do proprietário do imóvel.

Situação distinta, porém, é a daquele que, eivado de má-fé, ergue uma nova construção em terreno alheio. A indagação natural é: quem disse que o proprietário estaria interessado nessa nova obra? Quem pode garantir que ele a desejaria? Assim, natural que a lei não mande indenizar quem ergue coisa nova em terreno alheio.

Tal conclusão, aliás, é albergada pelo Superior Tribunal de Justiça, quando assim decidiu[34]:

> *"REINTEGRAÇÃO DE POSSE. DIREITO CIVIL. RECURSO ESPECIAL. POSSUIDORA DE MÁ-FÉ. DIREITO À INDENIZAÇÃO. DISTINÇÃO ENTRE BENFEITORIA NECESSÁRIA E ACESSÕES. ALEGADA ACESSÃO ARTIFICIAL. MATÉRIA FÁTICO-PROBATÓRIA. SÚMULA 7/STJ. 1. As benfeitorias são obras ou despesas realizadas no bem, com o propósito de conservação, melhoramento ou embelezamento, tendo intrinsecamente caráter de acessoriedade, incorporando-se ao patrimônio do proprietário. 2. O Código Civil (art. 1.220), baseado no princípio da vedação do enriquecimento sem causa, conferiu ao possuidor de má-fé o direito de se ressarcir das benfeitorias necessárias, não fazendo jus, contudo, ao direito de retenção. 3. Diferentemente, as acessões artificiais são modos de aquisição originária da propriedade imóvel, consistentes em obras com a formação de coisas novas que se aderem à propriedade preexistente (superficies solo cedit), aumentando-a qualitativa ou quantitativamente. 4. Conforme estabelece o art. 1.255 do CC, nas acessões, o possuidor que tiver semeado, plantado ou edificado em terreno alheio só terá direito à indenização se tiver agido de boa-fé. 5. Sobreleva notar a distinção das benfeitorias para com as acessões, sendo que 'aquelas têm cunho complementar. Estas são coisas novas, como as plantações e as construções' (Gomes, Orlando. Direitos reais. 20. ed. Atualizada por Luiz Edson Fachin. Rio de Janeiro: Forense, 2010, p. 81). 6. Na trilha dos fatos articulados, afastar a natureza de benfeitoria necessária para configurá-la como acessão artificial, isentando a autora do dever de indenizar a possuidora de má-fé, demandaria o reexame do contexto fático-probatório dos autos, o que encontra óbice na Súmula n. 07 do STJ.*
>
> *4. Recurso especial a que se nega provimento."*

Analisados, pois, os presentes aspectos, passemos à abordagem dos bens segundo sua natureza pública ou privada.

BENS PÚBLICOS E PRIVADOS

Os romanos percebiam que os bens, a despeito de alguma variação histórica no conceito, poderiam fazer parte de um patrimônio privado ou não, devendo ser

34. BRASIL. Superior Tribunal de Justiça. *Resp 1109406/SE, Rel. Ministro* Luis Felipe Salomão, *Quarta Turma, julgado em* 21/05/2013, DJe 17/06/2013)

extremados entre os de direito divino e de direito humano. As de direito divino poderiam ser sagradas (quando consagradas aos deuses superiores), religiosas (quando dedicadas aos cultos dos deuses antepassados) ou santas (como as muralhas e as portas das cidades), sendo, via de regra, incomerciáveis (inalienáveis) [35]. Igualmente fora do comércio encontravam-se alguns bens de direito humano, como os bens comuns (coisas postas à disposição de todos os seres pela natureza – como o ar atmosférico e o mar), os públicos (pertencentes ao Estado Romano) e os da coletividade (que pertenciam às cidades, mas eram usados pelos cidadãos – como os teatros e os estádios) [36].

Atualmente, embora com contornos diferentes, ainda se mantém a diferença entre bens públicos e bens privados, daí advindo algumas consequências. A nossa Lei Civil trata de extremar os dois tipos de bens no seu artigo 98, a saber:

> *"Art. 98. São públicos os bens do domínio nacional pertencentes às pessoas jurídicas de direito público interno; todos os outros são particulares, seja qual for a pessoa a que pertencerem."*

Salta aos olhos o critério adotado pelo nosso legislador: a natureza jurídica da pessoa que é proprietária do bem. Assim, bens públicos seriam aqueles pertencentes a pessoas jurídicas de direito público interno. Todos os demais seriam privados.

Uma perfunctória análise da norma nos faz imaginar o sem número de problemas que a insuficiência do conceito pode acarretar. Ora, como bem sabido, o regime jurídico dos bens públicos possui certa peculiaridade em relação ao dos bens privados, pois os primeiros, ao contrário dos últimos, gozam dos seguintes atributos: inalienabilidade relativa, não oneração, impenhorabilidade e impossibilidade de aquisição por usucapião. Expliquemos, assim, esses atributos.

A questão da possibilidade de se alienar ou não os bens públicos consta dos artigos 100 e 101 do Código Civil, a saber:

> *"Art. 100. Os bens públicos de uso comum do povo e os de uso especial são inalienáveis, enquanto conservarem a sua qualificação, na forma que a lei determinar.*
>
> *Art. 101. Os bens públicos dominicais podem ser alienados, observadas as exigências da lei."*

Entendem-se por bens públicos de uso comum do povo os rios, mares, estradas, ruas e praças (art. 99, I do Código Civil), enfim, todos aqueles bens cuja utilização pode ocorrer concomitantemente por todos, sem que se tolere sua utilização exclusiva, em detrimento dos demais cidadãos, por quem quer que seja. São bens de uso especial aqueles afetados à prestação de determinados serviços públicos, tais como edifícios ou terrenos destinados a serviço ou estabelecimento da administração federal, estadual, territorial ou municipal, inclusive os de suas autarquias (art. 99, II do Código Civil). Em ambos os casos, os bens estarão, nos dizeres de José dos

35. García, César Rascón. Manual de Derecho Romano. 3 ed. Madri: Tecnos, 2000, p. 188.
36. Moura, Paulo Cesar Cursino de. Manual de Direito Romano. Rio de Janeiro: Forense, 1998, p. 181/182.

Santos Carvalho Filho[37], afetados, porquanto serão utilizados "para determinado fim público, seja diretamente do Estado, seja pelo uso dos indivíduos em geral".

Na hipótese, porém, do bem público não estar vinculado ao uso concomitante de todos do povo, ou à prestação específica de determinado serviço público, ele estará desafetado, sendo compreendido, pois, como um bem dominial, ou, tal qual regrado pelo Código Civil (art. 99, III), constituirá "o patrimônio das pessoas jurídicas de direito público, como objeto de direito pessoal, ou real, de cada uma dessas entidades."

Os bens públicos de uso comum do povo e de uso especial, por estarem afetados a finalidades reconhecidamente de interesse público, são inalienáveis. Caso sejam desafetados (o que, via de regra, ocorre por lei, embora existam autores que admitam a possibilidade de desafetação tácita[38]), transformando-se em bens dominiais, poderão, então, ser vendidos, alugados ou cedidos. Logo, a inalienabilidade dos bens públicos perdura enquanto ocorrer sua afetação. Desafetados, a inalienabilidade tem fim. Cabe, porém, ressaltar que, mesmo desafetados e alienáveis, os bens públicos só poderão ser transferidos a terceiros caso observadas um sem número de regras, insculpidas nos diplomas atinentes às licitações públicas.

Mas não apenas inalienáveis são os bens públicos. Além disso, são impassíveis de oneração, vale dizer de serem oferecidos em hipoteca, penhor ou anticrese. Ora, os bens públicos são impenhoráveis. Assim, de nada valeria oferece-los como garantia real se, acaso inadimplida a dívida, tais bens, vinculados ao pagamento do débito, não poderiam ser penhorados para posterior alienação judicial. As dívidas judiciais dos Entes de Direito Público, frise-se, são pagas por meio de precatórios ou de requisições de pagamentos de pequenos valores, como se deduz da leitura do artigo 100 da Constituição Federal:

> *"Art. 100. Os pagamentos devidos pelas Fazendas Públicas Federal, Estaduais, Distrital e Municipais, em virtude de sentença judiciária, far-se-ão exclusivamente na ordem cronológica de apresentação dos precatórios e à conta dos créditos respectivos, proibida a designação de casos ou de pessoas nas dotações orçamentárias e nos créditos adicionais abertos para este fim. (Redação dada pela Emenda Constitucional nº 62, de 2009). (Vide Emenda Constitucional nº 62, de 2009)*
>
> *(...)*
>
> *§ 3º O disposto no caput deste artigo relativamente à expedição de precatórios não se aplica aos pagamentos de obrigações definidas em leis como de pequeno valor que as Fazendas referidas devam fazer em virtude de sentença judicial transitada em julgado. (Redação dada pela Emenda Constitucional nº 62, de 2009)."*

Por fim, os bens públicos não podem ser usucapidos, por determinação expressa do artigo 102 do Código Civil:

37. Carvalho Filho, José dos Santos. Manual de Direito Administrativo. 27 ed. São Paulo: Atlas, 2014, p. 1167.
38. Carvalho Filho, José dos Santos. Manual de Direito Administrativo. 27 ed. São Paulo: Atlas, 2014, p. 1168.

"Art. 102. Os bens públicos não estão sujeitos a usucapião."

Todos esses atributos aprofundam a necessidade de distinção entre os bens públicos e privados. Nessa esteira, como visto, apenas gozarão das características acima expostas os bens pertencentes a pessoas jurídicas de direito público interno.

Mas o que dizer de bens pertencentes a pessoas jurídicas de direito privado, que tenham inegável vocação para o atendimento dos serviços públicos aos quais se vinculam? Imaginemos, nesse sentido, os bens da empresa pública ECT, vinculados à prestação dos serviços postais. Seria crível que fossem usucapidos, penhorados ou alienados? E o que dizer dos bens da TERRACAP, empresa pública distrital, que administra toda a reserva de bens imóveis no Distrito Federal a serem licitados para instalação, por exemplo, de novos bairros na Capital da República? Seriam usucapíveis, comprometendo completamente a política de ocupação ordenada do solo distrital?

Em última análise, estaria ameaçado, a prevalecer a literal disposição do art. 98 do Código Civil, o princípio da continuidade da prestação dos serviços públicos (Constituição Federal, art. 175), quando eles forem executados por pessoas jurídicas de direito privado, caso parte de seu patrimônio seja, *v.g.*, penhorado ou usucapido. Assim, a fim de se evitar tal inconveniente, ainda que intuitivamente, duas soluções seriam possíveis para o presente caso: *a)* admitir-se-á que a enumeração de bens públicos do artigo 98 não é exaustiva ou, *b)* será estendido para bens privados o regime jurídico de bens públicos.

A jurisprudência nacional, nos casos como acima apontados, parece haver sufragado a primeira corrente. Vejamos:

"AGRAVO REGIMENTAL EM AGRAVO DE INSTRUMENTO. AÇÃO REIVINDICATÓRIA.

TERRACAP. NEGATIVA DE PRESTAÇÃO JURISDICIONAL. ART. 535 DO CPC. NÃO OCORRÊNCIA. CERCEAMENTO DE DEFESA. REVISÃO DO JULGADO. REEXAME DE PROVAS. INVIABILIDADE. SÚMULA Nº 7/STJ. BENS PÚBLICOS PERTENCENTES À TERRACAP. USUCAPIÃO. IMPOSSIBILIDADE. PRECEDENTES.

1. Não há falar em negativa de prestação jurisdicional se o tribunal de origem motiva adequadamente sua decisão, solucionando a controvérsia com a aplicação do direito que entende cabível à hipótese, apenas não no sentido pretendido pela parte.

2. Para prevalecer a pretensão em sentido contrário à conclusão das instâncias ordinárias, que entenderam não ser preciso maior dilação probatória, seria necessária a revisão do conjunto fático-probatório dos autos, o que é inviável nesta instância especial por força da Súmula nº 7/STJ.

3. A reforma da matéria de fundo demandaria o reexame do contexto fático-probatório, procedimento vedado na estreita via do recurso especial, a teor da Súmula nº 7/STJ.

4. Os imóveis administrados pela Companhia Imobiliária de Brasília (Terracap) são públicos e, portanto, insuscetíveis de aquisição por meio de usucapião.

5. Agravo regimental não provido." (Grifo não constante do original)[39]

---

39. BRASIL. Superior Tribunal de Justiça. *AgRg no Ag 977.032/DF, Rel. Ministro Ricardo Villas Bôas Cueva, TERCEIRA TURMA, julgado em 26/06/2012, DJe 29/06/2012.*

"EMENTA: CONSTITUCIONAL. PROCESSUAL CIVIL. EMPRESA PÚBLICA PRESTADORA DE SERVIÇO PÚBLICO: EXECUÇÃO: PRECATÓRIO. I. – Os bens da Empresa Brasileira de Correios e Telégrafos, uma empresa pública prestadora de serviço público, são impenhoráveis, porque ela integra o conceito de fazenda pública. Compatibilidade, com a Constituição vigente, do D.L. 509, de 1969. Exigência do precatório: C.F., art. 100. II. – Precedentes do Supremo Tribunal Federal: RREE 220.906-DF, 229.696-PE, 230.072-RS, 230.051-SP e 225.011-MG, Plenário, 16.11.2000. III. – R.E. conhecido e provido."[40]

Convém ressaltar, por fim, que a doutrina também se mostra dividia entre as duas correntes. Celso Antônio Bandeira de Mello[41] assim define bens públicos:

"I — Conceito. 1. Bens públicos são todos os bens que pertencem às pessoas jurídicas de Direito Público, isto é, União, estados, Distrito Federal, municípios, respectivas autarquias e fundações de Direito Público (estas últimas, aliás, não passam de autarquias designadas pela base estrutural que possuem), bem como os que, embora não pertencentes a tais pessoas, estejam afetados à prestação de um serviço público." (Grifo não constante do original)

Em sentido diverso, porém, posiciona-se José Carvalho dos Santos Filho[42], ao asseverar:

"Por conseguinte, o regime jurídico dos bens das pessoas privadas da Administração será, em princípio, o aplicável às demais pessoas privadas. Pode ocorrer que, excepcionalmente, a lei instituidora da pessoa administrativa disponha de modo diverso, criando alguma regra especial de direito público. Essa norma, é claro, será derrogatória da de direito privado, mas os bens continuarão a ser considerados como privados. Como sucede, em regra, com as pessoas privadas, a alienação e a oneração de seus bens devem atender ao que dispõem os respectivos regulamentos."

Apesar da diversidade de posicionamentos, por aderir à primeira corrente, ao participarmos da IV Jornada de Direito Civil, colaboramos com a apresentação da seguinte proposta de enunciado, que foi aprovada e que apontou para a seguinte interpretação do artigo 98 do Código Civil:

287 – Art. 98. O critério da classificação de bens indicado no art. 98 do Código Civil não exaure a enumeração dos bens públicos, podendo ainda ser classificado como tal o bem pertencente a pessoa jurídica de direito privado que esteja afetado à prestação de serviços públicos.

BEM DE FAMÍLIA

Como visto alhures, a origem romana da propriedade privada estava circundada por nítido caráter religioso com o qual se protegia o lar familiar. Embora a noção de propriedade tenha se expandido para englobar não apenas a casa do agente privado,

---

40. BRASIL. Supremo Tribunal Federal. *RE 220907, Relator(a): Min. Carlos Velloso, Segunda Turma, julgado em 12/06/2001, DJ 31-08-2001 PP-00064 EMENT VOL-02041-03 PP-00633.*
41. Bandeira de Mello, Celso Antônio. Curso de Direito Administrativo. 28 ed. São Paulo: Malheiros, 2011, p. 920.
42. Carvalho Filho, José dos Santos. Manual de Direito Administrativo. 27 ed. São Paulo: Atlas, 2014, p. 1160.

mas também outros bens móveis e imóveis, é inegável que, hodiernamente, desde a Constituição Federal, até normas infraconstitucionais, a casa tem recebido especial atenção em nosso ordenamento jurídico.

Nessa esteira, a Constituição determina como direito individual e social:

> *"Art. 5º. (...)*
>
> *XI – a casa é asilo inviolável do indivíduo, ninguém nela podendo penetrar sem consentimento do morador, salvo em caso de flagrante delito ou desastre, ou para prestar socorro, ou, durante o dia, por determinação judicial;*
>
> *(...)*
>
> *Art. 6º São direitos sociais a educação, a saúde, a alimentação, o trabalho, A MORADIA, o lazer, a segurança, a previdência social, a proteção à maternidade e à infância, a assistência aos desamparados, na forma desta Constituição. (Redação dada pela Emenda Constitucional nº 64, de 2010)"*

A proteção ao lar se completa, por outro lado, com um sem número de dispositivos infraconstitucionais, entre os quais podemos destacar as menções ao chamado "bem de família", entendido, em linhas gerais, como o imóvel onde uma pessoa ou núcleo familiar habita, devendo ser ordinariamente protegido contra execuções de dívidas.

A ideia, ao contrário de tantos outros dispositivos de direito privado, não é de origem romana. Ela remonta ao dia 26 de janeiro de 1839, quando o "Homestead Act", da então República do Texas, garantiu a todos os cidadãos ou chefes de famílias, naquele território, "cinquenta hectares de terra ou de um lote da cidade, incluindo o seu domicílio e melhorias não superiores a cinco centenas de dólares em valor" [43].

O dito avanço civilizatório inspirou a legislação de diversos estados americanos, sendo, com algumas adaptações, incorporada pelo Código Civil do Brasil, em 1916. Clóvis Beviláqua, porém, asseverou que o alcance do instituto, àquela época, não foi significativo, tanto em terras brasileiras, como em americanas, embora nele reconhecesse algum amparo ao lar familiar[44].

---

43. Disponível em http://www.tshaonline.org/day-by-day/30311, acesso em 16 de fevereiro de 2015, sob o seguinte texto: "On this day in 1839, the Congress of the Republic of Texas passed two important pieces of legislation: a homestead act and an act setting aside land for public schools and two universities. The homestead act, patterned somewhat after legislation of Coahuila and Texas, was designed to encourage home ownership. It guaranteed every citizen or head of family in the republic "fifty acres of land or one town lot, including his or her homestead, and improvements not exceeding five hundred dollars in value." The education act was inspired by President Mirabeau Lamar's determination to establish a system of education endowed by public lands, but failed to produce the desired results immediately because land prices were too low for this endowment to provide revenue. There was also some popular indifference on the county level to the establishment of schools, as evidenced by the fact that by 1855 thirty-eight counties had made no effort even to survey their school land. Nevertheless, Lamar's advocacy of the program earned for him the nickname "Father of Texas Education.".

44. Beviláqua, Clóvis. Código Civil dos Estados Unidos do Brasil comentado – v. I. 9 ed. Rio de Janeiro: Francisco Alves, 1951, p. 326 assim se refiriu ao instituto: "Quando apareceu a emenda do Senado, introduzindo no Código Civil o *homestead*, nenhuma voz se alçou, embargando-lhe o passo. E, bem ponderados os moti-

Feitas tais digressões, vejamos como o instituto foi, no Código Civil de 1916, pela primeira vez disciplinado em nosso ordenamento:

"CAPÍTULO V

DO BEM DA FAMÍLIA

Art. 70. É permitido aos chefes de família destinar um prédio para domicilio desta, com a clausula de ficar isento de execução por dividas, salvo as que provierem de impostos relativos ao mesmo prédio.

Parágrafo único. Essa isenção durará enquanto viverem os cônjuges e até que os filhos completem sua maioridade.

Art. 71. Para o exercício desse direito é necessário que os instituidores no ato da instituição não tenham dívidas, cujo pagamento possa por ele ser prejudicado.

Parágrafo único. A isenção se refere a dívidas posteriores ao ato, e não às anteriores, se verificar que a solução destas se tornou inexequível em virtude de ato da instituição.

Art. 72. O prédio, nas condições acima ditas, não poderá ter outro destino, ou ser alienado, sem o consentimento dos interessados e dos seus representantes legais.

Art. 73. A instituição deverá constar de instrumento público inscrito no registro de imóveis e publicado na imprensa e, na falta desta, na da capital do Estado."

A simples leitura dos artigos transcritos nos faz perceber as razões da baixa eficácia do instituto tão logo incorporado pela legislação nacional. Ora, percebe-se, do texto transcrito, que a proteção oferecida pelo instituto não era automática. O interessado deveria procurar o Cartório de Registro de Imóveis, onde matriculado o bem, para providenciar-lhe a inscrição como bem de família. O imóvel, portanto, ficaria protegido das dívidas constituídas após a instituição, salvo as de natureza tributária. Atente-se, pois, que a burocracia imposta à constituição do bem de família, aliada ao fato de torna-lo inalienável, condenou o instituto à secundária importância de que gozou no ordenamento brasileiro até a última década do século passado.

Ocorre, todavia, que, no ano de 1990, passou, entre nós, a viger a Lei nº 8.009. Dispõe o mencionado Diploma:

"Art. 1º O imóvel residencial próprio do casal, ou da entidade familiar, é impenhorável e não responderá por qualquer tipo de dívida civil, comercial, fiscal, previdenciária ou de outra natureza, contraída pelos cônjuges ou pelos pais ou filhos que sejam seus proprietários e nele residam, salvo nas hipóteses previstas nesta lei.

Parágrafo único. A impenhorabilidade compreende o imóvel sobre o qual se assentam a construção, as plantações, as benfeitorias de qualquer natureza e todos os equipamentos, inclusive os de uso profissional, ou móveis que guarnecem a casa, desde que quitados."

---

vos da aceitação, e os de repulsa, podemos dizer que, se o instituto não tem as virtudes miraculosas, que enxergaram nele os entusiastas, se, no próprio país de origen, os seus resultados foram insignificantes, ou até inúteis, como diz Lher, não deixa de ser um certo amparo, que a lei oferece à família; e essa consideração nos deve mover em favor do instituto, ainda que lhe não possamos atribuir o grande interesse social, que, em certa época, a doutrina lhe apontou."

O primeiro grande avanço da lei é que a proteção por ela ofertada incide automaticamente, sem que se exija do proprietário qualquer conduta. O instituto, então, passou a ser chamado de bem de família legal, para diferenciá-lo do bem de família convencional, que com ele coexiste, desde o Código Civil anterior.

A primeira questão, portanto, que o leitor atento pode estar se fazendo é: quando estarei diante do bem de família legal e quando estarei diante do bem de família convencional? Conforme asseverado, a nº Lei 8.009/90 determinou, em seu artigo inaugural, que o imóvel residencial próprio do casal, ou da entidade familiar, é impenhorável e não responderá por dívidas em geral. Assim, se a família é proprietária de apenas um imóvel residencial, este será o bem de família por força de lei. Na hipótese, porém, de ser dona de mais de um imóvel residencial, o de menor valor será protegido automaticamente de dívidas em geral, na forma do artigo 5º da Lei 8.009/90, que determina[45]:

> *"Art. 5º Para os efeitos de impenhorabilidade, de que trata esta lei, considera-se residência um único imóvel utilizado pelo casal ou pela entidade familiar para moradia permanente.*
>
> *Parágrafo único. Na hipótese de o casal, ou entidade familiar, ser possuidor de vários imóveis utilizados como residência, a impenhorabilidade recairá sobre o de menor valor, salvo se outro tiver sido registrado, para esse fim, no Registro de Imóveis e na forma do art. 70 do Código Civil."*

Possuindo, portanto, o mesmo proprietário mais de um imóvel residencial, será, segundo a dicção da norma estudada, o bem de família legal aquele de menor valor, a menos que o proprietário institua *o mais caro* como bem de família. Nessa hipótese, como a instituição do bem decorre da vontade da parte e não deriva automaticamente da lei, chamamos o bem indicado pelo proprietário de *bem de família voluntário ou convencional.*

A leitura proposta da Lei nº 8.009/90 pode sugerir que a identificação do bem de família seja questão muito simples, sem tantos debates sobre ela travados. Ocorre, contudo, que a multiplicidade de litígios levados ao Poder Judiciário fez com que a jurisprudência complementasse o alcance da norma quanto à identificação do bem de família, aclarando alguns pontos que não foram enfrentados ostensivamente pela lei de regência.

---

45. BRASIL. Superior Tribunal de Justiça. REsp 961.155/RN, Rel. Ministra Eliana Calmon, SEGUNDA TURMA, julgado em 20/05/2008, DJe 11/06/2008 sufraga a dicção legal, reforçando-a: "*PROCESSUAL CIVIL – EMBARGOS DE TERCEIRO – BEM DE FAMÍLIA – IMPENHORABILIDADE – ALCANCE DO ART. 5º, PARÁGRAFO ÚNICO, DA LEI 8.009/90. 1. O art. 5º, parágrafo único, da Lei 8.009/90, dispõe que 'na hipótese de o casal, ou entidade familiar, ser possuidor de vários imóveis utilizados como residência, a impenhorabilidade recairá sobre o de menor valor, salvo se outro tiver sido registrado, para esse fim, no Registro de Imóveis e na forma do art. 70 do Código Civil'. 2. O legislador, ao utilizar a expressão 'vários imóveis utilizados como residência', pretendeu apenas diferenciar os imóveis residenciais dos comerciais, industriais ou agrícolas sem destinação residencial. 3. Tal dispositivo reflete o caráter social da lei, garantindo moradia ao devedor e sua família, ainda que no mais humilde de seus imóveis, que deverá ser considerado impenhorável, permitindo a constrição sobre os demais. 4. A jurisprudência desta Corte, nesse ponto, não consagra interpretação mais elástica à Lei 8.009/90, sinalizando a possibilidade de considerar impenhorável o imóvel residencial de menor valor. 5. Recurso especial provido.*"

Nessa esteira, a começar do primeiro artigo da aludida Lei nº 8.009/90 podemos lançar a seguinte questão: a norma, ao tratar da impenhorabilidade do único bem familiar, parece vinculá-lo à existência de uma *família*. E o que se entende por família? O tema, por óbvio vem conhecendo alargamento nos últimos anos, decorrente da expansão do conceito tratado, que além de abranger a sua clássica concepção (homem, mulher e filhos), tem sido estendida para contemplar núcleos monoparentais (um genitor e filhos), homoafetivos e até mesmo as hipóteses em que uma pessoa solitária habitasse um único imóvel[46].

Além disso, embora a primeira leitura da norma nos informe que o imóvel a ser protegido ordinariamente deverá estar edificado, para servir como moradia, alguns julgados flexibilizam tal exigência. Imaginemos, assim, um lote residencial, onde ainda não se viva, pelo fato de a família não haver, por hora, somado os valores necessários para erigir a indispensável moradia. Pareceria estranho perder sua natureza de bem de família por esse singelo fato. Assim, somente cada caso concreto indicará se um lote, ainda não construído, poderá ou não ser considerado bem de família[47].

A discussão mais enriquecedora, entretanto, a respeito da Lei nº 8.009/90 versa sobre as exceções à impenhorabilidade do bem residencial. Elas estão tratadas no seu terceiro artigo, assim vazado:

> *"Art. 3º A impenhorabilidade é oponível em qualquer processo de execução civil, fiscal, previdenciária, trabalhista ou de outra natureza, salvo se movido:*
>
> *I – (REVOGADO pela Lei Complementar 150/15 – redação original era: em razão dos créditos de trabalhadores da própria residência e das respectivas contribuições previdenciárias);*
>
> *II – pelo titular do crédito decorrente do financiamento destinado à construção ou à aquisição do imóvel, no limite dos créditos e acréscimos constituídos em função do respectivo contrato;*
>
> *III – pelo credor da pensão alimentícia, resguardados os direitos, sobre o bem, do seu coproprietário que, com o devedor, integre união estável ou conjugal, observadas as hipóteses em que ambos responderão pela dívida; (Redação dada pela Lei nº 13.144 de 2015);*
>
> *IV – para cobrança de impostos, predial ou territorial, taxas e contribuições devidas em função do imóvel familiar;*

46. BR ASIL. Tribunal Regional do Trabalho da Segunda Região. TRT-2 – AP: 00015838720125020076 SP 00015838720125020076 A28, Relator: Iva ni Contini Bramante, Data de Julgamento: 19/08/2014, 4ª TURMA, Data de Publicação: 29/08/2014 sufragou tal entendimento: "*BEM DE FAMÍLIA. CARACTERIZAÇÃO. O bem de família possui previsão no Código Civil e na Lei 8.009/90 e objetiva resguardar a única morada da entidade familiar, fundamental para a manutenção de uma vida digna, evitando a sua desestruturação. Para que se considere bem de família, o imóvel deve ser o único existente da entidade familiar ou aquele em que residem, sendo certo que não impede sua caracterização seja a família monoparental, decorrente de relação homoafetiva ou mesmo de uma única pessoa que ali reside.*".

47. BRASIL. Superior Tribunal de Justiça. REsp 1417629/SP, Rel. Ministra Nancy Andrighi, TERCEIRA TURMA, julgado em 10/12/2013, DJe 19/12/2013 elege o seguinte critério para imóveis não edificados: "(...) 6. *O fato de se tratar de terreno não edificado é circunstância que, por si só, não obsta sua qualificação como bem de família, na medida em que tal qualificação pressupõe a análise, caso a caso, da finalidade realmente atribuída ao imóvel (interpretação teleológica das impenhorabilidades).*"

V – para execução de hipoteca sobre o imóvel oferecido como garantia real pelo casal ou pela entidade familiar;

VI – por ter sido adquirido com produto de crime ou para execução de sentença penal condenatória a ressarcimento, indenização ou perdimento de bens.

VII – por obrigação decorrente de fiança concedida em contrato de locação. (Incluído pela Lei nº 8.245, de 1991)"

O primeiro tema posto a debate diz respeito à penhorabilidade ou impenhorabilidade de imóveis residenciais milionários. Alguns magistrados, quando constatam grande dificuldade para satisfação judicial do crédito de exequentes, determinam a penhora dos únicos imóveis residenciais dos devedores. Tal medida, porém, só costuma ser autorizada por tais magistrados, se o imóvel penhorado for muito valioso, pois acaso vendido, não só permitirá a quitação da dívida, como também o dinheiro restante possibilitará a aquisição de novo lar, mais simples, é verdade.

Nos tribunais superiores, porém, decisões assim costumam (infelizmente) ser reformadas[48], sendo, pois, reforçada a impenhorabilidade do bem de família, por mais suntuoso que seja. Discordamos, contudo, desse posicionamento. Acreditamos que, quando muito valioso o bem de família, assim se entendendo pelo imóvel capaz de permitir, por meio de sua venda, o pagamento das dívidas inadimplidas, a ponto de sobrar numerário que permita a compra de outro imóvel para acomodar a família, a penhora *deva ser permitida*.

---

48. BRASIL. Tribunal Superior do Trabalho. RO: 891001820095040000, Rel. Ministra Guilherme Augusto Caputo Bastos, SUBSEÇÃO II ESPECIALIZADA EM DISSÍDIOS INDIVIDUAIS, julgado em 30/08/2011, Dejt 02/09/2011 não deixa dúvidas ao asseverar: *"RECURSO ORDINÁRIO. AÇÃO RESCISÓRIA. PENHORA. BEM DE FAMÍLIA. IMÓVEL DE ALTO VALOR. IMPENHORABILIDADE ABSOLUTA. MITIGAÇÃO. 1. Trata-se de ação rescisória que busca desconstituir o acórdão proferido no julgamento do agravo de petição, por meio do qual foi mantida a decisão que determinou a penhora do imóvel caracterizado como bem de família, sob o fundamento de que este era suntuoso, razão pela qual deve ser afastada a garantia da impenhorabilidade absoluta. 2. O Tribunal a quo decidiu rescindir a decisão e, em juízo rescisório, deu parcial provimento ao agravo de petição, determinando a reserva em favor dos autores de 50% do produto da alienação do imóvel, a fim de possibilitar a aquisição de nova residência. 3. A Lei nº 8.009/90 foi promulgada com o propósito de proteger a família, assegurando o bem estar dos seus integrantes, uma vez que confere efetividade ao direito social à moradia, elevado ao patamar constitucional pela Emenda nº 26/2000, ao incluí-lo no rol previsto no artigo 6º, caput, da Constituição Federal. 4. O artigo 1º, caput , da Lei nº 8.009/1990 dispõe que o – imóvel residencial próprio do casal, ou da entidade familiar, é impenhorável e não responderá por qualquer tipo de dívida civil, comercial, fiscal, previdenciária ou de outra natureza, contraída pelos cônjuges ou pelos pais ou filhos que sejam seus proprietários e nele residam, salvo nas hipóteses previstas nesta lei -. Verifica-se, assim, que é impenhorável o imóvel da entidade familiar destinada à sua moradia, não havendo qualquer ressalva quanto ao valor, tampouco quanto à sua suntuosidade. 5. As exceções à impenhorabilidade, referidas no supracitado dispositivo legal, encontram-se albergadas no artigo 3º da Lei nº 8.009/1990, no qual não há qualquer restrição ao valor do imóvel ou a sua luxuosidade, razão pela qual se o legislador não a elencou como exceção, não compete ao interprete fazê-lo, utilizando-se de critérios subjetivos para aferir o que vem a ser imóvel suntuoso ou de alto valor. 6. Registre-se, inclusive, que no projeto de Lei nº 51/2006 foi proposta a ressalva ao valor do imóvel, no qual se pretendia incluir um parágrafo ao artigo 650 do CPC dispondo acerca da penhorabilidade do – imóvel considerado bem de família, se de valor superior a 1000 (mil) salários mínimos, caso em que, apurado o valor em dinheiro a quantia até aquele limite será entregue ao executado, sob cláusula de impenhorabilidade -. Contudo, tal proposta foi vetada sob o fundamento de que estaria violando a impenhorabilidade absoluta do bem de família e o direito social à moradia. (...)"*

E como escapar da objeção, constante dos acórdãos das cortes superiores, de que, se a lei não excepcionou a impenhorabilidade segundo o valor do imóvel familiar, caberia aos magistrados fazê-lo? *Entendemos que sim e recorremos, para respaldar o raciocínio, ao artigo 187 do Código Civil, que dispõe:*

> *"Art. 187. Também comete ato ilícito o titular de um direito que, ao exercê-lo, excede manifestamente os limites impostos pelo seu fim econômico ou social, pela boa-fé ou pelos bons costumes."*

O que se busca demonstrar é que concordamos ser *direito do cidadão* conservar o teto de sua família, evitando que seja penhorado para o adimplemento de dívidas. Ocorre, todavia, que passa a ser um *abuso de direito*, porquanto exagerada a proteção e desgarrada da função social da impenhorabilidade do bem de família, quando o imóvel protegido for suficiente, caso alienado, para pagar todas as dívidas do proprietário, sobrando dinheiro ainda para se adquirir nova moradia, evidentemente mais modesta. Frise-se: o histórico fim do instituto é a defesa do direito à moradia e não a proteção à moradia luxuosa. Assim, esperamos revejam as cortes mais altas do Brasil o posicionamento que vêm adotando. Fundamento jurídico, para tanto, existe e, talvez, o primeiro passo para a consagração do raciocínio acima esposado já tenha sido dado pelo Superior Tribunal de Justiça ao asseverar, embora em situação um pouco distinta da tratada, que a violação da boa-fé objetiva pode afastar a impenhorabilidade do bem de família.[49]

Outra importante discussão sobre a impenhorabilidade do bem e suas respectivas exceções versa sobre inusitada hipótese. Imaginemos um devedor que, insatisfeito em ostentar tal situação (de inadimplente), ofereça seu único bem residencial à penhora. Seu ato seria nulo, ou a penhora seria válida?

49. BRASIL. Superior Tribunal de Justiça. REsp 1559348/DF, Rel. Ministro Luis Felipe Salomão, quarta turma, julgado Em 18/06/2019, Dje 05/08/2019, Assevera: Recurso especial. Violação ao art. 535 do CPC/1973. Não ocorrência. Incidente de uniformização de jurisprudência. Conveniência e oportunidade. Alienação fiduciária. Transmissão condicional da propriedade. Bem de família dado em garantia. Validade da garantia. Vedação ao comportamento contraditório. (...) 3. A jurisprudência desta Corte reconhece que a proteção legal conferida ao bem de família pela Lei n. 8.009/90 não pode ser afastada por renúncia do devedor ao privilégio, pois é princípio de ordem pública, prevalente sobre a vontade manifestada. 4. A regra de impenhorabilidade aplica-se às situações de uso regular do direito. O abuso do direito de propriedade, a fraude e a má-fé do proprietário devem ser reprimidos, tornando ineficaz a norma protetiva, que não pode tolerar e premiar a atuação do agente em desconformidade com o ordenamento jurídico. 5. A propriedade fiduciária consiste na transmissão condicional daquele direito, convencionada entre o alienante (fiduciante), que transmite a propriedade, e o adquirente (fiduciário), que dará ao bem a destinação específica, quando implementada na condição ou para o fim de determinado termo. 6. Vencida e não paga, no todo em parte, a dívida e constituído em mora o fiduciante, consolidar-se-á a propriedade do imóvel em nome do fiduciário, consequência ulterior, prevista, inclusive, na legislação de regência. 7. Sendo a alienante pessoa dotada de capacidade civil, que livremente optou por dar seu único imóvel, residencial, em garantia a um contrato de mútuo favorecedor de pessoa diversa, empresa jurídica da qual é única sócia, não se admite a proteção irrestrita do bem de família se esse amparo significar o alijamento da garantia após o inadimplemento do débito, contrariando a ética e a boa-fé, indispensáveis em todas as relações negociais. 8. Recurso especial não provido.

A jurisprudência tem fixado o firme entendimento de que o ato descrito no parágrafo acimo implicaria renúncia ao benefício, sendo, portanto, nulo[50]. Não obstante o entendimento cristalizado, achamos que ele não se justifica. Ora, o bem de família legal não é inalienável. Assim, se o devedor almejasse, ele poderia vender sua casa para quitar suas dívidas, sem que a venda fosse declarada nula. Poderia, igualmente, vender sua casa para comprar um automóvel importado, passando a viver em imóveis locados. Nada disso, *a priori*, representaria qualquer nulidade. Por que justamente indicar o bem para assegurar o pagamento de uma dívida seria nulo? Não parece razoável o entendimento esposado pelos tribunais brasileiros, a menos que, por uma questão de coerência lógica, fossem absurdamente declaradas nulas todas as vendas de imóveis residenciais não destinadas à aquisição de outro bem da mesma natureza.

Adentremos, porém, na análise tópica dos incisos constantes do artigo 3º da Lei nº 8.009/90. O primeiro dispositivo, hoje revogado pela Lei Complementar nº 150/2015, tornava *penhorável* o imóvel residencial quando a dívida cobrada fosse em razão dos créditos de trabalhadores da própria residência e das respectivas contribuições previdenciárias. Atente-se, porém, que o Superior Tribunal de Justiça já se manifestara pela limitação da exceção, quando vigente o dispositivo, aos *empregados* da casa, não devendo o dispositivo amparar cobranças de pessoas que, embora realizem atividade laboral na residência familiar, faziam-no por meio de trabalho autônomo ou vinculado a outro empregador, como ocorre com pedreiros, bombeiros hidráulicos, bem como com diaristas que eventualmente prestem seus serviços à família[51]. Tais discussões, porém, perdem importância porquanto revogado o dispositivo.

A segunda exceção à penhorabilidade versa sobre os créditos decorrentes do financiamento destinado à construção ou à aquisição do imóvel, no limite dos valores e acréscimos constituídos em função do respectivo contrato. Hoje, com a expansão da política de crédito para financiamento de imóveis residenciais, restam perfeitamente possíveis as suas respectivas penhoras, caso as dívidas relativas aos

---

50. BRASIL. Superior Tribunal de Justiça. AgRg no AREsp 537.034/MS, Rel. Ministro Raul Araújo, QUARTA TURMA, julgado em 26/08/2014, DJe 01/10/2014 sintetiza a posição dominante da Corte Superior ao sufragar o entendimento de que "(...) *1. A proteção conferida ao instituto de bem de família é princípio concernente às questões de ordem pública, não se admitindo nem mesmo a renúncia por seu titular do benefício conferido pela lei, sendo possível, inclusive, a desconstituição de penhora anteriormente feita. 2. A jurisprudência do STJ tem, de forma reiterada e inequívoca, pontuado que o benefício conferido pela Lei 8.009/90 trata-se de norma cogente, que contém princípio de ordem pública, e sua incidência somente é afastada se caracterizada alguma hipótese descrita no art. 3º da Lei 8.009/90, o que não é o caso dos autos. 3. A finalidade da Lei 8.009/90 não é proteger o devedor contra suas dívidas, mas visa à proteção da entidade familiar no seu conceito mais amplo, motivo pelo qual as hipóteses de exceção à impenhorabilidade do bem de família, em virtude do seu caráter excepcional, devem receber interpretação restritiva.*".

51. BRASIL. Superior Tribunal de Justiça. REsp 644.733/SC, Rel. Ministro Francisco Falcão, Rel. p/ Acórdão Ministro Luiz Fux, PRIMEIRA TURMA, julgado em 20/10/2005, DJ 28/11/2005, p. 197.

agentes que financiaram os bens não sejam quitadas, como diuturnamente tem sido sufragado pela jurisprudência nacional[52].

A terceira exceção à impenhorabilidade trata da possibilidade de constrição, a fim de se honrarem créditos alimentícios, resguardados os direitos, sobre o bem, do seu coproprietário que, com o devedor, integre união estável ou conjugal, observadas as hipóteses em que ambos responderão pela dívida. A grande discussão travada a respeito do dispositivo é se ele abarcaria apenas os alimentos derivados de relações familiares ou se envolveria aqueles derivados de atos ilícitos, como, por exemplo, no caso de acidentes de trânsito, em que as vítimas ou suas famílias passam, por ordem judicial, a receber pensionamento civil. A jurisprudência do Superior Tribunal de Justiça caminha firmemente no sentido de decretar a penhora do bem de família em qualquer um dos dois casos (alimentos derivados de relações de parentesco ou de atos ilícitos) [53].

Atente-se, por outro lado, que o resguardo à parte que toca ao meeiro (na união estável ou casamento) inviabiliza, por completo, a penhora do bem, não se admitindo que este seja alienado e que metade do dinheiro se entregue ao coproprietário que não figure como simultâneo devedor[54]. Por fim, lembremos que, se o meeiro for também simultâneo devedor dos alimentos em relação ao mesmo credor, a penhora integral do imóvel será permitida, como ocorreria na hipótese de o casal residente de apartamento próprio dever alimentos a netos comuns.

A quarta exceção à impenhorabilidade trata das dívidas tributárias e condominiais incidentes especificamente sobre o imóvel utilizado como moradia da família. A nossa jurisprudência tem enriquecido o dispositivo estabelecendo, por exemplo, que mesmo as dívidas anteriores à aquisição do bem, quando enquadradas na exceção do inciso analisado, justificam a penhora do bem de família[55]. Além disso, as dívidas relativas à ausência de contribuição aos chamados "condomínios irregulares", ou "parcelamentos irregulares", por moradores do malfadado loteamento não ensejam a penhora do mencionado bem, pois a dívida condominial a permitir tamanha constrição só pode ser a incidente sobre condomínios regulares[56].

---

52. BRASIL. Superior Tribunal de Justiça. REsp 1227366/RS, Rel. Min. Luis Felipe Salomão, QUARTA TURMA, julgado em 21/10/2014, DJe 17/11/2014.
53. BRASIL. Superior Tribunal de Justiça. AgRg no AREsp 516.272/SP, Rel. Ministro Luis Felipe Salomão, QUARTA TURMA, julgado em 03/06/2014, DJe 13/06/2014, trata claramente da questão ao asseverar que: "*(...) A jurisprudência deste Sodalício ao interpretar o artigo 3º, inciso III, da Lei 8.009/90, assevera a irrelevância da origem da obrigação alimentícia, não importando se decorre de relação familiar ou se é proveniente de indenização por ato ilícito.*"
54. BRASIL. Superior Tribunal de Justiça. AgRg no AREsp 516.272/SP, Rel. Ministro Luis Felipe Salomão, QUARTA TURMA, julgado em 03/06/2014, DJe 13/06/2014, trata claramente da questão ao asseverar que: "*(...) A jurisprudência deste Sodalício ao interpretar o artigo 3º, inciso III, da Lei 8.009/90, assevera a irrelevância da origem da obrigação alimentícia, não importando se decorre de relação familiar ou se é proveniente de indenização por ato ilícito.*"
55. BRASIL. Superior Tribunal de Justiça. REsp 1366894/RS, Rel. Ministra Nancy Andrighi, TERCEIRA TURMA, julgado em 22/04/2014, DJe 02/06/2014.
56. BRASIL. Superior Tribunal de Justiça. REsp 1.324.107/SP, Rel. Ministra Nancy Andrighi, TERCEIRA TURMA, julgado em 13/11/2012, DJe 21/11/2012.

Quanto ao quinto inciso do artigo, ele torna penhorável o imóvel familiar para a execução de hipoteca sobre o bem, quando oferecido como garantia real pelo casal ou pela entidade familiar. Nesses casos, busca-se perquirir se o oferecimento do bem em hipoteca garantiu dívida que fora tomada para beneficiar o grupo familiar. Na hipótese de se responder positivamente à questão, a penhora é aceitável, caso contrário, não o será[57].

A sexta exceção ocorre quando a aquisição do bem de família se deu como fruto de ato ou atividade criminosa, ou quando houver sentença penal condenatória a ressarcimento, indenização ou perdimento de bens. Na primeira hipótese ventilada, embora a lei não exija uma sentença penal, mesmo na seara cível, será necessário estabelecer o nexo de causalidade entre a compra do bem de família e a origem criminosa do numerário utilizado para tal mister.

Na segunda hipótese versada no inciso VI, não há, ao menos na literalidade do dispositivo, necessidade de estabelecimento da correlação de causa e efeito entre o crime, objeto da sentença penal, e a aquisição do bem de família. No entanto, demanda-se a existência de requisito formal: a "execução de sentença penal condenatória a ressarcimento, indenização ou perdimento de bens."[58].

A última exceção à impenhorabilidade, e talvez a mais frequentemente vista nos Tribunais Pátrios, ocorre na hipótese de fiança em contrato de locação. O dispositivo analisado já foi infirmado por supostamente violar o direito constitucional à moradia. Acontece, no entanto, que o Supremo Tribunal Federal afastou o embaraço à sua aplicação, sendo corrente, nos dias de hoje, a penhora do bem de família do fiador em contrato de locação[59], quando inadimplente o devedor principal. O irônico do dispositivo é que, se o devedor principal (inquilino no contrato de locação), depois de constituir a dívida conseguir comprar uma casa para si, esta será impenhorável.

---

57. BRASIL. Superior Tribunal de Justiça. AgRg no REsp 1449423/SP, Rel. Ministro João Otávio de Noronha, TERCEIRA TURMA, julgado em 05/03/2015, DJe 31/03/2015, no qual a posição da Corte é assim sintetizada: "(...) É penhorável o bem de família de propriedade de sócio dado em garantia de contrato celebrado por pessoa jurídica se o imóvel foi oferecido como garantia real em benefício da entidade familiar, hipótese que se subsume à exceção prevista no art. 3°, V, da Lei n. 8009/90.
58. BRASIL. Superior Tribunal de Justiça. REsp 1021440/SP, Rel. Ministro Luis Felipe Salomão, QUARTA TURMA, julgado em 02/05/2013, DJe 20/05/2013, nos permite chegar a tal conclusão ao asseverar que: "(...)3. O art. 3°, VI, da Lei n. 8.009/1990 expressamente afastou a impenhorabilidade quando o bem imóvel é adquirido com produto de crime ou para execução de sentença penal condenatória a ressarcimento, indenização ou perdimento de bens, sendo certo que, por ostentar a legislação atinente ao bem de família natureza excepcional, é insuscetível de interpretação extensiva. 4. De fato, o caráter protetivo da Lei n. 8.009/1990 impõe sejam as exceções nela previstas interpretadas estritamente. Nesse sentido, a ressalva contida no inciso VI do seu artigo 3° encarta a execução de sentença penal condenatória – ação civil ex delicto -; não alcançando a sentença cível de indenização, salvo se, verificada a coexistência dos dois tipos, for-lhes comum o fundamento de fato, exatamente o que ocorre nestes autos. Precedente."
59. BRASIL. Superior Tribunal de Justiça. AgRg no RMS 24.658/RJ, Rel. Ministro Nefi Cordeiro, SEXTA TURMA, julgado em 03/06/2014, DJe 20/06/2014, resume bem o que fora exposto: " (...) 2. O Supremo Tribunal Federal, no julgamento do RE n. 407.688, entendeu que a penhorabilidade do bem de família do fiador do contrato de locação, objeto do art. 3°, inc. VII, da Lei n° 8.009, de 23 de março de 1990, com a redação da Lei n° 8.245, de 15 de outubro de 1991, não ofende o art. 6° da Constituição da República."

No entanto, mesmo resguardada a impenhorabilidade da nova casa do devedor principal, a do fiador poderá continuar a sofrer a constrição.

Acreditamos, assim, que os mais relevantes aspectos sobre o bem de família legal foram debatidos. Lancemo-nos, então, à segunda espécie de bens de família: os convencionais.

Pois bem. Como mencionado alhures, quando há mais de um imóvel residencial pertencente à unidade familiar, a proteção da Lei nº 8.009/90 incide sobre o bem mais barato. Logo, se a entidade familiar almejar proteger o mais caro deles, deverá lançar mão do instituto preconizado no artigo 1711 do Código Civil, que dispõe:

> *Art. 1.711. Podem os cônjuges, ou a entidade familiar, mediante escritura pública ou testamento, destinar parte de seu patrimônio para instituir bem de família, desde que não ultrapasse um terço do patrimônio líquido existente ao tempo da instituição, mantidas as regras sobre a impenhorabilidade do imóvel residencial estabelecida em lei especial.*
>
> *Parágrafo único. O terceiro poderá igualmente instituir bem de família por testamento ou doação, dependendo a eficácia do ato da aceitação expressa de ambos os cônjuges beneficiados ou da entidade familiar beneficiada.*

A opção pelo bem de família convencional vem se mostrando de modesto alcance quando comparada à amplitude da proteção conferida pelo bem de família legal. Como visto, só haverá necessidade de sua constituição quando a entidade familiar possuir mais de um imóvel com finalidade residencial e desejar proteger o mais caro deles. Ainda assim, quando uma determinada família se enquadrar nessa hipótese, ela será convidada a sopesar as vantagens e desvantagens da constituição do bem de família convencional, pois fará incidir sobre ele a necessidade de manutenção de sua destinação residencial, bem como acarretará relativa inalienabilidade, a teor do que dispõe o artigo 1.717 do Código Civil:

> *Art. 1.717. O prédio e os valores mobiliários, constituídos como bem da família, não podem ter destino diverso do previsto no art. 1.712 ou serem alienados sem o consentimento dos interessados e seus representantes legais, ouvido o Ministério Público.*

Quanto ao primeiro aspecto, a alteração de destinação pela família da finalidade residencial do bem poderá acarretar a sua penhorabilidade, eis que a proteção só se justifica para a garantia do direito social à moradia do grupo familiar.

Quanto à inalienabilidade relativa do bem, questão pouco explorada corresponde à indagação sobre quem são os interessados a opinarem sobre a sua alienação do bem de família? Clóvis Beviláqua, a meu ver com razão, aponta-os como sendo o cônjuge (e companheiro, se houver) e filhos[60]. No caso da prole, ressalvemos apenas a necessidade de serem menores e residentes com o genitor ou os genitores interessados na alienação. Nessa hipótese, deverão ser ouvidos em juízo, acompanhados

60. Beviláqua, Clóvis. Código Civil dos Estados Unidos do Brasil comentado – v. I. 9 ed. Rio de Janeiro: Francisco Alves, 1951, p. 330.

por curador especial (art. 72 do novo CPC, pelo potencial interesse conflitante entre eles e os responsáveis, interessados na alienação). Caso o bem de família pertença unicamente ao menor, por exemplo, por haver sido herdado e instituída tal impenhorabilidade por testamento, dispensável será a presença do curador especial, eis que, inexistindo possível conflito de interesses, poderão ser representados pelos seus genitores.

No mencionado feito, será ouvido o Ministério Público e avaliado se a extinção da natureza do imóvel como bem de família voluntário atenderá aos interesses familiares, especialmente, se o direito social à moradia restará comprometido pelo desfazimento do imóvel. Além dessa, existem outras hipóteses para a extinção do bem de família, a saber:

> *Art. 1.719. Comprovada a impossibilidade da manutenção do bem de família nas condições em que foi instituído, poderá o juiz, a requerimento dos interessados, extingui-lo ou autorizar a sub-rogação dos bens que o constituem em outros, ouvidos o instituidor e o Ministério Público.*
>
> *Art. 1.720. Salvo disposição em contrário do ato de instituição, a administração do bem de família compete a ambos os cônjuges, resolvendo o juiz em caso de divergência.*
>
> *Parágrafo único. Com o falecimento de ambos os cônjuges, a administração passará ao filho mais velho, se for maior, e, do contrário, a seu tutor.*
>
> *Art. 1.721. A dissolução da sociedade conjugal não extingue o bem de família. Parágrafo único. Dissolvida a sociedade conjugal pela morte de um dos cônjuges, o sobrevivente poderá pedir a extinção do bem de família, se for o único bem do casal.*
>
> *Art. 1.722. Extingue-se, igualmente, o bem de família com a morte de ambos os cônjuges e a maioridade dos filhos, desde que não sujeitos a curatela.*

A leitura dos dispositivos acima transcritos revela que, se houver impossibilidade de manutenção do bem de família, o juiz, nas mesmas condições procedimentais indicadas no artigo 1.717, poderá determinar o fim do gravame, ou que novos bens assumam essa natureza.

A morte dos cônjuges, ao seu turno, também poderá ensejar a extinção do bem de família convencional, *desde que todos os filhos sejam maiores e que não estejam sujeitos a curatela*. O pleito para a desconstituição do bem de família, assim entendo, poderá ser dirigida ao próprio juiz do inventário, que, constatando os requisitos do artigo 1.722, aproveitando-se da própria instrumentalidade do processo, determinará o fim do gravame.

Na hipótese, porém, de nem todos os filhos serem maiores, a administração do bem de família, que antes tocava *conjuntamente* ao casal (artigo 1.720, *caput*), passará ao filho mais velho do casal, se maior, ou ao tutor, se todos forem menores. É evidente, porém, que, havendo justo motivo, tal sequência de possíveis administradores poderá ser invertida e a administração do bem de família poderá tocar a algum outro dos irmãos maiores que se mostrar mais indicado para exercer tal mister por, *v.g.*, residir no imóvel junto com os outros irmãos menores, ao passo que o mais velho reside em outro lugar.

Dissolvida, por fim, a sociedade conjugal, por morte de um dos cônjuges ou divórcio, não haverá a automática extinção do bem de família, embora esta possa vir a ser pleiteada segundo as hipóteses explanadas nos artigos 1.717 e 1.719, bem como se o bem de família convencional for o único bem do casal (artigo 1.721, parágrafo único). Nesse caso, o juízo do inventário também poderá ordenar a extinção do bem de família, que já estará suficientemente protegido por ser, como único imóvel residencial, um bem de família legal.

Apreciados tais aspectos, lembremos apenas que a impenhorabilidade conferida pelo bem de família convencional é relativa e encontra as seguintes exceções: *a)* dívidas anteriores à sua instituição (seja qual for sua natureza), *b)* dívidas condominiais e, *c)* dívidas relativas a tributos vinculados ao próprio bem de família (artigo 1.715).

Uma breve leitura do já comentado artigo 3º da Lei nº 8.009/90 indica que existem muitas hipóteses de possível penhora do bem de família legal que não se aplicam ao bem de família convencional. Nesse caso, não podemos nos valer de analogia para aplica-las ao último pelas seguintes razões:

a) uma restrição a direitos não deve ser estendida analogicamente a outras situações, que não a originariamente estabelecida e, *b)* a instituição do bem de família convencional acarreta restrições ao imóvel não incidentes sobre o bem de família legal, logo, por importar um maior sacrifício, como contrapartida, razoável que sua proteção seja mais extensa, possibilitando menos hipóteses de penhorabilidade do dito imóvel.

Acreditamos, assim, haver abordados os principais tópicos.

Capítulo 11
FATO JURÍDICO

Aspectos introdutórios. Já tivemos oportunidade de asseverar que a Parte Geral do Código Civil espelha esquematicamente uma relação jurídica. Em sua fase estática, tal qual se fosse um retrato momentâneo, ao observarmo-la, vislumbramos a presença de sujeitos vinculados em torno de determinado objeto. Pois bem... os seus sujeitos são disciplinados, pela lei civil, quando se normatizam as pessoas. O objeto é abordado quando se traçam diretrizes sobre os bens.

Ocorre que existe uma força motriz que pode criar, modificar e extinguir relações jurídicas, imperceptível no "retrato" acima idealizado. Denominamo-la de "fatos jurídicos".

O conceito, aliás, é, em parte, tomado do significado naturalístico da expressão "fato". Este representa qualquer alteração no mundo exterior, por mínima que seja. Assim, se uma folha verde, de uma árvore viva, no meio da Floresta Amazônica, for ao chão, eis aí um fato, por pouco relevante que nos pareça.

Igualmente pode-se vislumbrar um "fato" quando um raio se abate sobre uma árvore, fazendo com que um pesado galho se precipite sobre um veículo estacionado sob sua copa, levando-o à perda total. Na presente hipótese, o evento passa a gozar de maior relevância, pois importará consequências jurídicas, de ordem civil (por exemplo, levando ao acionamento do contrato de seguro) e tributárias (podendo representar a liberação de futuras cobranças do imposto sobre a propriedade automotiva).

E qual seria o parâmetro a divisar os fatos capazes de gerar consequências jurídicas ou não? A resposta é muito singela: é a lei. Como nos ensina Von Thur[1], a norma abstratamente assume uma estrutura lógica que assim pode ser resumida: "*se tais fatos se derem, produzem-se tais efeitos*". Logo, a relevância jurídica do fato, a transformá-lo em jurídico, decorre de sua adequação a determinado modelo abstrato previsto na norma, vindo, assim, a gerar consequências jurídicas relevantes.

1. VON THUR, Andreas. **Parte General del Derecho Civil**. San José da Costa Rica: Juricentro, 1977, p. 64, explana bem a ideia exposta: "Las leyes son, de ordinario, preceptos abstractos que rigen para numerosos casos iguales. (Son muy raras las leyes que se dan en nuestro orden jurídico en vista de un único caso, los llamados privilegios). La ley es, pues, por su estructura lógica, una regla hipotética: 'si se dan tales hechos, se producirán tales efectos'. Los hechos indicados en la regla condicional son los requisitos; la conminación decretada por la regla principal es la que contiene los efectos de esos hechos. Los efectos jurídicos implican siempre una alteración en el mundo del Derecho, y en particular el nacimiento, la modificación o la extinción de las relaciones jurídicas."

Os italianos usam o termo *fattispecie* para indicar a abstrata hipótese de incidência legal, capaz de, ao incidir sobre um concreto acontecimento do mundo natural, alçá-lo à categoria de fato jurídico[2].

Entre nós, Pontes de Miranda[3] traça elaborado modelo. Afirma que o mundo representa a totalidade de fatos. Ocorre que, para *"uso nosso, fazemos modelos de fatos, inclusive de fatos jurídicos, para que o quadro jurídico descreva o mundo jurídico, engastando-o no mundo total"*. Os fatos, para ingressarem no mundo jurídico, necessitam da incidência das regras jurídicas. A incidência da norma, portanto, só ocorrerá quando, no mundo real, o suporte material *(por Pontes de Miranda chamado de "suporte fático", que corresponderia ao "Tatbestand" dos alemães)* estiver completo. Nesse momento, automaticamente, as normas jurídicas, que pairam abstratamente, como criações humanas a espreitar o que ocorre no mundo real, "descem" sobre os acontecimentos que acabaram de transcorrer, "colorindo-os", e transformando-os em... "fatos jurídicos".

Os fatos jurídicos, portanto, entre todos os outros acontecimentos do mundo real, são aqueles, como visto, dotados de relevância jurídica, ou seja, são aqueles capazes de criar, modificar ou extinguir relações jurídicas. Vejamos, pois, o que significa a criação, a modificação ou a extinção de direitos, aspectos que nos permitem identificar a força geratriz de tal fenômeno, a saber, os fatos jurídicos.

Pois bem. Como mencionado, de nada adiantariam as abstratas previsões legais, se elas não se materializassem. Logo, direitos subjetivos e relações jurídicas não são criados pela simples abstrata previsão legal, mas dependem de eventos, voluntários ou não, que permitam a incidência da norma a fatos ocorridos em nosso mundo.

Assim, apenas se tem como criado o direito quando um fato hábil a ensejá-lo, segundo o ordenamento jurídico, transcorre. A análise se faz quanto ao direito em si, pouco importando quem seja o seu titular. No entanto, se deslocarmos nossos olhares para ***quem*** está incorporando o dito direito ao patrimônio jurídico, deixaremos de tratar da simples criação do direito, mas de sua aquisição pelo respectivo titular. Em resumo, a criação é o nascimento do ***direito***, e a aquisição é a sua titularização pelo sujeito de direito.

Não raro, o fenômeno é simultâneo, como na ocupação. Alguém se apodera de um objeto móvel sem dono aparente. Imediatamente firmou-se uma relação de uma propriedade sobre a coisa, que simultaneamente é ***adquirida*** por aquele que dela se

2. BETTI, Emilio. **Teoria Geral do Negócio Jurídico**. Campinas: LZN, 2003, p. 10, esclarece a origen do termo *fattispecie*: "O termo deriva do latim medieval *facti species*, que, à letra, significa *figura do fato*. A denominação é preferível à outra, comumente usada, de 'fato jurídico', porque indica tanto o fato propriamente dito, como, conjuntamente, o estado de fato e de direito, em que o fato incide e se enquadra. Foi nesse sentido que nós introduzimos a palavra, na primeira edição do nosso curso de *Instituições de direito romano*, § 45; depois disso, ela tornou-se de uso comum.".
3. PONTES DE MIRANDA, Francisco Cavalcanti. **Tratado de Direito Privado** – tomo I. Campinas: Bookseller, 1999, p. 50/52.

apodera. Se o adquirente originário repassar seu direito de propriedade para terceiro, não mais se falará em ***criação*** do direito de propriedade, mas de sua ***transmissão.*** Por outro lado, pela óptica dos sujeitos, o primeiro a adquirir o bem deixará de ser seu titular e haverá nova ***aquisição*** pelo terceiro a quem se transmite a coisa.

Percebe-se, assim, que o direito, em si, só pode ser criado uma única vez, mas, ao longo do tempo, pode ser adquirido sucessivamente (quando transmitido pelo titular anterior) por diversas pessoas. Divisam-se, destarte, as distinções conceptuais das aquisições originária e derivada.

Voltemos ao fenômeno da ocupação (aquisição de coisa móvel sem dono ao ser apoderada por um sujeito). Nasce um direito de propriedade por força própria de quem se apoderou do objeto. O que se quer dizer é que a propriedade do bem não foi ***transmitida*** por ninguém, mas adquirida pela própria conduta do agente. Tem-se aqui o que se denomina de aquisição originária. Por outro lado, quando o bem for repassado para terceiro, ele terá sido ***transmitido.*** Neste último caso, trata-se de uma aquisição ***derivada,*** vale dizer, ela não se deu pelas próprias forças do novo titular, mas o direito foi-lhe transmitido pelo antecessor.

O leitor curioso pode indagar: qual a importância de se extremarem as diferenças conceituais de uma aquisição originária para a derivada? Os romanos já se valiam de brocardo que responde adequadamente ao quesito lançado: ***Nemo plus juris transferre potest quam ipse habet,*** ou seja, "*ninguém pode transferir mais direitos do que tem*". Assim, o bem adquirido originariamente não ostentará qualquer vicissitude. Ocorre que, quem recebe por transmissão alguma coisa, adquire derivadamente com todas as restrições que a permeiam. Assim, v.g., aquele que compra um bem imóvel gravado com hipoteca, adquire-o com tal restrição[4].

Tem-se, pois, que o autor que torna pública sua obra, o sujeito que faz usucapião sobre um bem, a pessoa que realiza ocupação em coisa móvel, o Estado ao desapropriar um imóvel... todos, originariamente, adquirem direitos. O sujeito, por outro lado, que, por cessão, adquire os direitos patrimoniais sobre a obra do autor, bem como quem compra, por exemplo, o bem que fora outrora usucapido ou desapropriado, ou mesmo recebe por doação a coisa móvel antes objeto de ocupação, adquirem sobre elas derivadamente direitos. Apenas naqueles casos haverá o nascimento dos direitos, enquanto, nestes, o fenômeno será da sua transmissão, vale dizer, o transmitente os perde, ao mesmo tempo em que outra pessoa os adquire.

Lembremos, por outro lado, que os fatos jurídicos, além de criar, podem modificar direitos. A modificação pode ser tanto em relação aos sujeitos, quanto em relação aos objetos dos direitos. Vale lembrar que a modificação subjetiva acontece quando o direito é ***transmitido,*** com a sua consequente perda para o titular antigo e a sua

---

4. GOMES, Orlando. **Introdução ao Direito Civil.** 4 ed. Rio de Janeiro: Forense, 1974, p. 271.

aquisição para o novo. Ressalvemos apenas a existência de direitos intransmissíveis, porquanto personalíssimos. É o caso dos direitos de personalidade.

Pois bem, a transmissão de direitos leva a uma sucessão traslativa, quando o novo titular sucede o antigo em ***todo*** o seu conteúdo objetivo. Exemplo simples do que se tenta explicar é a venda de uma casa. O novo titular sucede o antigo em todo o conteúdo dos direitos relativos à propriedade alienada, o que não ocorre na transmissão constitutiva, quando se cria um direito novo, de menor extensão, a partir de direito maior. A constituição de usufruto (direito real de menor extensão), conferido a terceiro com base no pré-existente direito de propriedade, é exemplo de sucessão constitutiva[5].

A modificação de um dado direito, por outro lado, é objetiva, quando se alteram a sua forma, o seu tempo, o seu lugar ou a sua extensão. Uma ilustração da modificação de um determinado direito é a chamada dação em pagamento. Entende-se por dação em pagamento a prestação de objeto, por mútuo acordo entre devedor e credor, diferente do inicialmente estabelecido, quando ainda não adimplida a obrigação, com o fito de extingui-la. Ocorre, por exemplo, quando o devedor está obrigado a entregar ao credor vinte mil reais, mas, por falta de liquidez, combina repassar, de comum acordo, um veículo usado e, dessa forma, quitar a dívida. Com essa permuta negocial, identifica-se nitidamente a modificação no direito originariamente estabelecido. Algo que não ocorreria, senão pela verificação de um fato jurídico (em sentido lato), como, em nosso caso fictício, um contrato.

A extinção do direito, por seu turno, dá-se com o seu absoluto desaparecimento. É fenômeno objetivo e difere da perda, porquanto esta apenas representa o divórcio entre o conteúdo do direito e sua antiga titularidade. Façamo-nos mais claros: quando vendo um carro, perco o meu direito de propriedade sobre ele, mas ainda remanesce um direito de propriedade sobre o bem. Dá-se, no exemplo, perda, mas não extinção. Se o proprietário do veículo, porém, bate o carro, levando-o à total destruição, é fato que ocorrerá a perda da propriedade sobre o bem, mas, além disso, haverá também a extinção do direito de propriedade[6].

Destaca-se, entre as formas de extinção, a renúncia. Repita-se: a renúncia não é uma simples perda, mas uma verdadeira extinção, porquanto o direito subjetivo dela objeto deixa de existir, morre. Materializa-se quando o titular voluntariamente

---

5. OERTMANN, Paul. **Introducción al Derecho Civil**. Barcelona: Labor, 1933, p. 182/183 afirma: "En la adquisición de derecho derivativa, el derecho ya existente, o, mejor dicho, su contenido objetivo, pasa del antigo al nuevo titular. La sucesión puede alcanzar o al derecho em su totalidad (<<sucesión traslativa>>, como por ejemplo, cuando A transmite a B su propiedad sobre una casa), pero también puede suceder que el antecesor transmita solamente al sucesor um derecho de menor extensión que el que aquél tenga sobre la cosa (<<sucesión constitutiva>>, como, por ejemplo, cuando el propietario C otorga a favor de D un derecho de usufructo, una servidumbre de paso o una hipoteca sobre su fundo).
6. FERRARA, Luigi Cariota. **El Negocio Jurídico**. Madrid: Aguilar, 1956, p. 15, afirma: "La extinción es la cesación del derecho subjetivo. Este desaparece de la realidad jurídica, acaba, muere. La pérdida es el separarse el derecho del sujeto que hasta tal momento era su titular."

se expressa no sentido de abdicar do direito, sem transmiti-lo a quem quer que seja[7]. Registre-se que, em regra, caracteriza-se como unilateral, quando concernir a direitos oponíveis ***erga omnes*** (como o direito de propriedade). Tratando-se, todavia, de direito oponível a certa e determinada pessoa, há quem defenda que demandaria a concordância da parte adversa, como ocorreria na hipótese de remissão de dívidas[8].

Seja como for, o importante é notar que, após a renúncia, a extinção do direito é irremediável, não se tolerando arrependimento quanto aos seus efeitos. Se assim é, de nada adianta ao renunciante retratar-se de sua renúncia, após a sua manifestação de vontade de abdicar de seu direito, visto que ele já estaria inexoravelmente extinto.

Esquematicamente, portanto, abordamos as principais consequências da ocorrência dos fatos jurídicos: o nascimento, a modificação e a extinção dos direitos. Encetemos, pois, o estudo de suas espécies.

Classificação dos fatos jurídicos. Assentada a premissa de que os fatos jurídicos, em sentido lato, são todos os acontecimentos, naturais ou humanos, capazes de criar, modificar ou extinguir relações jurídicas, é chegada a hora de classificá-los, agrupando-os em espécies segundo certas peculiaridades.

Assim, o primeiro grande parâmetro classificatório reside na atuação humana na produção dos fatos: existem aqueles que são naturais, ao passo que outros decorrem de condutas humanas. Noutros termos, poderíamos adotar o termo *antropogênico* para designar fatos gerados pela ação humana e o termo *fisiogênico* para designar fatos gerados pela natureza.

Os acontecimentos naturais suficientes para comporem um suporte fático a ponto de se juridicizarem são chamados de fatos jurídicos em sentido estrito e poderão ser ordinários ou extraordinários, como adiante será explanado. As ações humanas, por sua vez, dependerão da relevância que a manifestação de vontade terá na composição do suporte fático sobre o qual incidirá a norma.

Existem aqueles em que a exteriorização volitiva é indiferente para a produção dos efeitos – são os chamados atos-fatos. Outros, no entanto, demandam-na, como ocorre no ato jurídico em sentido estrito, no negócio jurídico e no ato ilícito.

---

7. PEREIRA, Caio Mário da Silva. **Instituições de Direito Civil**, v. I. 20 ed. Rio de Janeiro: Forense, 2004, p. 470.
8. OERTMANN, Paul. **Introducción al Derecho Civil**. Barcelona: Labor, 1933, p. 186/187 afirma: "La cuestión relativa a si esta renuncia es eficaz como acto unilateral o necesita el concurso de otras personas, no puede resolverse con un mismo critério para todos los casos, y ni siquiera se plantea siempre con suficiente claridad. En general, cabe decir que en los casos en que frente al derecho no aparece un sujeto individualmente obligado, es innecesario el aludido concurso. En tal hipótesis la renuncia unilateral produce plenos efectos: así sucede en la propiedad, articulo 959, en la hipoteca, artículo 1168 etc. Nada supone en este punto el hecho de que, en ocasiones, la declaración de la renuncia exija (como en materia de propiedad sobre inmuebles, artículo 928) una forma determinada. En cambio, em aquellos derechos en que aparece, frente al titular, un obligado determinado, el Código exige el concurso del mismo. Así sucede em la condonación de deudas, artículo 397, que es ineficaz sin la aceptación del deudor."

Cabe, antes de avançarmos para a detida análise de cada modalidade acima exposta, que se trace um resumo esquemático da classificação ora proposta:

CLASSIFICAÇÃO SEGUNDO A PRESENÇA OU NÃO DE CONDUTA HUMANA A INTEGRAR O SUPORTE FÁTICO	ESPÉCIES	
Fatos jurídicos derivados de acontecimentos naturais ou fisiogêncios (fatos jurídicos em em sentido estrito)	Ordinários	Extraordinários
Ações humanas ou fatos jurídicos antrogênicos	Atos-fatos	Atos jurídicos em sentido lato: b.1) Atos jurídicos em sentido estrito b.2) Negócios jurídicos b.3) Atos ilícitos

Analisemos com mais vagar as ditas espécies.

Fatos jurídicos em sentido estrito. Entendemos como fatos jurídicos em sentido estrito os acontecimentos naturais capazes de criar, modificar ou extinguir relações jurídicas. Lembra Pontes de Miranda[9] que o suporte fático de tais eventos não conta com qualquer conduta humana, ainda que ela tenha acontecido antes da juridicização.

Não por outro motivo, a concepção, o nascimento e a morte natural, ainda que possam, em determinado momento, ser produzidos ou afetados por alguma atuação humana para sua posterior concretização, são fenômenos cuja juridicização é puramente natural – acontecem ***com*** o homem, não importando que aconteçam pelo homem ou por meio de algum evento estranho à atuação humana. Em outras palavras: não é o agir do homem que atrai a incidência da lei, mas o natural fato de ser concebido, ou de haver nascido, ou mesmo falecido.

Analisando a profunda coerência de tais ensinamentos, somos obrigados a discordar do conceito de fato jurídico em sentido estrito lançado por Orlando Gomes[10] e Caio Mário[11] por asseverarem que estes ocorrem quando o fato independe da vontade humana. Contraditoriamente, porém, os dois reconhecem a categoria dos atos-fatos, com relação aos quais, mesmo tida como irrelevante a vontade do agente para que os efeitos da conduta sejam verificados, não são classificados como fato jurídico em sentido estrito. Não é, portanto, a falta de vontade a pedra de toque do conceito, mas a inexistência de conduta humana (volitiva ou não) a completar o suporte fático para incidência da lei.

Feitos tais esclarecimentos, cabe ressaltar que os fatos jurídicos em sentido estrito podem ser ordinários ou extraordinários. São fatos jurídicos em sentido estrito ordinários aqueles correspondentes à ordem natural das coisas (fluência de

9. PONTES DE MIRANDA, Francisco Cavalcanti. **Tratado de Direito Privado**. Campinas: Bookseller, 1999, v. 1, p. 225.
10. GOMES, Orlando. **Introdução ao Direito Civil**. 4 ed. Rio de Janeiro: Forense, 1974, p. 281/282.
11. PEREIRA, Caio Mário da Silva. **Instituições de Direito Civil**. 20 ed. Rio de Janeiro: Forense, 2004, v.1, p. 459.

tempo capaz de levar um indivíduo da absoluta incapacidade à plena capacidade, o nascimento, a morte), enquanto os fatos jurídicos em sentido estrito extraordinário são acontecimentos inevitáveis, para os quais não há concorrência de culpa do agente para a sua incidência.

A doutrina arrola como fatos jurídicos, em sentido estrito, extraordinários o caso fortuito e a força maior. Já adiantamos concordar com os exemplos, desde que restritos a acontecimentos puramente naturais, vez que, não raro algumas atuações humanas podem ser classificadas, a depender de cada doutrinador, ora como caso fortuito, ora como força maior.

Outro aspecto que já podemos adiantar é que não estabelecemos diferença prática entre os dois institutos. Tratamos os dois como expressões sinônimas, já que a própria lei não cuidou de extremá-los, nem mesmo com relação às consequências, embora reconheçamos que doutrinariamente inúmeros autores firmam distinções entre os dois. No entanto, repita-se, do ponto de vista estritamente legal, não há razão para tratá-los de forma distinta, podendo perfeitamente ser usados como expressões sinônimas. Vejamos: no artigo 393 os dois institutos são conceituados da mesma maneira, ou seja, como eventos consubstanciados em "*fato necessário, cujos efeitos não era possível evitar ou impedir*". Igualmente nos artigos 246, 399 e 583, o Código Civil se refere a "*caso fortuito, ou força maior*", sem diferenciá-los. Nos artigos 575, 667 e 868, embora seja mencionado "*caso fortuito*", não se estabelece qualquer traço distintivo entre ele e a força maior.

Diante disso, aderimos às conclusões de Caio Mário[12] de que, embora abstratamente se diferenciem, pragmaticamente não há razões para extremá-los. Lembremos, porém, que outros autores fazem tal diferenciação ao afirmar que *caso fortuito* designa fato ou ato alheio à vontade das partes, mas derivado da atuação de terceiro, ao passo que a *força maior* refere acontecimentos naturais inevitáveis[13]. Para outros[14], o conceito se inverte, vale dizer, *caso fortuito* é o evento produzido por força física ininteligente, em circunstâncias que não podiam ser antevistas pelas partes, ao passo que a *força maior* é o fato de terceiro, que gerou, para a inexecução da obrigação, um obstáculo, que a boa vontade do devedor não se mostra capaz de vencer. Há ainda aqueles[15] que afirmam ser o *caso fortuito* caracterizado quando se tratar de evento *imprevisível* e, por isso, *inevitável*, ao passo que, ao ocorrer evento *inevitável*, ainda que *previsível*, por se referir a fato superior às forças do agente, como normalmente são os fatos da Natureza – como as tempestades, enchentes etc. – configurar-se-á a *força maior*.

12. PEREIRA, Caio Mário da Silva. **Responsabilidade Civil**. 9 ed. Rio de Janeiro: Forense, 1998, p. 304.
13. GONÇALVES, Carlos Roberto. **Direito Civil Brasileiro** – v. IV. 3 ed. São Paulo: Saraiva, 2008, p. 449.
14. BEVILÁQUA, Clóvis. **Código Civil dos Estados Unidos do Brasil comentado** – v. IV. 9 ed. Rio de Janeiro: Francisco Alves, 1953, p. 212.
15. CAVALIERI FILHO, Sérgio. **Programa de Responsabilidade Civil**. 7 ed. São Paulo: Atlas, 2007, p. 65.

Os conceitos transcritos ilustram a grande variabilidade de abordagens doutrinárias sobre o tema. Entendemos, pois, mais seguro tratar os dois institutos de forma unívoca, acrescentando-se as seguintes observações: a) mesmo tratando-os como sinônimos, só consideramos fatos jurídicos em sentido estrito extraordinário o caso fortuito ou a força maior quando representados por acontecimentos naturais; b) os traços característicos dos dois institutos são a inevitabilidade do evento e a ausência de culpa por parte daquele que o invoca.

Assim, podemos ilustrar como exemplos do fato jurídico, em sentido estrito extraordinário, um terremoto, um tsunami, uma epidemia de doença nova a destruir rebanhos.

Feitas essas delimitações conceptuais basilares, avancemos ao estudo das atuações humanas capazes de criar, modificar ou extinguir relações jurídicas, iniciando a análise com o estudo dos atos-fatos.

Atos-fatos. O ser humano se distingue dos demais seres vivos por sua inteligência. A capacidade humana de apreender os fatos que o circundam, de raciocinar sobre eles e de tomar decisões, embora não elimine as atuações meramente instintivas, enaltece o peso da vontade individual nas relações intersubjetivas, merecendo detida atenção dos ordenamentos jurídicos.

Aliás, um dos pilares da vida moderna – a liberdade – está centrada no respeito que se deve ter ao "querer alheio". Somos tão mais livres, segundo uma visão mais egoística, quanto mais poder se der à nossa própria vontade. Por óbvio, se, de um lado, do ponto de vista ideal, o exercício da liberdade, em grau máximo, permite ao indivíduo fazer o que bem entender, por outro lado, pode comprometer a própria vida em sociedade, por ferir interesses individuais alheios ou coletivos. Um dos papeis centrais do Direito, assim, consiste em fazer a mediação entre a liberdade individual, limitando-a, sem reduzi-la a migalhas, e a necessidade de se disciplinar a vida em sociedade. Nesse sentido, ora alarga, ora estreita, a depender do tempo e do lugar, a esfera individual de liberdade.

Seja como for, nunca se irá suprimir, por completo, o poder do indivíduo de se vincular pela própria vontade. Mesmo em regimes totalitários, de índole socialista, alguma esfera de liberdade para celebração de negócios é tolerada, ainda que deveras limitada[16].

Assentada a premissa acima, na maior parte dos ordenamentos, temos que algumas atuações humanas geram consequências jurídicas sem que a vontade do agente seja demandada a compor o respectivo suporte fático. São os chamados atos-fatos. Na linguagem de Cariota Ferrara[17], prescinde-se de todo o querer do agente, concentrando-se a análise do ato em si.

16. PEREIRA, Caio Mário da Silva. **Responsabilidade Civil**. 9 ed. Rio de Janeiro: Forense, 1998, p. 304.
17. FERRARA, Luigi Cariota. **El Negocio Jurídico**. Madrid: Aguilar, 1956, p. 32.

Pontes de Miranda[18] arrola entre eles os atos reais, as hipóteses de responsabilidade sem culpa e de caducidade sem culpa. Entendem-se por atos reais ou materiais aqueles cujos efeitos estão restritos somente ao resultado da atuação, operando-se independentemente da consciência que o agente tenha do seu comportamento[19]. Na responsabilidade sem culpa, deixa-se de investigar a intenção ou a diligência do agente para se prender unicamente à sua conduta e à existência de nexo causal entre ela e o resultado danoso. Por fim, na caducidade sem culpa, há a perda de determinado direito, por exemplo, pelo decurso de prazo, como sói acontecer na decadência, pouco importando se a intenção do agente era ou não que o prazo escoasse totalmente sem qualquer ação sua.

Apresentados, pois, os elementos teóricos para a compreensão dos atos-fatos centremo-nos na análise dos seus mais contundentes exemplos: os atos reais. Como atos-fatos que são, neles a vontade não integra o suporte fático para a incidência da norma. Analisemo-los a partir de um exemplo: a ocupação, assim tratada no artigo 1.263 do Código Civil: "*Art. 1.263. Quem se assenhorear de coisa sem dono para logo lhe adquire a propriedade, não sendo essa ocupação defesa por lei.*"

Pois bem. Imaginemos um banhista a vagar pela praia e se deparar com uma pequena concha. Abaixa-se, então, para se apoderar do pequeno bem (que não tem dono), voltando à sua casa com o objeto, que coleciona.

A singela descrição da cena nos remete à prática de um ato-fato. Pouco importa, no exemplo, saber qual era a intenção do banhista – o fato é que ele se apoderou de coisa sem dono, adquirindo, para logo, sua propriedade, já que não havia óbice legal para tanto.

Igualmente na tradição de um objeto ocorre fenômeno semelhante. Perceba-se que a entrega do bem, a transmitir a posse e, não raro, a sua propriedade, costuma ser antecedida pela prática de negócios jurídicos. Muitos deles, porém, só serão aperfeiçoados por meio da realização do mencionado ato-fato (tradição). Imaginemos o seguinte exemplo: João vende a José uma caneta, recebendo o dinheiro por ela, após o que, transmite-a ao novo dono. No exemplo, os contratantes inicialmente celebram um negócio jurídico. Em seguida, a entrega do bem representa um ato-fato, pois não se perquire qual a real intenção dos agentes para a dita transmissão do bem. A discussão acerca da intenção de cada um se deu na celebração do contrato. Sacramentado o negócio, a tradição acarreta efeitos jurídicos pela sua simples prática exterior, não sendo relevante, para eles, qualquer manifestação de vontade dos agentes envolvidos.

Tentemos aclarar mais nossa exposição. Imaginemos que uma pessoa natural, absolutamente incapaz, seja genial ao esculpir em pedras, criando belíssimas obras de

18. PONTES DE MIRANDA, Francisco Cavalcanti. **Tratado de Direito Privado – tomo II**. Campinas: Bookseller, 1999, p. 422.
19. GOMES, Orlando. **Introdução ao Direito Civil**. 4 ed. Rio de Janeiro: Forense, 1974, p. 286.

artes. Passeando pelo quintal de um parente, vê uma pedra ideal para fazer um novo trabalho. Sem nada pedir, lança-se sobre o bem e começa a trabalhar, finalizando, ao cabo de algumas horas, pequena estatueta. O escultor, segundo o artigo 1.270, será o dono da obra se ela não puder ser reduzida à forma anterior. Logo, não se leva em conta a vontade do agente, porquanto irrelevante, mas o resultado material de seu trabalho para que a incidência do artigo 1.270 tenha lugar. Trata-se, portanto, de um ato antropogênico, porque a ação tem origem em ação humana, caracterizado, porém, pela irrelevância do exercício da vontade para a geração de efeitos jurídicos.

Em todos os exemplos, percebe-se que a lei mirava o ato em si, e não a vontade que a ele dera ensejo. Esta é irrelevante, o acontecimento, a ação humana, fosse qual fosse a vontade do agente, ele sim é que, materialmente, importa. Eis aí o ato-fato.

A grande importância jurídica da categoria estudada é que o suporte fático por ela exigido pode se completar ainda que o agente que praticou o ato seja uma criança, absolutamente incapaz e sem que seu representante interfira de qualquer forma. Tal fenômeno decorre do fato de que a vontade que animou a atuação do sujeito é irrelevante para composição do suporte fático, ou, em outras palavras, dispensa-se a sua manifestação. Eis o motivo pelo qual se sugere a classificação de ato antropogênico (originário da ação humana) parabúlico (a avaliação da vontade humana em sua realização não interessa). Assim, a teoria das nulidades não se aplica aos atos-fatos, não se podendo aplicar-lhes a teoria dos vícios de vontade.

Podemos ainda tentar simplificar mais a exposição! A lei parece eleger determinadas atuações humanas, quiçá por serem corriqueiras, para as quais não se irá ocupar da investigação da vontade do agente que a produziu. Ora, à guisa de ilustração, pouco importa saber o que pensou um vendedor ao entregar um dado bem ao seu cliente. A entrega materializa a transferência de propriedade, e ela, por si, é suficiente para gerar efeitos jurídicos. Não importa, da mesma forma, imaginar o que tinha em mente aquele que se apoderou da concha de nosso exemplo. Não buscamos saber se ele gostaria de juntá-la à sua coleção, ou dá-la ao filho. Ou seja, não interessa perquirir quais são as motivações que determinaram essa ação. O importante é que ele a tomou em suas mãos transformando-se, ***ipso facto,*** em seu dono!

Lembremos, por fim, interessante hipótese de ato-fato: a nunciatura. O núncio é mero reprodutor da vontade alheia. Há uma profunda diferença entre a sua atuação e a do representante. No caso da representação, o representante está autorizado a manifestar a própria vontade de forma a vincular o representado. Na hipótese do núncio, não! Este, via de regra, indaga ou é chamado mecanicamente a repetir a vontade de outra pessoa. Explicitemos o que tentamos explanar por meio de exemplos.

Ricardo, por meio de uma procuração, dá poderes para Pedro vender-lhe o carro. Pois bem, munido de tal documento, Pedro negocia as melhores condições para a alienação e faz a venda. Quem manifesta vontade, no lugar do vendedor, é Pedro. Ocorre que a vontade deste vinculará Ricardo.

Imaginemos, porém, que Pedro fosse núncio e não representante de Ricardo. Suponhamos ainda que Henrique o procure para saber se o carro de Ricardo será alienado. Pedro procura o amigo e lhe indaga sobre a vontade ou não de vender o automóvel. Ricardo responde que sim, venderá, e que o preço será de vinte mil reais. Pois bem, ao repetir tais informações mecanicamente a Henrique, Pedro não se torna representante de Ricardo, mas núncio da vontade alheia.

O exemplo permite explanar as razões pelas quais um menor, absolutamente incapaz, vai a uma banca e compra revistas sem a presença dos pais. Pode-se supor que, se ele está munido de dinheiro, este lhe foi dado pelo pai, com instruções exatas sobre quais revistas poderia ou não adquirir. Assim, quando as compra, pode-se vislumbrar que o contrato fora firmado entre a banca de revistas e o pai do jovem, funcionado a criança, porém, como núncio de seus representantes legais. Presumida essa autorização dos responsáveis do menor, a aquisição é tomada, portanto, como lícita.

Abordados, portanto, os principais aspectos dos atos materiais, temos, apenas para finalizar o Capítulo, de esclarecer que a doutrina arrola algumas outras hipóteses a seu respeito, a saber: a descoberta (art. 1.233), o achado de tesouro (art. 1.264), a criação intelectual, a tomada de posse, *inter alia*.

Assim, apreciados os tipos de fatos jurídicos, em sentido lato, para os quais não se demanda a manifestação de vontade, avancemos, no próximo capítulo, ao estudo daqueles em que a manifestação da vontade é necessária.

Capítulo 12
ATOS E NEGÓCIOS JURÍDICOS

Aspectos introdutórios. No Capítulo anterior, tratamos dos conceitos básicos de fatos jurídicos e de suas duas primeiras modalidades: os fatos jurídicos em sentido estrito e os atos-fatos.

É chegada a hora de avançarmos. No presente capítulo, analisaremos brevemente a importância dos fatos jurídicos que dependem da manifestação de vontade para surtirem efeitos. Necessário, portanto, que se analise o significado do princípio da autonomia da vontade, comparando-o ao da autonomia privada, e seus impactos sobre o fenômeno da liberdade. Não há como dissociar o estudo desse princípio do estudo do exercício do direito fundamental da liberdade. Com essa moldura conceitual, não haveria que se pensar em manifestação de vontade vinculante na órbita civil. Aprofundemo-nos no debate.

Autonomia da vontade e autonomia privada. A liberdade é um dos mais sagrados valores da sociedade ocidental. Chama de muitas revoluções, situa-se entre aqueles fenômenos que até podemos sentir, mas que, ao tentarmos explicá-la, perdemo-nos em infindáveis debates, especialmente quanto aos seus limites. Não sem despertar críticas, John Rawls[1] edifica o seguinte postulado, por muitos abraçado:

> Cada pessoa tem uma inviolabilidade baseada na justiça que nem mesmo o bem-estar *(Welfare)* da sociedade pode sobrepujar. Por esta razão, a justiça nega que a perda da liberdade de uns dê direito a um maior benefício dividido pelos outros. Não se permite que o sacrifício imposto a uns poucos tenha ainda maior peso em decorrência de uma soma crescente de vantagens a serem compartilhadas por outros.

Rawls[2] desenvolve sua ideia e formula dois princípios de justiça, nos quais liberdade e igualdade se imbricam: 1º) "*cada pessoa deve ter a mais ampla liberdade, sendo que esta última deve ser igual à dos outros e a mais extensa possível, na medida em que seja compatível com uma liberdade similar de outros indivíduos*"; e 2º) "*as desigualdades econômicas e sociais devem ser combinadas de forma a que ambas (a) correspondam à expectativa de que trarão vantagens para todos e (b) que sejam ligadas a posições e órgãos abertos a todos.*"

Rawls vislumbra uma prioridade do primeiro princípio sobre o segundo de forma serial, de maneira assemelhada à que se apresenta em um dicionário. A dita

---

1. RAWLS, John. Uma Teoria da Justiça. Brasília: Universidade de Brasília, 1981, p. 27.
2. Ibid, p. 67.

disposição faz com que só se persiga o princípio subsequente, quando o anterior estiver contemplado, ou, em outras palavras, a igualdade só seria alcançada satisfatoriamente se um mínimo de liberdades básicas fosse assegurado indistintamente a todos[3]. Noutros termos: sem liberdade, não existirá uma consistente igualdade.

As lições de Rawls situam o indivíduo em seu meio, compatibilizando as suas liberdades com as dos outros. Modelo não muito distinto foi apresentado por Robert Alexy[4]. O jurista vislumbra, porém, uma interessante correlação entre liberdade e dignidade da pessoa humana, na medida em que a última envolve a concepção da pessoa como um ser ético-espiritual que almeja desenvolver-se em liberdade, tomada aqui não como aquela em que se encontra um eremita, mas a do indivíduo inserido e vinculado à sua comunidade[5].

Pois bem: de tudo o que foi dito, temos que os ordenamentos ocidentais prezam como valores a serem garantidos a todos os seres humanos, a liberdade, a igualdade e a dignidade da pessoa humana. O dinâmico equilíbrio entre eles irá ditar a maior ou menor extensão do poder que temos de nos autorregular. Note-se, contudo, que, embora se limitem, não poderão jamais se aniquilar. Vale dizer, um ordenamento jurídico de uma nação democrática jamais suprimirá por completo o espaço de liberdade para que o indivíduo se vincule, por meio de atos ou negócios, à vontade por ele manifestada, embora, repita-se, inúmeros freios lhe sejam hodiernamente impostos.

Nesse sentido, ganha relevo a autonomia privada, que, nos dizeres de Menezes Cordeiro[6], "*corresponde assim a um espaço de liberdade jurígena atribuído, pelo Direito, às pessoas, podendo definir-se como uma permissão genérica de produção de efeitos jurídicos*."

Cabe ressaltar que, entre nós, a expressão *autonomia privada* tem tomado terreno em relação ao similar princípio denominado *autonomia da vontade*. Esclarece Francisco Amaral[7] que o último – princípio da autonomia da vontade – é aquele

3. ROSCHILDT, J. L. M.. **O princípio da igual liberdade em John Rawls**: desdobramentos formais e materiais. Intuitio (Porto Alegre), v. 2, 2009, p. 164-179.
4. ALEXY, **Teoría de los derechos fundamentales.** 2 ed. Madri: Centro de Estudios Políticos e Constitucionales. 2007, p. 311 assim expõe a questão: "*Desde luego, sobre la base de lo hasta ahora dicho, no puede decidir-se si uma prohibición de alimentar palomas constituye uma afectación más intensa que la prohibición de asistir a servicios religiosos. Para ello, es indispensable introducir otros criterios relativos al contenido. En el ejemplo se puede intentar obtener un criterio semejante a partir de la garantía jurídico-positiva de la libertad de cultos. Si se prescinde de esto, la norma de la dignidad humana se presenta como la fuente jurídico-positiva más general de criterios de contenido. Justamente en este sentido dice el Tribunal Constitucional Federal: <<En la determinación del contenido y alcance del derecho fundamental del artículo 2 párrafo 1 LF, hay que tener en cuenta que, según la norma fundamental del artículo 1 párrafo 1 LF, la dignidad humana es intangible y exige respeto y protección frente a todo poder público >>.*"
5. ALEXY. **Teoría de los derechos fundamentales.** 2 ed. Madri: Centro de Estudios Políticos e Constitucionales. 2007, p. 312.
6. CORDEIRO, António Menezes. **Tratado de direito civil português** – v. I, t. I. 2 ed. Coimbra: Almedina, 2000, p. 217.
7. AMARAL, Francisco. **Direito Civil** – Introdução. 6 ed. Rio de Janeiro: Renovar, 2006, p. 345.

"*pelo qual o agente tem a possibilidade de praticar um ato jurídico, determinando-lhe o conteúdo, a forma e os efeitos*", ao passo que o último – princípio da autonomia privada – representaria um espaço de autorregramento reservado aos indivíduos, no qual poderiam tornar-se "*legisladores sobre seus próprios interesses*"[8].

Colocada apenas dessa forma, a distinção entre os dois princípios de autonomia (privada e da vontade) ainda permanece algo nebulosa. Paulo Lôbo[9] lança luzes sobre o tema, advertindo que a *autonomia da vontade* reforça a liberdade individual em sua dimensão psicológica, sendo mais difundida nos países que sofreram influências francesas na formação do direito civil, ao passo que a *autonomia privada* negaria o papel proeminente da vontade (psicológica) na formação dos efeitos do negócio jurídico. Em apertada síntese, estaríamos diante do embate entre a vontade (interior, psicológica) do agente e a sua objetiva manifestação, para se apontar o elemento vinculante do negócio jurídico, ou seja, aquilo que se deseja manifestar, ou o que, de fato, exteriorizar-se.

A questão não é nova e tem dividido os civilistas em duas correntes. Há aqueles que prestigiam mais a vontade interior do que a sua própria exteriorização e há tantos outros que destacam o último aspecto, em detrimento do que realmente almejava o indivíduo. Os primeiros são os chamados subjetivistas; os últimos, objetivistas.

Giovanni B. Ferri[10], após algumas digressões sobre pontos de vistas objetivistas e subjetivistas, encontra entre eles divergências mais ideológicas do que técnicas, eis que, ao final, ambos reconhecem o primado do ordenamento estatal sobre os efeitos produzidos com base nas diversas manifestações de vontade. Ideologicamente, no entanto, os subjetivistas, ancorados no princípio da autonomia da vontade, parecem reconhecer o primado da liberdade humana, como reflexo de seu querer psicológico. O mencionado princípio assume um matiz mais liberal, ao passo que a objetivação impressa pela outra corrente, a prestigiar a manifestação de vontade e a sua inserção na pirâmide normativa, dotada de valor apenas na medida em que se coadunar com o ordenamento estatal, parece reduzir a importância do querer individual, em prol de uma socialidade mediada pela atuação dos órgãos de Estado. É evidente que, no

8. AMARAL, Francisco. **Direito Civil** – Introdução. 6 ed. Rio de Janeiro: Renovar, 2006, p. 345.
9. LÔBO, Paulo. **Direito Civil** – Contratos. São Paulo: Saraiva, 2011, p. 58/59.
10. FERRI, Giovanni B. Il Negozio Giuridico. 2 ed. Pádua: CEDAM, 2004, p. 46 ressalta a ideia mencionada ao assim externar sua opinião: "*Tradotte queste scelte ideologiche, nei termini più tecnici di negozio giuridico, la divaricazione di partenza sembra attenuarsi. Da Betti, come già altrove abbiamo avuto modo di notare, era lecito attendersi l'affermazione (che poi egli fa) per cui, la reale dimensione giuridica dell'agire del singolo (pur nella sua tendenziale impengatività sul piano sociale) deriva, dal riconoscimento che ne faccia l'ordenamento dello stato; ciò nel senso che, in virtù del riconoscimento <<i negozi della vita privata assurgono della dignità di negozi giuridici e diventano strumenti che il diritto mette a disposizione dei privati>>. Giuseppe Stolfi, definendo il negozio come <<la manifestazione di volontà di una o più parti che mira a produrre un effetto giuridico>> e chiarendo come quest'ultimo debba intendersi quale effetto <<protetto della norma>> sembra, anche lui, sia pure in una chiave più dichiaratamente soggettivistica rispetto ad esempio al pensiero di Emilio Betti (chiave soggettivistica che ci sembra, però, quasi più liberista che liberale), per finire per riconoscere all'ordinamento statuale una sorta di primato, rispeto agli altri sistemi normativi che il vivere sociale spontaneamente esprime, finendo così per attribuirgli l'esclusività di un vero e proprio monopolio del giuridico.*"

extremo, as duas correntes se perdem em exageros, mas, como bem acentuou Ferri (2004), deixado o aspecto ideológico de lado, ambas reconhecem o primado das normas estatais sobre a produção privada e a possibilidade da vinculação de indivíduos aos atos derivados de sua vontade. De nossa parte, entendemos oportuno indicar quais as vertentes das correntes subjetivistas e objetivistas, para, ao final, constatarmos em que medida nosso Código se filiou a uma ou outra corrente.

A primeira delas, corrente subjetivista, é representada por duas teorias: a teoria da vontade e a teoria da responsabilidade. Pela primeira delas, teoria da vontade, em eventual conflito entre a vontade psicológica e a sua respectiva manifestação, prevalece a primeira. Assim, no limite, qualquer divergência entre o que se declarou e o que, de fato, realmente era desejado poderia ensejar a nulidade do negócio. A extrema fragilização dos negócios seria uma consequência de sua pura aplicação[11].

Derivação da primeira teoria, mas também de cunho subjetivista, temos a teoria da *culpa in contrahendo*, segundo a qual, havendo eventual divergência entre a vontade psicológica e a sua declaração, embora prevaleça a primeira, o responsável pela divergência haverá de indenizar os danos gerados pela descuidada exteriorização de seu querer[12]. Enquadra-se ainda como uma das teorias subjetivistas a teoria da responsabilidade[13], por meio da qual a vontade interior prevalecerá sobre a declaração, a menos que o declarante, por dolo ou culpa, tenha manifestado de forma equivocada o que realmente almejava. Nesse caso, prevalecerá o que se declarou em detrimento do que se quis dizer.

Os objetivistas, por seu turno, são representados pelos adeptos da teoria da declaração, mais extremada, e a da confiança. A primeira estabelece que, em eventual conflito entre a vontade interior e a declaração de vontade, prevalecerá a última[14], enquanto a segunda determina que a declaração de vontade prevalecerá sobre o querer interno do declarante, a menos que a divergência possa ser reconhecível pelo declaratário[15].

A apresentação das diversas correntes não nos impele à adoção única de uma delas pelo Código Civil. Em realidade, identificam-se concessões a cada uma das ditas correntes, especialmente após a adoção, pelo Código, do princípio da boa-fé objetiva, no qual a corrente objetivista pôde se albergar de forma mais firme.

Pois bem. Em dois importantes pontos pode ser sentida a influência subjetivista: no artigo 112[16] do Código Civil e na teoria dos vícios de consentimento do negócio jurídico.

11. AMARAL, Francisco. **Direito Civil** – Introdução. 6 ed. Rio de Janeiro: Renovar, 2006, p. 378.
12. PINTO, Carlos Alberto da Mota. **Teoria geral do direito civil**. 3 ed. Coimbra: Coimbra, 1999, p. 468.
13. ASCENSÃO, José de Oliveira. **Direito Civil** – Teoria Geral – v. I. 2 ed. Coimbra: Coimbra, 2003, p. 233.
14. AMARAL, Francisco. **Direito Civil** – Introdução. 6 ed. Rio de Janeiro: Renovar, 2006, p. 378.
15. PINTO, Carlos Alberto da Mota. **Teoria geral do direito civil**. 3 ed. Coimbra: Coimbra, 1999, p. 469.
16. "Art. 112. Nas declarações de vontade se atenderá mais à intenção nelas consubstanciada do que ao sentido literal da linguagem."

Já as correntes objetivistas fazem-se sentir em todos os artigos nos quais se tutela a boa-fé objetiva (artigos 113, 187 e 422, por exemplo) e especialmente no artigo 110, que trata da reserva mental, conceito que será explanado nas próximas linhas.

Mas o fato é que as duas correntes equilibram-se dinamicamente. Vejamos o caso do artigo 112 do Código Civil. Em sua literalidade, ele parece sugerir a incondicional adesão da legislação nacional à corrente subjetivista, porquanto, sem meias palavras, consagra que os negócios jurídicos atenderão mais à intenção neles consubstanciada do que ao sentido literal da linguagem. Uma açodada leitura do dispositivo parece implicar que pouco importa o que as partes declararam-se mutuamente, dando a impressão de sobrelevar apenas o que desejam. Nada mais falso! A concessão à corrente subjetivista tem como freio o artigo 113 (que consagra a utilização da boa-fé na interpretação dos negócios jurídicos) e o artigo 110, que trata da reserva mental.

A reserva mental, caso tentemos expressar a ideia mais coloquialmente, seria algo que se pensa, mas que se guarda apenas na própria mente. Reserva-se para si um pensamento e exprime-se outro. Obviamente, se o indivíduo, intencionalmente, pensa uma coisa e manifesta outra, haverá de se vincular àquela que exteriorizou, sob pena de violação ao princípio de boa-fé. Tecnicamente, quando a reserva mental acontece, alguém declara, expressa uma vontade com a consciência de não havê-la tido ou de havê-la de forma diversa, afastando-se a possibilidade de o declarante fazer valer a falta ou a diversidade do querer para tentar anular o negócio[17]. É basicamente o que assevera o artigo 110 do Código Civil:

> Art. 110. A manifestação de vontade subsiste ainda que o seu autor haja feito a reserva mental de não querer o que manifestou, salvo se dela o destinatário tinha conhecimento.

Paulo Nader[18] arrola a reserva mental entre as divergências intencionais entre a vontade interior e a manifestação exteriorizada, ao lado da simulação e das declarações não sérias de vontade, cujas características, no momento oportuno, serão analisadas. Indica, além disso, dois elementos constitutivos da reserva mental, a saber: a) a não coincidência entre a vontade real e exteriorizada; b) o propósito de enganar o declaratário. Observe-se apenas que, pela própria lei nacional, a ocorrência da reserva legal é irrelevante para eficácia do negócio, que permanecerá hígido, ainda que posteriormente se lhe demonstre que ela tenha acontecido. A exceção é para a hipótese em que o declaratário saiba da divergência entre a vontade interior e a manifestação de vontade, hipótese na qual o negócio exteriorizado não subsistirá, ou, em outras palavras, não gozará de existência.

---

17. BIONDI, Biondo. **Istituzioni di Diritto Romano**. Milão: Dott. A. Giuffrè, 1946, p. 111 expressa o conceito mencionado ao asseverar: "Nel caso della riserva mentale, qualora cioè taluno dichiari una volontà con la coscienza di non averla o di averne una diversa, si esclude che il dichiarante possa far valere la mancanza di volere ed il negozio vale per quello che è stato dichiarato."
18. NADER, Paulo. **Curso de Direito Civil** – Parte Geral. Rio de Janeiro: Forense, 2003, p. 404/405.

Pois bem, feitos esses apontamentos, volvamos à análise do artigo 112, por meio de dois exemplos. Primeiro deles: João oferece a Pedro seu carro por quinze mil reais (preço de mercado do bem), embora, no âmago, pense não estar fazendo uma oferta séria, pois tem esperança de se capitalizar e não precisar se desfazer do veículo. Segundo exemplo: Grinaldo, católico fervoroso, em testamento, destinou um dos seus numerosos imóveis ao santo *São Sebastião*. Após o óbito, o inventariante, que conhecia e respeitava a vontade do testador, no processo de inventário, manifestou-se no sentido de que a área seria, na realidade, destinada à Igreja Católica, Paróquia de São Sebastião, frequentada pelo falecido em vida[19]. Passemos à análise dos exemplos mencionados.

No primeiro exemplo, se aplicássemos o artigo 112 do Código Civil isoladamente, a vontade da parte, a sobrepujar a literalidade da oferta, invalidaria a proposta de alienação do veículo. Ocorre, no caso, que o artigo 112 não pode ser aplicado solitariamente, porquanto limitado está pelo artigo 110. Na hipótese, verificou-se a ocorrência de uma reserva mental, ou seja, não havia como imaginar o declaratário que o declarante guardava para si a vontade de não alienar o veículo. Ora, como a proposta obriga o proponente e foi hígida, pouco importa que se estivesse a fazer uma reserva mental: ela vinculará o proponente nos termos da lei.

Hipótese diferente consta do segundo exemplo. Nela não se está a vulnerar a confiança que pauta a relação jurídica entre os indivíduos. O legado feito ao santo *São Sebastião* certamente deveria ser vertido à Paróquia homônima, frequentada durante a vida toda pelo falecido. No presente caso, a investigação da exequibilidade da vontade interior do declarante haveria de evitar que o negócio fosse invalidado pela maneira imprecisa que a sua literalidade fora expressa.

O equilíbrio dinâmico, além disso, entre as correntes subjetivista e objetivista se faz sentir também na teoria dos vícios do negócio jurídico. Há, por um lado, o princípio da conservação do negócio, calcado na proteção à confiança estabelecida entre as partes e, portanto, uma concessão às correntes objetivistas. Ocorre, de outra banda, que algumas divergências entre a vontade interior e a manifestação são particularmente graves, a ponto de ensejar o desfazimento do negócio, o que con-

19. BRASIL. Superior Tribunal de Justiça. REsp 1269544/MG, Rel. Ministro JOÃO OTÁVIO DE NORONHA, TERCEIRA TURMA, julgado em 26/05/2015, DJe 29/05/2015 aborda tema análogo da seguinte forma: "*CIVIL E PROCESSUAL CIVIL. AÇÃO DE ANULAÇÃO DE RETIFICAÇÃO DE ÁREA. PRETENSA ANULAÇÃO DE TÍTULO AQUISITIVO DE PROPRIEDADE. DOAÇÃO FEITA A SÃO SEBASTIÃO. PRESUNÇÃO DE DOAÇÃO FEITA À IGREJA. LEGITIMIDADE DE PARTE. MITRA DIOCESANA COMO REPRESENTANTE DA DIOCESE. SENTENÇA PROFERIDA EM PROCEDIMENTO DE JURISDIÇÃO VOLUNTÁRIA. COISA JULGADA FORMAL. DESCABIMENTO DE AÇÃO RESCISÓRIA. 1. A doação a santo presume-se feita à igreja uma vez que, nas declarações de vontade, atender-se-á mais à intenção nelas consubstanciada do que ao sentido literal da linguagem (inteligência do art. 112 do Código Civil de 2002).2. 'A Mitra Diocesana é, em face do Direito Canônico, a representante legal de todas as igrejas católicas da respectiva diocese' (RE n. 21.802/ES), e o bispo diocesano, o representante da diocese para os negócios jurídicos em que se envolva (art. 393 do Código Canônico). 3. A sentença prolatada em procedimento de jurisdição voluntária produz coisa julgada meramente formal, tornando descabida a ação rescisória (art. 485 do CPC) para alterá-la. 4. Recurso especial desprovido.*"

templa uma concepção subjetivista. Adotemos, como exemplo, o erro, analisando os requisitos desse malfadado defeito do negócio jurídico.

O erro é uma falsa representação da realidade. Adotássemos, porém, a teoria da vontade, sem qualquer contrapeso objetivista, qualquer negócio jurídico, tão logo celebrado, poderia ser desfeito por se invocar o malfadado defeito. Bastaria a parte, nesse caso, nas horas posteriores à celebração do negócio, vir à outra e falar "Errei"! Pronto! O negócio seria desfeito (repita-se, caso adotássemos a corrente subjetivista pura).

Acontece, porém, que os negócios só poderão ser desfeitos por erro se os requisitos legais estiverem presentes, especialmente, a cognoscibilidade (ou seja, a possibilidade de que a outra parte – declaratário – possa perceber que o erro está sucedendo).

Percebe-se, assim, que, ao tempo em que o Código cede espaço ao pensamento subjetivista (quando adota as teorias dos defeitos do negócio jurídico), limita-o por meio de requisitos que evitam a banalização do desfazimento dos negócios, o que representa uma concessão à corrente objetivista.

A conclusão à qual se pode chegar é que o Código Civil não abraça apenas uma corrente de forma exclusiva, mas dinamicamente estabelece entre elas um equilíbrio.

Atos jurídicos em sentido estrito. Apreciada a importância da vontade para a Teoria Geral dos Fatos Jurídicos, vertamos nossa atenção para o estudo dos atos jurídicos em sentido estrito.

Os atos jurídicos em sentido estrito são manifestações de vontade cujos efeitos nasçam em virtude da lei, sem que seja necessário, para a modulação de tais efeitos, a vontade do sujeito. Enfatize-se: a manifestação da vontade do agente é tomada em consideração apenas para o nascimento do ato, não para a disciplina de suas consequências, que derivam, como visto, da norma[20]. Em outras palavras: a manifestação de vontade capaz de criar, modificar ou extinguir relações jurídicas, cujos efeitos estão previamente exauridos, chama-se de **ato jurídico em sentido estrito**. Emblemático exemplo é o reconhecimento voluntário de um filho: O pai que o reconhece manifesta vontade, no cartório competente, de assumi-lo como filho. As consequências, porém, da sua declaração de vontade estão exauridas na lei. Imediatamente após o registro, todas as responsabilidades e obrigações que o filho pode legitimamente esperar e, em alguns casos, exigir de um pai, automaticamente já se fazem sentir: o infante passa a ser reconhecido como herdeiro necessário do pai e credor de alimentos. Além disso, a criança pode ostentar o patronímico paterno e tem direito ao convívio familiar. Nada disso depende de qualquer outra ulterior manifestação do pai – a criança já é titular dos direitos citados, como efeitos preordenados do reconhecimento pelo genitor de sua filiação.

---

20. MESSINEO, Francesco. **Manual de derecho civil y comercial** – v. II. Buenos Aires: EJEA, 1954, p. 333.

Atente-se como a categoria ora em análise difere do ato-fato. Veja que a simples conduta do pai não é suficiente para que o notário registre, de ofício, a criança. Ele precisará da manifestação do genitor. Só assim, com uma exteriorização da vontade do agente, é que efeitos jurídicos, previamente estabelecidos, poderão repercutir.

Mas o reconhecimento voluntário pelo pai de determinado filho não é o único exemplo de ato jurídico em sentido estrito. Marcos Bernardes de Mello[21] vislumbra outros:

(a) atos jurídicos *stricto sensu* representados por reclamações ou provocações, como acontece na interpelação para constituir o devedor em mora ou, na execução, para que o devedor exerça seu direito de escolha nas obrigações alternativas. Analisemos as duas hipóteses: nelas há uma manifestação de vontade (a provocação para que o devedor quite a dívida, ou a informação de qual das prestações foi escolhida na obrigação alternativa), cujos efeitos estão exauridos na lei (uma vez interpelado, se não pagar, os efeitos da mora serão sentidos em relação ao devedor, como indica o artigo 399 do Código Civil. Igualmente, a teor do artigo 800 do Código de Processo Civil de 2015, quando a escolha da prestação a ser adimplida de uma obrigação alternativa couber ao devedor, este último será citado de que deverá fazê-la em dez dias, sob pena de ser revertido o poder de escolha ao credor, conforme estabelecido no parágrafo primeiro do artigo em apreço. Veja que a lei faculta ao devedor que realize, prioritariamente, a escolha nessa espécie de obrigação. Contudo, o efeito de ela não ser feita está igualmente contido na lei, qual seja, a reversão do poder de escolha ao credor.

(b) atos jurídicos em sentido estrito comunicativos, nos quais se podem incluir as comunicações de vontade, que objetivam dar ciência a alguém, integrante de uma relação jurídica, de algo desejarem, a quem se faz a comunicação. Estão englobados por essa categoria, por exemplo, a comunicação de escolha da prestação, a permissão para sublocar (quando exigida no contrato). Analisemos os dois exemplos. Na escolha de uma prestação, na obrigação de dar coisa incerta, por exemplo, comunicados quais foram os objetos escolhidos, a obrigação automaticamente será transformada em obrigação de dar coisa certa (art. 245). Perceba-se, na hipótese, que há uma manifestação de vontade, mas seus efeitos estão exauridos no próprio Código Civil, como indica o artigo 245. Por outro lado, se um o contrato exige do proprietário a permissão para sublocação do bem, tão logo ocorra uma manifestação de vontade nesse sentido, vigorará, na relação entre os dois, automaticamente, os comandos constantes dos artigos 14, 15, 16 e 21 da Lei 8.245/91(Lei do Inquilinato);

21. MELLO, Marcos Bernardes de. **Fato Jurídico** – Plano da Existência. 14 ed. São Paulo: Saraiva, 2007, p. 164/165.

(c) atos jurídicos *stricto sensu* enunciativos, que estão consubstanciados nas exteriorizações de conhecimento ou de sentimento, como ocorre no reconhecimento de paternidade, já explanado nas linhas anteriores;

(d) atos jurídicos *stricto sensu* mandamentais, que são representados por manifestações de vontade dirigidas a impor ou a proibir determinado procedimento por parte de outrem. Inclui-se entre tais hipóteses a manifestação do proprietário para exigir que o dono do prédio vizinho proceda à sua demolição ou à sua reparação, quando há ameaça ruína (Código Civil, art. 1.280); o "prévio aviso" ao vizinho de que utilizará o seu prédio temporariamente quando seja imprescindível à reparação ou à limpeza, à construção ou à reconstrução de sua casa (Código Civil, art. 1.313). Nas duas hipóteses, manifesta-se vontade, a fim de se compelir ou de impor terceiro a praticar determinada ação ou abster-se de praticar. A consequência do descumprimento deriva da lei, estando adstrita à propositura de ação de obrigação de fazer ou não fazer, sem prejuízo do ajuizamento da cabível ação indenizatória;

(e) atos jurídicos *stricto sensu* compósitos, caracterizados pelas manifestações de vontade que não bastantes em si, porquanto demandam outras circunstâncias para se aperfeiçoarem. Incluem-se, entre elas, a constituição de domicílio (fixação de residência, associada ao ânimo definitivo de se estabelecer em determinado local, como determina o Código Civil, no seu artigo 70), e a gestão de negócio (vontade de gerir negócio alheio aliada à efetiva gestão, como indica o Código Civil, no seu artigo 861). Nos dois exemplos, não basta uma atuação, visto que, para a sua identificação, é imprescindível a expressa manifestação de vontade. As consequências de sua exteriorização expressa ou tacitamente, porém, estão exauridas em lei. No primeiro caso, fixação de domicílio, existem inegáveis reflexos da manifestação tácita da vontade de se estabelecer em determinado local (aliada à fixação em si). Uma delas, à guisa de exemplo, é a determinação do foro de competência de eventual processo no qual o agente figure como réu (CPC de 2015, artigo 46). Na gestão de negócios, manifestada a intenção de assumir negócios alheios, aliada à efetiva assunção, quem o faz estará sujeito às consequências dos artigos 862 e seguintes da Lei Civil.

Os exemplos acima validam o conceito dado de atos jurídicos em sentido estrito. Percebe-se, em todos, que uma manifestação de vontade é necessária (ao contrário do que ocorre nos atos-fatos). Porém, diferentemente do que se dá nos negócios jurídicos, os efeitos de tal manifestação estão previamente exauridos em lei. A semelhança, todavia, com os negócios jurídicos levou o legislador a aplicar subsidiariamente os dispositivos que os regulam aos atos jurídicos em sentido estrito, denominados, em nossa lei, de atos jurídicos lícitos (Art. 185 do Código Civil).

Passemos, pois, ao conceito de negócio jurídico e à sua classificação.

Negócios jurídicos. Negócios jurídicos são manifestações de vontade capazes de criar, modificar ou extinguir relações jurídicas, sem que seus efeitos estejam previamente exauridos. Tem-se, pois, como sua pedra de toque que, ainda que os efeitos devam estar ***conforme*** o ordenamento, eles não são ***predeterminados*** pela lei, mas pela vontade das partes.

Trabalhemos com um exemplo para bem entender o que se almeja. Quando um pai reconhece voluntariamente um filho, ele manifesta vontade (de reconhecer), mas não pode modular os efeitos de sua declaração. Logo, ele não pode desejar ser pai apenas para que seu patronímico seja acrescido ao prenome do filho e recusar-se a pagar alimentos. Estamos diante, na hipótese, de um ato jurídico em sentido estrito.

Quando, porém, alguém resolve celebrar um contrato de compra e venda, inúmeros aspectos podem ser modulados. As partes podem decidir se o alienante será ou não responsável por indenizar o adquirente, no caso de uma futura evicção (vale dizer, se o bem vendido for tomado, em virtude de ato estatal, por pertencer, na verdade, a terceiro e não ao alienante); podem decidir se o pagamento será à vista ou parcelado; ou podem ainda estabelecer a quem tocarão as despesas pela entrega da coisa, apenas para citar alguns exemplos. Todos os efeitos mencionados estão ***conforme*** a Lei Civil, mas são ***definidos*** pelas partes, ao contrário do que ocorreu na hipótese anterior, do reconhecimento voluntário de um filho. Eis, portanto, na prática, a diferença entre o negócio jurídico e o ato jurídico em sentido estrito.

Os negócios jurídicos são a categoria que demanda mais atenção em sociedades modernas. A circulação de riquezas depende, em larga medida, da prática da categoria ora estudada. Ela nos ocupará doravante, a fim de que possamos compreender quais são as suas espécies, quais os seus elementos e quais os defeitos que podem turbar a sua validade. Lancemo-nos, pois, a cumprir essa tarefa, iniciando, ainda no presente capítulo, pela interpretação do negócio jurídico, seguindo, depois para a sua classificação.

Interpretação dos negócios jurídicos. Os negócios jurídicos, como visto, são fruto da manifestação de vontade, emitida, algumas vezes, de forma clara, outras, nem tanto. Revela-se aí a importância da interpretação, como um esforço para se perscrutar a real intenção das partes envolvidas no negócio, mormente porque, a cada dia, pessoas comuns os celebram incessantemente. Necessário não se perder de vista que, como a imensa maioria dos negócios é fruto da espontânea atuação de pessoas não iniciadas nas ciências jurídicas, saber o exato sentido de suas manifestações de vontade foi tarefa que sempre preocupou os juristas.

Nessa esteira, imprescindível a leitura das doze regras consolidadas por Pothier[22], que viveu de 9 de janeiro de 1699 a 2 de março de 1772, acerca da interpre-

22. POTHIER, Robert Joseph. **Tratado das Obrigações**. Campinas: Servanda, 2002, p. 96/103.

tação das convenções, muitas delas extraídas de textos romanos, o que denota a ancianiedade do tema.

A primeira delas afirma: "deve-se buscar nas convenções qual foi a intenção comum das partes contratantes, antes de buscar o sentido gramatical dos termos. Foi extraída do seguinte fragmento do *Corpus Iuris Civiles*[23]:

> Determinou-se que, nas convenções, atenda-se à vontade dos contratantes mais do que às palavras.(...)

A vetusta regra foi incorporada ao nosso Código Civil no já explanado artigo 112. Aplica-se a situações muito corriqueiras. Assim, se um proprietário aluga um quarto de sua casa para um determinado inquilino e, ao propor a renovação da avença, afirma que o último "poderá continuar a locar a casa em iguais condições", natural se entender que a oferta se referia ao quarto já locado e não à residência inteira.

A segunda regra estabelece que "quando uma cláusula é suscetível de duplo sentido, deve-se melhor entendê-la conforme o sentido que possa ser o mais lógico, e não conforme o sentido do qual resulte não ser possível estipulação alguma". Deriva do texto do Digesto segundo o qual, "sempre quando a linguagem da estipulação for ambígua, é mais conveniente adotar o significado que preserva a coisa em questão" [24]. Assim, quando houver dois possíveis sentidos, deverá ser adotado o que permite alguma aplicação à estipulação, evitando-se aquele que a privará de efeitos.

A terceira regra determina que "quando em um contrato os termos são suscetíveis de duplo sentido, deve-se entendê-los segundo o sentido que melhor convenha à natureza do contrato". Assim, imagine-se a locação de um imóvel, cujo valor do aluguel mensal, tomado pela média de mercado, seja de mil reais. Ocorre que, por um lapso, num contrato de locação anual do imóvel, na cláusula relativa ao valor do aluguel, constou apenas que seria de mil reais. Haveria aí um duplo sentido. Seria possível imaginar que o valor exposto na avença poderia dizer respeito ao período integral da locação (anual) ou ao mês ocupado. Ocorre que, na locação urbana, no Brasil, muito mais corriqueira é a fixação de aluguéis mensais. Assim, a natureza do contrato conduziria à mais razoável interpretação de que o aluguel de mil reais foi tomado pelo seu valor mensal e não anual.

A quarta regra indica que "aquilo que pode parecer ambíguo em um contrato se interpreta pelo que é de costume pelo país". Tal preceito resume a seguinte regra do *Corpus Iuris Civilis: "nas estipulações, e nos demais contratos, nos fixamos sempre ao que se tratou, ou se não apareceu o que se tratou, haveremos, por conseguinte, de nos atermos*

---

23. *D. 50, 16, 219. PAPINIANUS. libro II. Responsorum. – In conventionibus contrahentium voluntatem potius, quam verba spectari placuit. (...)*
24. *D. 45, 1, 80. ULPIANUS. libro LXXIV. ad Edictum. – Quoties in stipulationibus ambigua oratio est, commodissimum est id accipi, quo res, qua de agitur, in tuto sit.*

ao que é frequente na região em que se tratou.(...)" [25]. Assim, quando se compra um imóvel rural, com 1 alqueire, em Goiás, sabe-se que ele conta com 4,84 ha, ao passo que o mesmo contrato, em São Paulo, indicaria que o imóvel tem apenas 2,42 ha.

A quinta estabelece que "o uso tem uma autoridade tão grande como ponto para a interpretação das convenções que, em todo contrato, as cláusulas que lhe são usuais são subentendidas mesmo que não venham expressas."

A sexta regra indica que se deve "interpretar uma cláusula pelas outras cláusulas contidas no documento, precedentes ou subsequentes a tal cláusula". Em outras palavras, o real sentido do que fora pactuado deve levar em consideração uma interpretação sistemática de todo o documento.

A sétima regra consagra que, "em caso de dúvida em uma das cláusulas, a interpretação deve ser dada contra aquele que estipulou a coisa, em desoneração daquele que contraiu a obrigação". Essa regra, dotada de inegável justiça, também foi extraída do Corpus Iuris Civilis, ao se afirmar que "quando, nas estipulações se tem dúvida sobre aquilo que se tenha feito, as palavras hão de ser interpretadas contra o estipulante" [26].

A oitava regra estabelece que, "por mais generalizados que sejam os termos com os quais foi concebida uma convenção, compreendem apenas as coisas que as partes contratantes entenderem contratar; e não aquelas nas quais nem pensaram". Assim, se o dono da obra faz um acordo para por fim a um litígio por problemas que já se manifestaram quando da sua entrega, tal acerto não pode isentar o empreiteiro de responder por problemas que ainda não se manifestaram. Essa conclusão, aliás, está insculpida no *Corpus Iuris Civilis* da seguinte forma: "(...) pois é injusto que se invalidem por um pacto aquelas coisas, cujas ações se descobrirão depois que a competiam, de que não se justifica haver-se tratado" [27].

A nona regra estipula que "quando o objeto da convenção é uma universalidade de coisas, compreende, nesse caso, todas as coisas que particularmente compõem essa universalidade, mesmo aquelas das quais as partes não tinham conhecimento". Assim, uma cessão onerosa de herança englobará todos os bens herdados, mesmo que não tenham sido indicados de maneira pormenorizada no negócio jurídico.

A décima regra indica que, "quando em um contrato se expressa alguma situação, em consequência da dúvida que alguém possa ter sobre se o compromisso resultante do contrato se estende a uma tal coisa, esse alguém não é reputado, por isso, ter desejado restringir a extensão que tal compromisso tem de direito para não

---

25. *D. 50, 17, 34. ULPIANUS. libro XLV. ad Sabinum. Semper in stipulationibus, et in ceteris contractibus id sequimur, quod actum est; aut si non pareat, quid actum est, erit consequens, ut id sequamur, quod in regione, in qua actum est, frequentatur. (...)*
26. *D. 45, 1, 38, 18. ULPIANUS. libro XLIX. ad Sabinum. In stipulationibus quum quaeritur, quid actuin sit, verba contra stipulatorem interpretanda sunt.*
27. *D. 2, 9, 3. ULPIANUS. libro I. Opinionum. (...) nam ea quorum actiones competere ei postea compertum est, iniquum est perimi pacto id, de quo cogitatum non docetur.*

alcançar todas as outras coisas que não foram expressas". Em outras palavras, muitas vezes, nos pactos, são citados exemplos em cláusulas contratuais. Eles, portanto, são expressos para ilustrar como se haverá de cumprir uma obrigação, jamais podendo restringir as hipóteses de incidência das cláusulas contratuais.

A décima primeira regra indica que, "nos contratos, assim como nos testamentos, uma cláusula concebida no plural se desdobra, frequentemente, em várias cláusulas particulares". Assim, se um terreno é doado a duas pessoas, Carla e Andrea, com cláusula de reversão, pode-se compreender que tal regra se decompõe em dois comandos distintos, um dirigido à Carla e outro à Andrea.

Por fim, a derradeira regra indica que, "às vezes, o que se encontra ao final de uma frase, refere-se ao que é comum a toda a frase, e não somente ao que a precede imediatamente, contanto, porém, que este final de frase concorde, em gênero e número, com toda a frase". Assim, quando se afirma que João comprou de Pedro o milho e o feijão da safra de 2019, a frase se refere aos dois produtos e não apenas ao último deles.

Importante notar que, por mais antigos que sejam os postulados interpretativos mencionados acima, alguns deles, ainda em 2019, foram incorporados ao Código Civil do Brasil por força da Lei 13.874/19, em seu artigo 113:

> Art. 113. Os negócios jurídicos devem ser interpretados conforme a boa-fé e os usos do lugar de sua celebração.
>
> § 1º A interpretação do negócio jurídico deve lhe atribuir o sentido que:
>
> I – for confirmado pelo comportamento das partes posterior à celebração do negócio;
>
> II – corresponder aos usos, costumes e práticas do mercado relativas ao tipo de negócio;
>
> III – corresponder à boa-fé;
>
> IV – for mais benéfico à parte que não redigiu o dispositivo, se identificável; e
>
> V – corresponder a qual seria a razoável negociação das partes sobre a questão discutida, inferida das demais disposições do negócio e da racionalidade econômica das partes, consideradas as informações disponíveis no momento de sua celebração.
>
> § 2º As partes poderão livremente pactuar regras de interpretação, de preenchimento de lacunas e de integração dos negócios jurídicos diversas daquelas previstas em lei.

A redação do artigo 113, § 1º, I foi muito feliz. O comportamento posterior das partes certamente servirá de norte para demonstrar qual era a real intenção delas ao celebrarem o negócio, como indica o próprio artigo 112 de nossa Lei Civil. No mais, os incisos II, IV e V do mencionado parágrafo correspondem a uma moderna leitura, respectivamente, das já explanadas regras quarta, sétima e segunda de Pothier, lidas, é claro, segundo a óptica da boa-fé e dos preceitos de liberdade econômica, que norteiam a edição da mencionada norma.

Lembre-se que a liberdade econômica muito se prende, no sentido constitucional, à ideia de livre iniciativa (CF 170), não sendo um postulado ilimitado. Nesse sentido, valiosas as lições de Paolo Ricci, que, à guisa de comentar o artigo 41 da Constituição da Itália, bem aborda a questão[28]:

> Voltando à norma: a iniciativa econômica privada é livre. O primeiro parágrafo do artigo 41 [da Constituição República Italiana] apresenta, portanto um direito-poder inviolável da economia de mercado, poder que teve e tem o grande valor de reconhecer a qualquer pessoa a liberdade de iniciar, realizar e encerrar uma atividade econômica, atividade, no entanto, que resulta em concreto persequível, é bom lembrar, na presença de certas precondições: infraestruturais, normativas, fiscais, tecnológicas, financeiras e formativas. A iniciativa econômica privada não é, contudo, ilimidade e incontrolada, como podia ser à época do liberalismo clássico, mas, antes, constitucionalmente imaginada em consideração a específicos limites programáticos e de intervenções públicas dirigidas a melhor socializar a finalidade do sitema econômico social.

No Brasil, tais ensinamentos podem ser replicados. Nossa República tem como um de seus fundamentos os valores sociais do trabalho e da livre iniciativa. A liberdade econômica, limitada pelos outros valores constitucionalmente relevantes (proteção ao consumidor, ao trabalho, ao meio ambiente, entre outros) é reconhecida como motor de nosso desenvolvimento sustentável e os negócios jurídicos livremente estipulados devem ser protegidos como seu principal vetor.

A análise do artigo 113 demanda ainda um interessante dispositivo acerca da interpretação dos negócios jurídicos. Está assentado, no seu segundo parágrafo, que as partes poderão livremente pactuar regras de interpretação, de preenchimento de lacunas e de integração dos negócios jurídicos diversas daquelas previstas em lei. Assim, em negócios paritários, nada impede que se acrescente uma cláusula afirmando que, em caso de dúvida, preferir-se-á a interpretação mais favorável a uma das partes (podendo tanto ser o credor, quanto o devedor, a critério das partes contratantes).

Percebe-se, pois, que o artigo 113 foi alçado a principal norte interpretativo dos negócios jurídicos em nosso Código. Mas não é o único. Há que se mencionar também o artigo 111, que dispõe:

> Art. 111. O silêncio importa anuência, quando as circunstâncias ou os usos o autorizarem, e não for necessária a declaração de vontade expressa.

Tem-se, portanto, que o silêncio deve ser interpretado com parcimônia. Ele, por si, não significa nem anuência, nem discordância. Apenas a análise do caso concreto é que poderá fornecer o real significado da ausência de expressa manifestação. Logo, num contrato em que se afirme que o pacto será renovado no silêncio das partes, a ausência de manifestação implicará a anuência pela manutenção do vínculo. Todavia, em avença na qual se estabeleça que seu prazo de duração será de um ano, o silêncio ao final do contrato não implicará, por si, sua automática renovação.

---

28. RICCI, Paolo. L'articolo 41 della Costituzione Italiana e la responsabilità sociale d'impresa. *In* Scritti in onore di Vittorio Coda. Rivista Italiana di Ragioneria e di Economia Aziendale – R.I.R.E.A. Vol. 3/4 – 2010..

Por fim, o derradeiro dispositivo a tratar de interpretação do negócio, na Parte Geral de nosso Código é o artigo 114. Ele dispõe que os negócios jurídicos benéficos e a renúncia interpretam-se estritamente. Nada mais prudente. Os negócios altruístas não são a regra no mundo moderno e, quando acontecem, natural que se dê preferência, havendo dubiedade quanto aos seus respectivos alcances, à interpretação que mais limite a extensão do ato benéfico.

Analisados, portanto, os aspectos básicos da interpretação dos negócios jurídicos, impende avancemos para a sua classificação, a fim de que sejam categorizados e classificados segundo os seguintes critérios[29]: a) pelo número de partes; b) pelo critério da causa; c) pelos efeitos produzidos; d) pelo tempo da produtividade dos efeitos; e) pela causa de atribuição patrimonial; f) pelo conteúdo; g) pela composição estrutural; h) pela forma. Apreciemos cada uma delas.

Classificação quanto ao número de partes. A compreensão da presente classificação prende-se ao conceito de partes, que pode ser explanado como centro de emissão de vontade[30]. Assim, na renúncia, há um centro de emissão de vontade (a parte renunciante), pouco importando quantas pessoas integrem essa parte. Logo, se dois proprietários, condôminos, não mais suportando os encargos tributários que incidem sobre o seu bem comum, resolvem deixar de ser seus donos, podem lavrar uma escritura pública de renúncia, para, ao final, registrá-la, a teor do disposto no artigo 1.275, II e parágrafo único, do Código Civil. Nesse caso, há um só centro de emissão de vontade (composto por dois renunciantes). Em outras palavras, o negócio entabulado tem uma parte, que, por sua vez, é composta por dois sujeitos, sendo, pois, um negócio unilateral.

Os negócios bilaterais, ao seu turno, têm dois centros de emissão de vontade. Pensemos numa doação. Ela é composta por duas partes a doadora e a donatária. No Brasil, só há doação se houver aceitação (ainda que tácita e, em alguns casos, presumida). Deduz-se, portanto, que, ainda que dois proprietários (condôminos) resolvam doar seu bem comum aos seus quatro genitores (em partes iguais), temos seis pessoas envolvidas no negócio. Ainda assim, há apenas duas partes – a parte doadora (composta pelos dois condôminos) e a parte donatária (composta pelos dois genitores de cada um dos condôminos, totalizando quatro beneficiários do contrato).

Não confundamos, porém, ***negócios jurídicos unilaterais/bilaterais*** com ***contratos unilaterais/bilaterais***. A qualificadora ***unilateral/bilateral*** tem o alcance modificado, a depender se ela se segue à expressão ***negócio jurídico*** ou à expressão ***contrato***. Expliquemo-nos.

---

29. ABREU FILHO, José. **Fato Jurídico**. 4 ed. São Paulo: Saraiva, 1997, p. 164/165.
30. FERRARA, Luigi Cariota. **El Negocio Jurídico**. Madrid: Aguilar, 1956, p. 107 bem anda ao extremar os conceitos de pessoas e partes: "Decimos <<partes>> y no <<personas>>, porque es preciso considerar las voluntades en sus diversas direcciones, y en cuanto expresiones de un centro de intereses o, de cualquier manera, de um fin própio. Generalmente, persona y parte se identifican em cuanto cada persona tiene un interés suyo; pero pueden también varias personas tener o tender o realizar el mismo interés."

Os ***contratos unilaterais***[31] "são aqueles em que só uma das partes se obriga em face da outra". Note-se, portanto, que a expressão bilateral, quando qualificar *negócio jurídico*, significa que o último tem duas partes. Quando, porém, se seguir à palavra *contrato* indicará que ele designa apenas obrigações impostas a uma das partes. Apliquemos tais conceitos à doação simples. Ela é um ***negócio bilateral,*** pois tem duas partes (doador e donatário), mas é um ***contrato unilateral,*** porquanto mesmo tendo duas partes, apenas uma delas se obriga diante da outra. Sensível a tamanha confusão terminológica, há quem prefira denominar os ***contratos unilaterais*** de ***contratos simples*** e os ***contratos bilaterais*** de ***contratos sinalagmáticos***[32], reservando-se, assim, os qualificadores unilateral/bilateral para os negócios jurídicos.

Os negócios plurilaterais, por fim, são aqueles que podem ter diversos centros de emissão de vontade, dirigindo-a de modo convergente. Diferem dos negócios bilaterais, ***pois estes não podem ter senão duas partes,*** enquanto os aqueles (os plurilaterais) ***podem ter duas ou mais***.

Outra diferença é que, nos negócios bilaterais, as partes dirigem suas vontades uma para a outra, obrigando-se reciprocamente, ou um em relação ao outro partícipe. Nos negócios plurilaterais, as vontades originam-se de partes distintas (que podem ser várias) e convergem para um ponto médio, não são necessariamente dirigidas de um agente para o outro[33]. Excelente exemplo consta do artigo 53 do Código Civil, segundo o qual duas ou mais pessoas podem criar uma associação. Importante notar que o negócio plurilateral de criação da citada pessoa jurídica não decorre de vontades dirigidas de um associado para os outros, mas todas as vontades convergem para a criação da associação, como ponto médio de convergência. Não por outro motivo, determina o parágrafo do artigo sob análise que não há direitos e obrigações recíprocos entre os associados, mas apenas entre estes e a associação.

Classificação quanto ao critério da causa. A classificação que passaremos a abordar tem como ponto de partida um dos mais tormentosos problemas enfrentados na Parte Geral do Direito Civil – a compreensão do conceito de ***causa***. Três correntes foram desenhadas para se tentar delimitá-lo: a) a primeira, subjetiva, identifica a causa com o ***motivo típico ou último do agente***, a impeli-lo a praticar todos os atos e negócios jurídicos daquele tipo; b) a segunda, objetiva, que prevalece hodiernamente, tem, na causa, a função econômico-social típica de determinado negócio jurídico, vale dizer, o seu "para quê"; e c) a eclética, pretende fundir as

---

31. LOUREIRO, Luiz Guilherme. **Contratos**. 3 ed. São Paulo: Método, 2008, p. 157.
32. ABREU FILHO, José. **Fato Jurídico**. 4 ed. São Paulo: Saraiva, 1997, p. 73.
33. FERRARA, Luigi Cariota. **El Negocio Jurídico**. Madrid: Aguilar, 1956, p. 135 assim trata do negócio plurilateral: "Es posible la configuración del negocio plurilateral como negocio único o unitário, aunque conste de las manifestaciones de voluntad de varias partes, en tanto en cuanto tales manifestaciones de voluntad, si parten di opuestas direcciones y representan diversos y distintos centros de intereses, coinciden y se unen em un punto medio."

duas acepções, ao defender que a função objetiva brota como motivo constante de todos os atos daquela índole, a representar-se, porém, no espírito dos agentes, donde se extrai o seu viés subjetivo[34].

As incertezas decorrem, em grande parte, da ausência de normas, nas nações mais representativas do direito continental, que enfrentem a questão de forma mais clara. O Código da Itália, apenas para se mencionar um exemplo, embora alce a causa à condição de requisito contratual, não a define precisamente. Vejamos[35]:

Artigo 1.325 – Indicações dos requisitos do contrato

1) Os requisitos do contrato são:

1) o acordo das partes (1.326)

2) a causa (1.343);

3) o objeto (1.346)

4) a forma, quanto ocorrer de ser prescrita, sob pena de nulidade.

Adiante arremata:

Artigo 1.343 – Causa ilícita

A causa é ilícita quando for contrária à norma imperativa, à ordem pública ou aos bons costumes.

O nosso Código, ao seu turno, sequer arrola a causa como um dos requisitos dos negócios jurídicos, relegando a sua menção a poucas passagens, entre as quais, a que trata da vedação ao enriquecimento sem causa (art. 884). A nossa norma, ao menos, não confunde a causa com os seus motivos, estes tratados de forma distinta daquela no artigo 142 de nossa Lei Civil.

A nossa norma, portanto, reconhece a causa como um instituto jurídico que, mesmo não sendo alçado ao grau de requisito de validade dos negócios jurídicos, presta-se para identificar ou fundamentar outras funções em nosso ordenamento. Por exemplo, a noção de causa é empregada tanto para a classificação dos negócios jurídicos como para a fonte de obrigações (oriundas do enriquecimento sem causa). Nas duas últimas hipóteses (classificação dos negócios e teoria do enriquecimento sem causa), há que se entender a causa em sua vertente objetivista, ou seja, aquela que a identifica com a função econômico-social típica de determinado negócio. Na dicção de Cariota Ferrara[36], define-se a causa do negócio jurídico em razão de sua função prático-social, que, aliás, confere ao termo um conceito, segundo entendemos, que também abarca os negócios extrapatrimoniais, sendo, portanto, mais vantajoso.

34. ASCENSÃO, José de Oliveira. **Direito Civil** – Teoria Geral – v. II. 2 ed. Coimbra: Coimbra, 2003, p. 300/302.

35. Tradução livre do texto italiano: "Art. 1343. Causa illecita. La causa è illecita quando è contraria a norme imperative, all'ordine pubblico o al buon costume."

36. FERRARA, Luigi Cariota. **El Negocio Jurídico**. Madrid: Aguilar, 1956, p. 489 afirma: "Decimos función práctico-social y no económico-social, porque la causa és elemento que vá mas allá del negocio del derecho patrimonial (...)"

Assim, causa seria diferente de motivo, pois o último revelaria uma circunstância psicológica que leva um agente a praticar determinado negócio jurídico. Tomemos dois exemplos. João está sem dinheiro para comprar um imóvel. No intuito de se capitalizar para tal aquisição, vende o seu carro. José, porém, precisa de dinheiro para pagar um tratamento médico para o pai, fato que o leva a vender o próprio veículo. Nos exemplos, temos que o motivo que levou João a vender o carro foi capitalizar-se para comprar um imóvel, ao passo que o motivo de José foi obter dinheiro para curar o pai. Motivos são diferentes, mas, nos dois casos, a função econômico-social típica da venda de carros é a troca de tais bens por dinheiro equivalente. A causa, para ambos, é a mesma. Em feliz síntese Cariota Ferrara[37] lembra que a causa dos negócios onerosos (como a compra e venda, a permuta e a locação, entre outros) é o câmbio entre prestação e contraprestação, ao passo, assim podemos deduzir, que, nos negócios gratuitos (como no comodato, na doação, na remissão), ela se consubstancia no espírito de liberalidade de quem figura no polo ativo do negócio.

Pois bem. Feita essa breve digressão, concentremo-nos na importância da causa para a classificação dos negócios jurídicos, enfatizando que ela pode servir de índice de distinção entre os chamados negócios causais e abstratos. O critério pode assim ser sintetizado: avalia-se se a função econômico-social dos negócios é "*manifesta e reconhecível, pela sua estrutura, de modo a caracterizar-lhes o tipo, e portanto, exerça uma influência direta [negócios causais], ou apenas indireta [negócios abstratos], para lhes determinar o tratamento e os efeitos*" [38]. Assim, há negócios, a maioria deles, em verdade, na qual a identificação da causa é evidente, ao passo em que outros, a sua menção pode ser eliminada, sem que haja impactos sobre os seus normais efeitos. O exemplo dos primeiros pode ser a compra e venda, a doação, a locação, a prestação de serviços, o testamento, entre outros. Exemplo emblemático dos outros é a emissão de um cheque ou de uma nota promissória.

Atente-se que a doutrina estabelece gradações na abstração do negócio. Cariota Ferrara[39] lembra que esta pode ser absoluta, quando a causa é de todo irrelevante para o negócio, ou relativa, quando, embora irrelevante para o negócio, pode ser importante para a situação como um todo. Tomemos dois exemplos.

A transmissão de imóveis, na Alemanha, ao contrário do que ocorre no Brasil, demanda a participação de ***ambos os contratantes*** em dois negócios jurídicos: o obrigacional e o de transferência. A alienação de propriedade segue, por lá, não

---

37. FERRARA, Luigi Cariota. El **Negocio Jurídico**. Madrid: Aguilar, 1956, p. 157 assim aborda o tema tratado: "Para dar desde ahora un ejemplo, es para nosotros causa de todos los negocios (de derecho patrimonial) onerosos (así, de la compraventa, de la permuta, del arrendamento etc.) la realización que estos deben determinar de un cambio entre prestación e contraprestación (arg. Ex arts. 1.470, 1.522, 1.571 etc., C.C.)."
38. BETTI, Emilio. **Teoria Geral do Negócio Jurídico** – t. I. Campinas: LZN, 2003, p. 284.
39. FERRARA, op.cit., p. 159, assim aborda o tema tratado: "La abstracción puede ser absoluta o relativa: si es absoluta, la causa es del todo irrelevante, incluso fuera del negocio; si es relativa, la causa es irrelevante respecto al negocio, pero relevante para el complejo de la situación que sobre la base del negocio (precisamente válido) se ha determinado o puede determinarse."

apenas o Princípio da Separação (ao demandar dois negócios distintos para ocorrer), mas também o da Abstração, vez que o segundo negócio prescinde da enunciação das circunstâncias ou do objeto do primeiro. São esclarecedoras as lições de Rolf Stürner[40] sobre os ditos princípios:

> Ao se optar por dois negócios jurídicos separados para o acordo e para a execução da transmissão da propriedade, com fundamento próprio (Princípio da Separação), nada se falou ainda sobre a relação entre ambos os negócios jurídicos. A existência do negócio real, que altera a titularidade ou lhe dá novo fundamento, pode depender da existência do negócio obrigacional, na sua função de dar base jurídica à obrigação (Princípio Causal). A transmissão em separado da propriedade, como p. ex. de uma coisa comprada, 'automaticamente' torna-se inválida, se essa compra e venda se afigurar inválida. Pode-se ainda pensar o negócio real concebido, em princípio, na sua função de transmitir a propriedade, independentemente do contrato obrigacional base e, consequentemente, desvinculado da existência deste (Princípio da Abstração). Nesse caso, então, a falta de um negócio base causal é superada de outra forma, por meio de pretensões compensatórias.

Assim, na transferência de imóveis na Alemanha, vicissitudes no negócio obrigacional não contaminariam o negócio abstrato, de transferência, embora possam garantir ao prejudicado a cabível ação de reparação de danos. A abstração aqui é absoluta. No Brasil, porém, a transmissão de bens imóveis é negócio causal e se materializa de forma um pouco diferente do que ocorre na Alemanha. Em primeiro lugar, o negócio obrigacional (compra e venda, permuta ou doação do imóvel, por exemplo) pode ser levado a registro por qualquer pessoa, e não precisa ser conjuntamente pelo transmitente e pelo adquirente. Além disso, no registro, a escritura é transcrita para livro apropriado, tornando público o ***tipo*** de negócio entabulado entre alienante e adquirente, ou entre o doador e o donatário, a quem interessar. Enuncia-se, pois, a causa da transmissão. Logo, vícios em determinado negócio da cadeia de transmitentes e adquirentes maculará e invalidará todos os demais negócios que a ele se seguirem, pelo simples fato de ser causal. Percebe-se, assim, que a opção tedesca pela abstração do registro confere mais segurança jurídica às transferências dos bens de raiz.

A abstração, como visto, não se dá apenas de forma absoluta, como na hipótese de transmissão de propriedade na Alemanha. Ela pode ser relativa, como sói acontecer com determinados títulos de crédito. Assim, na hipótese de emissão de uma nota promissória, temos que esse é um negócio abstrato. Pouco importa, para tal ato, que seja enunciada a causa que lhe deu origem. Ocorre, porém, que, em entre as partes do negócio subjacente, a análise da causa e do objeto do negócio podem servir para infirmar o pagamento da dita nota. Assim, embora a enunciação da causa seja irrelevante para a emissão do título, ela importa para a situação tomada como um todo, como acontece, por exemplo, quando, em embargos, sem que o título tenha

40. STÜRNER, Rolf. **O Princípio da Abstração e a Transmissão da Propriedade**. Disponível em http://www.cjf.jus.br/cjf/corregedoria-da-justica-federal/centro-de-estudos-judiciarios-1/publicacoes-1/jornadas-cej/vjornadadireitocivil2012.pdf. Acesso em 22 de maio de 2016.

sido circulado, seja discutida eventual nulidade da relação casual, a contaminar o próprio título[41].

Apreciados, assim, os aspectos mais relevantes da classificação dos negócios abstratos e causais, avancemos para a análise da próxima classificação.

Classificação quanto ao exercício dos direitos. As partes, ao exercerem os direitos, podem fazê-lo de forma a sacrificá-lo[42], quando o alienam ou a ele renunciam. É o que ocorre na hipótese de uma compra e venda, de uma doação ou de uma permuta. Quanto ao exercício de direitos, classificam-se em negócios de disposição e de mera administração. Os primeiros sucedem quando permitem a alienação ou a renúncia ao próprio direito (ex.: doação);os últimos, por outro lado, são aqueles que implicam a prática de negócios que se prestem à conservação ou ao uso do bem, como sói acontecer com a realização de benfeitorias em imóveis, sua locação ou comodato.

Embora de fácil compreensão, a classificação acima apresenta-se relevante para diversos negócios. Assim, no mandato, para se alienar, hipotecar, transigir, ou praticar outros quaisquer atos que exorbitem da administração ordinária, depende-se da outorga de procuração com poderes especiais e expressos, a teor do artigo 661 do Código Civil, pois, do contrário, a procuração será considerada genérica e, por esse motivo, só conferirá poderes de administração. Além disso, não podem os pais alienar, ou gravar de ônus real os imóveis dos filhos, nem contrair, em nome deles, obrigações que ultrapassem os limites da simples administração, salvo por necessidade ou evidente interesse da prole, mediante prévia autorização do juiz, como dispõe o artigo 1.691 do Código Civil.

Classificação quanto às vantagens patrimoniais. Os negócios jurídicos podem ser, quanto às vantagens patrimoniais, onerosos, gratuitos, neutros ou bifrontes. No primeiro caso, estão enquadrados aqueles em que as vantagens patrimoniais são atribuídas às duas partes, havendo relação causal entre elas[43]. Tomemos como exemplo uma compra e venda. Nela há benefício para o comprador (recebimento da coisa) em decorrência daquele dado ao vendedor (entrega do dinheiro), ou seja, vantagens imbricadas para ambos.

---

41. BRASIL. Tribunal Justiça de São Paulo. APL: 90742642020098260000 SP 9074264-20.2009.8.26.0000, Relator: Flavio Abramovici, Data de Julgamento: 17/09/2013, 2ª Câmara de Direito Privado, Data de Publicação: 20/09/2013, assim ementado: *EMBARGOS À EXECUÇÃO ANULAÇÃO DO NEGÓCIO JURÍDICO SUBJACENTE. NOTA PROMISSÓRIA QUE NÃO CIRCULOU. Inexistindo circulação da nota (e, por conseguinte, ausente a autonomia e a abstração), a anulação do negócio jurídico subjacente invalida o título de crédito. SENTENÇA DE PROCEDÊNCIA DOS EMBARGOS, COM A EXTINÇÃO DA EXECUÇÃO RECURSO DO EMBARGADO-EXEQUENTE IMPROVIDO.*
42. MESSINEO, Francesco. **Manual de derecho civil y comercial** – v. II. Buenos Aires: EJEA, 1954, p. 349.
43. FERRARA, Luigi Cariota. **El Negocio Jurídico**. Madrid: Aguilar, 1956, p. 187 assim aborda o tema tratado: "Los negocios que tienen por objeto atribuciones patrimoniales se distinguenen en negocios a título oneroso y negocios a título gratuito, según que produzcan o non atribuciones patrimoniales en relaciones de causalidad (...)"

Os negócios onerosos subdividem-se em comutativos e aleatórios, conforme o nexo causal entre a vantagem e o sacrifício seja subjetivamente equivalente ou não[44]. Em realidade, a falta de equivalência entre a prestação e a contraprestação, nos negócios aleatórios, decorre do risco imposto às partes. Tomemos como exemplo o jogo lícito. O cliente compra uma cartela da loteria pagando um preço definido. Normalmente, nada ganhará, embora possa ficar milionário, se os números de seu jogo forem sorteados. Perceba-se que a álea afeta a situação dos dois contratantes, que podem ter os ganhos ou perdas maximizados com base em eventos que dependam do acaso para acontecer, segundo riscos previamente assumidos. São, assim, exemplos de tais espécies de negócio o jogo, a aposta, a *emptio spei* (art. 458 do Código Civil), *a emptio rei speratea* (art. 459 do Código Civil), entre outros. Os demais contratos onerosos são comutativos.

Encontram-se, ao lado dos negócios gratuitos e onerosos, os neutros e os bifrontes. Entre os primeiros, podemos citar os negócios que não podem ser classificados como gratuitos, nem como onerosos, por faltar-lhes vantagens patrimoniais atribuídas a quaisquer das partes. Tomemos como exemplos negócios atinentes a direitos de personalidade. Assim, é permitida à pessoa juridicamente capaz dispor gratuitamente de tecidos, órgãos e partes do próprio corpo vivo, para fins terapêuticos ou para transplantes em cônjuge ou parentes consanguíneos até o quarto grau, inclusive, devendo autorizar, preferencialmente por escrito e diante de testemunhas, especificamente o tecido, o órgão ou a parte do corpo objeto da retirada, na forma do artigo 9º e de seu respectivo § 4º, da Lei 9.434/97. Eis aí um exemplo de negócio neutro.

Por outro lado, negócios bifrontes são aqueles que, a depender da situação, tanto podem ser gratuitos como onerosos. Bom exemplo é o depósito. Imaginemos que Pedro tem um irmão e um conhecido que viajarão para o estrangeiro. Ambos decidem deixar com o primeiro os seus carros, antes de seguirem para o aeroporto. Pedro resolve mantém sob sua guarda o veículo do irmão gratuitamente, como, em regra, opera-se essa espécie contratual. Porém, em relação ao conhecido do irmão, o depositário cobra pelo depósito. Veja que o contrato de depósito, portanto, foi gratuito em relação ao primeiro depositante e oneroso em relação ao segundo. É, então, um negócio bifronte por poder ser gratuito ou oneroso a depender da vontade das partes, como indica o artigo 628, do Código Civil.

Classificação quanto à forma. Os negócios jurídicos podem ser, quanto à forma, enquadrados em formais e não formais, se, respectivamente, ostentarem forma prescrita ou não em lei. Orlando Gomes[45] faz sutil diferença entre estes e os negócios solenes, pois, nos últimos, a forma não apenas deverá estar prescrita em lei, como deve contar com a participação de uma autoridade pública. Assim, a fiança, que só

44. GOMES, Orlando. **Introdução ao Direito Civil**. 4 ed. Rio de Janeiro: Forense, 1974, p. 378.
45. GOMES, Orlando. **Introdução ao Direito Civil**. 4 ed. Rio de Janeiro: Forense, 1974, p. 316/317.

poderá ser dada por escrito (art. 819 do Código Civil) é negócio formal, embora não solene, por não demandar a intervenção de autoridade pública. Já a compra e venda de imóveis acima de trinta salários mínimos é negócio formal e solene (art. 108 do Código Civil), vez que exige a intervenção de agente público na feitura da escritura de compra e venda. Esclareça-se, por outro lado, que a imensa maioria dos negócios jurídicos são não formais, com a clara finalidade de facilitar o tráfego jurídico.

Classificação quanto ao momento de produção dos efeitos. Os negócios classificam-se, em relação ao critério proposto, em ***mortis causa*** e ***inter vivos.*** Nos primeiros, a morte não representa apenas o marco temporal que inicia a produção de efeitos do negócio, mas é o evento em si que os desencadeia[46]. A doutrina, portanto, invoca como exemplo dos negócios ***mortis causa*** o testamento e o codicilo, ao passo que os demais seriam ***inter vivos.***

Classificação dos negócios jurídicos em principais e acessórios. Os negócios jurídicos podem ser, quanto reciprocamente considerados, principais e acessórios. A classificação segue a mesma lógica daquela tratada no estudo dos bens. Os negócios principais são aqueles que, ao serem comparados a outros, existem por si, ao passo que os acessórios supõem a existência do negócio principal. O contrato de locação, garantido por fiança encerra, em realidade, dois negócios jurídicos, sendo um principal – a locação – e outro acessório, já que a locação pode existir por si, ao passo que a fiança necessariamente supõe a existência do contrato principal.

Classificação dos negócios quanto à previsão legal. Os negócios jurídicos podem ser quanto à previsão legal, divididos entre típicos e atípicos. No primeiro caso, há regramento legal, ao passo que, no segundo, não. Assim, obviamente, todos os negócios tratados pelo Código Civil, e por leis extravagantes, são típicos. A compra e venda, a permuta, o testamento são negócios jurídicos disciplinados por lei, sendo, pois, típicos.

Os negócios atípicos podem ser genuinamente atípicos ou mistos[47]. No primeiro caso, eles são negócios inteiramente novos, como ocorria, no Brasil, com o estabelecimento de multipropriedade pelos chamados contratos de ***fractional ownership*** (por meio do qual pessoas possuem quotas de determinado bem e definem contra-

---

46. MESSINEO, Francesco. **Manual de derecho civil y comercial** – v. II. Buenos Aires: EJEA, 1954, p. 349 é muito enfático ao afastar a morte apenas como um marco temporal dos negócios ***mortis causa.*** Vejamos: "3 – B) Según que el negocio deba tener efecto, respectivamente, con o sin el presupuesto de la muerte de una persona, se habla de negocio por causa de muerte (figura única: testamento) y de negocio entre vivos (ejemplo, contrato). La función que la muerte de la persona ejercita en los negocios *mortis causa*, no es de orden temporal; o sea, que la muerte no es el momento (o solamente el momento) en que el negocio adquiere efecto; es, por el contrario, el evento en virtud del cual se produce el efecto y sin el cual no se produce (§ 170). Por conseguiente, no porque en un negocio se haga referencia a la muerte de una persona como determinante de un cierto efecto, se lo debe adscribir, sin más, al grupo de los negocios por causa de muerte: por ejemplo, el seguro sobre la vida de una persona es negocio entre vivos, aunque el mismo produzca efectos como consecuencia de la muerte del asegurado (§ 160)".
47. GOMES, Orlando. **Introdução ao Direito Civil.** 4 ed. Rio de Janeiro: Forense, 1974, p. 403.

tualmente como o usarão, fracionando a utilização exclusiva por períodos de tempo ao longo do ano). Tais arranjos imobiliários já eram frequentemente encontrados no Brasil, mas aqui só foram disciplinados a partir do advento da Lei 13.777/2018. Tínhamos, portanto, até o advento da citada norma, tais contratos como genuinamente atípicos, tornando-se, em nosso país, típicos, apenas após a sua previsão em lei.

No caso dos negócios atípicos mistos, estes se formam pela combinação de elementos de negócios já existentes. Podemos dar como exemplo a locação de um bem que se paga com uma prestação de serviços.

Classificação dos negócios quanto à composição estrutural. A derradeira classificação a ser exposta é quanto à composição estrutural, podendo os negócios serem divididos em simples (constituídos por atos únicos), complexos (quando resultam de atos que, tomados isoladamente, não teriam efeitos, mas que, ao se sucederem fundem-se em um único negócio)[48] e coligados. Entre os negócios simples, podem ser citados o comodato, a doação e a locação. Quanto aos negócios complexos, podemos citar aqueles que dependem da anuência de terceiros. A anuência, por si, nada significa, mas, quando aposta a negócio simples, que sem ela seria inválido, torna-se um todo complexo.

Diferem dos dois citados os negócios coligados. Estes últimos, ao contrário dos complexos, não se fundem, mas se justapõem[49]. Mantêm sua existência, embora se vinculem funcionalmente. Entre eles, podemos lembrar dos contratos necessários para o funcionamento de um posto de gasolina. Há diversos contratos justapostos: licença de uso de marca, compra de combustível, aluguel de bomba de combustível. Note-se que os contratos, entre si, não se fundem, tampouco podem ser entendidos como acessórios uns dos outros. São, pois, negócios jurídicos coligados.

Analisados, então, os contornos gerais dos negócios jurídicos, avancemos para o estudo de seus elementos.

48. Ibid, pp. 316/317.
49. LÔBO, Paulo. **Direito Civil** – Contratos. São Paulo: Saraiva, 2011, p. 58/59.

Capítulo 13
ELEMENTOS ESSENCIAIS DO NEGÓCIO JURÍDICO

Aspectos introdutórios. Após analisar o conceito e a classificação dos negócios jurídicos, é chegada a hora de analisar a sua estrutura interna, ou, em outras palavras, os seus elementos.

A tradicional doutrina extrema os elementos dos negócios jurídicos em três grandes conjuntos: a) os elementos essenciais, b) os elementos naturais; e, por fim, c) os elementos acidentais.

Consideram-se essenciais os elementos sem os quais os negócios jurídicos não podem existir validamente. São essenciais já que sua presença é obrigatória em qualquer negócio, pois atuam em dois imprescindíveis planos: o da existência e o da validade do negócio jurídico[1].

Os elementos naturais são os que integram determinados tipos de negócios jurídicos, estando previstos pelo ordenamento. Prevalecem no silêncio das partes, como se fizessem parte da "natureza" do negócio, embora possam ser afastados pela vontade das partes.

Interessante exemplo é a responsabilidade do alienante pela evicção. Entende-se por evicção a perda, em virtude de ato estatal, do bem transferido ao adquirente. Essa perda funda-se em razão jurídica anterior à alienação e, como medida de justiça, impõe a quem transferiu a coisa o dever, no mínimo, de devolver o seu preço, a quem a adquiriu de boa-fé e, posteriormente, perdeu-a por força de decisão judicial.

Atente-se que, pela combinação dos artigos 448, 449 e 450 do Código Civil, se o adquirente souber do risco concreto de a coisa ser-lhe tomada no futuro e, ainda assim, assumi-lo, poderá isentar o alienante da responsabilidade decorrente da evicção. Logo, embora seja da natureza dos contratos onerosos a garantia pela evicção, em determinadas circunstâncias, ela pode ser afastada pela vontade dos contratantes.

---

1. FERRARA, Luigi Cariota. El Negocio Jurídico. Madri: Aguilar, 1956, p. 90, em correta compreensão do fenômeno, assevera: "En la determinación del concepto <<elementos esenciales>>, no se puede prescindir de la relación entre elementos y formación y validez del negocio. Con referencia a tal relación, todo elemento funciona como requisito. Se verá cómo algunos elementos son necesarios para la existencia, y otros para la validez del negocio. Entre éstos también hay diferencia que establecer, según que su falta sea causa de nulidad o de anulabilidad."

Urge esclarecer que os elementos sob exame não são objeto da obra, pois, uma vez que pertencem à própria natureza de determinados negócios jurídicos, serão paulatinamente examinados à medida que o operador do direito se defronte com cada espécie deles. Em outras palavras, os mencionados elementos são apreciados em obras que tratem dos negócios jurídicos em espécie.

Os elementos acidentais, por derradeiro, são assim chamados por não necessitarem constar de todos os negócios jurídicos. São as partes que voluntariamente decidem acrescê-los ou não. Ocorre que, uma vez inseridos no negócio, afetam a sua eficácia, como adiante será visto. Avancemos, pois, para a análise dos elementos essenciais dos negócios jurídicos[2].

Elementos essenciais dos negócios jurídicos. Como tivemos oportunidade de apreciar, os elementos essenciais são aqueles sem os quais os negócios não têm existência válida.

Hodiernamente, a classificação proposta conhece algumas variações. Emílio Betti[3] extrema, no que chamamos de elementos essenciais, os elementos constitutivos (forma, conteúdo e causa, que, segundo ele, dizem respeito à sua estrutura e à função internas) dos pressupostos de validade (circunstâncias externas que integram o negócio, permitindo-lhe que se torne válido).

Vicente Rào[4] adota critério diverso. Sua classificação parte da ideia de requisitos do ato. Estes seriam divididos em pressupostos (requisitos extrínsecos, por estarem fora do ato em si, mas ligados ao agente, como a capacidade e a legitimação) e elementos (intrínsecos, relacionados ao ato em si). Os elementos poderiam ser essenciais (por sua vez, subdivididos em genéricos, consubstanciados na vontade, no objeto e na forma, bem como em específicos, que diriam respeito à formação e adequação do negócio, mas ditados por certas peculiaridades de cada um de seus tipos) e não essenciais (que são os elementos que apontamos como acidentais).

Pablo Stolze Gagliano e Rodolfo Pamplona Filho[5] adotam como critério a relação entre o elemento e o plano por ele afetado. Assim, o que apontamos como elementos essenciais, os citados autores dividem em elementos constitutivos, ligados ao plano da existência (manifestação de vontade, agente emissor de vontade, objeto e forma) e pressupostos de validade (que são os qualificadores dos elementos constitutivos, ou seja, quanto à manifestação de vontade, o pressuposto é que seja livre e de boa-fé; quanto ao agente, que haja capacidade e legitimação; quanto ao objeto, que seja

---

2. MESSINEO, Francesco. **Manual de derecho civil y comercial** – v. II. Buenos Aires: EJEA, 1954, p. 356, enuncia claramente o que se afirma: "2-B) Elementos accidentales son aquellos cuya presencia no es indispensable, pero que, cuando existen, limitan la eficacia del negocio, constituyendo manifestación de la autonomía de la voluntad humana, en el círculo del negocio jurídico."
3. BETTI, Emilio. **Teoria Geral do Negócio Jurídico** – T. II. Campinas: LZN, 2003, p. 1/2.
4. RÀO, Vicente. **Ato Jurídico**. 4 ed. São Paulo: RT, 1999, p. 91.
5. GAGLIANO, Pablo Stolze e PAMPLONA FILHO, Rodolfo. **Novo curso de direito civil**, v. I. 10 ed. São Paulo: Saraiva, 2008, p. 321/346.

lícito, possível, determinado ou determinável; e quanto à forma, que seja adequada). Lógica assemelhada é adotada por Carlos Roberto Gonçalves[6], embora denomine de *elemento* aquilo que se vincula ao plano da existência e de *requisito* o que se prende ao plano da validade.

Pode-se observar, portanto, que a nomenclatura adotada pela doutrina não é uniforme. Nessa esteira, cerramos fileira entre os que abraçam a doutrina tradicional e enfrentam o tema sob a denominação *elementos essenciais*. Assim abordaremos a questão e distingui-los-emos entre elementos essenciais que dizem respeito à existência do negócio e aqueles que tratam de sua validade. Passemos à análise em espécie de cada um dos elementos essenciais.

Manifestação de vontade livre e sem defeitos – A manifestação de vontade é o elemento primordial do negócio jurídico. Ele não existirá se ela não for emitida. Assim, quando a assinatura de determinada pessoa é falsificada em título de crédito (como em cheques, notas promissórias, entre outros), em relação à vítima da falsidade, o ato de emissão é ***inexistente,*** conquanto, em relação ao falsificador, haja a prática de ato ilícito. Fato é, porém, que só se pode imaginar a existência do negócio para o agente, se ele emitiu vontade.

A manifestação de vontade pode ocorrer de forma expressa ou por atitudes que permitam a sua compreensão. Quando a vontade for exteriorizada por meio de palavras escritas ou faladas, estaremos diante de sua declaração[7]. Ocorre, todavia, que muitas vezes a vontade do agente pode ser apreendida por sua conduta, com sói acontecer no ato jurídico em sentido estrito por meio do qual o domicílio voluntário é fixado. No caso em apreço, há fixação de residência com ânimo definitivo, o que se pode depreender da conduta do sujeito e não necessariamente da exteriorização de seus sentimentos por meio de palavras.

Além disso, as manifestações de vontade podem ser receptícias, quando devam ser conhecidas pelo destinatário para produção de efeitos, ou não receptícias, quando a sua simples enunciação já é suficiente para que seus efeitos se façam sentir[8]. Algumas legislações, como a portuguesa adotam expressamente essa classificação, que, no Brasil, é aceita doutrinariamente[9]. O Código Civil de Portugal, aliás, assim trata do tema:

---

6. GONÇALVES, Carlos Roberto. **Direito Civil Brasileiro** – v. 1.3 ed. São Paulo: Saraiva, 2006, p 308.
7. PEREIRA, Caio Mário da Silva. **Instituições de direito civil** – v. I. 20 ed. Rio de Janeiro: Forense, 2004, p.482.
8. VON THUR, Andreas. **Parte General del Derecho Civil**. San José da Costa Rica: Juricentro, 1977, p. 76, explana bem a ideia exposta: "La leye distingue las declaraciones de voluntad que 'han de emitirse para que lleguen a otro' (las que se dicen declaraciones recepticias) y aquellas que no es necesario dirigir a una persona determinada: las declaraciones no recepticias, v. g., el testamento, la *pollicitatio,* la declaración de constituir una fundación".
9. GOMES, Orlando. **Introdução ao Direito Civil**. 4 ed. Rio de Janeiro: Forense, 1974, p. 300.

ARTIGO 224º (Eficácia da declaração negocial)

1. A declaração negocial que tem um destinatário torna-se eficaz logo que chega ao seu poder ou é dele conhecida; as outras, logo que a vontade do declarante se manifesta na forma adequada.

2. É também considerada eficaz a declaração que só por culpa do destinatário não foi por ele oportunamente recebida."

Mas não apenas isso. A vontade deve ser livre e não deve conter defeitos, sob pena de, embora ***existente***, o negócio seja inválido. Estudaremos, em capítulo próprio, os defeitos dos negócios jurídicos e as demais hipóteses de invalidades a lhes mitigarem as consequências. Analisemos, doravante, o próximo elemento existencial em seus dois planos.

Agente capaz e legitimado. O negócio jurídico deriva de manifestações de vontade. Seria inconcebível, pois, uma tal manifestação que não se originasse de um agente, vale dizer, de determinado ente que possa emiti-la sob a chancela do ordenamento jurídico. Não por outro motivo, determina o artigo 104 do Código Civil do Brasil que o negócio jurídico requer para sua validade: agente capaz, objeto lícito, possível, determinado ou determinável e forma prescrita ou não defesa em lei.

Seria, portanto, inexistente uma aparente emissão volitiva, oriunda de disfunção, por exemplo, de uma máquina. Imaginemos que um computador tenha sido infectado por um vírus. Este, a partir de então, passou a encaminhar eletrônica e aleatoriamente todos os arquivos salvos na máquina, entre os quais, uma proposta de contrato.

Percebe-se que a aparente emissão de vontade não foi oriunda de um agente, mas do defeito de uma máquina, o que torna contrato eventualmente remetido, mesmo que aceito pelo receptor da mensagem, inexistente.

As observações acima exaradas tratam do plano da existência. No plano da validade, o agente tem de ser capaz e de estar legitimado a praticar o negócio.

Remetemos o leitor aos apontamentos acerca da capacidade no capítulo apropriado em que tratamos do tema. Somem-se a elas apenas algumas pontuais questões versadas pelo Código Civil ao disciplinar os negócios jurídicos, iniciando-se pelo que trata o artigo 105 do Código Civil: a incapacidade relativa.

Acontece que a capacidade não é o único aspecto a infirmar a validade do negócio praticado pelo agente. Ele também deve estar legitimado a praticá-lo, entendendo-se por legitimação a contemplação de requisitos específicos para a prática de determinado negócio.

Nessa esteira, dois irmãos, mesmo capazes, não poderão casar-se entre si. A proibição decorre do artigo 1.521, IV, do Código Civil. Não estarão, assim, legitimados ao casamento em questão.

Pode-se pensar em outro exemplo. Os artigos 496 (Código Civil do Brasil) e 877º (Código Civil Português) estabelecem restrições a vendas feitas entre ascendentes e descendentes, pois elas devem, para sua validade, contar com anuência dos demais descendentes, nos termos da lei. Percebe-se claramente que eventual alienação celebrada entre esses atores, mesmo que capazes, pode ser anulada, caso ausente a anuência demandada por lei. Trata-se de típica hipótese de legitimação.

Além desses aspectos, o Código Civil regula outras questões pontuais sobre os sujeitos do negócio jurídico. A primeira delas está inserida no artigo 105 de nossa Lei Civil:

> Art. 105. A incapacidade relativa de uma das partes não pode ser invocada pela outra em benefício próprio, nem aproveita aos cointeressados capazes, salvo se, neste caso, for indivisível o objeto do direito ou da obrigação comum.

A interpretação do dispositivo acima oferece múltiplos aspectos. Em primeiro lugar, seu início trata da incapacidade ***relativa*** de uma das partes, que não pode ser invocada pela outra para invalidar o negócio. Diferente deslinde ocorrerá se estivermos diante da incapacidade ***absoluta*** de um dos agentes, obviamente, desde que não esteja corretamente representado. No último caso, qualquer um dos dois participantes do negócio pode, a qualquer tempo, invocar sua ***nulidade***.

A diferença de tratamento entre os dois casos decorre das consequências que os tipos de incapacidade imprimem ao ato praticado. Quando uma pessoa relativamente incapaz, sem assistência, celebra um negócio, este será anulável, ao passo que, se for absolutamente incapaz, a consequência será a nulidade. Logo, para que a harmonia interna do Código Civil fosse preservada, a redação do artigo 105 se compatibilizou com o sistema de consequências entabuladas e para a nulidade e para a anulabilidade, em coerência plena com a redação correlata desses institutos, previstos, respectivamente, nos artigos 168 e 177.

Mas não apenas isso. O artigo 105 não aborda apenas as relações entre as duas partes distintas do negócio. Ela disciplina a possibilidade de o cointeressado capaz invocar a incapacidade relativa do que, ao seu lado, integrando o mesmo polo do negócio jurídico, emitiu, sem assistência, sua vontade. Frise-se: abordamos aqui a hipótese de incapacidade relativa, pois, fora absoluta, qualquer um dos participantes, fosse do mesmo polo, fosse a parte oposta do negócio, enfim, ***todos***, poderiam suscitar a nulidade do negócio.

Pois bem. Volvamos ao caso tratado. Entre os integrantes do mesmo polo do negócio, cointeressados, só se poderá invocar a incapacidade relativa do outro integrante caso o objeto do negócio seja indivisível. Deslinde oposto ocorrerá quando o objeto for divisível, isto é, a incapacidade relativa não tem o condão de promover a anulabilidade do negócio jurídico. Há uma nítida preocupação de harmonização de distintos dispositivos do Código Civil a nos remeter ao Livro das Obrigações. Vejamos.

O artigo 257 do Código Civil consagra o princípio ***concursu partes fiunt*** por meio do qual, “havendo mais de um devedor ou mais de um credor em obrigação divisível, esta presume-se dividida em tantas obrigações, iguais e distintas, quantos os credores ou devedores". Imaginemos, pois, uma obrigação divisível, com pluralidade de devedores. Suponhamos ainda que, entre eles, haja alguém relativamente incapaz. A incidência do princípio estudado faz com que a dívida de cada um seja cobrada independentemente das demais. Logo, não há razão para que um cointeressado invoque perante o credor, a incapacidade de outra pessoa.

O mesmo raciocínio não se poderá aplicar quando for indivisível o objeto da obrigação. Nesse caso, segundo determina o artigo 259, *caput*, que "se, havendo dois ou mais devedores, a prestação não for divisível, cada um será obrigado pela dívida toda". Quem pagá-la, por outro lado, sub-roga-se no direito do credor em relação aos outros coobrigados.

Façamos novamente um exercício de imaginação. Criemos um exemplo em que o objeto seja indivisível e existam três devedores, entre os quais, um relativamente incapaz que tenha celebrado o contrato sem assistência. Admitamos, ademais, que um dos outros dois capazes tenha pagado a dívida, que é indivisível. Nesse caso, quando ele se voltar para cobrar a quota-parte do incapaz, correrá o risco de o último invocar sua relativa incapacidade para eximir-se do pagamento. Essa consequência seria muito injusta para os devedores capazes. O problema descrito, então, poderia ser evitado se o cointeressado capaz invocasse, de início, a incapacidade relativa do outro celebrante a fim de evitar a sua responsabilização integral pelo pagamento do total da dívida, por tratar-se de objeto indivisível e por proibir-se a cobrança da quota-parte de relativamente incapaz. Andou bem, portanto, a legislação pátria a autorizar expressamente essa medida preventiva.

Levados, portanto, os apontamentos acima a efeito, abordemos o segundo ponto relevante acerca dos agentes celebrantes do negócio jurídico: a representação.

Representação. Normalmente, o próprio interessado celebra os negócios jurídicos que lhe dizem respeito. Não sempre. Algumas vezes, por não estar dotado do necessário discernimento (incapacidade absoluta), a lei indica quem deve agir por ele, de forma a proteger seus interesses. Outras vezes, escolhe-se voluntariamente um terceiro representante para, em nome do agente representado e por conta deste último, realizarem-se negócios jurídicos, com ampliação de sua esfera de atuação, seja para celebrar contratos cuja dinâmica não conhece bem, preferindo, pois, que pessoa mais habilitada atue em seu nome, seja simplesmente para vencer barreiras geográficas ou temporais que lhe dificultariam a condução de negócios de seu interesse. Os casos abordados exemplificam o fenômeno da representação.

Entende-se, nessa esteira, por representação a manifestação de vontade por um agente (representante), em nome de outro (representado), de forma a vinculá-lo aos efeitos jurídicos do ato ou negócio celebrado.

Integra um gênero maior, o da substituição do agente na prática de atos, o que nos leva a diferenciá-la de figuras afins[10], a começar pela chamada representação

10. ASCENSÃO, José de Oliveira. **Direito Civil** – Teoria Geral – v. I. 2 ed. Coimbra: Coimbra, 2003, p. 241/242.

indireta, que ocorre quando um sujeito celebra negócios para si, mas em prol de interesse alheio[11].

Um interessante exemplo pode ser extraído das lições de Karl Larenz[12], a bem diferenciar a representação direta da indireta. Descreve um caso em que alguém, por exemplo, Camilo pretende adquirir um determinado objeto com a ajuda de Rodrigo, em uma negociação em que figura como alienante Carlos. A forma mais usual de fazê-lo seria Camilo outorgar uma procuração para Rodrigo que, dela munido, procurasse Carlos, com quem negociaria as condições da compra. É uma típica hipótese de representação direta, pois os direitos derivados da avença vinculariam Camilo e Carlos.

Hipótese distinta seria aquela em que Rodrigo, com recursos próprios, celebrasse o contrato de compra e venda com Carlos, repassando-lhe o valor do objeto transacionado às suas expensas. Tão logo assim o fizesse, caso Rodrigo vendesse o mesmo bem para Camilo, o resultado prático da triangulação seria assemelhado ao do exemplo exposto no parágrafo anterior. A diferença é que, na presente hipótese, Carlos não teria qualquer relação com Camilo, limitando os efeitos do seu contrato a Rodrigo.

No último caso, estaríamos diante de uma representação indireta. Atente-se apenas que, no exemplo dado, os negócios foram celebrados de forma escorreita, ostensiva e honesta. Tal observação se presta apenas a diferenciá-lo de práticas consigo assemelhadas, porém ilícitas, de simulação por meio de interposto agente. Ocorre, v.g., quando um filho quer adquirir um bem do pai, embora não conte com a anuência dos outros irmãos. Não raro, pai e filho, em tais casos, valem-se de um suposto interessado apenas para simular a transação com o bem do pai. Posteriormente, o copartícipe da fraude simula vendê-lo ao filho. Em realidade, o que efetivamente sucedeu, mas por interposta pessoa, foi a compra pelo filho do bem paterno a driblar o consentimento dos demais filhos.

Ressalvada a ilicitude acima, caso ocorra uma honesta compra entabulada entre Rodrigo e Carlos, este último agiu em nome próprio, mas na defesa de interesses alheios, caracterizando-se, assim, uma representação indireta. Mas essa não é a única hipótese descrita pela doutrina. Há ainda o caso do contrato do contrato de comissão.

O Código Civil, no artigo 693, indica que o contrato de comissão tem por objeto a aquisição ou a venda de bens pelo comissário, em seu próprio nome, à conta do comitente. Logo, não se pode entendê-lo senão como um caso de representação indireta.

11. OERTMANN, Paul. **Introducción al Derecho Civil**. Barcelona: Labor, 1933, p. 306 afirma: "1. Una persona celebra el negocio para si (*suo nomine*), pero actuando en interés de otra persona. En tal caso, el sujeto que actua es el único que deriva del negocio derechos y obligaciones, sin perjuicio de las obligaciones que para él puedan resultar de la relación en que se encuentre com el interesado "representado": representación indirecta o mediata.

12. LARENZ, Karl. **Derecho Civil** – Parte General. Madrid: Revista de Derecho Privado, 1978, p. 763.

A hipótese acima não exaure os casos assemelhados, porém distintos, da representação direta. Há que se lembrar ainda do caso do núncio, cujas diferenças com a representação já foram expostas no capítulo anterior, e da gestão de negócios, por meio da qual uma pessoa age segundo os presumidos interesses de outra, mesmo sem poderes para tanto (art. 861 do Código Civil).

Não há que se confundir, por fim, o instituto da representação direta com a representação orgânica que, a rigor, não se caracteriza sequer como representação. O Código Civil de Portugal, no artigo 38º, ao tratar de aplicação da lei no espaço, assevera que a "representação da pessoa colectiva por intermédio dos seus órgãos é regulada pela respectiva lei pessoal".

Na realidade, o fenômeno acima descrito é o da presentação, segundo o qual a vontade das pessoas jurídicas é manifestada por meio de seus órgãos. O órgão "atua e recebe como o braço, a mão, a boca ou os ouvidos humanos"[13]. Em outras palavras, os órgãos são o mecanismo encontrado por lei para que a própria pessoa jurídica atue e manifeste vontade. Assim, no presente caso, a pessoa jurídica atua por si e não por meio de representante direto.

Explanadas, sucintamente, as diferenças expostas nos parágrafos anteriores, volvamos nossa atenção para a representação direta. O Código Civil de 2002 tratou dos aspectos gerais da representação direta nos artigos 115 a 120, a exemplo do que fez o Código Civil de Portugal entre os artigos 258º e 269º, embora com relação a alguns aspectos tratados por este último, o legislador brasileiro tenha, em sua Parte Geral, abordado ao disciplinar o contrato de mandato (especialmente quanto aos aspectos atinentes à procuração). Pois bem, analisemos a norma brasileira.

O artigo 115 nos lembra que os poderes do representante podem ser conferidos por lei ou pelo interessado. Eis aí a principal classificação da representação: legal (quando derivada de lei) e voluntária (quando os poderes para atuação em nome de outro são conferidos pelo interessado). Essa tipologia básica está consignada no artigo 120 que assevera serem os requisitos e os efeitos da representação legal estabelecidos nas normas respectivas; enquanto os da representação voluntária são os da Parte Especial do Código Civil. Assim, os requisitos da representação do filho pelo pai, *ex vi legis*, devem ser investigados no Capítulo do Código que trata de filiação, bem como os da curatela e tutela nos dispositivos a elas referentes. Os requisitos e efeitos da representação voluntária, no Código brasileiro, por outro, são os versados na disciplina do contrato de mandato, embora possam ser reguladas, em inúmeros aspectos, pela avença celebrada entre mandante e mandatário.

Oportuno aqui que se estabeleçam alguns esclarecimentos terminológicos. O mandato, nessa esteira, é o contrato pelo qual uma das partes se obriga a praticar um ou mais atos ou negócios por conta da outra, como preceitua o *caput* do artigo

13. PONTES DE MIRANDA, Francisco Cavalcanti. Tratado de directo privado – tomo I. Campinas: Bookseller, 2000, p. 351.

1157º do Código Civil de Portugal. Atente-se que o mandato é um contrato, portanto capaz de disciplinar as relações internas entre os contratantes[14]. Assim, o objeto do mandato tem de levar em consideração alguns aspectos próprios dessa espécie de avença, tais como o tempo de duração da relação jurídica, a sua onerosidade ou gratuidade, ou ainda o esclarecimento acerca do dever de prestação de contas de uma parte à outra. Até então, o pacto firmado apenas ***obriga*** uma parte a agir em nome da outra. Ocorre que, perante terceiros, os poderes de representação devem constar de outro ato – a procuração. Esta é o negócio jurídico unilateral por meio do qual uma pessoa outorga poderes para que outra aja em seu nome a vinculá-la.

Em regra, mandato e procuração estão ligados. Aquele trata das relações internas entre as partes e esta materializa os poderes que foram outorgados para o fiel cumprimento dessa espécie contratual. Não há, porém, necessidade de que estejam ***sempre*** copresentes ou de que estejam ***sempre*** imbricados. Existem casos em que a procuração deriva de contratos de trabalho, como sói acontecer quando uma sociedade outorga poderes para que um empregado a represente na celebração de certo contrato. Outras vezes, ao mandato, não se segue uma procuração, permanecendo o mandatário como representante indireto do mandante[15].

O artigo 116 do Código Civil do Brasil, a exemplo do artigo 258º da norma portuguesa, indica o que já se tratou, à exaustão, no presente capítulo: os negócios celebrados pelo representante vinculam, nos limites dos poderes outorgados, o representado. A atuação do representante extrapolando os poderes conferidos por lei ou pela vontade não haverão de vincular o representado. Mas não apenas isso. A correta interpretação do artigo 116 demanda incursão ao disposto no artigo 119 do Código Civil, que estabelece ser anulável o negócio concluído pelo representante em conflito de interesses com o representado, se tal fato era ou devia ser do conhecimento de quem com aquele tratou.

Atente-se que o conflito de interesses pode ou não dever ser do conhecimento da pessoa com a qual se celebra o negócio jurídico. Na primeira hipótese, o negócio entabulado continuará a vincular o representado, eis que, pelo princípio da boa-fé objetiva, não se pode exigir do terceiro que deixe de contratar por conflito sobre cuja existência não poderia sequer imaginar.

---

14. GOMES, Orlando. **Contratos**. 26 ed. Rio de Janeiro: Forense, 2007, p. 425.
15. OERTMANN, Paul. **Introducción al Derecho Civil**. Barcelona: Labor, 1933, p. 310 afirma: "El conocimiento exacto de la ciêcia moderna (especialmente a Laband) la diferencia de legislaciones anteriores, que confundian el poder com el mandato, el BGB. Lo desarrolla como um concepto jurídico autónomo. La diferencia que lo separa del mandato se compreende facilmente: el mandato origina una relación obligatoria personal e interna entre mandante y mandatario; el apoderamiento suministra un poder jurídico de obrar com eficácia a nombre del poderdante. Tampoco coinciden en todos los casos sus respectivos campos de acción: ni el mandato exige necesariamente ir ligado a um poder (ejemplo, cuando el mandato no se refiere a la celebración de actos jurídicos, cuando el mandatario há de obrar en nombre propio etc.), ni el poder requiere tampoco ir unido a un mandato (ejemplo, cuando yo autorizo a uma persona sacar dinero, a mi nombre, de um Banco, y a quedárselo en concepto de préstamo)."

Solução diametralmente oposta ocorrerá caso o terceiro tenha meios para saber do conflito de interesses. Nesse caso, se o negócio foi celebrado, tanto o representante, quanto o terceiro foram negligentes, razão pela qual maximizaram o risco de prejudicar o representado. Avancemos para um exemplo mais palpável.

José outorga uma procuração a Pedro, por meio da qual confere poderes para venda do seu veículo. No contrato entre os dois, ficou decidido que o valor mínimo da venda seria de vinte mil reais. Ocorre que Pedro, ao averiguar as condições mercadológicas, entendeu que o carro, se muito, alcançaria o valor de venda de dezoito mil reais.

Encontrou, diante de tais condições, um comprador, João, disposto a pagar dezoito mil reais pelo automóvel. Por uma feliz coincidência, José também conhecia o pretenso comprador. Assim sendo, o dono do bem enviou *e-mail* a João reforçando que autorizaria Pedro a concluir o negócio por vinte mil reais.

Ignorando a mensagem, por considerá-la divorciada das condições de mercado, e confiando apenas na procuração, que autorizava Pedro a vender o carro, sem mencionar o preço, João acabou por celebrar contrato de compra e venda, transferindo para a conta do alienante o valor de dezoito mil reais.

A venda levada a cabo é anulável, pois o comprador teria meios de saber do conflito de interesses entre representante e representado. Bem andou, por outro lado, a lei ao estabelecer como consequência do negócio entabulado apenas a anulabilidade. Suponhamos, assim, que Pedro demonstre a José que seria impossível obter os vinte mil reais almejados, sendo justos os dezoito mil pagos. Convencendo-se o representado que o negócio fora-lhe favorável, certamente não aviará a ação anulatória discutida. Caso contrário, pelo parágrafo único do artigo 119 do Código Civil do Brasil, ser-lhe-á conferido o prazo decadencial de cento e oitenta dias da conclusão do negócio ou da cessação da incapacidade para o desfazimento do contrato.

Outra questão abordada pelos Códigos Civis do Brasil e de Portugal é a da possibilidade de o representante celebrar, em nome do representado, negócios consigo mesmo. Vejamos o que normatizam as citadas normas:

> Art. 117. Salvo se o permitir a lei ou o representado, é anulável o negócio jurídico que o representante, no seu interesse ou por conta de outrem, celebrar consigo mesmo.
>
> Parágrafo único. Para esse efeito, tem-se como celebrado pelo representante o negócio realizado por aquele em quem os poderes houverem sido subestabelecidos. (Código Civil do Brasil)
>
> ARTIGO 261° (Negócio consigo mesmo)
>
> 1. É anulável o negócio celebrado pelo representante consigo mesmo, seja em nome próprio, seja em representação de terceiro, a não ser que o representado tenha especificadamente consentido na celebração, ou que o negócio excluía por sua natureza a possibilidade de um conflito de interesses.
>
> 2. Considera-se celebrado pelo representante, para o efeito do número precedente, o negócio realizado por aquele em quem tiverem sido substabelecidos os poderes de representação. (Código Civil de Portugal)

A leitura das duas normas indica uma modalidade especial de preocupação com o conflito de interesses, pois, por princípio, o representante deve agir na defesa dos interesses do representado. Acontece que se, no exercício do mandato, o representante transferir direitos do representado para si poderá relegar os interesses de quem representa a plano inferior aos próprios. Mas não apenas em um negócio desse jaez identifica-se exemplo de negócio consigo mesmo. A doutrina portuguesa lembra ainda a possibilidade de representação plural. Considere-se a situação em que João representa o vendedor Pedro e o comprador Carlos, podendo, ao firmar o contrato como comprador e vendedor, comprometer os interesses de algum de seus representados[16].

O direito brasileiro aborda ainda o tema ao tratar do contrato de mandato, no artigo 685:

> Art. 685. Conferido o mandato com a cláusula "em causa própria", a sua revogação não terá eficácia, nem se extinguirá pela morte de qualquer das partes, ficando o mandatário dispensado de prestar contas, e podendo transferir para si os bens móveis ou imóveis objeto do mandato, obedecidas as formalidades legais.

O instituto em apreço deita raízes no direito romano como um precursor da cessão de crédito, desconhecida, inicialmente entre os latinos em virtude da pessoalidade das obrigações. Explica Biondo Biondi[17] que aquele que desejava ceder seu crédito, ao litigar contra o devedor, poderia nomear o futuro "cessionário" como seu procurador, dispensando-lhe, porém, de restituir o bem auferido por meio do processo. O virtual "cessionário" era, na realidade, um *procurator in rem suam*, com o inconveniente de poder ter revogada a procuração, ou extinta em virtude da morte do outorgante.

Cabe ressaltar que, posteriormente, a cessão de crédito se desgarrou da procuração *in rem suam*, não ocasionando, porém, o fim de sua utilização. Fatores de ordem prática fazem com que, não raro, o alienante transfira os direitos que lhe tocam ao adquirente, sem que possa, todavia, participar de todas as etapas do negócio. É o que acontece, por exemplo, quando duas pessoas que confiam extremamente uma na outra discutem a compra e venda de um imóvel por telefone. Estabelecidas as bases gerais do negócio, o alienante pode outorgar procuração com a cláusula "em causa própria" para o adquirente, por meio de instrumento público, tão logo o último faça a transferência eletrônica do dinheiro para a sua

---

16. PINTO, Carlos Alberto da Mota. **Teoria geral do direito civil**. 3 ed. Coimbra: Coimbra, 1999, p. 546.
17. BIONDI, Biondo. **Istituzioni di Diritto Romano**. Milão: Dott. A. Giuffrè, 1946, p. 261 afirma: "Un altro espediente, da cui si sviluppò gradatamente l'istituto della cessione, fu quello di costituire la persona, cui si voleva cedere il credito, procuratore in giudizio del creditore. Il creditore cedente, avvalendosi della facoltà accordata dalla legge ai litiganti farsi rappresentare in giudizio, da mandato al cessionário dia gire contro il debitore e di riscuotere il credito, dispensandolo dall'obbligo di restituirgli quanto avesse riscosso; appunto perciò tale procuratore, in quanto sostanzialmente agisce per conto proprio quantunque in nome del cedente, si dichiara *procurator in rem suam*."

conta. Confeccionada a procuração, o outorgante alienante não precisará encontrar com o outorgado adquirente para lavrar uma escritura pública assinada pelos dois. Munido de sua procuração, poderá, no local, dia e horário oportunos, procurar o cartório competente e lavrar a escritura pública de compra e venda. Eis uma utilidade do instrumento estudado.

Analisados os principais aspectos atinentes aos sujeitos do negócio jurídico, avancemos para o estudo de seu objeto.

Objeto lícito, possível, determinado e determinável. O objeto é o cerne sobre o qual recai o negócio. A doutrina portuguesa extrema o objeto do conteúdo, entendendo o primeiro como o bem sobre o qual recai o negócio[18], ao passo que o conteúdo seria a regulação dada ao negócio, o conjunto de regras destinadas a regê-lo[19]. Assim, no contrato de doação, o conteúdo do negócio seria o conjunto de cláusulas destinadas a proporcionar a transferência do bem, sendo este último o objeto do negócio.

Cabe frisar, porém, que a legislação luso-brasileira não faz distinção entre os dois institutos, tratando-os sob a denominação de "objeto do negócio jurídico" (art. 104 do Código do Brasil e 280º do Código Português), exigindo que ele seja lícito, possível, determinado ou determinável.

A legislação põe lado a lado a questão da licitude e da possibilidade do objeto. A doutrina, por sua vez, compreende que a possibilidade deve ser subdividida em possibilidade física e jurídica. Assim, a primeira grande questão que surge é se haveria diferença entre ilicitude e impossibilidade jurídica.

Convém enfatizar que o Código Civil de 1916 não fazia tal distinção. O seu artigo 82 afirmava que a validade do ato jurídico exigia agente capaz, objeto lícito e forma prescrita ou não defesa em lei. Diante de tal redação autores de escol afirmavam estar a impossibilidade (fosse física ou jurídica) e a contrariedade à moral, aos bons costumes e à ordem pública englobados pelo conceito de ilicitude[20].

Pontes de Miranda[21], ao apreciar o artigo 145 do código revogado, que corresponde ao artigo 166 do atual, afirma que a lei fez distinção entre a impossibilidade jurídica e a ilicitude. Assim, quando a lei taxativamente afirma que uma conduta é nula ou proibida, estaríamos diante de ilicitude, ao passo que, quando o negócio não se pode concretizar por obstáculo jurídico, seria impossível.

A questão parece interessar mais à doutrina portuguesa. Carlos da Mota Pinto afirma que a ilicitude seria a contrariedade à lei a vedar a combinação negocial com os

18. ASCENSÃO, José de Oliveira. **Direito Civil** – Teoria Geral – v. II. 2 ed. Coimbra: Coimbra, 2003, p. 105.
19. CORDEIRO, António Menezes. **Tratado de direito civil português** – v. I, t. I. 2 ed. Coimbra: Almedina, 2000, p. 479.
20. BARROS MONTEIRO, Washington de. **Curso de directo civil** – parte geral. 14 ed. São Paulo: Saraiva, 1976, p. 177.
21. PONTES DE MIRANDA, Francisco Cavalcanti. **Tratado de directo privado** – tomo IV. Campinas: Bookseller, 2000, p. 213.

efeitos almejados pelas partes[22]. É o que ocorre, seguindo-se sua trilha de raciocínio, com a compra de um objeto que se sabe furtado, por praticar o adquirente a conduta prevista como crime de receptação. O negócio imediatamente ocorre e simultaneamente fere a lei. Difere, no entanto, da impossibilidade jurídica. O obstáculo, nesse caso, seria ***a priori* e incidiria sobre realidades distintas de caráter jurídico.**

Concluímos, assim, que, na ilicitude, desde já, o negócio em si, agride o ordenamento, sendo, como sugerido por Pontes de Miranda, proibido. Na impossibilidade jurídica, efeitos jurídicos de determinado negócio, que, em si é válido, são, ***a priori,*** obstados porque não seriam admitidos pelo ordenamento jurídico. Assim, na promessa de contrato que envolva a futura celebração da venda de bem público, o seu objeto mediato é impossível. De forma similar, impossível é o negócio em que se firme a cessão de contrato inválido[23]. Veja: nada há de ilícito em se firmar um contrato preliminar, como também nada há de irregular em se fazer uma cessão de contrato. Essas espécies de contrato – a promessa de compra e venda e a cessão de direitos contratuais – são perfeitamente lícitas. A lei não os obsta. Mas os efeitos jurídicos concretos dos contratos em análise, caso ilícitos, torná-los-ão impossíveis.

Quanto às consequências da impossibilidade jurídica e da ilicitude, para o objeto do negócio, seriam a mesma: sua nulidade. No estudo, porém, das condições, como será apreciado adiante, há uma diferença quanto aos efeitos da condição ilícita e da condição juridicamente impossível, quando resolutiva, o que justifica a diferenciação que se traçou nas linhas anteriores.

O Código Civil do Brasil, ainda ao tratar do tema encetado, afirma que a impossibilidade inicial do objeto não invalida o negócio jurídico se for relativa, ou se cessar antes de realizada a condição a que ele estiver subordinado.

Dois são os aspectos abordados pela norma. O primeiro indica que a impossibilidade inicial do objeto não o invalida ser for relativa. O que seria isso? Bem, absoluta é a impossibilidade que incide sobre todos os seres humanos, como, por exemplo, a exigência de que uma pessoa se encontre simultaneamente em dois lugares ao mesmo tempo. Nesse caso, a cláusula negocial que assim dispuser será nula.

Solução diversa, porém, ocorre se a impossibilidade não disser respeito a todo o gênero humano. Nesse caso, ela será relativa e não invalidará o negócio, que permanecerá, assim, hígido e poderá surtir os seus efeitos. Exemplifica essa hipótese uma situação em que não tem qualquer conhecimento sobre pilotagem ser chamada para decolar, sem auxílio, jato comercial de última geração. Ora, para ela, será impossível, em tão pouco tempo, adquirir o *know-how* para tão espinhosa missão. Trata-se de uma impossibilidade relativa. Nem por isso o contrato será nulo. Se a nossa intrépida personagem aceitasse a desafiante oferta de prestação de um serviço para o qual não dispõe de mínima qualificação, mas, no último instante, desistisse

22. PINTO, Carlos Alberto da Mota. Teoria geral do direito civil. 3 ed. Coimbra: Coimbra, 1999, p. 550/551.
23. PINTO, Carlos Alberto da Mota. Teoria geral do direito civil. 3 ed. Coimbra: Coimbra, 1999, p. 550/551.

de prestá-lo, incorreria em inadimplemento contratual, o que a sujeitaria a todas as penalidades daí decorrentes. Poder-se-ia indagar a razão dessa consequência e a resposta está atrelada ao postulado da boa-fé objetiva, pois, quando provocado a firmar um contrato cujo objeto é possível para parcela da humanidade e ao aceitá-lo, o agente sugere a quem procurou contratar-lhe o serviço que integra o universo das pessoas aptas a desempenhar a missão que lhe fora confiada. Justo, portanto, que, ao mal desempenhar o combinado, sobre ele incidam as consequências do inadimplemento, o que só se pode conceber se o contrato for reputado válido. Logo, bem andou o Código Civil ao afirmar que a impossibilidade relativa do objeto, ainda que inicial, não afeta a validade do negócio jurídico.

O artigo 106 vai mais longe e assevera que a impossibilidade inicial do objeto, mesmo que absoluta, não invalida o negócio se cessar antes de realizada a condição a que ele estiver subordinado. Importante frisar que a observação acima não se aplica apenas às hipóteses em que a impossibilidade seja superada antes do implemento da ***condição***, mas também àquelas em que o objeto se torne possível antes de se alcançar o ***termo*** para o cumprimento do negócio, como se pode deduzir do artigo 135 da norma nacional, que manda sejam aplicadas, no que couber, ao termo inicial e ao termo final, as disposições relativas às condições suspensivas e resolutivas.

Pois bem, aqui podemos pensar no exemplo em que seja contratada a entrega, no prazo de um ano, de uma vacina eficaz contra uma pandemia de exótica e fatal doença que surge no mundo. A impossibilidade inicial do objeto (ausência de tecnologia para desenvolver a vacina), constatada no dia da celebração do contrato, não impede que ele seja considerado válido se, na data aprazada, tenha surgido a tecnologia necessária para a empreitada.

O objeto do negócio, por outro lado, deve também ser determinado ou determinável. Determinado é aquele objeto individualizado, como ocorre, por exemplo na alienação de automóvel que me pertence. Como não se trata de qualquer automóvel, o negócio jurídico recairá sobre bem já conhecido pelas partes, perfeitamente especializado. Pode, porém, o objeto ser determinável, como sói acontecer nas chamadas obrigações de dar coisa incerta. Nelas o objeto é indicado pelo gênero e pela quantidade, a exemplo do que ocorre na hipótese de o devedor prometer ao credor a entrega de dez quilogramas de arroz.

Abordados os aspectos acima, volvamos ao tormentoso problema: além do objeto, a causa também seria um elemento essencial do negócio jurídico, segundo o ordenamento brasileiro? Enfrentemos o tema.

Tratamos, no capítulo anterior, a classificação dos negócios jurídicos. Naquela oportunidade, apontamos como uma das formas de classificação do negócio jurídico os negócios causais e abstratos, se a causa for ou não, respectivamente, reconhecível na celebração do negócio.

Também naquela oportunidade, destacamos que a corrente majoritária entende por causa do negócio jurídico a razão econômico-social de sua celebração, ressalvando, a nosso ver corretamente, que parte da doutrina entende como causa a razão prático-social para que o negócio seja celebrado[24].

O problema que doravante enfrentaremos não se circunscreve ao conceito de causa, já abordado, mas ao fato de a causa ser ou não considerada um elemento essencial do negócio jurídico.

Recordemos que essencial é aquele elemento sem o qual o negócio não tem existência válida. Estaria, pois, a causa, segundo o direito nacional, enquadrada nessa categoria? Temos que não e explicamos.

Biondo Biondi[25] lembra que, em Roma, a doutrina da causa surge como elemento corretivo da abstração. Tomemos como exemplo a *mancipatio*. Na presença de cinco cidadãos romanos púberes e de um porta-balança, aquele que adquirisse uma propriedade de uma *res mancipi*[26] pronunciava palavras solenes, como, por exemplo: "Digo que este escravo é meu conforme o direito dos quirites, e que o comprei com este bronze e esta balança de bronze". Em seguida, batia num dos pratos da balança com uma peça que seria entregue ao alienante. Perceba-se que pouco importavam as verdadeiras razões econômicas ou sociais da transferência, de modo que, se o ritual fosse seguido fidedignamente, haveria a transferência da propriedade. Inicialmente, os romanos mitigaram o formalismo, ao exigir que a alienação em questão tivesse como causa algo lícito.

Após centenas de anos, o tema da ilicitude da causa continuou a inquietar as mentes. Um negócio poderia ter uma causa ilícita? Assim colocada a pergunta, a resposta só poderia ser não, o que, forçosamente, faria com que a causa fosse elevada ao grau de elemento essencial do negócio jurídico. A análise, porém, não pode ser tão superficial.

---

24. FERRARA, Luigi Cariota. **El Negocio Jurídico**. Madrid: Aguilar, 1956, p. 489 afirma: "Decimos función práctico-social y no económico-social, porque la causa és elemento que vá más allá del negocio del derecho patrimonial (...)"

25. BIONDI, Biondo. Riminiscenze ed esperienze romanistiche in tema di contratto moderno. *In* **Studi in Onore di Francesco Messineo**. Milão: Dott. A. Giuffre, 1959, p. 44 afirma: "Mancipatio, stipulatio, traditio ed altri atti astratti di carattere patrimoniale sono semplicemente mezzi per costituire svariati rapporti giuridici, che nell'ambito di quei mezzi si profilano come causa. Da prima questa era praticamente existente, giacchè nessuno opera o si impegna sensa uma ragione, ma era giuridicamente ineficiente; l'atto produceva i medesimi effetti ed era soggetto alla medesima diciplina giuridica qualuque fosse la causa. In seguito si verifica l'importante fenômeno storico della emersione della causa, cioè considrazione di essa non solo per la eficácia dell'atto, nel senso che l'atto privo di causa non ha effetto, ma per uma particolare disciplina conforme alla causa. Pertanto gli atti astratti sono soggetti al regime che via si va delineando storicamente, della vendita, della donazione, della dote, secondo che l'atto sai compiuto venditionis, donations, dotis causa, ecc. Quindi è nel campo dei negozi astratti che sorge la dottrina della causa, come elemento corretivo dell'astrattezza dell'atto."

26. CRETELLA JUNIOR, José. **Curso de Direito Romano**. 14 ed. Rio de Janeiro: Forense, 1991, p. 155/156 adverte que as *res mancipi* são as que se transferem pela mancipação (modo solene de transmitir a propriedade), ao passo que as *res nec mancipi* são as que se transferem sem maiores formalidades. Entre as primeiras, poderíamos citar as porções de terras itálicas, os escravos, os animais de carga e tração.

No capítulo anterior, ao tratar da causa, vimos que a corrente objetivista identifica a causa com a razão econômico-social (prático-social, como preferimos) preponderante para a celebração do negócio, ou o seu "para quê" [27].

Notamos, assim, um inegável encadeamento lógico entre a causa e o objeto do negócio. Enquanto a primeira seria o "para quê", o último seria o "o quê". Normalmente um decorre do outro, uma (causa) antecipa abstratamente aquilo que o outro (objeto) materialmente concretiza. Ocorre que a concretização em apreço pode, no mundo real, dar-se para a consecução de finalidades divorciadas da causa legal e abstratamente idealizadas para o negócio.

O trinômio causa-objeto-fins ajuda, pois, a explicar o fenômeno dos chamados negócios indiretos, entendidos como aqueles nos quais, para se conseguir um certo efeito jurídico, prefere-se uma via diversa daquela que seria natural. Via de consequência acarreta-se um divórcio entre o meio usado, que é um negócio típico (nominado), e o fim prático perseguido[28]. É o caso de quem cobra uma dívida a autorizar o seu procurador a reter o fruto da cobrança, com o propósito de pagar dívida pretérita entre o outorgante e o mandatário.

Ressalvada a hipótese acima, há uma perfeita superponibilidade entre as três peças do trinômio e, principalmente, entre causa e objeto. Seria, assim, supérfluo erigir a causa a elemento essencial do negócio jurídico, sob a escusa de que causas ilícitas invalidariam o negócio. Ora, se ilícita a causa, forçosamente o será seu objeto, risco contra o qual os códigos modernos já se escudam.

Mas não apenas isso. Biondo Biondi[29] lembra que, se a causa, como entende a doutrina majoritária, é a razão econômico-social preponderante para a prática do negócio, sendo, ademais, extraída, nos negócios típicos, da própria lei, como se poderia imaginar que possa ser ilícita, se está submetida à própria legislação de regência? Seria, assim, uma contradição em termos imaginar uma causa, derivada da lei, ilícita, a menos que ela fosse confundida com os motivos individuais para a prática do ato, o que, como se viu, não está correto. Logo, segundo o romanista,

---

27. ASCENSÃO, José de Oliveira. **Direito Civil** – Teoria Geral – v. II. 2 ed. Coimbra: Coimbra, 2003, p. 300/302.
28. MESSINEO, Francesco. **Manual de derecho civil y comercial** – v. II. Buenos Aires: EJEA, 1954, p. 356, enuncia claramente o que se afirma: "14. – Diverso también del negocio simulado, es el negocio indirecto o de finalidad indirecta: aquel en que, para conseguir un determinado efecto jurídico, se escoge una via transversal en lugar de la que sería natural, y se produce una disonancia entre el medio empleado, que es un negocio típico (nominado), y el fin práctico perseguido (ejemplo, caso del *procurator in rem propriam*, donde se emplea, con la finalidad e transferencia de un derecho, el instituto de la representación: cfr. § 41, n. 3).
29. BIONDI, Biondo. Riminiscenze ed esperienze romanistiche in tema di contrato moderno. *In* **Studi in Onore di Francesco Messineo**. Milão: Dott. A. Giuffre, 1959, p. 46/47 afirma: "E come si può ipotizzare una causa illecita ai sensi dell'art. 1343, se non si vuole identificare causa con motivo individuale o scopo finale del contrato? Fintantochè si disse, sai pure com diversa formulazione che causa sia lo scopo uniforme e costante rispondente a ciascun tipo di contrato, come immaginare che questo scopo possa essere illecito, quando è preso a base del riconoscimento lesgislativo?".

nos contratos típicos, a causa identificar-se-ia com o próprio contrato, o que não ocorreria no caso dos contratos atípicos.

Vicente Rào[30] faz apenas uma ressalva quanto a opinião acima, asseverando que, sejam típicos ou atípicos os negócios jurídicos, entre os quais se situam os contratos, "desde que realizem seus requisitos (pressupostos e elementos constitutivos), criando um vínculo sancionado e protegido pelo ordenamento, sempre equivalem, por sua estrutura e sua essência, à sua chamada causa". É, em outras palavras, a admissão da correlação lógica causa-objeto-motivos. Assim, se a causa for ilícita, seu objeto também o será. Logo, basta que o último seja erigido ao ***status*** de elemento essencial, para que sejam expurgados os casos de negócios contrários à lei do rol dos que podem ser validamente praticados, sendo despiciendo criar um novo elemento essencial a assumir, no filtro da ilicitude, a mesma função do objeto.

Ressalte-se que até mesmo na França, país no qual o Código Civil até recentemente indicava a causa como requisito de validade dos contratos, houve alteração legislativa em que deixou de sê-lo. Comparemos as redações da norma revogada e atual:

> **Artigo 1108**
>
> Quatro requisitos são essenciais para a validade de um contrato:
>
> O consentimento da parte que se obriga;
>
> Sua capacidade de contratar;
>
> Um objeto certo que forme os termos do compromisso;
>
> Uma causa lícita na obrigação. [31] [Redação revogada]
>
> **Artigo 1128**
>
> São necessárias à validade de um contrato:
>
> 1° O consentimento das partes;
>
> 2° Sua capacidade de contratar;
>
> 3° Um conteúdo lícito e certo. [32] [Redação vigente]

A exposição de motivos da alteração legislativa traz muitas luzes para a questão da causa, infirmando-a como requisito de validade dos negócios jurídicos[33]:

30. RÀO, Vicente. **Ato Jurídico**. 4 ed. São Paulo: RT, 1999, p. 97.
31. Tradução livre do texto francês: "Art. 1.108 Quatre conditions sont essentielles pour la validité d'une convention: Le consentement de la partie qui s'oblige; Sa capacité de contracter; Un objet certain qui forme la matière de l'engagement; Une cause licite dans l'obligation."
32. Tradução livre do texto francês: "Art. 1.128 Sont nécessaires à la validité d'un contrat: 1° Le consentement des parties; 2° Leur capacité de contracter; 3° Un contenu licite et certain."
33. Tradução livre da exposição de motivos da reforma do Código Civil Francês. Disponível em https://www.legifrance.gouv.fr/eli/rapport/2016/2/11/JUSC1522466P/jo/texte/fr, acesso em 08/01/2019: Section 2: La validité du contrat. Le code civil exige actuellement comme conditions de validité du contrat, aux côtés du consentement et de la capacité, un objet certain et une cause licite. La cause, ignorée de la plupart des droits étrangers comme des différents instruments européens de codification, reste néanmoins mal définie et recouvre en réalité une multiplicité de sens, que la doctrine, se fondant sur une jurisprudence abondante et fluctuante, s'est attachée à théoriser. Ainsi, la cause "subjective", ou cause du contrat, renvoie aux motifs personnels qui ont déterminé le consentement, tandis que la cause "objective", ou cause de l'obligation, correspond au but

Seção 2: A validade do contrato

O código civil exige atualmente como condições de validade do contrato, ao lado do consentimento e da capacidade, um objeto certo e uma causa lícita. A causa, desconhecida pela maior parte dos direitos estrangeiros, como pelos diferentes instrumentos europeus de codificação, permanece, entretanto, mal definido e, na realidade, abrange uma multiplicidade de sentidos, que a doutrina, fundando-se sobre uma jurisprudência abundante e flutuante, tem-se focado em teorizar. Assim, a causa ***subjectiva***, ou causa do contrato, refere-se aos motivos pessoais que determinam o consentimento, ao passo que a causa ***objetiva***, ou causa da obrigação, corresponde ao objetivo imediato e abstrato do contrato, que é sempre o mesmo independentemente do tipo de contrato. Além disso, certos arestos da Corte de cassação aplicam uma concepção subjetiva da causa da obrigação, convidando a pesquisar não mais os motivos abstratos, comuns a todos os contratos do mesmo tipo, mas o objeto concreto querido pelas partes, e isso a fim de reequilibrar o contrato. É por tal razão, diante da dificuldade de dar à noção de causa uma definição precisa, que abrangesse todos os seus aspectos, face às críticas a que está sujeita tanto por parte de uma parcela de doutrinadores quanto dos operadores do direito, que a percebem como um fator de insegurança jurídica e um freio à atratividade de nosso direito, fez-se a escolha de não se recorrer à tal noção, para substituí-la por regras com contornos mais bem definidos, permitindo ao juiz alcançar os mesmos efeitos, evitando a grande controvérsia que essa noção suscita. A contribuição da reforma sobre esse ponto consiste, portanto, na supressão da referência à causa, consolidando, na lei, todas as funções que a jurisprudência lhe atribuiu. A seção sobre a validade do contrato continua introduzida por um artigo inicial que estabelece as condições necessárias à sua validade: o consentimento das partes, a capacidade do contratante, e doravante "um conteúdo lícito e certo" (artigo 1128). As três subseções abordam sucessivamente essas três condições."

Isso, entretanto, não significa retirar, seja no Brasil, seja na França, por completo, a importância da causa. Ela é imprescindível para a classificação dos negócios em abstratos e causais, bem como para evitar enriqueça-se o sujeito de direito sem que haja uma razão econômico-social para tanto (enriquecimento sem causa).

Passemos, assim para a análise do derradeiro elemento essencial do negócio jurídico: a forma, que deverá ser prescrita ou não defesa em lei.

Forma prescrita ou não defesa em lei. A forma é a maneira de se exteriorizar o negócio jurídico. Normalmente, a sua vontade constitutiva pode se manifestar por maneiras

---

immédiat et abstrait du contrat, lequel est toujours le même quel que soit le type de contrat. En outre, certains arrêts de la Cour de cassation ont appliqué une conception subjective de la cause de l'obligation, invitant à rechercher non plus des motifs abstraits, communs à tous les contrats du même type, mais le but concret voulu par les parties, et ce afin de rééquilibrer le contrat. C'est pourquoi, face à la difficulté de donner à la notion de cause une définition précise, qui en engloberait tous les aspects, face aux critiques dont elle est l'objet tant de la part d'une partie de la doctrine que de la pratique, qui la perçoit comme un facteur d'insécurité juridique et un frein à l'attractivité de notre droit, il a été fait le choix de ne pas recourir à cette notion, pour la remplacer par des règles aux contours mieux définis, permettant au juge de parvenir aux mêmes effets, tout en évitant le contentieux abondant que suscite cette notion. L'apport de la réforme sur ce point consiste donc dans la suppression de la référence à la cause, tout en consolidant dans la loi toutes les fonctions que la jurisprudence lui avait assignées. La section sur la validité du contrat demeure introduite par un article liminaire exposant les conditions nécessaires à sa validité: le consentement des parties, la capacité de contracter, et désormais "un contenu licite et certain" (article 1128). Les trois sous-sections abordent successivement ces trois conditions.

diversas[34], o que entendemos hoje por princípio da liberdade de forma. Seja como for, é necessário que a vontade negocial se manifeste de alguma maneira que permita a conclusão de que ela existiu, seja por meio de palavras faladas, escritas, ou por meio de condutas[35].

Não basta, porém, que exista uma forma de manifestação volitiva, ela tem que ser válida. Nessa esteira, a regra, aceita pela generalidade das legislações, da liberdade de forma, é excepcionada em dois casos: quando a lei impõe determinada formalidade ao negócio, de observância obrigatória, ou quando obsta alguma maneira de exteriorização da manifestação volitiva (art. 104, III do Código Civil do Brasil).

Introduz-se aqui a classificação da forma em ***ad substantiam*** (ou ***ad solemnitatem)*** e ***ad probationem.*** Na primeira, ela é imposta por lei, como sói acontecer na hipótese do artigo 108 do Código Civil, que afirma ser a escritura pública essencial à validade dos negócios jurídicos que visem à constituição, à transferência, à modificação ou à renúncia de direitos reais sobre imóveis de valor superior a trinta vezes o maior salário mínimo vigente no País. A consequência inexorável pela inobservância do comando é a nulidade do negócio.

Interessante hipótese de forma ***ad solemnitatem*** foi acrescentada pelo Código Civil de 2002. Trata de acerto entre as partes, que optam por forma pública como indica o artigo 109. Diz a lei que no negócio jurídico celebrado com a cláusula de não valer sem instrumento público, este é da substância do ato. Isso ocorre, por exemplo, quando duas pessoas, ao pretender imprimir maior solenidade a futuro contrato de compra e venda de valiosa obra de arte, acordam que o contrato definitivo será firmado por escritura pública. Nesse exemplo, a inobservância da forma previamente escolhida pelas partes engendrará a nulidade do pacto definitivo.

Pensemos, porém, em outro exemplo, a modificar a natureza da forma. João vende a Pedro um piano secular, que pertencera a seu bisavô. O preço do negócio foi de vinte mil reais. Perceba-se que, por se tratar de alienação de coisa móvel, o contrato pode ser verbal, seguida da tradição do bem alienado. Em avenças de tal monta, porém, a prudência manda que seja adotada a forma escrita, por meio da qual a memória do que fora entabulado será conservada.

No exemplo acima, a forma escrita não é da essência do negócio, mas, caso necessário, na hipótese de futuro litígio, servirá de prova sobre os termos do que fora pactuado. A forma escrita, na hipótese, portanto, não será da substância do negócio, sendo utilizada apenas para fins de comprovação do avençado. A doutrina a denomina forma ***ad probationem.***

Apreciados, pois, os aspectos mais importantes sobre os elementos essenciais do negócio jurídico, passemos a tratar dos acidentais.

---

34. VON THUR, Andreas. **Parte General del Derecho Civil**. San José da Costa Rica: Juricentro, 1977, p. 98, afirma:"I. Normalmente, la voluntad constitutiva del negocio jurídico puede manifestarse por los medios que se quiera. Pero hay ciertos casos en que se prescribe un determinado medio de manifestación, una forma."
35. SCHAPP, Jan. **Introdução ao Direito Civil**. Porto Alegre: Sérgio Antônio Fabris, 2006, p. 243.

Capítulo 14
ELEMENTOS ACIDENTAIS DO NEGÓCIO JURÍDICO

Aspectos introdutórios. Vimos no capítulo anterior que os elementos acidentais são assim chamados por não necessitarem constar de todos os negócios jurídicos, mas que, se neles forem inseridos, afetarão a sua eficácia. Perceba-se que a denominação "acidental" não revela uma importância subalterna para tais elementos, porquanto passam a integrar a estrutura interna do negócio do qual fazem parte.

Três são suas espécies: a condição, o termo e o encargo. Apreciemos cada uma delas.

Condição. A condição, segundo o artigo 121 do Código Civil do Brasil é a cláusula que, derivada exclusivamente da vontade das partes, subordina a eficácia do negócio jurídico a evento futuro e incerto, trilha também adotada pelo Código de Portugal, art. 270º.

A primeira observação que se faz necessária é: nem todos os negócios jurídicos são condicionáveis. Perceba-se que a condição implica um grau de incerteza incompatível com negócios vinculados a certos direitos na esfera familiar ou pessoal. São, pois, insuscetíveis de aposição do elemento acidental: o casamento, o reconhecimento voluntário de filiação, a adoção, a emancipação[1]. Igualmente incondicionáveis são os atos jurídicos em sentido estrito, porquanto têm seus efeitos exauridos em lei e, portanto, insuscetíveis de modulação pelas partes, e os negócios patrimoniais, de efeitos imediatos, que não admitem grau de incerteza, como a aceitação ou renúncia à herança[2] (art. 1.808 do Código Civil do Brasil e 2.054 do Português).

Existem, por outro lado, alguns institutos que se assemelham às condições, mas que não podem com elas serem confundidos. O mais famoso deles certamente é a ***conditio iuris***, que é um requisito de eficácia do negócio derivado diretamente do ordenamento jurídico, e não da vontade das partes[3]. Uma lei que estabeleça um aumento de salário para servidores públicos sempre que a inflação anual for igual a dez pontos percentuais, traz um requisito de eficácia para o reajuste, o qual não

---

1. SERPA LOPES, Miguel Maria de. **Curso de Direito Civil** – V. I. 8 ed. Rio de Janeiro: Freitas Bastos, 1996, p. 491.
2. AMARAL, Francisco. **Direito civil** – introdução. 6 ed. Rio de Janeiro: Renovar, 2006, p. 464.
3. LARENZ, Karl. **Derecho Civil** – Parte General. Madrid: Revista de Derecho Privado, 1978, p. 679.

deriva, porém, de qualquer tratativa negocial, mas diretamente do ordenamento jurídico. É, pois, uma hipótese de ***conditio iuris.***

As condições legais não exaurem o rol dos institutos que, embora a elementos acidentais assemelhados, com eles não se confundem. Eventos passados e presentes, mesmo que adicionados ao negócio como se fossem condições, não o seriam, pois estariam privados da incerteza objetiva que recai sobre os acontecimentos futuros. E não importa que os agentes envolvidos desconheçam o implemento ou não da imaginária condição: o negócio será sempre simples, caso o evento passado ou presente mencionado tenha ocorrido; ou será nulo, caso o evento tenha sido frustrado, por impossibilidade do objeto. Importa frisar, no entanto, uma sutileza. Pode haver condição quando as partes não se referirem ao fato pretérito ou presente em si, mas condicionarem os efeitos do negócio jurídico, por exemplo, até que lhes cheguem determinada notícia de sua ocorrência[4].

A condição não deve apenas ser futura, mas incerta. Aliás, a depender do grau de incerteza do evento futuro, poderemos estar diante de uma condição ou de um termo. Caio Mário nos lembra que há quatro níveis de incerteza, sendo os dois primeiros deles exemplos de condições e os dois últimos de termo. Vejamos: **a) incertus an incertus** – não se sabe ***se*** o evento ocorrerá, tampouco quando poderá acontecer, como ocorre na hipótese de alguém prometer alienar o imóvel a outra pessoa ***se, a qualquer tempo,*** um desafeto do proprietário virar síndico do prédio onde vive; **b) incertus an certus** – não se sabe se o evento ocorrerá, mas, se ele acontecer só poderá ser em determinado período, como acontece no caso de se prometer dar um carro para o filho, se ele for aprovado em concurso de fase única, com edital já lançado, cuja prova já está marcada; **c) certus an incertus** – também conhecido como **condição necessária**, embora, na realidade, trate-se de termo, a exemplo do que se dá quando se diz que determinada prestação vitalícia, livremente pactuada, tem como fim a morte do beneficiário, e **d) certus an certus** – algo que se sabe que ocorrerá e quando acontecerá, exemplo típico de pagamento de prestação pecuniária com dia certo de vencimento (ex: 10 de novembro de 2050), que representa o mais emblemático exemplo de termo[5]. Nota-se, assim, que, a rigor, apenas os dois primeiros níveis de incerteza representam verdadeiramente condições.

Outro instituto que não se pode confundir com a condição é a pressuposição, esta compreendida como uma espécie de condição ainda em estágio embrionário, verdadeiro motivo determinante para a prática do negócio, embora não integrante,

---

4. CORDEIRO, António Menezes. **Tratado de direito civil português** – v. I, t. I. 2 ed. Coimbra: Almedina, 2000, p. 512.
5. PEREIRA, Caio Mário da Silva. **Instituições de direito civil** – v. I. 20 ed. Rio de Janeiro: Forense, 2004, p. 557.

ainda, do seu conteúdo[6]. Caio Mário[7], ao abordar o tema, diferencia a pressuposição unilateral da bilateral. Na primeira, o evento futuro ao qual se subordinaria a eficácia do negócio permanece como um motivo enclausurado na mente apenas de uma das partes, não sendo à outra revelado. Nenhuma consequência poderia trazer ao negócio, aplicando-se-lhe, assim entendemos, os mesmos efeitos da teoria da reserva mental. Quanto à pressuposição bilateral, ela seria tácita ou explicitamente conhecida pela outra parte, devendo, segundo o civilista mencionado importar para a consecução dos efeitos do negócio jurídico.

Nesse particular, há que se fazer uma breve observação. A pressuposição bilateral seria erigida à categoria de motivo determinante do negócio, conhecido pelas duas partes. Ora, uma vez que se considere um motivo e acaso não se concretize, essa espécie de motivo poderia ser equiparada ao falso motivo. Assim, a mesma consequência decorrente da inserção do controvertido elemento acidental (pressuposição) poderia ser identificada com a aplicação da teoria do erro quanto aos motivos, insculpida em nosso Código Civil no seu artigo 140[8].

Pois bem, apreciados os aspectos introdutórios sobre as condições, passemos ao estudo de sua classificação.

Classificação das condições. O Código Civil do Brasil trata da classificação das condições diferenciando-as entre aquelas que são defesas das lícitas. Determina a lei brasileira que são lícitas, em geral, todas as condições não contrárias à lei, à ordem pública ou aos bons costumes. Determina ainda que entre as condições defesas se incluem as que privarem de todo efeito o negócio jurídico, ou o sujeitarem ao puro arbítrio de uma das partes.

Iniciemos, pois, pela análise das chamadas condições lícitas, avançando depois pelo estudo daquelas que são defesas e das consequências de sua inserção no negócio jurídico.

Condições lícitas – condições suspensivas e resolutivas. A primeira (e mais importante) classificação das condições lícitas diz respeito às consequências que a verificação da condição pode implicar para o negócio: se os efeitos estiverem sobrestados (suspensos) até o seu implemento, diz-se que a condição é suspensiva. Será resolutiva, de outra banda, se a concretização do evento futuro e incerto puser ***fim*** aos efeitos do negócio.

---

6. MESSINEO, Francesco. **Manual de derecho civil y comercial** – v. II. Buenos Aires: EJEA, 1954, p. 472/473, esclarece: "Por presuposición se suele entender una especie de condición, no del todo desarrollada y en embrión, o más exactamente, un motivo particularmente relevante, por ser determinante de la voluntad, bien que sin llegar a ser condición: motivo que opera como previsión de determinados efectos del negócio y al que se subordina la declaración de voluntad. Como tal, la presuposición no es parte del contenido del negocio; pero, si era conocida también de la contraparte, la misma reaccionaría en el sentido de que, de no realizarse la previsión en que esa presuposición consiste, el negocio debería ser resuelto."
7. Ib., 2004, p. 587/588.
8. Art. 140. O falso motivo só vicia a declaração de vontade quando expresso como razão determinante.

Dois exemplos singelos podem ilustrar uma e a outra espécie de condição. O primeiro pode assim ser exposto: celebro com a associação da qual sou membro contrato de compra e venda de meu automóvel, por vinte mil reais, condicionado à alteração estatutária que a autorize a prestar serviços fora da sua sede social. Na hipótese aventada, a venda noticiada é existente e válida. Seus efeitos, todavia, dependem do implemento da citada alteração no estatuto da associação. Trata-se de condição suspensiva do contrato de compra e venda, na medida em que a sua implementação depende da ocorrência de um evento futuro e incerto.

Imaginemos o segundo exemplo, desta feita, de condição resolutiva: entrego, em comodato, apartamento de minha propriedade até que o comodatário seja aprovado em concurso público. A sua aprovação determinará o fim dos efeitos do contrato de empréstimo gracioso, funcionando, assim, como condição resolutiva, vez que os efeitos do negócio jurídico irão cessar com o implemento do evento futuro e incerto.

Atente-se, ainda, que a vontade das partes pode tratar um mesmo evento futuro e incerto simultaneamente como condição resolutiva e suspensiva. Assim, p.e., se dois conhecidos firmam um contrato de comodato de um imóvel, com a condição de sua resolução até que o comodatário disponha de renda. A partir desse momento=, o comodatário converter-se-á em locatário e passará a pagar um aluguel para o ex-comodante e, desde esse marco, locador. A obtenção de renda funciona simultaneamente como condição resolutiva para o comodato e suspensiva para a locação.

Pois bem. Apreciados os conceitos introdutórios, abordemos o que dispõe o Código Civil a respeito da matéria. O primeiro dispositivo que o Código Civil do Brasil dedica às condições suspensivas é o artigo 125, que normatiza: "*subordinando-se a eficácia do negócio jurídico à condição suspensiva, enquanto esta se não verificar, não se terá adquirido o direito, a que ele visa.*"

Remetemos nosso leitor ao estudo da diferença entre direito expectado (direito esperado) e direito expectativo (o já adquirido direito de esperar algo, tal qual definido no negócio jurídico celebrado entre as partes). O primeiro tem sede material no estudado artigo 125 do Código Civil, enquanto o último é versado no artigo 6º, parágrafo 2º, da Lei de Introdução às Normas do Direito Brasileiro.

Assim, não se adquire o direito esperado (expectado), senão depois do implemento da condição suspensiva. A aquisição e o exercício do direito em questão dependem diretamente da concretização do evento futuro e incerto ao qual se subordina o negócio jurídico. Lembre-se, porém, de que o direito expectativo, ou seja, aquele de se respeitar a letra do negócio entabulado já se adquiriu.

Retomemos o exemplo dado de condição suspensiva. Vendo o meu carro por vinte mil reais, sob a condição suspensiva de que suceda determinada alteração estatutária da pessoa jurídica adquirente do veículo. O que se adquiriu no exemplo e o que ainda é uma expectativa? Pois bem, o que já se tem adquirido é o direito a ver a cláusula do contrato respeitada caso se implemente a condição. A imutabilidade do contrato está sob o manto do direito expectativo, do direito de esperar, e é inalterável ao arbítrio de outrem, estando, assim, adquirido. O que se espera, porém, é a concretização da venda, com a entrega do veículo e o recebimento do dinheiro. Esta última transação se enquadra no direito de direito expectado, ou seja, só integrará o patrimônio jurídico dos contratantes quando a alteração estatutária, eleita como condição, for implementada pelo corpo social.

O artigo 126 do Código Civil, por sua vez, afirma que, "*se alguém dispuser de uma coisa sob condição suspensiva, e, pendente esta, fizer quanto àquelas novas disposições, estas não terão valor, realizada a condição, se com ela forem incompatíveis*". A ideia encerrada no texto parece haver sido exposta de maneira mais adequada pelo Código Civil de Portugal, nos seus artigos 272º e 274º:

> ARTIGO 272º
>
> (Pendência da condição)
>
> Aquele que contrair uma obrigação ou alienar um direito sob condição suspensiva, ou adquirir um direito sob condição resolutiva, deve agir, na pendência da condição, segundo os ditames da boa-fé, por forma que não comprometa a integridade do direito da outra parte.
>
> (...)
>
> ARTIGO 274º
>
> (Pendência da condição: actos dispositivos)
>
> 1. Os actos de disposição dos bens ou direitos que constituem objecto do negócio condicional, realizados na pendência da condição, ficam sujeitos à eficácia ou ineficácia do próprio negócio, salvo estipulação em contrário.
>
> 2. Se houver lugar à restituição do que tiver sido alienado, é aplicável, directamente ou por analogia, o disposto nos artigos 1269º e seguintes em relação ao possuidor de boa-fé.

Iniciemos o estudo pela a análise de uma hipótese subsumível à norma. João, em janeiro de determinado ano, vendeu o carro a certa associação, por vinte mil reais, sob a condição suspensiva de que o Estatuto da mencionada pessoa jurídica seja alterado até o dia 30 de novembro do mesmo ano. Convém frisar que essa alteração estatutária somente pode ser levada a cabo por meio de uma assembleia, cuja deliberação é incerta, visto que não se sabe se haverá maioria para deliberar sobre a almejada modificação e, principalmente, aprova-la. Pois bem, ainda no mês de junho, e, portanto, pendente a condição entabulada para a venda do carro (de que o Estatuto será alterado), João, de forma reprovável, vendeu o carro para Pedro.

Perceba-se que o comportamento descrito se enquadrou na parte inicial do artigo 126 do Código Civil pois, João dispôs de bem (carro) sob condição suspensiva (de que uma alteração estatutária viesse a ocorrer) e, pendente a malfadada condição, fez quanto ao carro uma nova disposição, na medida em que o vendeu a Pedro. Essa nova disposição, segundo o Código do Brasil, não terá valor se houver o implemento da condição (a dita alteração estatutária), porquanto com o primeiro negócio incompatível. A segunda venda, contudo, será totalmente eficaz se, passado o mês de novembro, o estatuto não houver sido modificado.

Atente-se, por outro lado, que o exemplo também sofre o influxo do disposto nos artigos 272º e 274º do Código português. Quanto ao primeiro artigo, percebe-se que João deixou de agir conforme a boa-fé, dispondo da mesma coisa duas vezes, ainda que soubesse que a condição à qual se subordinava o primeiro negócio ainda poderia ser implementada. Quanto ao segundo artigo (274º), fica estabelecido que os atos de disposição dos bens ou direitos que constituem objeto do negócio condicional, realizados na pendência da condição, ficam sujeitos à eficácia ou ineficácia do próprio negócio, algo muito semelhante ao que trata o Código Civil do Brasil em seu artigo 126.

Voltemos ao exemplo imaginado: a venda que João fez do carro a Pedro, enquanto pendente a condição aposta ao primeiro negócio (alienação prévia do mesmo bem à associação, sob condição suspensiva de que uma alteração estatutária viesse a ocorrer), só será eficaz se a alteração deixar de ocorrer no prazo previsto. Caso contrário, a segunda venda será ineficaz e a alienação do carro à associação se aperfeiçoará.

Tal é a aplicação ***literal*** dos dispositivos transcritos. Ocorre que não nos parece correta. Em nosso exemplo, João, de fato, age com extrema má-fé. Aliena um mesmo bem duas vezes: a primeira sob condição suspensiva (à associação) e a segunda de maneira simples (a Pedro). Tanto o Código Civil do Brasil, quanto o de Portugal prestigiam o primeiro negócio entabulado, tornando sem efeito o segundo negócio, caso a condição suspensiva do primeiro tenha tomado forma.

Ora, se levarmos às últimas consequências a interpretação literal das normas analisadas, um negócio pessoal, entabulado ***inter partes*** (João e a associação), terá efeito ***erga omnes***, algo inconcebível, porquanto estaria prejudicialmente a afetar a esfera jurídica alheia (de Pedro, que, em princípio, não sabia do primeiro ato de disposição) ou de qualquer outra pessoa que realizar com João, este sim de má-fé, novo ato de disposição do mencionado automóvel. O que fazer, então? Simplesmente deixar de interpretar o caso consoante os termos dos artigos 126 do Código brasileiro e 274º do português? É claro que não! Propomos assim, solução diversa.

O rigor do artigo 126 (correspondente ao artigo 274º da norma lusitana) deve ser abrandado pela incidência dos postulados da boa-fé objetiva, que, aliás, se enquadra como uma cláusula geral a orientar a celebração de negócios jurídicos, em especial, de contratos.

Não é difícil notar que penalizar Pedro, pessoa que celebrou o segundo contrato com João, por existir prévio negócio jurídico condicional celebrado entre o último e uma associação, vulnera a confiança que se espera dos negócios jurídicos celebrados todos os dias. Em outras palavras, nenhum negócio jurídico estaria livre de vulnerar outro, pretérita e secretamente celebrado sem o conhecimento de um dos partícipes do derradeiro contrato. Em nosso exemplo, Pedro jamais poderia imaginar que, entre

João e uma associação, havia um contrato de compra e venda condicional anterior ao seu, mas com ele incompatível. Mesmo assim, a literal incidência da norma dita que Pedro será penalizado, mesmo depois de já se haver efetivado a tradição do bem, e de se já haver ultimado a transferência do bem para ele. E a quem o objeto será repassado? Ele será entregue à associação, em total achaque à segurança jurídica e à boa-fé objetiva.

O leitor atento, porém, poderá indagar por que se proteger a Pedro e não à associação. Ora, porque Pedro já é o novo proprietário. Porque ele já pagou pelo bem e o recebeu por legítima tradição. A associação nunca foi proprietária da coisa. Parece menos danoso ao postulado da segurança jurídica e da boa-fé que aquele a quem a propriedade da coisa não foi transmitida ainda se volte contra quem agiu de má-fé (em nosso exemplo, a associação deveria voltar-se contra João). Porém, não mais para receber a coisa, mas sim para ser indenizada pela quebra do contrato. Repita-se: pensar de forma diversa seria emprestar eficácia ***erga omnes*** a contrato de natureza obrigacional, celebrado ***inter partes,*** o que não nos parece correto.

Estaria, então, o artigo 126 transformado em letra morta? Claro que não! Ele teria máxima eficácia na hipótese de o segundo celebrante (em nosso exemplo, Pedro) também agir de má-fé, vale dizer, caso soubesse que o bem alienado já houvera sido negociado sob condição suspensiva a terceiro. Nessa hipótese, a concretização da condição não vulneraria a boa-fé entre os partícipes do segundo contrato. Dessa forma, correto que o bem fosse tomado de quem o adquiriu ciente de que já havia sido negociado sob condição suspensiva. Destarte, demonstrada a má-fé do adquirente sabedor da condição suspensiva pendente sobre o bem alienado, justo que seja entregue ao beneficiário do primeiro negócio (em nosso exemplo, a associação).

O artigo 127 inaugura o tratamento dados às condições resolutivas ao lembrar que "*se for resolutiva a condição, enquanto esta se não realizar, vigorará o negócio jurídico, podendo exercer-se desde a conclusão deste o direito por ele estabelecido.*" Ora nada é do que a própria normatização da essência da condição resolutiva: o evento futuro e incerto, caso se materialize, porá fim aos efeitos do negócio.

A questão mais complexa que se coloca é se, uma vez deixando de vigorar o negócio, com o implemento da condição resolutiva, todos os efeitos pretéritos do negócio, que vigoravam antes da concretização do evento futuro e incerto, deveriam ser apagados. A lei brasileira sabiamente dispôs que não, pois, segundo o artigo 128 do Código Civil, se ocorrer o implemento da condição resolutiva, extingue-se, para todos os efeitos, o direito a que ela se opõe; mas, se aposta a um negócio de execução continuada ou periódica, a sua realização, salvo disposição em contrário, não tem eficácia quanto aos atos já praticados, desde que compatíveis com a natureza da condição pendente e conforme aos ditames de boa-fé. De igual maneira, tratase de efeito que também se pode extrair do Código Civil de Portugal, conforme se depreende da leitura dos artigos 277 e 434.

Assim, se uma condição resolutiva for aposta a contrato de locação de imóvel, o seu implemento em nada afetará o pagamento dos aluguéis pelos meses em que efetivamente o bem foi ocupado. Percebe-se, assim, uma mitigação na retroatividade da condição resolutiva.

O dispositivo do Código do Brasil relativo às condições, artigo 129, determina que as condições não podem ser viciadas por qualquer das partes. Eis a sua redação: "*verificada, quanto aos efeitos jurídicos, a condição cujo implemento for maliciosamente obstado pela parte a quem desfavorecer, considerando-se, ao contrário, não verificada a condição maliciosamente levada a efeito por aquele a quem aproveita o seu implemento*". O Código Civil de Portugal foi mais preciso ao estabelecer que, "*se a verificação da condição for impedida, contra as regras da boa-fé, por aquele a quem prejudica, tem-se por verificada; se for provocada, nos mesmos termos, por aquele a quem aproveita, considera-se como não verificada*".

A diferença entre as duas normas parece sutil, mas a redação portuguesa se coaduna mais com os postulados da boa-fé objetiva. Ora, quando o Código do Brasil indica que a condição suspensiva será reputada verificada se alguém, maliciosamente, obstar o seu implemento, a interpretação literal do termo "maliciosamente" indicará uma atuação eivada de astúcia, velhacaria, esperteza, ou vontade de enganar. Já o Código Português bem andou ao deixar de lado expressões como malícia e enfatizar que não se pode impedir o implemento da condição por meio de conduta que despreze a boa-fé. Veja: não se demanda astúcia, velhacaria de quem impede o implemento da condição, mas tão somente que se tenha impedido a concretização do evento futuro e incerto por uma conduta que objetivamente haja se afastado do que se espera como conduta do homem médio. É uma linguagem, sem dúvida, muito mais apropriada do que a abraçada pela norma brasileira.

Ainda assim, advogamos por uma interpretação mais moderna do Código Civil do Brasil que a aproxime do texto português. Vejamos: o legislador brasileiro reproduziu literalmente, no atual artigo 129 do Código Civil, um dispositivo que já existia no Código de 1916, no seu artigo 120. O texto do artigo estava perfeitamente inserido na norma da época, pois exigia, para sua incidência, a malícia de quem impedia o implemento da condição suspensiva. Tal exigência se encontra na esfera de influência do princípio da boa-fé subjetiva.

Ocorre que a leitura do Código Civil, especialmente na seara contratual, ordena que se respeite o princípio da boa-fé ***objetiva***, vale dizer, as condutas a serem repudiadas não são apenas aquelas eivadas de malícia, mas todas as que aviltam objetivamente o que se espera do homem médio. A harmonização do artigo 129 ao artigo 422 do Código Civil impõe que o termo *malícia* seja interpretado extensivamente, ou seja, como toda conduta que, a exemplo do que diz o Código de Portugal, avilte o princípio da boa-fé ***objetiva***.

Feita essa breve análise comparativa, lembremos de emblemático caso da jurisprudência brasileira em que a interpretação esposada vai ao encontro da aqui sugerida. Trata-se do julgado abaixo ementado:

> RECURSO ESPECIAL. INDENIZAÇÃO. IMPROPRIEDADE DE PERGUNTA FORMULADA EM PROGRAMA DE TELEVISÃO. PERDA DA OPORTUNIDADE.
>
> 1. O questionamento, em programa de perguntas e respostas, pela televisão, sem viabilidade lógica, uma vez que a Constituição Federal não indica percentual relativo às terras reservadas aos índios, acarreta, como decidido pelas instâncias ordinárias, a impossibilidade da prestação por culpa do devedor, impondo o dever de ressarcir o participante pelo que razoavelmente haja deixado de lucrar, pela perda da oportunidade.
>
> 2. Recurso conhecido e, em parte, provido.[9]

Aplicou-se, ao caso, a teoria da perda de uma chance. A lide decorreu de prova em programa televisivo por meio do qual o candidato que acertasse todas as perguntas formuladas ganharia um milhão de reais (donde se extraiu o nome do programa – Show do Milhão). Ocorre que a derradeira pergunta foi: "A Constituição reconhece direitos aos índios de quanto do território brasileiro?". Apresentaram-se quatro alternativas, a saber: 22%; 02%; 04%; 10%". A resposta correta, para o programa, seria a deste último percentual. A Constituição do Brasil, no entanto, não reserva um ***percentual*** específico para reservas indígenas, mas genericamente garante aos indígenas a ***posse*** das terras por eles tradicionalmente ocupadas, sem limitar o tamanho das áreas a qualquer percentual do território nacional. Logo a pergunta formulada não tinha resposta.

O Superior Tribunal de Justiça, na decisão acima, muito festejada, valeu-se da teoria da perda de uma chance para fixar o ***quantum*** a ser indenizado. O raciocínio parece engenhoso. Ora, a última pergunta valia quinhentos mil reais. Não se pode dizer se, formulada corretamente, a candidata iria acertar, mas, sem sombra de dúvida, pode-se dizer que ela tinha um quarto de chance de acertar. Assim, assegurou-se-lhe, pela pergunta final, um quarto do valor máximo que poderia alcançar nessa fase, quinhentos mil, ou, em outras palavras, cento e vinte e cinco mil reais. Como já havia acertado as outras, o valor total angariado por sua participação no programa foi de seiscentos e vinte e cinco mil, sendo quinhentos mil pelas primeiras perguntas respondidas corretamente e cento e vinte e cinco mil pela chance perdida em relação à última pergunta.

O mundo jurídico brasileiro aplaudiu incessantemente o que foi decidido pela Corte, sem haver discutido que não se precisava aplicar a teoria da perda de uma chance, quando o próprio Código Civil oferecia a solução insculpida no artigo 129.

---

9. BRASIL. REsp 788.459/BA, Rel. Ministro FERNANDO GONÇALVES, QUARTA TURMA, julgado em 08/11/2005, DJ 13/03/2006, p. 334.

Ora, no voto condutor do julgado, chancelou-se o entendimento de que a organizadora da prova havia agido com má-fé, pois, como havia decidido o magistrado de primeira instância:

> [...] a pergunta foi mal formulada, deixando a entender que a resposta correta estaria na Constituição Federal, quando em verdade fora retirada da Enciclopédia Barsa. E isso não se trata de uma "pegadinha", mas de uma atitude de má-fé, quiçá, para como diz a própria acionada, manter a "emoção do programa onde ninguém até hoje ganhou o prêmio máximo".

Vê-se que os órgãos judicantes foram mais longe e vislumbraram uma certa malícia no comportamento da organizadora do evento, mas, em nenhum momento, aventaram a possível aplicação do artigo 129 do Código Civil.

Em realidade, ao agir com tamanha desídia, senão dolo, a organizadora do evento, que alegava haver maior emoção proveniente do fato de nunca ter sido pago o prêmio máximo, frustrou o implemento de uma condição para pagar o valor de um milhão de reais a uma potencial ganhadora. Embora sejamos entusiastas da teoria da perda de uma chance, entendemos que havia lei expressa a reger o caso e a apontar para fundamento diverso do constante no *decisum* do Superior Tribunal de Justiça. Houvesse sido aplicada a lei existente (artigo 120 do Código antigo, correspondente ao artigo 129 do atual), a autora da ação faria jus a cem por cento do prêmio e não a uma fração dele. A ausência de discussão sobre um comando legal vigente, ainda que fosse para o Tribunal afastá-lo, revela certo desprezo pela norma escrita em detrimento da aplicação de princípios etéreos e abertos. Eis aí um dos males que todos nós, operadores do Direito, experimentamos nos dias de hoje – o de reduzir a lei a papel inferior, conduta que transforma a norma escrita numa mera referência, a ser aplicada aos casos concretos, quando nossos tribunais acharem por bem.

Com efeito, a norma prevê que o impedimento do implemento torna a condição atendida ou verificada. Se assim é, a autora da ação não deveria ter sido indenizada apenas por uma fração do valor em questão, mas sim por sua totalidade.

O derradeiro aspecto a ser abordado no estudo das condições resolutivas e suspensivas versa sobre a proteção ao direito expectado, quando textualmente assegura ao titular de direito eventual a prática dos atos destinados a conservá-lo, comando também constante da norma portuguesa, no artigo 273.

Podemos pensar no seguinte exemplo. João é sócio majoritário de promissora sociedade limitada. Descobrindo-se doente, inicia o tratamento de saúde. Caso o tratamento não surta efeito, João será submetido a cirurgia que poderá incapacitá-lo para o trabalho. Ante essa constatação, toma a seguinte decisão: vende suas quotas para famoso empresário, com vantajoso preço. Sujeita o negócio, porém, ao implemento de evento futuro e incerto, caso a malfadada cirurgia, de fato, seja necessária.

Enquanto não se implementa a condição suspensiva aposta à venda, resolve João levar a sociedade a celebrar negócios de alto e desnecessário risco, atitude que contraria os interesses do comprador das quotas.

A pergunta que se faz é: o citado comprador das quotas, sob condição suspensiva, teria alguma medida legal para frear a gestão temerária de João? A resposta é sim! O artigo 130 do Código do Brasil ampara a pretensão do comprador, que detém legitimidade para ajuizar ação a fim de compelir João a se abster da prática dos atos capazes de arruinar a sociedade cujo controle se alienou.

Abordamos, assim, os principais aspectos legais sobre as condições resolutiva e suspensiva. Sigamos com a análise das demais classificações de condições lícitas.

Condições lícitas – condições casuais, simplesmente potestativas e mistas. Outra relevante classificação das condições diz respeito à concorrência da vontade das partes para o implemento do evento futuro e incerto. Ressalve-se apenas que, para compreensão do conceito apresentado, ao se dizer "vontade" das partes não se pode confundir a expressão com o soberano capricho delas. Ora a vontade das partes, no sentido aqui abordado, é elemento integrante da cadeia de acontecimentos que pode gerar o implemento da condição. Isso mesmo é apenas mais um dos elos, mas não o único, pois, se assim fosse, o evento deixaria de ser incerto, porquanto bastaria o querer de um dos atores para que se materializasse a condição.

Nessa esteira, as condições simplesmente potestativas são aquelas cujo implemento depende da "vontade" de uma das partes. Essa vontade, porém, não pode assumir o caráter de um mero capricho. Ilustremos o que se explana com dois exemplos. Quando um pai se volta para o filho e afirma que lhe dará um carro se o último passar no vestibular e ingressar em uma instituição de educação superior pública, no implemento da condição, concorrerá a vontade do filho, pois, se ele não se sujeitar ao exame de admissão para a Instituição, jamais ganhará o carro. No entanto, não basta o querer do filho, isto é, o mero exercício de sua vontade ou disposição de atender à condição instituída pelo pai. A aprovação no vestibular ainda agrega o grau suficiente de incerteza para fazer do acontecimento um evento futuro e incerto e, portanto, uma condição lícita. Seria diferente se o pai afirmasse ao filho que lhe daria um carro se ele, pai, "quisesse". No último exemplo, a incerteza não é objetiva e, do ponto de vista jurídico, esvai-se por depender exclusivamente da vontade de uma das partes, de seu verdadeiro arbítrio. Eis aí o que a doutrina chama de condição ***puramente*** potestativa que, como se verá adiante, é ***defesa.***

Diz-se casual a condição que se pode verificar pela vontade de terceiro ou por evento absolutamente independente da vontade das partes[10]. O exemplo seria: "Vou lhe doar um guarda-chuva, se chover amanhã". Anote-se que, no caso, pouco importa a vontade do donatário para o implemento da condição.

Por fim, as condições podem, em certa medida, fundirem os requisitos das condições casuais e simplesmente potestativas, tornando-se mistas. O clássico exemplo

---

10. BIONDI, Biondo. **Istituzioni di Diritto Romano.** Milão: Dott. A. Giuffrè, 1946, p. 134 afirma: "Casuali quelle che possano verificarsi per volontà di um terzo, o per um evento qualsiasi independente dalla volontà dele parti."

é o do cafeicultor que condiciona o pagamento de prêmio aos empregados se a safra do ano corrente for melhor do que a do ano anterior. Nesse caso, concorrerão para o implemento da condição aspectos climáticos (e, portanto, alheios ao esforço das partes), mas também o esmero dos mesmos empregados que receberão a premiação. Eis aí, portanto, uma condição mista.

Condições lícitas – condições positivas e negativas. Entendem-se por positivas as condições cujo implemento importa o cumprimento de um fato ou a mutação de determinada situação. São, por outro lado, negativas aquelas cujo implemento decorre da falta do cumprimento de determinado ato ou da manutenção de determinada situação ao longo dos tempos, razão pela qual não é o simples fato de enunciar a condição que a tornará positiva ou negativa[11]. Assim, a proposição "*se você não ficar solteiro ao fim de dez anos, eu lhe darei um apartamento*", a condição é positiva, pois implica uma mutação, embora formulada, na frase, de forma negativa.

Abordadas as condições legais, passemos ao enfrentamento das condições defesas.

Condições defesas. As condições defesas (art. 122 do Código Civil), as ilícitas (contrárias à lei, à ordem pública ou aos bons costumes), as impossíveis, as perplexas ou contraditórias e as puramente potestativas. Analisemos, pois, tais espécies.

São ilícitas as condições contrárias à ordem pública, à lei ou aos bons costumes. A razão para se extremar a ordem pública da lei é porque, no primeiro conceito (ordem pública), abarcam-se todas as normas em que o interesse geral se sobreleva ao particular, ao passo que, no último (lei) trata-se de norma escrita abstrata e geral que pode regrar o sacrifício de interesses específicos para proteger posições particulares e não necessariamente gerais[12]. A expressão *bons costumes*, por outro lado, tão recorrente em nossas normas, indica aqueles que "*estabelecem as regras de proceder, nas relações domésticas e sociais, em harmonia com os elevados fins da vida humana. São preceitos da moral.*"[13]. Um exemplo interessante seria: "Vou lhe dar um prêmio, se você não praticar qualquer ato de caridade em relação a pessoas necessitadas". Veja: não há norma jurídica impondo que sejamos caridosos em relação a pessoas

---

11. BIONDI, Biondo. **Istituzioni di Diritto Romano**. Milão: Dott. A. Giuffrè, 1946, p. 133 nos ensina: "Secondo la natura dell'avvenimento, le condizione possono essere positive e negative. Sono positive quelle il cui verificarsi importa il compimento di un fatto oppure il mutamento di una determinata situazione (ad. es.. si navis ex Asia venerit, si Capitolim ascenderis). Sono invece negative quelle il cui verificarsi consiste nel mancato comipmento di um atto o di un fatto oppure nel perdurare di uma situazione (ad. es. si servum non manumiseris, si non nupseris). Per giudicare se uma condizione sia positiva o negativa bisogna tener conto della natura dell'avvenimento previsto e non della formulazione, giacchè può darsi che uma condizione sai positiva quantunque formulata negativamente e viceversa; la condizione <<se tu non restarei vedovo>> è positiva appunto perchè il suo verificarsi consiste in un fatto positivo".
12. RÀO, Vicente. **Ato Jurídico**. 4 ed. São Paulo: RT, 1999, p. 270/271.
13. BEVILÁQUA, Clóvis. **Código Civil dos Estados Unidos do Brasil comentado** – v. I. 9 ed. Rio de Janeiro: Francisco Alves, 1951, p. 173.

necessitadas. No entanto, uma condição que determine a falta de caridade viola nitidamente os bons costumes.

São ainda defesas as condições impossíveis. Remetemos nosso leitor aos apontamentos constantes do capítulo anterior, quando abordamos as diferenças entre impossibilidade física e jurídica, assim como entre esta última e o conceito de ilicitude. Os exemplos, nessa esteira, de condições impossíveis são quase lúdicos, por envolverem fatos que evidentemente não se podem realizar em nosso mundo: "Vou te dar um carro, se nadares toda a extensão de Brasil à Angola num único dia".

Ainda temos, entre as condições defesas, outras duas: as perplexas (incompreensíveis ou contraditórias) e as puramente potestativas. Entendem-se por perplexas as condições que privam de todos os efeitos o negócio jurídico, como ocorre na seguinte hipótese: "Vou te dar o carro, se tu colocares uma potente bomba nele, explodindo--o". Nesse caso, o implemento da própria condição inviabilizaria a doação, o que a torna contraditória. Quanto às condições puramente potestativas, estas, como visto, são as que sujeitam os efeitos do negócio ao capricho, ao arbítrio de uma das partes.

As condições puramente potestativas são defesas. Excepcionalmente, porém, o legislador admite sua aposição a determinados negócios jurídicos, como ocorre numa espécie de cláusula especial do contrato de compra e venda, a chamada venda a contento. Vejamo-la:

Art. 509. A venda feita a contento do comprador entende-se realizada sob condição suspensiva, ainda que a coisa lhe tenha sido entregue; e não se reputará perfeita, enquanto o adquirente não manifestar seu agrado.

Ora, a condição para que o contrato de venda a contento se considere perfeito, é que o adquirente manifeste seu agrado pela coisa, repita-se, nada se exige, senão a sua unilateral vontade. Em outras palavras, ele ficará com o bem "se quiser". A indagação que se faz, então, é se seria correto o ordenamento jurídico admitir tal tipo de negócio. A resposta singela é sim. Trata-se da simples regra para superação de antinomias de que o específico prevalece sobre o geral, sem revogá-lo. Assim, as condições puramente potestativas, como regra, são defesas, mas, na hipótese de venda a contento, como há específica exceção legal, ela é excepcionalmente ***permitida.***

Outra cláusula especial do contrato de compra e venda – a retrovenda – também comporta discussão quanto à sua natureza jurídica: seria uma condição *simplesmente* ou *puramente* potestativa. Optamos pela primeira resposta e justificamos com base na leitura do artigo 505 do Código Civil:

> Art. 505. O vendedor de coisa imóvel pode reservar-se o direito de recobrá-la no prazo máximo de decadência de três anos, restituindo o preço recebido e reembolsando as despesas do comprador, inclusive as que, durante o período de resgate, se efetuaram com a sua autorização escrita, ou para a realização de benfeitorias necessárias.

A cláusula de retrovenda refere-se, de forma geral, ao poder que o vendedor original tem de recomprar o imóvel outrora alienado, caso observe as condições do artigo 505 do Código Civil.

Emoldurada assim, parece que a condição de recompra é puramente potestativa, porquanto não admitiria recusa do adquirente original. Ocorre que a reaquisição só acontecerá caso seja pago, no prazo máximo decadencial de três anos, o preço recebido em virtude da venda original e reembolsadas as despesas do comprador, inclusive as que, durante o período de resgate, se efetuaram com a sua autorização escrita, ou as que serviram para a realização de benfeitorias necessárias. Deduz-se, assim, que os efeitos da cláusula em comento não dependem exclusivamente do capricho do primeiro alienante, mas do fato de ele ser capaz de pagar, à outra parte, todos os valores indicados no artigo 505 do Código Civil, o que a torna, portanto, uma condição *simplesmente* potestativa.

Vistos os principais tipos de condições defesas, oportuno indagar-se qual a consequência de sua aposição ao negócio jurídico. As respostas oscilam histórica e geograficamente.

Nessa esteira, em Roma, afirmava-se, respectivamente, nas Institutas de Gaio e de Justiniano[14], que:

> É também nula a estipulação feita sob condição fisicamente impossível; por exemplo, a de tocar o céu com o dedo. Mas quanto ao legado que se deixa sob condição impossível, os nossos mestres o entendem exigível, como se fosse deixado sem condição; os autores da escola adversa consideram nulo o legado e a estipulação. (G. 3, 98)
>
> (...)
>
> A condição impossível, tanto nas instituições e legados como nos fideicomissos e alforria é havida por não escrita. (J. 2, 14, 10)

Os textos transcritos levaram romanistas a concluírem que as condições impossíveis, nos negócios *inter vivos*, tornavam-nos nulos, enquanto, nos *mortis causa*, consideravam-se não postas e o negócio como se puro fosse[15]. O Código Civil da França, por seu turno, não faz diferença entre negócios entre vivos ou *mortis causa*, quanto à aposição de condições impossíveis ou ilícitas, determinando que elas serão tidas como não escritas[16].

Os Códigos da Itália, de Portugal e do Brasil prendem-se ao tipo de condição (suspensiva ou resolutiva) e à situação defesa por ela representada, para que se estabeleçam as consequências de sua aposição ao negócio. Determinam, respectivamente, as mencionadas normas:

---

14. CORREIA, Alexandre e SCIASCIA, Gaetano. **Manual de direito romano** – v. II. 2 ed. São Paulo: Saraiva, 1953, p. 181 e 421.
15. IGLESIAS, Juan. **Direito Romano**. São Paulo: RT, 2012, p. 247/248.
16. Art. 900. Em toda disposição entre vivos ou testamentária, as condições impossíveis e as que sejam contrárias às leis ou aos bons costumes, ter-se-ão por não postas.

Art. 1354

(Condições ilícitas ou impossíveis).

É nulo o contrato ao qual é aposta uma condição, suspensiva ou resolutiva, contrária às normas imperativas, à ordem pública ou aos bons costumes.

A condição impossível torna nulo o contrato se é suspensiva; se for resolutiva, se tem come não posta. (...) (Código Civil da Itália)

ARTIGO 271°

(Condições ilícitas ou impossíveis)

1. É nulo o negócio jurídico subordinado a uma condição contrária à lei ou à ordem pública, ou ofensiva aos bons costumes.

2. É igualmente nulo o negócio sujeito a uma condição suspensiva que seja física ou legalmente impossível; se for resolutiva, tem-se a condição por não escrita." (Código Civil de Portugal)

Art. 123. Invalidam os negócios jurídicos que lhes são subordinados:

I – as condições física ou juridicamente impossíveis, quando suspensivas;

II – as condições ilícitas, ou de fazer coisa ilícita;

III – as condições incompreensíveis ou contraditórias.

Art. 124. Têm-se por inexistentes as condições impossíveis, quando resolutivas, e as de não fazer coisa impossível." (Código Civil do Brasil)

A leitura das três normas nos faz compreender que a regra geral é a de que o vício da condição contamina o negócio como um todo. Tal constatação é decorrência lógica do *princípio da incindibilidade do negócio condicional*. Como visto, a condição é elemento inserido *no* negócio e não *ao lado* do negócio. Logo, problemas na condição terminam por fulminar, como regra geral, toda a manifestação de vontade[17]. Esse raciocínio se aplica às condições ilícitas, perplexas, puramente potestativas e impossíveis, quando suspensivas.

Os legisladores modernos, entretanto, têm diferenciado as consequências das condições impossíveis apostas aos negócios, quando suspensivas ou resolutivas. Na primeira hipótese, invalidam toda a manifestação, ao passo que, na última, são consideradas não escritas. Breve exercício de lógica permite que se entendam as razões de tal opção.

Ora, define-se uma condição suspensiva por evitar que os efeitos do negócio se façam sentir até o seu implemento. Suponha-se que haja uma condição suspensiva impossível. Bem, nessa hipótese, os efeitos do negócio estarão suspensos até que o impossível aconteça. Equivale, em última análise, a inviabilizar o próprio negócio. O legislador, a fim de evitar tamanha incongruência, houve por bem fulminar os negócios subordinados a condições impossíveis, quando suspensivas, de nulidade.

Raciocínio diverso, todavia, deverá ser aplicado às condições resolutivas, quando impossíveis. Nesse caso, o negócio começa a surtir efeitos, que perdurarão

17. NADER, Paulo. **Curso de direito civil – parte peral** – v. I. Rio de Janeiro: Forense, 2003, p. 442.

até o implemento da condição. A condição, todavia, sendo impossível, jamais será implementada. Assim, os efeitos do negócio jamais deixarão de se fazer sentir. A solução legislativa, portanto, é dotada de inegável lógica, ao ter apenas como não escrita a condição, conservando, por outro lado, o negócio. Com efeito, uma condição impossível de caráter resolutivo não impede que o negócio aconteça. Ela apenas não se avultará jamais como efetiva condição resolutiva.

A lei brasileira ainda avança mais para tratar das "condições de não fazer coisa impossível", que também são consideradas não escritas. A explicação aí também não se reveste de maiores dificuldades. Uma condição é cláusula que sujeita os efeitos do negócio a evento futuro e incerto. Uma condição de "não fazer coisa impossível" nada tem de incerta, porquanto não se pode, de fato, fazer algo que não seja possível. Assim, como as condições de não se fazer algo impossível não estão dotadas de qualquer nível de incerteza, correta a opção do legislador de entendê-las como não escritas, tornando o negócio, como, na verdade é, puro.

Acreditamos, com isso, haver abordado os principais aspectos sobre condições. Avancemos, pois, para o segundo elemento acidental a ser examinado: o termo.

Termo. Entende-se por termo a cláusula que, derivada exclusivamente da vontade das partes, subordina a eficácia do negócio jurídico a evento futuro e certo. A primeira observação que se faz quanto ao elemento acidental tratado é que ele não suspende a aquisição do direito, mas posterga sua eficácia, seu exercício, até que se implemente, como preconiza o artigo 131 do Código Civil, solução que distancia conceptualmente, como visto, a condição suspensiva do termo inicial. No mais, a semelhança entre os dois institutos faz com que as disposições relativas à condição suspensiva apliquem-se ao termo inicial, ao passo que aquelas que versam sobre condições resolutivas regulem o termo final, desde que com elas não incompatíveis.

Como visto, duas são as espécies de termo: inicial (*a quo*) ou final (*ad quem*). O espaço de tempo situado entre o termo inicial e o termo final é o que conhecemos como prazo. O artigo 132 regula a contagem de prazos civis. Determina a norma que seja excluído o dia de início e computado o dia derradeiro. Assim, se Pedro e João firmam um contrato, no dia 23/03/2017 (quinta-feira), com dez dias para cumprimento do que foi pactuado, a contagem ocorrerá da seguinte forma: o dia da assinatura do contrato é excluído (23/07/2017), iniciando-se a contagem no dia 24/03/2017 e expirando no dia 02/04/2017. Atente-se que o prazo expiraria no dia 02/04/2017. Ocorre que a mencionada data corresponde a um dia de domingo, o que posterga o vencimento para o dia útil subsequente. Significa dizer que o contrato poderá ser cumprido até o dia 03/04/2017. A partir do dia 04/04/2017, restará configurado o atraso e, portanto, recai a mora sobre a parte que deixar de honrar o que fora pactuado.

O artigo 132 ainda traz outras interessantes disposições. Os prazos em meses e anos expiram no dia de igual número do de início, ou no imediato, se faltar exata correspondência. Assim, se, no dia 23 de março de 2017, foi entabulado o prazo de um mês para se cumprir o contrato, as partes terão até o dia 23 de abril para fazê-lo. Ocorre, porém, que o dia 23 de abril também é domingo, o que leva o último de dia de cumprimento da avença para o dia 24/04/2017, segunda-feira.

Lembra ainda o Código que se entende por meado o décimo-quinto dia de qualquer mês, ainda que seja fevereiro. Por fim, assevera-se que prazos fixados em hora contar-se-ão minuto a minuto. Quanto ao último comando, ele se mostra importante para prazos que possam coincidir com o período de um dia. Imaginemos, assim, que as partes tenham fixado o prazo de 72 horas para a consecução de determinada obrigação contratual. Suponhamos que o contrato tenha sido firmado às 15 horas do dia 27 de março de 2017 (segunda-feira). Entenda-se que a contagem não se faz em dias, mas em horas. Assim, o prazo será ultimado às 15 horas do dia 30 de março, e não ao final do dia, como ocorreria se a contagem se desse na forma do *caput* do artigo 132.

Não se confunda, por outro lado, a contagem de prazos civis com a contagem de prazos processuais. No último caso, esta se faz em dias úteis, como preconiza o artigo 212 do Código de Processo Civil. Advirta-se, contudo, que as regras constantes dos dois Códigos são dispositivas. Nada obsta, então, que as partes, de comum acordo, decidam afastar, por exemplo, a incidência da norma civil e optem pela contagem de prazos em dias úteis.

A ideia de que o termo é certo, por outro lado, leva-nos a pensar que a sua inserção no negócio jurídico não traria qualquer dificuldade de interpretação. Algumas vezes, porém, sua indicação se torna nebulosa. Imaginemos o seguinte exemplo – na primeira cláusula do contrato, fica estabelecida como data de vencimento da obrigação o dia 10 de *abril* de 2017. Na cláusula que estabelece a multa pelo atraso na obrigação, fica consignado que, "se o pagamento não ocorrer até o dia 10 de *maio* de 2017, data do vencimento, será aplicada a sanção contratual". Ora, em duas cláusulas diferentes, o contrato faz referência ao termo final da obrigação, mas o aponta em dias distintos. Como interpretar esse pacto? O artigo 133 do Código Civil manda que o seja a favor do devedor. Logo a data final para cumprimento da avença seria 10 de maio de 2017, salvo se: a) ainda que em momento posterior, a corrigir o equívoco, "declaração expressa de vontade"; b) por decorrência implícita, mas inequívoca, das declarações formuladas no ato; c) em consequência das circunstâncias que houverem cercado a celebração do ato, ou cercam a sua execução; d) de modo tácito deduzido, inequivocamente, do comportamento ou atitude das partes; e) e, sobretudo, da natureza da relação jurídica de que se trate."[18] Em resumo, nas hipóteses de indicação duvidosa do termo, a lei estabeleceu a favor do herdeiro e do devedor uma presunção relativa, que se pode afastar caso verificada uma das hipóteses acima transcritas.

---

18. RÀO, Vicente. **Ato Jurídico**. 4 ed. São Paulo: RT, 1999, p. 324.

Outro tema interessante ao se tratar do termo é a existência de obrigações sem uma indicação da data final para seu adimplemento. O Código, nessas hipóteses, preconiza (art. 134) que a obrigação é exigível desde logo. Repita-se: exigível! Não se tenha, porém, que o devedor já se encontrará em mora no segundo seguinte ao estabelecimento de obrigação sem termo. Na realidade, o artigo 134 demanda leitura conjunta com o artigo 397 que determina estar em mora o devedor que deixar de adimplir sua obrigação, positiva e líquida, na data de seu vencimento. Ressalva, contudo, que, inexistindo termo definido para a obrigação, a mora ocorrerá quando o devedor for notificado a honrar o débito. Assim, embora as obrigações sem data definida para o cumprimento possam ser imediatamente exigidas, o seu devedor somente estará em mora quando for instado a adimplir a prestação.

Igual raciocínio se aplica ao que a doutrina chama de termo potestativo, traduzido por fórmulas como "pago quando puder". Atente-se que não há incerteza quanto à obrigação, mas o adimplemento, que se convencionou como certo que ocorreria, tem a data subordinada à vontade de uma das partes. A interpretação mais correta para a hipótese é de que termos assim enunciados indicam, na realidade, a ausência de exata fixação do momento para cumprimento da prestação. Logo, correta a incidência, à espécie, dos mesmos comandos legais aplicáveis às obrigações sem termo, vale dizer, artigos 134 e 397, parágrafo único, do Código Civil[19].

Sendo esses os pontos principais que tínhamos a discutir sobre termo, passemos ao exame do modo ou encargo.

Modo ou encargo. Entende-se por encargo, ou modo, o elemento acidental aposto ao negócio jurídico gratuito que se constitui na forma de uma obrigação ao beneficiário do ato e que não consiste em contraprestação. É muito comum em testamentos, como na hipótese de se deixar, em legado, um apartamento, com o encargo de o beneficiário entregar, durante um ano, uma cesta básica por mês a determinada instituição de caridade. Atente-se que, embora se imponha uma obrigação ao beneficiário, esta não tem o caráter retributivo, ou seja, não é a contraprestação estabelecida para pagar a vantagem patrimonial (apartamento, no nosso exemplo) que se concedeu ao legatário. Nada obsta, além disso, que constem encargos de doações, comodatos, promessas unilaterais de recompensa, entre outros possíveis negócios.

Algumas importantes observações são necessárias. A primeira delas diz respeito à inexistência de correlação entre o valor do encargo e o da liberalidade. Encargo não é contraprestação, logo ele pode ser infinitamente inferior ao valor da liberalidade. A dúvida que persiste é: pode ser superior ao valor da liberalidade? Temos aqui dois modelos: o brasileiro e o português.

A legislação brasileira não impõe como teto ao encargo o valor do bem. A pergunta que remanesce é – poderia o encargo ultrapassar o valor da vantagem

19. Id., 1999, p. 317/318.

patrimonial auferida pela liberalidade? Temos que sim! Ora, ninguém é obrigado a aceitar uma doação ou mesmo um legado. Quando esses negócios são feitos e lhes são anexadas obrigações na forma de encargo, as partes a elas se vinculam. A solução é muito simples: quem não desejar mais cumprir o encargo está livre para renunciar ao bem doado ou ao que lhe tiver sido legado. Caso não o faça, presume-se que deseja manter o encargo por interesses outros que não o econômico, pois, como visto, terá recebido menos pela liberalidade (doação) do que prestado pelo encargo[20]. Ressalvamos, no entanto, que a legislação portuguesa houve por bem seguir trilha diversa, optando por limitar o valor do encargo imposto à liberalidade (Código Civil, art. 963º).

Atente-se para o fato de que o valor do encargo não está implicitamente limitado, segundo a lei brasileira, ao valor do bem. Nada impede, porém, que as partes, ao entabularem o negócio jurídico, estabeleçam limites quantitativos ou temporais ao encargo. No entanto, se não o fizerem, até quando perduraria o encargo? Seria, dada essa omissão, perpétuo? A resposta só pode ser uma – não. O encargo não é perpétuo, embora possa ser vitalício. Expliquemo-nos.

A natureza obrigacional tanto do encargo quanto da liberalidade ao qual ele se faz aderir nos remetem ao princípio da força relativa dos contratos: a avença faz lei ***entre as partes.*** Logo, o encargo não pode vincular os sucessores daquele que por ele fora originariamente obrigado (art. 406º Código Civil de Portugal), salvo se for aposto ao negócio como promessa de fato próprio do beneficiário da liberalidade e, com sua morte, transmudando-se em promessa de fato de terceiro, na forma dos artigos 439 e seguintes do Código Civil do Brasil.

Mas, se assim for, poderíamos pensar em ardilosa maneira de se driblar o encargo: o beneficiário da liberalidade receberia o bem e, ato contínuo, vendê-lo-ia a terceiro, que, segundo o parágrafo acima, estaria infenso ao cumprimento do modo em virtude do caráter relativo das obrigações. Como evitar a fraude imaginada?

A solução nos parece simples e versa sobre o artigo 1.360, a estabelecer que se a propriedade se resolver por outra causa superveniente (como o descumprimento do encargo), o possuidor, que a tiver adquirido por título anterior à sua resolução,

20. RÁO, Vicente. **Ato Jurídico.** 4 ed. São Paulo: RT, 1999, p. 376, em certa medida, fornece subsídios para a conclusão acima: "A opinião de Hamel contém elementos bastantes para a construção de uma doutrina mais ampla. De fato, ninguém é obrigado a aceitar uma doação, uma herança, ou um legado, com encargo que absorve, em parte ou no todo, a liberalidade, mas, aceitando, obriga-se, voluntariamente, a concorrer para a realização da generosidade do disponente, transmitindo ao verdadeiro beneficiário nomeado no próprio ato (e não oculto como no caso de interposição de pessoa) certa prestação, ou o bem ou o valor que objeto do encargo constitui. Não nos parece que, nesses casos, a situação jurídica do donatário, herdeiro, ou legatário, deva ser qualificada apenas segundo um critério de interesse econômico – interesse que, aliás, também pode existir e concretizar-se na eventual vantagem decorrente da aquisição e conservação dos bens em espécie em troca da prestação, ao beneficiário real, de valor equivalente. Sua situação também pode e deve ser definida pelo interesse moral, ou sentimento de solidariedade humana, de concorrer para a prática do bem, ou pelo impulso de corresponder à confiança do disponente, sem quebra do caráter de liberalidade do ato de disposição.".

será considerado proprietário perfeito, restando à pessoa, em cujo benefício houve a resolução, ação contra aquele cuja propriedade se resolveu para haver a própria coisa ou o seu valor.

Em outras palavras: já não mais será possível a restituição do bem doado cujo encargo foi descumprido, se o donatário, assim que o receber, vendê-lo a terceiro. No entanto, aquele que requer a devolução da coisa doada poderá haver, de quem descumpriu o encargo, o valor correspondente ao bem alienado, como preconiza a parte final do artigo 1.360.

Abordados os aspectos acima, cumpre ainda diferenciar o encargo das condições. Quanto à condição suspensiva, o próprio artigo 136 estabelece que o encargo não suspende a aquisição nem o exercício do direito, salvo quando expressamente imposto no negócio jurídico, pelo disponente, como condição suspensiva. A redação não é das melhores, pois sugere que o encargo pode ser imposto como condição. Ocorre que, nesse caso, ***não será mais encargo, mas uma condição.*** Em outras palavras, ou é encargo ou é condição suspensiva, não pode ser as duas coisas ao mesmo tempo.

Pois bem. A diferença principal entre os dois institutos é que o encargo não suspende nem a aquisição, tampouco o exercício do negócio, ao contrário da condição. Um exemplo poderá facilitar a compreensão. Suponhamos que um proprietário, tomado por espírito altruísta, resolva que, em certo terreno que lhe pertence, seja construído um hospital. Por não ter capital, tampouco conhecimento técnico para implementar a obra, resolve doar o bem a grupo de médicos, que serão os futuros sócios do nosocômio.

Sua intenção poderá ser materializada por uma doação condicional ou por uma doação modal. Vejamos. Numa primeira hipótese, o proprietário poderá estabelecer contratualmente que os médicos primeiro providenciem a construção do hospital, após o que, se forem capazes de levar a efeito tal desafio, será doada a propriedade do terreno. Nesse caso, estamos diante de doação (do terreno) com condição (de construírem antes o hospital). Repita-se – a conclusão da obra é evento futuro e incerto ao qual se subordina a eficácia da doação.

Nada impede, porém, que o mencionado proprietário já ultime a doação, impondo-lhe, todavia, o encargo da construção do nosocômio. Nesse caso, o negócio já será eficaz, podendo-se, de outra banda, exigir o cumprimento do encargo pelos médicos. A diferença, portanto, é simples, quando a construção do hospital é aposta como condição, primeiro a obra tem que ser feita, para se ter eficaz a doação. Na hipótese de ser colocada como encargo, a doação acontece e, paralelamente, o encargo de construir vai sendo honrado.

Não se confunde igualmente encargo e condição resolutiva. O ponto de contato entre os dois institutos é que ambos têm o poder de fazer cessar a eficácia do negócio: o encargo, caso descumprido, e a condição resolutiva, caso efetivada. Ocorre, porém, que, acaso descumprido o encargo, o negócio não terá fim automaticamente.

O doador poderá escolher se prefere revogar a doação, ou se exigirá judicialmente o adimplemento do modo. Já na condição resolutiva, tão logo ela se materialize, o negócio conhecerá o seu fim.

O último ponto a ser enfrentado diz respeito à ilicitude e à impossibilidade do encargo. O artigo 137 do Código Civil do Brasil estabelece que se considera não escrito o encargo ilícito ou impossível, salvo se constituir o motivo determinante da liberalidade, caso em que se invalida o negócio jurídico.

Eis dois exemplos: no primeiro, um pai, que já pretendia presentear sua filha com um apartamento, resolve, no último instante, fazer essa doação com o encargo de que ela não se case com o seu atual namorado. A obrigação de não fazer imposta, a toda evidência, é ilícita, por ferir desarrazoadamente a liberdade de escolha pessoal da filha. A pergunta que se faz é: e se a filha contrair matrimônio com o namorado? Seria a doação em apreço passível de revogação? Temos que não, pois, de acordo com o artigo 137 o encargo (de não se casar com o atual namorado) não foi o motivo determinante da liberalidade. Na realidade, a motivação central foi a vontade do pai presentear sua filha. Ora, como o modo imposto era ilícito, mas não a razão determinante da doação, temos que a filha permanecerá como dona do imóvel que lhe fora dado, sem, contudo, haver de observar o encargo, que será considerado não escrito. Em última análise, por ser ilícito o encargo, não há como invalidar o negócio por sua inobservância ou descumprimento.

Imaginemos, de outra banda, o exemplo do cidadão que, dono de determinado terreno, almeja que médicos nele construam um hospital. Faz, assim a doação do imóvel, impondo, como modo, que se construa o nosocômio. Ocorre que, após a vistoria do lugar pelo órgão ambiental, notou-se a existência de várias nascentes, que impediram o órgão ambiental de conceder a licença para que o prédio fosse construído. No presente exemplo, embora a doação já tivesse ocorrido, a impossibilidade do cumprimento do encargo invalida todo o negócio, porquanto a construção do hospital foi o móvel que levou o doador a alienar para os médicos o bem. Na forma do artigo 137, quando o encargo imposto for impossível e for considerado o motivo determinante da liberalidade, tudo se anula.

Solução um pouco diversa parece haver sido dada pela Lei de Portugal, que, nos artigos 967º, 2.230º e 2.245º, estabelece ser o encargo ilícito (assim como o impossível), em regra, não escrito[21], não se utilizando o parâmetro brasileiro de que a nulidade do negócio, em si, dependerá da importância do encargo para a liberalidade.

21. PINTO, Carlos Alberto da Mota. **Teoria geral do direito civil**. 3 ed. Coimbra: Coimbra, 1999, p. 581/582.

Capítulo 15
PROVA DO NEGÓCIO JURÍDICO

Aspectos introdutórios. Vimos, ao tratar dos elementos essenciais do negócio jurídico, o que entre eles se situa. Assim, o negócio, caso não esteja provido de qualquer forma, seria inexistente, ao passo que, se deixar de observar aquela que foi prescrita ou se utilizar de alguma que seja defesa por lei, a consequência será a sua nulidade.

Pois bem, se a regra é a da liberdade de forma, não raro, surgem problemas quanto à demonstração de que o negócio, de fato, aconteceu validamente. É aí que se coloca a importância da prova do negócio jurídico. Paulo Nader[1] lembra, assim, que a forma é elemento integrante do negócio, ao passo que a prova pode se dar por um dos seus elementos, ou por algo que exista fora do negócio, como acontece com a confissão, a prova testemunhal, a perícia, os documentos, entre outros meios.

Importante lembrar que o direito probatório integra o campo de interesse do direito civil, assim como, do processo civil. O primeiro se prende a estudar os meios de prova em si, ao passo que o último deveria se prender à maneira como se produz em juízo cada uma das provas existentes.

Prova – noção geral. Os negócios jurídicos, como visto, são antes de mais nada fatos (fatos jurídicos em sentido lato), ainda que consubstanciados em manifestações de vontade capazes de criar, de modificar e extinguir relações jurídicas, cujos efeitos não são preordenados. Não raro, esses fatos acontecem no passado, mas seus efeitos se protraem no tempo, sendo do interesse, não só dos partícipes do negócio, como também de terceiros que com eles tratem. Além disso, na hipótese de se instalar alguma espécie de litígio, pode haver atuação de árbitros e magistrados, a fim de demonstrar exatamente em que termos se produziu, com vistas a delimitar-se adequadamente seus efeitos.

Eis o primeiro aspecto relevante do direito probatório: as provas se prestam para demonstrar como os ***fatos*** aconteceram. Assim, é um enorme erro quando, principalmente em juízo, indaga-se a uma testemunha, o que ela ***acha*** de determinado acontecimento. Ora, quando se busca provar algo, o que se pretende reconstruir são ***os fatos como se deram*** e não as impressões de testemunhas e de partes a respeito deles. Repita-se: a prova é um passaporte para o passado, para que, de maneira mais fidedigna possível, fatos sejam reconstruídos, de tal sorte, então, que sejam adequa-

1. NADER, Paulo. **Curso de Direito Civil** – Parte Geral – v. I. Rio de Janeiro: Forense, 2003, p. 590.

damente valorados, a fim de que as suas consequências jurídicas sejam deduzidas o mais justamente possível.

A prova, para que cumpra seu desiderato deve ser admissível, pertinente e concludente[2], vale dizer, respectivamente, ela deve ser lícita, apta a demonstrar os fatos para os quais se invoca e capaz de esclarecer, à outra parte e também ao juízo, o que se alega. Analisemos com mais vagar o primeiro aspecto da admissibilidade sob o seu viés conceitual, a fim de bem aquilatar a utilização de provas ilícitas.

A prova ilícita. A produção de provas ilícitas é mal que se deve evitar. Ela está na raiz das maiores arbitrariedades cometidas contra o ser humano, como a tortura, a falsidade e o engodo. É a subversão da natureza da prova, pois consagra a máxima de que os fins justificam os meios.

A Constituição do Brasil proíbe a utilização da prova ilícita no inciso LVI do seu artigo 5º, que, peremptoriamente, repudia a utilização de provas obtidas por meios ilícitos.

A caracterização da ilicitude, na produção da prova, em alguns casos, é de fácil constatação, quando, por exemplo, obtida mediante flagrante violação à lei, como no caso da tortura e da interceptação telefônica ilícita. Outros, entretanto, situam-se em zona nebulosa. É o caso da gravação clandestina – seria ela ilícita?

Uma açodada leitura de julgados a respeito do tema pode nos levar a falsas conclusões. O Superior Tribunal de Justiça[3] já chancelou a utilização de gravação clandestina, desde que o seu conteúdo não seja secreto, tampouco haja dever legal de sigilo. Não se pense, porém, que se trate de entendimento uníssono. Especialmente em tribunais estaduais, há certa relutância na admissão de gravações clandestinas[4].

---

2. FOERSTER, Gabriele. **O ônus da prova no proceso de trabalho**. Disponível em http://www.ambito-juridico.com.br/site/index.php?n_link=revista_artigos_leitura&artigo_id=8351, acesso em 04 de novembro de 2011.

3. BRASIL. Superior Tribunal de Justiça. AgRg no AREsp 135.384/RS, Rel. Ministro NAPOLEÃO NUNES MAIA FILHO, PRIMEIRA TURMA, julgado em 03/04/2014, DJe 15/04/2014 asseverou: "ADMINISTRATIVO E PROCESSUAL CIVIL. AGRAVO REGIMENTAL EM AGRAVO EM RECURSO ESPECIAL. AÇÃO CIVIL PÚBLICA DE IMPROBIDADE ADMINISTRATIVA (I) OS AGENTES POLÍTICOS PODEM SER PROCESSADOS POR SEUS ATOS PELA LEI 8.429/92. ENTENDIMENTO FIRMADO PELA CORTE ESPECIAL/STJ (RCL 2.790/SC, REL. MIN. TEORI ALBINO ZAVASCKI, DJE 4.3.2010). (II) LICITUDE DA PROVA OBTIDA MEDIANTE GRAVAÇÃO CLANDESTINA (CAPTAÇÃO DA CONVERSA POR UM DOS INTERLOCUTORES, SEM O CONHECIMENTO DO OUTRO), DESDE QUE QUE SEU CONTEÚDO NÃO SEJA SECRETO OU INEXISTA OBRIGAÇÃO LEGAL DE GUARDAR SIGILO. AGRAVO REGIMENTAL DESPROVIDO. 1. A Corte Especial, no julgamento da RCL 2.790/SC, de relatoria do eminente Ministro TEORI ALBINO ZAVASCKI, já orientou caber a submissão dos Agentes Políticos à Lei de Improbidade Administrativa, e a jurisprudência desta Corte e do STF vem se mantendo majoritária nesse sentido. 2. Os Tribunais Superiores possuem entendimento uníssono quanto à licitude da gravação clandestina, consubstanciada no registro da conversa por um dos interlocutores, ainda que o outro interlocutor não tenha conhecimento de sua ocorrência, desde que o conteúdo captado clandestinamente não seja secreto (diga respeito à privacidade dos interlocutores) nem haja obrigação legal de guardar sigilo. Precedente: RHC 19.136/MG, Rel. Min. FELIX FISCHER, DJ 14.05.2007, p. 332). 3. Agravo Regimental desprovido.

4. BRASIL. Tribunal de Justiça do Rio Grande do Sul. AG: 593127186 RS, Relator: Celeste Vicente Rovani, Data de Julgamento: 16/11/1993, Primeira Câmara Cível, assim foi ementado: "Direito processual. Prova.

Na realidade, entendemos que diferenças devem ser estabelecidas entre a interceptação telefônica e a gravação clandestina. Na primeira, terceiro capta conversa alheia, de modo a ferir o texto constitucional (art. 5º, XII), salvo se a coleta da prova se der em processo penal, autorizado pela autoridade judiciária competente. Na última, um dos interlocutores grava o que se discute. Não há vedação expressa a tal conduta. Ocorre que há nítida violação ao princípio da boa-fé objetiva.

É evidente que, em conversas quotidianas, não raro, as partes usam tons irônicos, blefam, calam por desprezo ao outro interlocutor, enfim, não dão ao colóquio a gravidade que dariam se soubessem que se está gravando o diálogo e, tanto mais, se soubessem que essa gravação pode ser utilizada como mecanismo de prova. Há uma nítida violação à confiança entre as partes quando uma conversa, aparentemente despretensiosa, acaba por ser utilizada como meio de prova contra o interlocutor.

Não negamos, por outro lado, que, inúmeras vezes, a gravação é o único meio de prova disponível para as partes. Como harmonizar as duas situações? Entendemos que só o caso concreto poderá fornecer as nuances necessárias para se acolher ou não a gravação clandestina como prova lícita ou ilícita.

Em princípio, como demandas cíveis versam sobre direitos patrimoniais, defendemos a tese de que as gravações não se justificam. Dificilmente haverá explicação plausível para se violar a boa-fé objetiva e o direito à intimidade de uma parte, para se proteger um interesse meramente patrimonial de outra. Em outras hipóteses, porém, nas quais um direito de personalidade, por exemplo, como a integridade física, a vida ou a honra do interlocutor tenha sido violado ou esteja sob ameaça de violação, parece razoável que se sacrifique a intimidade das partes em busca da verdade. Conclamamos, nesse caso, à utilização da técnica para solução de conflitos entre direitos fundamentais, pois, de um lado, a gravação não autorizada pode ser tida como violação ao direito à intimidade da parte cuja conversa foi registrada sem prévia ciência, e, de outro, o registro da conversa pode se prestar à proteção de outro direito também tutelado constitucionalmente. Fora de hipóteses como essa, entendemos ser ilícita a prova obtida dessa forma.

Meios de prova. Confissão. O Código Civil estabelece que o negócio jurídico pode ser provado por meio de confissão, de documentos, de testemunhas, de presunções e de perícias. Analisemos cada uma dessas espécies.

A primeira prova apontada pelo Código Civil é a confissão. Ovídio Baptista[5] aduz que confessar "é admitir como verdadeiro um fato ou um conjunto de fatos desfavoráveis à posição processual do confitente e favoráveis à pretensão do ad-

---

Gravação clandestina de conversa telefônica. Ilegalidade e imoralidade. Aplicação dos incisos XII e LVI do art. 5º da CF e do art. º332 do CPC. A gravação de conversa telefônica sem consentimento e ciência do interlocutor é ineficaz como prova, porque colhida por meio ilícito e ofensivo à tutela de direito individual e, por isso, não pode ser inserida em processo de natureza cível. Recurso improvido.

5. SILVA, Ovídio A. Baptista da. **Curso de Processo Civil** – v. I. 5 ed. São Paulo: RT, 2000, p. 365.

versário", o que, aliás, é o que se depreende da leitura do artigo 389 do Código de Processo Civil. Válido lembrar que, uma vez confessado determinado fato, isso não necessariamente implicará uma derrota para quem confessa, pois, *v.g.*, a subsunção da norma ao fato que se admitiu pode não levar às consequências pretendidas pela parte que teoricamente seria beneficiada pela confissão.

A confissão, ademais, pode ser judicial ou extrajudicial e somente será eficaz a respeito de fatos que versarem sobre direitos disponíveis (artigo 213 do Código Civil e, de maneira mais analítica, 392 do Código de Processo Civil). Nessa mesma linha, compreende-se que a confissão apenas será considerada perfeita, caso levada a efeito pelo próprio agente confitente ou por representante com poderes para dispor do direito relacionado ao fato confessado.

Necessário ainda que se ressalte o fato de a confissão ser irrevogável. No entanto, pode ser anulada por erro de fato ou por coação, como se deduz da leitura dos artigos 214 do Código Civil e 393 do Código de Processo Civil. Ela, por fim, é, em regra, indivisível, não podendo a parte que a quiser invocar como prova aceitá-la no tópico que a beneficiar e rejeitá-la no que lhe for desfavorável. A lei processual, porém, permite seja a confissão cindida quando o confitente a ela aduzir fatos novos, capazes de constituir fundamento de defesa de direito material ou de reconvenção, como ocorre na chamada ***confissão qualificada***.

A doutrina apresenta como exemplo hipótese em que o réu nega dever ao autor. Em seu depoimento, porém, admite que deve, mas aduz que já pagou. Nesse caso, entende-se como admitido o fato de se dever ao credor, desprezando-se o fato novo aduzido. Nesse caso, porém, há dois institutos diversos: a confissão e uma nova alegação. Cinde-se, na realidade, o depoimento, separando a confissão (o fato de se dever ao autor) de uma mera alegação desprovida de prova (a afirmação de que se já pagou pelo débito)[6].

Avancemos, assim, para a análise da próxima prova: a documental.

Documento. Documento vem do termo latino *documentum*, do verbo *doc re,* que significa ensinar, mostrar. No sentido analisado, representa qualquer coisa capaz de materializar um fato já ocorrido, qualquer que seja o seu suporte, isto é, um papel, uma gravação de voz ou uma imagem[7]. O documento parece ter o condão de "congelar" o passado em determinado instante, atributo que explica a importância que se lhe acostuma atribuir.

Chama-se de instrumento público aquele que foi produzido por agente público no exercício de suas competências. A escritura pública, por sua vez, é a declaração de vontade emanada de qualquer agente, mas colhida por tabelião ou oficial au-

---

6. SANTOS, Moacyr Amaral. **Primeiras Linhas de Direito Processual Civil** – *v. II*. 13 ed. São Paulo: Saraiva. 1990, p. 386/387.
7. SILVA, Ovídio A. Baptista da. **Curso de Processo Civil** – v. I. 5 ed. São Paulo: RT, 2000, p. 365.

torizado, dotado de fé pública e apta a produzir prova plena[8]. Assim, não importa que a declaração de vontade interesse primordialmente aos agentes envolvidos no negócio, o documento será público e poderá ser consultado por qualquer pessoa que tenha interesse em consultá-lo, especialmente para a produção de certidões que dele se originem, como ocorre com as certidões de nascimento, de casamento, de ônus reais, vintenárias (representativas de propriedade de imóveis).

O Código Civil, dada a importância de tais documentos, houve por bem discipliná-los:

> Art. 215. A escritura pública, lavrada em notas de tabelião, é documento dotado de fé pública, fazendo prova plena.
>
> § 1º Salvo quando exigidos por lei outros requisitos, a escritura pública deve conter:
>
> I – data e local de sua realização;
>
> II – reconhecimento da identidade e capacidade das partes e de quantos hajam comparecido ao ato, por si, como representantes, intervenientes ou testemunhas;
>
> III – nome, nacionalidade, estado civil, profissão, domicílio e residência das partes e demais comparecentes, com a indicação, quando necessário, do regime de bens do casamento, nome do outro cônjuge e filiação;
>
> IV – manifestação clara da vontade das partes e dos intervenientes;
>
> V – referência ao cumprimento das exigências legais e fiscais inerentes à legitimidade do ato;
>
> VI – declaração de ter sido lida na presença das partes e demais comparecentes, ou de que todos a leram;
>
> VII – assinatura das partes e dos demais comparecentes, bem como a do tabelião ou seu substituto legal, encerrando o ato.
>
> § 2º Se algum comparecente não puder ou não souber escrever, outra pessoa capaz assinará por ele, a seu rogo.
>
> § 3º A escritura será redigida na língua nacional.
>
> § 4º Se qualquer dos comparecentes não souber a língua nacional e o tabelião não entender o idioma em que se expressa, deverá comparecer tradutor público para servir de intérprete, ou, não o havendo na localidade, outra pessoa capaz que, a juízo do tabelião, tenha idoneidade e conhecimento bastantes.
>
> § 5º Se algum dos comparecentes não for conhecido do tabelião, nem puder identificar-se por documento, deverão participar do ato pelo menos duas testemunhas que o conheçam e atestem sua identidade.

A escritura deve identificar precisamente as partes interessadas, para que se saiba da origem da manifestação e da capacidade dos agentes para exará-la, da data e do local de sua produção. Mas não apenas isso. O tabelião deverá se certificar de que as exigências legais e fiscais inerentes à legitimidade do ato foram cumpridas, bem como será obrigado a ler o que se produziu, na presença das partes e de demais comparecentes, ou, ao menos, certificar que todos a leram. Todos, ao final, deverão

8. NADER, Paulo. **Curso de Direito Civil** – Parte Geral – v. I. Rio de Janeiro: Forense, 2003, p. 597.

assinar o documento, a menos que haja, entre eles, analfabetos, hipótese na qual o documento será firmado a rogo de quem não o souber fazê-lo. Pode ocorrer, por outro lado, a hipótese de que algum dos presentes não saiba português. Nesse caso, se o tabelião não souber o idioma de quem comparece ao ato, deverá comparecer tradutor público para servir de intérprete, ou, não o havendo na localidade, outra pessoa capaz que, a juízo do tabelião, tenha idoneidade e conhecimento bastantes.

As partes, após a prática do ato notarial, têm direito à transcrição integral do documento que se produziu, o que se chama de traslado. A certidão, ao seu turno, dá-se em momento posterior à prática do ato, podendo resumi-lo, embora dele faça plena prova, tanto quanto o traslado. O Código Civil aborda ambos, ao afirmar, no artigo 217 que terão a mesma força probante os traslados e as certidões, extraídos por tabelião ou oficial de registro, de instrumentos ou documentos lançados em suas notas.

Igualmente, no caso de demandas judiciais, as certidões textuais de qualquer peça processual, do protocolo das audiências, ou de outro qualquer livro a cargo do escrivão, sendo extraídas por ele, ou sob a sua vigilância, e por ele subscritas, assim como os traslados de autos, quando por outro escrivão consertados, farão prova do ato delas objeto, como se originais fossem (art. 216 do Código Civil). Na mesma linha, a reforçar a força probante de traslados e certidões, sejam produzidos em cartórios extrajudiciais, seja em serventias judiciais, temos os artigos 217 e 218, que determinam:

> Art. 217. Terão a mesma força probante os traslados e as certidões, extraídos por tabelião ou oficial de registro, de instrumentos ou documentos lançados em suas notas.
>
> Art. 218. Os traslados e as certidões considerar-se-ão instrumentos públicos, se os originais se houverem produzido em juízo como prova de algum ato.

O Código Civil trata também dos documentos particulares. Na realidade, ele exorta para o cuidado que se deve ter ao se assinar qualquer peça, pública ou privada, pois as declarações constantes de documentos assinados presumem-se verdadeiras em relação aos signatários. É óbvio que tal presunção pode ser afastada por prova em sentido contrário, mas há de se lembrar que o ônus de se rechaçar a veracidade do que está escrito é da pessoa que assinou o documento.

Comuns têm-se tornado os casos em que casais assinam escrituras públicas de reconhecimento de união estável, para que um dos dois possa figurar como beneficiário do plano de saúde do outro; ou casos em que duas pessoas, que não vivem em união estável, firmam declaração dessa ordem apenas para que uma delas, no caso de iminente óbito da outra, possa figurar como beneficiária de pensão previdenciária. Nos dois casos, embora o objetivo seja ajudar outra pessoa, o desiderato não é moral, porquanto a ajuda deriva de uma simulação. Mas não apenas isso. Quem firma tais documentos pode transformar o outro signatário em seu meeiro, ou, em certas hipóteses, em herdeiro. Nesses casos, o documento que declarou a existência de união estável traz em si a presunção de veracidade contra quem o assinou, cabendo ao signatário, ou a seus herdeiros, a difícil missão de restaurar o estrito alcance de sua pretensão ao assinar documentos tais como os descritos *supra* por outros meios de prova[9].

Além dessa hipótese, o Código determina, no artigo 221, que o instrumento particular, feito e assinado, ou somente assinado por quem esteja na livre disposição e administração de seus bens, prova as obrigações convencionais de qualquer valor; mas os seus efeitos, bem como os da cessão, não se operam, a respeito de terceiros, antes de transcrito no registro público competente. O princípio é o mesmo que norteia o já analisado artigo 219, exortando o signatário dos documentos particulares a terem o necessário cuidado antes de firmá-los. O artigo 221, ao contrário do 219, que é mais genérico e aborda a presunção genérica de veracidade das declarações constantes de documentos assinados, trata especificamente da prova da existência de obrigações assumidas em documentos particulares. Em perfeita consonância com o princípio da relatividade dos direitos obrigacionais, o dito artigo só reconhece efeitos das obrigações e de sua cessão, em relação a terceiros, se o documento for registrado no competente cartório ou ofício. Assim, documento que materialize a compra e a venda de quotas sociais de um sócio por outro é prova bastante do negócio entre eles ocorrido. No entanto, perante outros sócios e credores da sociedade, por exemplo, a dita alienação só surtirá efeitos quando registrada na Junta Comercial.

Determina ainda o Código Civil, no artigo 220, que a anuência ou a autorização de outrem, necessária à validade de um ato, provar-se-á do mesmo modo que este, e constará, sempre que se possa, do próprio instrumento. Exemplo clássico é o da anuência da esposa a autorizar, no regime de comunhão, a alienação de bens imóveis pertencentes ao outro cônjuge. Nesse caso, o ideal, segundo a lei, é que a autorização conste da própria escritura de compra e venda. Não estando presente no documento de alienação, a anuência pode ser provada por outro instrumento, desde que tenha a mesma forma exigida para a venda de bem imóvel, ou seja: uma escritura pública. Por força da exigência dessa equivalência de formalidade, não será suficiente que testemunhas atestem categoricamente que o cônjuge do alienante esteve presente ao ato e concordou verbalmente com a transferência da coisa. Com efeito, a lei aponta como única prova admissível para o dito negócio aquela revestida da mesma forma exigida para o ato a ser autorizado. Em assim sendo, no caso em apreço, uma escritura

---

9. BRASIL. Tribunal de Justiça de Santa Catarina. AC: 20130147274 SC 2013.014727-4 (Acórdão), Relator: João Batista Góes Ulysséa, Data de Julgamento: 10/07/2013, Segunda Câmara de Direito Civil Julgado. APELAÇÃO CÍVEL. AÇÃO DE RECONHECIMENTO E DISSOLUÇÃO DE UNIÃO ESTÁVEL. INSURGÊNCIA DA AUTORA QUANTO AO TERMO INICIAL DA UNIÃO. SENTENÇA QUE SE BASEOU EXCLUSIVAMENTE NA DATA INDICADA EM ESCRITURA PÚBLICA. PRESUNÇÃO RELATIVA DE VERACIDADE. RÉU QUE ADMITE, NA CONTESTAÇÃO E EM DEPOIMENTO PESSOAL, QUE A CONVIVÊNCIA COMEÇOU EM MOMENTO ANTERIOR. PROVA TESTEMUNHAL NO MESMO SENTIDO. REFORMA DA SENTENÇA NESTE PONTO. A escritura pública lavrada entre as partes para definir o termo inicial da união estável tem valor probatório relativo, não podendo prevalecer quando os demais elementos de prova, (...)"

pública subscrita pela esposa é imprescindível mesmo que exarada posteriormente à celebração da transação imobiliária por seu cônjuge.

Preocupa-se ainda a norma civil com a autenticidade do conteúdo de telegramas, estes entendidos como a mensagem urgente e confidencial, transmitida eletronicamente para o local de entrega, onde é impressa e autoenvelopada para entrega no endereço do destinatário[10]. Os Correios do Brasil disponibilizam três formas de se adquirir tal produto: presencialmente, por telefone e pela internet. O Código Civil, ao tratar do tema, preocupa-se em garantir a autenticidade de telegramas postados presencialmente nas agências dos Correios, pois permite que sejam conferidos com o original, aqueles assinados pelo remetente. Quanto às demais formas de envio, a autoridade judiciária pode, quando muito, pedir prova pericial para tentar identificar o "I.P." da máquina emissora do documento ou, se possível, a identificação do número de origem do documento postado (quando a contratação do serviço for por telefone).

O derradeiro artigo do Código Civil a tratar de documentos é o artigo 226, a nos lembrar de que os livros e fichas dos empresários e sociedades provam contra as pessoas a que pertencem, e, em seu favor, quando, escriturados sem vício extrínseco ou intrínseco, forem confirmados por outros subsídios.

Os empresários têm o dever de manter uma escrituração contábil, com o fito de organizar o próprio negócio e servir de prova das atividades e obrigações contraídas perante terceiros. Essa escrituração normalmente se dá mediante a manutenção de livros mercantis, os quais se dividem em obrigatórios, facultativos e especiais. Obrigatório é o livro diário, que pode ser substituído pelo sistema de fichas ou pela escrituração mecanizada ou eletrônica, no qual todas as operações da empresa são lançadas; facultativo é o livro razão, no qual são registradas operações diversas do empresário, não pelo dia da operação, mas pelas contas a que dizem respeito, não sendo, pois, obrigatório, classificação que também se dá quanto aos chamados livros caixas, que registram qualquer entrada ou saída de dinheiro; e os livros especiais são aqueles obrigatórios apenas para algumas sociedades, como os diversos impostos às sociedades anônimas, no artigo 100 da Lei 6404/76[11].

Seja como for, o valor probante dos ditos livros, e aí pouco importa que sejam obrigatórios, facultativos ou especiais, vai depender da sua correta escrituração. Ocorre que tal exigência formal não é, por si, suficiente. As informações constantes do livro devem ser corroboradas por outros subsídios, como testemunhas de que as operações relatadas, de fato, ocorreram, extratos a demonstrar a movimentação alegada de dinheiro, entre outros.

---

10. Disponível em http://www.correios.com.br/para-voce/correios-de-a-a-z/telegrama-nacional/#tab-4, acesso em 19/04/2017.
11. TOMAZETTE, Marlon. **Curso de Direito Empresarial** – V. I. São Paulo: Atlas, 2008, p. 464.

Outra ressalva que se faz é que a prova resultante dos livros e fichas não é bastante nos casos em que a lei exige escritura pública, ou escrito particular revestido de requisitos especiais. Assim, a compra e venda de imóvel não se demonstra pela simples exibição do livro, como também a aquisição de patrimônio pela sociedade a partir de determinado testamento, no qual fora estabelecida como legatária.

Analisados os aspectos do Código Civil sobre documentos, passemos a examinar como nossa lei aborda a prova testemunhal.

Prova testemunhal. A prova testemunhal talvez seja das mais utilizadas na nossa prática civil e também nos embates que se travam diuturnamente nos tribunais. Muitos efeitos civis reclamam a presença de testemunhas na própria consecução de certos negócios jurídicos. Assim, no contrato de prestação de serviço, quando qualquer das partes não souber ler, nem escrever, o instrumento poderá ser assinado a rogo e subscrito por duas testemunhas (art. 595 do Código Civil). Na habilitação para o casamento, são necessárias as assinaturas de declaração de duas testemunhas maiores, parentes ou não, que atestem conhecer os nubentes e afirmem não existir impedimento que os iniba de casar (art. 1.525, III, do Código Civil). Lembremos ainda que a cerimônia de casamento exige a presença de testemunhas, como determina o artigo 1.534 e seguintes da lei civil. Por fim, cada uma das hipóteses de testamento, público, cerrado ou particular, demandará número variável de testemunhas (art. 1.864 e seguintes do Código Civil).

Em todos os casos acima, controvérsias sobre os atos praticados poderão conduzir à oitiva das testemunhas subscritoras, que estarão aptas a responder sobre os fatos que presenciaram para a consecução do negócio.

Feitas essas observações iniciais, cabe ressaltar que o Código Civil sofreu, quanto à prova testemunhal, alterações decorrentes da entrada em vigor de duas leis: o Código de Processo Civil de 2015 e o Estatuto da Pessoa com Deficiência. Nessa esteira, o primeiro artigo da nossa lei civil sobre o tema dispunha que, salvo os casos expressos, a prova exclusivamente testemunhal só se admitia nos negócios jurídicos cujo valor não ultrapassasse o décuplo do maior salário mínimo vigente no País ao tempo em que foram celebrados. Essa regra representava uma valoração legal da prova testemunhal e, de certa forma, colocava o meio ora em análise em posição subalterna: nos negócios mais importantes, se o celebrante não possuísse outra prova senão a testemunhal, o seu direito poderia ser sacrificado, por mais uniforme e coerente que fossem os depoimentos daqueles que presenciaram o negócio, caso não fosse a prova em comento corroborada por outros meios idôneos.

Estranhamente, embora revogado o *caput* do artigo 227, remanesceu o seu parágrafo único, que admite a prova testemunhal como subsidiária ou complementar da prova por escrito, qualquer que seja o valor do negócio jurídico. Achamos que não andou bem o legislador. Não é de boa técnica legislativa permitir que um parágrafo permaneça acéfalo, sem o seu *caput*, pois o primeiro se presta a expressar os aspectos complementares à norma enunciada no último e as exceções à regra por este estabelecidas, como esclarece a alínea "c", do inciso III, do artigo 11, da Lei Complementar 95/98. Ora, o parágrafo mantido apenas complementava a ideia original de que a prova testemunhal não se prestava exclusivamente a demonstrar fatos acima de dez salários mínimos, sendo, na mencionada hipótese, utilizada de forma subsidiária ou complementar à prova escrita e, portanto, assumindo um papel subalterno diante dela.

Na realidade, a sistemática interpretação do próprio Código de Processo Civil indica que a tarifação da prova não foi abraçada, ao menos como regra, pela lei brasileira. Assim, se, no caso concreto, o Juízo entender que os coesos depoimentos das testemunhas afastam a higidez de documento juntado aos autos, não há porque tratá-los como uma prova subsidiária ou complementar apenas, mas como fundamento para que se afaste o que o documento pretendia demonstrar. Tudo dependerá do caso concreto.

Superado o aspecto acima discutido, o Código Civil estabelece, em seu artigo 228 quem não pode ser admitido como testemunha. Na versão original da lei as restrições recaiam sobre: a) os menores de dezesseis anos, b) aqueles que, por enfermidade ou retardamento mental, não tivessem discernimento para a prática dos atos da vida civil, c) os cegos e surdos, quando a ciência do fato que se quer provar dependa dos sentidos que lhes faltam, d) o interessado no litígio, e) o amigo íntimo ou o inimigo capital das partes, e f) os cônjuges, os ascendentes, os descendentes e os colaterais, até o terceiro grau de alguma das partes, por consanguinidade, ou afinidade.

O Estatuto da Pessoa com Deficiência realizou, em seu artigo 228, duas intervenções inócuas no Código Civil. Permitiu que pessoas ***sem*** discernimento possam atuar como testemunhas. Ressalte-se – a lei civil não obstava aos que tivessem reduzido discernimento a possibilidade de serem testemunhas, mas vedava tal possibilidade apenas aos que ***não o tivessem.*** Atualmente, a vedação não mais existe. Uma pessoa sem qualquer discernimento pode, em tese, validamente servir como testemunha num contrato de confissão de dívida, tornando-o título executivo, por exemplo. Igualmente, pode ser arrolada para depor sobre fatos que houvesse presenciado, embora seu testemunho fosse de fiabilidade duvidosa. A alteração, todavia, é de alcance diminuto, eis que a mesma regra, que fora revogada no Código Civil, consta do Código de Processo Civil (art. 447, §1°, I) e não foi objeto de qualquer reparo pelo Estatuto da Pessoa com Deficiência.

Na mesma linha, perceba-se que o cego e o surdo só não poderiam ser testemunhas quanto a fatos que demandassem os sentidos que lhes faltam. Retirar da lei tal comando foi medida simbólica, mas inócua, porquanto nada poderão dizer sobre os fatos que, mesmo se desenrolando diante deles, não possam ter visto ou ouvido, faltando-lhes, respectivamente, a visão e a audição. A redação anterior era irretocável e, embora revogada no Código Civil, permanece em vigor no Código de Processo Civil (art. 447, §1º, IV), sem qualquer ressalva feita pelo Estatuto da Pessoa com Deficiência.

O artigo 229 do Código Civil, ao seu turno, embora também revogado, foi praticamente reproduzido pelo artigo 448 do Código de Processo Civil, que dispensa a testemunha de depor sobre fatos que lhe acarretem grave dano, bem como ao seu cônjuge ou companheiro e aos seus parentes consanguíneos ou afins, em linha reta ou colateral, até o terceiro grau ou que deva guardar sigilo por estado ou profissão, como sói acontecer com segredos de confessionário ditos a sacerdotes, ou a determinados aspectos revelados a advogados, médicos e psicólogos, por exemplo.

No caso de psicólogos, o Código de Ética da Profissão[12] resguarda o sigilo, mas permite que, sopesados os valores em risco, o segredo profissional possa ser flexibilizado. Essa redação se harmoniza com a lei processual, na medida em que o profissional, embora ***não obrigado a depor***, assumidos os riscos que a quebra de sigilo possa vir a acarretar, se, assim entender, ***pode revelar os fatos que, em tese, haveriam de ser ocultados***.

Abordados os principais aspectos que tocam à prova testemunhal, avancemos para a análise das presunções.

Presunções. O Código Civil do Brasil não conceitua as presunções, ao contrário do que faz o italiano ao afirmar que elas são consequências que a lei ou o juiz derivam de um fato conhecido para atribuir a outro ignorado[13].

As presunções dividem-se em legais e simples. As primeiras são aquelas estabelecidas por lei e podem ou não admitir prova em sentido contrário. Quando não admitem prova em sentido contrário, são chamadas de presunções absolutas (*iuris et de iure*). Assim, por mais rico que seja um dos cônjuges, ele será considerado beneficiário do Regime Geral de Previdência Social, na condição de dependente do segurado (Art. 16, da Lei 8.213/91), não se admitindo qualquer prova em sentido contrário de que teria condições para manter-se economicamente. Diversas, porém, são as presunções relativas (*iuris tantum*). Elas admitem prova em sentido contrário[14]. Nossa lei tem diversos exemplos delas. Apenas para ilustrar um caso, sabemos que, no seguro sobre a vida de outros, o proponente é obrigado a declarar, sob pena de falsidade, o seu interesse pela preservação da vida do segurado. No entanto, como

12. O Código de Ética dos Profissionais de Psicologia (Resolução CFP 010/05) determina: Art. 9º É dever do psicólogo respeitar o sigilo profissional a fim de proteger, por meio da confidencialidade, a intimidade das pessoas, grupos ou organizações, a que tenha acesso no exercício profissional. Art. 10 Nas situações em que se configure conflito entre as exigências decorrentes do disposto no Art. 9º e as afirmações dos princípios fundamentais deste Código, excetuando-se os casos previstos em lei, o psicólogo poderá decidir pela quebra de sigilo, baseando sua decisão na busca do menor prejuízo. Parágrafo único. Em caso de quebra do sigilo previsto no *caput* deste artigo, o psicólogo deverá restringir-se a prestar as informações estritamente necessárias.

13. O artigo 2727 do Codice Civile normatiza: "Art. 2727. **Nozione**. Le presunzioni sono le conseguenze che la legge o il giudice trae da un fatto noto per risalire a un fatto ignorato."

14. MESSINEO, Francesco. Manual de derecho civil y comercial – v. II. Buenos Aires: EJEA, 1954, p. 525.

adverte o parágrafo único do artigo 790 do Código Civil, até prova em contrário, presume-se o interesse, quando o segurado é cônjuge, ascendente ou descendente do proponente. Vale dizer – há aqui uma presunção, mas que pode ser afastada por provas a serem apresentadas pela seguradora.

As presunções, por fim, podem ser, além disso, simples (também chamadas de presunções de fato ou *praesumptiones hominis*). Não decorrem da lei, mas derivam da observação ordinária. Assim, se uma grande área está uniformemente molhada, presume-se que, há algum tempo, choveu.

O Código Civil de 2002, em sua versão original, asseverava que as presunções, que não as legais, não se admitiam nos casos em que a lei excluía a prova testemunhal. A revogação do dispositivo admite a mesma explicação dada ao caso da prova testemunhal, porquanto não há que se afastar a incidência de meio probatório em virtude de tarifação genérica. O magistrado e as partes, em cada caso concreto, certamente terão a sensibilidade para apurar se uma presunção, legal ou simples, deverá incidir, a fim de firmar a convicção de todos os envolvidos na apuração do caso concreto e indicar a verdade passível de se alcançar.

Passemos, pois, à análise da última das provas a ser estudada: a prova pericial.

Prova pericial. A prova pericial é aquela reservada para descortinar fatos apuráveis por pessoas detentoras de conhecimentos muito específicos, que escapam à observação ordinária. Assevera Moacyr Amaral dos Santos[15] que a perícia "*consiste no meio pelo qual, no processo, pessoas entendidas, e sob compromisso, verificam fatos interessantes à causa, transmitindo ao juiz o respectivo parecer*". Obviamente a palavra do perito não deve ser tratada como verdade absoluta, mas inegável se mostra o seu peso para que o descortinar da solução final para o litígio.

O Código Civil se mostra especialmente preocupado com a realização de exames periciais médicos. Nos artigos 231 e 232, enfatiza basicamente a mesma ideia: a de que aquele que se negar a se sujeitar a exame médico-pericial não apenas não poderá se beneficiar da própria torpeza, como trará contra si a presunção da prova cuja produção se negou a viabilizar.

A questão é muito comum na recusa de suposto pai a realizar exame de DNA para atestar sua paternidade. O Superior Tribunal de Justiça, a respeito, decidiu que a malfadada recusa gera contra o pai uma presunção de paternidade[16]. Esta, porém,

15. SANTOS, Moacyr Amaral. *Primeiras Linhas de Direito Processual Civil – v. II*. 13 ed. São Paulo: Saraiva. 1990, p. 474.

16. BRASIL. Superior Tribunal de Justiça. STJ – REsp: 1281664 SP 2011/0197536-7, Relator: Ministro MARCO BUZZI, Data de Julgamento: 23/10/2014, T4 – QUARTA TURMA, Data de Publicação: DJe 05/02/2015, assim ementado: PROCESSUAL CIVIL E CIVIL. RECURSO ESPECIAL. DIREITO DE FAMÍLIA. AÇÃO DE INVESTIGAÇÃO DE PATERNIDADE. SENTENÇA QUE SE FUNDA UNICAMENTE NA RECUSA A EXAME DE DNA PARA JULGAR PROCEDENTE O PEDIDO. INEXISTÊNCIA DE PRODUÇÃO PROBATÓRIA. 1. A questão jurídica principal em exame é saber se a recusa ao exame de DNA acarreta, por si só, a paternidade postulada. 2. As ações de investigação de paternidade são de estado e versam sobre direitos

não é absoluta e deve ser analisada de acordo com o contexto probatório. Achamos acertada a decisão e acreditamos que deva se repetir para as diversas formas de prova pericial. A recusa de submissão ao exame pelo perito sempre deverá ser analisada de acordo com o contexto probatório já levantado e não poderá, por si, representar a capitulação da parte que se negou a submeter à análise do *expert*.

Imaginemos dois exemplos. No primeiro, um suposto pai, com mensagens amorosas à mãe, por meio das quais o relacionamento entre os dois reste demonstrado, não se dispôs a se submeter ao exame de DNA. Na hipótese, será muito confortável supor que o filho da mulher com a qual se relacionava é dele. No entanto, se diversas provas dando conta da esterilidade do homem forem juntadas aos autos, a presunção poderá, pelo contexto probatório, ser afastada. O tema, entretanto, é polêmico e só na ponderada apreciação das provas ante o caso concreto torna-se possível o grau de relevo dessa espécie probatória, quando houver a recusa de uma das partes à submissão a esse tipo de exame pericial.

---

indisponíveis, com profundas consequências na vida de ambas as partes envolvidas, por isso que o princípio processual da eventualidade sofre mitigações em casos desse jaez. 3. No caso ora em julgamento, inexistiu notícia alguma acerca de provas adicionais produzidas em todo o curso do processo, seja por parte do autor, do réu ou mesmo de ofício, pelo juízo. O fundamento da sentença para negar a produção de prova testemunhal residiu unicamente no fato de que esta não possuía "força de afastar a presunção criada por força de lei, cujas consequências, aliás, foram expressamente cientificadas por este juízo". 4. A Súmula 301/STJ prevê expressamente que a presunção decorrente da recusa ao exame de DNA é relativa, nos seguintes termos: "Em ação investigatória, a recusa do suposto pai a submeter-se ao exame de DNA induz presunção *juris tantum* de paternidade". 5. A prova a ser produzida nos autos pelo autor não se mostra impossível. Isso porque não é necessário demonstrar o relacionamento amoroso decorrente de encontros esporádicos ou clandestinos, mas os fatos casuais, como os que decorrem do relacionamento de amizade, trabalho, faculdade, dentre outros. Precedente. 6. Não se pode atribuir à recusa ao teste de DNA consequência mais drástica que a própria revelia do réu – situação em que o pedido não pode ser julgado procedente de plano -, cabendo ao autor a prova mínima dos fatos alegados. 7. Por outro lado, não há como afirmar, antecipadamente, que a prova testemunhal a ser produzida pelo réu seria inútil ou desnecessária, antevendo-se quais seriam os argumentos de defesa eventualmente trazidos em audiência e emitindo-se juízo de valor com base em meras ilações, o que caracteriza cerceamento de defesa. 8. "Diante do cada vez maior sentido publicista que se tem atribuído ao processo contemporâneo, o juiz deixou de ser mero espectador inerte da batalha judicial, passando a assumir posição ativa, que lhe permite, dentre outras prerrogativas, determinar a produção de provas, desde que o faça com imparcialidade e resguardando o princípio do contraditório" (REsp 192.681/PR, Rel. Ministro SÁLVIO DE FIGUEIREDO TEIXEIRA, QUARTA TURMA, julgado em 02/03/2000, DJ 24/03/2003, p. 223). 9. Se, de um lado, não pode prejudicar o réu o fato de o juízo ter indeferido a prova testemunhal e decidido pela procedência do pedido do autor com base unicamente na recusa em submeter-se ao exame de DNA, de outro lado, com muito mais razão, não há como ser afetado de plano o direito material do autor, julgando-se improcedente o pedido formulado na inicial, na qual também se protestou por todos os demais meios de prova admitidos em direito. 10. Nos termos do art. 2º-A, parágrafo único, da Lei 12.004/2009 e dos reiterados precedentes desta Corte, a presunção de paternidade deve ser apreciada dentro do contexto probatório coligido nos autos. No entanto, essa premissa só se concretiza, na medida em que se atribui ao réu o ônus da prova, quando se lhe viabilizam meios para exercer tal mister. 11. Verifica-se, no caso, a necessidade de as instâncias ordinárias avaliarem com mais precisão a situação posta nos autos, que é extremamente delicada. Evidente que poderá o Tribunal, se for o caso, aplicar o enunciado da Súmula 301/STJ, após o necessário cotejo da prova produzida. 12. Recurso especial parcialmente provido, a fim de se acolher o pedido alternativo, anulando-se o processo desde a sentença e reabrindo-se a instrução probatória.

CAPÍTULO 16
VÍCIOS DO NEGÓCIO JURÍDICO

Aspectos introdutórios. A vontade é elemento nuclear do negócio jurídico. Sua exteriorização, como já visto, não apenas deve ser livre, mas válida para surtir seus efeitos esperados. Adverte Menezes Cordeiro[1] que dois princípios, nesse ponto, coordenam-se de forma dinâmica limitando-se mutuamente: a tutela da confiança e a autonomia privada. O primeiro deles protege os partícipes do negócio que tenham dado crédito às declarações dos demais. O segundo, em contraposição ao primeiro, impõe que a vontade juridicamente relevante corresponda à efetiva vontade do emissor.

Não se pense, portanto, que, sob o pretexto de proteger a real vontade interna do declaratário, banaliza-se o desfazimento dos efeitos de negócios pretensamente viciados. Não apenas a tutela da confiança, subprincípio da boa-fé, mas também o princípio da conservação dos negócios jurídicos haverá de indicar que estes, ao serem celebrados, devem ter preservado, ao máximo, os seus significados úteis[2]: é o que se entende pelo postulado do *favor negotii*. Além disso, a máxima preservação dos efeitos do negócio jurídico, como regra a ser prestigiada pelos operadores do direito, também se reflete em institutos como a confirmação, a conversão e a redução do negócio jurídico, como serão estudados nos capítulos vindouros[3].

Corolário do que se expõe é entender que o desfazimento do negócio jurídico decorrente da incidência de defeito demanda a observância obrigatória de requisitos específicos, vez que a regra é a da conservação do negócio tal qual praticado. Dessa forma, indica-se a sua anulação apenas nos restritos casos em que os defeitos evidentemente existam.

---

1. CORDEIRO, António Menezes. **Tratado de direito civil português** – v. I, t. I. 2 ed. Coimbra: Almedina, 2000, p. 572.
2. LABARIEGA VILLANUEVA, Pedro Alfonso. **Los Principios del Derecho Europeo de los Contratos y el Favor Contractus.** Disponível em https://archivos.juridicas.unam.mx/www/bjv/libros/5/2348/21.pdf. Acesso em 04/06/2017. Lembra o autor que: "Por un lado, se habla de un principio de conservación del contrato (*favor contractus*), del negocio jurídico (*favor negotii*), o más ampliamente del acto jurídico (*favor acti*); mas por otra parte, se habla de un principio de conservación de la sentencia (*favor sententiae*) y de otros atos procesales y, en fin, de un principio de conservación de la norma jurídica; en otras palabras, se trata de aspectos particulares del más amplio principio de conservación del acto jurídico, que en una formulación concisa podrira enunciarse así: 'todo acto jurídico de sifnificado ambiguo debe, en la duda, entenderse en su máximo significado útil'."
3. GLITZ, Frederico Eduardo Zenedin. Frederico Eduardo Zenedin. **Favor contractus**: alguns apontamentos sobre o Princípio da Conservação do Contrato no direito positivo brasileiro e no direito comparado. Revista do Instituto do Direito Brasileiro, Lisboa, n. 1, p. 490-499, 2013.

Tal ocorre, em linhas gerais, quando, na formação do negócio, haja uma divergência entre a vontade interior e a forma como é manifestada. Adverte Stolfi que manda a lógica seja, em tais hipóteses, declarado nulo o ato. Ocorre, porém, prossegue o civilista, que, inúmeras vezes, uma solução assim radical poderia fragilizar a segurança das relações jurídicas. Em razão disso, a lei elege a parte prejudicada como árbitro da manutenção ou não dos efeitos do negócio, tornando-o simplesmente anulável e não nulo[4].

Tradicionalmente, os defeitos do negócio jurídico são extremados em dois tipos: os vícios de consentimento e os vícios sociais. Nos primeiros, como visto no parágrafo anterior, a divergência se dá na formação da vontade. O agente deseja algo, mas celebra negócio distinto do que almejava, justamente por haver sido sua manifestação exterior de vontade contaminada pelo defeito. É o que ocorre no erro, no dolo, na coação, no estado de perigo e na lesão.

Distintos, por outro lado, são os vícios sociais. Neles os agentes não experimentam qualquer divergência entre a vontade interior e sua manifestação. Em realidade, celebram os negócios exatamente como haviam planejado. No entanto, se tais negócios terminam por prejudicar terceiros, tornam-se anuláveis pela lei. No Código Civil do Brasil, seu exemplo é o da fraude contra credores.

Estabelecidos os apontamentos iniciais, avancemos para a análise do primeiro vício de consentimento: o erro.

O erro – noção geral. Entende-se por erro uma falsa representação da realidade. Ignorância, por outro lado, é o total desconhecimento da realidade. Os dois vícios, embora conceitualmente diferentes, são tratados de forma unívoca pelas legislações, acarretando as mesmas consequências para os negócios por eles acometidos[5]: anulabilidade. Colocado assim o problema, pode-se imaginar que o desfazimento do negócio por erro ou por ignorância seja algo corriqueiro. Mas não é. Existem requisitos para suas respectivas incidências, cuja compreensão demanda uma breve incursão à história dos institutos, o que será feito no próximo tópico.

---

4. STOLFI, Giuseppe. **Teoria del Negozio Giuridico**. Pádua: CEDAM, 1961, p. 136, nesse sentido, assim se manifestou: "Per essere valido, e produrre quindi i suoi effetti, il negozio giuridico deve constare no solo di una volontà liberamente sorta. Se dunque il suo processo di formazione sia stato turbato da una causa che abbia indotto la parte ad esprimere una volontà diversa da quella che avrebbe palesata, è dubbio se l'atto debba ritenersi valido o non. Dirlo nullo pela sconcordanza tra la volontà e la manifestazione, può magari soddisfare le esigenze della logica, ma ha in pratica l'inconvenite di mettere troppo spesso in forse la sicurezza dei rapporti giuridici, con grave danno di tutti gli interessati."
5. SCIALOJA, Vittorio. **Negozi Giuridici**. Roma: Foro Italiano, 1950, p. 250/251, bem sintetiza o tratamento legislativo dado ao erro e à ignorancia: "Error e ignorantia sono due parole le quali si trovano nelle nostre fonti spesso considérate come equivalente, e nei libri per lo più si chiama indiferentemente errore o ignoranza questo speciale stato della mente della persona. Più propriamente, però, si dice ignoranza lo stato negativo dela conoscenza; una persona è ignorante quando non conosce tutte le circonstanze dell'atto che compie, o non conosce le regole di diritto che devono governare il negozio da lei compiuto; l'errore invece è non solo questo stato negativo di ignoranza, ma uno stato positivo di falsa cognizione:si crede che vi sia qualceh cosa, che non c'è, si ignora ciò che c'è.."

Cabe, por ora, diferenciar erro de outro fenômeno a ele assemelhado: o vício redibitório. Quanto ao último, lembra Pothier que, no contrato de compra e venda, como, de resto, nos demais contratos comutativos e nas doações com encargo (art. 441 do Código Civil), é da natureza de tais pactos que o adquirente da coisa a receba isenta de certos vícios que a tornem inútil e, em certos casos, nociva ao uso ao qual se destina[6]. Assim, se, no momento da tradição, existirem defeitos ocultos na coisa, ela poderá ser enjeitada ou será possível que se pleiteie abatimento proporcional de preço (art. 442).

Percebe-se que, apesar de oculto, o defeito ***objetivamente existe na coisa.*** O erro, por sua vez, dá-se na formação da vontade do agente, quando, por exemplo, adquire um objeto "banhado a ouro", quando, em realidade, gostaria de comprar utensílio de ouro. Não há, no objeto "banhado a ouro" propriamente um defeito. A questão se põe em nível subjetivo, pois, em nosso exemplo, o adquirente almejava um objeto com certas características, mas o adquiriu, embora sem defeitos, com outras.

Feitas essas breves observações, passemos à abordagem histórica do vício estudado.

Aspectos históricos acerca do erro. As referências mais antigas e relevantes ao vício estudado vêm de Roma. A origem do defeito estudado se confunde, nos primórdios, com a do dolo[7], o que explica a semelhança até hoje encontrada entre os dois: ambos representam falsas representações da realidade, embora o erro seja espontâneo e o dolo provocado.

O erro, como visto, já era conhecido pelos juristas romanos. Mesmo que não tenham desenvolvido sua teoria geral[8], com base na maneira como casuisticamente equilibravam a necessidade de tutelar os interesses daqueles que erravam com a necessidade de se garantir segurança às relações jurídicas, podemos vislumbrar, já entre os romanos, uma preocupação em se desfazer negócios jurídicos tisnados de determinados vícios. Havia, decerto, critérios, como, por exemplo, relativos à essencialidade, segundo a qual o defeito do negócio deveria ser de tal ordem que, sem ele, o negócio não se teria realizado[9]. Não bastasse isso, outro relevante critério para se caracterizar o defeito estudado era a escusabilidade, cuja referência se depreende de pelo menos três fragmentos do *Corpus Iuris Civilis*[10]:

---

6. POTHIER, Robert-Joseph. **Tratado de los Contratos.** Buenos Aires: Atalaya, 1948, p. 107, assim nos introduz ao estudo dos vícios redibitórios: "203. Es de naturaleza del contrato de venta el garantir el comprador de que la cosa vendida está exenta de ciertos vicios que la hacen inútil y hasta algunas veces nociva, dado el uso a que se la destina en el comercio."
7. CORDEIRO, António Menezes. **Tratado de direito civil português** – v. I, t. I. 2 ed. Coimbra: Almedina, 2000, p. 597.
8. BIONDI, Biondo. **Istituzioni di Diritto Romano.** Milão: Dott. A. Giuffrè, 1946, p. 143/144, nesse sentido, esclarece: "I romani non hanno una dottrina generale nè la ricca casistica delle fonti consente di ricostruirla: decidono piuttosto le singole fattispecie, contemperando la giusta tutela di chi erra con la sicurezza dei rapporti;".
9. ALVES, José Carlos Moreira. **Curso de Direito Romano** – v. I. 13 ed. Rio de Janeiro: Forense, 2000, p. 175..
10. DE CUPIS, Adriano. **La Scusabilità dell'Errore nei Negozi Giuridici.** Pádua: CEDAM, 1939, p. 5.

> Cassio afirma que Sabino sustenta dever estimar-se a ignorância desse modo, não por um homem desleixado ou demasiadamente confiante. [11] (...)
>
> Nem se há de admitir a grosseira ignorância do que desconhece um fato, tampouco se há de exigir uma investigação escrupulosa, porque a ciência se há de estimar por esse modo, que nem seja desculpada uma crassa negligência, ou demasiada despreocupação, nem se exija curiosidade sobre as delações. [12] (...)
>
> Porém a ignorância de fato somente não prejudica a ninguém, a menos que se lhe objete uma grave negligência; porque o que se dirá se, na cidade, todos souberem o que só ele ignora? E acertadamente defende Labeo, que não se há de entender a ciência nem como de um homem muito curioso, nem como a do deveras negligente, senão aquela se pode ter conhecimento da coisa inquirindo-a diligentemente. [13]

Some-se a eles outro também lembrado pela doutrina moderna[14]: "*Existe grande diferença se alguém ignora a respeito da causa ou de fato alheio, ou se ignora sobre o seu próprio direito*". [15]

A leitura dos textos romanos citados acima indica que eles não aceitavam se ignorassem, em regra, os próprios fatos, tampouco seria admitido que alguém declarasse desconhecer aquilo que todos soubessem. Em última análise, não se admitia o erro inescusável, indesculpável, grosseiro[16], porquanto só seria tolerável um equívoco cometido, se o fosse com o emprego de diligência comumente aplicada pelos homens. Notando-se, todavia, a presença de grave comportamento culposo por parte daquele que erra, entendia-se com firmeza que não havia possibilidade de desfazimento do negócio[17].

Pois bem. Os romanos não apenas delinearam pragmaticamente os requisitos acima abordados, como também traçaram modalidades de erros, ainda hoje utilizadas. Conheceram, até o período justinianeu, as diferenças entre erro de direito e de fato (*error iuris* e *error facti*), sendo, em regra, avessos aos primeiros, quando

---

11. *D.22. 6. 3. 1. POMPONIUS libro tertio ad Sabinum. Sed Cassius ignorantiam Sabinum ita accipiendam existimasse refert non deperditi et nimium securi hominis.".*
12. *D.22. 6. 6. ULPIANUNS libro octavo decimo ad legem Juliam et Papiam. Nec supina ignorantia ferenda est factum ignorantes, ut nec scrupulosa inquisitio exigenda: scientia enim hoc modo aestimanda est, ut neque negligentia crassa aut nimia securitas satis expedita sit, neque delatoria curiositas exigatur.".*
13. *D.22. 6. 9. 2. PAULUS libro singular de iuris et facti ignorantia: Sed facti ignorantia ita demum cuique non nocet, si non el summa negligentia obiciatur: quid enim si omnes in civitate sciant, quod ille solus ignorant? Et recte Labeo definit scentiam neque curiosissimi neque neglegentissimi hominis accipiendam verum eius qui eam rem diligenter inquirindo notam habere possit.".*
14. SCIALOJA, Vittorio. **Negozi Giuridici**. Roma: Foro Italiano, 1950, p. 258.
15. *D.22. 6. 3 POMPONIUS libro tertio ad Sabinum. Plurimum interest, utrum quis de alterius causa et facto nos sciret an de suo iure ignorat."*
16. CORREIA, Alexandre e SCIASCIA, Gaetano. **Manual de direito romano** – v. I. 2 ed. São Paulo: Saraiva, 1953, p. 77.
17. SCIALOJA, Vittorio. op.cit., p. 256 assevera: "I Romani dicevano che si ha l'*error aescusabili* o *tollerabilis*, quando esso sia ammissibile, per una causa giustificata alla stregua della diligenza, che si richiede comunemente dagli uomini: dicevano *inaescusabilis l'error*, quando l'ignoranza cade su cosa, che, regularmente usanda della conveniente diligenza, si sarebbe dovuta e potuta conoscere. Come si vede, il criterio della distinzione, cioè ile maggiore o minor grado di diligenza, è lo stesso che quello della colpa: si potrebbe quindi dire che l'errore è scusabile, se non v'è colpa in chie errò; inescusabile, se la colpa c'è."

invocado para que se subtraíssem as consequências dos negócios jurídicos celebrados. Isto porque os romanos compreendiam que a escusabilidade do erro de direito dificilmente poderia ser invocada, pois o direito, com alguma pesquisa se pode descobrir, até mesmo por jurisconsultos que davam respostas gratuitas àqueles que lhes indagassem sobre o direito aplicável a determinado negócio[18]. Admitiam, entretanto, que certas pessoas, como os menores, as mulheres, os militares, os rústicos pudessem alegar o erro de direito para que o negócio jurídico não produzisse efeito[19].

Em Roma, além disso, foram identificados, entre os erros de fato, muitos circunscritos à violação dos *essentialia negotii*, como o *error in negotio, error in persona, error in corpore* e *error in substantia*, sendo, por isso, considerados nulos. A análise dessa terminologia e de sua conceituação à luz da interpretação contemporânea adiante será empreendida[20].

Cumpre apenas esclarecer que a diferença entre o negócio nulo e o anulável não era a mesma dos dias de hoje, eis que o primeiro se dava em hipóteses de violação ao *ius civile*, ao passo que o último fora uma criação pretoriana, que se desenhou por volta do século VI e foi complementada pelo Direito Justinianeu, permitindo que o negócio viciado fosse considerado, *ab initio*, válido, podendo, por outro lado, ser desfeito, pelo interessado, com o respaldo judicial, se assim lhe aprouvesse[21]. A ideia original era a de que o negócio anulável era válido perante o *ius civile*, podendo, porém, ter efeitos denegados pelo pretor por meio da *denegatio iuris* (na qual o pretor retirava a ação nascida de um negócio de *ius civile*, ceifando-lhe, assim a eficácia), da *exceptio* (defesa indireta por meio da qual o réu paralisava uma ação do autor) e a *restitutio in integrum* (por meio da qual o magistrado impõe a restituição da situação jurídica ao estado anterior à celebração do negócio)[22].

A breve digressão que se fez nos permite compreender como a teoria do erro nasceu para se consolidar nos dias de hoje. Passemos, pois, ao enfrentamento da questão.

---

18. Ibidem, p. 257 assevera: “Come se disse, ognuno può allegare in giudizio a sua difesa l’errore di diritto, quando sia scusabile. L’errore di fatto, sopratutto in alcune applicazioni, fácilmente si può ritenere scusabile, e non è necesario addurne prove speciali. È difficile, però, che l’errore di diritto sia scusabile, perchè i Romani ritenevano che il diritto con una diligente ricerca si può conoscere da tutti: e ciò era anche vero, in principio, specialmente in Roma, dove c’erano i giureconsulti, i quali davano gratuitamente responsi alle persone che proponevano loro quistioni giuridiche (sappiamo anche che nella Roma antica uno degli uffici del patrono era quello di indirizzare gli atti dei liberti e dei clienti in materia giuridica). Finì invece per diventar un principio falso per il vastissimo impero romano, in molte parti del quale non si conosceva neppure la lingua latina, nella quale si scrivevano le leggi.”
19. ALVES, José Carlos Moreira. **Curso de Direito Romano**.13 ed. Rio de Janeiro: Forense, 2000, v.1, p. 174.
20. CORREIA, Alexandre e SCIASCIA, Gaetano. **Manual de direito romano**. 2 ed. São Paulo: Saraiva, 1953, v.1, p. 77/78.
21. FIÚZA, César. Ensaio Crítico acerca da Teoria das Nulidades. **Revista de Direito da UFPR**, Curitiba, v. 32, n. 0, p. 38-39, 1999.
22. ALVES, José Carlos Moreira. op.cit., p. 169.

O erro nos dias de hoje. O Código Civil do Brasil inaugura o tratamento dado ao erro com o artigo 138, que determina sejam anuláveis os negócios jurídicos, quando as declarações de vontade emanarem de erro substancial que poderia ser percebido por pessoa de inteligência mediana, por meio de simples diligência, em face das circunstâncias do negócio.

A primeira observação é que nossa lei não diferencia o chamado erro próprio (também chamado de erro vício) do erro impróprio (também chamado de obstáculo ou erro na declaração). Os Códigos de Portugal, da Itália e da Alemanha, por sua vez, dão tratamento destacado à última modalidade, nos artigos 247°, 1.433 e 119, 1, respectivamente, como se depreende das suas respectivas leituras:

> Art. 247° (Erro na declaração)
>
> Quando, em virtude de erro, a vontade declarada não corresponda à vontade real do autor, a declaração negocial é anulável, desde que o declaratário conhecesse ou não devesse ignorar a essencialidade, para o declarante, do elemento sobre que incidiu o erro.
>
> (...)
>
> Art. 1.433. Erro na declaração ou na sua transmissão
>
> As disposições dos artigos precedentes se aplicam também aos casos nos quais o erro recaia sobre a declaração, ou nos quais a declaração tenha sido transmitida de forma inexata pela pessoa ou pelo cartório por ela responsável. [23]
>
> (...)
>
> § 119 Impugnabilidade devido a um erro
>
> (1) Toda pessoa que, ao fazer uma declaracião de vontade sobre seu conteúdo, se houver em erro, ou não quiser, em absoluto, fazer uma declaração nesse sentido, pode impugná-la, caso se admita que não a teria manifestado com conhecimento da situação de fato e com uma apreciação devida e razoável do caso. [24]

Entende-se por erro-obstáculo aquele derivado de divergência inconsciente entre a vontade interior e o que fora declarado, podendo decorrer de lapso de atividade (erro mecânico: *lapsus linguae*, ou erro ortográfico), ou de *error in judicando* (atribuição às palavras de sentido diferente do seu significado objetivo)[25]. É possível que recaia sobre os elementos nucleares do contrato (objeto, conteúdo ou outros aspectos mais relevantes), sobre os elementos circundantes (características acessórias do objeto ou dispositivos periféricos da avença) ou sobre fatores relativos às partes (como identidade, qualidade, função ou outras características dos

23. Tradução livre do seguinte texto: Art. 1433 Codice Civile. Errore nella dichiarazione o nella sua trasmissione. Le disposizioni degli articoli precedenti si applicano anche al caso in cui l'errore cade sulla dichiarazione, o in cui la dichiarazione è stata inesattamente trasmessa dalla persona o dall'ufficio che ne era stato incaricato [art. 1427, 1429, 2706 c.c.].
24. Tradução livre da versão espanhola do texto: § 119 impugnabilidad debido a un error. Quien al manifestar una declaración de voluntad se hallare en error sobre su contenido, o no quisiere en absoluto manifestar una declaración con tal contenido, puede impugnar la declaración si ha de admitirse que no la habría manifestado en caso de conocer la situación de hecho y de apreciar debida y razonablemente el caso.
25. PINTO, Carlos Alberto da Mota. **Teoria geral do direito civil**. 3 ed. Coimbra: Coimbra, 1999, p. 191.

sujeitos)[26]. Importa frisar, no entanto, que, em linhas gerais, nas legislações que extremam os dois tipos de erro, no que concerne às consequências, elas os tratam basicamente da mesma forma, imputando aos negócios por eles contaminados a anulabilidade.

A nossa lei, como já asseverado, não distingue erro-obstáculo do erro-vício, razão pela qual os requisitos, que adiante analisaremos, servirão para as duas modalidades.

Os requisitos do erro no Código Civil de 1916. O Código Civil de 1916 inaugurava sua abordagem sobre erro de forma levemente distinta do atual. Afirmava serem anuláveis os atos jurídicos, quando as declarações de vontade emanassem de erro substancial.

O primeiro requisito, portanto, que se extraía expressamente do texto legal, era a substancialidade (ou essencialidade) do vício estudado. Três correntes se formaram quanto à sua análise. Havia uma primeira, de cunho objetivista, que identificava estar na substância a matéria da qual uma coisa é formada, logo a essencialidade recairia no objeto e não nas impressões subjetivas do agente sobre ele. Já a segunda delas compreendia por substância a qualidade mediante a qual a coisa é formada e compreendida. A terceira, por seu turno, eclética, constituiu-se, pois, pela soma de cada uma das duas anteriores. Para esta última corrente, a adoção estrita de um viés objetivista ou subjetivista, implicaria, a uma, a impossibilidade de contemplar um expressivo número de casos e, a duas, o desprezo indevido da relação muito concreta e direta do objeto com a vontade das partes[27]. Caio Mário lembra que cada um dos dois critérios, objetivo e subjetivo, são úteis para a apuração da essencialidade do erro, mas reconhece, opinião à qual aderimos, que, por se tratar de um vício de consentimento, prevalece o critério subjetivo, embora nem sempre seja o único aplicável[28].

Assim o pensamento predominante trata como substancial o erro quando este tenha sido determinante para a prática do negócio. Soubesse, portanto, o declarante que o estava cometendo, deixaria de praticar o negócio. É distinto do erro acidental ou incidental pois, no último, ainda que o manifestante houvesse percebido a tempo que errava, ele celebraria o negócio jurídico, mas em circunstâncias diferentes. Logo, o que também se vê na lei vigente, apenas o erro substancial seria capaz de acarretar a anulabilidade para negócio celebrado, ao passo que o erro acidental tão somente poderia levar as partes a indenizarem-se pelo que equivocadamente fora estipulado.

Atente-se, ademais, que nossa legislação revogada estabelecia como ÚNICO requisito EXPRESSO para o desfazimento do negócio eivado de erro a sua substancialidade. Ocorre que, fosse essa, de fato, a solitária exigência para invalidação do

---

26. CORDEIRO, António Menezes. **Tratado de direito civil português** – v. I, t. I. 2 ed. Coimbra: Almedina, 2000, p. 606.
27. SERPA LOPES, Miguel Maria de. **Curso de directo civil – vol. I – introdução, parte peral e teoria dos negócios jurídicos.** 8 ed. Rio de Janeiro: Freitas Bastos, 1996, p. 445.
28. PEREIRA, Caio Mário da Silva. **Instituições de directo civil** – v. I. 20 ed. Rio de Janeiro: Forense, 2004, p. 520/521.

negócio, o princípio da segurança jurídica estaria seriamente ameaçado: afinal quem é que poderia dizer que não celebraria o negócio se soubesse que errava, senão o declarante? Tentando colocar o problema de outra forma: qualquer pessoa, num determinado momento, poderia procurar uma outra e celebrar um contrato. Feito isso, se abrupta e maliciosamente mudasse de ideia e almejasse se desfazer do vínculo estabelecido, bastaria dizer que se equivocara quanto a alguma circunstância do pacto e que se soubesse do próprio equívoco, jamais haveria celebrado a avença, porquanto a celebrara por cometer um erro substancial e – pronto! – estaria desfeito o pacto. Percebe-se, pois, que a higidez dos milhares de contratos diariamente celebrados estaria ameaçada fossem os negócios tão simples de serem desfeitos. Tornou-se necessário que se abraçasse algum outro requisito, ainda que não decorresse diretamente do artigo 86 da lei revogada[29]. Nesse ponto, a doutrina e a jurisprudência[30] houveram por bem albergar a vetusta exigência romana da escusabilidade, ou seja, de que o erro deveria ser justificável, ainda que não ela estivesse expressamente tratada em nossa norma.

Importante questão assim se coloca, podendo ter reflexos até para a legislação hodierna: muito embora a jurisprudência, de forma uníssona, exigisse a escusabilidade como condição necessária a gerar a anulabilidade do negócio, qual seria a sua sede material, vez que não estava expressamente prevista?

Talvez poucos se tenham debruçado sobre o tema com maior precisão do que Adriano De Cupis. Tomando para si a tarefa de escrever sobre o requisito estudado ainda durante a vigência do Código anterior da Itália, o qual, a exemplo de nossa legislação revogada, não fazia menção expressa à escusabilidade, o jurista italiano faz, com base em fontes romanas, especialmente dos já transcritos fragmentos do *Corpus Iuris Civilis,* um interessante paralelo entre o erro intolerável e a culpa. Lembra que a inescusabilidade do vício revela uma consideração de caráter ético, sendo o defeito assim tachado, quando decorre de culpa grave[31]. A responsabilidade do

29. Art. 86. São anuláveis os atos jurídicos, quando as declarações de vontade emanarem de erro substancial.
30. CIVIL – AÇÃO DE ANULAÇÃO DE PROCURAÇÃO E RESPECTIVOS SUBSTABELECIMENTOS – PROCURAÇÃO EM CAUSA PRÓPRIA – EXPRESSA ISENÇÃO DA OBRIGAÇÃO DE PRESTAR CONTAS – CLÁUSULA DE IRREVOGABILIDADE – VERDADEIRA PRETENSÃO REVOCATÓRIA – INEXISTÊNCIA DE VÍCIO DE VONTADE. A cláusula de irrevogabilidade torna impossível a cessação do mandato por ato unilateral (art. 1.316, inciso I, CCB). Não se nega o direito da parte prejudicada de perseguir o reconhecimento da invalidade de um ato jurídico qualquer, inclusive de um mandato com cláusula de irrevogabilidade. A revogação do mandato, contudo, requer a demonstração da ocorrência vício de vontade. A alegação do mandante de não ter compreendido, pela pressa e confiança que depositava na mandatária, os poderes que lhe conferiu, é insuficiente para a caracterização de eventual vício de vontade. O erro, para viciar a vontade, além de substancial, deve ser também escusável e real. (Acórdão n.151350, 20000110315308APC, Relator: SÉRGIO BITTENCOURT, Revisor: LECIR MANOEL DA LUZ, 4ª Turma Cível, Data de Julgamento: 19/11/2001, Publicado no DJU SEÇÃO 3: 03/04/2002. Pág. 51).
31. DE CUPIS, Adriano. La Scusabilità dell'Errore nei Negozi Giuridici. Pádua: CEDAM, 1939, p. 43: "Addivenendo ad un'analisi positiva del concetto di scusabilità, è impossibile disconoscere che esso, anche per il comune significato della parola che lo riveste, esprime un giudizio etico sul comportamento di una determinata persona: questa proposizione all'altra, per cui la inescusabilità consiste nella colpa, vi è un salto logico, che viene normalmente compiuto, ma non per questo è meno da biasimarsi. Già lo stesso

declarante, segundo De Cupis, portanto, que produziria a validade do erro inescusável seria estabelecida tendo-se em vista o interesse da parte que não errou, como se a declaração não fora viciada[32]. Já na hipótese em que o erro fosse fruto de culpa ordinária, embora se pudesse anular o negócio, haver-se-ia de se indenizar a outra parte, que não errou, pelos prejuízos decorrentes do desfazimento da avença. É o que a doutrina denomina de responsabilidade em atenção ao interesse negativo[33].

Assim, estariam harmonizadas as proteções ao interesse do declaratário e do declarante, quando justificável o equívoco do último, pelo desfazimento do negócio, seguido de indenização que cubrisse os prejuízos do primeiro, desde que atendidos os requisitos gerais de responsabilidade civil. Situação absolutamente diversa ocorre na hipótese de erro grosseiro pelo manifestante.

Ora, permitir que se protejam os interesses de quem errou de maneira grosseira desfazendo-se o negócio, ainda que seguido de indenização a ser paga ao que não se equivocou, deixaria ao arbítrio do que errou decidir se iria ou não pôr fim ao que fora contratado, tornando mínimas as consequências de sua culpa grave. Repita-se: é deixar ao arbítrio de quem agiu de maneira injustificável a decisão sobre a manutenção do que se acordara! Nada mais absurdo – seria uma ode ao completo desprezo às regras de diligência! Além disso, exigências de boa-fé e do tráfego jurídico, sem mencionar as demandas de equidade, todas elas justificariam a impossibilidade de anulação do negócio eivado de equívoco grosseiro. Nesses princípios, portanto, repousaria a impossibilidade de se invocar, em benefício próprio, o erro inescusável, derivado de culpa grave[34]. Resta analisar se tais fundamentos persistiriam na atual

aggettivo 'inescusabile', nel suo significato più ordinario, indica una colpa non qualunque, ma, al contrario, provvista di determinati caratteri (...)".

32. DE CUPIS, Adriano. **La Scusabilità dell'Errore nei Negozi Giuridici**. Pádua: CEDAM, 1939, p. 73/74: La responsabilità del dichiarante, la quale produce la validità della dichiarazione affètta da errore inescusabile, è stabilita nell'interesse dell'altra parte: ben s'intende, quindi, come quella validità trovi il suo limite in questo interesse. Ove si ammetta che l'errore, quando giunge al escludere la volontà, produce la nullità della dichiarazione, l'altra parte potrà esercitare senza limitazione il suo diritto di far dichiarare tale nullità. Nel caso di errore inescusabile, essa valuterà la propria convenienza e, in base a questa valutazione, potrà oppure che ne sia dichiarata la nullità: che si presenti normale il suo interesse all validità della dichiarazione, non pregiudica la possibilità del contrario. Ove, invece, l'errore produca la semplice annullabilità ad istanza dell'errante, l'altra parte non potrà che pretendere le validità della dichiarazione, poichè far uso di in diritto che non le appartiene. L'effetto che la inescusabilità dell'errore prdocue di per se a favore dell'altra parte, consiste solo nel diritto di tenere per non avvenuto l'errore; altrimenti ritenendo, si eccede l'interpretazione del diritto vigente.

33. VENOSA, Sílvio de Salvo. **Direito Civil** – Parte Geral. São Paulo: Atlas, 2001, p. 419/420.

34. DE CUPIS, Adriano. op.cit., p. 109/110: Questa diversa intensità favorisce il loro adattamento ad ipotesi diversi di colpa. Quando la colpa dell'errante è tale da confinare, se non confondersi, col dolo (colpo inescusabile), la dichiarazione sarà valida malgrado l'errore; quando essa non raggiunge tale grado di intensità, l'errante sarà semplicemente tenuto al risarcimento dei danni verso l'altra parte. Il diritto può intervenire limitando l'esercizio della impugnativa, ovvero introducendo una riparazione (risarcimento danni) a carico dell'errante; la diversa intensità di questi rimedi si appalesa immediatamente, solo pensando che il primo evita che venga in alcun modo turbata l'aspettativa dell'altra parte, mentre il secondo intende semplicemente a ristabilire un equilibrio compromesso. Tale soluzione fu già affermata dal maggiore dei pandettisti, il Windscheid, ed acolta nel I Progetto del Codice Civile Germanico. La sua fondatezza si appalesa ove si

conformação de nossa legislação, ou, em outras palavras, se a escusabilidade ainda se mantém nos dias de hoje.

Os requisitos do erro expressamente abraçados pelo Código Civil de 2002. Como já visto, o Código Civil de 2002 disciplinou os requisitos do erro no artigo 138. Houve mudanças em relação à redação original, de 1916, como podemos deduzir da leitura dos dois dispositivos:

> Art. 86. São anuláveis os atos jurídicos, quando as declarações de vontade emanarem de erro substancial. (Código Civil de 1916)
>
> (...)
>
> Art. 138. São anuláveis os negócios jurídicos, quando as declarações de vontade emanarem de erro substancial que poderia ser percebido por pessoa de diligência normal, em face das circunstâncias do negócio. (Código Civil de 2002)

O regime dos requisitos do erro, na vigência do Código de 1916, foi estudado no tópico anterior. Pudemos observar que havia um requisito explícito – a substancialidade – e um requisito implícito – a escusabilidade –, este decorrente do cometimento de equívoco eivado de culpa grave pelo declarante, cuja impossibilidade de invocação da anulabilidade decorria de postulados de boa-fé, equidade e da proteção ao tráfego jurídico.

Pois bem. Como compreender a nova redação do Código? Remanesceriam apenas os dois requisitos? Algum deles deixaria de existir? Novo requisito seria agregado? A resposta a tais questionamentos demanda breve incursão na própria história da elaboração de nossa vigente legislação civil. Façamo-la.

Moreira Alves[35], responsável pela redação da Parte Geral do Anteprojeto de Código Civil, originariamente, tentou estabelecer, de forma explícita, três requisitos para o erro, constantes do artigo 146 daquela proposta, que determinava:

> Art. 146. São anuláveis os negócios jurídicos, quando as declarações de vontade emanarem de erro substancial, desde que escusável e reconhecível pela outra parte.

A leitura do Projeto nos faz compreender que sua intenção original era a de que a substancialidade, a escusabilidade e a cognoscibilidade fossem simultaneamente exigidas para que um negócio se invalidasse em virtude de erro. Entende-se, aliás, por cognoscibilidade o requisito segundo o qual o erro só torna anulável o negócio quando reconhecível pela outra parte, ou seja, a que não errou.

---

considerі che, mentre l'interpretazione del diritto vigente non consente l'equazione inescusbilità=colpa, non va nemmeno trascurato il principio giuridico che la colpa non può restare priva di sanzione. Anche le esigenze della buona fede e dei traffici, e la stessa equità, mentre non sono sufficienti a giustificare le validità di una dichiarazione sprovvista di volontà effettiva al di fuori della colpa grave, richieggono pur sempre una riparazione a favore del danneggiato.

35. ALVES, José Carlos Moreira. **Parte geral do projeto de Código Civil brasileiro.** São Paulo: Saraiva, 1986, p. 47/52.

Volvamos à análise das redações propostas para o Código. Lembremos, nessa esteira, que as duas primeiras exigências já eram de aplicação corrente pela doutrina e pela jurisprudência pátrias, ainda na vigência da lei anterior, sendo a terceira – cognoscibilidade – abraçada, há algumas décadas, pelos Códigos Civis da Itália e de Portugal. O problema é que a adoção simultânea da escusabilidade e da cognoscibilidade não era comum em outras legislações (realidade ainda hoje presente), embora fosse plenamente viável, como explanaremos adiante. Diante disso, a maioria da Comissão Elaboradora e Revisora do Código atual não acolheu a proposta legislativa formulada, alterando-se a redação da proposta de artigo para a seguinte[36]:

> Art. 138. São anuláveis os negócios jurídicos, quando as declarações de vontade emanarem de erro substancial.
>
> Par. Único. Não se considera erro substancial o que poderia ser percebido por pessoa de diligência normal, em face das circunstâncias do negócio.

Percebe-se que, após as objeções formuladas pela Comissão Elaboradora e Revisora do novo Código, os dois únicos requisitos expressamente abraçados foram aqueles que tradicionalmente já o eram: a substancialidade, no *caput* do dispositivo, e a escusabilidade, no parágrafo único, pois resta óbvio que não se poderia considerar erro substancial aquele que pudesse ser percebido pela própria pessoa que cometesse o equívoco. Nesse ponto radica uma característica muito interessante da escusabilidade: ela se refere a quem erra, ao passo que a cognoscibilidade trata do declaratário, ou seja, daquele que presencia o erro.

Pois bem... acontece que um possível erro de datilografia alterou a redação da publicação do Anteprojeto, sendo este assim explanado por Moreira Alves[37]:

> Sucede, porém, que na publicação do Anteprojeto de 1973 – possivelmente por erro datilográfico, resultante da identidade de expressões ('erro substancial') encontradas na parte final do caput e na parte inicial do parágrafo – o texto do art. 136 (que reproduzia o teor do art. 138 do Anteprojeto de 1972), em seu *caput*, não se deteve, como seria o certo, nas palavras finais 'erro substancial', mas prosseguiu incorporando a parte final do parágrafo único ('que poderia ser percebido por pessoa de diligência normal, em face das circunstâncias do negócio'), ficando assim redigido:
>
> 'Art. 136. São anuláveis os negócios jurídicos, quando as declarações de vontade emanarem de erro substancial que poderia ser percebido por pessoa de diligência normal, em face das circunstâncias do negócio.
>
> Par. Único. Não se considera erro substancial o que poderia ser percebido por pessoa de diligência normal, em face das circunstâncias do negócio.'

Justamente por ter sido equívoco material, não constou da Exposição de Motivos complementar da Parte Geral, que acompanhou o Anteprojeto de 1973, qualquer alusão à modificação da disciplina do erro pelo art. 136.

36. ALVES, José Carlos Moreira. **Parte geral do projeto de Código Civil brasileiro**. São Paulo: Saraiva, 1986, p. 110.
37. Ibid., p. 111.

O pior, contudo, ainda estava por vir[38]:

> Quando da revisão final, que deu margem ao Projeto de 1975, atentou-se para a repetição, no *caput* e no parágrafo, das mesmas palavras finais, e, tendo sido observado que havia contradição entre eles, procurou-se eliminá-la. E aí ocorreu outro equívoco: ao invés de se retirar do *caput* o apêndice que nele equivocadamente ingressara, suprimiu-se o parágrafo único. Não se notou que a manutenção das palavras finais do texto do art. 136 modificava o seu sentido, pois esse dispositivo assim ficava redigido:
>
> 'Art. 136. São anuláveis os negócios jurídicos, quando as declarações de vontade emanarem de erro substancial que poderia ser percebido por pessoa de diligência normal, em face das circunstâncias do negócio.'
>
> Ora, a pessoa de diligência normal, nesse contexto, só pode ser a parte que recebe a declaração de vontade, pois, se ela se referisse ao declarante, ter-se-ia o absurdo de o dispositivo estabelecer, como requisito para a anulabilidade do negócio jurídico, que o erro substancial seja inescusável, que a tanto corresponde o erro substancial que poderia ser percebido pelo declarante, se tiver diligência normal, em face das circunstâncias do negócio.

Assim, ironicamente, temos de admitir que, por equívoco, a redação da norma brasileira atual abraçou como requisitos expressos do erro apenas a sua substancialidade e a sua cognoscibilidade. Repitamos a redação definitiva do artigo 138:

> Art. 138. São anuláveis os negócios jurídicos, quando as declarações de vontade emanarem de erro substancial que poderia ser percebido por pessoa de diligência normal, em face das circunstâncias do negócio.

A inusitada correção levada a efeito no Projeto terminou por consagrar a cognoscibilidade, pois, se substancial só seria o erro que pudesse ser percebido por pessoa de diligência normal, temos de admitir estar a lei se referindo ao declaratário, que presencia o erro, e não ao declarante. Com efeito, fosse ao último a quem se dirigisse o comando legal, a lei não faria qualquer sentido, porquanto como haveria de existir erro, se ele fosse cometido por quem o pudesse perceber! Ora, se o declarante percebesse que estava errando, ele não erraria! Somos forçados, portanto, a reconhecer que a lei trata da possibilidade de o *declaratário* perceber o erro na declaração da outra parte, o que nos remete ao clássico conceito de cognoscibilidade.

Inegável, por outro lado, que o requisito em apreço toma por parâmetro a conduta de pessoa medianamente diligente, sendo, portanto, de cunho objetivo[39], como reconhecido pela doutrina majoritária à qual aderimos. Isso não nos faz olvidar, porém, as peculiaridades de cada caso concreto, havendo vozes que reclamam sua

38. Ibid., p. 111.
39. TRABUCCHI, Alberto. **Istituzioni di Diritto Civile**. 42 ed. Milão: CEDAM, 2005, p. 123, nesse sentido, assevera: "Il secondo requisito perchè l'errore, di fatto o di diritto, sia rilevante per l'annullabilità del negozio, è la riconoscibilità; l'art. 1431 ci indica i criteri in basi ai quali un errore debe considerarsi riconoscibilie. Pensiamo alla qualità dei contraenti e alla circostanza di come si presenta la contrattazione."

incidência mediante a prudente análise conjunta das qualidades dos contratantes e das circunstâncias de como se apresenta a contratação[40].

Sendo por equívoco ou não, o fato é que a lei seguiu regular processo legislativo e foi sancionada. Assumiu, assim, vontade própria, divorciada daquela que historicamente seus redatores gostariam de lhe atribuir.

A discussão que se trava, doravante, é a seguinte: havendo sido abraçadas expressamente a substancialidade e a cognoscibilidade como requisitos do erro, poderíamos admitir que a escusabilidade continuaria sendo um requisito implícito?

Defendemos que sim, mesmo sabendo existirem autores de escol, como Messineo[41], Cariota Ferrara[42] e, entre nós, Nelson Rosenvald e Cristiano Chaves de Farias[43], a pensarem de forma diferente. Dois são os principais argumentos para a exclusão da escusabilidade: a) a sua não inclusão expressa pela lei, ao passo que esta o fez quanto à cognoscibilidade; e b) a incidência do princípio da proteção da confiança a justificar a invalidade do negócio jurídico por erro, apenas quando este for cognoscível. Enfrentemos tais pontos, a fim de refutá-los.

Quanto ao primeiro argumento – de que a inclusão, no texto legal, da cognoscibilidade levaria à automática exclusão da escusabilidade – ele se revela falacioso. Em primeiro lugar, não é totalmente verdade que o requisito em apreço foi banido de nosso direito. Há ainda, importa frisar, campos específicos em que a doutrina exige que o erro seja escusável, como no pagamento ao credor putativo (art. 309 do Código Civil)[44] ou no casamento putativo[45]. Nessas "manifestações singulares", como bem pontua José de Oliveira Ascensão[46], podemos perceber "afloramentos duma regra geral", ou seja, a de que a escusabilidade, a partir desses específicos casos, persiste como condição para caracterização do erro.

Essa regra geral, ademais, não encontra óbices lógicos. Com efeito, a cognoscibilidade e a escusabilidade podem coexistir, porquanto incidiriam, ao mesmo tempo, em sujeitos diferentes. Como visto, a escusabilidade diz respeito ao ***declarante***, porquanto é nele que se vislumbra a presença de culpa grave a tornar intolerável o equívoco. Já a cognoscibilidade trata da possibilidade do ***declaratário*** perceber que

---

40. CORDEIRO, António Menezes. **Tratado de direito civil português** – v. I, t. I. 2 ed. Coimbra: Almedina, 2000, p. 607.
41. MESSINEO, Francesco. **Manual de derecho civil y comercial** – v. II. Buenos Aires: EJEA, 1954, p. 441: "Obsérvese que, en algunos casos (arts. 1147, segundo apartado, y 2036) que están fuera del campo del negocio jurídico, es relevante la inexcusabilidad del error, mientras que en materia de negocio jurídico, es relevante la recognoscibilidad del mismo, y la inexcusabilidad es indiferente."
42. FERRARA, Luigi Cariota. El Negocio Jurídico. Madri: Aguilar, 1956, p. 483: "Que la excusabilidad no se exija ya, resulta a contrario de la norma que establece la recognoscibilidad (art. cit.) y se deduce también de los trabajos preparatorios."
43. FARIAS, Cristiano Chaves de, e ROSENVALD, Nelson. **Direito Civil – Teoria Geral**. 5 ed. Rio de Janeiro: Lumen Juris, 2006, p. 436/437.
44. GONÇALVES, Carlos Roberto. **Direito Civil Brasileiro** – v. 2. 13 ed. São Paulo: Saraiva, 2016, p 269.
45. NADER, Paulo. **Curso de direito civil** – v. V. Rio de Janeiro: Forense, 2006, p. 210.
46. ASCENSÃO, José de Oliveira. **Direito Civil** – Teoria Geral – v. II. 2 ed. Coimbra: Coimbra, 2000, p. 141.

a outra parte está errando. Ambas devem ser perscrutadas simultaneamente, pois estão presentes em sujeitos distintos. Não bastasse isso, embora não esteja expresso no artigo 138 do Código Civil, o requisito da escusabilidade pode ser perfeitamente deduzido do artigo 187, como doravante analisaremos, ao tratar da segunda objeção à sua manutenção no ordenamento vigente.

Quanto ao segundo óbice para a manutenção da escusabilidade como requisito do erro – o de que o Código, quanto ao defeito em apreço, abraçou o princípio da proteção da confiança, excluindo, assim, a escusabilidade, ele também não se mostra preciso, embora tenha sido, entre nós, consagrado pela I Jornada de Direito Civil, promovido pelo Conselho da Justiça Federal, ao dispor:

> E. 12 – Art. 138: Na sistemática do art. 138, é irrelevante ser ou não escusável o erro, porque o dispositivo adota o princípio da confiança.

Algumas observações são necessárias. Em primeiro lugar, o princípio da confiança é apenas um dos dois subprincípios da boa-fé objetiva, mas não o único. Há, ao lado dele, outro, o da primazia da materialidade subjacente, segundo o qual, "o Direito visa, através dos seus preceitos, a obtenção de certas soluções efectivas", tornando-se, "assim, insuficiente a adopção de condutas que apenas na forma correspondam aos objetivos jurídicos, descurando-os, na realidade, num plano material"[47]. Logo, mesmo que o intérprete possa afirmar que o artigo 138 decorra do princípio da confiança, não significa que se possa abandonar a primazia da materialidade subjacente, porquanto derivada da cláusula geral de boa-fé, que se faz sentir por todo o Código Civil.

Sabe-se, por outro lado que age em abuso de direito, na forma do artigo 187 de nossa lei, quem, ao exercê-lo, excede manifestamente os limites impostos pelo seu fim econômico ou social, pela boa-fé ou pelos bons costumes.

Pois bem... excede manifestamente o postulado de boa-fé, por violar o princípio da primazia da materialidade subjacente, aquele que busca beneficiar-se da própria torpeza, impondo a outrem a submissão às consequências daí resultantes. A modalidade de abuso de direito derivada dessa conduta é conhecida por *tu quoque*[48] e se aplica perfeitamente a quem tenta valer-se do direito potestativo de anular contrato que fora fruto de erro grosseiro, ou, em outras palavras, comete um erro inescusável.

Todos os apontamentos feitos anteriormente, portanto, ao tratarmos do requisito da escusabilidade, sob a égide do Código Civil de 1916, permanecem atuais: ele decorre das exigências de boa-fé, do tráfego jurídico e de equidade. Embora não tenha sede material no artigo 138 de nossa legislação, pode-se afirmar que ela está radicada no artigo 187 do Código Civil. Agreguem-se a esses argumentos outro de

---

47. CORDEIRO, António Manuel da Rocha e Menezes. **Tratado de Direito Civil Português** – *t. 1*. 2. ed. Coimbra: Almedina, 2000. p. 238.
48. Ibid. p. 262.

natureza principiológica: exigir que o erro, além de substancial e cognoscível, seja também desculpável traz mais segurança aos pactos celebrados, contemplando-se de forma mais efetiva o princípio da conservação do negócio jurídico.

Assim, entendemos que bem andou o Superior Tribunal de Justiça ao consignar, já na vigência do Código de 2002, que a escusabilidade é uma condição para que se desfaça um negócio derivado de erro[49].

Apreciemos, por derradeiro, uma última questão, que se mostra cabível nesse momento. A anulação decorrente de erro pode gerar indenização, para parte que não errou, como decorrência do chamado interesse negativo?

A mais célebre legislação que trata da indenização pelo interesse negativo é a germânica, que dispõe[50]:

> §122 Responsabilidade por danos de do declarante de erro de proibição escusável
>
> (1) Se uma declaração de vontade é anulada com esteio no artigo 118, ou impugnada com base nos artigos 119 e 120, tem o declarante, se a declaração devesse ser feita para outro, de indenizar a este ou, senão, a qualquer terceiro, o dano que o primeiro ou o último sofreram como resultado da confiança na validade da declaração, contudo não além do total do interesse que o outro, ou o terceiro tinham na validade da declaração.
>
> (2) O dever de pagar os danos não tem lugar se o prejudicado conhecia o fundamento da nulidade ou da anulabilidade ou não sabia delas como resultado de sua negligência (deveria conhecê-la).

Impende notar é que o interesse negativo foi idealizado com o objetivo de reembolsar o prejudicado pelos gastos entabulados para que o negócio fosse celebrado (como dispõe a parte final do número 1 do § 122 do BGB), mas não para indenizá-lo por lucros cessantes que lhe seriam devidos se o negócio houvesse conservado sua validade, pois, se assim fosse, estar-se-ia pagando pelo interesse positivo[51].

---

49. BRASIL. Superior Tribunal de Justiça. REsp 744.311-MT, 4ª T. Rel. Min. Luis Felipe Salomão, j. 19-8-2010, abraça claramente o requisito ao decidir: "O erro que enseja a anulação de negócio jurídico, além de essencial, deve ser inescusável, decorrente da falsa representação da realidade própria do homem mediano, perdoável, no mais das vezes, pelo desconhecimento natural das circunstâncias e particularidades do negócio jurídico. Vale dizer, para ser escusável, o erro deve ser de tal monta que qualquer pessoa de inteligência mediana o cometeria".

50. Tradução livre do texto inglês do BGB, disponível em https://www.gesetze-im-internet.de/englisch_bgb/german_civil_code.pdf, acesso em 28/06/2017: "Section 122 Liability in damages of the person declaring avoidance. If a declaration of intent is void under section 118, or avoided under sections 119 and 120, the person declaring must, if the declaration was to be made to another person, pay damages to this person, or failing this to any third party, for the damage that the other or the third party suffers as a result of his relying on the validity of the declaration; but not in excess of the total amount of the interest which the other or the third party has in the validity of the declaration. (2) A duty to pay damages does not arise if the injured person knew the reason for the voidness or the voidability or did not know it as a result of his negligence (ought to have known it)."

51. LARENZ, Karl. **Derecho Civil** – Parte General. Madri: Revista de Derecho Privado, 1978, p. 531 aponta nessa direção ao lecionar: "En cambio, el contrario en la impugnación no puede exigir que el impugnador le sitúe en la posición en que se hallaría si el negocio impugnado hubiera conservado su validez y llegado a ejecutarse, esto es, el interés positivo o interés del cumplimiento".

Mais importante ainda é percebermos que não seria devido, por outro lado, o pagamento de indenização pelo chamado interesse negativo, segundo a legislação tedesca, se o declaratário soubesse do motivo da invalidade ou se comportasse negligentemente no negócio, o que muito se aproxima da cognoscibilidade do defeito pelo último.

Assim, segundo o modelo alemão, podemos concluir que o erro cognoscível, consagrado em diversas legislações, seria incompatível com a sistemática da indenização pelo interesse negativo.

Voltando ao caso brasileiro, sabemos que nossa lei não consagrou, ao menos expressamente, a regra de se indenizar o declaratário quando o negócio for desfeito em virtude de erro. Poder-se-ia obtemperar que não há necessidade de se normatizar sobre o ressarcimento em tais hipóteses, vez que poderiam ser aplicadas as regras gerais de responsabilidade civil, derivadas da combinação dos artigos 186 e 927 de nosso Código Civil.

Ocorre que, se aplicarmos os dispositivos que regulam a responsabilização civil, que são de cunho geral, chegaremos à conclusão de que a culpa concorrente do declaratário – a pretensa vítima do equívoco – mitigará o seu interesse em obter uma indenização que cubra os custos da contratação que fora desfeita. Isso porque, na sistemática pátria, conforme estudado, o erro anulável necessariamente haverá de ser perceptível pela outra parte, ou seja, a que não errou, o que denota uma simultânea responsabilidade, vale dizer tanto do declarante, quanto do declaratário, pela invalidade do que se pactuou.

Assim, não achamos, repita-se, provável que se acolha, entre nós, a indenização do pretenso prejudicado pelo chamado interesse negativo em matéria de erro.

Estabelecidos os requisitos do erro, passemos ao estudo de suas espécies.

Hipóteses de erro substancial. O artigo 139 do Código Civil aponta como erro substancial: a) aquele que interessa à natureza do negócio, ao objeto principal da declaração, ou a alguma das qualidades a ele essenciais; b) o que concerne à identidade ou à qualidade essencial da pessoa a quem se refira a declaração de vontade, desde que tenha influído nesta de modo relevante; e c) aquele que, sendo de direito e não implicando recusa à aplicação da lei, for o motivo único ou principal do negócio jurídico.

Na primeira hipótese mencionada, a lei trata de algumas espécies de erro substancial, a saber: *error in negotio, error in corpore* e *error in substantia.* No primeiro caso – *error in negotio* – o declarante supõe estar celebrando, por exemplo, uma locação, mas, na realidade, firma um contrato de comodato. Vejamos que essa é apenas a descrição teórica do defeito. Na prática, para se verificar, não nos esqueçamos de que não basta a simples confusão mental a levar uma pessoa a celebrar um tipo de negócio quando queria outro. O evento deve estar revestido, como, a rigor, em todas as demais hipóteses do artigo 139, dos requisitos da essencialidade, da cognoscibilidade e da escusabilidade.

Pois bem. A segunda hipótese – *error in corpore* – ocorre, por exemplo, quando alguém imagina estar obtendo uma obra famosa, quando compra apenas uma réplica dela. Mas não apenas isso, tal equívoco pode dar-se de diversas formas, como, por exemplo, quando alguém indica materialmente, com a mão ou com palavras, a localização de um objeto, mas, em lugar de identificar-se o objeto tido em mente, lá se encontra um outro. Pode ocorrer, por fim, quando ambas as partes pensam estar celebrando, de boa-fé, um negócio sobre um objeto, que não mais existe, por haver, por exemplo, sido destruído dias antes num incêndio[52].

Pode ainda o erro ser quanto às qualidades essenciais ao objeto, o chamado *error in substantia*. Nessa hipótese a matéria da qual é composta o objeto é a razão do equívoco, como acontece quando se almeja adquirir um objeto de ouro, mas se compra apenas um de prata[53].

Além disso, temos o erro quanto à pessoa. Nesse caso, o equívoco não apenas costuma ocorrer quanto à identidade do agente, como sobre suas qualidades essenciais. No primeiro exemplo, concede-se uma recompensa pela bravura de determinado agente, ao salvar uma pessoa, quando, em realidade, quem praticou o ato heroico foi o seu irmão gêmeo. No segundo exemplo, temos a hipótese de alguém fazer uma doação a outra pessoa acreditando haver um laço de parentesco entre elas[54].

A derradeira modalidade de erro substancial, constante do artigo 139, III, do Código Civil, é o de erro de direito. A controvérsia se instala quando se compara o dispositivo citado com o artigo 3º da Lei de Introdução às Normas do Direito Brasileiro, como abaixo transcrevemos:

> Art. 3. Ninguém se escusa de cumprir a lei, alegando que não a conhece. [Lei de Introdução às Normas do Direito Brasileiro]
>
> Art. 139. O erro é substancial quando:
>
> (...)
>
> III – sendo de direito e não implicando recusa à aplicação da lei, for o motivo único ou principal do negócio jurídico. [Código Civil]

---

52. SCIALOJA, Vittorio. **Negozi Giuridici**. Roma: Foro Italiano, 1950, p. 271/272, indica as hipótese suscitadas no seguinte trecho: "Può darsi che questa designazione sia fatta in modo da identificare il corpus materialmente, indicando, per esempio, colla mano, il luogo dove si trova, lo spazio da esso occupato: e ciò avviene spesso, quando il corpus è presente. Può darsi invece che questa identificazione del corpus, si faccia a parole, colla designazione appunto o del luogo stesso occupato dalla cosa o in altra maniera, in tutti quei modi con cui una cosa può essere concepita e espressa.(...) Nella categoria dell'error in corpore può rientrare anche l'errore circa l'esistenza dell'oggetto: io ti vendo la mia casa, tu compri la mia casa, non v'è nessun errore che produca dissenso, la designazione mia è stata esatta, la tua esatta del pari, vi è quindi coincidenza tra le due dichiarazioni, ma v'è errore in questo: che crediamo esistente questo corpus, mentre invece non esiste perchè la casa fu distrutta dal terremoto."
53. STOLFI, Giuseppe. **Teoria del Negozio Giuridico**. Pádua: CEDAM, 1961, p. 147, nesse sentido, assim se manifestou: "L'errore in substantia è facile da spiegare qualora cada sulla materia di cui è composto l'oggetto: se compero un orologio d'argento credendolo d'oro, ho dichiarato di acquistare la cosa voluta, la quale però non ha le qualità sostanzialiche per isbaglio ritenevo esistenti."
54. COLIN, A., CAPITANT, H. **Curso elemental de derecho civil**. Madrid: Reus, 1975, p. 214.

O cotejo das duas normas dá o tom para a incidência do erro de direito. Jamais tal defeito poderá ser usado para que se fuja da incidência de norma impositiva, mas poderá ser invocado para a invalidação de determinados negócios jurídicos. Talvez seja mais fácil compreender a questão por meio de um exemplo: João, após aposentar-se, compra um lote, no litoral do Nordeste do Brasil, para construir a casa de seus sonhos. Seu sonho era acalentado há muito, razão pela qual já tinha a planta do imóvel pronta. Assim, embora residindo em Brasília, há mais de mil quilômetros de distância, escolheu Ipojuca, em Pernambuco, para levar adiante o seu intento.

A compra à distância se fez por meio de *site* especializado em transações imobiliárias, razão pela qual a negociação se deu com o envio de fotos e da certidão de ônus reais do imóvel a ser adquirido. Celebrado o contrato de promessa de compra e venda, João viajou a Ipojuca para obter o alvará de construção da tão sonhada casa. Desafortunadamente, em lá chegando, a Prefeitura comunicou que seu projeto havia sido recusado pois a Lei de Ordenamento Territorial Municipal estabelecia que a área do município em que se localiza o lote comprado tem caráter estritamente comercial, de modo que não poderia fixar ali a sua residência.

Percebe-se que a lei invocada pela municipalidade é imperativa. Outra alternativa não restava a João, senão se conformar com a recusa estatal para a concessão do alvará. Ele, diante de tais fatos, deixou de construir a tão sonhada casa e acionou o vendedor para anular o negócio entabulado, sob a escusa de erro de direito (porquanto desconhecia a lei local de Ipojuca/PE). O equívoco mostrou-se substancial, cognoscível (pois o vendedor mais do que ninguém, residente do local, poderia (ou deveria) saber da destinação do imóvel que lhe pertencia) e escusável. Assim, o comprador não se recusou a cumprir uma norma cogente, curvando-se ao comando da norma municipal, imperativa, em atenção à Lei Introdução ao Código Civil, mas pôde invocar seu desconhecimento para desfazer o negócio entabulado, valendo-se do artigo 139, III do Código Civil.

Não se pense, contudo, havermos esgotado todas as hipóteses de erro. Outras modalidades, que não necessariamente conduzem à anulação do negócio, devem ser examinadas.

Erro quanto aos motivos. O Código Civil estabelece, no art. 140, que o falso motivo só vicia a declaração de vontade quando expresso como razão determinante. Lembre-se de que motivos são circunstâncias psicológicas que levam o agente a celebrar o negócio jurídico. Eis aí um cuidado para que se possa admitir equívoco sobre eles incidente.

Não por outro motivo, com arrimo no exemplo de agente que compra um porta-moedas por imaginar equivocadamente haver perdido o seu, Colin e Capitant[55]

55. COLIN, A., CAPITANT, H. **Curso elemental de derecho civil**. Madrid: Reus, 1975, p. 214/215, assim abordam a questão: "Pero hay más. El error enquanto a los motivos que han decidido a una persona a realizar un acto, no impede que este acto sea valido. Ejemplo: yo he comprado un porta-monedas porque creí que

apontam para o perigo de se admitir a invalidade de negócios em decorrência de falsos motivos, uma vez que estes não integram a estrutura interna do negócio, mas repousam na mente de quem manifestou vontade. É, na essência, o mesmo pensamento que levou os romanos a dizer – "muito menos prejudica ao legado uma falsa causa"[56], com a ressalva de que, no texto, não há uma precisão técnica na distinção entre causa e motivos. Mas e se os motivos forem apresentados para a outra parte?

Andou bem, portanto, a lei brasileira ao permitir o desfazimento do negócio, na hipótese de os motivos haverem sido ***expostos*** como sua razão determinante. Pensemos num exemplo.

João trabalhava na sociedade empresarial "Informática Nacional". A dita empregadora iniciou um movimento de transferência de empregados para a filial de São Paulo. O chefe de João, nesse período, casualmente ao encontrar-se com ele no local de trabalho, em frente a outros empregados, perguntou: "– Preparado para passar uma temporada em São Paulo?"

João, por todas as circunstâncias vivenciadas na sociedade empresarial, deduziu que, a exemplo de outros colegas, seria transferido. Por esse motivo, procurou ajustar-se ao que que cria que lhe aconteceria e mandou um *e-mail* para um grupo de funcionários, da mesma empregadora, a perquirir quem teria um imóvel para locação em São Paulo, já que supunha que seria transferido.

Um colega respondeu ao *e-mail* e disse ter um imóvel disponível para locação. Celebrada a avença, estabeleceu-se cláusula de resilição que impunha multa de três meses de aluguel, na hipótese de devolução do bem antes do término do prazo de locação estipulado.

A despeito dos indícios de que seria transferido, a sua expectativa não se provou verdadeira, e João não foi transferido.

Tão logo descoberto o erro, pensou em desfazer o contrato. Caso optasse pela cláusula resilitiva, seria obrigado a pagar a multa. No entanto, como ele expôs ao locador os motivos pelos quais almejava alugar um imóvel (sua transferência para São Paulo, que, ao cabo, se mostrou falsa), a anulação do negócio, com esteio no artigo 140, mostra-se possível.

Percebe-se, porém, que a invalidade de negócios pelo falso motivo não se dá por causa de banalidades e demanda robusto acervo probatório.

A transmissão errônea da vontade por meios interpostos. Diz o Código, no artigo 141, que a transmissão errônea da vontade por meios interpostos é anulável nos

---

había perdido el mio; después me apercibo que me había equivocado. La compra es válida. En efecto, los motivos que impulsan a um individuo a realizar un acto son exteriores a este acto: solamente los conoce él, y no habría seguridad en el comercio jurídico si se pudieran anular los actos libremente realizados so pretexto de que se ha determinado a obrar por falsos motivos".

56. *Inst. 2. 20.31. Longe magis legato falsa causa non nocet.*

mesmos casos em que o é a declaração direta. Meios interpostos são o telex, internet, telégrafo, ao passo que a pessoa interposta é o núncio ou mensageiro[57]. A ideia do texto é que os requisitos do erro devem ser apurados mesmo nas hipóteses citadas, em que o celebrante não compareça diretamente ao negócio.

Entende Clóvis Bevilaqua que a divergência entre a vontade e a declaração pode ocorrer se "o mensageiro não traduzir, com fidelidade, o recado que recebeu, quer proceda de boa-fé, quer dolosamente"[58]. Digno de nota que haverá divergência entre a vontade e a declaração, disso não se pode duvidar. A pergunta que se faz é: tal divergência caracteriza erro? Entendemos que não, porquanto, como manda a lei, a anulação do negócio por agente interposto só se dará nas mesmas circunstâncias da manifestação direta. Logo, a divergência entre o que se disse e aquilo que se almejou só caracterizará erro se for involuntária.

Mas e qual seria o enquadramento jurídico de uma intencional divergência entre o recado que se pediu para transmitir e aquilo que, de fato, foi dito? Nesse caso, o transmissor deixa de agir como núncio e não há qualquer manifestação de vontade imputável a quem lhe pediu para transmitir o recado. O negócio celebrado nessas circunstâncias seria, assim, inexistente.

O erro de indicação. O artigo 142 dispõe que o erro de indicação da pessoa ou da coisa, a que se referir a declaração de vontade, não viciará o negócio quando, por seu contexto e pelas circunstâncias, se puder identificar a coisa ou pessoa cogitada.

O dispositivo, de certa maneira, complementa o que dispõe artigo 112, pois na declaração de vontade, termina por atender mais à intenção nela consubstanciada do que ao sentido literal da linguagem. Imaginemos um exemplo para ilustrar o que se explica.

Dois irmãos, com idade aproximada, chamam-se Rodrigo, o mais velho, e Rogério, o mais novo. A proximidade de idade sempre fez com que a vizinhança confundisse os dois, de forma que Rodrigo, engenheiro, e Rogério, advogado, sempre fossem chamados um pelo outro.

Certo dia, um antigo vizinho, João, resolve contratar um engenheiro para reformar sua casa. Descobrindo o endereço do jovem profissional, encaminha-lhe uma correspondência, na qual o chama de Rogério, trocando, portanto, o seu nome pelo do irmão. Como bem compreendeu o convite, Rodrigo aceita a incumbência e executa o serviço. Na hora de receber seus honorários, fica óbvio que João não poderá invocar o erro de indicação da pessoa (ao celebrar o contrato chamando Rodrigo de Rogério) se, desde sempre, sabia estar contratando o irmão que, de fato, era engenheiro e não o advogado (Rogério).

57. OLIVEIRA, J. M. Leoni Lopes de. **Novo Código Civil Anotado** (arts. 1º a 232). 3 ed. Rio de Janeiro: Lumen Juris, 2006, p. 121.

58. BEVILÁQUA, Clóvis. **Código Civil dos Estados Unidos do Brasil comentado** – v. I. 9 ed. Rio de Janeiro: Francisco Alves, 1951, p. 355.

Bem andou o Código Civil ao evitar que tão banal razão justificasse a anulabilidade de negócios jurídicos.

O erro de cálculo. Diz o artigo 143 do Código Civil que o erro de cálculo apenas autoriza a retificação da declaração de vontade. Podemos imaginar um exemplo muito simples. Um determinado contrato consubstancia que o terreno alienado mede 10 metros de frente, por 20 metros de lado, o que redundaria na área de "$20m^2$". O equívoco aritmético salta aos olhos e não compromete a higidez da manifestação de vontade.

Importante, porém, que algumas cláusulas podem encerrar operações cujo equívoco não se faz perceber pelo homem médio, que se orienta apenas pelo resultado final exposto na avença. Nesse caso, a divergência entre a conta e o resultado, embora também represente um erro de cálculo, vicia a manifestação de vontade e enseja a declaração da invalidade do negócio com lastro no artigo 138 do Código Civil[59].

Aspectos finais sobre erro. O erro deve ser invocado por meio de ação própria, na qual a vítima do equívoco, ou seus sucessores, apontem o negócio viciado e os requisitos presentes do defeito. O réu, em contestação, todavia, pode evitar que o negócio seja desfeito se aceitar realizá-lo em conformidade com a vontade real do autor. Basta pensar no exemplo em que o autor pagou, equivocadamente, por objeto de prata, quando queria um de ouro. No momento do desfazimento do negócio, o réu se compromete a entregar aquilo que o requerente sempre almejou. O negócio, assim, não haverá de ser invalidado.

Dolo – introdução. Dolo é o vício do negócio jurídico caracterizado pelo emprego de artifícios astuciosos que, por induzirem em erro a vítima, levam-na a celebrar negócios que não praticaria (dolo principal) ou que, se o fizesse, seria de maneira diferente (dolo acidental)[60]. Os romanos entendiam, inicialmente, que dolo e coação são fatos que não excluem a vontade, em princípio, e que inicialmente não teriam relevância[61]. No entanto, paulatinamente, os mencionados vícios foram ganhando importância, a ponto de diversos fragmentos, no *Corpus Iuris Civilis*, a eles passaram a se referir[62]:

> Sérvio definiu assim o *dolus malus*: certa maquinação para enganar a outrem, quando se simula uma coisa, e se faz outra. Labeão, porém, diz que, também sem simulação, pode-se obrar de modo que se engane a alguém, e que também sem *dolus malus* pode-se fazer uma coisa e

59. RIZZARDO, Arnaldo. **Parte Geral do Código Civil**. 5 ed. Rio de Janeiro: Forense, 2007, p. 480.
60. COLIN, A., CAPITANT, H. **Curso elemental de derecho civil**. Madrid: Reus, 1975, p. 214/215 afirmam que: "La palabra dolo significa toda especie de artificio de que uno se sirve para enganar a otro. Por consiguiente, el dolo supone maniobras fraudulentas, manipulaciones, afirmaciones falaces empleadas para provocar el error en una persona y determinarla a ejecutar un acto."
61. BIONDI, Biondo. **Istituzioni di Diritto Romano**. Milão: Dott. A. Giuffrè, 1946, p. 147, nesse sentido, esclarece: "Poichè dolo e violenza sono fatti che non escludono la volontà, da principio non hanno rilevanza. Solo per quei rapporti da cui deriva um iudicium bonae fiddei, procedendo dal concetto che nihil consensui contrarium est... quam vis alque metus (D. 50, 17, 116), si ammette la nullità dell'atto."
62. SCIALOJA, Vittorio. **Negozi Giuridici**. Roma: Foro Italiano, 1950, p. 308/309.

> simular-se outra, como fazem os que com dissimulação desta natureza cuidam e defendem os seus próprios interesses ou o de outras pessoas. Então ele definiu *dolus malus* como sendo toda astucia, falácia, ou maquinação empregada para surpreender, enganar ou defraudar outrem. A definição de Labeão é verdadeira.[63]
>
> Diz o Pretor que não se haverá de manter o pacto feito com *dolus malus*. O *dolus malus* se pratica com astúcia e falácia, e como diz Pedio, faz-se um pacto com *dolus malus* sempre que, com objetivo de enganar outrem, faz-se uma coisa e se simula fazer outra.[64]
>
> O vendedor deve garantir que não haja nele *dolus malus*, e isso não se aplica apenas àquele que, para enganar, fala com ambiguidade, senão também no que insidiosamente e com obscuridade dissimula.[65]

Lembra Juan Iglesias[66] que o dolo é considerado pelo *ius civile*, mas apenas relacionado aos *ius iudicia bonae fidei*, pois, "a boa-fé é contrária à fraude e ao dolo" (D. 17, 2, 3, 3). Na *stipulatio*, negócio de direito estrito[67], poder-se-ia exigir do devedor a inserção da *clausula doli*, por meio da qual o devedor assegurava a outra parte de que não agia dolosamente. No entanto, a insuficiência dos mecanismos de defesa contra o vício estudado levou ao surgimento da *actio doli* e da *exceptio doli*, que, segundo Cícero, seria obra de Gallo Aquílio, como se pode depreender do seguinte trecho:

> Canio estava furioso, mas o que ele poderia fazer? Meu colega e amigo, Gallo Aquílio ainda não havia apresentado a fórmula para se aplicar ao '*dolus malus*'. Quando perguntado o que ele queria dizer por *dolus malus*, conforme especificado nessas fórmulas, ele podia responder:

---

63. *D. 4, 3, 2. Dolum malum Servius quidem ita definit, machinationem quandam alterius decipiendi causa, cum aliud simulatur, et aliud agitur. Labeo autem, posse et sine simulatione id agi, ut quis circumveniatur, posse et sine dolo malo aliudi agi, aliud simulari, sicuti faciunt, qui per eiusmodi dissirnulationem deserviant et tuentur vel sua, vel aliena: itaque ipse sic definiit, dolum malum esse omnem callidatem, fallaciam, machinationem, ad circumvenienduin, fallendum, decpiendum alterum adhibitam. Labeonis definitivo vera est.*
64. *D. 2. 14. 9. 'Dolo malo' ait Praetor pactum se non servaturum. Dolus malus fit calliditate et fallacia, et ut ait Pedius, dolo malo pactum fit, quotiens circumscribendi alterius causa aliud agitur, et aliud agi simulatur*
65. *D. 18, 1, 43, 2.— Dolum malum a se abesse praestare venditor debet; qui non tantum in eo est, qui fallendi causa obscure loquitur, sed etiam, qui insidiose, obscura dissimulat.*
66. IGLESIAS, Juan. Direito Romano. São Paulo: RT, 2012, p. 255/256.
67. CUNHA, Daniela Moura Ferreira. Bona fides. **Revista Jus Navigandi**, ISSN 1518-4862, Teresina, ano 10, n. 890, 10 dez. 2005. Disponível em: <https://jus.com.br/artigos/7674>. Acesso em: 13 jul. 2017 traz interessante diferença entre os *contractus bonae fidei* e os *contractus stricti iuris*, cuja transcrição entendemos oportuna: "Sob a jurisdição do pretor peregrino, desenvolveu-se o sistema contratual romano que se viu desvinculado das formalidades do *ius civile*, devido 'a uma maior simplicidade e dutilidade do sistema, inspirado nos princípios do *bonum et aequum* e plenamente correspondente às necessidades da prática.' Formaram-se regras simples e flexíveis, baseadas na *fides* e desligadas das antigas formas solenes do *ius civile*. Destarte, por todo este desenvolvimento engendrado pelo *ius gentile*, após, já no período clássico, subsistem duas classes contratuais: os *contractus bonae fidei* e os *contractus stricti iuris*. Nestes, os direitos do credor recaíam sobre um objeto taxativamente determinado; naqueles, a prestação deveria ser adimplida segundo a boa–fé e em vista das circunstâncias todas do caso; os contratos de boa-fé possuem sua tônica na bilateralidade, quer dizer, não está uma parte adstrita ao cumprimento de uma obrigação sem que também esteja envolvida por um dever a parte contrária; há uma relação de reciprocidade de obrigações. Assim, as obrigações nos contratos em sentido estrito são rigorosamente determinadas, recaindo, por tanto, geralmente, sobre prestações concretas e precisas, sobre um *certum*. Por seu turno, os contratos baseados na boa-fé, adstritos à fórmula processual *quidquid dare facere oportet ex fide bona*, permitiam um negócio cujo cumprimento do principal não era o único elemento essencial; era valorizado também o agir que se espera de pessoas honestas e honradas, a fidelidade ao pactuado imbuída de regras morais".

"Fingir uma coisa e praticar outra" – uma felicíssima definição, como se poderia esperar de um especialista em fazê-la. Pythius, então, e todos os outros que fazem uma coisa e fingem outra são infiéis, desonestos e despreocupados. Nenhum ato deles pode ser conveniente, quando o que eles fazem é manchado com tantos vícios.[68]

A primeira delas (*actio doli*) tratava o vício estudado como um delito privado, sendo, pois, de natureza penal, podendo ser deduzida no prazo máximo de um ano a contar do seu cometimento, sendo intransmissível aos herdeiros, e tendo como consequências o ressarcimento ao lesado e a imputação da pecha de infâmia ao culpado[69], sendo, devido à sua gravidade, apenas subsidiária.

A *exceptio doli,* ao seu turno, é uma defesa do pretor concedida à parte enganada sempre que demandada a cumprir um negócio por ela celebrado em virtude de dolo. Poderia ser oposta ao autor do ato jurídico e contra terceiros agindo em virtude dele, quando a relação é a título gratuito. Como exceção que era, prestava-se para proteger a vítima de pretensão exercitada pelo credor. Tem-se, por fim, que o dolo quando se confundiu o direito civil com o pretoriano, passou a ser considerado vício direto do negócio[70].

Observados brevemente os aspectos históricos, passemos ao tratamento do dolo em nossa legislação.

Dolo – regramento atual. Nossa legislação reprime o dolo ao afirmar, no artigo 145, que os negócios jurídicos serão por ele anulados, quando dele decorrerem. Em seguida, no artigo 146, traça as diferenças entre dolo principal (ou essencial) e o dolo acidental, ao asseverar que o último só obriga à satisfação das perdas e danos, sendo assim considerado quando, a seu despeito, o negócio seria realizado, embora por outro modo. O paralelo com o erro é inequívoco. Aliás, como afirmado alhures, a diferença entre dolo e erro é que o último é espontâneo, enquanto o primeiro é provocado.

---

68. Cícero, **De officiis**, 3.*14.60, traduzido livremente a partir da versão inglesa constante do sítio eletrônico* http://penelope.uchicago.edu/Thayer/E/Roman/Texts/Cicero/de_Officiis/3B*.html, *acesso, em 11/07/2017, que assim reproduziu as lições do orador latino: "Canius was furious; but what could he do? For not yet had my colleague and friend, Gaius Aquilius, introduced the established form to apply to criminal fraud. When asked what he meant by "criminal fraud," as specified in these forms, he could reply: "Pretending one thing and practising another" — a very felicitous definition, as one might expect from an expert in making them. Pythius, therefore, and all others who do one thing while they pretend another are faithless, dishonest, and unprincipled p331scoundrels. No act of theirs can be expedient, when what they do is tainted with so many vices."*
69. BIONDI, Biondo. **Istituzioni di Diritto Romano**. Milão: Dott. A. Giuffrè, 1946, p. 148, assim trata da *actio doli:* "nesse sentido, esclarece: "Quando questi accorgimenti risultarono insuficienti, il pretore Aquilio Gallo nel 688 a.n. introdusse l'actio doli, la quale configura il dolo come delito privato. L'azione può esecitarsi contro l'autore del dolo (contraente o terzo), è penale, esperibile entro l'anno ed intrasmissibile agli eredi; há come oggetto il pieno risarcimento a titolo di pena; è infamante e per questo suo carattere, che la rende assai grave, è sussidiaria, vale a dire può esercitarsi solo nel caso che il danneggiato non possa esperire qualche altro mezzo giuridico."
70. CORREIA, Alexandre e SCIASCIA, Gaetano. **Manual de direito romano** – v. I. 2 ed. São Paulo: Saraiva, 1953, p. 79.

Trabucchi[71], nessa esteira, suscita interessante questão, que poderia infirmar a utilidade do dolo: seria o vício estudado desnecessário, quando possível o desfazimento do negócio pela simples incidência do erro? A resposta é não, pois existem razões de ordem prática que tornam mais fácil a prova do dolo, sem mencionar a maior facilidade de ser deduzido em juízo em conjunto com o pleito de ressarcimento da vítima do defeito.

A esse dado, poderíamos acrescentar outro: o critério da especialidade. A lei estabelece que, quando o erro for provocado por artifícios maliciosos, subsume-se, à prática, defeito específico do negócio jurídico e não o genérico vício do erro. Este, quando muito, pode ser lembrado de forma subsidiária, ou seja, o enganado deve pedir o desfazimento do defeito por dolo e, caso o magistrado não se convença de haver sucedido um golpe que induziu ao equívoco a vítima, ao menos um espontâneo erro poderia ter acontecido.

No entanto, ambos se aproximam quanto à diferença entre suas modalidades essenciais e acidentais. Os dois defeitos são considerados essenciais ou principais quando o declarante não praticaria o negócio, se soubesse estar sendo vítima do respectivo defeito. A consequência, portanto, em tais casos, é da anulabilidade do negócio celebrado. Já quando acidentais, tanto no dolo, quanto no erro, o declarante levaria adiante a prática do negócio, ainda que percebesse estar sendo vitimado pelo vício, embora o fizesse de forma diferente, razão pela qual a consequência que se faz sentir, nessas hipóteses, é a manutenção do negócio, seguida de eventual compensação do lesado pelos prejuízos advindos do negócio defeituoso.

Não se pense, todavia, que os artifícios astuciosos que conduzem ao dolo decorram sempre de atuação positiva. Existe o chamado dolo por omissão, que se dá quando uma parte maliciosamente cala a fim de que a outra, por erro, celebre negócio distinto do que esta almejava.

O Código Civil de Portugal excepciona, em seu 253º artigo, segunda parte, práticas que não se podem considerar dolosas. Vejamos:

---

71. TRABUCCHI, Alberto. **Istituzioni di Diritto Civile**. 4 ed. Milão: CEDAM, 1948, p. 129/130, nesse sentido, assevera: "Il dolo, adunque, porta il deceptus in errore. Ma se ne fa una considerazione a parte, perchè anche qui, com e per la violenza, si valuta il fatto nel suo complesso: nella vittima ci sarà il vizio dei volere, ma tale vizio è rilevante soltanto perchè prodotto da una particolare specifica attività illecita di un deceptor. Circa la provenienza del dolo, vige una regola diversa da quella che abbiamo visto per la violenza: il vizio deve essere prococato da un terzo, è almeno necessario che il raggiro sia noto al contraente che ne ha tratto vantaggio (1439) A questo punto chiediamo: se tra i vizi del volere c'è già l'errore, non basterebbe come causa di annullabilità dei negozi? Che l'errore sia spontaneo o provocato, è pur sempre errore. Si risponde che l'errore è vizio del volere, causa di annullabilità, soltanto nei limiti ristretti in cui la legge lo riconosce, mentre qualunque errore (sui semplici motivi, sul valore, sulla persona) purchè sia determinante del volere, è sempre causa di annullamento quando sia stato causato dal malizioso raggiro altrui. Per di più non mancano ragioni pratiche, di economia, che possono consigliare l'annullamento per dolo anche quando siano presenti i requisiti dell'errore-vizio. Può essere più facile la prova; ed inoltre com l'annullamento per tale titolo é connesso il risarcimento contro l'autore dell'illecito raggiro."

2. Não constituem dolo ilícito as sugestões ou artifícios usuais, considerados legítimos segundo as concepções dominantes no comércio jurídico, nem a dissimulação do erro, quando nenhum dever de elucidar o declarante resulte da lei, de estipulação negocial ou daquelas concepções.

Percebe-se que a primeira determinação do dispositivo transcrito versa sobre o chamado *dolus bonus*, ou seja, a utilização de práticas comerciais aceitáveis, em que um determinado bem ou serviço é enaltecido. O exemplo é o de se anunciar a "venda do melhor automóvel disponível no mercado", ou se chamar outra parte para celebrar o "melhor negócio do mundo". Atente-se que o exagero dos anúncios não é capaz, por si, de induzir em erro seja quem for.

No Brasil, nas relações jurídicas civis, não regidas pelo Código de Defesa do Consumidor, embora não haja dispositivo expresso sobre a questão, a licitude da prática do *dolus bonus* decorre naturalmente da aplicação do conceito de defeito estudado, porquanto só se enquadraria na definição desse vício aquilo que fosse capaz, por maliciosa astúcia, de influenciar decisivamente as decisões da outra parte, a ponto de levá-la à celebração de negócio por ela não almejado. Nas relações de consumo, a malícia dos fornecedores de serviço que induzem os consumidores ao cometimento de equívocos é coibida sobretudo pela vedação à publicidade enganosa e abusiva, devendo os regramentos do dolo serem aplicados de forma subsidiária, quando insuficiente a proteção conferida pelo artigo 37 do Código de Defesa do Consumidor, cuja redação se transcreve *infra*:

Art. 37. É proibida toda publicidade enganosa ou abusiva.

§ 1° É enganosa qualquer modalidade de informação ou comunicação de caráter publicitário, inteira ou parcialmente falsa, ou, por qualquer outro modo, mesmo por omissão, capaz de induzir em erro o consumidor a respeito da natureza, características, qualidade, quantidade, propriedades, origem, preço e quaisquer outros dados sobre produtos e serviços.

§ 2° É abusiva, dentre outras a publicidade discriminatória de qualquer natureza, a que incite à violência, explore o medo ou a superstição, se aproveite da deficiência de julgamento e experiência da criança, desrespeita valores ambientais, ou que seja capaz de induzir o consumidor a se comportar de forma prejudicial ou perigosa à sua saúde ou segurança.

§ 3° Para os efeitos deste código, a publicidade é enganosa por omissão quando deixar de informar sobre dado essencial do produto ou serviço.

Pois bem. Volvamos ao enfrentamento do dolo por omissão. Em Portugal, esclarece Carlos Alberto da Mota Pinto, com lastro no já transcrito artigo 253°, segunda parte, que o dolo por omissão só será ilícito se houver dever de elucidar atribuído ao declarante, o que não ocorreria, segundo ele, em negócios especulativos (investimentos em bolsa de valores) "por se dever atender ao risco com que as partes operam".[72]

Embora não haja regra expressa a respeito, no direito brasileiro, a doutrina caminha no sentido de reconhecer o dolo por omissão quando houver o dever de

72. PINTO, Carlos Alberto da Mota. **Teoria geral do direito civil**. 3 ed. Coimbra: Coimbra, 1999, p. 519.

esclarecimento, ainda que genérico e derivado de postulados de boa-fé[73],. Fora dessas hipóteses, não haveria dolo negativo ilícito, mas, quando muito, apenas erro do declarante.

Percebe-se, na realidade, certa proximidade entre o erro cognoscível e o dolo por omissão. Na prática, não raro, os dois devem ser difíceis de serem extremados. A diferença entre as duas figuras, porém, do ponto de vista abstrato, assenta-se no fato de que só haverá dolo negativo quando o declaratário tenha o dever de esclarecer a outra parte, mas, maliciosamente, cala, deixando-a errar. No erro, o declarante já se encontrava em equívoco antes, podendo o declaratário, no entanto, perceber que um erro *estava em curso*. Em outras palavras: no dolo por omissão, o sujeito erra porque a outra parte calou e, no erro, o agente já estava errando e, durante esse período, o outro partícipe do negócio tão somente poderia perceber que um vício na manifestação de vontade tomava lugar.

Outra interessante modalidade de dolo é o aquele praticado por terceiro. Embora amplamente aceito por nossa doutrina e jurisprudência, há quem não lhe empreste simpatia. Entre os franceses, Colin e Capitant[74] refutam sua aplicabilidade a partir da leitura do artigo 1.116 da versão primeira do Código Civil da França, que determina ser o dolo causa de nulidade do contrato quando as manobras praticadas por uma das partes sejam tais que resulte evidente que, sem elas, a outra não haveria celebrado a avença[75].

Certamente, sua conclusão não mais seria a mesma, tendo em vista a parte final da hodierna redação do artigo 1.138 do Código da França, que assim dispõe:

> Art. 1.138. O dolo é igualmente constituído se proveniente do representante, gestor de negócios, preposto ou fiador do contratante.
> Ele também remanesce quando emanado de um terceiro conivente.

A legislação gaulesa, assim nos parece, diante da redação acima exposta, rendeu-se à teoria do dolo de terceiro, já, há muito, por nós abraçada.

Ocorre que, controvérsias à parte, ao menos entre nós, parece que o vício em comento prosperou. Imaginemos o seguinte exemplo. Jair quer vender um relógio

---

73. PONTES DE MIRANDA, Francisco Cavalcanti. **Tratado de directo privado** – tomo IV. Campinas: Bookseller, 2000, p. 394.
74. COLIN, A., CAPITANT, H. **Curso elemental de derecho civil**. Madrid: Reus, 1975, p. 214/215 negam a possibilidade de dolo praticado por terceiro no seguinte trecho: "Cuando el acto jurídico es una convención, el artículo 1.116 exige una condición particular para que exista vicio de la voluntad, a saber, que el dolo se haya cometido por uma de las partes contra la outra, o al menos que haya sido cómplice una de las partes. Si el dolo ha sido obra exclusiva de um tercero, la víctima, si bien puede reclamar al culpable uma indemnización por daños y perjuicios, no tiene derecho a pedir la nulidad de la convención.".
75. O Código Civil da França, após 2016, passou a ter a seguinte redação a tratar de dolo: "Article 1138 En savoir plus sur cet article... Modifié par Ordonnance n°2016-131 du 10 février 2016 – art. 2(...) Le dol est également constitué s'il émane du représentant, gérant d'affaires, préposé ou porte-fort du contractant. Il l'est encore lorsqu'il émane d'un tiers de connivence.

que lhe pertence, mas que não lhe tem mais utilidade. Desacreditado em sua comunidade, por saberem do péssimo hábito de vender seus bens usados que funcionam mal, pede, mediante pagamento, o auxílio de José para alienar o bem. José tenta convencer Paula, sua amiga íntima que reside em outra cidade e que, por esse motivo, desconhece tanto a relação de amizade entre José e Jair quanto a má fama deste último, a adquirir o bem, para dá-lo de presente a Renato, pai da vítima do golpe.

Motivado pela promessa de ganhos financeiros que lhe fora feita, José procura Paula e diz conhecer pessoa idônea, chamada Jair, que está vendendo um ótimo relógio. Passa, então, a mentir sobre as especificações técnicas do objeto, alegando, ainda, que este seria capaz de sincronizar com o celular do pai de Paula.

Comprado o bem, ele não apenas se mostrou de qualidade inferior à prometida, como incompatível com o aparelho celular do pai de Paula. Constatado o ludíbrio de Paula, há de se indagar: Paula poderia invocar dolo para desfazer o negócio entabulado?

O artigo 148 de nossa lei civil fornece a resposta. Vejamos:

> Art. 148. Pode também ser anulado o negócio jurídico por dolo de terceiro, se a parte a quem aproveite dele tivesse ou devesse ter conhecimento; em caso contrário, ainda que subsista o negócio jurídico, o terceiro responderá por todas as perdas e danos da parte a quem ludibriou.

No nosso exemplo, Paula foi enganada, e, portanto, vítima do golpe. Houve dolo. A pergunta que se faz é – o dolo foi direto (do beneficiário) ou derivou de artifícios de outrem (sendo, pois, de terceiro)? Evidentemente, derivou de artifícios de terceiro. Por fim, indaga-se: sendo de terceiro, a anulação do negócio seria possível? A resposta, quando levado nosso exemplo em consideração, é sim, vez que o beneficiário do negócio sabia ou podia saber que o golpe fora aplicado. Frise-se: não é necessário que o celebrante beneficiado *saiba* do dolo, bastando apenas que *possa saber* que o vício existia, algo que facilita tremendamente a prova exigida para a configuração do defeito.

Imagine-se, contudo, exemplo diverso. Pedro almeja, por puro espírito emulativo, levar João a comprar um acessório incompatível com o computador do último, vendido por Eustáquio, que não conhecia qualquer um dos dois. Inventa, assim, atributos inexistentes para o objeto, tão somente para convencer a vítima a comprá-lo. Exitoso o ardil, João se dirige a Eustáquio, sem informar que tinha um computador incompatível com a peça, compra o inútil aparelho. Seria plausível o desfazimento do negócio por dolo de terceiro?

Entendemos que não, pois, embora tenha sido vítima de artifícios maliciosos praticados por terceiro, João adquiriu o bem de Eustáquio, que não sabia e nem tinha como saber do golpe que fora aplicado. Resta ao primeiro mover ação de perdas e danos contra o terceiro, que maliciosamente o induzira a celebrar o negócio, ou seja, contra Pedro.

O Código Civil de Portugal também contempla a hipótese no artigo 254, segunda parte:

> ARTIGO 254º
>
> (Efeitos do dolo)
>
> (...)
>
> 2. Quando o dolo provier de terceiro, a declaração só é anulável se o destinatário tinha ou devia ter conhecimento dele; mas, se alguém tiver adquirido directamente algum direito por virtude da declaração, esta é anulável em relação ao beneficiário, se tiver sido ele o autor do dolo ou se o conhecia ou devia ter conhecido.

A legislação lusitana estabelece duas hipóteses para o caso de dolo de terceiro. Na primeira parte dele, o regramento é semelhante ao que já analisamos no artigo 148 de nosso Código. Esclarece, todavia, Carlos Alberto da Mota Pinto[76], quanto à segunda parte do dispositivo, com base em exemplo em que A doa algo para B, com encargo de prestação a favor de C, que o doador poderá invalidar o negócio na parte tocante ao beneficiário do *modus* (C), no caso de o último poder haver conhecido o dolo levado a efeito por B. Atente-se, porém, que, quanto à parte final do artigo 254º, 2, no Brasil, mostra-se irrelevante que o defeito seja cognoscível por C, vez que, tratando-se de dolo direto da parte, bastaria fossem utilizados artifícios maliciosos por B, capazes de induzir em erro A, para que o negócio já fosse, por si, anulável.

Cabe, ademais, ser apreciado o dolo do representante. O nosso Código trata de duas situações: o dolo do representante legal e o dolo do representante convencional, emprestando-lhes consequências distintas. Vejamos:

> Art. 149. O dolo do representante legal de uma das partes só obriga o representado a responder civilmente até a importância do proveito que teve; se, porém, o dolo for do representante convencional, o representado responderá solidariamente com ele por perdas e danos.

O dolo do representante, embora de maneira mais ampla, está também disciplinado na nova redação do artigo 1.138 do Código Civil da França:

> Art. 1.138. O dolo é igualmente constituído se proveniente do representante, gestor de negócios, preposto ou fiador do contratante.

Volvamos ao caso brasileiro. Aqui, há que se diferenciar o dolo do representante legal daquele cometido pelo representante convencional.

Na primeira hipótese – do representante legal – responderá o representado apenas até o limite do proveito que teve. Imaginemos dois exemplos para se ilustrar o que regula a lei. Pensemos, para ambos, num pai dado a enganar outras pessoas para obter vantagens para si e para seus parentes. Imaginemos ainda que esse genitor tenha convencido um grande empresário a fazer gigantesca doação para o seu

76. PINTO, Carlos Alberto da Mota. Teoria geral do direito civil. 3 ed. Coimbra: Coimbra, 1999, p. 523.

filho, menor impúbere, porquanto supostamente acometido por grave (porém falsa) modalidade de câncer.

Pois bem. Logrando êxito em obter a doação, imaginemos que tenha aplicado de duas formas esses valores. O fraudador, primeiramente, comprou um apartamento para o filho, pensando em deixá-lo amparado. Com o restante do dinheiro obtido, porém, viajou com sua concubina para o Caribe.

Indaga-se: houve, nas duas situações, dolo? A resposta é positiva. Mas, se dolo houve, foi do menor ou do seu representante? Obviamente do representante. Por fim, a pergunta que mais interessa: havendo dolo do representante, o menor responderia? Aqui, a divisão dos dois casos nos remete a soluções distintas. Na primeira aplicação dos recursos da doação, maliciosamente obtida, o proveito econômico foi revertido em favor do infante. Assim, na forma do artigo 149, o menor responderá pelo dolo do representante até o limite do proveito granjeado, ou seja, do apartamento que lhe foi comprado. Justa a solução, pois não se poderia tolerar que experimentasse enriquecimento sem causa. Quanto à segunda situação, da utilização dos valores da fraude para a realização de viagem com a concubina, fica evidente que o proveito não foi revertido em favor do representado. Logo a criança não responderá por esse proveito, visto que somente dele se aproveitou o representante, i.e., o seu pai.

Mas o dolo pode ser do representante convencional. Nessa hipótese, o representado responderá objetivamente, pelo risco da sua escolha, podendo haver, em regresso, aquilo que houver sido obrigado a indenizar às eventuais vítimas dos artifícios maliciosos do representante.

Não se olvide, por derradeiro, a existência do chamado dolo recíproco, bilateral ou enantiomorfo, previsto no artigo 150:

> Art. 150. Se ambas as partes procederem com dolo, nenhuma pode alegá-lo para anular o negócio, ou reclamar indenização.

O regramento tem clara inspiração romana, como se pode depreender do seguinte fragmento do Digesto[77]: "Se dois houverem obrado com *dolus malus*, não exercitarão reciprocamente a ação de dolo."

Bom lembrar, no entanto, que algumas nações se afastaram da solução acima transcrita, como Portugal, que consagrou em seu Código Civil:

> ARTIGO 254º
> (Efeitos do dolo)
> 1. O declarante cuja vontade tenha sido determinada por dolo pode anular a declaração; a anulabilidade não é excluída pelo facto de o dolo ser bilateral.

77. *D.4, 3, 86. [37.] MARCIANUS libro II. Regularum.- Si duo dolo malo fecerint, invicem de dolo non agent.*

O preceito moral que obsta seja invocado reciprocamente o dolo bilateral repousa na torpeza de agente, que também haveria adotado comportamento astucioso, de se beneficiar pela anulação do negócio. Atente-se que igual princípio norteia o reconhecimento do ***tu quoque*** como modalidade de abuso de direito, o que oportunamente será apreciado com mais vagar.

Abordados os principais aspectos sobre o dolo, avancemos para a análise da coação.

A coação – aspectos introdutórios. Quando tratamos de coação, defeito do negócio jurídico, não nos referimos ao que os romanos chamavam de *vis absoluta,* hoje conhecida como coação absoluta ou física, mas à *vis compulsiva,* à que nos referimos como coação moral ou relativa.

Na primeira, a vontade da vítima é inexistente, porquanto totalmente substituída pela do algoz. Ocorre, por exemplo, quando, numa votação, a pessoa ao lado levanta, à força, o braço de um dos votantes, fazendo com que seja computado um voto que, de outra maneira, não seria dado a favor da tese que se almeja aprovar. Nessa espécie de coação, *vis absoluta,* a mácula incidente sobre o evento é de tal modo grave que implica a inexistência do negócio, porquanto ausente qualquer traço de vontade do pretenso declarante.

Hipótese distinta, porém, ocorre quando alguém termina por compelir outra pessoa a firmar um contrato consigo, sob pena de, fizessem se recusando a fazê-lo, seria morta. Nesse caso, a vítima, ela própria, expressou uma vontade, viciada, é verdade, mas a expressou. A consequência para tal evento é a anulabilidade do pacto celebrado.

Existem situações limítrofes, é bem verdade. Venosa[78] afirma que se um agente aponta uma arma para outro, a fim de levá-lo à consecução de um dado negócio jurídico, estaríamos diante de coação absoluta. Sílvio Rodrigues[79], no entanto, usa exemplo muito semelhante para ensinar que, na hipótese de assalto, quando o meliante saca a arma, ainda há um resquício de vontade da vítima ao passar-lhe a bolsa. É ela quem pratica o ato da entrega, ainda que viciado, sendo, portanto, caso de *vis compulsiva.*

Filiamo-nos à linha de pensamento de Sílvio Rodrigues. Seu raciocínio é mais seguro. Afinal, incertezas no posicionamento anterior poderiam surgir, pelo tipo de arma utilizada, pela distância entre os agentes, pelo histórico do algoz, enfim, por diversas variáveis que poderiam dificultar concluirmos se o incidente nos remeteria à coação física ou moral. A explicação de Sílvio Rodrigues é mais simples e reta. Se a atuação de um agente foi *TOTALMENTE* substituída pela de outro, apenas aí haverá a *vis absoluta,* porquanto somente nessa hipótese é que ocorrerá a falta da vontade da vítima no evento. Nos outros casos, o ato de vontade remanesce, porém, viciado.

78. VENOSA, Sílvio de Salvo. **Direito Civil** – Parte Geral. São Paulo: Atlas, 2001, p. 434.
79. RODRIGUES, Sílvio – **Direito Civil** – Parte Geral v. 1. 32 ed. São Paulo: Saraiva, 2002, p. 200.

Essa percepção já tinham os romanos. Os contornos gerais do defeito que se estuda podem ser extraídos do seguinte fragmento do *Corpus Iuris Civiles*[80]:

> Se constrangido por medo, aceito uma herança, acho que me faço herdeiro, porque ainda que tivesse liberedade, não teria querido, mas, coagido quis, contudo, eu deveria receber uma ordem de restituição do Pretor, para que se me desse o poder de rejeitar a herança.

Não por outro motivo, em casos de coação moral, o *ius civile* considerava o ato válido, mas o pretor, com o passar dos anos, introduziu os seguintes meios para proteger a vítima da violência: *actio quod metus causa*, concedida contra o autor da violência e contra o terceiro adquirente da coisa extorquida; a *exceptio metus*, deduzida para paralisar a pretensão do autor da violência para fazer valer o negócio que indevidamente impusera à vítima; e a *restitutio in integrum*, utilizada para se declarar não realizado o negócio extorquido por violência, impondo a devolução do bem indevidamente obtido[81].

Nos dias de hoje, a doutrina arrola alguns requisitos para que se considere a ocorrência da *vis compulsiva*. Passemos ao estudo deles.

A coação moral – requisitos. Os requisitos da coação podem ser deduzidos da leitura dos artigos 151 e 152 do Código Civil:

> Art. 151. A coação, para viciar a declaração da vontade, há de ser tal que incuta ao paciente fundado temor de dano iminente e considerável à sua pessoa, à sua família, ou aos seus bens.
>
> Parágrafo único. Se disser respeito a pessoa não pertencente à família do paciente, o juiz, com base nas circunstâncias, decidirá se houve coação.
>
> Art. 152. No apreciar a coação, ter-se-ão em conta o sexo, a idade, a condição, a saúde, o temperamento do paciente e todas as demais circunstâncias que possam influir na gravidade dela.

Cinco são os requisitos deduzidos da leitura dos dispositivos acima reproduzidos: a) o vício deve ser a causa determinante do negócio; b) deve incutir na vítima temor justificado; c) o temor deve dizer respeito a dano iminente; d) o dano deve ser considerável; e) e, por fim, o dano deve dizer respeito à vítima, ou aos seus bens, a alguém de sua família ou justificadamente a terceiro[82]. Enfrentemo-los.

O primeiro requisito desenha uma relação de causa e efeito entre o negócio praticado e a ameaça levada a efeito. Em outras palavras, pode-se afirmar que, se a vítima não houvesse sido vítima da *vis compulsiva*, não praticaria o ato.

---

80. *D.4, 2, 21, 5. PAULUS, libro XI ad Edictum. – (...) §5. Si metu coactus adii heroitatem, puto me heredem effici, quia, quamvis, si liberum esset, noluissem, tamen coactus volui; sed por Praetotorem restituendus sum, ut abstinendi mihi potestas tribuatur.*

81. CORREIA, Alexandre e SCIASCIA, Gaetano. **Manual de direito romano** – v. I. 2 ed. São Paulo: Saraiva, 1953, p. 80.

82. BARROS MONTEIRO, Washington de. **Curso de directo civil** – parte geral. 41 ed. São Paulo: Saraiva, 2007, p. 245.

Já o segundo requisito nos remete às duas palavras usadas nas fontes romanas para designar o defeito estudado: *vis*, como já vimos, e *metus*. *Metus* é o medo acarretado na pessoa vitimada pelo vício. Lembremos que, se a violência mecanicamente conduzir à prática de qualquer negócio, deixaremos de estar diante de defeito do negócio jurídico estudado, para nos defrontarmos com a já analisada hipótese de inexistência do negócio chamada de *vis absoluta*[83]. Em outras palavras, tão importante quanto a ameaça levada a cabo, temos o medo que esta é capaz de incutir. Pensemos no seguinte exemplo: exasperado, no auge da raiva, um senhor de oitenta anos, franzino e adoentado, afirma que irá bater num jovem campeão de artes marciais, se o último não firmar, com o primeiro, determinada avença. Percebe-se inegavelmente que houve uma ameaça. Ela, todavia, seria incapaz de gerar temor no jovem lutador. No entanto, se invertermos o exemplo, e a ameaça partir do mais jovem contra o senhor alquebrado, o defeito ocorrerá a contaminar a avença firmada.

Não por outro motivo, o artigo 152 nos lembra que, ao apreciar-se a coação, ter-se-ão em conta o sexo, a idade, a condição, a saúde, o temperamento do paciente e todas as demais circunstâncias que possam influir na gravidade dela. A avaliação da incidência e do grau de incidência de cada uma dessas variáveis relativas à coação é fundamental, porque, somente assim é possível analisar se a ameaça foi capaz de gerar suficiente temor na vítima.

Além disso, o dano deve ser considerável e iminente. A gravidade do dano pode ser de ordem moral ou patrimonial. A ideia é relativamente simples. A outra face da moeda representada pela ameaça é o temor gerado. Um dano que não seja considerável não pode levar à prática de negócio jurídico. Em outras palavras, há de cotejar-se os contornos do negócio praticado e o teor da ameaça. Apenas se a última for mais grave do que os prejuízos resultantes da celebração do negócio que se pretende anular, é que se estará perante o vício em apreço. Percebe-se, assim, que ameaças aos direitos de personalidade do agente ou de pessoas que lhe sejam próximas devem ser sopesados caso a caso para se perscrutar a sua efetiva gravidade. Já danos ao patrimônio podem objetivamente ser comparados àquilo que se pretende anular: sendo mais extensos do que o ato anulável, configura-se o vício. Na hipótese contrária, tal não ocorrerá.

Igualmente não haverá coação nas hipóteses de ameaça de exercício regular de direito e de temor reverencial, como indica o artigo 153 do Código Civil. No primeiro caso – ameaça de exercício regular de direito – para a licitude da ameaça,

83. SCIALOJA, Vittorio. **Negozi Giuridici**. Roma: Foro Italiano, 1950, p. 320, é feliz ao afirmar: "Innanzi tutto due parole sulla terminología: alla nostra parola *violenza* ne corrispondono due nelle fonti: *vis* e *metus*, che non sono altro che i due aspetti della medesima cosa. *Vis* è la violenza in quanto si riferisce all'atto di colui che apporta questa violenza; *metus* è la paura che si incute nell'animo di colui che è violentato. V'è un caso in cui la *vis* opera meccanicamente. I moderni hanno distintoquesta specie di violenza col nome di *violenza assoluta (vis absoluta)*, chiamando *vis compulsiva* la *vis* che esercita la sua eficacia per mezzo del *metus* che è eccitato nell'animo del violentato. La prima è violenza materiale, e referendoci alla nostra materia dei negozi giuridici, l'atto di dichiarazione di volontà è materialmente proprio l'effetto della violenza usata."

não basta que o ato que constitui seu objeto seja permitido, tampouco que seja uma prática jurídica tolerada, nem que o resultado dele advindo seja, em si, lícito. Há de perquirir-se se o ato invocado para compelir o paciente a praticar determinado negócio é o meio hábil para juridicamente se levar o paciente a fazê-lo, ou se não guardam, entre si, relação de causa e efeito[84].

Tomemos, como exemplo, a hipótese em que uma pessoa tenta se beneficiar com a feitura de contrato civil, ameaçando a outra parte a celebrá-lo, sob pena de denunciar crime outrora praticado pelo último e que não guarda a menor relação de causa e efeito com a avença que se pretende firmar. Nesse caso, o contrato seria anulável por coação, por mais que a denúncia de crime, em si, seja ato lícito. O defeito não ocorrerá, por outro lado, se uma pessoa exigir o pagamento de dívida, sob pena de execução do título de crédito que a incorpora. Com efeito, essa exigência se delineia como hipótese de exercício regular de direito, de modo que não pode ser tida como coação de qualquer espécie.

Outra situação que não se confunde com a coação é o temor reverencial. Entende-se por temor reverencial o respeito exagerado que uma parte dedica à outra, a ponto de não desejar desapontá-la. Interessante caso foi levado ao Supremo Tribunal Federal ainda na década de setenta do século passado, quando, no Brasil, ainda não existia sequer o instituto do divórcio[85] em nosso ordenamento jurídico. Hoje em dia, sabidamente, não há muita dificuldade de divórcio após o advento da Emenda Constitucional nº 66/2010.

Uma moça, naquela oportunidade, afirmou que, após haver fugido com o namorado, fora supostamente obrigada a casar-se por determinação coativa do autoritário pai. Prevaleceu, porém, que não houve prova de que o fato estaria subsumido na hipótese de coação, mas de mero temor reverencial, mormente se levado em consideração que a moça era de "fino trato e boa educação, com 27 anos, concluinte do 2º ciclo e já universitária", características que tornavam improvável que se apavorasse diante da figura do pai, a ponto de contrair matrimônio que, de fato, não almejasse.

A figura fulcral do julgado, portanto, foi o temor que possuía por seu genitor. Não se demonstrou, porém, que este exercera sobre a filha qualquer ameaça con-

---

84. OERTMANN, Paul. **Introducción al Derecho Civil**. Barcelona: Labor, 1933, p. 253 afirma: "En cambio, para la licitud de la amenza no basta con que el acto que constituye su objeto esté, por su parte, permitido, ni siquiera con que constituya una práctica jurídica, ni que el resultado perseguido sea también en si lícito y aun acaso susceptible de coacción jurídica ejercida por otros procedimentos. Es más, ni aún la combinación de esas dos circunstancias hace variar la situación en lo más mínimo. Así, la denuncia de un delito es cosa lícita y es indudable también el derecho a exigir que se hagan efectivas las deudas, a pesar de lo cual podría constituir una amenaza injusta el hecho de que una persona amenazase a otra con denunciarle por un delito que realmente hubiera ésta cometido, para determinarle así a que le pagara una deuda.

85. BRASIL. Supremo Tribunal Federal. RE 78286, Relator(a): Min. OSWALDO TRIGUEIRO, Primeira Turma, julgado em 30/04/1974, DJ 07-06-1974 PP-03937 EMENT VOL-00950-01 PP-00574: "Casamento. Pedido de anulação julgado improcedente, porque o temor reverencial, por si só, não importa em coação. Recurso extraordinário não conhecido, por não configurado o dissídio de jurisprudência.".

creta. Ela só se casou com o namorado pelo respeito, quiçá medo, que tinha pelo pai, não havendo, portanto, sido provada a coação. Em última análise, não restou configura a coação por haver enquadramento no assim chamado temor reverencial, de modo que não se anulou o negócio jurídico em tela, o casamento, com base na alegada coação da filha.

A coação, por fim, além de ser praticada pelo próprio beneficiário do negócio, pode ser oriunda de terceiro, como se depreende da leitura dos dois artigos a seguir transcritos:

> Art. 154. Vicia o negócio jurídico a coação exercida por terceiro, se dela tivesse ou devesse ter conhecimento a parte a que aproveite, e esta responderá solidariamente com aquele por perdas e danos.
>
> Art. 155. Subsistirá o negócio jurídico, se a coação decorrer de terceiro, sem que a parte a que aproveite dela tivesse ou devesse ter conhecimento; mas o autor da coação responderá por todas as perdas e danos que houver causado ao coacto.

Os dispositivos transcritos seguem a mesma lógica do dolo praticado por terceiro. Existe uma pequena diferença, todavia, que, assim acreditamos, não acarrete maiores reflexos práticos. Relembremos a redação do artigo 148:

> Art. 148. Pode também ser anulado o negócio jurídico por dolo de terceiro, se a parte a quem aproveite dele tivesse ou devesse ter conhecimento; em caso contrário, ainda que subsista o negócio jurídico, o terceiro responderá por todas as perdas e danos da parte a quem ludibriou.

Uma leitura açodada faria acreditar que, na hipótese de dolo, só se buscaria a reparação pelas perdas e danos, se a conduta de terceiro não invalidasse o negócio. Na coação, porém, quando a conduta alheia for invalidante, além da anulabilidade, o beneficiário poderia responder solidariamente por perdas e danos.

A conclusão, como asseverado, é equivocada. O fato de garantir-se, na hipótese de coação de terceiro, a responsabilização adicional por perdas e danos, para além da anulabilidade, não exclui igual consequência na hipótese de dolo. Em realidade, tal decorrência não necessitaria sequer de norma expressa, pois deriva do sistema geral de responsabilização civil, insculpida nos artigos 186, 927 e 942 da norma civil. Assim, a distinção entre as duas hipóteses é mais aparente do que real.

No mais, a lógica da anulabilidade por coação de terceiro é muito simples: se o beneficiário do negócio soubesse ou pudesse saber que este seria consequência da *vis compulsiva* proveniente de terceiro, o negócio poderá ser invalidado. Caso contrário, não há anulação, mas há possibilidade de reparação indenizatória por perdas e danos.

O estado de perigo. Aproximando-se da coação, temos outro importante vício de consentimento: o estado de perigo. O ponto de contato entre os dois, a deformar a emissão volitiva é o medo. Afastam-se, entre si, como bem pontua José de Oliveira Ascensão[86], pois o defeito cujo estudo se inicia decorre de "fatos exteriores". Enten-

86. ASCENSÃO, José de Oliveira. Direito Civil – Teoria Geral – v. II. 2 ed. Coimbra: Coimbra, 2000, p. 163.

de-se, pois, por estado de perigo o vício do negócio por meio do qual uma pessoa, premida da necessidade de salvar-se de risco conhecido pela outra parte, assume obrigação excessivamente onerosa (como preceitua o artigo 156 do Código Civil). O Código Civil italiano, desde a década de 40 do século anterior, já o previa[87]:

> Art. 1.447. Contrato concluído em estado de perigo
>
> O contrato pelo qual uma parte tenha assumido obrigação sob condição iníqua, pela necessidade, percebida pela contraparte, de salvar a si ou a outrem de perigo atual de dano grave contra a pessoa, pode ser rescindido a pedido da parte que se obrigou a fazê-lo. O juiz , ao pronunciar a rescisão, pode, segundo as circunstâncias, fixar uma equitativa compensação à outra parte pelo que se prestou.

O Código Civil lusitano, ao seu turno, insere o estado de perigo como uma modalidade de negócio usurário, no mesmo artigo em que prevê hipóteses de lesão:

> ARTIGO 282º
>
> (Negócios usurários)
>
> É anulável, por usura, o negócio jurídico, quando alguém, explorando **A SITUAÇÃO DE NECESSIDADE**, inexperiência, ligeireza, dependência, estado mental ou fraqueza de carácter de outrem, obtiver deste, para si ou para terceiro, a promessa ou a concessão de benefícios excessivos ou injustificados.
>
> 2. Fica ressalvado o regime especial estabelecido nos artigos 559º-A e 1146º. (grifo não constante do original)

O legislador brasileiro, todavia, preferiu extremar os institutos do estado de perigo e da lesão, mesmo após a tentativa, na Câmara dos Deputados, de supressão do primeiro defeito, por se entender que poderia ser tratado como uma modalidade do último[88]. A razão para tanto parece derivar do importante ponto de contato entre os defeitos abordados, respectivamente, nos artigos 156 e 157 do Código Civil brasileiro: ambos têm como requisito objetivo uma significativa desproporção entre uma prestação e o valor daquela que lhe deveria ser oposta (traço, aliás, que, para o direito italiano, sujeita as duas figuras a pleito rescisório e não anulatório, uma consequência não abraçada pelo Código do Brasil). Lembra Biondo Biondi[89] que a rescisão seria diferente da invalidade e teria lugar nos casos taxativamente determinados por lei

87. Tradução livre do artigo 1447 do Código Civil Italiano, a dispor: "Contratto concluso in stato di pericolo. Il contratto con cui una parte ha assunto obbligazioni a condizioni inique, per la necessità, nota alla controparte, di salvare sé o altri dal pericolo attuale di un danno grave alla persona, può esse re rescisso sulla domanda della parte che si è obbligata. Il giudice nel pronunciare la rescissione, può, secondo le circostanze, assegnare un equo compenso all'altra parte per l'opera prestata."

88. MOREIRA ALVES, José Carlos. **Parte geral do projeto de Código Civil brasileiro**. São Paulo: Saraiva, 1986, p. 143.

89. BIONDI, Biondo. **Istituzioni di Diritto Romano**. Milão: Dott. A. Giuffrè, 1946, p. 153, nesse sentido, esclarece: "Distinte dalla invalidità sono la rescissione e la revoca. La rescissione ha luogo qualora, nei casi tassativamente stabiliti dalla legge, il negozio risulti lesivo degli interessi dell'altro contraente o dei terzi e si accorda alla parte lesa un mezzo rivolto ad annulare ile negozio nei limiti in cui si verifica tale lesione."

em que a acentuada desproporção entre as prestações tivesse lugar. Trabucchi[90], por seu turno, tenta estabelecer as diferenças entre invalidade e rescindibilidade fincadas no critério de equidade, porquanto, no último caso, o negócio, em si, seria válido, embora, por ser lesivo, leve ao desfazimento do que se contratara.

Entre nós, esclarece Moreira Alves que o estado de perigo e a lesão, respectivamente, tanto se aproximam da coação e dolo, que foram tratados como vícios a acarretarem tão somente anulabilidade e não rescindibilidade[91].

Analisemos, portanto, os traços característicos do estado de perigo em nossa legislação, para, posteriormente, estudarmos a lesão e, ao final, estabelecermos as diferenças entre as duas figuras.

Estado de perigo – requisitos. O estado de perigo apresenta como requisitos: a) perigo; b) assunção de obrigação excessivamente onerosa pela parte que experimenta o perigo (que também pode afligir pessoa de sua família ou terceiro, conforme as circunstâncias do caso concreto); e c) vilania do declaratário (dolo de aproveitamento da parte beneficiada)[92].

O perigo, primeiro requisito arrolado, representa uma considerável ameaça à integridade física ou à vida da vítima. Pode ser causado por ação humana ou natural, mas, na primeira hipótese, não deve ser fruto de conduta dirigida a infligir medo a uma das partes, a fim de levá-la a celebrar, com a outra, negócio jurídico. Estaremos, em tais hipóteses, diante do já estudado defeito da coação[93].

Um exemplo ilustraria bem o que se tenta explanar. João teve o filho sequestrado. Os sequestradores pediram para que ele levantasse trezentos mil reais e depositasse o valor em conta corrente indicada pelos meliantes. Desesperado, João procura Pedro, explana a situação e vende um imóvel, cujo valor de mercado é de setecentos mil reais, por trezentos mil reais. Na hipótese imaginada, em relação ao depósito dos trezentos mil reais, na conta indicada pelos marginais, haverá coação, pois a transferência do dinheiro teve como motivo o perigo criado para que ela se concretizasse. No entanto, em relação à transação imobiliária do imóvel, cujo valor real era de setecentos mil reais, por trezentos mil, terá ocorrido estado de perigo.

Mas não apenas isso. O perigo deve ser grave e parecer real à vítima. Pensemos num mal súbito que não passou de um desmaio por má alimentação. A vítima, entretanto, antes do desmaio gritou por socorro e alardeou que estava muito mal. Diante

---

90. TRABUCCHI, Alberto. **Istituzioni di Diritto Civile**. 4 ed. Milão: CEDAM, 1948, p. 129/130, nesse sentido, assevera: "La rescissione si distingue sostanzialmente dalle due forme di invalidità di cui abbiamo parlato, perchè il suo fondamento consiste nella violazione di un criterio di sostanziale giustizia, di equità, mentre l'atto in sè risponde ai requisiti legali. Pertanto il negozio rescindibile è un negozio valido; ma il risultadto della rescissione è molto simile a quello dell'annullamento."
91. ALVES, José Carlos Moreira. **Parte geral do projeto de Código Civil brasileiro**. São Paulo: Saraiva, 1986, p. 118.
92. NADER, Paulo. **Curso de Direito Civil** – v. I. Rio de Janeiro: Forense, 2003, p. 500/501.
93. AMARAL, Francisco. **Direito civil** – introdução. 6 ed. Rio de Janeiro: Renovar, 2006, p. 502.

do quadro, sua esposa, que não era médica, tomada de temor, por nunca haver presenciado tal cena, aceitou pagar o triplo do que seria devido, a fim de que o cônjuge fosse transportado até o hospital. Lá chegando, a equipe médica atendeu o paciente e revelou para a esposa que não se tratava de nada muito grave. Perceba-se que, não obstante a inexistência de real risco de morte, experimentado pelo doente, o perigo se afigurou real para sua esposa, o que a levou à celebração de negócio extremamente desvantajoso, qual seja, o pagamento do caríssimo traslado.

O segundo critério se refere à assunção de obrigação excessivamente onerosa pela parte que experimenta o perigo. Perceba-se que não há nada de errado em se receber, por determinado negócio, seu preço corrente, ainda que uma das partes alegue que não teria dinheiro para celebrar a avença e que só o fez premida pelo perigo que presumia circundá-la. Nessa hipótese, não se identifica o defeito em análise, porquanto a vantagem experimentada pela contraparte não foi demasiada. Assim, quem autoriza a internação de parente em hospital que cobra os valores usuais de mercado, sem o último realizar serviços desnecessários, não poderá invocar o vício ora estudado[94].

O derradeiro requisito é a vilania do declaratário, também conhecido como dolo de aproveitamento. Nesse caso, há que se estabelecer um nexo causal entre a vantagem excessiva e a ciência, pelo beneficiário, do perigo experimentado pela vítima ou por terceiro. O exemplo que se pode dar é do comprador que, ao saber que o vendedor está com câncer e precisa pagar o tratamento, oferece-se para comprar imóvel da vítima por um terço do valor de mercado.

Trabalhados, portanto, os principais aspectos do estado de perigo, passemos a analisar o derradeiro vício de consentimento – a lesão.

Lesão – aspectos históricos. O defeito cujo estudo ora se inicia assemelha-se ao estado de perigo, por também envolver a assunção de obrigação extremamente

94. BRASIL. Superior Tribunal de Justiça. REsp 1680448/MG, Rel. Ministra NANCY ANDRIGHI, TERCEIRA TURMA, julgado em 22/08/2017, DJe 29/08/2017, indica tal entendimento ao asseverar: "CIVIL. PROCESSUAL CIVIL. RECURSO ESPECIAL. PRESTAÇÃO DE SERVIÇOS MÉDICO-HOSPITALARES. AÇÃO DE COBRANÇA. ESTADO DE PERIGO. OCORRÊNCIA. O estado de perigo é vício de consentimento dual, que exige para a sua caracterização, a premência da pessoa em se salvar, ou a membro de sua família e, de outra banda, a ocorrência de obrigação excessivamente onerosa, aí incluída a imposição de serviços desnecessários, conscientemente fixada pela contraparte da relação negocial. O tão só sacrifício patrimonial extremo de alguém, na busca de assegurar a sua sobrevida ou de algum familiar próximo, não caracteriza o estado de perigo, pois embora se reconheça que a conjuntura tenha premido a pessoa a se desfazer de seu patrimônio, a depauperação ocorrida foi conscientemente realizada, na busca pelo resguardo da própria integridade física, ou de familiar. Atividades empresariais voltadas especificamente para o atendimento de pessoas em condição de perigo iminente, como se dá com as emergências de hospitais particulares, não podem ser obrigadas a suportar o ônus financeiro do tratamento de todos que lá aportam em situação de risco à integridade física, ou mesmo à vida, pois esse é o público-alvo desses locais, e a atividade que desenvolvem com fins lucrativos é legítima, e detalhadamente regulamentada pelo Poder Público. Se o nosocômio não exigir, nessas circunstâncias, nenhuma paga exagerada, ou impor a utilização de serviços não necessários, ou mesmo garantias extralegais, mas se restringir a cobrar o justo e usual, pelos esforços realizados para a manutenção da vida, não há defeito no negócio jurídico que dê ensejo à sua anulação. Recurso especial provido.".

desvantajosa para uma das partes. Não por outro motivo, como já visto, o Código português, no mesmo dispositivo, sob a epígrafe "negócios usurários" estabelece os contornos desses dois vícios. As raízes históricas da lesão, porém, remontam à Antiguidade merecendo seu estudo algumas linhas, a fim de que bem possamos compreender os seus delineamentos atuais.

Lembra Caio Mário[95] que textos antigos repreendem a prática de negócios lesivos, sendo oportuna sua citação:

> Se aprofundarmos o estudo dos monumentos orientais, distanciamo-nos largamente de sua origem. Embora seja inequivocamente uma afirmação da regra moral, não se prende aos princípios birmânicos do Código de Manu, não se filia à inspiração divina da moral hebraica, não decorre da austeridade espartana, nem da elevação espiritual da filosofia grega em geral. Encontramos nos preceitos indus, coligidos por MADURA-KANDASVAMI-PULAVAR esta norma: 'A venda não aproveitará ao comprador se foi feita por um homem exaltado, por um louco etc., ou a vil preço.' Mas, como veremos, o instituto da lesão não pode, como fenômeno jurídico, prender-se a esta regra, porque sua eclosão dá-se um tanto bruscramente no *ius romanum*, desprendido de preceito que o tenha gerado em evolução natural.

Pois bem... essa é a tônica. Mesmo que preceitos morais a combaterem negócios lesivos se encontrassem em diversos escritos antigos, foi a partir da fonte romana que a teoria do defeito estudado se forjou e floresceu entre nós.

Nessa esteira, esclarece Menezes Cordeiro[96] que a origem atual do instituto examinado repousa em constituição atribuída aos imperadores romanos Diocleciano e Maximiliano, mas possivelmente interpolada, datada de 285, segundo a qual o juiz poderia intervir na hipótese de uma compra e venda ser feita a preço inadequado, aqui entendido como aquele inferior à metade do valor real da coisa. Embora essa seja a mais importante referência jurídica dos tempos de Roma, sabe-se que preceitos morais que animaram a cristalização do instituto já podiam ser depreendidos de regramentos que tratavam da *restitutio in integrum*, a *exceptio non numeratae pecuniae*[97].

A consequência da verificação da lesão, nos contratos de compra e venda, era a sua rescisão, sendo permitido ao comprador evitá-la oferecendo-se a pagar o justo preço pelo bem[98]. Na Europa medieval, duas inovações foram dignas de nota: a primeira consistente na criação da chamada *laesio enormissima*, quando o vendedor era enganado e recebia menos de um terço do valor correto, sendo considerado o

95. PEREIRA, Caio Mário da Silva. **Lesão nos contratos**. Rio de Janeiro: Forense, 1959, p. 13.
96. CORDEIRO, António Menezes. **Tratado de direito civil português** – v. I, t. I. 2 ed. Coimbra: Almedina, 2000, p. 451.
97. PEREIRA, Caio Mário da Silva. Lesão nos contratos. Rio de Janeiro: Forense, 1959, p. 16/21.
98. BIONDI, Biondo. **Istituzioni di Diritto Romano**. Milão: Dott. A. Giuffrè, 1946, p. 366, nesse sentido, esclarece: "Questi principi sono stati modificati da Giustiniano con l'introduzione dell'istituto della lesione enorme o lesione oltre la metà, per cui, nel caso di vendita di immobili, se Il venditore, a prescindere da ogni inganno, há venduto la cosa per meno della metà Del suo valore, la vendita potrà rescindersi *auctoritate iudicis*, a meno Che Il compratore non preferisca pagare Il supplemento del prezzo (quod deest iusto pretio)."

negócio inexistente e não se admitindo sequer a complementação do preço, a fim de evitar a rescisão da compra e venda; e a segunda representada pela assimilação da lesão, outrora adstrita aos contratos de compra e venda, pelos negócios usurários, servindo para o combate aos benefícios desmesurados que uma parte obtivesse em detrimento de outra[99].

Entre nós, a legislação pré-codificada repetiu o modelo romano, com alguns temperamentos, pois introduziu alguns aspectos subjetivos, como a necessidade de o comprador haver sido enganado e de exigir-se a "simpleza" de uma das partes. Além disso, percebe-se a amplitude que tomou entre nós, podendo incidir em contratos outros, além da compra e venda. Por fim, assim como o fizeram os juristas medievais, os legisladores das ordenações abraçaram, ao lado da lesão enorme, a enormíssima, embora sem conceituá-la. Vejamos como foi consagrado o instituto nas Ordenações Filipinas Ordenações Filipinas[100], contornos que, em linhas gerais, foram mantidos até a edição de nosso primeiro Código Civil:

> **Livro 4 Tit.13: Do que quer desfazer a venda, por ser enganado em mais da metade do justo preço**
>
> Posto que o contrato de compra e venda de qualquer coisa móvel, ou de raiz seja de todo perfeito, e a coisa entregue ao comprador, e o preço pago ao vendedor se for achado que o vendedor foi enganado além da metade do justo preço, pode desfazer a venda por bem do dito engano, ainda que não procedesse do comprador, mas somente se causasse da simpleza do vendedor. E poderia isso mesmo o comprador desfazer a compra, se foi pela dita maneira enganado além da metade do justo preço. E entende-se o vendedor ser enganado além da metade do justo preço, se a coisa vendida valia por verdadeira o comum estimação ao tempo do contracto dez cruzados, e foi vendida por menos de cinco. E da parte do comprador se entende ser enganado, se a cousa comprada ao tempo do contracto valia por verdadeira e geral estimação dez cruzados, e deu por ela mais de quinze.
>
> 1. E querendo o vendedor desfazer o contracto por a dita razão, ficará a escolha no comprador, ou tornar-lhe a coisa, e receber o preço, que por ela deu, ou refazer-lhe o justo preço, que se provar que valia ao tempo do contrato. E querendo o comprador desfazer o contracto por bem do dito engano, ficará a escolha ao vendedor, ou tornando-lhe o preço, que houve, e cobrar a coisa vendida, ou tornar-lhe a maioria que dele recebeu, além do que a coisa justamente valia ao tempo do contrato.
>
> (...)
>
> 6. E todo o que dito é, há lugar não somente nos contratos das compras e vendas, mas ainda nos contratos dos arrendamentos, aforamentos, escambos, transações e quaisquer outras avenças, em que se dá ou deixa uma coisa por outra.
>
> (...)
>
> 9. E posto que as partes renunciem o benefício desta Lei, ou digam nos contratos, que fazem doação da maioria, que a coisa mais valer: e posto que se diga, ou se possa provar, que sabiam o verdadeiro preço da coisa, todavia as partes poderão usar do benefício desta Lei, não sendo os

---

99. PEREIRA, Caio Mário da Silva. **Lesão nos contratos**. Rio de Janeiro: Forense, 1959, p. 60/61.
100. Ordenações Filipinas. 4, T. 13. Disponível em: <http://www1.ci.uc.pt/ihti/proj/filipinas/>. Acesso em: 30 out. 2017.

Oficiais, de que acima fazemos menção. E a tal renunciação, doação, ou certeza havemos por nenhuma, posto que nestes casos outra cousa seja determinada por Direito Comum.

10. (...) E só o engano, que se alegar e provar, for enormíssimo, restituir-se-á a coisa precisamente, com os frutos do tempo da venda em diante.

Na era da codificação, países de peso, como a França, não abandonaram o instituto. O Código Napoleão, após o período revolucionário, em que o instituto ora era suprimido (por força da crise econômica a gerar inflação e a dificultar a sua aplicação, pela incerteza do valor real dos bens), ora era permitido[101], termina por adotá-lo, ao estabelecer[102]:

Art. 1.674. Se o vendedor for lesado por mais de sete duodécimos no preço de um imóvel, ele tem o direito de solicitar a rescisão da venda, mesmo que renuncie expressamente, no contrato, à faculdade de demandar a rescisão, e que tivesse declarado doar a mais-valia.

O Código francês, embora editado em período posterior às Ordenações, tratou o instituto de forma mais tímida do que nossa antiga legislação. Em primeiro lugar, ateve-se às compras e vendas de imóveis, ao passo que nossa norma pretérita aplicava-o aos mais variados contratos.

O Código alemão, por seu turno, determina no seu parágrafo 138[103]:

§ 138 – Ato jurídico contrário à moral, usura.

(1) Um ato jurídico que for contrário à moral é nulo.

(2) É nulo, em particular, um ato jurídico pelo qual alguém, explorando a necessidade, inexperiência, falta de razoável julgamento ou fraqueza de vontade, obtenha para si ou para terceiro, em troca de uma prestação prometida ou garantida, vantagens pecuniárias claramente desproporcionais à prestação.

Percebe-se, pois, que os dois principais códigos europeus, que antecederam a edição do brasileiro de 1916, abraçaram o instituto. Na América, todavia, esse não parecia ser o espírito a animar os legisladores ao sul da Linha do Equador. Os argentinos excluíram o defeito de seu Código Civil, sob o argumento de que um contrato, sem erro, dolo ou violência, deveria ser cumprido e se os romanos criaram normas a regular a lesão, certamente não conheciam mecanismos que dinamizavam as trocas comerciais, incompatíveis com a fragilização dos negócios sob a invocação da lesão

101. PEREIRA, Caio Mário da Silva. **Lesão nos contratos**. Rio de Janeiro: Forense, 1959, p. 97.

102. Tradução livre do texto francês: "Art. 1.674. Si le vendeur a été lésé de plus de sept douzièmes dans le prix d'un immeuble, il a le droit de demander la rescision de la vente, quand même il aurait expressément renoncé dans le contrat à la faculté de demander cette rescision, et qu'il aurait déclaré donner la plus-value.".

103. Tradução livre do texto em inglês: "Section 138 – Legal transaction contrary to public policy; usury. (1) A legal transaction which is contrary to public policy is void. (2) In particular, a legal transaction is void by which a person, by exploiting the predicament, inexperience, lack of sound judgement or considerable weakness of will of another, causes himself or a third party, in exchange for an act of performance, to be promised or granted pecuniary advantages which are clearly disproportionate to the performance."

enorme ou enormíssima[104]. Tal pensamento ruiu, na Argentina, com a reforma no Código Civil levada a cabo na segunda metade do século XX, quando o instituto, no artigo 954 daquela norma, foi reinserido.

Clóvis Beviláqua, na mesma linha de nossos vizinhos platinos do século XIX, era contrário à inserção da lesão na legislação brasileira. Após a elaboração do Projeto de Código, todavia, a Comissão Revisora, em sua 34ª Reunião, datada de 5 de julho de 1900, na qual compareceram Epitácio Pessoa, O. H. de Aquino e Castro, Francisco de Paula Lacerda de Almeida e Joaquim da Costa Barradas, contra o voto do último, alinhado, no tema, com Clóvis, resolveu incluir a lesão em capítulo específico. Os juristas citados fizeram-no, contudo, não como defeito do negócio, mas como hipótese de rescisão do contrato de compra e venda. Vejamos:

> Art. Nos contratos em que se dá uma coisa por outra, há lesão enorme sempre que uma delas exceda em metade o justo valor da outra.
>
> (...)
>
> Art. À parte lesada cabe neste caso acção para rescindir o contrato sem que haja mister provar outra cousa mais que a própria desproporção de valores.

Tavares de Lira, em seu parecer sobre a inclusão do instituto no Código do Brasil, bem resumiu a oposição doutrinária que, à época, podia-se sentir quanto à lesão:

> Os arts. 1.311 a 1.319 occupam-se da lesão.
>
> Não há unidade de vistas, acordo de ideias nos códigos e entre outros jurisconsultos sobre a rescisão dos contratos por lesão.
>
> Fundando-a na equidade — *humanum est* — os romanos acceitaram-na em sua legislação. E dela foi que passou para outras codificações.
>
> Hoje a opinião inclina-se a deixar de lado essa causa da instabilidade dos contratos: ela entrega à incerteza a propriedade, originando larga fonte de litígios.
>
> Os códigos mais modernos, como o português, o argentino, o espanhol, o federal suíço, das obrigações, dão-nos a expressão da tendência atual da jurisprudência, que é por de parte as rescisões por lesões, o que já fora feito pelos códigos comerciais, que, em geral, aboliram esses privilégios nocivos à marcha célere à segurança das transacções mercantis.
>
> O Dr. Coelho Rodrigues, em seu projeto, admitiu a ação rescisória por lesão apenas em benefício do vendedor e, mesmo assim, restringiu as condições, o prazo e os meios de prova.

---

104. Versão original do Código Civil da Argentina, com notas de seu elaborador, disponível em https://archive.org/details/cdigocivildela00vl, acesso em 16/11/2017, trouxe eleucidativa explanação sobre a exclusão da lesão: "En los Códigos de Comercio no hay rescisión de las ventas por lesión enorme ó enormísima. Se dice que son mercaderías, cosas muebles; pero las cosas muebles valen tanto ó mas que las raices. Los medios de venta son los mismos, y estos medios para buscar el mayor precio, los ha facilitado la imprenta, establecimiento de corredores, las bolsas etc. rnedios desconocidos á los romanos y en el tiempo en que se hicieron las Leyes de Partida. Finalmente, dejaríamos de ser responsables de nuestras acciones, si la ley no permitiera enmendar todos nuestros errores, ó todas nuestras imprudencias. El consentimiento libre, prestado sin dolo, error ni violencia y con las solemnidades requeridas por las leyes, deben hacer irrevocables los contratos.

> O Dr. Clóvis preferiu não consignar disposições a respeito desse instituto.
>
> A Comissão Revisora, modificando o projeto primitivo, estatuiu a rescisão por lesão, não como fez o Dr. Coelho Rodrigues, mas ampliando-a também ao comprador, de conformidade com a legislação vigente.
>
> Não parece que existam vantagens na adoção dos arts. 1.311 a 1.319. Eles devem ser suprimidos, como opina o Dr. Adherbal de Carvalho.
>
> É ocioso recorrer à lesão quando há erro, dolo ou fraude e, não havendo nenhum desses vícios, é injustificável esse recurso.

Pode-se extrair, portanto, do parecer, ao final, vitorioso, que o pensamento jurídico nacional, um tanto individualista à época, não se coadunava com as razões, de cunho não apenas jurídico, mas moral, que, ao longo dos séculos, justificaram o desfazimento de negócios jurídicos em virtude da lesão.

A lacuna, todavia, não durou por muitos anos. No entanto, sua reinserção no cenário pátrio não se deu por lei de natureza civil, mas penal. No âmbito do combate à usura, o Decreto-lei nº 869/38, em seu artigo 4º, dispôs:

> Art. 4º Constitui crime da mesma natureza a usura pecuniária ou real, assim se considerando:
>
> a) cobrar juros superiores à taxa permitida por lei, ou comissão ou desconto, fixo ou percentual, sobre a quantia mutuada, além daquela taxa;
>
> b) obter ou estipular, em qualquer contrato, abusando da premente necessidade, inexperiência ou leviandade da outra parte, lucro patrimonial que exceda o quinto do valor corrente ou justo da prestação feita ou prometida.
>
> Pena: 6 meses a 2 anos de prisão celular e multa de 2:000$000 a 10:000$000.

O mesmo dispositivo foi repetido pela Lei nº 1.521/51, também no seu quarto artigo, ao dispor:

> Art. 4º. Constitui crime da mesma natureza a usura pecuniária ou real, assim se considerando:
>
> a) cobrar juros, comissões ou descontos percentuais, sobre dívidas em dinheiro superiores à taxa permitida por lei; cobrar ágio superior à taxa oficial de câmbio, sobre quantia permutada por moeda estrangeira; ou, ainda, emprestar sob penhor que seja privativo de instituição oficial de crédito;
>
> b) obter, ou estipular, em qualquer contrato, abusando da premente necessidade, inexperiência ou leviandade de outra parte, lucro patrimonial que exceda o quinto do valor corrente ou justo da prestação feita ou prometida.
>
> Pena – detenção, de 6 (seis) meses a 2 (dois) anos, e multa, de cinco mil a vinte mil cruzeiros.

A consequência imposta por lei para o crime transcrito, na seara cível, seria a restituição daquilo que injustamente fora auferido, o que, segundo Caio Mário induziria a nulidade relativa do pacto firmado[105]. Mais do que isso... apenas a genialidade do jurista mineiro permitiria que, ainda em 1959, este vaticinasse que o instituto ressurgiria claramente em nossa legislação cível[106]:

105. PEREIRA, Caio Mário da Silva. **Lesão nos contratos**. Rio de Janeiro: Forense, 1959, p. 201.
106. Ibidem., p. 217.

Seja ou não exato que a história se repete, assista ou falte razão a Vico com a sua lei *dos coris* e *ricorsi*, a observação destes fenômenos na jurídica do Brasil, a sua íntima engrenagem com o instituto da lesão, a realização fragmentária dos objetivos deste, através do conjunto de leis destreladas organicamente, porém afinadas em conjunto, tudo leva à dedução, que a lógica mais elementar extrai, de que o instituto da lesão tomará ainda corpo no direito civil brasileiro, vestido à moda dos figurinos novos.

Como sói acontecer, Caio Mário estava, mais uma vez, certo. A lesão foi abraçada novamente pelo ordenamento brasileiro, mais especificamente pelo Código de Defesa do Consumidor e pelo Código Civil de 2002, em seu artigo 157, leis que, doravante, examinaremos.

A lesão na atual sistemática brasileira. O Código Civil atual abraçou o instituto da lesão. Dois foram os pontos que ensejaram debates dignos de nota em sua formulação. O primeiro deles tratava da consequência para a ocorrência do defeito sob análise. Vozes de peso, como a do Prof. Couto e Silva, entendiam que, a exemplo de códigos europeus, a lesão deveria ensejar a rescindibilidade do negócio jurídico, posição contra a qual se opôs Moreira Alves[107].

Além disso, também se perquiriu se não seria o caso de se suprimir o estado de perigo da redação do então Projeto de Código Civil, porquanto abarcadas seriam suas hipóteses pela de lesão. A Comissão Revisora apresentou os seguintes argumentos, que serviram para afastar a ideia[108]:

> Os dois institutos – o do estado de perigo e o da lesão – não se confundem. O estado de perigo ocorre quando alguém se encontra em perigo, e, por isso, assume obrigação excessivamente onerosa. (...)
>
> A lesão ocorre quando não há estado de perigo, por necessidade de salvar-se; a 'premente necessidade' é, por exemplo, a de obter recursos. Por outro lado, admitindo o § 2º do art. 155 [atual § 2º do artigo 157] a suplementação da contraprestação, em que a contraprestação é um dar (e não um fazer). A lesão ocorre quando há a *usura real*. Não há lesão, ao contrário do que ocorre com o estado de perigo, que vicie a simples oferta. Ademais, na lesão, não é preciso que a outra parte saiba da necessidade ou da inexperiência; a lesão é objetiva. Já no estado de perigo é preciso que a parte beneficiada saiba que a obrigação foi assumida pela parte contrária para que esta se salve de grave dano (leva-se em conta, pois, elemento subjetivo).

Assim, a atual redação do artigo 157 foi forjada, a determinar:

> Art. 157. Ocorre a lesão quando uma pessoa, sob premente necessidade, ou por inexperiência, se obriga a prestação manifestamente desproporcional ao valor da prestação oposta.
>
> § 1º Aprecia-se a desproporção das prestações segundo os valores vigentes ao tempo em que foi celebrado o negócio jurídico.
>
> § 2º Não se decretará a anulação do negócio, se for oferecido suplemento suficiente, ou se a parte favorecida concordar com a redução do proveito.

---

107. ALVES, José Carlos Moreira. **Parte geral do projeto de Código Civil brasileiro**. São Paulo: Saraiva, 1986, p. 59.
108. Ibidem., p. 143/144.

Dois seriam os seus pressupostos. O primeiro, de caráter objetivo, repousa na manifesta desproporção entre a prestação e respectiva contraprestação. O segundo, atinente ao estado subjetivo do lesado, circunscreve-se à sua inexperiência ou à premente necessidade de firmar o negócio jurídico, a fim de evitar mal maior.

A lei, quanto ao pressuposto objetivo da lesão, vale dizer, a manifesta desproporção entre prestação e contraprestação, sugere que o instituto só se deva aplicar a contratos comutativos. A jurisprudência, todavia, flexibilizou o entendimento quando, por exemplo, "nos contratos aleatórios, ao se valorarem os riscos, estes forem inexpressivos para uma das partes, em contraposição àqueles suportados pela outra, havendo exploração da situação de inferioridade de um contratante", o que pode ocorrer quando um advogado fixa honorários *ad exitum* no importe de cinquenta por cento dos ganhos de sua cliente, desde que presentes os pressupostos de caráter subjetivo do defeito, que ainda serão examinados[109].

No que toca ao aspecto subjetivo do defeito, percebemos uma distinção entre suas abordagens pelas diversas legislações. Há aquelas, de um lado, que além de tratarem do estado anímico da vítima da lesão, elegem como um dos seus requisitos a vilania do declaratário, também conhecido como dolo de aproveitamento. Tal é o caso, por exemplo do Código Civil da Argentina, após a reforma de 1968, bem como das normas alemã e portuguesa:

> Art. 954. Poderão anular-se os atos viciados por erro, dolo, violência, intimidação ou simulação.
>
> Também poderá demandar-se a nulidade ou a modificação dos atos jurídicos quando uma das partes, explorando a necessidade, precipitação ou inexperiência da outra, obteve, por meio delas, uma vantagem patrimonial evidentemente desproporcional e sem justificação. (...)[110] [CÓDIGO ARGENTINO]
>
> § 138 – Ato jurídico contrário à moral, usura.
>
> (1) Um ato jurídico que for contrário à moral é nulo.

---

109. BRASIL. Superior Tribunal de Justiça. REsp 1155200/DF, Rel. Ministro MASSAMI UYEDA, Rel. p/ Acórdão Ministra NANCY ANDRIGHI, TERCEIRA TURMA, julgado em 22/02/2011, DJe 02/03/2011 assim foi ementado: "DIREITO CIVIL. CONTRATO DE HONORÁRIOS *QUOTA LITIS*. REMUNERAÇÃO *AD EXITUM* FIXADA EM 50% SOBRE O BENEFÍCIO ECONÔMICO. LESÃO. (...) 3. Consubstancia lesão a desproporção existente entre as prestações de um contrato no momento da realização do negócio, havendo para uma das partes um aproveitamento indevido decorrente da situação de inferioridade da outra parte. 4. O instituto da lesão é passível de reconhecimento também em contratos aleatórios, na hipótese em que, ao se valorarem os riscos, estes forem inexpressivos para uma das partes, em contraposição àqueles suportados pela outra, havendo exploração da situação de inferioridade de um contratante. 5. Ocorre lesão na hipótese em que um advogado, valendo-se de situação de desespero da parte, firma contrato *quota litis* no qual fixa sua remuneração *ad exitum* em 50% do benefício econômico gerado pela causa. 6. Recurso especial conhecido e provido, revisando-se a cláusula contratual que fixou os honorários advocatícios para o fim de reduzi-los ao patamar de 30% da condenação obtida.

110. Tradução livre do texto em espanhol: "Art. 954. Podrán anularse los actos viciados de érror, dolo, violencia, intimidación o simulación. También podrá demandarse la nulidad o la modificación de los actos jurídicos cuando una de las partes explotando la necesidad, ligereza o inexperiencia de la otra, obtuviera por medio de ellos una ventaja patrimonial evidentemente desproporcionada y sin justificación. (...)"

(2) É nulo, em particular, um ato jurídico pelo qual alguém, explorando a necessidade, inexperiência, falta de razoável julgamento ou fraqueza de vontade, obtenha para si ou para terceiro, em troca de uma prestação prometida ou garantida, vantagens pecuniárias claramente desproporcionais à prestação. [CÓDIGO ALEMÃO]

ARTIGO 282º

(Negócios usurários)

É anulável, por usura, o negócio jurídico, quando alguém, explorando a situação de necessidade, inexperiência, ligeireza, dependência, estado mental ou fraqueza de carácter de outrem, obtiver deste, para si ou para terceiro, a promessa ou a concessão de benefícios excessivos ou injustificados.

2. Fica ressalvado o regime especial estabelecido nos artigos 559º-A e 1146º. [CÓDIGO DE PORTUGAL]

A Lei nº 1.521/51, como visto, compreensivelmente, por sua natureza penal, na qual não se poderia prescindir do dolo daquele que comete usura, enfatizava a vilania do declaratário. Vejamos:

Art. 4º. Constitui crime da mesma natureza a usura pecuniária ou real, assim se considerando:

(...)

b) obter, ou estipular, em qualquer contrato, abusando da premente necessidade, inexperiência ou leviandade de outra parte, lucro patrimonial que exceda o quinto do valor corrente ou justo da prestação feita ou prometida.

Pena – detenção, de 6 (seis) meses a 2 (dois) anos, e multa, de cinco mil a vinte mil cruzeiros.

Há, de outra banda, códigos que, em sua literalidade, nada preveem quanto ao dolo de aproveitamento. Situamos, entre eles, o francês, o chileno e o brasileiro:

Art. 1.674. Se o vendedor for lesado por mais de sete duodécimos no preço de um imóvel, ele tem o direito de solicitar a rescisão da venda, mesmo que renuncie expressamente, no contrato, à faculdade de demandar a rescisão, e que tivesse declarado doar a mais-valia.[111] [CÓDIGO DA FRANÇA]

Art. 1.889. O vendedor sofre lesão enorme quando o preço que recebe é inferior à metade do justo preço da coisa que vende, e o comprador, por sua vez, sofre lesão enorme quando o justo preço da coisa que compra é inferior à metade do preço que paga por ela.

O justo preço se refere ao tempo do contrato.[112] [CÓDIGO DO CHILE]

Art. 157. Ocorre a lesão quando uma pessoa, sob premente necessidade, ou por inexperiência, se obriga a prestação manifestamente desproporcional ao valor da prestação oposta. [CÓDIGO DO BRASIL]

---

111. Tradução livre do texto francês: "Art. 1.674. Si le vendeur a été lésé de plus de sept douzièmes dans le prix d'un immeuble, il a le droit de demander la rescision de la vente, quand même il aurait expressément renoncé dans le contrat à la faculté de demander cette rescision, et qu'il aurait déclaré donner la plus-value.."

112. Tradução livre do texto em espanhol: "Artículo 1889. El vendedor sufre lesión enorme, cuando el precio que recibe es inferior a la mitad del justo precio de la cosa que vende; y el comprador a su vez sufre lesión enorme, cuando el justo precio de la cosa que compra es inferior a la mitad del precio que paga por ella. El justo precio se refiere al tiempo del contrato.

Devemos reconhecer que, no mundo dos fatos, quando a lesão ocorre, normalmente é porque alguém se aproveitou de determinada situação para obter ganhos exagerados, como preconizam os códigos alemão, português e argentino. Ocorre que, no Brasil, o autor da ação anulatória não precisa *DEMONSTRAR* a vilania da parte adversa em obter a vantagem exagerada, que pode mesmo estar ausente, para obter o desfazimento do negócio. Facilitam-se os mecanismos de defesa em nome da disparidade constatada. Repita-se: entre nós, o elemento subjetivo cuja prova é indispensável cinge-se à situação jurídica da vítima sob premente necessidade ou que atua por inexperiência. Prescinde-se, portanto, de demonstração da disposição dolosa do declaratário de aproveitamento excessivo.

A premente necessidade, nessa esteira, de que trata o artigo, reflete hipótese na qual a vítima celebra o negócio desfavorável, no afã de evitar um prejuízo ainda maior. Tomemos o seguinte exemplo. João, a fim de isolar-se dos amigos e da agitação social, resolve passar os três meses que antecedem concurso para o provimento de cargo público na sede de propriedade rural de sua família, longe centenas de quilômetros do local onde fará a sua prova. Ocorre que, na véspera do concurso, João perdeu o último ônibus que lhe traria para Capital onde faria os exames. Mesmo sabendo que uma viagem de táxi para a Capital custar-lhe-ia setecentos reais, concordou, após perder o ônibus, em pagar dois mil reais ao motorista do táxi, pois, do contrário, jamais chegaria a tempo de fazer a prova.

Vê-se, claramente, no exemplo, tratar-se de pessoa esclarecida e que entendia estar pagando muito mais do que o devido pelo contrato de transporte. Ela, ainda assim, assumiu a desproporcional obrigação para evitar um mal maior – perder a chance de se submeter à seleção pública. Entende-se, pois, que vivenciou uma situação de premente necessidade.

Mas não apenas isso. A inexperiência da parte lesada também enseja o reconhecimento do defeito. É a hipótese em que sociedade imobiliária decidida a especular em área da cidade, em que vivem pessoas pouco instruídas e de baixa renda, resolve ofertar valor bem inferior ao real pelos lotes, sendo a contratação aceita justamente pela falta de experiência dos alienantes em negócios do tipo, por se tratar de pessoas semianalfabetas e de baixo poder aquisitivo.

Abordados, assim, os principais aspectos da lesão, encetemos a análise do derradeiro defeito do negócio jurídico – a fraude contra credores.

A fraude contra credores – introdução – O defeito que começaremos a analisar não reside na formação da vontade, ao contrário dos anteriores. Nele a parte faz exatamente aquilo que almeja, embora sua pretensão termine por prejudicar terceiros.

Como sói acontecer com tantos temas de direito civil, suas raízes estão fincadas no Direito Romano. Lá, tal qual ocorre hoje, o caso mais comum de fraude consistia na alienação de bens de forma a desfalcar o patrimônio sobre o qual a possível cobrança haveria de recair. A hipótese se pode deduzir da seguinte passagem do Digesto:

Diz o Pretor: Darei ação ao curador da propriedade, ou àquele a quem convier dá-la, pelo que se tenha feito por causa de fraude, contra quem não a tenha ignorado, dentro do ano em que tenha facultado exercitar a ação, e isso se observará contra o próprio que cometeu a fraude.

(1) O Pretor foi compelido a publicar esse Edito para proteger os direitos dos credores, para revogar alienações de propriedade que tenham sido feitas com o propósito de defraudá-los.[113]

Também das fontes romanas podem-se deduzir os requisitos da fraude contra credores em Roma. O primeiro deles dizia respeito à ignorância dos últimos quanto aos atos fraudulentos, porquanto, se sabiam da dilapidação patrimonial, mas com ela consentiam, não se poderiam dizer defraudados[114]. Afirma-se no Digesto: "Não se considera que algo se defraude aos que sabem e consentem."[115]

Além disso, o negócio fraudulento, consistente na alienação, deveria consistir em ato de diminuição patrimonial: "Não são defraudados os credores quando não se adquire alguma coisa pelo devedor, senão quando em algo se diminuem seus bens"[116].

Some-se a isso a necessidade de consciência do prejuízo a terceiro e intenção de prejudicar[117]. A ideia de conluio entre o que se desfazia do patrimônio e aquele que o adquiria parece decorrer do seguinte fragmento do Digesto, pois, sem o *consilium fraudis et eventus damni*, não se tinha por caracterizado o defeito:

Mas, de outra sorte, quem sabe que outro tem credores e contrata simplesmente com ele, sem conhecimento da fraude, não parece que fica obrigado por essa ação."[118]

Por fim, deve haver uma ação ou omissão imputável aos que fraudam credores:

Todos os devedores, que são liberados por fraude contra os credores, são restituídos por essa ação à sua primitiva obrigação.[119]

E também se comprende neste Edito o que haja feito algo para deixar de ter o que tem[120].

Se há de entender que também se considera que labora em fraude o que não faz o que deve fazer, por exemplo, se não faz uso das servidões que deveria fazer[121].

113. D. 42,8, 1. ULPIANUS ad Edictum. – Ait Praetor: quae fraudationis causa gesta erunt, cum eo, qui fraudem non ignoraverit, de his curatori bonorum, vel ei, cui de ea re actionem dare oportebit, intra annum, quo experiundi potestas fuerit, actionem dabo idque etiam adversus ipsum, qui fraudem fecit, servabo. (1) Necessario Praetor hoc Edictum. proposuit; quo Edicto consuluit creditoribus revocando ea, quaecunque in fraudern eorurn alienata sunt.

114. BATALHA, Wilson de Souza Campos. **Defeitos dos Negócios Jurídicos**. Rio de Janeiro: Forense, 1985, p. 219.

115. D. 50,17, 145. ULP1ANUS libro LXVI. ad Edictum. .- Nemo videtur fraudare eos, qui sciunt et consentiunt.

116. D. 50,17, 134. ULPIANUS libro XXI. ad Edictum.- Non fraudantur creditores, quum quid non acquiritur a debitore, sed quum quid de bonis deminuitur.

117. BATALHA, Wilson de Souza Campos. Defeitos dos Negócios Jurídicos. Rio de Janeiro: Forense, 1985, p. 220.

118. D. 42,8, 10. 4 – Alias autem, qui scit aliquem creditores habera, si cum eo contrahat simpliciter sine fraudis conscientia, non videtur hac actione teneri.

119. D. 42,8, 17. JULIANUS; libro XLIX, Digestorum – Omnes debitores, qui in fraudem creditorum liberantur, per hanc actionem revocantur in pristinam obligationem.

120. D. 42,8, 3,2. .—Et qui aliquid fecitut desinat habere quod habet, ad hoc Edictum pertinet.

121. D. 42,8, 4—. PAULUS libro LXVIII. ad Edictum.—In fraudem facere videri etiam eum, qui non facit, quod debet facere, intelligendum est, id est, si non utatur servitutibus.

Indispensáveis tais requisitos, os romanos previram algumas hipóteses em que a fraude contra credores ocorreria[122], a saber: a) casos de alienação de bens, remissão de dívidas ou de vínculo obrigacional (como se pode deduzir do fragmento já citado do Digesto: "O Pretor foi compelido a publicar esse Edito para proteger os direitos dos credores, para revogar alienações de propriedade que tenham sido feitas com o propósito de defraudá-los"[123]. Além desse trecho, há outro: "devemos entender 'feito em virtude de fraude', não somente o que alguém tivesse feito ao contratar, mas também se acaso não se apresentou deliberadamente ao juiz, ou consentiu que finde o litígio, ou não reclame de um devedor para que este se livre por transcurso de tempo, ou perca um usufruto ou servidão" [124]); b) casos de revenda de bens adquiridos fraudulentamente (nos casos em que alguém conscientemente compra uma coisa executada e depois a vende a um adquirente de boa-fé e não se pergunta se pode ser demandado pelo segundo comprador. É mais verdadeira, porém, a opinião de Sabino, segundo a qual não está obrigado o comprador de boa-fé, porque o dolo deve prejudicar unicamente ao que o cometeu. Da mesma sorte, consideramos que um comprador não será responsável se, ignorando os fatos, adquiriu a propriedade do próprio devedor. De outra sorte, o que comprou com *dolus malus*, mas vendeu ao que comprou de boa-fé, estará obrigado por todo o preço da coisa que recebeu" [125]); e c) hipóteses de fraude em separação de cônjuges ("se o marido, querendo defraudar seus credores, após a dissolução de seu casamento, devolver o dote da esposa antes do tempo estabelecido, a mulher responderá por esta ação por tanto quanto tocar aos credores se o dote fosse devolvido a seu tempo; porque o Pretor entende que se comete fraude também em relação ao tempo" [126]).

Guardadas as proporções, o instituto, em sua essência não difere muito dos dias de hoje.

A fraude contra credores nos dias atuais. Entende-se por fraude contra credores o vício social consubstanciado na prática de atos de devedores que tendem a pro-

122. BATALHA, Wilson de Souza Campos. **Defeitos dos Negócios Jurídicos**. Rio de Janeiro: Forense, 1985, p. 221/223.
123. D. 42,8, 1. ULPIANUS ad Edictum. – Ait Praetor: quae fraudationis causa gesta erunt, cum eo, qui fraudem non ignoraverit, de his curatori bonorum, vel ei, cui de ea re actionem dare oportebit, intra annum, quo experiundi potestas fuerit, actionem dabo idque etiam adversus ipsum, qui fraudem fecit, servabo. (1) Necessario Praetor hoc Edictum. proposuit; quo Edicto consuluit creditoribus revocando ea, quaecunque in fraudem eorum alienata sunt.
124. D. 42,8, 3,1. –"Geata fraudationis causa" accipere debemus non solum ea, quae contrahens gesserit aliquis, verum etiam si forte data opera ad iudicium non adfuit, vel litem mori patiatur, vel a debitore non petit, ut tempore liberetur, aut usumfructum vel servitutem amittit.
125. D. 42,8, 9 —. PAULUS libro LXVIII. ad Edictum.— Is, qui a debitore, cuius bona possessa sunt, sciens rem emit, iterim alii bona fide ementi vendidit; quaesitum est, an secundus emptor convenir potest? Sed verior est Sabini sententia, bona fide emptorem non teneri, quia dolos ei duntaxat nocere debeat, qui eum admisit, quemadmodum diximus, non teneri eum, si ab ipso debitore ignorans emerit; is autem, qui dolo malo emit, bona fide autem ementi vendidit, in solidum pretium rei, quod accepit, tenebitur.
126. D. 42,17,2 – Si vir uxori, cum creditores suos fraudare vellet, soluto matrimonio praesentem dotem reddidisset, quam statuto tempore reddere debuit: hac actione mulier tantum praestabit, quanti creditorum intererat, dotem suo tempere reddi; nam Praetor fraudem etiam in tempore fieri intelligit.

duzir ou agravar sua insolvência patrimonial, terminando, assim, por prejudicar a solidez da cobrança das prestações devidas aos credores quirografários[127], como se pode deduzir dos artigos 158 e 159 do Código Civil do Brasil:

> Art. 158. Os negócios de transmissão gratuita de bens ou remissão de dívida, se os praticar o devedor já insolvente, ou por eles reduzido à insolvência, ainda quando o ignore, poderão ser anulados pelos credores quirografários, como lesivos dos seus direitos.
> § 1º Igual direito assiste aos credores cuja garantia se tornar insuficiente.
> § 2º Só os credores que já o eram ao tempo daqueles atos podem pleitear a anulação deles.
> Art. 159. Serão igualmente anuláveis os contratos onerosos do devedor insolvente, quando a insolvência for notória, ou houver motivo para ser conhecida do outro contratante.

Trata, inicialmente, o Código dos atos gratuitos praticados em fraude contra credores. A leitura da norma nos remete ao estabelecimento dos requisitos para configuração do defeito. São eles: a) prática de atos que, por mera liberalidade, impliquem dilapidação patrimonial ou remissão de dívidas; b) estado de insolvência do devedor, que pode ser prévio ou decorrente do próprio ato de liberalidade por ele praticado; e c) existência de credores quirografários anteriores à prática do negócio fraudulento.

Quanto ao primeiro requisito – *eventus damni* – a fraude estará consubstanciada na alienação gratuita de bens ou remissão de dívidas. Percebe-se que *NADA* se exige quanto à ciência, pelo adquirente ou por aquele que recebeu o perdão do débito, quanto à insolvência do fraudador (*consilium fraudis*). O defeito assume, pois, contornos mais objetivos. E há uma razão muito simples para isso: a quem a lei deve preferencialmente proteção – àquele que nada fez para ser beneficiado pelo ato de liberalidade, ou aos credores, que contavam com a higidez patrimonial de seu devedor para reaver o que lhes toca por direito? A resposta só pode ser aos últimos! Logo, não se pode querer que estes sejam obrigados a provar a ciência de que o beneficiário do negócio fraudulento tinha acerca do estado de insolvência do alienante.

O negócio que se almeja anular deve ser, ademais, praticado por devedor já insolvente ou pelo ato reduzido à insolvência, aqui entendida como o estado em que o patrimônio do indivíduo se torna insuficiente para responder por seus débitos[128]. Muito interessante mostra-se a hipótese em que se aliena o único imóvel residencial, ao tempo em que cai em insolvência o seu proprietário. Nesse caso, desfaz-se o negócio, por força da ação anulatória cabível, com a consequente penhora do imóvel, ainda que se trate de um bem de família[129]. Processualmente, *in casu*, o credor lesado

---

127. GHERSI, Carlos Alberto. Derecho Civil – Parte General. 2ed. Buenos Aires: Forense, 1999, p. 549: "Se trata de actos de deudores que tienden a producir la insolvencia de su patrimonio, logrando, como resultado, perjudicar la seguridad de cobro del crédito de su acreedor, que frente a esta nueva situación dispone, una vez cumplidos los requisitos necesarios, de la mencionada acción revocatoria".

128. ABREU FILHO, José. **Fato Jurídico**. 4 ed. São Paulo: Saraiva, 1997, p. 164/165.

129. BRASIL. Superior Tribunal de Justiça. REsp 337.222/SP, Rel. Ministro Hélio Quaglia Barbosa, Quarta Turma, julgado em 18/09/2007, DJ 08/10/2007, p. 284, assim aborda o tema: RECURSO ESPECIAL. PROCESSO CIVIL. PENHORA. BEM DE FAMÍLIA. AÇÃO PAULIANA. FRAUDE CONTRA CREDORES. NÃO

deve ajuizar uma ação pauliana ou revocatória, por tratar-se de notória fraude contra credores. Normalmente se entende que seria abusivo conservar impenhorável uma coisa da qual o titular espontaneamente se desfez e que retornou ao seu poder por força da reação judicial de seus credores. Combate-se aqui a má-fé. Talvez por esse motivo, ao não se vislumbrar o intuito de fraudar, em doação de pai para filha, o Superior Tribunal de Justiça houve por bem não tê-la como fraudulenta, eis que a finalidade residencial do bem não fora alterada, e sendo impenhorável antes da alienação, de nada adiantaria que a dita doação fosse desfeita, porquanto, ao retornar ao patrimônio do doador, continuaria a ser impenhorável[130]. A prudência manda, porém, que, sendo o alienante devedor e possuindo como único bem um imóvel residencial, se ele não almeja que se caracterize a fraude e, após a anulação do ato, que se infirme sua impenhorabilidade, melhor que não o aliene.

O derradeiro requisito é avaliação sobre a existência de credores ***QUIROGRAFÁRIOS*** ao tempo da liberalidade. Entende-se por credor quirografário aquele cujo crédito não se protege por uma garantia real (hipoteca, penhor e anticrese), ou cuja garantia seja insuficiente para cobrir a integralidade do que tem a receber do fraudador (art. 158, parágrafos 1º e 2º do Código Civil). Assim, entendeu o Superior Tribunal de Justiça que "a promessa de doação de imóvel aos filhos comuns decorrente de acordo judicial celebrado por ocasião de divórcio é válida e possui idêntica eficácia da escritura pública" e que, portanto, não há que se "falar em fraude contra credores em virtude da falta de registro da sentença homologatória da futura doação realizada antes do ajuizamento da execução" [131].

INCIDÊNCIA DA LEI Nº 8.009/90. RECURSO NÃO CONHECIDO. (...) 3. "De acordo com a orientação jurisprudencial que se firmou na Quarta Turma, se o bem penhorado retorna ao patrimônio do devedor em virtude da procedência de ação pauliana, não tem aplicação a impenhorabilidade preconizada pela Lei n. 8.009/90, sob pena de prestigiar-se a má-fé do devedor. Precedentes: Resps 123.495-MG (DJ de 18.12.98) e 119.208-SP (DJ 2.2.98), ambos da relatoria do eminente Ministro Sálvio de Figueiredo Teixeira. Recurso especial não conhecido.

130. BRASIL. Superior Tribunal de Justiça. REsp 1227366/RS, Rel. Ministro LUIS FELIPE SALOMÃO, QUARTA TURMA, julgado em 21/10/2014, DJe 17/11/2014, abraçou a conclusão acima mencionada no seguinte trecho: PROCESSO CIVIL. LEI N. 8.009/1990. RECURSO ESPECIAL. DOAÇÃO DO IMÓVEL À FILHA. NÃO CONFIGURAÇÃO DE FRAUDE À EXECUÇÃO.IMPENHORABILIDADE DO BEM DE FAMÍLIA. BEM INCINDÍVEL. IMPENHORABILIDADE DA TOTALIDADE DO BEM. (...) 3. Quando se trata da alienação ou oneração do próprio bem impenhorável, nos termos da Lei n. 8.009/90, entende-se pela inviabilidade – ressalvada a hipótese prevista no art. 4º da referida Lei – de caracterização da fraude à execução, haja vista que, consubstanciando imóvel absolutamente insuscetível de constrição, não há falar em sua vinculação à satisfação da execução, razão pela qual carece ao exequente interesse jurídico na declaração de ineficácia do negócio jurídico. Precedentes. 4. O parâmetro crucial para discernir se há ou não fraude contra credores ou à execução é verificar a ocorrência de alteração na destinação primitiva do imóvel – qual seja, a morada da família – ou de desvio do proveito econômico da alienação (se existente) em prejuízo do credor. Inexistentes tais requisitos, não há falar em alienação fraudulenta. 5. No caso, é fato incontroverso que o imóvel litigioso, desde o momento de sua compra – em 31/5/1995 -, tem servido de moradia à família mesmo após a separação de fato do casal, quando o imóvel foi doado à filha, em 2/10/1998, continuando a nele residir, até os dias atuais, a mãe, os filhos e o neto; de forma que inexiste alteração material apta a justificar a declaração de ineficácia da doação e a penhora do bem.

131. BRASIL. REsp 1634954/SP, Rel. Ministro RICARDO VILLAS BÔAS CUEVA, TERCEIRA TURMA, julgado em 26/09/2017, DJe 13/11/2017.

O artigo 159, por sua vez, trata da fraude perpetrada por meio de atos de disposição patrimonial onerosos e estabelece que, além dos requisitos anteriores, para se caracterizar o vício, o adquirente deve ter ciência da situação de insolvência do alienante. A ideia é tornar a anulabilidade, em tais situações, mais difícil do que nos negócios de mera liberalidade. Raciocinemos: que segurança teríamos ao comprar um imóvel, se assim não fosse? Após realizada a aquisição, ainda que não soubéssemos da insolvência do vendedor, poderíamos ser surpreendidos com a propositura de ação pauliana. Mas, poderia perguntar o leitor atento, já não é assim nas aquisições gratuitas? Mesmo que o adquirente ignore a insolvência do doador, não pode ser surpreendido com a propositura de demanda anulatória, em que certamente sairá derrotado? Qual a razão da caracterização da fraude em negócios feitos por mera liberalidade demandar menos requisitos do que aquela perpetrada em atos onerosos?

A explicação para tal diferença é simples. Como visto, quando alguém recebe, por liberalidade, a norma prima por proteger, em detrimento do donatário, os credores quirografários, cujo crédito ficaria a descoberto em razão de o acervo ter sido desfalcado. No entanto, se a aquisição do bem for onerosa, a questão muda de figura, pois não seria razoável deixar desprotegido um adquirente que minimamente imaginasse a insolvência do alienante. A razão para a diversidade de tratamento entre os negócios gratuitos e onerosos se expressa, segundo Messineo, no fato de que o contestante da ação pauliana, no último caso, terá de pugnar para subtrair-se a um dano *(certat de damno vitando)*, ao passo que, no primeiro, o adquirente buscará assegurar um ganho *(certat de lucro captando)*, donde resulta a menor carga probatória imposta ao credor quirografário, quando tenta desfazer um ato de disposição gratuita do patrimônio do seu devedor insolvente[132].

Necessário, portanto, que o adquirente esteja ciente da insolvência do vendedor para que se possa desfazer ***um negócio oneroso***, pela alegação de ser fruto de fraude contra credores. É o que denominamos de *consilium fraudis*, que tanto pode ocorrer no caso de insolvência notória do alienante (aquela amplamente noticiada pela imprensa, ou que envolva devedor de diversos títulos protestados), quanto na presumida (que deveria ser conhecida pelo adquirente em virtude de laços de parentesco ou amizade entre ele e o devedor-alienante, ou mesmo pelo histórico de protestos de títulos contra o alienante outrora perpetrados pelo adquirente)[133].

---

132. MESSINEO, Francesco. **Manual de derecho civil y comercial** – v. IV. Buenos Aires: EJEA, 1954, p. 154: "La razón por la cual se da trato diverso a los actos de enajenación a título oneroso respecto de los actos a título gratuito, se suele expresar diciendo que, en el primer caso, el adquirente (demandado) que resista a la revocatoria, trata de sustraerse a un daño (*certat de damno vitando*), mientras que, en el segundo caso, trata de hacer una ganancia (*certat de lucro captando*); de donde resulta la menor consideración para el causahabiente del deudor y la menos grave carga de la prueba, impuesta, en el segundo caso, a quien accione en revocatoria."

133. BARROS MONTEIRO, Washington de. **Curso de directo civil** – parte geral. 41 ed. São Paulo: Saraiva, 2007, p. 266.

Caracterizada a fraude contra os credores quirografários, estes gozarão de legitimidade ativa para propor a anulação do negócio de desfalque patrimonial perpetrado, devendo figurar no polo passivo da demanda o devedor insolvente e aquele a quem transferiu indevidamente o bem ou direito (art. 161 do Código Civil). Há, no entanto, a possibilidade de o adquirente evitar a perda do bem. Pode, se ainda não pagou ao alienante insolvente, depositar o preço do que fora adquirido, em juízo, desde que este se aproxime do valor médio de mercado do bem (art. 160), citando todos os credores quirografários interessados e, é claro, o transmitente da coisa. Havendo o bem sido transmitido para terceiro, só será cabível a ação se este estiver de má-fé, o que evita a insegurança de alguém ser acionado, ao adquirir bens de desconhecidos, sob a alegação de pretérita fraude contra credores.

O Código Civil ainda trata de outras formas de fraude. A primeira delas é consagrada no artigo 162, e nos lembra que, se o credor quirografário receber do devedor insolvente o pagamento da dívida ainda não vencida, ficará obrigado a repor, em proveito do acervo sobre que se tenha de efetuar o concurso de credores, aquilo que recebeu. Imaginemos, pois, o seguinte exemplo. Pedro, sem dinheiro para pagar suas dívidas, possui três credores: João, José e Jorge. No dia 02/05, vence sua dívida em relação a João. No dia 03/05, em relação a José e, no dia 04/05, em relação a Jorge. Desesperado, no dia em que venceu a primeira dívida, pediu dinheiro à mãe e pôde adimplir o crédito de João. No dia seguinte, recorreu ao pai e pagou o que era devido a José. No dia 04/05, sua irmã o socorreu, permitindo que quitasse a dívida que tinha em relação a Jorge. Nenhum defeito houve no exemplo. Nada há de errado em se pagar uma dívida vencida. Empreende-se, a seguir, a análise do que o Código não tolera.

Importante lembrar que a Lei de Falências, em seus artigos 129 e 130, trata de hipóteses de ineficácia e de revogação de negócios jurídicos praticados em detrimento da higidez patrimonial da massa falida:

> Art. 129. São ineficazes em relação à massa falida, tenha ou não o contratante conhecimento do estado de crise econômico-financeira do devedor, seja ou não intenção deste fraudar credores:
>
> I – o pagamento de dívidas não vencidas realizado pelo devedor dentro do termo legal, por qualquer meio extintivo do direito de crédito, ainda que pelo desconto do próprio título;
>
> II – o pagamento de dívidas vencidas e exigíveis realizado dentro do termo legal, por qualquer forma que não seja a prevista pelo contrato;
>
> III – a constituição de direito real de garantia, inclusive a retenção, dentro do termo legal, tratando-se de dívida contraída anteriormente; se os bens dados em hipoteca forem objeto de outras posteriores, a massa falida receberá a parte que devia caber ao credor da hipoteca revogada;
>
> IV – a prática de atos a título gratuito, desde 2 (dois) anos antes da decretação da falência;
>
> V – a renúncia à herança ou a legado, até 2 (dois) anos antes da decretação da falência;
>
> VI – a venda ou transferência de estabelecimento feita sem o consentimento expresso ou o pagamento de todos os credores, a esse tempo existentes, não tendo restado ao devedor bens suficientes para solver o seu passivo, salvo se, no prazo de 30 (trinta) dias, não houver oposição

dos credores, após serem devidamente notificados, judicialmente ou pelo oficial do registro de títulos e documentos;

VII – os registros de direitos reais e de transferência de propriedade entre vivos, por título oneroso ou gratuito, ou a averbação relativa a imóveis realizados após a decretação da falência, salvo se tiver havido prenotação anterior.

Parágrafo único. A ineficácia poderá ser declarada de ofício pelo juiz, alegada em defesa ou pleiteada mediante ação própria ou incidentalmente no curso do processo.

Art. 130. São revogáveis os atos praticados com a intenção de prejudicar credores, provando-se o conluio fraudulento entre o devedor e o terceiro que com ele contratar e o efetivo prejuízo sofrido pela massa falida.

Há uma inegável semelhança entre o instituto abordado na Lei de Falências e no Código Civil. Na realidade, a primeira norma abarca uma quantidade de hipóteses maior do que o Código Civil, mas só terá lugar se a falência já houver sido decretada. Logo, via de regra, o artigo 162 continua a reger as hipóteses de pagamento antecipado de dívidas, a quebrar a isonomia entre os credores quirografários, desde que não se tenha decretado a falência do insolvente, hipótese em que incidirão os artigos 129 e 130 da Lei Falimentar.

O artigo 163 do Código Civil, por seu turno, também ataca a quebra de isonomia entre os credores quirografários, ao estipular que se presumem fraudatórias dos direitos dos outros credores as garantias de dívidas que o devedor insolvente tiver dado a algum credor. A concessão de garantia privilegiaria um credor, em relação aos outros, por exemplo, no concurso de credores singular ou universal.

Assim, a ação anulatória, no caso dos artigos 162 e 163 da Lei Civil, tem por objetivo fazer com que a vantagem resultante do pagamento antecipado, a prestigiar um dos credores quirografários, reverta em proveito do acervo sobre que se tenha de efetuar o concurso de credores. Diferentemente, na hipótese de atribuição de direitos preferenciais, mediante hipoteca, penhor ou anticrese, sua invalidade importará somente na anulação da preferência ajustada, a teor do disposto no artigo 165 do Código Civil.

Não se têm, todavia, como fraudulentos, os negócios ordinários indispensáveis à manutenção de estabelecimento mercantil, rural, ou industrial, ou à subsistência do devedor e de sua família. Na primeira hipótese, prestigia-se a manutenção da atividade que, em última análise, é o que poderá fazer com que os credores quirografários sejam pagos. A subsistência do devedor e de sua família, por outro lado, sobrepõem-se à obrigação de adimplir os débitos, sob pena de se apequenar a dignidade da pessoa humana, razão pela qual também os atos, ainda que de alienação, celebrados com tal desiderato não são tidos como fraudulentos.

Apreciados tais aspectos, tracemos a diferença entre fraude contra credores e fraude à execução.

A fraude à execução. O Código de Processo Civil estabelece quanto à fraude à execução:

> Art. 792. A alienação ou a oneração de bem é considerada fraude à execução:
>
> I – quando sobre o bem pender ação fundada em direito real ou com pretensão reipersecutória, desde que a pendência do processo tenha sido averbada no respectivo registro público, se houver;
>
> II – quando tiver sido averbada, no registro do bem, a pendência do processo de execução, na forma do art. 828;
>
> III – quando tiver sido averbado, no registro do bem, hipoteca judiciária ou outro ato de constrição judicial originário do processo onde foi arguida a fraude;
>
> IV – quando, ao tempo da alienação ou da oneração, tramitava contra o devedor ação capaz de reduzi-lo à insolvência;
>
> V – nos demais casos expressos em lei.
>
> § 1o A alienação em fraude à execução é ineficaz em relação ao exequente.
>
> § 2º No caso de aquisição de bem não sujeito a registro, o terceiro adquirente tem o ônus de provar que adotou as cautelas necessárias para a aquisição, mediante a exibição das certidões pertinentes, obtidas no domicílio do vendedor e no local onde se encontra o bem.
>
> § 3º Nos casos de desconsideração da personalidade jurídica, a fraude à execução verifica-se a partir da citação da parte cuja personalidade se pretende desconsiderar.
>
> § 4º Antes de declarar a fraude à execução, o juiz deverá intimar o terceiro adquirente, que, se quiser, poderá opor embargos de terceiro, no prazo de 15 (quinze) dias.

Em linhas gerais, a fraude à execução decorre de voluntária alienação patrimonial, no curso de demanda judicial, a gerar a sua ineficácia, caso inexistam outros bens penhoráveis. Ela representa não apenas uma afronta aos interesses dos credores, mas do próprio Poder Judiciário, cujas decisões poderão perder efetividade, caso caracterizada a dita fraude. Em virtude disso, a resposta estatal tende a ser mais rápida e se dá nos próprios autos da execução que se tem por fraudada. Restrita, pois, ao processo em que se frustra a penhora, em virtude de dilapidações patrimoniais, o remédio fornecido pela lei processual beneficiará apenas o exequente. Diverge, por conseguinte, da fraude contra credores que, além de ser demandada em ação própria (pauliana ou revocatória), impõe a invalidade do negócio fraudulento, de modo que, em última análise, contempla os interesses de todos os credores lesados[134].

Assim, temos como abordados os principais pontos atinentes aos defeitos dos negócios jurídicos. Passemos, pois, para o estudo da teoria das invalidades.

---

134. ASSIS, Araken. **Manual da Execução.** 18 ed. São Paulo: Revista dos Tribunais, 2016, p. 266/267.

Capítulo 17
INVALIDADES

Aspectos introdutórios. Nos capítulos anteriores, tudo o que estudamos representou nossas aspirações para que os negócios fossem realizados de forma a produzir os seus regulares efeitos. No entanto, eles podem ser (ou tornarem-se) ineficazes em quatro hipóteses[1]: a) no caso de inserção de um elemento acidental (condição, termo ou encargo), a abalar-lhes os efeitos; b) caso ocorra a revogação do negócio, nas hipóteses legais cabíveis; c) situações em que negócio, no sendo inválido, não está dotado, sem embargo, da virtude necessária para produzir os efeitos próprios de seu conteúdo, como, por exemplo, na hipótese de venda ***a non domino,*** mesmo naquela em que vendedor e comprador estiverem de boa-fé, pois, embora existente e válido, o negócio será ineficaz em relação ao verdadeiro proprietário; e, d) o negócio pode ser inválido, ou seja, pode estar maculado por uma vicissitude que torna o negócio inapto para produção de seus naturais efeitos.

Percebe-se, das lições acima, que, para ser eficaz, o negócio, antes, haverá de ser válido. A sua validade, porém, reclama sua prévia existência. Enfático a esse respeito é Pontes de Miranda[2] ao asseverar: "só se pode cogitar da questão de ser válido ou não válido o negócio jurídico, ou o ato jurídico *stricto sensu,* depois de saber se ele existe." A partir de tais ensinamentos, em plástica leitura, Tartuce afirma que a "Escada Ponteana" pode ser concebida com três degraus: o primeiro deles, na base da escada, corresponde ao plano da existência. Superado este, passa-se para o intermediário, que é o da validade. Apenas se contempladas todas as exigências de validade, pode-se imaginar na produção de efeitos, consubstanciado no terceiro degrau da escada: o plano da eficácia[3].

---

1. OERTMANN, Paul. **Introducción al Derecho Civil**. Barcelona: Labor, 1933, p. 278/279 afirma: "Los motivos de esta ineficacia pueden ser de varias clases: a) Puede ocurrir, que, con arreglo a la voluntad de los interesados, el negocio deba producir efectos con ciertas limitaciones, es decir, sólo a partir de cierto momento o hasta cierto momento, solamente si se cumple determinado acontecimiento futuro o si no se cumple: negocio a plazo y negocio condicional respectivamente (véase *infra*, Cap. V). b) Puede ocurrir que una de las partes tenga la facultad de revocar o la de rescindir el negocio, quedando así, ya sea desde el principio, ya sea desde el momento de la rescisión, libre de sus efectos. (...) c) Cabe imaginar la hipótesis de que el negocio, no siendo inválido, no está dotado sin embargo, de la virtualidad necesaria para producir los efectos proprios de su contenido en relación con la situación jurídica de las personas que en el intervengan. (...). d) Por ultimo, el negocio puede ser inválido, esto es, hallarse afectado de un vicio que hace el acto más o menos totalmente inepto para producir el resultado jurídico deseado.
2. PONTES DE MIRANDA, Francisco Cavalcanti. **Tratado de directo privado** – tomo I. Campinas: Bookseller, 2000, p. 151.
3. TARTUCE, Flávio. **Manual de Direito Civil** – volumen único. 4 ed. São Paulo: Gen-Método, 2014, p. 200.

Pontes de Miranda, com o rigor que, aliás, é-lhe peculiar, afirma que o negócio não existe quando o seu suporte fático for insuficiente, o que pode ocorrer, entre outras hipóteses quando, para o negócio, falta a exigida declaração ou manifestação de vontade (expressa ou não)[4]. Ocorre que, se esperamos que o negócio produza seus efeitos, haverá também de ser válido, assim entendido quando cumpram determinados requisitos mínimos, tanto com respeito à sua realização (capacidade das partes e ausência de vícios de vontade, por exemplo), quanto relativos à sua emissão (como ocorre quando se exige uma norma específica para o negócio) e conteúdo. Faltando um desses requisitos, o negócio haverá de ser inválido[5]. Não bastasse isso, como já abordado, poderá ser ineficaz por ser inválido, por haver sido revogado ou, por exemplo, por se lhe haver sido inserido um elemento acidental do negócio. Estaremos, porém, dedicados, no presente capítulo, a estudar as hipóteses e os efeitos das variadas espécies de invalidade.

A invalidade no Código Civil – introdução ao estudo das nulidades. O Código Civil do Brasil, em seu artigo 166, inaugura sua disciplina sobre invalidades justamente por arrolar as hipóteses da mais graves delas: as nulidades. Preceitua:

> Art. 166. É nulo o negócio jurídico quando:
>
> I – celebrado por pessoa absolutamente incapaz;
>
> II – for ilícito, impossível ou indeterminável o seu objeto;
>
> III – o motivo determinante, comum a ambas as partes, for ilícito;
>
> IV – não revestir a forma prescrita em lei;
>
> V – for preterida alguma solenidade que a lei considere essencial para a sua validade;
>
> VI – tiver por objetivo fraudar lei imperativa;
>
> VII – a lei taxativamente o declarar nulo, ou proibir-lhe a prática, sem cominar sanção.
>
> Art. 167. É nulo o negócio jurídico simulado, mas subsistirá o que se dissimulou, se válido for na substância e na forma.
>
> § 1º Haverá simulação nos negócios jurídicos quando:
>
> I – aparentarem conferir ou transmitir direitos a pessoas diversas daquelas às quais realmente se conferem, ou transmitem;
>
> II – contiverem declaração, confissão, condição ou cláusula não verdadeira;
>
> III – os instrumentos particulares forem antedatados, ou pós-datados.
>
> § 2º Ressalvam-se os direitos de terceiros de boa-fé em face dos contraentes do negócio jurídico simulado.

---

4. PONTES DE MIRANDA, Francisco Cavalcanti. **Tratado de directo privado** – tomo I. Campinas: Bookseller, 2000, p. 153.
5. LARENZ, Karl. **Derecho Civil** – Parte General. Madri: Revista de Derecho Privado, 1978, p. 583/584 ensina: "El ordenamiento jurídico reconoce como válidos los negócios jurídicos, especialmente los contratos, solamente cuando se hayan cumplido determinados requisitos mínimos, tanto com respecto a su realización (...) y a la declaración (...), como con respecto a su contenido. Si falta uno de estos requisitos, el negocio jurídico, según el Derecho positivo, o es nulo, esto es, inválido desde el princípio, o está afectado de ineficácia pendiente, o es impugnable.

Tem-se, pois, por nulidade uma espécie de invalidade, decorrente das mais graves violações à lei, por meio da qual não se reconhecem os efeitos jurídicos que normalmente seriam produzidos por atos semelhantes[6]. A distinção entre o nulo e o anulável, como já pontuamos em capítulo anterior, não é nova. Já reconheciam os romanos que o negócio nulo não produzia qualquer efeito, ao contrário dos anuláveis[7].

Os dois conceitos, ao contrário do que se pode imaginar, não surgiram a um só tempo, mas foram sendo forjados ao longo da história romana. Assim, se, de um lado, a nulidade se constituíra com base em hipóteses de violação ao *ius civile*; de outro, a anulabilidade fora uma criação pretoriana, que se maturara por volta do século VI e fora complementada pelo Direito Justinianeu. Já nesse período, havia a percepção de que a anulabilidade era própria de um negócio viciado cujo início poderia ser considerado válido, que poderia, contudo, ser desfeito pelo prejudicado, com o respaldo judicial, se assim lhe aprouvesse[8].

A ideia original, já exposta no capítulo anterior, era a de que o negócio anulável seria válido perante o *ius civile*, podendo, porém, ter efeitos denegados pelo pretor por meio da *denegatio iuris* (medida por meio da qual o pretor retirava a ação nascida de um negócio de *ius civile*, ceifando-lhe, assim a eficácia), da *exceptio* (defesa indireta por meio da qual o réu paralisava uma ação do autor) e da *restitutio in integrum* (por meio da qual o magistrado impõe a restituição da situação jurídica ao estado anterior à celebração do negócio)[9].

Hoje a determinação da sanção a ser imposta a uma invalidade negocial decorre, em regra, de escolha legislativa. Assim, nas hipóteses mais graves, a solução legal apontará para a nulidade, ao passo que, nas menos drásticas, para a anulabilidade. Tal opção da lei, aliás, pode variar ao longo dos anos. Tome-se como exemplo a simulação. O legislador de 1916 tachava os atos simulados como anuláveis, ao passo que o de 2002 resolveu reputá-los nulos.

Iniciemos, pois, o estudo das hipóteses de nulidade pela simulação, para, a seguir, examinarmos as demais, e, ao final, apreciarmos o regime jurídico a elas aplicável.

A simulação. Há simulação, nas palavras de Betti[10], "quando as partes de um negócio bilateral, combinadas entre si – ou o autor de uma declaração com destinatário determinado, de combinação com este –, estabelecem um regulamento de interesse

---

6. BEVILÁQUA, Clóvis. **Código Civil dos Estados Unidos do Brasil comentado** – v. I. 9 ed. Rio de Janeiro: Francisco Alves, 1951, p. 432.
7. COLIN, A., CAPITANT, H. **Curso elemental de derecho civil**. Madrid: Reus, 1975, p. 224 nos lembra: "La dstinción entre el acto nulo de pleno derecho que no produce ningún efecto y el acto anulable simplemente, se encuentra en los textos del Derecho Romano. Del primero dicen los textos: *Nullum esse negotium; nihil actum est* (...)."
8. FIÚZA, César. **Ensaio Crítico acerca da Teoria das Nulidades**. Revista de Direito da UFPR, Curitiba, v. 32, n. 0, p. 38-39, 1999
9. ALVES, José Carlos Moreira. **Curso de Direito Romano** – v. I. 13 ed. Rio de Janeiro: Forense, 2000, p. 169.
10. BETTI, Emilio. **Teoria Geral do Negócio Jurídico** – T. II. Campinas: LZN, 2003, p. 281.

diverso daquele que pretendem observar nas suas relações (...)." Haverá, no caso estudado, a prática de negócio aparente (simulado), muitas vezes levado a efeito com o fito de encobrir o ato que verdadeiramente fora camufladamente produzido pelas partes (chamado de negócio dissimulado). Assim, pode-se dizer que o "negócio falso, aparente, mentiroso" é simulado, ao passo que aquele que, na verdade, fora alcançado por meio da mentira é o negócio dissimulado. Imaginemos, pois, o seguinte exemplo: João deseja doar um apartamento para sua prima, Maria. Ciente de que o imposto incidente sobre a doação do imóvel é muito maior do que aquele que se recairia sobre a transação de compra e venda, combina com Maria lavrar uma escritura pública de compra e venda relativa ao objeto da doação. Revela-lhe, todavia, por *e-mail*, que a escritura é apenas um ato *pro forma*, feito para lubibriar o Fisco e que jamais cobraria dela qualquer valor pela residência que lhe doava. Tem-se aí o que se almejava explanar. Há um negócio aparente, mentiroso, feito para ludibriar terceiros – uma doação travestida de compra e venda do apartamento. Trata-se, então, de um negócio **simulado.** Ocorre que um outro negócio fora, de fato, praticado... e, no nosso exemplo, o que ocorreu, de fato, foi uma doação. Chamamos o último de negócio **dissimulado.** Acrescente-se, por fim, que sempre quando houver um negócio **simulado** para encobrir o **dissimulado**, estaremos diante de **simulação relativa**.

Pode haver ainda a **simulação absoluta.** Nela existe apenas um negócio **simulado**, mas falta o **dissimulado.** A situação a seguir pode ilustrar o que ora se explana: Pedro, embora com respeitável patrimônio e perfeitamente solvente, teme perder a fazenda pela qual nutre mais afeição entre os seus bens para seus credores. **Finge alienar**, então, sua propriedade rural para Homero, embora continue sendo, de fato, o seu dono. Continua a arcar com todas as despesas do bem e persiste auferindo todo o lucro dele advindo. Note-se que há um ato forjado em nossa hipótese – a alienação do bem para Homero. Encontra-se, pois, um negócio simulado, embora não haja nenhum dissimulado, dado que, com a sua execução, não se pretende disfarçar outra espécie negocial. Trata-se, como se almejava demonstrar, de caso de **simulação absoluta.**

Há uma importante consequência prática em se distinguir os dois tipos de simulação. Precedamos à leitura do *caput* do artigo 167 do Código Civil para seguirmos com o nosso raciocínio:

> Art. 167. É nulo o negócio jurídico simulado, mas subsistirá o que se dissimulou, se válido for na substância e na forma.

Podemos entender, com base na leitura do dispositivo, que, nas hipóteses de simulação relativa, o operador do direito terá uma tarefa dupla, consistente em considerar nulo o negócio simulado, mas também em avaliar se o dissimulado poderá ser considerado válido na substância e na forma. Já nos casos de simulação absoluta, como não há negócio dissimulado, bastará reputar sem efeito o negócio simulado, encerrando aí sua tarefa. Estabeleçamos, pois, três hipóteses de simulação relativa:

a primeira, em que o negócio dissimulado será nulo; a segunda, em que ele será anulável; e a terceira, em que será válido.

Suponhamos que Jorge tenha um único apartamento em seu nome, cujo aluguel garante-lhe os recursos necessários para sobreviver. A doação de tal bem, sem a reserva de usufruto, seria obstada pelo artigo 548 da Lei Civil, porquanto é nula a doação de todos os bens de determinada pessoa, sem reserva de parte, ou renda suficiente para a subsistência do doador. Imbuído da vontade de realizar o gesto altruísta, proibido por lei, simula vender o bem para seu irmão, Pedro, embora, de fato, tenha doado o apartamento. Nessa hipótese, nossa primeira tarefa é identificar e considerar nulo o negócio simulado, consistente na forjada venda do imóvel. Desfeita a venda, resta apreciar o que ela encobria, ou seja, o negócio dissimulado. Seria ele válido, nulo ou anulável? A resposta é: nulo. Ora, embora a forma solene exigida por lei, usada na alienação, a lavratura de escritura pública, tenha sido correta, a substância do negócio dissimulado, uma doação universal, impõe-lhe igualmente a adoção de uma série de formalidades específicas, que, por óbvio, não foram levadas a cabo, a acarretar, portanto, inelutavelmente, a sua nulidade.

Há casos, porém, em que o negócio dissimulado é anulável. Consideremos que João quer vender um imóvel para Otávio, seu filho, mas Vanessa, sua outra filha, se recusa a anuir com a alienação. Não se dando por vencido, João convence seu amigo, Horácio, a simular uma compra e venda do imóvel, fingindo vendê-lo, ato contínuo, para Otávio. Há dois negócios simulados: a suposta venda de João para Horácio, e a deste para Otávio. Como negócios forjados, mentirosos que são, consideram-se nulos. Ocorre que há um negócio dissimulado – a real venda feita entre João e seu filho Otávio, que não contou com a anuência de Vanessa. Nesse caso, a venda real que ocorreu é anulável, pois não se pode permitir que um pai venda um imóvel ao filho sem anuência da outra filha (artigo 496). Temos, em resumo, as duas transações de compra e venda formalmente realizadas como negócios simulados nulos e a transação de doação efetivamente realizada como negócio dissimulado anulável.

Pode, por fim, ser válido o negócio dissimulado. Recorramos novamente ao exemplo, já dado, em que João deseja doar um apartamento para sua prima, Maria, mas, para fugir do alto valor da tributação, simula vender a ela o bem. Nessa hipótese, lavrada a escritura pública de compra e venda, a transferência do imóvel teria ocorrido de forma válida. Na substância, nada impediria que João fizesse a almejada doação para sua prima. Logo, o negócio dissimulado se mostra válido não só na substância, mas também na forma. Assim, o Fisco, poderá desconsiderar o negócio simulado, a compra e venda, porquanto nulo, com o recolhimento do valor correto da tributação pela doação do bem e não por sua venda, já que o negócio dissimulado, a doação, é válido.

A lei brasileira, por fim, a valer-se de técnica desnecessária, não partilhada por outras legislações, como a portuguesa e a italiana, porquanto bastaria definir os contornos do instituto, sem se avançar em sua exemplificação, arrola três hipóteses de simulação. A primeira delas ocorre quando os negócios aparentarem conferir ou transmitir direitos a pessoas diversas daquelas às quais realmente se conferem ou transmitem. A segunda se dá quando contiverem declaração, confissão, condição ou cláusula não verdadeira, e o último caso citado pelo Código ocorre quando os instrumentos particulares forem antedatados ou pós-datados (art. 167).

Cabíveis ainda duas observações sobre a simulação. A primeira delas é a de que, na vigência do Código anterior, falava-se em simulação inocente e maliciosa, sendo a primeira válida e a segunda anulável.

Suponhamos que Marcos declarara para seus parentes que não gostaria de vender sua casa de praia para José, antigo desafeto da família. No entanto, decidido a se desfazer do bem, que não mais lhe interessava, a melhor proposta que se lhe fora apresentada fora justamente a de José. Alegando ao último que preferia evitar constrangimentos familiares, combinou que venderia o imóvel a Otávio, amigo comum das partes, que, em seguida, aliená-lo-ia a José. Na vigência da lei anterior, recolhidos todos os tributos incidentes sobre a operação, tem-se que a simulação levada a cabo tivera por norte evitar constrangimentos, do ponto de vista moral, para Marcos. Nenhum óbice jurídico existia para que ele vendesse o bem diretamente para José, senão uma questão emocional, de fundo familiar. O Código de 1916, ao tachar a simulação como um defeito apto a gerar anulabilidade, houve por bem suprimir tal sanção das hipóteses de simulação inocente, eis que faleceria interesse para as partes desfazer-se do negócio simulado já que não acarretaria prejuízos a quem quer que fosse. Não por outro motivo, dispôs em seu artigo 103 que a simulação não se consideraria defeito, quando não houvesse intenção de prejudicar a terceiros, ou de violar disposição de lei.

A lógica do Código atual é um pouco diferente, mas conduz ao mesmo resultado prático. A simulação, hodiernamente, representa caso de nulidade e, como sabido, não pode ser suprida. Temos, portanto, que, se houver uma simulação inocente, o negócio simulado deve ser reconhecido como nulo. Ocorre que, se realmente for inocente, o negócio simulado não apenas será válido, como não acarretará nenhum prejuízo a quem quer que seja, sendo, pois, mantido.

A derradeira observação que se há de fazer quanto à simulação se refere à sua distinção em relação à reserva mental e à fraude contra credores. Na primeira hipótese, tem-se que o negócio simulado e a reserva mental são intencionais divergências entre aquilo que se almeja e o que exterioriza. No entanto, na simulação, a divergência em apreço é desejada e conhecida concordemente pelos dois participantes do negócio aparente, pois, se assim não fosse, vale dizer, se a intenção de produzir algo divergente das reais vontades não fosse acertado entre os partícipes, teríamos, quando muito, reservas mentais simultâneas, mas não uma simulação[11]. A reserva

11. TRABUCCHI, Alberto. **Istituzioni di Diritto Civile**. 4 ed. Milão: CEDAM, 1948, p. 129/130, nesse sentido, assevera: “Si ha la simulazione quando volutamente la reciproca dichiarazione delle parti non corrispon-

mental, por outro lado, é uma intenção unilateral que não se revela ao mundo exterior, visto que é algo "reservado", "guardado na mente" do declarante, sem o conluio com quem quer que seja[12].

Relativamente à fraude contra credores, podemos pensar numa hipótese em que os institutos se avizinhariam. João, devedor de inúmeros credores quirografários, doa bens, sendo por tal ato reduzido à insolvência. A hipótese parece configurar caso de fraude contra credores. Temos, no entanto, que analisar a firmeza da doação. Houvera João verdadeiramente transferido a propriedade do bem para terceiro, aí haveria uma fraude contra credores. No entanto, caso tenha feito uma aparente transferência, apenas "fingindo" repassar o bem para terceiro, quando ainda fosse seu verdadeiro senhor, aí estaríamos diante de simulação absoluta. Necessário, pois, para que possamos distinguir os dois casos, que apreciemos a efetividade da transferência – se foi real, será um exemplo de fraude contra credores, sendo aparente, haverá simulação.

Assim, apreciados os aspectos básicos da simulação, avancemos para a abordagem das demais hipóteses de nulidade.

As hipóteses de nulidade do artigo 166 do Código Civil. Abordada a primeira relevante causa de nulidade, avancemos para as outras dispostas no artigo 166 do Código Civil. São elas:

> Art. 166. É nulo o negócio jurídico quando:
>
> I – celebrado por pessoa absolutamente incapaz;
>
> II – for ilícito, impossível ou indeterminável o seu objeto;
>
> III – o motivo determinante, comum a ambas as partes, for ilícito;
>
> IV – não revestir a forma prescrita em lei;
>
> V – for preterida alguma solenidade que a lei considere essencial para a sua validade;
>
> VI – tiver por objetivo fraudar lei imperativa;
>
> VII – a lei taxativamente o declarar nulo, ou proibir-lhe a prática, sem cominar sanção.

É possível fazer um interessante paralelo entre os elementos essenciais do negócio jurídico e as hipóteses de nulidade. Em outras palavras, há pelo menos quatro incisos no artigo 166 que representam a prática de negócios jurídicos em desrespeito aos requisitos de validade que compõem seus elementos essenciais, quais sejam: sua celebração por pessoa absolutamente incapaz (166, I); a ilicitude, impossibilidade ou indeterminabilidade do seu objeto (166, II); a não apresentação de forma prescrita

---

de al loro reale volere. Sebbene la dicchiarazione sia cosciente e voluta, non è voluto il suo contenuto. Il contrasto tra volontà vera e volontà dicchiarata è conosciuto ed anche voluto concordemente dai soggetti partecipanti al negozio; altrimenti si avrebbe soltanto una duplice riserva mentale di non volere ciò che si dichiara."

12. BUTERA, Antonio. **Della Simulazione nei Negozi Giuridici e Degli Atti in Fraudem Legis.** Turim: Unione Tipografico-Editrice Torinene, 1936, p. 15, nesse sentido, assevera: "La riserva mentale è una intenzione che non apparisce nel mondo esteriore, ossia- come si suol dire – è una simulazione unilaterale."

em lei (166, IV); e a preterição a alguma solenidade que a lei considera essencial para a sua validade (166, V). Quanto aos mencionados casos de nulidade, remetemos o leitor aos apontamentos sobre elementos essenciais do negócio jurídico.

Três incisos do artigo 166, porém, merecem explicação mais detida. O primeiro deles é o inciso III, que impõe nulidade ao negócio quando o seu motivo determinante, comum a ambas as partes, for ilícito.

Destaque-se, inicialmente, que "motivo" é toda circunstância psicológica que envolve a prática do negócio. Assim, tomemos em consideração dois exemplos.

No primeiro deles, Bernardo, cidadão honesto, proprietário de um imóvel em Brasília, acha por bem locá-lo, a fim de reforçar seu orçamento doméstico e, com esse propósito, publica aum. anúncio, por meio de jornal local. Aparece, então, Pedro, jovem sem antecedentes criminais, disposto a ser seu novo inquilino. Ocorre que o locatário resolvera alugar o bem para iniciar uma vida criminosa, de venda de drogas ilícitas, transformando o apartamento num ponto de tráfico.

Seria o contrato celebrado entre os dois nulo ou válido? A resposta é válido! Ora, o motivo para a celebração do negócio, por parte de Bernardo, é lícito (reforçar o orçamento doméstico), ao passo que o de Pedro é ilícito (transformar o imóvel num ponto de venda de drogas ilícitas). Assim, o contrato é hígido e, mesmo que Pedro seja preso, ele é devedor dos alugueres, resultantes da avença, a Bernardo. Assim o é porque a norma não foi transgredida, visto que há exigência, para identificar-se a nulidade do negócio jurídico, de motivação ilícita em ambos os contraentes. No caso em apreço, a ilicitude do motivo existia somente de uma das partes, do locatário.

Pensemos doravante em outra situação. Jair deseja alugar um imóvel situado em perigoso local da cidade, famoso pela proliferação de pontos de venda de drogas. Ele não consegue encontrar qualquer pessoa decente para ser seu inquilino. Resolve, de forma ousada, procurar o traficante mais famoso da região, José, para alugar-lhe o imóvel, a fim de transformá-lo em mais um ponto de venda de drogas. A proposta, de pronto, é aceita. Nesse caso, o contrato é nulo, porquanto o seu motivo é ilícito, uso do imóvel como ponto de tráfico de drogas, é comum a ambas as partes.

A penúltima causa de nulidade a ser examinada é a fraude à lei imperativa e suas raízes, que, como sói acontecer com tantos outros institutos, repousa nos antigos textos romanos. Consta do Digesto de Justiniano[13]: "Age contra a lei quem faz o que esta proíbe; age em fraude à lei quem, respeitadas suas palavras, contorna o seu sentido."

A leitura do dispositivo acima revela o atual conceito de fraude à lei imperativa, que assim podemos enunciar: age em fraude à lei quem busca alcançar, de forma oblíqua, aquilo que a norma diretamente veda. Percebe-se, assim, que não se con-

13. D.1, 3, 29. PAULUS libro singulari ad legem Cinciam — Contra legem facit, qui id facit, quod lex prohibet; in fraudem vero, qui salvis verbis legis sententiam eius circumvenit.

fundem os conceitos de negócio ilegal e o de negócio fraudulento, ou em fraude à lei imperativa. Em ambos os casos, a norma, contra a qual o negócio jurídico tisnado de nulidade se erige, é uma norma imperativa. Porém, convém discrepar que, de um lado, no negócio jurídico ilegal, a violação à lei é frontal, de modo que a contrariedade ao seu texto é aberta e direta; e, de outro, no negócio em fraude à lei, a violação à lei é oblíqua, visto que se caracteriza pelo respeito à letra da lei, embora, de fato, divirja-se da sua aplicação e transgrida-se o seu escopo com meios indiretos[14].

Pensemos em dois exemplos, para ilustrar os conceitos acima tratados. Nos dois, João, que tem herdeiros necessários, almeja doar para seu irmão, Geraldo, setenta e cinco por cento de seu patrimônio. Seu desiderato, como bem sabido, é obstado pela letra do artigo 549, que declara nula a doação quanto à parte que exceder à de que o doador, no momento da liberalidade, poderia dispor em testamento.

A conduta que exemplificaria hipótese de afronta ostensiva à lei seria aquela em que João simplesmente doasse, de uma só vez, bens que equivalem a setenta e cinco por cento de seu patrimônio. Nesse caso, o negócio representará uma ilicitude frontal e não um negócio em fraude à lei.

A conduta que se enquadraria na hipótese de fraude à lei seria aquela em que João, primeiramente, faria uma doação correspondente a cinquenta por cento de seu patrimônio. A princípio, aparentemente, sua conduta está de acordo com a letra do artigo 549 do Código Civil, e nada apresentaria, formalmente, de irregular. Porém, nos dias seguintes, faria nova doação de cinquenta por cento do patrimônio restante (o que corresponderá a 25% do patrimônio original). Somados os dois negócios, configurar-se-ia a alienação gratuita de setenta e cinco por cento de seus bens, o que é vedado.

A diferença entre os dois exemplos reside no fato de que, no primeiro, a norma legal foi arrostada frontalmente, ao passo que, no segundo, houve respeito aparente às formalidades legais. Neste último caso, cada uma das doações, individualmente, respeitou a letra da lei, mas, tomadas as duas em consideração, o escopo prático da norma foi contornado. Assim, o doador João intentou alcançar de forma indireta, oblíqua, aquilo que lhe era proibido diretamente realizar, razão pela qual é nula a doação, porque os bens doados, considerados em conjunto, superam cinquenta por cento do patrimônio original.

Outro interessantíssimo exemplo tem sido visto em alguns contratos de locação. Algumas vezes, o inquilino tem imóvel residencial em outro local da cidade, mas, por razões diversas, prefere alugar uma moradia, para si, em diferente bairro

---

14. MESSINEO, Francesco. **Manual de derecho civil y comercial** – v. II. Buenos Aires: EJEA, 1954, p. 480: "En ambos casos, la norma contra la cual se constituye el negocio, es una norma imperativa; pero, mientras el negocio ilegal viola abiertamente la norma, el negocio en fraude a la ley está caracterizado por la circunstancia de que el mismo respeta la letra de la ley, mientras que, de hecho, trata de eludir su aplicación y de contravenir su finalidad con medios indirectos (art. 1344) (cfr. También, arts. 1526, tercer apartado; 2.097, parágrafo; 2744, 2115, tercer apartado).

da cidade. Nesse caso, se inadimplente for, a Lei nº 8.009/90 não autoriza que seu imóvel próprio seja penhorado. Ocorre que, se ele fosse fiador, esse mesmo bem passaria a ser penhorável, por subsunção ao inciso VII, do artigo 3º da norma em tela.

Algumas imobiliárias resolveram essa questão da seguinte maneira: se o locatário tiver imóvel residencial em seu nome, mas não o fiador, ambos trocam de posição e declaram, no próprio contrato, que o fiador (que, na realidade, deveria assumir a posição de inquilino) residirá no imóvel, ao passo que o locatário (que haveria de ser fiador) não.

Não se trata aqui propriamente de uma simulação, eis que esta envolveria a celebração um negócio ***aparente*** com o intuito de se encobrir outro. Há, em nosso exemplo, a ostensiva troca de posições entre locatário e fiador apenas para driblar a impenhorabilidade do imóvel do devedor principal. Acreditamos ser um caso de fraude à lei.

Mas a mesma irregularidade não poderia decorrer de simulação? ***Sim... poderia.*** Necessário, para tanto, que a troca de papéis não fosse ostensiva. Assim, se João (que deveria ser o inquilino) assume o papel de fiador e Pedro, que deveria apenas ser um garantidor do contrato, declara-se inquilino, sem qualquer menção expressa ao fato de que o falso fiador residirá no imóvel, há aqui simulação, pois o contrato aparenta ter um locatário e um fiador, mas, em realidade, os papéis estão invertidos. A ostensiva troca de posições, no primeiro exemplo, e a aparente escolha de papéis, no segundo, parece ser o ponto fulcral para se afirmar haver, respectivamente, fraude à lei e simulação em cada um dos casos postos.

O principal aspecto da distinção, portanto, entre simulação e fraude à lei é que, na primeira, os negócios praticados não são queridos e são apenas forjados tão somente para que sirvam de uma aparência, ao passo que, na segunda, os negócios são praticados conforme a lei, mas o que, de fato, se almeja é burlar a lei[15].

Devemos ainda extremar os negócios indiretos, dos negócios fiduciários, bem como dos praticados em fraude à lei. Tratam os primeiros da celebração de determinado negócio típico, no qual não se almejam os seus efeitos jurídicos correspondentes. Alcança-se, assim, uma finalidade que, em abstrato, não tocaria normalmente ao que se pactuou[16], mas que não seja proibida. Interessante exemplo seria um depósito com escopo de garantia. Imaginemos que uma compra e venda a termo fosse estabelecida entre A e B. Como nenhum deles nutre confiança pelo outro, buscam C, para que o bem com ele fique depositado até que se tenha a transferência efetiva do preço. É evidente que a intenção preponderante do negócio não é a guarda do bem, eis que o vendedor poderia fazê-lo. A ideia aqui é resguardar o comprador, certo de que o bem não será alienado a terceiro, mas também o comprador, porquanto não

15. FERRARA, Luigi Cariota. **El Negocio Jurídico**. Madrid: Aguilar, 1956, p. 443: "Por tanto, es perfectamente segura y clara la distinción entre negocios simulados – no queridos y sólo creados para que sirvan de apariencia – y negocios realmente realizados y queridos, como los en fraude de los acreedores, en fraude de la ley, indirectos, fiduciarios etc."

16. CARVALHO, Orlando de. **Negócio Jurídico Indireto** (Teoria Geral), Boletim da Faculdade de Direito de Coimbra, Suplemento X, 1952, p 3.

entregaria a coisa antes de receber o que se lhe deve. Esse objetivo de garantia não integra, em princípio, a função do contrato de depósito, mas pode ser alcançado no exemplo acima. Entende-se a razão de se lhe denominar de negócio indireto, porquanto, embora não seja ilícito, seu escopo principal não é aquele para o qual o tipo de negócio foi abstratamente idealizado.

Já o negócio fiduciário está consubstanciado "numa transferência real de propriedade, na plena extensão das suas consequências, mas subordinada obrigatoriamente a um pacto fiduciário destinado a adaptar às necessidades do fim econômico proposto a amplitude do meio jurídico"[17]. Torna-se clara a importância da confiança neste tipo de negócio pois, uma vez concretizada a transmissão do direito o alienante nada poderá fazer para compelir aquele a restituir-lhe o objeto da transmissão ou a usá-lo da forma convencionada, senão por meio de negócio de natureza obrigacional, não oponível ***erga omnes***[18].

A grande diferença entre os dois últimos tipos de negócios e aqueles praticados em fraude à lei está na intenção, no último caso, de se alcançar um desiderato contrário à lei, algo que não ocorre nos dois primeiros. Além disso, estes diferem da simulação porque são negócios reais, e não feitos com a intenção de se valer de uma mentira para justificar a prática de qualquer outro ato.

Cabe, por fim, mencionar a última hipótese de nulidade segundo o Código Civil do Brasil: a prática de negócio taxativamente declarado nulo pela lei, ou por esta proibido sem indicação de outra sanção (art. 166, VII). A hipótese é prima-irmã da derradeira que estudamos (fraude a lei). A diferença, com já dito, é que, na fraude à lei, respeita-se a literalidade da norma para se alcançar um fim espúrio, enquanto, na que agora se examina, desrespeita-se o próprio texto da lei. Nesse último caso, a nulidade pode ser uma sanção expressamente constante do texto da lei (nulidade textual) ou pode ser a consequência necessária pela prática de ato proibido, embora não se estabeleça uma consequência específica para tal violação (nulidade virtual).

Apreciadas, portanto, as hipóteses de nulidade, avancemos ao enfrentamento das consequências por elas acarretadas.

O regime jurídico da nulidade. O sistema jurídico brasileiro, segundo as lúcidas lições de Serpa Lopes[19], prevê três tipos de efeitos para o negócio nulo: efeitos destruidores, retroativos e de responsabilidade. Os primeiros levam ao aniquilamento dos efeitos do negócio nulo. Há que se lembrar, por outro lado, que as hipóteses de nulidade nascem com o próprio negócio, sendo decorrência lógica do sistema que os efeitos de seu reconhecimento, ainda que posteriores, retroajam ao nascimento

17. Ibidem., p 99.
18. LUZ, Odília Ferreira da. **Negócio Fiduciário, Negócio Indireto e Negócio Simulado** – Uma Tentativa de Distinção. Revista da Faculdade de Direito da UFPR, Curitiba. V. 15. n. 0. p. 251-252. 1972.
19. SERPA LOPES, Miguel Maria de. **Curso de Direito Civil** – V. I. 8 ed. Rio de Janeiro: Freitas Bastos, 1996, p. 509/510.

do negócio, o que explica o chamado efeito retroativo das nulidades. Não sendo, todavia, possível restituir as partes ao *status* anterior à celebração do negócio, estas serão indenizadas com o equivalente, o que corresponde ao efeito de responsabilidade das nulidades. Todos eles estão estampados no artigo 182 do Código Civil e se aplicam não apenas para as hipóteses de nulidade, mas também de anulabilidade, como se pode depreender de sua leitura:

> Art. 182. Anulado o negócio jurídico, restituir-se-ão as partes ao estado em que antes dele se achavam, e, não sendo possível restituí-las, serão indenizadas com o equivalente.

O regime jurídico do reconhecimento dos efeitos acima explanados se encontra no artigo 168 do Código Civil do Brasil, muito assemelhado ao artigo 286º do Código Civil de Portugal:

> Art. 168. As nulidades dos artigos antecedentes podem ser alegadas por qualquer interessado, ou pelo Ministério Público, quando lhe couber intervir.
>
> Parágrafo único. As nulidades devem ser pronunciadas pelo juiz, quando conhecer do negócio jurídico ou dos seus efeitos e as encontrar provadas, não lhe sendo permitido supri-las, ainda que a requerimento das partes. [Código Civil do Brasil]
>
> ARTIGO 286º
>
> (Nulidade)
>
> A nulidade é invocável a todo o tempo por qualquer interessado e pode ser declarada oficiosamente pelo tribunal. [Código Civil de Portugal]

As nulidades encarnam o interesse geral de repúdio a vicissitudes mais graves do negócio jurídico. Essa assertiva explica a razão de que a nulidade possa ser alegada a qualquer tempo, por qualquer interessado e seja, inclusive, reconhecida de ofício pelos Tribunais.

Percebe-se, assim, que a sentença que reconhece uma nulidade tem efeitos meramente declaratórios, vale dizer, ela apenas declara, para deixar extreme de dúvidas, aquilo que já é, ou seja, que o negócio é nulo por conter grave vicissitude. Não é a sentença que desfaz os efeitos do negócio nulo, mas a nulidade em si, que lhe é contemporânea à própria manifestação volitiva.

O pensamento acima exposto pode parecer óbvio, mas ensejou acaloradas discussões entre nós. Fábio Ulhoa Coelho, por exemplo, diverge do pensamento acima. Ele trata de maneira uniforme as invalidades, asseverando que a "invalidade do negócio jurídico é sempre um pronunciamento judicial" e que "nenhum negócio é inválido, por mais desobedecidas que tenham sido as normas jurídicas sobre a matéria, antes que o juiz decida que ele o é"[20]. Serpa Lopes[21] propõe solução um pouco distinta para a questão:

---

20. COELHO, Fábio Ulhoa. Curso de Direito Civil – v. I. São Paulo: Saraiva, 2003, p. 359.
21. SERPA LOPES, Miguel Maria de. Curso de Direito Civil – V. I. 8 ed. Rio de Janeiro: Freitas Bastos, 1996, p. 512.

Entendemos que a questão, em face do nosso Direito, deve ser resolvida de um modo especial. Com o se afirmar, no parágrafo único, que as nulidades absolutas devem ser pronunciadas pelo juiz, quando conhecer do ato ou dos seus efeitos, subentende-se o poder do juiz de pronunciá-las, independentemente de uma ação especial para um tal pronunciamento. O que se nos afigura necessário distinguir são os casos em que a nulidade pleno iure demanda essencialmente o recohecimento de uma situação de fato da qual resulte, dos em que a vulneração da lei se apresente ostensiva, inequívoca, de pronto reconhecimento. Se se apresentar uma escritura de confissão de dívida, onde conste ser o devedor um menor de 16 anos, não é preciso o reconhecimento judicial para lhe ser reconhecida a absoluta desvalia. Se, ao contrário, imputa-se a uma escritura contratual o ter sido outorgada por um insano mental, ainda não interditado judicialmente, lógico que é necessária uma ação judicial, na qual se possa reconhecer aquele defeito que acarreta a nulidade absoluta do ato, pois que o fato de não ter havido a precedência de uma ação não apaga o vício decorrente da enfermidade."

Não obstante a sofisticação do raciocínio transcrito, temos que as nulidades se submetem ao mesmo regime de todas as ações declaratórias. Algumas vezes, a vicissitude é tão clara, que sequer há pretensão resistida a ensejar a propositura de demanda judicial. Outras vezes, a situação é mais obscura, sendo conveniente buscar uma declaração judicial para a pacificação da questão.

O problema reside, pois, não na necessidade de propositura de demandas, eis que ela não existe para se caracterizar uma nulidade, mas de sua conveniência, que surge quando a pretensão de ver reconhecida a vicissitude do negócio é, por outrem, contestada. Tal qual ocorre com todas as ações de cunho declaratório, os interessados vão ao judiciário sempre que almejarem a certeza que uma sentença acarretará. Distinto é o tratamento da anulabilidade, cuja sentença que a reconhecer não terá apenas cunho declaratório, mas também desconstitutivo dos efeitos do negócio viciado.

Assim, por exemplo, se o Fisco entender que uma compra e venda foi simulada, a encobertar uma doação, respeitados os trâmites administrativos para a autuação tributária, nada impede que o Poder Público tribute o negócio jurídico como se doação fosse, sem que se necessite de uma ação declaratória de nulidade da compra e venda entabulada.

Atente-se ainda que os efeitos da nulidade não apenas se fazem sentir desde a celebração do negócio nulo, como também são insuscetíveis de convalidação (art. 169 do Código Civil do Brasil). Significa dizer que não serão sanados, nem por vontade das partes, tampouco por decurso de tempo. Podem, entretanto, atendidas certas exigências, serem convertidos em outro negócio, ainda que mais simples, porém válido.

A conversão do negócio nulo foi incorporada, no ordenamento do Brasil, pelo artigo 170 do Código Civil, correspondente ao artigo 293º do Código de Portugal. A questão é colocada de forma muito precisa por Carlos Alberto da Mota Pinto[22] quando afirma que o problema se põe quando se trata de saber, uma vez reconhe-

22. PINTO, Carlos Alberto da Mota. Teoria geral do direito civil. 3 ed. Coimbra: Coimbra, 1999, p. 630.

cendo-se nulo o negócio, se ele, de fato, nenhum efeito produzirá, ou se poderão ser reconstituídos, com os seus materiais, um outro negócio, cujo resultado, embora mais precário, aproxime-se do que as partes provavelmente desejariam quando da celebração do negócio.

Assim, dois são os requisitos da conversão segundo nossa lei: a) que o negócio nulo contenha os elementos necessários para que outro se mantenha, caso desfeito, e b) seja possível supor que as partes almejem o negócio para o qual se converteu aquele que se mostrou nulo, se soubessem, no momento da sua celebração, que o faziam de forma nula. Tentando explicar de forma mais simples, é como se o negócio nulo não possa surtir os efeitos para os quais fora inicialmente idealizado, dada a sua vicissitude, mas, contendo os requisitos de outro, mais simples, porém válido, assim seja aproveitado. Entenda-se: as partes não precisam realizar novo acerto, nova celebração de negócio. Em realidade, não raro, o estado entre elas é de litígio, buscando uma delas o total desfazimento do que fora entabulado, enquanto a outra luta pela preservação de certos efeitos. Alguns exemplos podem ser esclarecedores[23]:

a) A conversão de compra e venda, ou de permuta, de imóvel de alto valor, celebrada por instrumento particular, em promessa de compra e venda ou de permuta;

b) A conversão da venda de parte determinada da coisa comum, feita pelo comproprietário, em venda da parte ideal do vendedor, desde que, obviamente, seja respeitada a forma para ela exigida;

c) A conversão da doação de um prédio contido numa herança indivisa em doação do respectivo valor.

Exploremos mais os exemplos dados. No primeiro caso, imaginemos que Pedro, detentor de lote urbano desocupado, tenha recebido uma tentadora oferta de uma Construtora para permutar o imóvel de Pedro por quatro apartamentos que serão lá erguidos pela empreiteira. Aceita a proposta, as partes firmam ***"Contrato de Permuta de Terreno por Apartamentos"***. Erguido o prédio, Pedro foi acometido de ideia que julgou ser genial, pois descobriu, dias antes de receber as chaves, que o contrato que houvera firmado seria nulo por vício de forma, já que deveria haver sido entabulado por meio de escritura pública. Assim, anulado o contrato, pensou, passaria a ser dono de todo o prédio. Moveu, ato contínuo, a cabível ação declaratória de nulidade do contrato, por vício de forma. O magistrado responsável pelo julgamento declarou a nulidade do contrato firmado, mas converteu o pacto originário, de contrato de "permuta de imóveis" (que demandaria forma pública), em contrato de promessa de permuta de imóveis, pois presentes estavam os dois requisitos da conversão: a) que o negócio nulo contenha os elementos necessários para que outro se mantenha, caso desfeito, vez que, o contrato nulo foi celebrado

23. PINTO, Carlos Alberto da Mota. Teoria geral do direito civil. 3 ed. Coimbra: Coimbra, 1999, p. 630/631.

por meio de instrumento particular, insuficiente para a sua própria validade, mas perfeito para ser aproveitado como um contrato de promessa de permuta e; b) seja possível supor que as partes almejassem o negócio para o qual se converteu aquele que se mostrou nulo, se soubessem, no momento da sua celebração, que o faziam de forma nula, pois, se as partes, no momento da irrecusável proposta da Construtora, imaginassem ser nulo o contrato, certamente teriam optado pela promessa de permuta, ao invés da permuta definitiva.

No segundo exemplo, há que se imaginar um condomínio sobre, por exemplo, uma fazenda. Ricardo e Renato são donos do imóvel, em tese divisível, mas tratado como uma única propriedade rural. Renato oferece sua "parte" da fazenda a Ricardo, afirmando que José a compraria por trezentos mil reais. Informado pelo condômino que não tinha interesse na aquisição da "parte" do outro, o negócio se concretiza por meio de escritura pública, na qual o vendedor ousa descrever a parte do imóvel que estava sendo alienada. Indignado por tal conduta, Renato pede seja anulada a compra e venda, eis que o objeto do negócio, parte descrita no contrato, não tem matrícula própria, inexistindo. Reconhecida a dita nulidade, o juiz converte o contrato originariamente celebrado numa compra e venda da fração ideal de cinquenta por cento do imóvel, pois: a) fora respeitada a forma pública exigida para tal tipo de alienação e b) soubessem as partes que tal pacto seria desfeito, é razoável supor que optariam pela venda da fração ideal, ao invés da venda de parte certa da fazenda.

O terceiro exemplo versa sobre a conversão da doação de um prédio, contido numa herança indivisa, em doação do respectivo valor. Sabe-se que, segundo o artigo 1.791 do Código Civil Brasil que a herança defere-se como um todo unitário, ainda que vários sejam os herdeiros, sendo, até a partilha, o direito dos coerdeiros, quanto à propriedade e posse da herança, indivisível. Pois bem – a conclusão inarredável do dispositivo é de que um dos herdeiros, antes da partilha, não pode alienar bem específico do espólio a terceiro. Suponhamos, todavia, que assim tenha ocorrido. Não seria razoável supor, se tal alienação fosse uma doação de bem específico, ocorrida por escrito, como determinado pelo artigo 541 do Código Civil, que possa ser convertida em doação do valor correspondente a tal objeto, mormente se abastado for o doador? Temos que sim!

Imaginemos, por fim, derradeiro exemplo. O artigo 1.393 do Código Civil do Brasil, ao contrário do que preceitua o artigo 1.444º do Código de Portugal, obsta a transferência de usufruto a terceiro, embora anua com a cessão de seu exercício. Imaginemos, assim, que, no Brasil, Rodrigo, usufrutuário das quotas de determinada sociedade empresarial, faça constar, da escritura de divórcio, que transfere metade do seu usufruto àquela com quem fora casada, Madalena. Tal transferência, portanto, segundo as leis do Brasil, seria nula. Pode, no entanto, ser convertida em cessão do exercício de metade do usufruto atribuído a Rodrigo. Assim, Madalena poderá receber metade dos lucros que o usufruto das quotas garantiria a Rodrigo.

Assim, temos por explanados os principais aspectos relativos à nulidade. Avancemos, pois, àqueles atinentes à anulabilidade.

Hipóteses e características da anulabilidade. O Código Civil do Brasil lembra, no artigo 171, as principais hipóteses de anulabilidade, que podem ser reduzidas a três conjuntos: a) negócios acometidos por vícios de consentimento ou social; b) negócios celebrados por relativamente incapazes, sem a devida assistências e, c) os casos expressamente indicados por lei como anuláveis.

A anulabilidade, ao contrário da nulidade, não interfere no interesse geral, mas particular daquele que foi prejudicado. Assim, o desfazimento do negócio dependerá de pedido específico daquele que foi vítima da hipótese de anulabilidade. O negócio, portanto, até que sobrevenha tal comando judicial, será válido, pairando, contudo, sobre ele, certo grau de incerteza, pois, a qualquer momento, durante o prazo facultado por lei, o prejudicado pode pleitear a sua desconstituição. Mas existem formas, previstas em nossa norma civil, de superar tal inconveniente, sendo a primeira delas a confirmação do negócio anulável.

Confirmar o negócio significa aproveitá-lo tal qual fora praticado. Difere da conversão, pois, no último caso, o ato é transformado em outro, mais simples, porém válido. Repita-se: a confirmação nada mais é do que a ratificação do negócio, extraída da manifestação de vontade, expressa ou tácita, da parte prejudicada, de que estaria sanado o vício originário a gerar a anulabilidade. Pontes de Miranda chama a atenção para uma sofisticada peculiaridade. Na ratificação, ou confirmação, não há exatamente uma renúncia à propositura da ação anulatória do ato viciado. Não é ato que retira, mas que supre o que faltava no negócio viciado. A impossibilidade de propositura da ação anulatória não decorre, portanto, da renúncia ao seu manejo, mas da extinção da pretensão de desfazimento de negócio que, embora originariamente eivado de problemas, foi confirmado, tendo o déficit de seu suporte fático preenchido. Assim, segundo Pontes, o Código Civil argentino é preciso ao descrever o fenômeno[24]:

> Art. 1.059. A confirmação é o ato jurídico pelo qual uma pessoa faz desaparecer os vícios de outro ato que esteja sujeito a uma ação de nulidade. [25]

As observações de Pontes parecem haver sido bem assimiladas pelo legislador de 2002, quando determinou em nosso Código:

> Art. 172. O negócio anulável pode ser confirmado pelas partes, salvo direito de terceiro.
>
> (...)
>
> Art. 175. A confirmação expressa, ou a execução voluntária de negócio anulável, nos termos dos arts. 172 a 174, importa a extinção de todas as ações, ou exceções, de que contra ele dispusesse o devedor.

24. PONTES DE MIRANDA, Francisco Cavalcanti. **Tratado de directo privado** – tomo IV. Campinas: Bookseller, 2000, p. 298.
25. O Código Civil da Argentina tem a seguinte redação: "Art. 1.059. La confirmación es el acto jurídico por el cual una persona hace desaparecer los vicios de otro acto que se halla sujeto a una acción de nulidad."

A confirmação, por outro lado, pode ser expressa ou tácita. No primeiro caso, há a prática de segundo negócio jurídico no qual se indica que o agente é sabedor do vício a inquinar o negócio originário, assim como da vontade de mantê-lo. A norma brasileira, sobre o tema, impõe que "o ato de confirmação deve conter a substância do negócio celebrado e a vontade expressa de mantê-lo" (art. 173). Esclarece Clóvis Bevilaqua[26] que, por "substância do ato", pretende a lei esclarecer que não há necessidade de se reproduzir, por completo, o negócio a ser ratificado. Em realidade, basta que se enunciem suas principais cláusulas, ou seja, aquelas que reproduzem o cerne daquilo que fora celebrado.

Quanto à forma da confirmação expressa, nada dispõe a lei brasileira sobre o tema. Entre nós, parece prevalecer o entendimento de que existe uma simetria em relação ao negócio que se deseja sanar. Tal entendimento é expressamente manifestado por Clóvis Bevilaqua[27], Orlando Gomes[28] e Francisco Amaral[29].

A lei portuguesa, entretanto, dispõe de forma diferente. Em Portugal, o Código Civil determina:

> ARTIGO 288º
>
> (Confirmação)
>
> 1. A anulabilidade é sanável mediante confirmação.
>
> 2. A confirmação compete à pessoa a quem pertencer o direito de anulação, e só é eficaz quando for posterior à cessação do vício que serve de fundamento à anulabilidade e o seu autor tiver conhecimento do vício e do direito à anulação.
>
> 3. A confirmação pode ser expressa ou tácita e não depende de forma especial.
>
> 4. A confirmação tem eficácia retroactiva, mesmo em relação a terceiro.

Atente-se que, ainda que expressa, a confirmação, em Portugal, não demanda forma especial. José de Oliveira Ascensão aplaude a solução lusitana pois, segundo ele, sendo possível por aquele sistema jurídico (a exemplo do que ocorre conosco), a confirmação tácita, por qual razão, na ratificação expressa, haver-se-ia de repetir a solenidade demandada para o ato a ser confirmado?

Como visto, no Brasil, parece prevalecer a simetria de formas – o negócio de confirmação deve ter, segundo a doutrina majoritária, a mesma forma exigida para o negócio que se deseja sanar.

Mesmo disso sabedor, ouso advogar a tese abraçada pelo Código de Portugal, mesmo não sendo, entre nós, expressa. Ora, a explanação de José de Oliveira Ascensão parece estar dotada de irretorquível lógica... qual a razão de se exigir o

---

26. BEVILÁQUA, Clóvis. Código Civil dos Estados Unidos do Brasil comentado – v. I. 9 ed. Rio de Janeiro: Francisco Alves, 1951, p. 438.
27. Ibidem., p. 438.
28. GOMES, Orlando. Introdução ao Direito Civil. 4 ed. Rio de Janeiro: Forense, 1974, p. 509.
29. AMARAL, Francisco. Direito civil – introdução. 6 ed. Rio de Janeiro: Renovar, 2006, p. 532.

respeito a uma formalidade, se o negócio pode ser confirmado tacitamente. Aliás, quem pode mais (ratificar tacitamente), não pode menos (ratificar expressamente sem adoção de formalidade especial)? Mas não apenas isso: quando o nosso Código pretende estabelecer uma simetria de formas, ele o faz de maneira expressa, como ocorre nos artigos 468, parágrafo único e 472 de nossa Lei Civil, que abaixo transcrevemos:

> Art. 468. Essa indicação deve ser comunicada à outra parte no prazo de cinco dias da conclusão do contrato, se outro não tiver sido estipulado.
>
> Parágrafo único. A aceitação da pessoa nomeada não será eficaz se não se revestir da mesma forma que as partes usaram para o contrato.
>
> (...)
>
> Art. 472. O distrato faz-se pela mesma forma exigida para o contrato.

Aliás, a liberdade de forma é regra, sendo pouco usual impor-se uma formalidade adicional ao negócio de ratificação por mera simetria. No entanto, cabe ressaltar ser majoritário, senão quase unânime, o raciocínio de que o negócio de ratificação deve observar a mesma forma exigida para o negócio que se almeja sanar.

A confirmação expressa não é, como vista a única. Mais comum do que ela, no mundo real, parece ocorrer a tácita. Nossa lei a consagra ao indicar ser desnecessária a ratificação expressa quando o agente pratica o negócio viciado ciente do defeito que o contamina. Note-se que, invocada em ação própria a anulabilidade do negócio, para fins de prova, considera-se como fato desconstitutivo do direito do autor a execução, ainda que parcial, do negócio, sabedora a vítima do defeito que o inquinava. Cabe, nessa esteira, ao réu provar esses dois fatos: a) que o negócio fora cumprido, ainda que parcialmente, pelo autor e b) que a parte adversa sabia do defeito que o contaminava e, mesmo livre dele, voluntariamente cumpriu o negócio, ainda que em parte.

Lembra ainda o Código Civil que se a anulabilidade do ato resultar da falta de autorização de terceiro, será validado se este a der posteriormente (art. 176). Percebe-se tratar de uma espécie *sui generis* de ratificação, que, a teor da norma, haverá de ser expressa. Lembre-se, que, em complemento ao dispositivo, determina o artigo 220 que a "anuência ou a autorização de outrem, necessária à validade de um ato, provar-se-á do mesmo modo que este, e constará, sempre que se possa, do próprio instrumento" Em outras palavras... a ratificação pode até vir em outro instrumento, mas deverá ter a mesma formalidade do negócio a ser confirmado, o que, em princípio, afastaria a possibilidade de ratificação tácita do negócio. Chamamos a atenção apenas para o fato de que a regra exposta haverá de ser geral, nada impedindo que, em determinadas hipóteses, possa-se evitar que seja o negócio desconstituído, não exatamente por sua ratificação, mas pela constatação de que a anulação seria abusiva, tendo em vista a função social para a qual fora pensada a anuência, tema que será enfrentado em capítulo próprio.

Na sequência, nossa norma dispõe sobre o regime jurídico da anulabilidade, estabelecendo não ter ela efeito antes de julgada por sentença, tampouco podendo ser pronunciada de ofício. A ação necessária para seu reconhecimento, frise-se, apenas haverá de ser proposta por aqueles interessados em sua alegação, aproveitando exclusivamente aos que o fizerem, salvo o caso de solidariedade ou indivisibilidade (art. 177). A diferença em relação à nulidade é evidente. Inicialmente, há que se lembrar que o reconhecimento da nulidade não tem como ***conditio sine qua non*** a propositura de ação específica, ao contrário da anulabilidade. Pode a primeira, como visto, ser conhecida de ofício pelo magistrado, ao passo que a anulabilidade depende de pedido específico a respeito a ser reconhecida por sentença. Quanto à legitimação para suscitá-la, na nulidade, ela é ampla, estendendo-se a qualquer pessoa que demonstre interesse em seu reconhecimento, ao contrário da anulabilidade na qual apenas as vítimas diretas da vicissitude que a engendrou estarão autorizadas a postular a desconstituição do negócio.

Outra importante diferença entre os dois tipos de invalidade é que a nulidade não convalesce por decurso de tempo, ao contrário das hipóteses de anulabilidade, sujeitas a prazo decadencial.

Cabe aqui um esclarecimento. O convalescimento por decurso de prazo não é exatamente uma hipótese de ratificação. Nesta, o negócio é sanado, suprindo-se o que faltava no ato viciado, enquanto, na decadência, há a extinção do direito potestativo de se propor a ação anulatória. A consequência das duas figuras é a mesma, mas derivada de razões distintas. A ratificação, nessa esteira, demanda uma conduta positiva, de manifestação de vontade, expressa ou tácita, a confirmar o negócio, enquanto a decadência decorre de uma omissão do titular do direito potestativo, pelo tempo estabelecido em lei, a fulminar a possibilidade de se propor uma ação anulatória quanto ao negócio.

Pois bem, feita essa sutil diferença, importa lembrar que o prazo decadencial para pleitear-se a anulação do negócio jurídico é de quatro anos no caso de coação (contado do dia em que ela cessar), erro, fraude contra credores, estado de perigo, lesão (contado do dia em que se realizou o negócio) e nos atos de relativamente incapazes (contado do dia em que cessar a incapacidade), como nos lembra o artigo 178 do Código Civil. Nada impede que a lei estabeleça prazos específicos para o manejo de determinadas ações anulatórias (como o fazem os parágrafos únicos dos artigos 45 e 48 de nossa Lei Civil), mas, se não o fizer, este será de dois anos, a contar da conclusão do negócio, como determina o artigo 179.

Outra hipótese de manutenção dos efeitos do negócio anulável está tratada no artigo 180 do Código Civil, e se refere à hipótese em que o menor, entre dezesseis e dezoito anos, para eximir-se de uma obrigação, tenta invocar a sua idade, quando dolosamente a ocultou quando inquirido pela outra parte, ou quando, no ato de obrigar-se, declarou-se maior. Em tais casos, a lei percebe no menor púbere discernimento suficiente para compreender suas próprias mentiras, impondo-lhe, por tal reprovável conduta, a responsabilidade de honrar com o que fora combinado com outros partícipes do negócio.

Estabelecidos os principais aspectos da anulabilidade, avancemos para a análise dos dispositivos comuns entre as espécies de invalidade.

Regime jurídico comum entre nulidade e anulabilidade. Não podemos olvidar que, apesar das diferenças, nulidade e anulabilidade são espécies de um gênero comum: a invalidade.

A observação acima implica uma óbvia consequência – se são espécies de um gênero maior, entre os seus respectivos regimes jurídicos, algo deve haver de coincidente. Pois bem... e há. Basta uma breve leitura pelos artigos 181 e seguintes, para chegarmos a essa conclusão. São eles:

> Art. 181. Ninguém pode reclamar o que, por uma obrigação anulada, pagou a um incapaz, se não provar que reverteu em proveito dele a importância paga.
>
> Art. 182. Anulado o negócio jurídico, restituir-se-ão as partes ao estado em que antes dele se achavam, e, não sendo possível restituí-las, serão indenizadas com o equivalente.
>
> Art. 183. A invalidade do instrumento não induz a do negócio jurídico sempre que este puder provar-se por outro meio.
>
> Art. 184. Respeitada a intenção das partes, a invalidade parcial de um negócio jurídico não o prejudicará na parte válida, se esta for separável; a invalidade da obrigação principal implica a das obrigações acessórias, mas a destas não induz a da obrigação principal.

Já tivemos oportunidade de afirmar, ni oruneuri volume da obra, que na Roma Antiga, a preocupação com o menor se exacerbou tanto que foi criado o instituto da restituição integral, segundo o qual, se determinado negócio jurídico, mesmo que validamente entabulado, posteriormente se mostrasse, *v.g.*, financeiramente prejudicial ao menor, seria possível reclamar-lhe o desfazimento – repita-se – ainda que válido fosse. O pensamento atravessou os séculos e, em Portugal (e, por arrastamento, no Brasil Colônia/Império), foi incorporado ao texto das Ordenações Filipinas. A partir do Código Civil de 1916, no entanto, ele deixou de existir entre nós. Não se pense, porém, que a proteção aos menores foi negligenciada. O artigo 181, que não apenas se aplica aos menores, mas a todos os incapazes, assevera que ninguém pode reclamar o que, por uma obrigação anulada, àqueles pagou, se não provar que reverteu em proveito deles a importância paga.

A ideia guarda simetria com outros dispositivos do próprio Código, como por exemplo, o artigo 149, já abordado, que somente permite seja o absolutamente incapaz responsabilizado por dolo do seu representante até a importância do proveito que teve.

Seguindo adiante, nosso Código foi algo econômico em relação aos efeitos da invalidade, sendo mais proveitosos que, no particular, seguisse a linha do Código Civil de Portugal, mais claro quanto ao tema. Comparemos as duas normas:

Art. 182. Anulado o negócio jurídico, restituir-se-ão as partes ao estado em que antes dele se achavam, e, não sendo possível restituí-las, serão indenizadas com o equivalente. [Código Civil do Brasil]

ARTIGO 289º

(Efeitos da declaração de nulidade e da anulação)

1. Tanto a declaração de nulidade como a anulação do negócio têm efeito retroactivo, devendo ser restituído tudo o que tiver sido prestado ou, se a restituição em espécie não for possível, o valor correspondente.

2. Tendo alguma das partes alienado gratuitamente coisa que devesse restituir, e não podendo tornar-se efectiva contra o alienante a restituição do valor dela, fica o adquirente obrigado em lugar daquele, mas só na medida do seu enriquecimento.

3. É aplicável em qualquer dos casos previstos nos números anteriores, directamente ou por analogia, o disposto nos artigos 1269º e seguintes.

ARTIGO 290º

(Momento da restituição)

As obrigações recíprocas de restituição que incumbem às partes por força da nulidade ou anulação do negócio devem ser cumpridas simultaneamente, sendo extensivas ao caso, na parte aplicável, as normas relativas à excepção de não cumprimento do contrato.

ARTIGO 291º

(Inoponibilidade da nulidade e da anulação)

1. A declaração de nulidade ou a anulação do negócio jurídico que respeite a bens imóveis, ou a bens móveis sujeitos a registo, não prejudica os direitos adquiridos sobre os mesmos bens, a título oneroso, por terceiro de boa fé, se o registo da aquisição for anterior ao registo da acção de nulidade ou anulação ou ao registo do acordo entre as partes acerca da invalidade do negócio.

2. Os direitos de terceiro não são, todavia, reconhecidos, se a acção for proposta e registada dentro dos três anos posteriores à conclusão do negócio.

3. É considerado de boa fé o terceiro adquirente que no momento da aquisição desconhecia, sem culpa, o vício do negócio nulo ou anulável. [Código Civil de Portugal]

A norma lusitana foi especialmente minuciosa ao deixar claro que os efeitos da nulidade e da anulabilidade serão ambos retroativos. A lei brasileira consagra o mesmo entendimento. Acontece que, por não estender expressamente o efeito retroativo às duas modalidades de invalidade, parte minoritária da doutrina advoga a tese de que a anulabilidade teria efeitos apenas *ex nunc*, e não *ex tunc*. O raciocínio, no entanto, não se sustenta, porquanto o artigo 182, genericamente, assegura que "anulado" o negócio, restituir-se-ão as partes ao estado em que antes dele se achavam. Note-se que, fosse a intenção da lei restringir a eficácia retroativa do reconhecimento da invalidade apenas à nulidade, ao invés de adotar a redação transcrita, ela categoricamente afirmaria que "declarado nulo o negócio", restituir-se-iam as partes ao estado anterior. Mas, repita-se, não foi isso que fez a lei, o que nos permite concluir estarem as hipóteses de anulabilidade também abrangidas pela redação de nosso artigo 182.

A interpretação gramatical da norma, aliás, não é a única a amparar nosso raciocínio. Entenda-se que seja qual for a espécie de invalidade, ela é congênita. O negócio nasce viciado. Não faria sentido apenas desfazer os seus efeitos posteriores à sentença, se o mal já o contaminava desde seu nascimento. Assim, seja nulo ou anulável, haveremos de aplicar ao negócio jurídico o artigo 182.

Superado esse primeiro aspecto, perceba-se que o desfazimento do negócio poderá fazer nascer pretensões de lado a lado para a restituição de bens ou valores. Caso a dita restituição se mostre inviável, o equivalente a ela haverá de ser pecuniariamente prestado. É a hipótese de alienação de bem infungível, porém consumível, por meio de negócio jurídico inválido. Reconhecida a invalidade, se a restituição do bem não mais for viável, restará apenas a possibilidade do pagamento de indenização, à parte prejudicada, pelo equivalente.

A pergunta que se pode fazer é... e se a coisa, objeto do negócio nulo ou anulável, já houver sido repassada para terceiro. O nosso Código não aborda expressamente a questão, ao contrário do Código de Portugal. Pensemos, pois, no seguinte exemplo: João, em fraude à lei imperativa, adquiriu imóvel de Pedro. Ato contínuo, vendeu o bem para Ricardo. A pergunta que se faz é – provado o vício insanável na aquisição por João e que Ricardo adquirira o bem de boa-fé, o objeto da venda poderia com ele permanecer?

Situação muito parecida foi objeto de análise pelo Superior Tribunal de Justiça, entendendo aquela Corte que, reconhecido o vício da primeira aquisição, ele contamina todos os negócios subsequentes, fraturando a cadeia dominial do bem e impondo o desfazimento de todos as transações que lhe forem posteriores[30]. A solução, conquanto possa fragilizar a posição do terceiro de boa-fé, parece guardar consonância com os artigos 195, 222 e 237 da Lei de Registros Públicos, que consagram o princípio da continuidade do registro de imóveis. Assim, restaria ao prejudicado buscar responsabilizar o alienante pela evicção sofrida, nos limites entabulados por nossa lei. A solução, no entanto, não é unânime entre nós.

30. BRASIL. Superior Tribunal de Justiça. REsp 1166343/MS, Rel. Ministro LUIS FELIPE SALOMÃO, QUARTA TURMA, julgado em 13/04/2010, DJe 20/04/2010 entendeu a matéria da seguinte forma: CIVIL E PROCESSO CIVIL. AÇÃO DECLARATÓRIA DE NULIDADE DE CONTRATO DE COMPRA E VENDA. REIVINDICATÓRIA. PROCURAÇÃO FALSA. NULIDADE ABSOLUTA. VÍCIO QUE SE TRANSMITE AOS NEGÓCIOS SUCESSIVOS. ALEGAÇÃO DE BOA-FÉ. IMPOSSIBILIDADE. 1. É vedada a esta Corte apreciar violação a dispositivos constitucionais, sob pena de usurpação da competência do Supremo Tribunal Federal. 2. A falta de prequestionamento em relação aos arts. 5º, 47, 325, 467 e 475-N do CPC impede o conhecimento do recurso especial. Incidência da súmula 211/STJ. 3. Não há falar em ilegitimidade passiva para a causa, pois, conforme esclarecido pelo Tribunal de origem, os recorrentes são proprietários de parte remanescente do imóvel, e se obrigaram, em função das transferências sucessivas da área, a responder pela evicção em face dos adquirentes do terreno. 4. Tratando-se de uso de procuração falsa, de pessoa falecida, vício insanável que gera a nulidade absoluta do contrato de compra e venda firmado com o primeiro réu, as demais vendas sucessivas também são nulas, pois o vício se transmite a todos os negócios subsequentes, independente da arguição de boa-fé dos terceiros. 5. Não houve violação ao art. 2º do CPC, pois o julgado recorrido não conferiu qualquer direito à viúva de Otaviano Malaquias da Silva, reconhecendo, apenas, que ela não participou do negócio nulo. 6. Recurso especial não conhecido.

Em Portugal, todavia, a solução parece ser distinta. O artigo 291º estabelece que o terceiro de boa-fé que adquire onerosamente bem sujeito a registro, de quem o houve de forma viciada, desde que o tenha feito antes da ação de reconhecimento da invalidade, e que esta não se venha a propor e registrar nos três anos subsequentes à aquisição, tornar-se-á proprietário efetivo do bem. Entendemos justa a opção feita pelo legislador português, mas a sua adoção entre nós, diante da atual redação da Lei de Registros Públicos (art. 195, 222 e 237), demandaria alteração legislativa para que se abraçasse comando semelhante ao lusitano. No entanto, nada impede que o terceiro adquirente, em situação de boa-fé, torne-se, por meio da usucapião ordinária, proprietário definitivo da coisa, desde que presentes os requisitos do artigo 1242 do Código Civil brasileiro.

Ainda quanto ao regime comum das nulidades em nosso direito, preceitua o artigo 183 do Código Civil que a invalidade do instrumento não induz a do negócio jurídico sempre que este puder provar-se por outro meio. Pensemos no seguinte exemplo. Jorge tem um contrato verbal de locação com Xavier. Preocupado por não se haver precavido com a assinatura do dito instrumento, por meio de coação, obtém, do inquilino, avença escrita, na qual se consagram os mesmos dispositivos que verbalmente (e diante de testemunhas) já se houvera combinado. Eis um exemplo do que afirma o artigo 183 – ainda que Xavier consiga desfazer o contrato escrito de locação, o negócio verbal que lhe fora anterior não restará prejudicado e a relação locatícia perdurará.

Por fim, disciplina o artigo 184 de nossa lei, o que o Código de Portugal denomina de redução. Ambas têm o mesmo alcance e se pode dizer que suas redações, em certa medida se complementariam. Entre nós, restou consagrado que respeitada a intenção das partes, a invalidade parcial de um negócio jurídico não o prejudicará na parte válida, se esta for separável; a invalidade da obrigação principal implica a das obrigações acessórias, mas a destas não induz a da obrigação principal. Podemos usar como um bom critério para entender quando a parte inválida haverá de prejudicar a válida o comando constante da parte final do artigo 292º da lei portuguesa, ou seja, quando se mostre que o negócio não teria sido concluído sem a parte viciada, fato que define sua importância para a celebração da avença parcialmente inválida.

Capítulo 18
ATOS ILÍCITOS

Aspectos introdutórios. Um dos preceitos morais mais marcantes do mundo ocidental nos remete aos ensinamentos de **Eneu Domício Ulpiano**, que viveu entre 150 e 228 da era cristã, influenciando fortemente a ciência jurídica. Ele nos ensina[1]:

> 10. ULPIANO; Regras, livro 1. — Justiça é a constante e perpétua vontade de dar a cada um seu direito.
>
> § 1. — Tais são os preceitos do direito: viver honestamente, não ofender ninguém, dar a cada um o que lhe pertence.
>
> § 2. — Jurisprudência é o conhecimento das coisas divinas e humanas, e a ciência do justo e do injusto.

Poucas sentenças encerram a fórmula de uma vida justa como essa. Vivêssemos todos a observância de tais ensinamentos, os conflitos intersubjetivos seriam minimizados. A realidade, todavia, se reveste de contornos mais dramáticos e demanda a disciplina das possíveis violações ao ordenamento jurídico, que, em linhas gerais, refletem o objeto de nosso Capítulo – os atos ilícitos. Avancemos, pois, para tal abordagem.

Conceito de ato ilícito. A expressão "ato ilícito" comporta hoje uma multiplicidade de significados, todos guardando entre si um ponto comum: a contrariedade ao Direito. Não obstante as divergências conceituais que sobre o termo recaem, a opção por sua utilização, ao invés de outros assemelhadas, como por exemplo "delito", reflete uma escolha ideológica, nascida no Iluminismo, como assevera Hans Hattenhauer[2], de se criar um superconceito aplicável às atuações livres do homem, por meio das quais este contrariava o ordenamento vigente:

---

1. *D. 1, 1, 10. ULPIANTUS libro 1. Regularum.—Iustitia est constants et perpetua voluntas ius suum cuique tribuendi. § 1.—Iuris praecepta sunt haec: honeste vivere, alterum non laedere, suum. cuique tribuere. § 2.—Iirisprudentia est divinarum atque humanarum rerum notitia, iusti atque iniusti scientia.*
2. HATTENHAUER, Hans. **Conceptos fundamentales del derecho civil**. Barcelona: Ariel Derecho, 1987, p. 100/101. Tradução livre de: "A partir de entonces, la teoría del acto como realización de la libertad humana, es la piedra angular del Derecho delictual. El hombre puede decidir libremente de qué modo desea alterar su entorno, pero, como el acto es libertad hecha realidad, hay que responder de él, y esta responsabilidad culmina en el deber de evitar por completo las consecuencias dañosas de un inadecuado uso de la libertad. Si el acto es una afirmación de la libertad, será <<ilícito>> donde comience la libertad de los demás. Por otra parte, hay que regular con exactitud las consecuencias del acto ilícito, de modo que una exageración de las sanciones no limite inadecuadamente la libertad del actuante dejándole postrado en la inacción. Lo que traducía en la práctica kantiana del Derecho como organización y delimitación del ámbito de libertad. La frontera entre acto lícito e ilícito debía ser reconocible para el lego en Derecho, lo que confería importancia práctica a la ley prohibitiva como piedra de toque para la protección tanto de la libertad ajena como de los derechos subjetivos.

> A partir de então, a teoria do ato como realização da liberdade humana é a pedra angular do direito delitual. O homem pode decidir livremente de que modo deseja alterar seu entorno, porém, como o ato é liberdade feita realidade, tem que responder por ele, e esta responsabilidade culmina no dever de evitar por completo as consequências danosas de um inadequado uso da liberdade. Se o ato é uma afirmação da liberdade, será 'ilícito' onde começa a liberdade dos outros. Por outro lado, há que se regular com exatidão as consequências do ato ilícito, de modo que um exagero nas sanções não limite inadequadamente a liberdade do agente, deixando-o prostrado na inação. O que traduzia na prática kantiana do Direito como organização e delimitação do âmbito de liberdade. A fronteira entre ato lícito e ilícito devia ser reconhecível para o leigo no Direito, o que conferia importância prática à lei proibitiva como pedra de toque para a proteção tanto da liberdade alheia como dos direitos subjetivos.

Importante assentar as premissas acima lançadas pois, no início do presente volume, quando abordamos a classificação geral dos fatos jurídicos (em sentido lato), dividimos as ações humanas entre aquelas em que a manifestação de vontade integrava o suporte fático (atos jurídicos – em sentido lato) e aquelas em que isso não ocorria (atos-fatos). Lembre-se que, naquela ocasião, fora estabelecido que os atos jurídicos (em sentido lato) se tripartiam nas seguintes espécies: a) atos jurídicos em sentido estrito, b) negócios jurídicos e, c) atos ilícitos. Não podemos, pois, olvidar que, segundo a hodierna doutrina civilista, os atos ilícitos são espécie de atos jurídicos, porém contrários ao direito.

Não se pense, porém, que o conceito ora estudado não traz divergências. Hugo R. Zuleta[3] aponta algumas controvérsias quanto à definição de ato ilícito. Na tradição jusnaturalista, assim doutrina, atribuir ao ato o título de ilícito seria uma forma de adjetivá-lo como mau, podendo este mal ser contrário ao direito natural (*mala in se*) ou podendo haver sido obstado pela ordem social positiva (*mala prohibita*), sem vincular-se, necessariamente, ao direito natural. Os positivistas, ao seu turno, restringiriam sua aplicação apenas aos atos proibidos pelo ordenamento jurídico. Tais conceitos não seriam suficientes. Reputa o Autor acertado que o ato ilícito seja associado à ideia de sanção, porquanto seria inviável, pelo ponto de vista lógico, admitir-se a possibilidade de contradição lógica entre uma norma que impõe uma conduta e o comportamento, de fato, dos seus destinatários. Assim, ilícito seria o ato, teoricamente previsto no ordenamento, como pressuposto da aplicação de uma sanção.

Entre tantas definições que se desenharam ao longo da história, aquela que se impôs, em nossa norma, foi a que identificou como um dos elementos principais da ilicitude a contrariedade ao direito. A leitura do artigo 186 do Código Civil, a consagra ao afirmar que pratica ato ilícito todo aquele que "viola direito" alheio.

Mas, como assevera Fernando de Sandy Lopes Pessoa Jorge[4], ainda quando se trabalha com a última definição, ou seja, de ilicitude como contrariedade ao direito,

---

3. ZULETA, Hugo R. Ilícito. In: GARZÓN VALDÉS, Ernesto; LAPORTA, Francisco J (coord). **El derecho y la justicia.** 2 ed. Madrid: Trotta, 2000, p. 334-340.
4. PESSOA JORGE, Fernando de Sandy Lopes. **Ensaio sobre os pressupostos da responsabilidade civil.** Coimbra: Almedina, 1995, p. 63.

importa reconhecer que ela se divide em duas correntes: a subjetivista e a objetivista. Esta reconhece a ilicitude na automática contrariedade ao ordenamento, ao passo que a primeira o faz somente quando, aliada à violação ao direito, realiza-se um juízo de valor, por meio do qual se reconhece como ilícita a conduta derivada de ato humano livre e consciente.

Explana ainda Fernando de Sandy Lopes Pessoa Jorge[5] que abraçar a teoria objetivista importa reconhecer, na norma, um insuficiente caráter valorativo. Assim, quando um amental deliberadamente ceifasse vida alheia, sua conduta simplesmente feriria um valor caro ao ordenamento. Seu ato, para os objetivistas, seria, portanto, ilícito pois estaria a violar um valor consagrado na lei.

Tal juízo de valor, prossegue o autor, não seria, repita-se, suficiente, pois a ele, outro deveria se seguir, desta feita relativo ao agente, a se averiguar, por meio da análise de sua conduta livre e consciente, o atendimento ou não da função imperativa da norma.

Na mesma esteira, a diferenciar os parâmetros objetivo e subjetivo de reconhecimento da ilicitude, pode-se lembrar das lições Jorge Mosset Iturraspe[6], quando afirma:

> c) Antijuridicidade subjetiva. É um critério diferente, oposto pode-se dizer, enquanto na busca a que estamos empenhados, abandona o atalho da desaprovação do ato ou fato, para avançar sobre a desaprovação da conduta do autor ou agente. A antijuridicidade se encontra na culpa, a famosa faute da doutrina francesa. As culpas ou os erros de conduta não aparecem, está claro, tipificados; são os juízos os encarregados de julgar de acordo com modelos de condutas por eles construídos. O que procede, afirmam os que apoiam esta interpretação, é perguntar-se qual é o tipo de ser humano e de conduta humana que o juiz deve ter em conta como modelo de referência, quando tenha que formar critério sobre a existência ou inexistência da culpa.
>
> d) Antijuridicidade objetiva. Para este critério, que com o qual partilhamos, o juízo de aprovação ou de desaprovação e a conseguinte condenação a reparar atenta exclusivamente ao ato ou fato e, em particular, a seu resultado; o dano causado.

---

5. Ibidem., p. 66.
6. ITURRASPE, Jorge Mosset. In: CARLUCCI, Aida Kemelmajer de (coord). Responsabilidad civil. Buenos Aires: Hammurabi, 1993, p. 61/62. Tradução livre de "c) Antijuridicidad subjetiva. Es um critério diferente, opuesto puede decirse, em cuanto em la búsqueda a que estamos empenados, abandona el Sendero de la desaprobación del acto o hecho, para avanzar sobre la desaprobación de la conducta del autor o agente. La antijuridicidad se encuentra en la culpa, la famosa *faute* de la doctrina francesa. Las culpas o los errores de conducta no aparecen, claro está, tipificados; son los jueces los encargados de juzgar de acuerdo con modelos de conductas por ellos construidos. Lo que procede, afirman los sostenedores de esta interpretación, es preguntar-se cuál es el tipo de ser humano y de conducta humana, que el juez debe tener en cuenta como modelo de referencia, cuando tenga que formar criterio sobre la existencia o inexistencia de culpa. (...). d) Antijuridicidad objetiva. Para este criterio, que compartimos, el juicio de aprobación o de desaprobación y la consiguiente condena a reparar, atiende exclusivamente al acto o hecho y, en particular a su resultado, el daño causado. La antijuridicidad no mira al agente sino a la víctima; de ahí que haya daño injusto aun cuando medie involuntariamente en el obrar o bien falte la culpabilidad. La idea central es que, al menos como regla, todo daño es injusto en cuanto lesiona un interés merecedor de tutela y, a la vez, viola el genérico deber jurídico de no causar daño a otro, *alterum non laedere*."

> A antijuridicidade não mira o agente, senão a vítima, daí que se tenha dano injusto ainda quando se interceda involuntariamente no obrar ou bem falte a culpabilidade. A ideia central é que, ao menos como regra, todo dano é injusto enquanto lesiona um interesse merecedor de tutela e, por sua vez, viola o genérico dever jurídico de não causar dano a outro, alterum non laedere.

Desenhados, assim, os conceitos objetivista e subjetivista de ato ilícito, convém averiguar sua aceitação doutrinária. Há aqueles, como Aurelio Candian[7], nitidamente influenciados pela corrente subjetivista:

> 69. Ato ilícito: definição. Ato ilícito é o que, entre os atos jurídicos, tem por conteúdo ou evento a lesão injusta de um interesse alheio.
>
> A indicação de seus pressupostos e elementos constitutivos tem sido feita ao se tratar do ato jurídico em geral e, portanto, a respeito dele me remeto pura e simplesmente a aquela explicação.
>
> 70. A regra geral: consciência e vontade como pressuposto da imputabilidade. Também para o ato ilícito serve o princípio de que a "ação", ou seja, a energia em atuação do sujeito ativo, compõe-se por um elemento físico e por um elemento psíquico que pressupõe a consciência e a vontade.

Conclusão semelhante se pode extrair das linhas de José de Oliveira Ascensão[8]:

> III – O ato pode ser ilícito.
>
> A ilicitude representa uma qualificação fundamental. Mas não se basta com a mera desconformidade à lei. Supõe uma posição subjetiva do agente, negativamente valorada pela ordem jurídica.
>
> Essa posição negativa traduz-se no dolo ou na negligência. Se o agente se não encontrar numa destas situações pode ter atuado desconformemente ao previsto pela ordem jurídica, mas não praticou ato ilícito.
>
> O ato ilícito ocupa lugar central na responsabilidade civil, proporcionando a indenização de perdas e danos, e na responsabilidade criminal, pois só é crime a ação tipicamente ilícita.

Pontes de Miranda[9], ao seu turno, não parece aderir incondicionalmente à teoria subjetiva, mormente ao admitir a existência da categoria dos atos-fatos ilícitos e dos fatos jurídicos, em sentido estrito, ilícitos:

> 1. Definição. Os atos ilícitos ***lato sensu*** são atos humanos que entram no mundo jurídico para serem superadas as suas consequências danosas: ou pela indenização do dano extranegocial (reparação), ou pelas caducidades, ou ela prestação (o que também repara) do equivalente, ou outra execução. O que se exige, a todos, além do ato (e às vezes da culpa) é a contrariedade à

---

7. CANDIAN, Aurelio. **Instituciones de derecho privado**. México: Uteha, 1961, p. 114. Tradução livre de "69. Acto ilícitos: definición. Acto ilícito es el que, entre los actos jurídicos, tiene por contenido o evento la lesión injusta de un interes ajeno. La indicación de sus presupuestos y elementos constitutivos ha sido hecha al tratar el acto jurídico en general y, por lo tanto, respecto a esto me remito pura y simplemente a aquella explicación. 70. La regla general: conciencia y voluntad como presupuesto de la imputabilidad. También para el acto ilícito sirve el principio de que la "acción", o sea, la energia en actuación del sujeto agente, consta de un elemento físico y de un elemento psíquico que presupone la conciencia y la voluntad. Pero el principio no sirve ilimitadamente en el derecho privado; del fundamento y de la identidad de las situaciones que hacen excepción, conviene aqui hablar rapidamente."
8. ASCENSÃO, José de Oliveira. **O direito**: introdução e teoria geral. 2 ed. Rio de Janeiro: Renovar, 2001, p. 70.
9. MIRANDA, Pontes de. **Tratado de direito privado**. Vol. 2. Campinas: Bookseller, 2000, p. 247.

> lei. Ora, ninguém é permitido ignorar a lei (...); porque, se se ignora a lei, nem por isso se deixa de infringi-la: o ato é ilícito, objetivamente; o elemento culpa, se aparece, não diz respeito à lei, mas ao ato em si. Por isso mesmo, se se exige culpa, no suporte fático em que está o ato do absolutamente incapaz, há a contrariedade ao direito, falta a culpa, que a não imputabilidade do agente exclui. O ato do absolutamente incapaz contra a lei é contrário ao direito; o seu ato não é imputável, nem culposo. No elemento culpa, e não no elemento ilicitude ou contrariedade a direito, é que está a falta de elemento do suporte fático.

A mesma insurgência quanto ao conceito subjetivista parece ser compartilhada por parte da doutrina italiana. Pietro Rescigno[10] assim enfrenta a questão:

> Enquanto isso, a norma serve-se, a propósito do ilícito, da palavra 'fato' que a doutrina reputa deva ser corrigida e substituída pelo termo 'ato', próprio dos fatos humanos sustentados pela vontade e consciência do sujeito. (...)
>
> Mas o uso do termo 'fato', na norma geral que abre o título 'dos fatos ilícitos' e em algumas normas sucessivas ('fato ilícito' nos artigos 2048, 1°, 2045, 2046, 2055, §1°), corresponde, em realidade, a uma mais correta consideração de toda a categoria de fatos produtores de responsabilidade. Esta última, relacionada a como se deve reparar o dano, não deriva sempre e somente de fatos da pessoa realizados com a previsão e a vontade de consequências (dolo), ou debitados à negligência (culpa). No ambiente social e no sistema das relações econômicas, como eram conhecidas em épocas passadas, a responsabilidade por fato ilícito podia reportar-se, na normalidade dos casos, ao dolo ou à culpa do sujeito; mas agora as mudanças nas relações entre os homens, o multiplicar-se de atividades, o desenvolvimento da técnica aumentaram o número e a medida de danos que não são reconduzíveis ao fato voluntário de uma pessoa. E continuar a falar, como frequentemente se faz, em termos de culpa, como o culpar à pessoa a vigilância omitida ou faltante sobre as coisas ou sujeitos que ela deveria controlar, resolve-se numa injustificada insistência sobre construções e premissas que o próprio ordenamento contradiz quando regula (a partir do artigo 2047) uma série de fatos geradores de responsabilidade que não retornam aos estreitos limites da previsão inicial do 'fato doloso ou culposo'.

Como, portanto, a questão pode ser compreendida no direito nacional? Possível averiguar-se a existência das duas concepções no Código Civil do Brasil. A corrente subjetivista estriba-se no artigo 186 do Código, que determina:

---

10. RESCIGNO, Pietro. **Manuale del diritto privato italiano.** 11 ed. Nápoles: Jovene, 1997, p. 750/751. Tradução livre de: "Intanto la norma adopera a proposito dell'illecito la parola 'fatto' che la dottrina corrente ritiene debba essere corretta e sostituita col termine 'atto', proprio dei fatti umani sorretti da volontà e consapevolezza del soggetto. (...) .Ma l'uso del termine fatto, nella norma generale che apre il titolo 'dei fatti illeciti' e in talune norme successive ('fatto illecito' negli artt. 2048, 1° co. e 2049, 'fatto dannoso' negli artt. 2045, 2046, 2055, 1° co.), risponde in verità ad una più correta considerazione dell'intera categoria dei fatti produttivi di responsabilità. Quest'ultima, intesa come dovere di riparare il danno, no deriva sempre e solamente da fatti della persona compiuti com la previsione e la volontà delle conseguenze (dolo), o addebitabili a negligenza (colpa). Nell'ambiente sociale e nel sistema delle relazioni economiche quali erano conosciuti in epoche passate, la responsabilità per fatto illecito poteva riportarsi nella normalità dei casi al dolo o alla colpa del soggetto; ma ora i mutati rapporti tra gli uomini, il moltiplicarsi delle attività e lo sviluppo della técnica hanno accresciuto il numero e la misura di danni che non sono riconducibili al fato volontario di una persona. E continuare a parlare, come spesso si fa, in termini di colpa, com l'addebitare alla persona l'omessa o manchevole vigilanza sulle cose o i soggetti che egli dovrebbe controllare, si risolve in una ingiustificata insistenza su costruzioni e premesse che l'ordinamento stesso contraddice quando regola (a partire dall'art. 2047) una serie di fatti generatori di responsabilità che non rientrano negli stretti confini della iniziale previsione del 'fato doloso o colposo'.

> Art. 186. Aquele que, por ação ou omissão voluntária, negligência ou imprudência, violar direito e causar dano a outrem, ainda que exclusivamente moral, comete ato ilícito.

Por outro lado, o artigo 187 consagra modalidade de ilicitude despojado da análise subjetiva da culpa ou do dolo:

> Art. 187. Também comete ato ilícito o titular de um direito que, ao exercê-lo, excede manifestamente os limites impostos pelo seu fim econômico ou social, pela boa-fé ou pelos bons costumes.

Dessa forma, ao permitir o Código Civil do Brasil a existência de modalidades de atos ilícitos desprovidos da análise da culpabilidade, pode-se concluir, ao menos em tese, assistir razão à corrente objetivista. Assim parece ser, visto que a corrente objetivista entende que a mera a contrariedade ao Direito caracteriza a ilicitude. Portanto, para essa perspectiva de análise, o elemento imprescindível é a simples inobservância de preceito legal. Dessarte, a culpabilidade deve ser apontada como elemento integrante de algumas modalidades de ilicitude, mas não de todas as espécies de antijuridicidade.

Estabelecidas as premissas acima, avancemos para a análise dos elementos e das consequências do cometimento de atos ilícitos.

Atos ilícitos – elementos. Introduzido o tema da ilicitude nas linhas acima, este só poderá ser verdadeiramente compreendido com arrimo no estudo dos elementos integrantes do ato ilícito. Analisaremos, em primeiro lugar, aqueles relativos à ilicitude clássica, para, ao final, abordarmos a ilicitude derivada do abuso de direito.

Pois bem, volvendo ao disposto no artigo 186 de nosso Código, a sua redação estabelece que todos os que, por ação ou omissão voluntária, negligência ou imprudência, violarem direito e causarem dano a outrem, ainda que exclusivamente moral, cometem ato ilícito. Vislumbra-se que o primeiro elemento para o reconhecimento da ilicitude é o cometimento de uma ação ou a omissão voluntária.

A ação humana, pois, a integrar o suporte fático da ilicitude é voluntária, como determina nossa lei. Pressupõe, portanto, que o agente disponha de controle sobre a sua conduta, de modo que ele está apto a decidir se quer agir ou não agir para que se produzam determinados resultados e/ou consequências.

Essa pressuposição extraível genericamente da leitura do dispositivo inserto em nossa norma civil, no entanto, carece de um refino analítico. Como bem pontua Antunes Varela[11], ser voluntário não é sinônimo de ser doloso:

> Quando se alude a facto voluntário do agente, não se pretende restringir os factos humanos relevantes em matéria de responsabilidade aos actos queridos, ou seja, àqueles casos em que o agente tenha prefigurado mentalmente os efeitos do acto e tenha agido em vista deles. Há, pelo contrário, inúmeros casos (a começar pela chamada negligência inconsciente) em que não existe semelhante representação mental e, todavia, ninguém contesta a obrigação de indemnizar. Os

11. VARELA, João de Matos Antunes. **Das obrigações em geral**. 10 ed. Coimbra: Almedina, 2000, p. 529.

> actos danosos praticados por distracção ou por falta do autodomínio normal não deixam de constituir o agente em responsabilidade.
>
> (...)
>
> Por isso, o facto voluntário significa apenas, no caso presente, facto objectivamente controlável ou dominável pela vontade. Para fundamentar a responsabilidade civil basta a possibilidade de controlar o acto ou a omissão, não é necessária uma conduta predeterminada, uma acção ou omissão orientada para certo fim (uma conduta finalista).

Tais ensinamentos não parecem destoar daqueles decorrentes da pena de Magalhães Noronha[12]:

> E ambas [ação e omissão] são sujeitas à vontade, mesmo quando culposas, porque a culpa é oriunda da falta de atenção e esta acha-se sob o domínio daquela. A vontade concentra a atenção sobre um objeto ou a afasta. Não se pode, ao mesmo tempo, omitir-se e estar atento em relação a uma coisa ou um fato.

Assunto conexo ao da conduta, porquanto esta haverá de ser culpável, é a imputabilidade do agente, compreendida como o conjunto de condições pessoais que permitem ao sujeito "prever os efeitos e medir o valor dos actos que pratica e para se determinar de harmonia com o juízo que faça acerca deles"[13]. Dois são os fatores que tradicionalmente se levam em consideração para avaliar a imputabilidade de um dado indivíduo: a) a idade, que torna os menores, em regra, inimputáveis; b) a sanidade mental[14].

Interessante reflexão é saber se o Estatuto da Pessoa com Deficiência (Lei nº 13.146/15), ao alterar o regime das incapacidades derivadas de problemas psiquiátricos, teria alterado a pronta identificação de inimputabilidade de pessoas acometidas por doenças psiquiátricas, mormente aquelas cuja compreensão acerca de eventual ilicitude dos atos que praticam lhes tenha sido subtraída.

Uma açodada leitura do Código Civil poderia indicar que sim, em virtude da mal-refletida tentativa de equiparação entre as pessoas, com e sem deficiência, quanto à capacidade de fato, levada a cabo pela Lei 13.146/15. Ocorre que a sistemática interpretativa de nosso ordenamento indica entendimento diverso, ou seja, que os acometidos por graves problemas psiquiátricos permanecem inimputáveis. Expliquemo-nos.

Esclarecem Enneccerus, Kipp e Wolf que não há substancial diferença entre a antijuridicidade quando analisada pelo direito civil, penal ou administrativo. Consoante o ponto de vista dos autores em tela, o juízo de valor emitido pelo ordenamento, segundo o qual um ato deve ou não ser considerado conforme o direito, vale para todos os seus ramos, já que ele só se pode considerar lícito depois de apreciados todas as valorações do ordenamento jurídico e todos os interesses em

12. NORONHA, E. Magalhães. **Direito Penal** – v. I. 30 ed. São Paulo: Saraiva, 1993, p. 95.
13. VARELA, João de Matos Antunes. **Das Obrigações em Geral**. 10 ed. Coimbra: Almedina, 2000, p. 563.
14. CAVALIERI FILHO, Sérgio. **Programa de Responsabilidade Civil**. 7 ed. São Paulo: Atlas, 2007, p. 26.

jogo. Tal premissa é importante para que se compreenda que, ontologicamente, os elementos configuradores dos ilícitos civil e penal são os mesmos, conquanto suas consequências sancionatórias divirjam[15].

Apresentada essa premissa, há de entender-se que o discernimento do agente é pedra de toque para a configuração do ilícito. Tal raciocínio pode ser deduzido da aceitação de que a constatação de uma efetiva ilicitude passa pela estrutural avaliação de três aspectos, a saber: a) suporte fático objetivo; b) ilegalidade; e c) suporte fático subjetivo[16]. Então, primeiramente, mister identificar, *in abstracto*, se determinada conduta fere a lei, qualquer que seja a seara jurídica. Em segundo lugar, vencido o filtro do indicial primeiro crivo, perquire-se sobre a existência de motivos justificadores da exclusão da ilegalidade. Por fim, ao se apreciar o suporte fático subjetivo, indaga-se sobre a culpabilidade do agente. Com relação ao último aspecto de avaliação de ilicitude, caracteriza-se como um verdadeiro absurdo imputar a alguém, sem discernimento, o cometimento de ato ilícito.

Todas essas informações levam-nos a refletir que a ilicitude é um conceito global, aplicável aos mais diversos ramos do direito e que apenas ao se identificar o suporte fático subjetivo é que se concretiza o ato ilícito. Logo, tecidas essas considerações, uma pessoa acometida por graves problemas psiquiátricos também há de ser reputada inimputável na órbita civil. Afinal, se assim não fosse, haveria uma quebra na harmonia do sistema, eis que o Código Penal do Brasil, art. 26, afirma, expressamente, ser inimputável "o agente que, por doença mental ou desenvolvimento mental incompleto ou retardado, era, ao tempo da ação ou da omissão, inteiramente incapaz de entender o caráter ilícito do fato ou de determinar-se de acordo com esse entendimento."

Não bastasse isso, o próprio Código Civil, em seu artigo 186, impõe que a conduta seja culposa para a caracterização do ilícito. É o que Jan Schapp denomina de preenchimento do suporte fático subjetivo da ilicitude. Seria inconcebível atribuir uma conduta culposa a quem não estivesse dotado de discernimento para julgar seu *modus faciendi*. Conclui-se que, ante os argumentos lançados, que não obstante a *mens legislatoris* ao editar o Estatuto da Pessoa com Deficiência (L. 13.146/15) tenha sido promover a plena equiparação entre pessoas com deficiências e as demais; no que concerne à capacidade, em especial em relação à avaliação da prática de conduta

15. ENNECCERUS, Ludwig; KIPP, Theodor; WOLFF, Martin. **Tratado de derecho civil** – t. I, v. II. Barcelona: BOSCH, 1981, p. 853/854: "La antijuridicidad figura entre los conceptos categoriales básicos del ordenamiento jurídico. El ordenamiento jurídico constituye una unidad cerrada en sí misma. De ahí que sus conceptos básicos de derecho y antiderecho sean conceptos de validez general, cuyo contenido no varía en las distintas esferas del derecho (civil, penal, administrativo). El juicio de valor emitido por el ordenamiento, según el cual un acto debe ser considerado como conforme a derecho o como contrario a derecho, vale para todo el ámbito del derecho, pues sólo puede ser dictado después de tomar en consideración todas las valoraciones del ordenamiento jurídico y todos los intereses que entran en cuenta. No es el concepto de antijuridicidad, sino sólo la consecuencia jurídica que sigue a la conducta antijurídica, la que puede ser fijada independientemente por cada uno de los ámbitos del derecho (...)"

16. SCHAPP, Jan. **Introdução ao Direito Civil**. Porto Alegre: Sérgio Antônio Fabris, 2006, p. 155.

ilícita, sua vigência nenhuma mudança acarretou ao regramento dos atos ilícitos constante do Código Civil. Assim, não apenas os menores, mas também as pessoas que não tenham discernimento a permitir-lhes compreender o cometimento de atos ilícitos são inimputáveis.

Outro elemento do ato ilícito é o seu resultado que, no direito civil, materializa-se no dano perpetrado contra a vítima. Já no direito penal, a ilicitude não traz como resultado único o efetivo prejuízo ao agente contra quem se voltou a conduta típica, pois, ao lado de tais hipóteses, há casos em que o resultado pode decorrer da simples conduta do criminoso, mas a probabilidade de ocorrer algum dano é presumida[17]. Exemplo disso são os crimes de mera conduta, também conhecidos como crimes formais, em que não há exigência do assim chamado resultado naturalístico para a sua tipificação.

Não se pense, todavia, que se pode, na órbita penal, ao caracterizar o crime, desconsiderar o resultado que a conduta reprovável implicará, em alguma medida, no mundo exterior. Eugenio Raúl Zaffaroni e José Henrique Pierangeli[18] advertem ser imprescindível, para o cometimento de crime, que a conduta delitiva importe uma alteração operada no mundo físico. Mesmo nos chamados crimes formais, de pura atividade ou de predominante atividade, a ação delituosa sempre acarreta alguma modificação exterior, ainda que esta não se consubstancie em efetivo prejuízo para a vítima. Por exemplo, no crime de violação de domicílio, identificado como crime formal, de mera conduta, pode não haver lesão patrimonial à vítima, mas, sem dúvida, há efeito daninho à vítima, na medida em que "a intromissão indevida no espaço físico alheio lesa, inequivocamente, a tranquilidade doméstica e a paz íntima de seus moradores"[19].

No direito civil, todavia, o resultado que implica o cometimento do ilícito deve redundar em dano material ou moral. Excluem-se, de sua órbita, assim, eventuais

17. BRASIL. HC 104206, Relator(a): Min. CÁRMEN LÚCIA, Primeira Turma, julgado em 10/08/2010, DJe-159 DIVULG 26-08-2010 PUBLIC 27-08-2010 EMENT VOL-02412-03 PP-00671 RT v. 99, n. 902, 2010, p. 529-532. *HABEAS CORPUS*. CONSTITUCIONAL. PENAL. PORTE ILEGAL DE ARMA DE FOGO DE USO PERMITIDO. JULGADO DO SUPERIOR TRIBUNAL DE JUSTIÇA EM CONSONÂNCIA COM A JURISPRUDÊNCIA DO SUPREMO TRIBUNAL FEDERAL. ARMA DESMUNICIADA. TIPICIDADE DA CONDUTA. PRECEDENTES. ORDEM DENEGADA. 1. A decisão do Superior Tribunal de Justiça está em consonância com a jurisprudência do Supremo Tribunal Federal. 2. O crime de porte ilegal de arma de fogo de uso permitido é de mera conduta e de perigo abstrato, ou seja, consuma-se independentemente da ocorrência de efetivo prejuízo para a sociedade, e a probabilidade de vir a ocorrer algum dano é presumida pelo tipo penal. Além disso, o objeto jurídico tutelado não é a incolumidade física, mas a segurança pública e a paz social, sendo irrelevante o fato de estar a arma de fogo municiada ou não. Precedentes. 3. Ordem denegada. (HC 104206, Relator(a): Min. CÁRMEN LÚCIA, Primeira Turma, julgado em 10/08/2010, DJe-159 DIVULG 26-08-2010 PUBLIC 27-08-2010 EMENT VOL-02412-03 PP-00671 RT v. 99, n. 902, 2010, p. 529-532)

18. ZAFFARONI, Eugenio Raul, PIERANGELI; José Henrique. **Manual de Direito Penal Brasileiro** – v. 1. 7 ed. São Paulo: RT, 2007, p. 406/407.

19. PRADO, Luiz Regis. **Curso de Direito Penal Brasileiro**, v.2. 15 ed. ver., atual. e reformulada. São Paulo: Editora Revista dos Tribunais, 2017, p.214.

ilicitudes de mera conduta. Quanto ao dano material, este deve afetar o patrimônio do ofendido de duas possíveis maneiras – ou implica uma imediata redução patrimonial (dano emergente) ou obsta a aquisição de vantagem que ingressaria no acervo do ofendido, não fosse a conduta ilícita do ofensor (lucro cessante).

É muito fácil vislumbrar as duas figuras no exemplo de uma batida em um táxi, por um desatento condutor. O causador da batida no táxi, haverá de lhe pagar o conserto do bem, prejuízo que se situou no passado, como fruto do abalroamento – eis aí o dano emergente. No entanto, enquanto o veículo do taxista estiver parado para conserto, ele deixará de rodar e de ganhar os valores derivados das corridas diárias, que poderão ser orçadas a partir da média diária dos ganhos do taxista, caracterizando os lucros cessantes.

Assim emoldurado o tema, pode parecer que ele não suscita maiores questionamentos. No entanto, há de tomar-se um cuidado para não se confundirem os lucros cessantes com os danos imaginários. A explicação para isso é simples: não há, por um lado como afirmar que os lucros cessantes sejam ganhos inexoráveis, ou, em outras palavras, que ocorreriam indubitável e inelutavelmente, caso não houvesse o evento danoso a impedir-lhe a concretização.

> O que deve existir é uma certa probabilidade objectiva, que resulte do 'curso normal das coisas' e das 'circunstâncias especiais do caso concreto'. As meras hipóteses ou possibilidades de lucro (Gewinnchancen) não são consideradas pelo direito como lucro frustrado [lucros cessantes] para fins de caracterização do ato ilícito e, portanto, da responsabilização do causador para fins de reparação civil.[20]

Os chamados danos quiméricos ou hipotéticos, portanto, não configuram o resultado naturalístico hábil a demonstrar a ocorrência do ilícito civil[21]. Outras espécies de danos, todavia, podem configurar: o dano decorrente da perda de uma chance, o dano em ricochete e o dano moral.

O dano derivado da perda de uma chance tem por objetivo a responsabilização do causador não de dano emergente, tampouco de lucros cessantes, mas de algo que, segundo o Superior Tribunal de Justiça entre eles se situa, materializado na perda da possibilidade de se buscar posição mais vantajosa que muito provavelmente se alcançaria, não fosse o ato ilícito praticado. Assim, a perda de uma chance, que deve ser razoável, séria e real, e não somente fluida ou hipotética, é tratada como uma lesão às justas expectativas, que foram frustradas, do indivíduo[22]. Ora, se a perda

20. FISCHER, Hans Albrecht. **A Reparação dos Danos no Direito Civil**. Coimbra: Armenio Amado, 1938, p. 51.
21. BRASIL. Superior Tribunal de Justiça. REsp 1129538/PA, Rel. Ministro HONILDO AMARAL DE MELLO CASTRO (DESEMBARGADOR CONVOCADO DO TJ/AP), QUARTA TURMA, julgado em 01/12/2009, DJe 14/12/2009, abraça claramente o requisito ao decidir: "(...) 2 – A indenização por lucros cessantes não pode ter por base o lucro imaginário, simplesmente hipotético ou dano remoto, que seria apenas a consequência indireta ou mediata do ato ilícito, mas deve representar o que a vítima efetivamente perdeu e o que razoavelmente deixou de ganhar, em decorrência direta e imediata do ilícito".
22. BRASIL. Superior Tribunal de Justiça. REsp 1190180/RS, Rel. Ministro LUIS FELIPE SALOMÃO, QUARTA TURMA, julgado em 16/11/2010, DJe 22/11/2010.

da chance não se enquadra, como afirma o Superior Tribunal de Justiça, entre as hipóteses de dano emergente ou de lucros cessantes, o que se está a reparar não seria a frustração pela impossibilidade de se usufruir daquilo que se poderia, caso a marcha normal dos fatos não fosse obstada pelo ofensor? E isso (ao menos, é o que mais nos inclinamos a acreditar) não seria um dano moral? O tema é polêmico e há importantes vozes que afirmam o contrário, ou seja, que o dano derivado da chance perdida é espécie de dano material[23].

Controvérsias à parte, os exemplos da aplicação da teoria, no Brasil, multiplicam-se. É o caso da indenização que deve o advogado ao seu cliente por não haver interposto o recurso que almejava, ou que deve o médico ao paciente por não lhe haver ministrado o tratamento que se esperava de um diligente profissional da saúde. Nas duas hipóteses, não se indenizará pelo desfecho lesivo (perda da ação ou morte), mas se avaliará o quanto as condutas ilícitas contribuíram para frustrar as chances de vitória ou de recuperação do lesado.

Já os danos morais são aqueles decorrentes da violação a direitos de personalidade. O Superior Tribunal de Justiça já teve oportunidade de consignar que "a indenização pelo dano moral visa recompor o transtorno psíquico sofrido(...), ao passo que a outra [indenização por dano estético], afeta à mesma origem, objetiva reparar a deformidade de sua imagem no meio íntimo e social"[24]. A possibilidade de cumular a indenização pelos danos estéticos e morais é consagrada, no Brasil, por meio da Súmula 387 do Superior Tribunal de Justiça.

Em Portugal, fala-se em dano biológico (categoria não difundida no Brasil) como o "prejuízo que se repercute nas potencialidades e qualidade de vida do lesado, afectando-lhe o seu viver quotidiano na sua vertente laboral, recreativa, sexual, social e sentimental. É um dano que determina a perda das faculdades físicas e até intelectuais em termos de futuro, deficiências que se agravarão com a idade do ofendido. Ou seja, é um dano que se repercute no seu padrão de vida, actual e vindouro. Este dano é indemnizável de per si, independentemente de se verificarem, ou não, consequências em termos de diminuição de proventos por parte do lesado"[25]. Tais danos são de natureza não patrimonial[26], denominação preferida, em Portugal, aos chamados danos morais[27]. Aliás, acreditamos que ela é mais abrangente, podendo até mesmo entre nós, ser utilizada como o gênero que abrigaria os danos morais e estéticos.

23. NADER, Paulo. **Curso de direito civil** – v. VII. 2 ed. Rio de Janeiro: Gen-Forense, 2009, p. 71.
24. BRASIL. Superior Tribunal de Justiça. REsp 1678855/SP, Rel. Ministro HERMAN BENJAMIN, SEGUNDA TURMA, julgado em 15/08/2017, DJe 12/09/2017.
25. PORTUGAL. Supremo Tribunal de Justiça. Apelação n.º 17/09.0T2AND.S1 – 1.ª Secção – Garcia Calejo (Relator), Helder Roque e Sebastião Póvoas. Acórdão de 09/09/2009.
26. PORTUGAL. Supremo Tribunal de Justiça. Revista n.º 2037/06.7TBCBR.C1.S1 – 1.ª Secção – Moreira Camilo (Relator), Urbano Dias e Paulo Sá. Acórdão de 22/09/2009.
27. VARELA, João de Matos Antunes. **Das Obrigações em Geral**. 10 ed. Coimbra: Almedina, 2000, p. 601.

Além das modalidades de danos acima descritos, há ainda os chamados danos diretos em contraste aos indiretos, também chamados de reflexos ou em ricochete. Os primeiros são aqueles tradicionalmente verificáveis, ou seja, uma conduta voltada contra a vítima a esta importa prejuízos materiais ou reflexos não patrimoniais nefastos. No dano em ricochete, a conduta do ofensor é voltada contra uma pessoa, mas pode terminar por ferir a esfera jurídica de outras, por via reflexa. É o caso em que um homem foi vítima de acidente automobilístico, e sua mãe e companheira foram contempladas por indenização, por haverem acompanhado o extenso período de recuperação do paciente[28]. A conduta culposa do condutor do veículo não se dirigiu contra a genitora ou companheira do acidentado, mas os seus reflexos violaram suas respectivas esferas jurídicas, justificando o pagamento de indenização. Novamente, neste ponto, o cuidado que se deve ter é não se consagrar um dano hipotético. A análise do caso concreto, no dano em ricochete, ganha relevo, porquanto a sua intensidade, a transcender a esfera jurídica da vítima primeira, é aquilo que o justifica.

Analisados os dois primeiros elementos do ato ilícito (conduta e dano), passemos ao terceiro elemento, justamente a ponte que une os dois primeiros: o nexo causal. É imperioso que o dano decorra da conduta do agente, ou este não haverá praticado o ato ilícito.

O estudo do nexo causal nos remete à compreensão do que sejam as condições e causas do ato ilícito. Fernando Noronha bem apresenta o problema ao pontuar que as condições são todos os fatores dos quais se origina um dano, ou, em outras palavras, são os fundamentos sem os quais ele não teria sido ocorrido. Ocorre que, do ponto de vista jurídico, algumas condições são tão distantes do evento danoso que não podem ser consideradas causas do ilícito, estas compreendidas como as condições das quais efetivamente deriva o prejuízo[29].

Pense-se num atropelamento de certo pedestre por um motociclista que acabara de comprar sua moto a trafegar em altíssima velocidade, desrespeitando a preferência do transeunte que atravessava a faixa de pedestres. Pois bem, é possível imaginar que, se o dono da loja de motocicletas não houvesse vendido tal máquina ao culpado, o atropelamento não teria ocorrido. A alienação do instrumento do atropelamento pode, pois, ser considerada uma condição para o trágico evento. Mas não poderia ser entendida como sua causa. Aliás, eis o grande desafio do tema estudado: que condições podem representar uma causa do ato ilícito? Três são as teorias que se destacam quanto ao tema: 1) teoria da equivalência das condições; 2) teoria da causalidade adequada; e 3) teoria do dano direito e imediato, da causalidade imediata ou da interrupção do nexo causal.

---

28. BRASIL. Superior Tribunal de Justiça. AgInt no AREsp 999.927/RS, Rel. Ministro RAUL ARAÚJO, QUARTA TURMA, julgado em 28/03/2017, DJe 18/04/2017.
29. NORONHA, Fernando. **O Nexo de Causalidade na Responsabilidade Civil**. Revista dos Tribunais, v. 816, p. 733-752, 2003.

A primeira delas, e a menos prestigiada entre nós, é a teoria da equivalência das condições (também chamada teoria da ***conditio sine qua non***). Tem-se, segundo ela, que qualquer circunstância que contribua para a concretização do dano é uma causa[30]. Seu grande problema é a responsabilização ***ad infinitum.*** Assim, na hipótese de um homicídio, caso ela fosse a teoria entre nós aplicada, facilmente a indústria produtora da arma do crime poderia ser responsabilizada por haver-se ceifado, com um produto seu, a vida de um inocente. Mas poderíamos ir mais longe. Pode-se imaginar também que, se os pais do homicida não o tivessem gerado, o evento danoso não se teria verificado, o que, pela absurda teoria, estes também seriam causadores do dano. Com lastro na tese de que a possibilidade de indenização de ilicitude causadora de dano decorre de infringência de qualquer ramo do direito, bastaria considerar que, no direito penal, há obrigatória necessidade de tipicidade prévia da conduta, há exigência de identificação, em regra, de conduta dolosa e há proibição constitucional de individualização da responsabilidade do ato criminoso para além do próprio agente. Esses critérios de responsabilidade próprios da seara criminal afastam, por inteiro, a aplicação uma teoria que rastreie a responsabilização por prática de ato ilícito para além do agente imediato de um dado dano. Via de consequência, a teoria em apreço não se presta para a caracterização do ilícito civil.

A segunda teoria é a da causalidade adequada. Afirma-se, por ela, que causa não é apenas o antecedente necessário, mas também adequado, à produção do dano[31]. Parte-se de todas as possíveis condições para a conclusão do ilícito e indaga-se qual ou quais delas, ordinariamente, leva ao resultado nefasto. Todas que o fizerem poderão ser consideradas causas. Imaginemos o seguinte exemplo. Pedro visita o casal de amigos João e Maria. Gripado que estava, transmite a doença aos dois, que, três dias depois se veem na contingência de irem ao hospital buscar tratamento. No caminho, João, que dirigia o veículo, é abalroado por outro carro e termina por falecer. É de se perguntar: Maria poderia imputar a Pedro o resultado danoso? Adotássemos a primeira delas, equivalência das condições, a resposta seria positiva. Ocorre, que pela teoria da causalidade adequada, embora a transmissão da doença tenha sido necessária para o evento (eis que desencadeou a necessidade de ida ao hospital), não é adequada ao seu desfecho. Acidentes de carro ordinariamente ocorrem por imprudência dos motoristas, por disfunções mecânicas, mas não porque o dono do veículo foi obrigado a ir ao hospital por uma gripe. As outras poderiam ser causas adequadas para o incidente, mas a última não!

A terceira teoria é a da causalidade imediata. Aparentemente se encontra albergada na literalidade do artigo 403 do Código Civil do Brasil, ao afirmar:

30. AMARAL, Francisco. **Direito civil – introdução**. 6 ed. Rio de Janeiro: Renovar, 2006, p. 542.
31. STOCO, Rui. **Tratado de Responsabilidade Civil**: Doutrina e Jurisprudência. 7 ed. São Paulo: RT, 2007, p. 151.

> Art. 403. Ainda que a inexecução resulte de dolo do devedor, as perdas e danos só incluem os prejuízos efetivos e os lucros cessantes por efeito dela direto e imediato, sem prejuízo do disposto na lei processual.

A inspiração para o dispositivo foi a original redação do artigo 1151 do Código Napoleão que se transcreve a seguir:

> Artigo 1151
> No caso em que o descumprimento do acordado resulte do dolo do devedor, as perdas e danos somente deverão compreender, relativamente à perda que houver sofrido o credor e os ganhos dos quais tiver sido privado, os que se tenham produzido como consequência imediata e direta do descumprimento do acordo[32].

A questão, na França, hoje é regida pelo artigo 1.231-4:

> Artigo 1231-4
> Mesmo nos casos em que a inexecução do contrato resulte de culpa grave ou de dolo, as perdas e danos não consistem senão numa consequência direta e imediata da sua inexecução[33].

No Brasil, a teoria em apreço já foi aplicada em emblemático julgamento do Supremo Tribunal Federal. A transcrição do voto do Min. Moreira Alves, relator, pode nos auxiliar a compreendê-la:

> Ora, em nosso sistema jurídico, como resultado disposto no artigo 1.060 do Código Civil [artigo 403 do Código Civil de 2002], a teoria adotada quanto ao nexo de causalidade é a teoria do dano direto e imediato, também denominada teoria da interrupção do nexo causal. Não obstante aquele dispositivo da codificação civil diga respeito à impropriamente denominada responsabilidade contratual, aplica-se ele também à responsabilidade extracontratual, inclusive a objetiva, até por ser aquela que, sem quaisquer considerações de ordem subjetiva, afasta os inconvenientes das outras duas teorias existentes: a da equivalência das condições e a da causalidade adequada (cf. WILSON DE MELO DA SILVA. **Responsabilidade sem culpa**. nº 78 e 79, ps. 128 e segs., São Paulo: Editora Saraiva, 1974, pp. 128 e ss.). Essa teoria, como bem demonstra AGOSTINHO ALVIM (**Da Inexecução das Obrigações**, 5a. ed., no 226, pág, 370, São Paulo: Editora Saraiva, 1980), só admite o nexo de causalidade quando o dano é efeito necessário de uma causa, o que abarca o dano direto e imediato sempre, e, por vezes, o dano indireto e remoto, quando, para a produção deste, não haja concausa sucessiva. Daí, dizer AGOSTINHO ALVIM (l.c.): 'os danos indiretos ou remotos não se excluem, só por isso; em regra, não são indenizáveis, porque deixam de ser efeito necessário, pelo aparecimento de concausas. Suposto não existam estas, aqueles danos são indenizáveis' (...)".

---

32. Tradução livre da versão original em espanhol do Código Francês: "Artículo 1151. En caso de que el incumplimiento de lo acordado resulte del dolo del deudor, los daños y perjuicios sólo deberán comprender con relación a la pérdida que hubiera sufrido el acreedor y la ganancia de la que hubiera sido privado, las que se hubieran producido como consecuencia inmediata y directa del incumplimiento del acuerdo."
33. Tradução livre do Código Francês: "Art. 1231-4. Dans le cas même où l'inexécution du contrat résulte d'une faute lourde ou dolosive, les dommages et intérêts ne comprennent que ce qui est une suite immédiate et directe de l'inexécution.

Coube a Pothier a construção dos alicerces da presente teoria. A transcrição de seus ensinamentos mostra-se de grande valia, pois, embora contem com mais de dois séculos, ainda são importantes para que possamos entender a teoria da causalidade direta e imediata sob sua perspectiva histórica. Vejamos[34]:

> Por exemplo, se um negociante me vendeu uma vaca, que sabia sofrer de uma doença contagiosa, e que me tenha dissimulado esse vício, esta dissimulação é um dolo de sua parte que o faz responsável por todos os danos que eu sofrer, e não só pelo dano da própria vaca que me vendeu que foi objeto de sua obrigação primitiva, mas também por todos os que eu sofrer no restante do gado contagiado por ela (L. 13, D. de act. Empt.), porque é o dolo do negociante o causador de todo esse prejuízo.
>
> 167. Quanto aos outros danos sofridos, como consequência distante e indireta do dolo de meu devedor, ele também será responsável? Por exemplo, no caso anterior, se a doença contagiosa que foi transmitida a meus bois pela vaca que me foi vendida me impediu de cultivar minhas terras, o dano que eu sofri pelo fato de minhas terras terem permanecido sem cultivo parece também uma consequência do dolo desse negociante que me vendeu a vaca infectada, mas é uma consequência mais distante do que aquela sofrida diretamente pelo meu gado. Contudo, seria ele também responsável por tais danos? E, se pela perda que eu tive do meu gado, e pelo dano que eu sofri pela falta de cultivo de minhas terras, fui impedido de pagar minhas dívidas, e meus credores sequestraram e venderam meus bens a preço vil, o negociante seria responsável também por esses danos? A regra a ser seguida nesse caso é que, a meu ver, somente não se deve incluir nas perdas e danos, pelas quais um devedor é responsável por motivo de dolo, aqueles danos que são uma consequência distante, e que não são uma consequência necessária, pois eles podem ter outras causas.

A compreensão da teoria, com estribo em sua positivação, não raro tem sido mais literal. Francisco Amaral[35], por exemplo, assim a enuncia:

> Para a terceira, a teoria da causalidade imediata, é preciso que exista, entre o fato e o dano, relação de causa e efeito, direta e imediata. É a adotada pelo nosso direito (CC, art. 403). Considera-se, portanto, como causa do dano, o fato de que deriva mais proximamente. Imediatamente (sem intervalo) e diretamente (sem intermediário).

Fernando Noronha[36] adverte para os riscos da interpretação literal do artigo 403 e, por consequência, para a redução do alcance da teoria da causalidade imediata. Ressalta, porém, o relativo sucesso que a identificação entre dano direto e imediato logrou em diversos países e entre importantes autores brasileiros. Entre eles, destaca Agostinho Alvim o qual entende a causalidade direta e imediata na medida em que um dado evento apresenta uma relação necessária e suficiente para a incidência do dano. Rechaça, no entanto, tal fórmula ao afirmar:

---

34. POTHIER, Robert Joseph. **Tratado das Obrigações**. Campinas: Servanda, 2002, p. 148/149.
35. AMARAL, Francisco. **Direito Civil – Introdução**. 6 ed. Rio de Janeiro: Renovar, 2006, p. 542/543.
36. NORONHA, Fernando. **O Nexo de Causalidade na Responsabilidade Civil**. Revista dos Tribunais, v. 816, p. 733-752, 2003.

> Todavia, exigir que um fato seja condição não só necessária como também suficiente de um dano, para que juridicamente possa ser considerado sua causa, parece excessivo. É que dificilmente encontraremos uma condição à qual o dano possa com exclusividade ser atribuído.

As objeções de Fernando Noronha são importantes para a nossa reflexão. No entanto, não podemos ignorar o fato de que o artigo 403 do Código Civil abraçou expressamente a teoria. A discussão, portanto, muda de figura. Pode-se até discutir se ela é a melhor das teorias ou não, se deveríamos havê-la adotado ou não em nosso Código. O fato é que assumiu maior relevo entre as teorias visto que foi positivada.

Nessa esteira, filiamo-nos à ideia de que a sua adoção por nossa lei foi feita com o objetivo de afastar o dever de reparar o dano hipotético, remoto, que não fosse uma consequência necessária, para nos valermos da linguagem de Pothier, da conduta do ofensor.

É, de fato, mais restrita do que as duas teorias anteriormente estudadas, mas parece ser aquela pela qual nossa lei optou. A nossa jurisprudência, no entanto, oscila muito ao tentar identificar qual a teoria nossa lei adotou. Não são raros os julgados que afirmam categoricamente que a teoria da causalidade adequada é a que orienta nossa legislação[37]. No entanto, como visto, há outros, mesmo que em menor número, nos quais se afirma haver sido a teoria da causalidade direta e imediata aquela pela qual o Direito do Brasil optou[38].

Acreditamos, assim, haver abordado os principais aspectos do nexo causal. Avancemos, pois, para o próximo elemento do ato ilícito: a culpa.

---

37. BRASIL. Superior Tribunal de Justiça. REsp 1615971/DF, Rel. Ministro MARCO AURÉLIO BELLIZZE, TERCEIRA TURMA, julgado em 27/09/2016, DJe 07/10/2016: (...) 2. A doutrina endossada pela jurisprudência desta Corte é a de que o nexo de causalidade deve ser aferido com base na teoria da causalidade adequada, adotada explicitamente pela legislação civil brasileira (CC/1916, art. 1.060 e CC/2002, art. 403), segundo a qual somente se considera existente o nexo causal quando a ação ou omissão do agente for determinante e diretamente ligada ao prejuízo. 3. A adoção da aludida teoria da causalidade adequada pode ensejar que, na aferição do nexo de causalidade, chegue-se à conclusão de que várias ações ou omissões perpetradas por um ou diversos agentes sejam causas necessárias e determinantes à ocorrência do dano.
38. BRASIL. Superior Tribunal de Justiça. REsp 1615971/DF, Rel. Ministro LUIZ FUX, Rel. p/ Acórdão Ministro TEORI ALBINO ZAVASCKI, PRIMEIRA TURMA, julgado em 19/08/2008, DJe 15/09/2008 (...) 2. Ora, em nosso sistema, como resulta do disposto no artigo 1.060 do Código Civil [art. 403 do CC/2002], a teoria adotada quanto ao nexo causal é a teoria do dano direto e imediato, também denominada teoria da interrupção do nexo causal. Não obstante aquele dispositivo da codificação civil diga respeito à impropriamente denominada responsabilidade contratual, aplica-se também à responsabilidade extracontratual, inclusive a objetiva (...). Essa teoria, como bem demonstra Agostinho Alvim (Da Inexecução das Obrigações, 5ª ed., nº 226, p. 370, Editora Saraiva, São Paulo, 1980), só admite o nexo de causalidade quando o dano é efeito necessário de uma causa" (STF, RE 130.764, 1ª Turma, DJ de 07.08.92, Min. Moreira Alves). 3. No caso, não há como afirmar que a deficiência do serviço do Estado (que propiciou a evasão de menor submetido a regime de semiliberdade) tenha sido a causa direta e imediata do tiroteio entre o foragido e um seu desafeto, ocorrido oito dias depois, durante o qual foi disparada a "bala perdida" que atingiu a vítima, nem que esse tiroteio tenha sido efeito necessário da referida deficiência. Ausente o nexo causal, fica afastada a responsabilidade do Estado. Precedentes de ambas as Turmas do STF em casos análogos. 4. Recurso improvido. (REsp 858.511/DF, Rel. Ministro LUIZ FUX, Rel. p/ Acórdão Ministro TEORI ALBINO ZAVASCKI, PRIMEIRA TURMA, julgado em 19/08/2008, DJe 15/09/2008)

A caracterização do ato ilícito envolve a análise do elemento subjetivo a nortear a conduta do ofensor. Há de demonstrar-se ter o sujeito agido com culpa, em sentido lato, tomada em qualquer de suas duas espécies – o dolo ou culpa em sentido estrito.

No Direito Civil, a distinção entre dolo e culpa toma contornos menos dramáticos, vez que, na seara penal, como a maior parte dos ilícitos demanda a demonstração do dolo do agente, diferenciar as duas espécies é tarefa crucial. O ilícito civil, ao seu turno, satisfaz-se com a indistinta ocorrência de qualquer das duas espécies. Assim, natural que a doutrina penal, tal qual sua respectiva legislação, tente definir as duas modalidades de maneira mais acurada. Logo, tomaremos, por empréstimo, não apenas os comandos legais dedicados ao tema na esfera criminal, mas as conclusões doutrinárias derivadas das mencionadas normas. Cumpre, nessa esteira, observar nosso Código Penal ao tratar da matéria:

> Art. 18 – Diz-se o crime:
>
> Crime doloso
>
> I – doloso, quando o agente quis o resultado ou assumiu o risco de produzi-lo;
>
> Crime culposo
>
> II – culposo, quando o agente deu causa ao resultado por imprudência, negligência ou imperícia.
>
> Parágrafo único – Salvo os casos expressos em lei, ninguém pode ser punido por fato previsto como crime, senão quando o pratica dolosamente.

Percebe-se, portanto, que pratica um ato ilícito doloso, na linguagem do Código Penal, quem quis o resultado ou assumiu o risco de produzi-lo. Adverte Cezar Roberto Bitencourt[39] que o dolo é a consciência e a vontade deliberadas de realização da conduta descrita em um tipo penal. Trata-se de saber o que se está fazendo e de querer-se o resultado ou assumir o risco de que ocorra. Cabe esclarecer que o Direito Penal subdivide o dolo em diversas categorias. Essa tarefa, todavia, não assume a mesma importância no Direito Civil, vez que o cometimento do ilícito civil, como visto, decorre tanto do dolo, quanto da culpa. Assim, a distinção minuciosa entre os subtipos das duas modalidades de culpabilidade não é uma questão tão necessária entre os civilistas quanto o é entre os criminalistas.

O Direito Civil, porém, não exige, como regra, o dolo. Contenta-se com a culpa em qualquer uma de suas três vertentes. Na verdade, nosso Código refere-se apenas a duas modalidades de culpa *stricto sensu* – negligência e imprudência. O rol, portanto, abraçado é meramente exemplificativo, vez que, em realidade, a culpa, tomada em seu sentido estrito, abarca uma terceira categoria além das duas: a imperícia.

Imprudente, assim, seria a conduta comissiva que, ao olvidar-se o dever de cuidado, causasse o resultado lesivo que lhe era previsível. Logo, quem dirige em alta velocidade, desrespeitando os semáforos, atua de forma imprudente. A negligência,

39. BITENCOURT, Cezar Roberto. **Tratado de Direito Penal** – Parte Geral – v. I. 16 ed. São Paulo: Saraiva, 2011, p. 132/133.

por outro lado, é o oposto da diligência, vale dizer, significa não fazer aquilo que uma atitude cuidadosa impunha. É o caso do dono do parque de diversões que não faz revisões periódicas em seus brinquedos. Fala-se, por fim, em imperícia quando ocorre uma inaptidão do agente para o exercício de arte, profissão ou ofício. Ocorre quando um manobrista, ao estacionar o veículo do cliente, bate no carro já estacionado ao lado[40].

Assim, examinados todos os elementos do ato ilícito, devemos apreciar as suas consequências, sendo a mais relevante delas a responsabilização civil do ofensor. Em passado recente, aliás, a necessária consequência da prática do ilícito civil era o dever de reparar. Hoje em dia, contudo, uma questão merece análise mais detida – o ato ilícito e a responsabilidade civil são conceitos superponíveis, como conceitos que decorrem necessariamente um do outro?

A responsabilidade civil, em linhas gerais, refere-se às consequências provocadas por uma conduta humana que tenha redundado em dano para esferas jurídicas alheias[41]. A aparente simplicidade deste conceito encobre as dificuldades que sua aplicação prática pode revelar.

Nessa esteira, quando uma lesão a direito decorre de conduta alheia, inúmeras são as questões levantadas: haveria algum instituto jurídico a tratar da eventual satisfação pelos danos sofridos? Como se poderia classificar o dever de reparar prejuízos, ou seja, seria aplicável o conceito de obrigação primária e secundária para a espécie? A reparação dos danos teria como pressuposto a ilicitude da conduta alheia? Quais seriam, enfim, os fundamentos da necessidade de reparação dos prejuízos aqui tratados?

A resposta a tais questões enceta o estudo da responsabilidade civil, ensejando a subsequente abordagem de algumas suas espécies, entre as quais as responsabilidades civis objetiva e subjetiva.

A responsabilidade civil, sua natureza e a sua relação com a ilicitude. Fernando de Sandy Lopes Pessoa Jorge[42] lembra que o termo *responsabilidade* implica a ideia de "responder, prestar contas". Pode, portanto, a mencionada expressão assumir dois coloridos diversos: "a susceptibilidade de imputar, dum ponto de vista ético *lato sensu*, determinado acto e seus efeitos ao agente, e a possibilidade de fazer sujeitar alguém ou alguma coisa às consequências de certo comportamento."

Analisando-se a primeira acepção da expressão[43], identifica-se o seu significado normativo e/ou injuntivo, a referir que o agente deve prestar contas e/ou apresentar justificativa para o seu ato. Com essa moldura teórica, resta clara a necessidade de

40. GRECO. Rogério. **Curso de Direito Penal** – Parte Geral – v. I. Niteói: Impetus, 2011, p. 203.
41. PONZANELLI, Giulio. **La responsabilità civile**. Milão: Il Mulino, 1992, p. 10.
42. PESSOA JORGE, Fernando de Sandy Lopes. **Ensaio sobre os pressupostos da responsabilidade civil**. Coimbra: Almedina, 1995, p. 34.
43. Id., 1995, p. 34.

que o causador de um dano, para responder por ele, tenha de ter agido livre e racionalmente, em pleno gozo de suas faculdades mentais – vale dizer – deve ser tido como imputável.

Em sua segunda vertente, porém, assume o significado de atribuição de consequências danosas a alguém, assumindo feição nitidamente econômica e factual. Convém ressaltar, de toda sorte, que as duas utilizações da expressão *responsabilidade* imbricam-se, defluindo, via de regra, a segunda delas da primeira[44].

Qual seria, pois, o mecanismo da responsabilidade civil? Seria um dever imputável a alguém? Seria uma mera regra de atribuição? O que prevaleceria? Útil que se ocupe, desta feita, das respostas a tais questionamentos.

A natureza jurídica da responsabilidade civil: dever primário e dever secundário, obrigação e responsabilidade. Dever jurídico, segundo Sérgio Cavalieri Filho[45], seria "a conduta externa de uma pessoa imposta pelo Direito Positivo por exigência da convivência social." Em apertada síntese, sustenta a existência de deveres jurídicos primários e secundários. Aqueles, quando violados, engendrariam, consequentemente, a necessidade de reparação dos prejuízos causados, por meio de um novo dever jurídico, desta feita o secundário. Assim, a obrigação corresponderia ao dever jurídico primário, ao passo que a responsabilidade seria um dever jurídico secundário[46].

A fórmula esboçada mostra-se engenhosa. Em realidade não se afasta muito do entendimento de José de Aguiar Dias[47], quando afirma:

> Digamos, então, que ***responsável, responsabilidade***, assim como, enfim, todos os vocábulos cognatos, exprimem ideia de equivalência de contraprestação, de correspondência. É possível, diante disso, fixar uma noção, sem dúvida ainda imperfeita, de responsabilidade no sentido de repercussão obrigacional (não interessa investigar a repercussão inócua) da atividade do homem. Como esta varia até o infinito, é lógico concluir que são também inúmeras as espécies de responsabilidade, conforme o campo em que se apresenta o problema: na moral, nas relações jurídicas, de direito público ou privado.

Adiante arremata[48]:

> MARTON estabelece com muita lucidez a boa solução, quando define responsabilidade como a situação de quem, tendo violado uma norma qualquer, se vê exposto às consequências desagradáveis decorrentes dessa violação, traduzidas em medidas que a autoridade encarregada de velar pela observação do preceito imponha, providências essas que podem, ou não estar previstas.

Restaria, porém, uma questão a ser enfrentada: responsabilidade e obrigação são ideias que podem existir insuladas entre si, ou estariam inexoravelmente coligadas?

---

44. Id., 1995, p. 35.
45. CAVALIERI FILHO, Sérgio. **Programa de responsabilidade civil**. 7 ed. São Paulo: Atlas, 2007, p. 1.
46. Ibidem., p. 2.
47. AGUIAR DIAS, José de. **Da responsabilidade civil**. Vol. 1. 3 ed. Rio de Janeiro: Forense, 1954, p. 6.
48. AGUIAR DIAS, José de. **Da responsabilidade civil**. Vol. 1. 3 ed. Rio de Janeiro: Forense, 1954, p.7.

José M. Lete del Río[49], após apresentar as noções básicas do significado de débito ("relação de dever ou de dever cumprir") e responsabilidade (relação de sujeição ou submissão de um sujeito ou coisa a um sacrifício patrimonial) cerra fileiras com os que entendem estarem inegavelmente imbricados os termos *responsabilidade* e *obrigação*:

> A teoria da distinção do débito e da responsabilidade olvida que o conceito plenamente desenvolvido da obrigação supõe um vínculo ou relação em que ambos os elementos (débito e responsabilidade) concorrem sempre e não separáveis mais que conceitualmente, para explicar melhor o fenômeno obrigacional. Em nosso Direito, o artigo 1.911 do C.C. estabelece taxativamente e com caráter geral que "pelo cumprimento das obrigações responde o devedor com todos os seus bens, presentes e futuros"; o que quer dizer que o devedor responde porque deve e que não existe nunca responsabilidade sem dívida (cf. sentença de 2 de abril de 1990). Por isso tem razão Castán, quando afirma que "a distinção entre a dívida e a responsabilidade não tem grande aplicação prática, nem deve ser extrapolada de seus limites naturais".

No direito brasileiro, porém, conclui Orosimbo Nonato[50] em sentido diverso:

> A literatura jurídica nacional deixa de oferecer escote copioso ao tema. [...] Alguns dos nossos juristas modernos, entretanto, o têm versado e ALCINO PINTO FALCÃO o considera o mais abstrato do direito de obrigação, tratando-se da separabilidade ou inseparabilidade dos elementos mencionados – Schuld e Haftung. [...] Historicamente, pelo menos no velho direito germânico, em face das pesquisas acima aludidas, parece racionável concluir que a distinção se estabeleceu. [...] Mas essa circunstância não parece ter grande alcance, ou melhor, alcance decisivo no plano dogmático. [...]ALCINO PINTO FALCÃO, no citado estudo, admite a concepção dualista, forte em exemplos da obrigação solidária, do falso procurador e do terceiro que presta garantia real por dívida alheia, por débito o que é estranho, nos termos do art. 764 do Código Civil, ***verbis***: 'Salvo cláusula expressa, o terceiro que presta garantia real por dívida alheia, não fica obrigado a substituí-la ou reforçá-la, quando, sem culpa sua, se perca, deteriore, ou desvalie.' [...] Este último caso parece o único decisivo e incontendível. E é singular, ***solus peregrinus*** no nosso Código Civil. Exclui-se o da ***obligatio naturalis***, por se tratar de figura jurídica indefinida e em que se torna viável, onipatente a imperfeição do vínculo. [...] Pode, na real verdade, o terceiro garantir com coisa sua dívida alheia, dívida de terceiros – ***dare autem quis hypothecam potest, sive pro sua obligationem sive pro aliena***. Neste último caso, responsável, é, não porém, devedor, em seus próprios termos do citado art. 764. Sua responsabilidade existe sem débito seu, e incide em parte destacada de seu patrimônio. [...] Assim, no plano doutrinário e abstrato, os dois conceitos – débito e responsabilidade – Schuld e Haftung não se mostram insécteis, não se

---

49. LETE DEL RÍO, José M. **Derecho de obligaciones** – la relación obligatória en general. Vol. 1. 4 ed. Madrid: Tecnos, 2000, p. 29/30. Tradução livre do texto: "La teoría de la distinción del débito y la responsabilidad olvida que el concepto plenamente desenvuelto de la obligación supone un vínculo o relación en el que ambos elementos (débito y responsabilidad) concurren siempre, y no son separables más que conceptualmente, para explicar mejor el fenómeno obligatório. En nuestro Derecho, el artículo 1.911 del C.C. establece taxativamente y con carácter general que 'del cumplimiento de las obligaciones responde el deudor con todos sus bienes, presentes y futuros'; lo que quiere decir que el deudor responde porque debe y que no existe nunca responsabilidad sin deuda (cf. sentencia de 2 de abril de 1990). Por ello tiene razón Castán, cuando afirma que 'la distinción entre la deuda y la responsabilidad no tiene gran aplicación práctica ni debe ser sacada de sus límites racionales'.
50. NONATO, Orosimbo. **Curso de obrigações** (generalidades – espécies). Vol. 1. Rio de Janeiro: Forense, 1959, p. 124.

apresentam irremediavelmente inseparáveis. E o nosso direito positivo recebe essa separação, pelo menos em um caso.

O artigo 764 do Código de 1916, citado por Orosimbo Nonato, corresponde ao atual artigo 1427 do Código Civil. Assim as conclusões esboçadas no mencionado texto ainda se mostram atuais. Responsabilidade e obrigação, portanto, são conceitos, ao menos teoricamente, cindíveis. Sendo, portanto, institutos distintos, é possível imaginar a responsabilidade como uma obrigação derivada, assistindo razão a Sérgio Cavalieri Filho[51], quando afirma:

> Alguns autores sustentam que, excepcionalmente, haverá responsabilidade sem obrigação, como no caso da fiança e outras situações (Orlando Gomes, Obrigações, 11a ed., Forense, p. 12; Álvaro Villaça Azevedo, Teoria geral das obrigações, 5a ed., Ed. RT, p. 37). Tenho para mim que a questão é de enfoque, pois, como veremos, além da responsabilidade direta, pessoal, por fato próprio, há também a responsabilidade indireta, pelo fato de outrem. Na primeira – responsabilidade direta – o agente responde pelo descumprimento de obrigação pessoal; na segunda – responsabilidade indireta – o responsável responde pelo descumprimento de obrigação de outrem, de sorte que a responsabilidade, mesmo neste caso, corresponde ao descumprimento de uma obrigação. É o que ocorre com o fiador que responde pelo inadimplemento do afiançado em relação à obrigação originária por ele assumida.

Assentada, pois, a noção de responsabilidade como uma obrigação derivada, oportuno indagar-se se esta obrigação sempre coincidiria com a ocorrência de um ato ilícito. Seriam, assim, a responsabilidade civil e a ilicitude conceitos superponíveis?

Não se pode olvidar que, no Brasil, a doutrina tradicional identificava o dever de indenizar como consequência imediata da ilicitude. Neste sentido, aponta Felipe Peixoto Braga Netto[52]:

> A associação da eficácia dos ilícitos civis ao dever de indenizar é tão marcante que ofuscou os demais modos de eficácia. Não houve, em verdade, esforço de investigação para buscar outras eficácias possíveis, decorrentes de ilícitos civis. Imaginou-se, sem análise crítica, que o ilícito se define pelo efeito, e o tema como que se esgotou.

Outros, além do dever de indenizar, podem ser os efeitos da ilicitude. Esclarece Pontes de Miranda[53] que a juridicização do ato ilícito pode levar à perda da eficácia de determinado negócio jurídico (eficácia caducificante), à caracterização de infrações culposa de deveres contratuais, ou à nulificação de determinados atos.

Pode-se, portanto, antever quatro grandes consequências para a ilicitude: a responsabilização civil, na hipótese de caracterização de danos morais ou materiais decorrentes do ato antijurídico; a perda de um direito, pretensão ou ação (como a perda do poder familiar nas hipóteses descritas em lei); a retirada de eficácia dos negócios jurídicos quando a eles se segue a ilicitude contratual; e, por fim, a nulidade

51. CAVALIERI FILHO, Sérgio. **Programa de responsabilidade civil**. 7 ed. São Paulo: Atlas, 2007, p. 1.
52. BRAGA NETTO, Felipe Peixoto. **Teoria dos ilícitos civis**. Belo Horizonte: Del Rey, 2003, p. 86.
53. MIRANDA, Pontes de. **Tratado de direito privado**. Vol. 2. Campinas: Bookseller, 2000, p. 241.

decorrente do descumprimento de normas imperativas, sem que a lei comine outra sanção específica para a hipótese (artigo 166, VII, do Código Civil).

Ora, se são quatro as possíveis consequências do cometimento de uma ilicitude, tem-se por inarredável a conclusão de que este conceito e o de reparação civil não são superponíveis. Tal entendimento, todavia, demonstra apenas que onde existir ato ilícito, não haverá como consequência necessária a reparação civil, mas será que, quando houver responsabilidade civil, forçosamente, como antecedente lógico, haverá uma ilicitude?

Já podemos adiantar que não, mas a compreensão de nossa resposta demanda o necessário estudo dos fundamentos da responsabilidade civil.

Fundamentos da responsabilidade civil. Os contornos modernos da responsabilidade civil devem-se, em grande medida, aos esforços da doutrina e da jurisprudência francesas, que, com arrimo no artigo 1382 do Código de Napoleão, encetaram grande esforço interpretativo, redundando nos atuais regramentos da disciplina.

Os principais estudos voltados para o tema buscaram, pois, encontrar os fundamentos da responsabilidade civil. A importância da compreensão do fundamento de um instituto dá-se para que se delimite o regime de sua aplicação, como indica Judith Martins Costa[54]:

O fundamento, quer de uma regra, quer de um instituto, quer de uma instituição, estabelece-se conforme os ideais de Justiça vigentes em uma determinada sociedade, em um determinado momento de sua história. Em outras palavras, trata-se do que se considera a *ratio essendi* para que alguém que cause um prejuízo ter o dever de repará-lo, como mencionam Planiol e Ripert[55] :

> 476. O problema da responsabilidade civil. – O problema da responsabilidade civil deve ser colocado sem subordiná-lo à questão filosófica da responsabilidade moral. O direito repousa na ideia de que o homem é responsável por seus atos e que, por conseguinte, o autor de um prejuízo não se pode amparar na concepção fatalista do mundo, a fim de livrar-se das consequências de sua atuação. (...)
>
> O problema da responsabilidade civil consiste em perguntar-se por que aquele que causa dano a outra pessoa deve repará-lo; essa investigação não é de interesse puramente teórico, já que o

54. COSTA, Judith Martins. **Os fundamentos da responsabilidade civil**. Revista trimestral de jurisprudência dos estados. São Paulo: Velenich, 93, ano 15, out./91, p.31.

55. PLANIOL, Marcel; RIPERT, Georges. **Tratado Practico de Derecho Civil Francês**. t. VI. Havana: Cultural, 1946, p.665/666. Tradução livre do seguinte trecho: "476. El problema de la responsabilidad civil. – El problema de la responsabilidad civil debe plantearse sin subordinarlo al filosófico de la responsabilidad moral. El derecho descansa en la idea de que el hombre es responsable de sus actos y que, por consiguiente, el autor de un acto perjudicial no puede ampararse en una concepción fatalista o determinista del mundo a fin de librarse de las consecuencias de su actuación.(...) El problema de la responsabilidad civil consiste en preguntarse por qué el que causa un dano a outra persona debe repararlo; esa investigación no es de interés puramente teórico, ya que el fundamento de la responsabilidad influye necesariamente en la extensión y condiciones de la regla que habrá que seguir."

fundamento da responsabilidade influi necessariamente na extensão e condições da regra que haverá de seguir.

A evolução da responsabilidade civil: da Antiguidade ao Código de Napoleão. Louis Josserand afirma que a responsabilidade civil conheceu movimento pendular, dispensando, na Antiguidade, a noção de culpa, para abraçá-la novamente nos períodos históricos subsequentes (Derecho Civil – t. II, v I, Bosch Y CIA, Buenos Aires, 1950, p. 295)[56]:

> 412. Evolução. – As soluções que se podem dar a este problema têm dividido e dividem cada vez mais as opiniões. Desde a origem do direito romano, até nossos dias, tem-se produzido uma dupla evolução, que se reduz a um movimento de vaivém; depois de se haver distanciado do ponto de partida, a teoria da responsabilidade tende a voltar a ele; dupla evolução que gravita ao derredor destas noções cardeais: a culpa e o risco; com a primeira, a responsabilidade é subjetiva sob a influência da segunda, faz-se objetiva.
>
> A. No antigo direito romano, a responsabilidade era objetiva; quedava-se comprometida independentemente de toda a ideia de culpa, apresentava-se como uma reação da vítima contra a causa aparente do dano; da mesma maneira que uma criança volta-se contra o objeto que a tenha ferido, assim o homem de pouca cultura exige reparação de toda agressão à sua pessoa ou aos seus; volve golpe por golpe, sem se preocupar com a questão da imputabilidade, por mais que se tenha de haver com uma criança, um animal ou um objeto inanimado; assim se explica o jogo das ações noxais tendentes ao abandono, em poder da vítima, do agente do dano, escravo, animal, coisa inanimada: a responsabilidade era a expressão jurídica da vingança privada.

Demonstra, portanto, Louis Josserand, que, na Antiguidade Romana, ao menos em seus primórdios, a vingança era a pedra de toque a inspirar a ideia de reparação civil. Reinava, naquela época, como ensina a Judith Martins Costa[57], a noção de equilíbrio entre os membros da sociedade, como fundamento para a justiça. Rompido o equilíbrio, este deveria ser restaurado, a fim de que se obtivesse justiça. Tal fenômeno só poderia ocorrer com a responsabilização daqueles que trouxessem prejuízos a terceiros. Esse pensamento perdurou por muitos anos, mas foi lentamente solapado pela inserção da ideia de culpa no direito romano. Nasce, assim, uma

---

56. JOSSERAND, Louis. **Derecho civil**, t. II, v. I. Buenos Aires: Bosh y Cia, 1950, p. 295. Tradução livre do seguinte trecho: "412. Evolución – Las soluciones que pueden darse a este problema han dividido y dividen cada vez más las opiniones. Desde el origen del derecho romano hasta nuestros dias, se ha producido una doble evolución, que se reduce a un movimiento de vaivén; después de haberse alejado del punto de partida, la teoría de la responsabilidad tiende a volver a él; doble evolución que gravita en derredor de estas dos nociones cardinales: la culpa y el riesgo; con la primera, la responsabilidad subjetiva; bajo la influencia de la segunda, se hace objetiva. A. En el antiguo derecho romano, la responsabilidad era objetiva; quedaba comprometida independientemente de toda idea de culpa; se presentaba como una reacción de la víctima contra la causa aparente del dano; de la misma manera que un niño se vuelve contra el objeto que lo ha herido, así el hombre de poca cultura exige reparación de todo atentado a su persona o a los suyos; vuelve golpe por golpe, sin preocuparse de la cuestión de imputabilidad y por más que tenga que habérselas con un niño, un animal o un objeto inanimado, así se explica el juego de las acciones noxales tendientes al abandono, en poder de la víctima, del agente del dano, esclavo, animal, cosa inanimable: la responsabilidad era la expresión jurídica de la vindicta privada."

57. COSTA, Judith Martins. **Os fundamentos da responsabilidade civil**. Revista trimestral de jurisprudência dos estados. São Paulo: Velenich, 93, ano 15, out./91, p.35.

mudança de paradigma, aprofundada nas Idades Média e Moderna, como notado por Judith Martins Costa[58]:

> Enquanto a moral romana era fundamentalmente a moral do justo (***aequitas, epicikia***), a moral moderna, instaurada pela Escola do Direito Natural será a moral da conduta humana, conduta a ser julgada através de um filtro específico, o filtro do julgamento de Deus, para os religiosos, ou do foro íntimo, para os laicos, ambos operando, estruturalmente, da mesma forma porquanto os preceitos da lei divina 'não se desprendem da noção de sanção'. [...] Ora, são exatamente essas assertivas – 'cada um deve reparar o mal que causou', ou 'cada um é responsável pelos danos cometidos' – que vão servir de base à teoria da responsabilidade civil, construção acadêmica, elaborada a partir do séc. XVIII e que no séc. XIX durante o processo de codificação então levado a efeito penetra no direito legislado: por essa via e sob conotações acima referidas, a culpa chega aos códigos como fundamento da responsabilidade civil.

O fundamento moral da reparabilidade civil deslocou-se do equilíbrio (*epicikia*) para a culpa. E não poderia ser diferente. Fruto da evolução do cristianismo era o combate ao "pecado". A culpa era a exigência mínima para que atos pecaminosos fossem punidos. Não havendo culpa, não existiria nada a reparar...

O Direito dos povos cristãos, portanto, abraçou tal premissa, a ponto de incorporá-la ao Código Francês[59], o que redundou, desde então, em inegável efeito multiplicador. Tal dispositivo pode ser encontrado na atual redação do artigo 1.280 do Código da França, que repete o artigo 1.382 de sua versão original: "Art. 1.280. Qualquer fato da pessoa que cause, à outra, um dano, obrigará aquela por cuja culpa se causou, a repará-lo."[60]

O advento da teoria do risco. Esse quadro, todavia, experimentou mudanças clamadas pelo avanço social. Ora, definir responsabilidade é atribuir o dever de suportar prejuízos ou de repará-los, conforme o caso. Quando a responsabilidade é subjetiva, consagra-se o entendimento de que a vítima, quando sofre prejuízos por condutas isentas de culpa, figura, em realidade, como uma vítima do acaso, uma desafortunada alma que deve suportar o peso da ação ou da omissão alheia.

Por outro lado, quando a responsabilidade objetiva-se, fundando-se na ideia de risco, o paradigma muda. A vítima merece ser reparada por restar rompido o equilíbrio social, quando uma atividade potencialmente lesiva a alcança. Tudo se refere, portanto, a uma opção atributiva do ordenamento jurídico: a quem impor o ônus de suportar os prejuízos causados – ao autor deles ou à vítima?

Essa questão, aliás, faz-se clara nos ensinamentos de Georges Ripert[61]:

---

58. Ibidem., p.38.
59. PEREIRA, Caio Mário da Silva. **Responsabilidade civil**. 8 ed. Rio de Janeiro: Forense, 1998, p.14.
60. Tradução livre da versão original em espanhol do Código Francês: "Artículo. 1382. Cualquier hecho de la persona que cause a otra un daño, obligará a aquella por cuya culpa se causó, a repararlo", bem como da atual versão francesa do dispositivo: "Art. 1240. Tout fait quelconque de l'homme, qui cause à autrui un dommage, oblige celui par la faute duquel il est arrivé à le réparer.
61. RIPERT, Georges. **A regra moral nas obrigações civis**. 2 ed. Campinas: Bookseller, 2002, p.215/216.

> Por que motivo, pois, não conseguiu a teoria do risco dominar mais completamente os espíritos? Notaram-se as dificuldades técnicas que pode apresentar a aplicação dum princípio demasiado geral. Mas, se o princípio é justo, deve ser relativamente fácil pô-lo em forma e encontrar-lhe um instrumento de apoio. A realidade é outra. Se a teoria do risco não pôde conquistar a força jurídica que se pedia para ela, é porque ela, na realidade, tira à responsabilidade civil o elemento moral de que este princípio extrai a sua força e regula a sua limitação. Quando a lei de responsabilidade apareceu como uma lei física de criação de riscos, tornou-se inadmissível. [...] Foi defendida, sem dúvida, em nome da justiça com a ideia da escolha necessária entre o autor e a vítima. Quando o prejuízo se dá, não há mais, diz-se, que uma questão de atribuição a regular; não admitir o direito à reparação é condenar a vítima, por que a vítima e não o autor? [...] Na realidade, a escolha foi feita pela força obscura do destino. A vítima foi escolhida. Os homens estão habituados a curvar-se ante a fatalidade. Admitir a ação de responsabilidade, não é atribuir o prejuízo é modificar a sua atribuição natural. Ora as qualidades de autor e de vítima foram estabelecidas pelo acaso e, pela sua própria qualidade, a vítima não aparece como preferível ao autor. É preciso, pois, uma razão para a atribuição do prejuízo ao autor: onde encontrá-la?

A intrigante pergunta final de Ripert reflete nitidamente a sua preocupação para que a teoria do risco não se cristalize como regra geral da responsabilidade civil. Acontece que, em alguns casos, ela se mostra justificável, como o próprio autor reconhece. Clássico exemplo é o que possibilitou o nascimento da teoria na França. Neste sentido, ponderáveis as lições de Planiol e Ripert[62]:

> 478. Teoria do risco. – A ineficácia da teoria da responsabilidade subjetiva, ainda estabelecendo as presunções de culpa mencionadas anteriormente, para assegurar indenização das vítimas em certos casos em que se estima necessária, tem levado certos tratadistas a contraporem-se a ela uma doutrina em que a culpa não é já necessária para a existência da responsabilidade. Tal é a

62. PLANIOL, Marcel; RIPERT, Georges. **Tratado Práctico de Derecho Civil Francés.** t. VI. Havana: Cultural, 1946, p. 667/669. Tradução livre do seguinte trecho: "478. Teoria del riesgo – La ineficácia de la teoría de la responsabilidad subjetiva, aun estableciendo las presunciones de culpa mencionada anteriormente, para asegurar la indemnización de las víctimas en ciertos casos en que se estima necesaria, ha llevado a ciertos tratadistas a contra-ponerle una doctrina en que la culpa no es ya necesaria da responsabilidad objetiva. Bajo su aspecto más sencillo consiste en eliminar la idea de culpa en la responsabilidad, admitiéndose que todo riesgo creado debe ser de cargo de la actividad que lo origina. Esa teoria se ha ideado primeramente a fin de asegurar la reparación de los accidentes del trabajo en uma época en que el legislador se daba al estudio del problema sin ofrecer soluciones y después de haber fracasado del intento de aplicar a estas matérias la responsabilidad contractual. El desarrollo del empleo de maquinarias en las industrias en el siglo XIX ocasionó hacia su terminación un aumento considerable de los accidentes perjudiciales a los obreros; muchas veces la causa de ellos quedaba en el mistério. Y aun cuando consistiera en vícios de la maquinaria misma, su existência no podía imputarse al patrono, quien, ignorante de ellos, la había adquirido y la hacía funcionar en las condiciones normales; se decía que el accidente era 'anónimo'. El espectáculo de las víctimas privadas de recursos commovió la opinión pública y ciertos juristas, sin intentar obtener una reforma legislativa, que demoraría mucho, propusieron nuevas interpretaciones jurisprudenciales, todas las cuales tenían como denominador común el traslado de la obligación de probar, que, de la víctima, pasaba a ser incumbência del patrono. De esa suerte fueron llevados a colocarse en el terreno de la responsabilidad del derecho común, a la que, en cierta forma, daban una orientación nueva. Toda actividade, se dijo, implica algún riesgo para los terceros, al própio tiempo que para el que actúa; es justo que este sufra las consecuencias reparando los daños causados por sua acción, aun cuando no pueda reprochársele culpa de ningún género. Y ello es debido a que crea los riesgos para su própio provecho, con la finalidad de obtener ganancias o una satisfacción. Ya que en su favor se inclinan los benefícios eventuales, las buenas probabilidades, debe sufrir las malas. *Ubi emolumentum, ibi onus.* Bastará, por tanto, para producir la responsabilidad, que exista una relación de causalidad entre la actividad del demandado y el perjuicio sufrido por el actor."

> chamada responsabilidade objetiva. Sob seu aspecto mais simples, consiste em eliminar a ideia de culpa na responsabilidade, admitindo-se que todo risco criado deve ser compreendido pela atividade que o origina. [...] Essa teoria idealizou-se a fim de assegurar a reparação dos acidentes de trabalho em uma época em que o legislador dava-se ao estudo do problema sem oferecer soluções e depois de haver fracassado no intento de aplicar a estas matérias a responsabilidade contratual. [...] O desenvolvimento do emprego de maquinários nas indústrias no século XIX ocasionou no seu final um aumento considerável dos acidentes prejudiciais aos obreiros; muitas vezes a causa deles quedava em mistério. E ainda quando consistia em vícios do próprio maquinário, sua existência não se podia imputar ao patrão, que ignorante deles, adquiriu-o e já fazia funcionar em condições normais; dizia-se que o acidente era 'anônimo'. [...] O espetáculo das vítimas privadas de recursos comoveu a opinião pública e certos juristas, que, sem tentar obter uma reforma legislativa, que demoraria muito, propuseram novas interpretações jurisprudenciais, todas as quais tinham como denominador comum o traslado da obrigação de provar, que, da vítima, passava a ser incumbência do patrão. Destarte foram levados a colocar-se no terreno da responsabilidade do direito comum, à que, de certa forma, davam uma orientação nova. [...] Toda atividade, diz-se, implica algum risco para os terceiros, ao mesmo tempo em que para aquele que atua; é justo que este sofra as consequências reparando os danos causados por sua ação, ainda quando não possa censurá-la por culpa de nenhum gênero. E isso é devido por quem cria os riscos para seu próprio proveito, com a finalidade de obter lucro ou uma satisfação. Já que em seu favor se inclinam benefícios eventuais, as boas probabilidades, deve sofrer as más. ***Ubi emolumentum, ibi onus***. Bastará, portanto, para produzir a responsabilidade, que exista uma relação de causalidade entre a atividade do demandado e o prejuízo sofrido pelo autor.

A teoria do risco logrou importante aceitação. Não tardaram, todavia, algumas críticas a ela, passíveis de serem resumidas em quatro[63]: a) retorno do problema à regra primitiva (Antiguidade), que cinge a apreciação da responsabilidade à análise de causalidade, porquanto excluiria a questão da culpa de seus elementos constitutivos; b) limitação da extensão da origem de risco criado, pois terminaria por despir o espírito humano de iniciativa; c) parcialidade de aplicação da teoria do risco da solidariedade social, em razão da exclusão do causador do dano e de inclusão estrita d da vítima; d) supressão questionável da ideia moral que permeia as noções de responsabilidade civil e de justiça de suas consequências, erigida lentamente ao insculpir-se a culpa como elemento ensejador da reparação.

As ressalvas acima formuladas merecem ser analisadas com reservas. Inicialmente é de observar-se que servem apenas para infirmar a responsabilidade objetiva como a única aceitável nos dias de hoje, ou seja, elas indicam que não se pode preterir a teoria da culpa para uma infinidade de hipóteses. Não bastasse isso, o fato de suprimir-se a culpa da análise da reparação não implica olvidar-se o fundamento moral da obrigação de reparar, mas, em realidade, trata-se da busca de novos fundamentos, como o justo equilíbrio das relações humanas (*epicikia*).

Nesse sentido, portanto, tem-se que a teoria do risco, como hipótese de responsabilidade objetiva, jamais foi a única a ser exclusivamente aceita. Viu-se, desde o

63. RIPERT, Georges e PLANIOL, Marcel. Tratado práctico de derecho civil francés. T. VI – Las oblicagiones. Havana: Cultural, 1946, p. 670/672.

seu advento, obrigada a compartilhar espaço, nos diversos sistemas jurídicos, com a teoria da culpa. Essa realidade reflete-se na atual redação do artigo 927 do Código Civil do Brasil.

O advento da teoria do risco representa, portanto, o abandono da exclusiva adoção da teoria da culpa. É o sinal de que, em determinadas hipóteses, quando a legislação reputa conveniente, no juízo de atribuição de prejuízos e responsabilidades, deve-se proteger a vítima do dano, como sói acontecer nas hipóteses de responsabilidade civil do Estado e de responsabilidade civil decorrente de relações de consumo.

O avanço da sistematização da teoria do risco levou à sua categorização pelas seguintes espécies[64]: risco-proveito (por meio do qual se responsabiliza quem se aproveita da atividade danosa); risco-profissional (quando o dano decorre da atividade profissional da vítima); risco-excepcional (quando o dano decorre de atividade excessivamente perigosa, tal como sucede com acidentes decorrentes do armazenamento de fogos de artifício *et similia*); risco criado (quando o dano decorre da necessidade de indenizar-se a vítima de prejuízos advindos do exercício de determinadas atividades ainda que não gerem proveito para quem as explora, mas, a despeito disso, criem perigo para as pessoas a elas expostas); e risco integral (quando o dano decorre de sua automática verificação, sem perquirir-se sobre a existência de efetivo nexo causal).

O sucesso experimentado pela teoria do risco sugeriu que, combinado com a teoria da culpa, lograria explicar as hipóteses hodiernas de responsabilização civil. O casamento, todavia, entre culpa e risco, segundo Boris Starck[65], seria uma espécie de casamento forçado, devendo, pois ser rechaçado.

Sugere, assim, uma nova teoria para fundamentar a responsabilidade civil, de cunho objetivo: a teoria da garantia. Leciona o mencionado autor[66]:

---

64. CAVALIERI FILHO, Sérgio. **Programa de responsabilidade civil**. 7 ed. São Paulo: Atlas, 2007, p. 128/131.
65. STARCK, Boris. **Droit civil** – obligations. Paris: Techiniques, 1972, p. 32.
66. Ibidem., p. 35. Tradução livre de "58. – Selon cette théorie, on a eu tort d´enfermer le problème du fondement de la responsabilité civile le dilemme: 'Faute' ou 'Risque'. C´est là le type du faux dilemme qui provient du fait que le problème a été mal posé. Jusqu´ici, pour répondre à la question: pourquoi faut-il réparer les dommages causes à autrui, les réponses étaient recherchées du seul coté de l'auteur de ces dommages: 'parce qu'il a commis une faute', disent les uns; 'parce qu´il profite d´une activité dont il doit assumer les risques', déclarent les autres. On a eu raison d'observer que la théorie du risque, comme celle de la faute, sont toutes les dexus 'subjectives', en ce sens qu'elles recherchent les raisons de condamner du coté de l´auteur du dommage. 59. – Cette façon de raisonner est incompléte, car elle omet le point de vue de la victime. Or, par hypothèse, la victime du dommage a subi une atteinte à ses droits. Chacun a droit à sa vie et à son intégrité corporelle – ainsi qu'à celles de ses 'proches'; chacun a droit a l'integrité matérielle des biens qui lui appartiennent, et, plus généralement, à sa sécurité matérielle et morale. Ces droits, il est vrai, ne sont pás definis et consacrés expressément par la loi, mais on ne saurait en méconnaître l'existence sans nier les impératifs élémentaires de la vie sociale. 60. – Si ce 'droits' existent – formulons-en, pour l'instant, l´hypothèse – ne doivent-ils pas être protégés, c´est-à-dire garantis par le droit? Et les dommages que l'on souffre par le fait d'autrui: blessures, mort, destructions d'objects etc., ne sont-ils pás des atteintes à ces droits? Or, l'atteinte à un droit protege (c'est, d'aillerus, là un pléonasme, un droit étant nécessairement protegé, sans cela ce ne serait pás un droit), est une raison suffisante pour prononcer une sanction. Cette

58 – Conforme essa teoria, é equivocado confinar o problema da responsabilidade civil no dilema: 'culpa' ou 'risco'. É um tipo de falso dilema que advém do fato de o problema ter sido mal colocado. Até então, para responder à questão 'por que se deve reparar os danos causados a outrem' as respostas eram analisadas apenas pelo prisma do autor destes danos: 'porque cometeu uma falha', dizem uns; 'porque se aproveitou de uma atividade em que deve assumir os riscos' declaram os outros. Temos razão de observar que a teoria do risco, como também a da culpa, são ambas 'subjetivas', tendo em vista que as duas procuram razão para condenar o autor do dano. Esse modo de raciocinar é incompleto, pois omite o ponto de vista da vítima. Ora, por hipótese, a vítima do dano sofreu um ataque a seus direitos. Todos têm direito à sua vida e à sua integridade corporal – assim como os que lhe são próximos; todos têm direito à integridade material dos bens que lhe tocam, e, mais genericamente, à sua segurança material e moral. Esses direitos, evidentemente, não são definidos e consagrados expressamente pela lei, mas não se poderia ignorar sua existência sem negar os imperativos elementares da vida social. 60. Se esses 'direitos' existem – formulemos, então, a hipótese – não deveriam ser protegidos, ou seja, garantidos pela lei? E os danos que sofremos por fato de outrem: ferimentos, morte, destruição de objetos etc., não são eles infrações a esses direitos? Ora, a infração a um direito protegido (isto é, por outro lado, um pleonasmo – um direito é necessariamente protegido, de outra forma não seria um direito) é razão suficiente para impor uma sanção. Essa sanção não é outra senão a obrigação de reparar, quer dizer, a responsabilidade de quem causou o dano, o qual, por esse motivo, violou direitos alheios.

Assim, a essência da presente teoria considera não a conduta do ofensor, mas a posição jurídica da vítima, que deve ser garantida contra violações a seus direitos[67].

Conclui-se, portanto, ser a responsabilidade uma obrigação derivada, nascida da violação, culposa ou não, de uma obrigação primária. Essa violação, todavia, não deriva sempre do cometimento de ato ilícito. Logo, há de refutar-se uma perfeita superponibilidade entre responsabilidade civil e atos ilícitos. Por fim, percebe-se ser fato a coexistência, no próprio Código Civil do Brasil, de dispositivos que acolhem tanto a responsabilidade civil subjetiva quanto a objetiva. Em assim sendo, forçoso reconhecer a pluralidade de fundamentos a justificar o dever de reparar, que ora podem assentar-se na ideia de culpa, ora podem calcar-se na premissa de proteção às vítimas de atividades potencialmente perigosas (risco).

Analisada, portanto, a interface entre ato ilícito e responsabilidade civil, volvamos ao estudo do primeiro, abordando as excludentes de ilicitude.

As excludentes de ilicitude. Não comete, porém, ato ilícito quem age em legítima defesa, no exercício regular de seu direito ou em estado de necessidade.

O Código Civil não define os contornos mais precisos de cada uma das excludentes, fato que nos remete ao Código Penal, por analogia, para que possamos apreender seus respectivos alcances. Determina tal norma: "Art. 25. Entende-se em legítima defesa quem, usando moderadamente dos meios necessários, repele injusta agressão, atual ou iminente, a direito seu ou de outrem".

---

sanction n´est autre que l´obligation de réparer, c´est-à-dire la responsabilité de celui qui a causé le dommage, qui a, de ce fait, porté atteinte aux droits d´autrui."

67. SERPA LOPES, Miguel Maria de. **Curso de direito civil** – v. 5. Fontes acontratuais das obrigações, responsabilidade civil. 4 ed. Rio de Janeiro: Freitas Bastos, 1995, p. 173.

Quanto à legítima defesa, a agressão cometida contra aquele que se defende deve ser injusta e, para evitar a vingança privada, atual ou iminente. Necessário ainda evitar um abuso por parte de quem alega se defender, razão pela qual os atos praticados por aquele que invoca a excludente devem ser proporcionais ao mal do qual o agente se protege. Ignorado qualquer um desses elementos, o agente ingressa na esfera da ilicitude.

O exercício regular do direito, por seu turno, exclui um dos próprios requisitos do cometimento do ato ilícito – a contrariedade ao direito. O cuidado que se deve tomar, porém, nos dias de hoje, é que o exercício do direito deve observar os limites impostos pelos bons costumes, pela sua função social e pela boa-fé, sob pena de tornar-se abusivo. Esse tema demandará análise mais acurada nos tópicos vindouros.

Não se comete, por fim, ato ilícito quando se age em estado de necessidade, assim entendido como a prática de atos que implicarem a deterioração ou a destruição da coisa alheia, ou a lesão a pessoa, a fim de remover perigo iminente (art. 188, II).

Uma pequena distinção mostra-se importante. O cometimento de atos ilícitos normalmente redunda na imposição, ao ofensor, do dever de reparar o dano advindo de sua prática. Logo, excluindo-se a ilicitude, não haveria de impor-se ao sujeito qualquer obrigação de reparar prejuízos experimentados pela suposta vítima.

Essa regra, no entanto, não se aplica a certas hipóteses de estado de necessidade. Faz-se aqui a diferença entre estado de necessidade ofensivo e defensivo. No primeiro, o agente, buscando salvar a si, aos seus bens ou a terceiro, causa dano a outrem, que nenhum mal lhe havia provocado. No estado de necessidade defensivo, ao contrário, a conduta volta-se contra quem acarretou perigo. Tal distinção se pode perceber pela própria dicção dos artigos 929 e 930 do Código Civil. Vejamos:

> Art. 929. Se a pessoa lesada, ou o dono da coisa, no caso do inciso II do art. 188, não forem culpados do perigo, assistir-lhes-á direito à indenização do prejuízo que sofreram.
>
> Art. 930. No caso do inciso II do art. 188, se o perigo ocorrer por culpa de terceiro, contra este terá o autor do dano ação regressiva para haver a importância que tiver ressarcido ao lesado.
>
> Parágrafo único. A mesma ação competirá contra aquele em defesa de quem se causou o dano (art. 188, inciso I).

Os dispositivos consagram hipótese em que, mesmo agindo de maneira lícita, o agente será obrigado a reparar o dano que causou a terceiro, fato, como visto, pouco usual em nosso sistema. A inserção dos mencionados artigos em nossa legislação foi, portanto, polêmica. Eles correspondem, respectivamente, aos artigos 1.519 e 1.520, ambos do Código Civil de 1916 e, sobre o primeiro deles, Clóvis Beviláqua asseverou[68]:

68. BEVILÁQUA, Clóvis. **Código Civil dos Estados Unidos do Brasil comentado** – v. V. 9 ed. Rio de Janeiro: Francisco Alves, 1951, p. 295.

> O dispositivo supõe dois direitos em conflito, e declara que, se for absolutamente necessário, para a subsistência de um deles, o titular do mais valioso do ponto de vista social, poderá sacrificar o outro, não excedendo os limites do indispensável. Todavia, aquele que sofre o dano, para o qual não concorreu, ao qual é estranho, merece que o indenizem do sacrifício, que lhe foi imposto. Parece irrecusável a equidade deste preceito. Não obstante, foi criticado por ocasião de se discutir o Projeto do Código Civil. Uns achavam contradição entre o artigo ora examinado e o art. 160, n. II, porque, se o ato é lícito, não deve acarretar responsabilidade; outros viram não sei que combinação heteróclita entre as pretensas fontes do Código. Essa crítica foi desfeita por JUSTINIANO SERPA (Veja-se o vol. I desta obra, com n. 5 ao art. 160), que bem demonstrou terem partido elas de uma pensamento alheio ao Código Civil, quando é dever do intérprete começar por penetrar o sistema, que os dispositivos traduzem, para poder analisá-los à luz dos princípios gerais e dos outros preceitos relativos à matéria.

Assim, a opção ética do Código Civil foi reconhecer que, embora lícita, a conduta de quem agiu em estado de necessidade pode acarretar prejuízos a terceiros, que nada fizeram para terem, eles sim, seus bens destruídos. A escolha do legislador foi para que essas vítimas fossem reparadas, ainda que às expensas de quem agiu licitamente, resguardado, ao último, o direito de regresso contra quem originou a situação de perigo.

Em interessante julgado, o Superior Tribunal de Justiça perscrutou a raiz para a opção dogmática firmada pelo legislador civil, assim explanada no voto do Min. Sálvio de Figueiredo[69]:

> Com efeito, quando há uma atitude volitiva daquele que se depara com a situação de perigo, incumbe-lhe, como regra, na condição de causador direto do dano, responder perante o dono da coisa, recompondo os prejuízos decorrentes de sua conduta voluntária, ainda que despida de culpa. [...] Tal opção dogmática (arts. 160, II, e 1520, CPC) também se justifica na medida em que ele, causador direto do dano, é que, em princípio, melhor pode identificar o terceiro culpado pelo evento danoso, do qual poderá haver regressivamente o valor pago ao prejudicado. [...] Esse raciocínio, contudo, só se aplica aos casos em que há uma relação de causalidade entre o dano experimentado e a ação empreendida pelo agente apontado como seu direto provocador.

Dessa forma, se, ao guiar um veículo, vislumbro que outro, pela contramão, vem em minha direção e, para evitar o acidente, termino por lançar meu próprio automóvel contra outro, abalroando-o, serei obrigado a indenizá-lo. Assim o é, pois, aquele em quem, sem culpa, bati, não deu causa ao perigo.

Hipótese distinta ocorreria se, em lugar de desviar do veículo que ilicitamente trafegava no sentido oposto, eu mantivesse meu curso, sendo abalroado e, pela força do impacto, ter sido lançado contra veículos alheios. Neste segundo caso, ao contrário do primeiro, não teria eu o dever de indenizar, pois não haveria nexo causal entre as batidas e a minha conduta.

---

69. BRASIL. Superior Tribunal de Justiça. REsp 60.918/RJ, Rel. Ministro SÁLVIO DE FIGUEIREDO TEIXEIRA, QUARTA TURMA, julgado em 19/09/1995, DJ 09/10/1995, p. 33569.

Cabe salientar, por fim, que a solução acima preconizada foi uma opção do legislador brasileiro. Em Portugal, porém, a situação é regida pelo artigo 339º do Código Civil, que determina:

> Artigo 339.º – (Estado de necessidade)
>
> 1. É lícita a ação daquele que destruir ou danificar coisa alheia com o fim de remover o perigo atual de um dano manifestamente superior, quer do agente, quer de terceiro.
>
> 2. O autor da destruição ou do dano é, todavia, obrigado a indemnizar o lesado pelo prejuízo sofrido, se o perigo for provocado por sua culpa exclusiva; em qualquer outro caso, o tribunal pode fixar uma indemnização equitativa e condenar nela não só o agente, como aqueles que tiraram proveito do ato ou contribuíram para o estado de necessidade.

Esclarece João de Matos Antunes Varela[70] que há culpa de quem é forçado a agir em estado de necessidade, quando provocou a situação de perigo. Assim, à guisa de ilustração, a pessoa que se vê obrigada a ferir um cão que ele próprio provocou enquadrar-se-ia nessa hipótese. Fora desses casos, a multiplicidade de situações seria tão extensa, que caberia ao julgador lusitano, na linguagem do Código Civil, "fixar uma indemnização equitativa e condenar nela não só o agente, como aqueles que tiraram proveito do ato ou contribuíram para o estado de necessidade".

Solução semelhante é preconizada pelo Código Civil italiano:

> Art. 2.045. Quando quem cometeu o fato danoso foi constrangido a praticá-lo pela necessidade de salvar-se ou a outro de perigo atual de um dano grave à pessoa (1447), e o perigo não foi, por ele, causado voluntariamente, nem era evitável de outra maneira (Cod. Pen. 54), ao lesado é devida uma indenização, cuja medida é atribuída à equitativa apreciação do juiz (att. 194)[71]

Percebe-se, portanto, que, se a lei brasileira peremptoriamente atribuiu o dever de reparação de danos derivados do estado de necessidade ofensivo, as normas portuguesa e italiana foram mais flexíveis e atentas à infinidade de nuances que podem ocorrer em tais hipóteses, com a previsão da análise de responsabilidade dos casos concretos reservada ao prudente arbítrio judicial.

Abordados os aspectos acima, temos por apreciados os principais pontos das excludentes de ilicitude derivadas do artigo 186 do Código Civil. Avancemos, pois, para o estudo do abuso de direito, versado no artigo 187 da mesma norma.

O abuso de direito – noções introdutórias. O Código Civil de 2002 esclarece que também comete ato ilícito o titular de um direito que, ao exercê-lo, excede manifestamente os limites impostos pelo seu fim econômico ou social, pela boa-fé ou pelos bons costumes. A percepção de que se pratica determinado negócio em abuso de direito demanda do intérprete uma sensibilidade mais acurada, pois ele só incidirá

70. VARELA, João de Matos Antunes. **Das Obrigações em Geral**. 10 ed. Coimbra: Almedina, 2000, p. 559/560.
71. Tradução livre do Código Italiano: "Art. 2045 Stato di necessita. Quando chi ha compiuto il fatto dannoso vi è stato costretto dalla necessità di salvare se o altri dal pericolo attuale di un danno grave alla persona (1447), e il pericolo non è stato da lui volontariamente causato ne era altrimenti evitabile (Cod. Pen. 54), al danneggiato è dovuta un'indennità, la cui misura e rimessa all'equo apprezzamento del giudice (att. 194)."

quando o agente praticar um ato ***aparentemente*** lícito, mas de forma abusiva. O excesso do exercício de um direito o transmuda, assim, em um negócio ilícito. A análise do caso concreto será a única forma, portanto, de constatar se uma determinada prática, prevista *in abstracto* como direito, converte-se, pela forma como se desenhou no mundo real, na prática do abuso de direito[72].

a) Os critérios para tal análise, cada vez mais sofisticados nos dias de hoje, deitam raízes ainda no direito romano, embora alguns trechos do Digesto pudessem sugerir o contrário. Vejamos os seguintes excertos: Não se considera que age com dolo, ninguém que usa seu direito.[73]

b) Não comete dano, senão o que fez aquilo que não tem direito de fazer [74]

c) Não se considera coagir o que usa do seu direito, e exercita a ação ordinária.[75]

Foram pensamentos assim, que, lidos fora do correto contexto, justificaram uma literal aplicação do princípio – *neminem laedit qui suo iure utitur* (ou, em livre tradução, "não lesa ninguém aquele que exerce o seu direito") e que, por tabela, pareciam admitir o abuso de direito. Ocorre que, compreendidos de forma mais inteligente, os textos romanos não chancelavam tal equívoco[76], pois deveriam ser harmonizados com outros princípios a exortar o equilíbrio no exercício de faculdades jurídicas. Citemos como exemplo texto das Institutas de Gaio, no qual se exortam os senhores de escravos a castigarem, quando necessário, moderadamente seus servos e conclui[77]: "E ambas essas disposições são justas, pois não devemos usar mal do nosso direito, sendo por isso que aos pródigos se lhes interdita a administração dos bens".

Foram, portanto, paulatinamente surgindo limites para o exercício dos direitos, mesmo em Roma. Eis alguns deles[78]:

1) Limites na defesa da pessoa e dos direitos: a proteção da posse deve exercer-se ***inculpatae tutelae moderatione***; pode-se matar o ladrão de noite, só em caso de necessidade e ***cum clamore testificetur***; todavia é preferível capturá-lo.

2) Ao exercer nosso direito, não devemos prejudicar os outros: não é permitido ao construir um edifício ou muro privar o vizinho de luz ou impedir que o vento lhe sopre na eira; o vendedor não deve praticar represálias contra o comprador em mora de pagamento.

---

72. CARNACCHIONI, Daniel Eduardo. **Curso de Direito Civil** – Institutos Fundamentais. Rio de Janeiro: Lumen Iuris, 2010, p. 718.
73. *D.50.17.55 Gaio. 55.[56.](4) Gaius libro II de testamentis ad Edictum urbicum.- Nullus videtur dolo facere, qui suo iure utitur.*
74. *D.50.17.151. [193.] PAULUS libro LXIV. ad Edictum – Nemo damnum facit, nisi qui id fecit, quod facere ius non habet.*
75. *D.50.17.155. [197.] PAULUS libro LXV. ad Edictum – (...) § 1. – Non videtur vim facere, qui iure suo utitur, et ordinaria actione experitur.*
76. AGUIAR DIAS, José de. **Da responsabilidade civil**. Vol. 2. 3 ed. Rio de Janeiro: Forense, 1954, p. 484.
77. *Inst. 1,53. GAIUS. (...) Et utrumque rect fit: male enim nostro iure uti non debemus; qua ratione et prodigis interdicitur bonorum suorum administratio.*
78. CORREIA, Alexandre e SCIASCIA, Gaetano. **Manual de direito romano** – v. I. 2 ed. São Paulo: Saraiva, 1953, p. 91.

3) A solidariedade entre os homens exige que se conceda a alguém uma vantagem ou a satisfação de uma necessidade quando isto não nos prejudique: ***prodesse enim sibi unusquisque, dum alii non nocet, non prohibetur;*** no comércio não se deve auferir lucros da inexperiência alheia. O preceito geral aconselha: ***Christiani, quibus verus cultus est adiuvare pauperes et in necessitate positos.***

Tais preceitos que já se desenhavam em Roma foram ganhando contornos mais éticos, a ponto de, no reinado do Imperador Leão, ser normatizado que os nossos direitos deveriam ser exercidos sem prejudicar os outros[79].

Esse pensamento permaneceu incrustrado em nossas mentes, embora o desenvolvimento científico da teoria do abuso de direito só se tenha acelerado com o julgamento de dois marcantes episódios ocorridos na França.

O primeiro deles ocorreu em 1855. Um dono de um imóvel, em Colmar, construiu uma falsa e grande chaminé apenas para diminuir a insolação sobre o bem vizinho. Foi constrangido a retirá-la. Anos mais tarde, um fazendeiro, em Compiègne, vizinho a um hangar de dirigíveis, fincou, na divisa com o último, algumas colunas de madeira, com as hastes de ferro sobre elas, dificultando as manobras dos dirigíveis e chegando mesmo, certa feita, a danificar um deles. Acionado, o fazendeiro invocou, em defesa, o artigo 554 do Código Napoleão, que dispunha: "Art. 554. A propriedade é o direito de fruir e dispor de uma coisa da maneira mais absoluta, sempre que não se faça dela um uso proibido pelas leis e pelos regulamentos". [80]

O Tribunal responsável pela apreciação do caso, todavia, entendeu que, apesar da referência à "maneira mais absoluta" de fruição e disposição da coisa pelo proprietário, tal não englobava hipóteses em que o uso não representasse um interesse sério e legítimo do dono, ou pior, quando o objetivo fosse tão somente prejudicar terceiros[81]. A doutrina, a partir de tais casos, passou a ocupar-se mais seriamente do tema, normalmente identificando o abuso de direito com a prática dos chamados atos emulativos, ou seja, aqueles levados a efeito com o nítido propósito de prejudicar terceiros.

O Código Civil alemão parece haver sido animado por esse pensamento, em voga durante sua elaboração[82]: "§ 226. O exercício de um direito não é permitido quando só possa ter a finalidade fim de causar dano a outrem".

Andreas Von Thur, ao comentar o dispositivo, menciona abertamente sua adesão à teoria subjetiva do abuso de direito, ou seja, aquela atrelada à ideia de que tal anomalia estaria vinculada à prática de atos emulativos[83]. Seguiu-se ao Código

79. BEVILÁQUA, Clóvis. **Código Civil dos Estados Unidos do Brasil comentado** – v. I. 9 ed. Rio de Janeiro: Francisco Alves, 1951, p. 455.

80. Tradução livre da versão original em espanhol do Código Francês: "Artículo 544. La propiedad es el derecho de gozar y disponer de una cosa de la manera más absoluta, siempre que no se haga de ella un uso prohibido por las leyes o por los reglamentos."

81. COELHO, Fábio Ulhoa. **Curso de Direito Civil** – v. I. São Paulo: Saraiva, 2003, p. 361.

82. Tradução livre da versão original em inglês do BGB: "Section 226. Prohibition of chicanery. The exercise of a right is not permitted if its only possible purpose consists in causing damage to another."

83. VON THUR, Andreas. **Parte General del Derecho Civil**. San José da Costa Rica: Juricentro, 1977, p. 122, assim se manifesta em relação ao mencionado artigo 226 do Código alemão: "1. Es ilícito el ejercicio abusivo, el que no puede tener más finalidad que dañar a otro (caso de los actos de emulación): § 226 C.c."

alemão, o suíço, que, embora não mais fizesse expressa referência aos ditos atos, praticados apenas com o desiderato de prejudicar terceiros, dispôs[84]:

> Art. 2.
>
> 1. Todos devem agir segundo a boa-fé, assim no exercício do próprio direito, como no adimplemento de suas próprias obrigações.
>
> 2. O manifesto abuso de próprio direito não é protegido por lei.

Outros Códigos posteriores, na mesma linha do suíço, abandonaram uma redação subjetivista, deixando de tratar da intenção emulativa do agente, para se prender à objetiva violação dos limites impostos às faculdades dos titulares. Podemos, entre eles, citar o Código de Portugal e do Brasil:

> Artigo 334º.
>
> (Abuso do direito)
>
> É ilegítimo o exercício de um direito, quando o titular exceda manifestamente os limites impostos pela boa fé, pelos bons costumes ou pelo fim social ou económico desse direito. [Código Civil de Portugal]
>
> (...)
>
> Art. 187. Também comete ato ilícito o titular de um direito que, ao exercê-lo, excede manifestamente os limites impostos pelo seu fim econômico ou social, pela boa-fé ou pelos bons costumes.

Os artigos transcritos muito se assemelham. Nos dois, a caracterização do abuso de direito prende-se aos mesmos requisitos. Cumpre, portanto, analisar cada uma das hipóteses de abuso de direito tratadas nas duas normas.

O abuso de direito derivado da violação aos bons costumes. Já pudemos manifestar-nos sobre o significado de bons costumes, quando tratamos de condições defesas. Naquela oportunidade, já pudemos mencionar o aspecto moral inserido no conceito trabalhado, algo que se faz sentir nitidamente entre os mais diversos autores, como Enneccerus, Kipp e Wolff[85], Georges Ripert[86] e José de Oliveira Ascensão[87], apenas para citar alguns dos mais representativos.

---

84. Tradução livre da versão italiana do Código Civil da Suíça: "Art. 2.1. Ognuno è tenuto ad agire secondo la buona fede così nell'esercizio dei propri diritti come nell'adempimento dei propri obblighi. 2 Il manifesto abuso del proprio diritto non è protetto dalla legge."
85. ENNECCERUS, Ludwig; KIPP, Theodor; WOLFF, Martin. **Tratado de derecho civil** – t. I, v. II. Barcelona: BOSCH, 1981, p. 621: "I. Es contrario a las buenas costumbres el no llenar las exigencias mínimas que la moral jurídica hoy en uso en el pueblo alemán establece para el comercio entre los ciudadanos."
86. RIPERT, Georges. **A Regra Moral nas Obrigações Civis**. 2 ed. Campinas: Bookseller, 2002, p. 88, afirma: "O recurso a uma concepção sociológica dos bons costumes testemunha simplesmente quanto os juristas receiam ver a regra moral impor-se no mundo jurídico revelando-se superior à lei civil, pois que terá um papel normativo e quebrará contratos feitos com todas as condições exigidas pela lei civil."
87. ASCENSÃO, José de Oliveira. **Direito Civil** – Teoria Geral – v. II. 2 ed. Coimbra: Coimbra, 2000, p. 334, leciona: "II – A noção de bons costumes implica necessariamente uma referência ética. Mas também não se pode dizer que os bons costumes atendem apenas àqueles princípios da moral que encontram consagração na ordem jurídica, como a proibição da usura. A ser entendidos desta forma intrassistemática, a noção de ordem pública seria bastante. O que há de específico na remissão para os bons costumes é estes funcionarem

Tais preceitos de moralidade, transformada em tradição, deram vida ao primitivo ordenamento jurídico em Roma, que a *interpretatio* jurisprudencial desenvolveu e adaptou às novas exigências[88], estabelecendo-se, com o passar dos anos, uma clivagem entre os *boni moris*, cujo controle era confiado ao censor, e as normas jurídicas, estas entregues ao pretor[89]. Nos dias de hoje, bem pontua Menezes Cordeiro[90], os bons costumes surgem, normalmente, como algo exterior, que delimita o campo de atuação dos atos que validamente podem gerar efeitos, mas que, em si, não prescrevem o teor do comportamento a ser adotado. Retomemos o exemplo que apresentamos ao tratar de condições ilícitas por violação aos bons costumes. Imaginemos dois contratantes que firmam, entre várias cláusulas, uma vedação à prática de caridade pelos signatários. Perceba-se que não há a imposição de se fazer o mal, mas tão somente uma vedação à prática de atos benevolentes. Nesse sentido, como os bons costumes surgem como algo exterior, não há lei a impor que contratantes pratiquem atos de caridade. Contudo, proibir a prática de gestos altruísticos é algo que esbarra nos limites tolerados pelos preceitos morais incorporados à tradição de quase todos os povos.

Assim, negócios jurídicos que, embora respeitem a literalidade das normas postas, violem os bons costumes são, em realidade ilícitos, por representarem abuso de direito.

O abuso de direito derivado da violação à função social dos direitos. A função social dos direitos impõe uma conformação dos interesses individuais dos celebrantes de negócios jurídicos aos interesses coletivos[91]. Nem sempre foi assim, especialmente no período imediato às Revoluções Francesa e Industrial.

No entanto, já no final do século XIX e início do século XX, a proteção estatal do individualismo irrestrito no exercício dos direitos arrefeceu, à medida que a harmonização entre interesses individuais e coletivos ganhou contornos inequivocamente de uma tendência dominante. Tal fenômeno foi muito marcante em relação ao direito de propriedade. Muito rica, do ponto de vista histórico, a conferência que Duguit proferiu a respeito, na Universidade de Buenos Aires, no segundo semestre de 1901, cuja transcrição se revela muito oportuna para a compreensão daquilo que ora se estuda[92]:

---

como uma espécie de válvula de segurança do sistema, permitindo a entrada neste de valorações morais que o sistema – porque não é por si moral – não comportaria."

88. IGLESIAS, Juan. **Direito Romano**. São Paulo: RT, 2012, p. 91.
89. CORDEIRO, António Menezes. **Da Boa Fé no Direito Civil**. Coimbra: Almedina, 2007, p. 1210.
90. CORDEIRO, António Menezes. Ibidem, p. 1213.
91. LÔBO, Paulo. **Direito Civil** – Contratos. São Paulo: Saraiva, 2011, p. 67.
92. DUGUIT, Leon. **Las Transformaciones Generales del Derecho Privado desde el Código de Napoleón**. Madrid: Francisco Beltran, p. 168/169: "Sin embargo, la propiedad es una institución jurídica que se ha formado para responder a una necesidad económica, como por otra parte todas las instituciones jurídicas, y que evoluciona necesariamente con las necesidades económicas mismas. Ahora bien, en nuestras sociedades modernas la necesidad económica, a la cual ha venido a responder la propiedad institución jurídica, se transforma profundamente; por consiguiente, la propiedad como institución jurídica debe transformarse

Sem embargo, a propriedade é uma instituição jurídica que se tem formado para responder a uma necessidade econômica, como, de resto, todas as instituições jurídicas, e que evoluiu necessariamente com as próprias necessidades econômicas. Agora, em nossas sociedades modernas, a necessidade econômica cuja resposta jurídico-institucional tem sido prestada pelo instituto da propriedade, transforma-se profundamente; por conseguinte, a propriedade como instituição jurídica deve transformar-se também. A evolução realiza-se igualmente aqui no sentido socialista. Esta, também determinada por uma interdependência cada vez mais estreita dos diferentes elementos sociais. Dessarte, a propriedade, por assim dizer-se, socializou-se. Isto não significa que chegue a ser coletiva no sentido das doutrinas coletivistas; porém significa duas coisas: primeiramente, que a propriedade individual deixa de ser um direito do indivíduo, para converter-se numa função social; e, em segundo lugar, que os casos de afetação de riqueza às coletividades, que juridicamente devem ser protegidos, são cada dia mais numerosos.

Paulatinamente, portanto, a partir do tratamento que se dava à visão mais social sobre o exercício do direito de propriedade, percebeu-se que os demais, ao serem idealizados, possuíam abstratamente determinada função, que, no seu exercício, não poderia ser aviltada. Logo, a ideia de liberdade no exercício do direito não seria total, porquanto os comportamentos levados, no seu seio, a cabo, deveriam respeitar os objetivos sociais e econômicos que orientaram a própria constituição, quer engendrando uma maior utilidade pessoal (função pessoal), quer social (função social), a que, nos dizeres de Menezes Cordeiro, pode-se agregar o complemento da função econômica[93].

Atente-se que não se trata de excluir a função pessoal em razão da social, mas de harmonizá-las. Nessa esteira, adverte José de Oliveira Ascensão[94] que os direitos reais são outorgados para a realização do sujeito, que os deve exercer, todavia, em benefício da sociedade. A rigor, esse entendimento é extensível, com fulcro na harmonização de funções do direito de propriedade, a todos os direitos de propriedade.

Vê-se, portanto, que os negócios jurídicos, e, sobretudo os contratos, devem buscar o equilíbrio entre duas realidades que não se mostram, por completo, antagônicas. Há, por um lado, a necessidade de continuar a utilizá-los como um mecanismo de satisfação pessoal, por meio do qual partes interessadas façam convergir os seus esforços e recursos no intuito de partilharem, reciprocamente, os bens da vida que podem fornecer. Existe, porém, o cuidado de que, ao mirar o fim colimado, os celebrantes não atropelem interesses de terceiros. Não há mais lugar para a busca enfurecida por lucro, que outrora consagrou o individualismo exacerbado. Assim, sempre que o negócio jurídico desbordar dos limites que socialmente lhe são im-

---

también. La evolución se realiza igualmente aquí en el sentido socialista. Esta, también determinada por una interdependencia cada vez más estrecha de los diferentes elementos sociales. De ahí que la propiedad, por decirlo así, se socialice. Esto no significa que llegue a ser colectiva en el sentido de las doctrinas colectivistas; pero significa dos cosas: primeramente, que la propiedad individual deja de ser un derecho del individuo, para convertirse en una función social; y en segundo lugar, que los casos de afectación de riqueza a las colectividades, que juridicamente deben ser protegidas, son cada día más numerosos."

93. CORDEIRO, António Menezes. **Da Boa Fé no Direito Civil**. Coimbra: Almedina, 2007, p. 1231.

94. ASCENSÃO, José de Oliveira. **Direito Civil – Reais**. 5 ed. Coimbra: Coimbra, 1993, p. 191.

postos, o Estado, no exercício comedido de seu dirigismo negocial, pode agir. Dessa forma, a intervenção estatal repõe sobre os trilhos da justiça, o pacto que se mostrava nefasto para a sociedade, com a aplicação, se necessário, da teoria do abuso de direito.

Válidas, entretanto, são as advertências de Paulo Nader[95], a indicar-nos que, "se de um lado o princípio da autonomia da vontade comporta limites ditados pela **função social dos contratos** e do **valor justiça**, rejeita todo processo de **dirigismo contratual** que vá além, seja na forma legislativa ou jurisprudencial". Exorta-se, pois, para o esforço de harmonização das duas funções do direito – a pessoal e a social. Amparadas estão por princípios pelos quais muitas batalhas foram travadas até que se desenhasse a atual conformação: liberdade e socialidade, que, longe de se excluírem, devem viver em virtuosa simbiose.

Advirtamos, por fim, que a doutrina tem divisado dois tipos de eficácia para a função social. A mais comum é sua eficácia externa, a impor-nos o respeito aos interesses alheios no momento do exercício do próprio direito. Não se olvide, por outro lado, que os negócios jurídicos são instrumentos de circulação de riqueza. Há a necessidade de preservação de sua própria higidez e, não raro, de proteger-se um dos contratantes do excesso de poder do outro celebrante. Ganha relevo o que a doutrina tem chamado de eficácia interna da função social do contrato, que foi prestigiada com a produção do Enunciado 360, da Jornada de Direito Civil, realizada pelo Conselho da Justiça Federal: "O princípio da função social dos contratos também pode ter eficácia interna entre as partes contratantes."

O negócio jurídico, portanto, que manifestamente exceda os limites impostos pela sua função social representa um abuso de direito e, portanto, um ato ilícito. Entre nós, porém, tem merecido mais destaque as espécies de abuso de direito derivadas da violação ao princípio da boa-fé, que agora passamos a enfrentar.

O abuso de direito derivado da violação à boa-fé objetiva: introdução histórica. A vertente que talvez suscite mais atenção, nos dias de hoje, sobre o abuso de direito é aquela relacionada à violação à boa-fé[96], cujas origens remontam ao Direito Romano, especificamente ao instituto da *fides*.

Nessa esteira, tem-se que a *fides* primitiva, apesar de estar documentada sob diferentes enfoques semânticos, pode ser didaticamente dividida sob três prismas: *fides-sacra*, *fides-fato* e *fides-ética*[97].

A primeira é dotada de conotação religiosa e moral, deitando raízes no culto da deusa *Fides*, símbolo da sagrada lealdade. Os registros históricos dão conta de que, para oferecer sacrifício à deusa, considerada mais velha que Júpiter, era necessário

95. NADER, Paulo. **Curso de direito civil** – v. III. Rio de Janeiro: Forense, 2009, p. 32.
96. CORDEIRO, António Manuel da Rocha e Menezes. **Da boa fé no Direito Civil**. 3. ed. Coimbra: Almedina, 2007, p. 53.
97. LISBOA, Roberto Senise. **Manual elementar de direito civil**. 2 ed. São Paulo: Editora Revista dos Tribunais, 2002, p. 57.

cobrir a mão direita com um pano branco. Transmitia, assim, a noção de compromisso, base da sociedade e da ordem política[98].

A *fides-fato*, por seu turno, era moralmente indiferente, aproximando-se da noção de garantia, consubstanciada numa qualidade de pessoas ou coisas, em que a confiança era determinada sob o ângulo da fisionomia externa e da qualidade objetiva do sujeito ou da coisa[99]. Pode-se dizer que representa uma ligação, uma vez que é encontrada a mesma terminologia para uma planta indo-europeia utilizada para enlaçar[100].

A *fides-ética*, por fim, representava o momento em que a *fides-fato* passou a expressar unicamente a garantia ligada à pessoa, e não a sua fisionomia externa ou a qualidade objetiva das coisas, o que impossibilitou continuar separando-a da valoração moral[101].

A referência à *fides* é encontrada em manifestações concretas das relações internas, ou seja, dos próprios habitantes da cidade, em especial a clientela; e das relações externas, ou seja, da cidade com outros povos.[102]

A *fides* das relações internas deve ser dividida em *fides-poder* e *fides-promessa*. A primeira era calcada no poder de direção do patrão justificada pela ligação moral que o impunha respeito diante da clientela. Essa *fides* evoluiu para a virtude do mais forte. A segunda acepção, entretanto, era a manifestação formal de sujeição à *fides-poder* e evoluiu para o voluntarismo de garantia à palavra dada[103].

A *fides* das relações externas, por seu turno, traduz-se como o exercício do poder discricionário do Estado romano imperial, em detrimento de outros povos[104].

Assim, o termo *bona fides* surgiu diante da necessidade do direito romano de adaptar-se à dinamização das relações jurídicas que se sucedeu às suas conquistas territoriais, como explanaremos pouco à frente.

Isto porque, até o século II a. C., as *legis actiones* eram o meio pelo qual aplicava-se o *jus civile*, cujo formalismo excessivo era tal que, em alguns casos, bastava uma única palavra mal-empregada para ter contra si um deslinde desfavorável no processo[105]. Dividiam-se em apenas cinco tipos de ações: *legis actio per sacramentum*; *judicis postulatio*; *condictio*; *manus injectio*; e *pignoris capio*[106]. Esse sistema, com o

98. LISBOA, Roberto Senise. **Manual elementar de direito civil**. 2 ed. São Paulo: Editora Revista dos Tribunais, 2002, p. 57.
99. CORDEIRO, António Manuel da Rocha e Mezes. **Da boa fé no Direito Civil**. 3. ed. Coimbra: Almedina, 2007, p. 55.
100. LISBOA, Roberto Senise. Op.cit., 2002, p. 57.
101. Ibidem., p. 57.
102. Ibidem., p. 59-70.
103. Ibidem, p. 57.
104. CORDEIRO, António Manuel da Rocha e Menezes. Op.cit., p.59-70.
105. CORREIA, Alexandre e SCIASCIA, Gaetano. **Manual de direito romano** – v. I. 2 ed. São Paulo: Saraiva, 1953, p. 96-97.
106. CRETELLA JÚNIOR, José. *Curso de direito romano: o direito romano e o direito civil brasileiro*. 22 ed. Rio de Janeiro: Forense, 1999, p. 48.

passar dos anos e com a necessidade de pautar suas decisões em princípios mais flexíveis, começou a dar sinais de esgotamento, sendo paulatinamente substituído pelo chamado processo formular.

Esse regime jurídico, centrado na atividade criadora do pretor, menos rígido do que o anterior, poderia oferecer respostas mais adequadas aos desafios da nova realidade. Nele, assumia papel central o pretor, que era o agente público romano investido da *jurisdictio*, ou seja, da faculdade de dizer o direito. Além disso, detinha a faculdade do *imperium*, que o autorizava a indicar os procedimentos de que as partes deveriam valer-se para defender e efetivar seus direitos. Quando o magistrado assumia o cargo, logo fazia afixar no *Forum* um edito, a indicar os casos em que usaria o *imperium* e as diversas fórmulas que daria às partes para a proteção e a execução dos seus direitos[107]. Não raro, ao exercer seu ofício, o pretor era o responsável pela criação de institutos jurídicos que até hoje usamos.

Têm-se, nessa esteira, indícios de que a utilização da expressão *fides* antecedida pela palavra *bona* deveu-se provavelmente ao Pretor Quintus Mucius Scaevola, que passou a conceder ações sem base legal expressa, desde que o litigante que invocasse a sua defesa estivesse amparado por uma situação de "boa-fé". Destarte, "enquanto *bona fides iudicia*", investiu-se de autoridade para criar figuras tais quais a tutela, a sociedade, a fidúcia, o mandato, a compra e venda e a locação[108].

A boa-fé, após a queda do Império Romano, experimentou influências que ajudaram a desenhá-la tal qual a compreendemos nos dias de hoje. Houve, por um lado, a contribuição do Direito Canônico, a promover amputações e simplificações ao alcance do sentido da boa-fé[109] em relação às origens romanas. Ademais, mostrou-se também, moralmente mais severo que o direito anterior, uma vez que não requeria do sujeito apenas a mera ignorância da litigiosidade, pois perquiria, com base em subjetiva análise, se havia, de sua parte, a consciência de que não se estava a pecar. Só assim estaria de boa-fé.

A outra importante influência sobre o conceito de boa-fé foi a germânica. O entendimento do alcance da boa-fé, com arrimo no viés tedesco, só foi possível com os estudos linguísticos da fórmula *Treu und Glauben*, traduzido por *lealdade* (*Treu*) e *crença* (*Glauben*)[110], algo distinto da ideia de fidelidade ao pactuado dos romanos e da subjetivização ética da Igreja.

A expressão *Treu und Glauben* incorpora um sentido ético reportado à qualidade humana objetivada, que pode ser melhor entendido segundo às tradições cavalhei-

107. Ibidem, p. 412-422.

108. CORDEIRO, António Manuel da Rocha e Menezes. **Tratado de Direito Civil Português**. v.1. 2. ed. Coimbra: Almedina, 2000, p.224.

109. CORDEIRO, António Manuel da Rocha e Menezes. **Da boa fé no Direito Civil**. 3. ed. Coimbra: Almedina, 2007, p. 160.

110. GAGLIANO, Pablo Stolze; PAMPLONA FILHO, Rodolfo. **Novo Curso de Direito Civil**. Contratos: Teoria Geral. Vol. IV. Tomo I. 5ª ed, São Paulo: Saraiva, 2009, p. 63.

rescas medievais cristãs de generosidade, lealdade contratual, atitude cortês. Em suma, compunha-se de um conjunto de traços ético-comportamentais que estabelecia confiança geral dirigida a toda coletividade[111].

Os traços fundamentais da boa-fé germânica eram: a objetividade, isto é, preocupação com a exterioridade e o padrão social, não importando o intuito ou a consciência; e o irracionalismo, caracterizado pela ausência de uma abordagem técnico-científica, o que se atribui à sua origem vinculada a tradições cavalheirescas medievais cristãs de lealdade. Assim, acentuava-se o ritual, a exterioridade e o padrão social[112], algo bem diverso do enfoque subjetivo da boa-fé, no qual se prestigiava o que sentia, conhecia e pensava o agente que celebrava negócios jurídicos.

O princípio da boa-fé, originário do caldo de cultura formado nas sociedades europeias, apareceu pela primeira vez, de forma positivada, no período racionalista, com o advento do Código Civil de Napoleão de 1804. O Código Civil Francês, embora não tenha sido o primeiro instituído em uma nação europeia, é considerado o primeiro que obteve triunfo em seus propósitos de disciplinar as relações civis da sociedade em que foi forjado. Não parece casual que o seu êxito lhe tenha alçado ao *status* de código modelar, a ponto de haver influenciado diversos sistemas jurídicos de outros países.

O Código de Napoleão tratou do princípio nas suas duas concepções – boa-fé objetiva e boa-fé subjetiva, especificamente, no artigo 1.135, que dispunha[113]:

> Art. 1.135. Os acordos obrigarão não apenas ao que neles se expressa, mas também a todas as consequências que a equidade, o costume e a lei atribuam à obrigação, segundo a sua natureza.

A evolução interpretativa do dispositivo, conquanto potencialmente promissora, foi insatisfatória. Contribuíram para isso não apenas a timidez dos comentaristas da época, presos que estavam à Escola da Exegese, como também a rígida compreensão que os operadores do direito davam ao Princípio da Separação dos Poderes. Essa concepção demasiado rígida reduziu a atividade criativa da jurisprudência, indispensável para uma compreensão mais profícua do dispositivo transcrito[114].

O século XIX, por outro lado, na Alemanha, trouxe consigo novos pensamentos, destacando-se, entre eles, a "Jurisprudência dos conceitos", baseada na análise do direito historicamente estabelecido. Essa espécie de metodologia de análise tem como meta extrair do direito posto os conceitos que o estruturam. Em assim procedendo,

111. MARTINS-COSTA, Judith. **A boa fé no Direito Privado**. 1ª Ed., 2. Tir. São Paulo: Editora Revista dos Tribunais, 2000, p. 125.
112. Op.cit., 2007, p.176.
113. Tradução livre da versão original em espanhol do Código Francês: "Artículo 1135. Los acuerdos obligarán no sólo a lo expresado en ellos, sino también a todas las consecuencias que la equidad, la costumbre o la ley atribuyan a la obligación según su naturaleza."
114. COUTO E SILVA, Clóvis do. O princípio da boa-fé no Direito brasileiro e português. In: FRADERA, Vera Maria Jacob de. **O Direito Privado Brasileiro na visão de Clóvis do Couto e Silva**. Porto Alegre: Livraria do Advogado, 2014, p. 33.

viabilizou-se uma visão unificada e sistemática da totalidade do direito de uma nação, segundo os parâmetros de um sistema lógico de organização piramidal[115], que ficou conhecido como "genealogia dos conceitos".

A "genealogia dos conceitos"[116] pautava-se por estabelecer um conceito supremo, do qual os demais – provenientes da Filosofia do Direito – se deduzissem. Com base no conceito superior, certas afirmações poderiam ser feitas, donde seriam inferidos conceitos jurídicos hierarquicamente subordinados. Assim, todas as afirmações levadas a cabo para o conceito supremo, valeriam para estes, e para todos que derivassem dos últimos, formando-se, assim, a mencionada estrutura piramidal. Este pensamento fez com que, na Alemanha, houvesse uma proeminência da pandectística em detrimento da lei, pêndulo que apenas se inverteu com a substituição do positivismo científico da jurisprudência dos conceitos, pelo positivismo da lei, após a edição do Código Civil Alemão, que entrou em vigor em 01 de janeiro de 1900[117].

No Código Civil da Alemanha, vigente aproximadamente noventa anos após o francês, a boa-fé também apareceu em sua dupla dimensão (subjetiva e objetiva). Mas, dessa vez, o tratamento dado ao instituto permitiu sua vívida adaptação à realidade, por meio de mecanismos da sistemática integrada, tornando-se, a boa-fé, importante base para inovações jurídicas derivadas do Código Civil Alemão (BGB)[118].

No Brasil, o princípio surgiu no art. 131 do Código Comercial de 1850, embora sem efetividade, tendo sido olvidado seu alcance pelos juristas brasileiros, presos que estavam à concepção subjetiva desse instituto. Vejamos:

> Art. 131 – Sendo necessário interpretar as cláusulas do contrato, a interpretação, além das regras sobreditas, será regulada sobre as seguintes bases:
>
> 1 – a inteligência simples e adequada, que for mais conforme à boa fé e ao verdadeiro espírito e natureza do contrato, deverá sempre prevalecer à rigorosa e restrita significação das palavras;
>
> 2 – as cláusulas duvidosas serão entendidas pelas que o não forem, e que as partes tiverem admitido; e as antecedentes e subsequentes, que estiverem em harmonia, explicarão as ambíguas;
>
> 3 – o fato dos contraentes posterior ao contrato, que tiver relação com o objeto principal, será a melhor explicação da vontade que as partes tiverem no ato da celebração do mesmo contrato;
>
> 4 – o uso e prática geralmente observada no comércio nos casos da mesma natureza, e especialmente o costume do lugar onde o contrato deva ter execução, prevalecerá a qualquer inteligência em contrário que se pretenda dar às palavras;
>
> 5 – nos casos duvidosos, que não possam resolver-se segundo as bases estabelecidas, decidir-se-á em favor do devedor.

---

115. COSTA, Alexandre Araujo. **Hermenêutica jurídica**. Disponível em http://www.arcos.org.br/livros/hermeneutica-juridica/capitulo-iii-o-positivismo-normativista/3-a-jurisprudencia-dos-conceitos, 03 de setembro de 2010.
116. LARENZ, Karl. **Metodologia da ciência do direito.** 3ª ed., Lisboa: Fundação Calouste Gulbenkian, 1997, p. 25.
117. COSTA, Alexandre Araujo. **Hermenêutica jurídica**. Disponível em http://www.arcos.org.br/livros/hermeneutica-juridica/capitulo-iii-o-positivismo-normativista/4-hermeneutica-sistematica/, 03 de setembro de 2010.
118. CORDEIRO, António Manuel da Rocha e Menezes. **Tratado de Direito Civil Português.** v. 1. 2. ed. Coimbra: Almedina, 2000, p.227

Posteriormente, o princípio *sub examine*, embora apenas em sua conotação subjetiva, consagrou-se no Código Civil de 1916, em questões de direito de família e de direito possessório, prevalecendo o sentido pessoal de ignorância escusável. Tratamento diverso, porém, foi dado ao princípio pelo Código de Defesa do Consumidor, publicado em 1990, no qual o seu viés objetivo ganhou relevo. Por fim, o Código Civil de 2002 veio ratificar a incidência da boa-fé objetiva como cláusula geral, de observância obrigatória, na seara obrigacional e como fonte de interpretação dos negócios jurídicos em geral.

Resumida a evolução histórica da boa-fé, analisemos os principais contornos do instituto.

A hodierna abordagem da boa-fé. Em sua moderna técnica de elaboração legislativa, nosso codificador fez inserir algumas importantes cláusulas gerais. Avulta a referência ao princípio da boa-fé objetiva, baseada na conduta exterior das partes, obrigadas a agirem, em relação às outras, segundo o que se espera de uma pessoa correta, íntegra. A consagração da eticidade e da lealdade nas relações privadas foi enfatizada com a positivação do mencionado instituto.

Três são as funções da boa-fé, segundo a melhor doutrina[119]: a) função interpretativa, por meio da qual devemos compreender os negócios jurídicos segundo o seu sentido objetivo aparente, salvo se a vontade real do declarante for destoante do mencionado sentido e conhecida pela outra parte; b) função integrativa, segundo a qual, devemos compreender que, nos negócios jurídicos, não existem apenas deveres negativos – abstenção de prejudicar – como na boa-fé subjetiva, mas são criados deveres positivos, como os de correção, informação, cuidado, segurança, proteção, colaboração, variando segundo as peculiaridades de cada caso concreto[120]; e c) função de controle, por meio da qual se entende que partícipe do negócio, no exercício de seu direito, não pode exceder os limites impostos pela boa-fé, sob pena de proceder ilicitamente.

Não obstante o quase unívoco reconhecimento das funções da boa-fé, a flexibilidade do conceito trabalhado e as inúmeras formas de aplicação do instituto podem lançar o operador do direito num mar de incertezas. Lembra Clóvis do Couto e Silva que, "com a edição de conceitos abertos como o da boa-fé, a ordem jurídica atribui ao juiz a tarefa de adequar a aplicação judicial às modificações sociais, uma vez que os limites dos fatos previstos pelas aludidas cláusulas gerais são fugidios, móveis; de nenhum modo fixos" [121].

119. FIÚZA, César. **Direito Civil** – Curso Completo. 8 ed. Belo Horizonte: Del Rey, 2004, p. 381/382.
120. PEREIRA, Caio Mário da Silva. **Instituições de direito civil**. vol. 3. 13ª ed. Rio de Janeiro: Forense, 2009, p. 17-19.
121. COUTO E SILVA, Clóvis do. O princípio da boa-fé no Direito brasileiro e português. In: FRADERA, Vera Maria Jacob de. **O Direito Privado Brasileiro na visão de Clóvis do Couto e Silva**. Porto Alegre: Livraria do Advogado, 2014, p. 37.

António Menezes Cordeiro[122], nessa esteira, alerta que deve haver uma sindicância muito atenta da Ciência do Direito, de modo que se utilize de proposições firmes e pensadas, impossibilitando o assentamento dessas questões em sentimentos e decisionismos imponderados. Como bem adverte Clóvis do Couto e Silva – "aos juízes compete a decisão: é a sua matéria-prima. Mas ao jurista cabe, por igual, o controle da fundamentação judicial. Inexistente o segundo elemento, de que resulta o equilíbrio no desenvolvimento das instituições jurídicas, é possível que impere o arbítrio, ou, pelo menos, a errônea concepção de ser direito tudo o que resulta das decisões dos juízes". Sábias palavras, proferidas há cerca de quatro décadas e que, como que profeticamente, exorta-nos a entender que ativismo judicial não pode se dar sem que haja a devida fundamentação jurisprudencial e sem que a doutrina esteja atenta para fornecer não apenas os subsídios para deixar as decisões cada vez mais racionais e robustas, mas para criticar aquelas que maltratam nosso milenar direito civil. A construção de um perfil de magistratura nesses moldes visa simplesmente a evitar que se fragilize nosso sistema jurídico com decisões erráticas pautadas em ostensivo arbítrio do julgador e, não raro, em meridiano abuso de poder.

Assim, a adequada aplicação da cláusula geral da boa-fé objetiva aflora, no mundo real, por meio de dois outros princípios que lhe dão vida: a tutela da confiança e a primazia da materialidade subjacente.

Quanto ao primeiro princípio, sabe-se que confiança é um elemento imprescindível para o convívio social, pois, sem ela, dificilmente haveria a realização de tantos negócios responsáveis pela circulação de riquezas. Ademais, quando uma relação pautada na confiança é frustrada, surge um estado pernicioso de desigualdade, uma vez que aquele que confiava fica à mercê do outro, por ter suas defesas abrandadas[123]. Por tais razões, a tutela da confiança ganhou espaço no mundo jurídico, embora sua aplicação não possa ser supervalorizada, sob pena de desviar soluções expressamente cominadas em lei, em favor de crenças personalíssimas frente ao caso concreto[124].

Assim, no Direito Privado, é necessário ter claro que a confiança deve ser prioritariamente protegida no que concerne à circulação dos bens. Significa, via de consequência, que a confiança deve ser protegida a fim de que não haja paralisia mercadológica, com a consequente valorização da posição dos administrados[125]. Tal ocorrerá quando preenchidos os seguintes pressupostos[126]:

---

122. CORDEIRO, António Manuel da Rocha e Menezes. **Tratado de Direito Civil Português**. v.1. 2. ed. Coimbra: Almedina, 2000, p.233.
123. CORDEIRO, António Manuel da Rocha e Menezes. *Tratado de Direito Civil Português*. v.1. 2. ed. Coimbra: Almedina, 2000, p. 237 e 238.
124. Ibidem, p.233.
125. Ibidem, p. 233 e 234.
126. Ibidem., p.235.

a) Existência de uma situação de confiança: equivalente à boa-fé subjetiva, presente em pessoa que ignore lesar outrem e tenha agido em conformidade com os deveres de cuidado;

b) uma justificação para essa confiança: caracterizada por elementos objetivos e razoáveis capazes de convencerem um homem-médio;

c) um investimento de confiança: consistente na realização de atividades motivadas pela confiança adquirida, cujo desfazimento geraria danos;

d) a imputação da situação de confiança: definida pela existência de um autor responsável pela criação da situação de confiança. Assim, ao proteger o confiante, em regra, onera-se o autor da confiança.

Os pressupostos acima preconizados são de extrema utilidade. Retratam verdadeiro roteiro por meio do qual, em casos concretos, será possível aferir a existência ou não de situações de confiança a merecerem tutela. Mas não há necessidade de que todos, simultaneamente, estejam presentes, vez que a ausência de um deles, pode ser compensada pela amplitude e saliência assumidas por outro[127].

Além da tutela da confiança, acima examinada, a compreensão da boa-fé objetiva demanda também o estudo do princípio da primazia da materialidade subjacente, segundo o qual a concretização daquela também se dá pela adoção de condutas em consonância com a realidade devendo ser levadas em consideração as consequências efetivas do ato. Em outras palavras, ainda que a conduta corresponda formalmente ao que foi acordado, muitas vezes não corresponde ao objetivo almejado[128]. Ou seja: não basta cumprir a literalidade dos negócios. Eles devem ser executados observando-se a sua finalidade prática. Assim, se o devedor obrigado a colocar tijolos em um prédio do credor, avençada a seu cargo a escolha do local da entrega, descarrega-os em um poço, não cumpre com o dever de boa-fé, ainda que tenha cumprido formalmente o contrato[129].

A violação a qualquer um dos dois princípios, por meio dos quais o postulado da boa-fé objetiva concretiza-se, tem levado a doutrina a catalogar diferentes modalidades de abuso de direito. Vejamo-las:

A tipologia do abuso de direito por violação à boa-fé objetiva – O abuso de direito está calcado em conceito abstrato e indeterminado, a demandar intensa atuação do intérprete, a fim de identificá-lo. Justamente no agrupamento dos casos paulatinamente postos à apreciação judicial é que podemos encontrar uma tipologia do abuso de direito, especialmente das hipóteses derivadas da violação à boa-fé objetiva.

---

127. CORDEIRO, António Manuel da Rocha e Menezes. **Tratado de Direito Civil Português**. v.1. 2. ed. Coimbra: Almedina, 2000Ibidem., p.237
128. Ibidem, p. 238.
129. Ibidem., p. 238.

A primeira modalidade de abuso de direito, conectada à boa-fé, é a *exceptio doli*, fórmula genérica que pouco contribuiu para a formatação científica do conceito, não gozando, entre nós, de muito prestígio. A generalização da fórmula deveu-se, em certa medida, ao fato de que, logo após a entrada em vigor do Código Civil de Portugal, naquela nação, basicamente se identificavam os casos de abuso de direito, por violação à *bona fides*, com a *exceptio doli*. Assim, tal modalidade passou a indicar qualquer conduta abusiva ao extrapolar-se os limites impostos por esse princípio. Justamente sua demasiada generalidade fez com que perdesse importância com o passar dos anos[130].

Distinta é a segunda modalidade de abuso de direito, por violação aos limites impostos pela boa-fé objetiva: o *venire contra factum proprium*. Nele, confrontam-se dois comportamentos, lícitos em si, mas separados no tempo. O primeiro comportamento torna-se confiável por força de sua reiteração. O segundo rompe a expectativa de reiteração, com a consequente violação da confiança. Aí está o abuso – a prática da segunda conduta, lícita em si, mas quando comparada ao reiterado primeiro comportamento, é tornada indevida por violação da confiança criada entre as partes. Tomemos o seguinte exemplo para ilustrar a situação[131]: suponha-se que um casal, no acordo de divórcio, estabeleceu visitas do pai aos filhos comuns, apenas aos sábados e aos domingos. Ocorre que, em virtude da dinâmica familiar, com o passar dos meses, tornou-se mais simples que o genitor apanhasse os filhos após a aula de sexta, devolvendo-os no domingo subsequente. Assim se comportaram os pais das crianças por extenso período até que, em virtude de uma discussão entre os dois, a genitora (guardiã) restringiu a permanência do pai com os filhos aos dias formalmente ajustados para visita, ceifando-lhe a possibilidade de ficar com as crianças às sextas-feiras, após o horário escolar.

Atente-se que nada há de ilícito, em si, no fato de o pai, com a concordância da mãe, permanecer com os filhos, em dias distintos daqueles acertados no acordo de visita. Igualmente não há nada de errado no fato de a mãe exigir o respeito paterno aos dias de visita. O abuso está na combinação das duas situações. A partir do momento em que, reiteradamente, a mãe restringe a permanência do genitor com os filhos, após muitos meses em que permitiu sua permanência além dos dias formalmente combinados, a imposição, ao genitor, do retorno à situação anterior caracteriza a violação ao postulado da boa-fé.

O tema que examinamos tem despertado tanto interesse que hoje já se discute sobre a sua aplicação nas relações jurídicas entre a Administração Pública e os indivíduos. Em outras palavras: seria admissível a aplicação do princípio da boa-fé objetiva, em especial da teoria do *venire contra factum proprium*, em face da Admi-

130. CORDEIRO, António Manuel da Rocha e Menezes. **Tratado de Direito Civil Português**. v. 1. 2. ed. Coimbra: Almedina, 2000, p. 238.

131. CORDEIRO, António Manuel da Rocha e Menezes. **Da boa fé no Direito Civil**. 3. ed. Coimbra: Almedina, 2007, p. 745.

nistração Pública? Alguns importantes escritos têm surgido para o enfrentamento do tema, entre os quais destacamos a obra de Luciano Araújo de Castro.

A dificuldade reside no fato de que, imperando para a Administração Pública o princípio da legalidade em sentido estrito, seriam reduzidos os espaços para a incidência do postulado da boa-fé. Ocorre que existem espaços para a atuação discricionária do gestor público. Ademais, não se deve igualmente olvidar que o princípio da legalidade pode ser mitigado por outros princípios de sede constitucional, como o da moralidade. Destarte pode-se admitir a aplicação do princípio da boa-fé objetiva na atuação administrativa. Em face das peculiaridades evocadas, torna-se admissível, ao menos do ponto de vista teórico, a aplicação dos institutos estudados também em relação ao Estado-administrador[132].

Há de ter-se cuidado, todavia, para não se mitigar demasiadamente a legalidade, pois, se não se aplicar, com parcimônia, o *venire contra factum proprium* aos atos administrativos, o próprio Princípio da Separação de Poderes poderá ser afrontado. Com efeito, não faltarão vozes a advogar a tese de que uma conduta administrativa, ainda que ilegal, se houver causado uma justa expectativa ao administrado, haverá de consolidar-se. Assim, exortamos ao exercício da prudência.

Entendemos que o equívoco reiterado de um dado gestor público não pode sobrepujar a dicção da lei. Logo não concordamos que o princípio da proteção da confiança possa levar, como regra, à mitigação ou ao afastamento do comando legal, a ponto de a lei ser preterida por uma reiterada prática administrativa ilegal. Seja como for, a jurisprudência brasileira tem aplicado o instituto em análise às relações entre a Administração Pública e os administrados, como se pode depreender de recentes julgados do Supremo Tribunal Federal[133]. Certamente critérios surgirão para que o instituto seja transplantado para as relações de direito público, de forma a harmonizá-lo às especificidades de seu sistema.

---

132. CASTRO, Luciano Araujo de. **A Boa-Fé Objetiva nos Contratos Administrativos Brasileiros**. Rio de Janeiro: Lumen Juris, 2018, p. 102/103.

133. BRASIL. MS 31695 AgR, Relator(a): Min. CELSO DE MELLO, Segunda Turma, julgado em 03/02/2015, PROCESSO ELETRÔNICO DJe-067 DIVULG 09-04-2015 PUBLIC 10-04-2015, assim ementado: MANDADO DE SEGURANÇA – CONCURSO PÚBLICO – PESSOA PORTADORA DE DEFICIÊNCIA – RESERVA PERCENTUAL DE CARGOS E EMPREGOS PÚBLICOS (CF, ART. 37, VIII) – CANDIDATO CLASSIFICADO EM PRIMEIRO LUGAR PARA AS VAGAS VINCULADAS A ESSA ESPECÍFICA CLÁUSULA DE RESERVA CONSTITUCIONAL – ESTABELECIMENTO, PELO EDITAL E PELA LEGISLAÇÃO PERTINENTE, DE PARÂMETROS A SEREM RESPEITADOS PELO PODER PÚBLICO (LEI Nº 8.112/90, ART. 5º, § 2º, E DECRETO Nº 3.298/99, ART. 37, §§ 1º E 2º) – DIREITO PÚBLICO SUBJETIVO À NOMEAÇÃO – A QUESTÃO DA VINCULAÇÃO JURÍDICA DA ADMINISTRAÇÃO PÚBLICA AO EDITAL – PRECEDENTES – CLÁUSULA GERAL QUE CONSAGRA A PROIBIÇÃO DO COMPORTAMENTO CONTRADITÓRIO – INCIDÊNCIA DESSA CLÁUSULA ("NEMO POTEST VENIRE CONTRA FACTUM PROPRIUM") NAS RELAÇÕES JURÍDICAS, INCLUSIVE NAS DE DIREITO PÚBLICO QUE SE ESTABELECEM ENTRE OS ADMINISTRADOS E O PODER PÚBLICO – PRETENSÃO MANDAMENTAL QUE SE AJUSTA À DIRETRIZ JURISPRUDENCIAL FIRMADA PELO SUPREMO TRIBUNAL FEDERAL – MANDADO DE SEGURANÇA DEFERIDO – INTERPOSIÇÃO DE RECURSO DE AGRAVO – RECURSO IMPROVIDO.

Muito semelhante ao *venire contra factum proprium*, temos a *supressio/surrectio*. Entende-se por *suppressio* a perda de determinada faculdade pela omissão prolongada em seu exercício, a ponto de incutir, na outra parte, a convicção de que esta não mais seria exercitada. O abuso de direito, aí, ocorre quando o titular, que se manteve inerte na utilização de determinada faculdade por considerável tempo, resolve impô-la à outra parte, sob a alegação de exercer um direito previsto em lei ou em contrato. Essa tentativa, obviamente, contraria os postulados da boa-fé, de tal modo que o titular da faculdade não pode mais exercê-la, a faculdade prevista legal e/ou contratualmente, a configurar a *suppressio*. Em contrapartida, a outra parte está desobrigada de exigir o cumprimento da faculdade perdida contra si, a configurar a *surrectio*.

Imaginemos um exemplo. Suponha-se que uma doação com encargo se tenha dado e que fosse obrigação do donatário prestar serviços ao doador todos os meses. Imagine-se ainda que tais serviços jamais foram prestados e que, quinze anos após a efetivação da doação, sem que nunca qualquer serviço tenha sido prestado, o doador pugna pela revogação da liberalidade. Ressalte-se que o doador dispunha da faculdade de vindicá-los. Nesse caso, soa bem razoável compreender que a *suppressio* fulminou a faculdade de revogação, antes reconhecida ao doador, em virtude da sua prolongada omissão, capaz de fazer o donatário crer que jamais seria exigido o cumprimento do encargo.

Em nossa jurisprudência, temos outros casos concretos. O Tribunal de Justiça do Distrito Federal já reconheceu a *suppressio* quando um prestador de serviços foi chamado a honrar o contrato de transporte, de caráter continuado, dezessete anos após o início de seu inadimplemento[134]. Reconheceu-se igualmente a incidência do instituto contra um condomínio que permitiu que os restaurantes de sua área térrea ocupassem áreas comuns do condomínio sem nunca haver imposto a eles que mantivessem suas mesas apenas no interior das respectivas lojas[135]. Nos dois casos, a

134. BRASIL. Tribunal de Justiça do Distrito Federal. 20070150117324APC, Relator: CRUZ MACEDO, Revisor: ESTEVAM MAIA, 4ª Turma Cível, Data de Julgamento: 10/12/2008, publicado no DJE: 09/02/2009. Pág. 106: CIVIL E PROCESSO CIVIL. AÇÃO DE COBRANÇA. PARCELAS DE CONTRATO DE TRANSPORTE DE CARÁTER CONTINUADO. COBRANÇA QUE DISTA CERCA DE 17 (DEZESSETE) ANOS DESDE O ALEGADO INADIMPLEMENTO. SUPPRESSIO. SURRECTIO. PRINCÍPIOS DA BOA-FÉ OBJETIVA, DA CONFIANÇA, DO ABUSO DE DIREITO E DO VENIRE CONTRA FACTUM PROPRIUM (teoria dos "fatos próprios"). 1. Constitui abuso de direito e violação aos princípios da boa-fé objetiva, da confiança e do devido processo legal substantivo, a cobrança de cotas de contrato de transporte de caráter continuado formulada cerca de 17 (dezessete) anos depois do primeiro ato configurador do inadimplemento. 2. Incidência da teoria da suppressio/surrectio e do venire contra factum proprium. 3. Apelo da ré provido; apelo da autora não provido; 4. Sentença reformada.

135. BRASIL. Tribunal de Justiça do Distrito Federal. 20050110115132APC, Relator: ARNOLDO CAMANHO DE ASSIS, Revisor: ANTONINHO LOPES, 4ª Turma Cível, Data de Julgamento: 20/03/2013, Publicado no DJE: 19/06/2013. Pág.: 97: (...) 8. Quando por tempo razoável o condomínio tolera que estabelecimentos comerciais utilizem de área comum, sob a marquise, defronte as lojas, para colocar cadeiras e mesas, torna-se legítima a ocupação. Com efeito, o não exercício de direito por certo prazo, com consentimento do condomínio, pode consolidar uma situação jurídica, cuja permanência é legitimamente esperada por todos os envolvidos.

omissão no exercício das faculdades que lhes estavam contratualmente asseguradas, por extenso período, levaram à sua respectiva perda.

A terceira espécie de abuso de direito derivada da violação à boa-fé é a inalegabilidade de vícios formais. Cumpre esclarecer que, conquanto reconhecida em Portugal[136], tal modalidade não se firmou nos Tribunais brasileiros. Andam bem as cortes nacionais, ao menos quanto a esse aspecto. Ora, segundo tal modalidade de abuso de direito, aquele que deu ensejo à nulidade por violação de formalidade essencial, dela não poderia se beneficiar. Ocorre que a consequência da violação de certa formalidade do negócio jurídico é a sua nulidade, que, como bem sabemos, encerra preceito de ordem pública, invocável por qualquer interessado. Assim uma omissão de um interessado, em particular, não poderia fazer com que um preceito ***de interesse geral, como a nulidade,*** deixasse de ser aplicado. Logo aceitar tal modalidade de abuso de direito significaria mitigar o princípio da socialidade, segundo o qual interesses privados não haverão de se sobrepor aos interesses gerais.

A quinta relevante modalidade de abuso de direito derivada da boa-fé seria o *tu quoque*. A expressão estaria estampada na célebre frase de Júlio César, *Tu quoque, Brute, fili mi?*, em que o líder romano revela a surpresa pela inesperada conduta de seu filho adotivo. Daí deriva o sentido corrente dessa espécie de conduta disruptiva da boa-fé, especialmente quando aquele que a pratica exige da parte adversa algo que não costuma fazer, ou quando busca valer-se da própria torpeza, a fim de obter indevidas vantagens.

Entre tantos exemplos que podem ser colhidos de nossa recente jurisprudência, lembremo-nos de alguns para ilustrarmos as duas situações acima descritas. O primeiro caso, julgado pelo Tribunal de Justiça do Rio Grande do Sul, trata de ação indenizatória movida por um antigo dono de veículo contra a nova adquirente.

No mencionado caso, o vendedor tinha uma permissão provisória para dirigir. Sabe-se que, a teor do artigo 148, § 3º, do Código de Trânsito, só se converterá a permissão provisória em carteira de habilitação definitiva, se o seu titular passar um ano sem cometer infrações graves ou gravíssimas, nem for reincidente em infrações médias.

Pois bem, o alienante alegou que não pôde receber sua carteira de habilitação pois, assim que o vendeu, levou-se algum tempo para que o veículo fosse transferido para o nome da compradora, já estando, porém, sob a posse da última. Nesse interregno, a adquirente cometeu uma infração de trânsito capaz de impedir a concessão da habilitação definitiva. Como o veículo ainda estava em nome do vendedor, a multa foi-lhe atribuída, de sorte que se obstou a obtenção de sua CNH definitiva.

Diante dessa moldura fática, o vendedor resolveu mover ação indenizatória contra a compradora. Ocorre, porém, que foram apresentadas, na instrução do processo, mul-

136. CORDEIRO, António Menezes. Tratado de direito civil português – v. I, t. I. 2 ed. Coimbra: Almedina, 2000, p. 257.

tas anteriores à praticada pela compradora, igualmente aptas a obstar a concessão da habilitação (e), todas atribuídas ao vendedor. Ora, restou demonstrado que a alegação do alienante de que a não expedição da CNH definitiva devera-se à derradeira multa imposta ao veículo, não se sustentava, porquanto ele também cometera infrações com o carro antes de sua venda. Assim, seu intento de obter uma indenização constitui-se como um abuso de direito, enquadrado na modalidade *tu quoque*[137].

No segundo caso, um determinado Banco ajuizou uma ação de execução com o objetivo de satisfazer o débito oriundo de Cédula de Crédito Bancário. Contudo, mesmo regularmente intimado via Diário de Justiça e, pessoalmente, via aviso de recebimento, manteve-se se inerte quanto às diligências e atos que lhe competiam. Outra alternativa não restou ao Juízo, senão extinguir o feito sem resolução de mérito, embora não tenha condenado a parte autora ao pagamento de honorários advocatícios, a despeito de sua inércia processual.

O réu, assim, aviou recurso para que lhe fossem fixados honorários sucumbenciais. O Tribunal de Justiça do Distrito Federal entendeu que, além da aplicação do princípio da causalidade, segundo o qual honorários devem ser impostos a quem der causa ao ajuizamento da ação, o pedido do executado caracterizava a modalidade de abuso de direito ora em exame (*tu quoque*). Com efeito, o devedor deu causa ao ajuizamento da demanda, de modo que condenar o autor ao pagamento de honorários sucumbenciais implicaria conceder uma vantagem indevida a quem mal agiu (o devedor). Dar provimento a um pedido dessa ordem traria ao devedor um benefício decorrente de sua reprovável conduta de não pagar a dívida, a ponto de levar o credor ao ajuizamento de uma ação, o que representaria um nítido abuso de direito[138]!

As modalidades até então estudadas derivam da aplicação do subprincípio da tutela da confiança, à exceção do *tu quoque*, que não demanda, para se verificar, a constituição de prévias relações de confiança entre as partes, o que remete sua sede material à primazia da materialidade subjacente.

---

137. BRASIL. Tribunal de Justiça do Rio Grande do Sul. Recurso Cível nº 71006437933, Quarta Turma Recursal Cível, Turmas Recursais, Relator: Ricardo Pippi Schmidt, Julgado em 10/03/2017: Ementa: CONSUMIDOR. INDENIZATÓRIA. COMPRA E VENDA DE VEÍCULO. DESFAZIMENTO DO NEGÓCIO COM DEVOLUÇÃO DO BEM À REVENDA DE VEÍCULOS. DEMORA NA COMUNICAÇÃO AO DETRAN ACERCA DA TRANSFERÊNCIA DE TITULARIDADE. INFRAÇAO DE TRÂNSITO COMETIDA QUANDO O VEÍCULO JÁ ESTAVA NA POSSE DA RÉ, MAS AINDA SOB A TITULARIDADE DO AUTOR. MULTA QUE TERIA IMPEDIDO EXPEDIÇÃO DE CNH DEFINITIVA. PROVA NOS AUTOS DE QUE O MESMO AUTOR COMETEU INFRAÇÕES ANTERIORES, AO TEMPO EM QUE O VEÍCULO ENCONTRAVA-SE REGISTRADO EM NOME DO ANTERIOR PROPRIETÁRIO. APLICAÇÃO DO INSTITUTO DENOMINADO "TU QUOQUE", SEGUNDO O QUAL, AQUELE QUE DESCUMPRIU NORMA LEGAL OU CONTRATUAL NÃO PODE EXIGIR DE OUTRO QUE CUMPRA O PRECEITO POR ELE VIOLADO. PRINCÍPIO DE EQUIDADE. ART. 6º DA LEI 9.099/95. DESACOLHIMENTO DO PEDIDO INDENIZATÓRIO MANTIDO. Sentença confirmada. Recurso desprovido.

138. BRASIL. Tribunal de Justiça do Distrito Federal. 20160110690622APC, Relator: EUSTÁQUIO DE CASTRO 8ª TURMA CÍVEL, Data de Julgamento: 14/12/2017, Publicado no DJE: 23/01/2018. Pág.: 1190/1203: (...) 3. O transgressor da norma jurídica não pode exigir algo que foi por ele descumprido ou negligenciado, com o posterior intuito de tirar proveito da situação em benefício próprio. Instituto *tu quoque*.

A derradeira espécie de abuso de direito remete ao desequilíbrio no exercício das posições jurídicas e apresenta três subespécies, a saber: a) exercício danoso inútil, como sói acontecer na prática de atos emulativos; b) *dolo agit qui petit quod statim redditurus est*, ou seja, é abusivo pedir, de outra parte, aquilo que logo se haverá de restituir, algo que se encontra na raiz do instituto da compensação, mas, por boa-fé, hoje, pode ser usado nas hipóteses em que esta venha a ser incabível; e c) desproporcionalidade entre a vantagem obtida pelo titular e o sacrifício decorrente do exercício a terceiro[139].

Podemos apresentar exemplo para cada uma das três hipóteses mencionadas. No primeiro caso – exercício danoso inútil – é possível trazer à baila todos os atos emulativos, como já ilustrado na hipótese da Chaminé de Colmar. Quanto à segunda hipótese, relativa ao brocardo *dolo agit qui petit quod statim redditurus est*, emblemático julgado do Tribunal de Alçada do Paraná pode ser rememorado. Nele, uma parte contratou a construção de um barracão, que não fora executado corretamente por outra. A parte tomadora recebeu a obra, embora não tenha recebido o valor integral. O dono da obra, insatisfeito com o resultado do serviço contratado, moveu uma ação declaratória de inexistência de débito, sendo resistida pela construtora. No corpo do julgado, entendeu-se que atentaria contra a boa-fé determinar que o tomador do serviço pagasse o restante do valor devido. Posteriormente, orientou-se o autor a buscar indenização pelos prejuízos experimentados em ação própria. Cabe lembrar que o instituto da compensação não seria perfeitamente aplicável, porquanto os danos experimentados pelo dono da obra ainda não eram líquidos. A ausência, portanto, de acertamento do direito, tornou inviável a aplicação dessa forma de extinção de obrigações. Assim, mesmo não sendo adequada a compensação, a constatação de que o autor promovera uma ação judicial imbuído de boa-fé protegeu-o contra uma eventual ação de cobrança do tomador. Além disso, recebeu a orientação para ingressar em juízo para tratar de sua indenização pela prestação insuficiente do serviço contratado em uma ação de conhecimento específica[140].

A derradeira hipótese relativa ao exercício danoso inútil corresponde à desproporcionalidade entre as vantagens pleiteadas e os sacrifícios impostos à outra parte. Temos também que tal modalidade já foi contemplada pela jurisprudência brasileira, ainda que não exatamente com essa denominação.

Os tribunais brasileiros têm abraçado a teoria do adimplemento substancial. Assim, se o devedor já cumpriu mais de noventa por cento do contrato, o seu inadimplemento, em tese, até poderia levar o credor à resolução da avença, por força dos artigos 474 e 475 do Código Civil. Ocorre que o desfazimento da avença seria uma medida muito drástica, quando comparado ao ínfimo valor do descumprimento

139. CORDEIRO, António Menezes. **Tratado de direito civil português** – v. I, t. I. 2 ed. Coimbra: Almedina, 2000, p. 265.

140. BRASIL. Tribunal de Alçada do Paraná. AC1254320 PR 0125432-0, Relator: Albino Jacomel Guerios, Data de Julgamento: 24/02/1999, Quarta Câmara Cível (extinto TA), Data de Publicação: DJ: 5345.

do pacto, dez por cento do valor total. Os tribunais, portanto, entendem que, se o contrato fora adimplido em sua maior parte, ainda que a dívida possa ser cobrada por outras maneiras, não seria justificável impor-se a extinção da avença entre as partes[141].

Examinados, assim, os principais aspectos atinentes às modalidades dos atos ilícitos, lancemo-nos ao estudo do derradeiro tema de nossos estudos: a prescrição e a decadência.

141. BRASIL. Superior Tribunal de Justiça. REsp 1636692/RJ, Rel. Ministro PAULO DE TARSO SANSEVERINO, TERCEIRA TURMA, julgado em 12/12/2017, DJe 18/12/2017, trata da teoria acima esposada ao asseverar: RECURSO ESPECIAL. DIREITO CIVIL. CONTRATOS DE PROMESSA DE COMPRA E VENDA. AÇÃO DE RESOLUÇÃO DE CONTRATOS. ALEGAÇÃO DE CUMPRIMENTO PARCIAL DOS CONTRATOS. INADIMPLEMENTO DE PARCELAS MENSAIS E SEMESTRAIS. FATOS INCONTROVERSOS. TEORIA DO ADIMPLEMENTO SUBSTANCIAL. INAPLICABILIDADE NA ESPÉCIE. 1. Discussão acerca da aplicação da chamada Teoria do Adimplemento Substancial, instituto que pode, eventualmente, restringir o direito do credor à resolução contratual previsto no artigo 475 do CC/02 (art. 1.092, parágrafo único, do CC/16), tendo por fundamento a função de controle do princípio da boa-fé objetiva. 2. "O adimplemento substancial constitui um adimplemento tão próximo ao resultado final, que, tendo-se em vista a conduta das partes, exclui-se o direito de resolução, permitindo-se tão somente o pedido de indenização e/ou adimplemento, de vez que a primeira pretensão viria a ferir o princípio da boa-fé (objetiva)". 3. Doutrina e jurisprudência acerca do tema. 4. Caso concreto em que restou incontroverso que a devedora inadimpliu parcela relevante da contratação (cerca de um terço do total da dívida contraída), mostrando-se indevida a aplicação, pelo Tribunal de origem, da Teoria do Adimplemento Substancial. 5. Necessidade de retorno dos autos à origem a fim de que proceda ao julgamento dos demais pedidos constantes da petição inicial, bem como da reconvenção. 6. RECURSO ESPECIAL PROVIDO.

CAPÍTULO 19
PRESCRIÇÃO E DECADÊNCIA

Aspectos introdutórios. "O Direito não socorre aos que dormem" é o que já se deduz da vetusta expressão latina *dormientibus non sucurrit jus.* A inércia do titular do direito, portanto, quando prolongada por determinado período, pode engendrar efeitos contra si, consubstanciados na perda das respectivas faculdades, que deixaram de ser exercitadas: estamos a encetar o estudo da prescrição e da decadência.

As origens dos institutos remontam à Roma Antiga, quando não se mostrava clara a distinção entre direito processual e material. Analisemos, com mais vagar, a questão.

Aspectos históricos. A origem da prescrição remonta à própria evolução do direito processual romano, mais especificamente com o surgimento do processo formulário em substituição ao sistema das *Legis Actiones.* Os dois sistemas promoviam a distribuição de justiça por meio de duas etapas – a fase *in iure,* perante o magistrado, que exercia a *iurisdictio* (poder competente para decidir se uma parte poderia reclamar sua pretensão diante do juiz), e a fase *apud iudicem,* desenvolvida diante de um cidadão, espécie de juiz popular, que detinha a *iudicatio,* ou seja, a autoridade para proferir julgamentos[1]. Em linhas gerais, mal comparando, o litigante compareceria diante do pretor, que exercia espécie de juízo de admissibilidade da demanda, e remetia as partes ao juiz que faria a instrução e julgamento do processo.

Sendo, entre os dois, o sistema mais antigo de ajuizar, as *legis actiones* representava o império do sacramentalismo das formas. Assim, as partes compareciam perante o magistrado (fase *in iure*) e faziam suas petições e declarações segundo modelos a serem seguidos com extrema rigidez. Nessa fase, a mera troca de um mero vocábulo, previsto para a referida ação, por outro, estranho ao texto (p. ex., cambiar a palavra "árvore" por "vinha"), já era o suficiente para o insucesso do pleito. Não raro, portanto, os litigantes socorriam-se dos sacerdotes, juristas da Roma primitiva, que, como guardiões dos escritos atinentes às ações, poderiam auxiliar na correta adoção do ritual previsto para a demanda[2].

O formalismo exacerbado deixou de se harmonizar com uma sociedade que se transformara numa potência militar e comercial. O primeiro passo concreto para a decadência das *legis actiones* foi dado pela *Lex Aebutia,* editada por volta da metade

---

1. NÓBREGA, Vandick Londres da. **História e Sistema de Direito Privado Romano**. Rio de Janeiro/São Paulo: Freitas Bastos, 1955, p. 613.
2. IGLESIAS, Juan. **Direito Romano**. São Paulo: RT, 2012, p. 272.

do século II a.C., e que permitia, às partes, a escolha do sistema a ser utilizado: as *legis actiones* ou o processo formulário. Tal transformação findou-se com a edição das leis *Iuliae Iudiciariae* (17 a.C.), que tornaram obrigatório o último sistema[3].

O ponto central do sistema estudado era a fórmula. Esta "é o esquema abstrato existente no Edito dos magistrados judiciários, o qual servia de modelo para que, num caso concreto, com as adaptações e as modificações que se fizessem necessárias, se redigisse o documento em que se fixava o objeto da demanda a ser julgado pelo juiz popular"[4], conhecido este instrumento como *iudicium*.

O *iudicium*, convém lembrar, embora adaptado a esquemas abstratos já existentes, era construído a partir da participação do autor e do réu, a delimitar os contornos do litígio. Seja como for, a fórmula era dotada das seguintes partes principais[5]:

a) *Nomeação do juiz* – indicação daquele que faria a instrução e julgamento do processo com base no *iudicium* estabelecido pelo magistrado;

b) *Demonstratio* – normalmente a segunda parte da fórmula, na qual se resumem os fatos expostos ao magistrado;

c) *Intentio* – parte mais importante da fórmula, porque nela se exprimia a pretensão do autor;

d) *Condemnatio* – parte da fórmula que contém a faculdade dada ao juiz de condenar ou absolver o réu;

e) *Adiudicatio* – parte da fórmula que permite o juiz adjudicar algo a alguém. Não era obrigatória, senão nas fórmulas de ações divisórias.

Por outro lado, havia algumas partes acessórias. Eram elas[6]:

a) *Praescriptio* – era assim chamada, pois aposta antes da *demonstratio* e da *intentio*. Podia ser *pro actore* ou *pro reo*. A *pro actore* ocorria quando o autor desejasse delimitar bem o objeto do litígio, a fim de evitar que a resolução da lide pusesse fim a outros direitos seus, bem como para salientar que se tratava de negócio jurídico litigioso. Por exemplo, servia para aclarar que um dado negócio, embora firmado por um homem livre, fora celebrado por seu escravo. Quanto ao réu, este usava a *praescriptio* também com o fito de delimitar o objeto litigioso, evitando o alargamento da coisa julgada contra ele, no caso de eventual derrota. Afirma-se, no entanto, que as duas modalidades haviam caído em desuso no século II d.C.

Câmara Leal, todavia, nos brinda com outra explicação[7]. Segundo ele, as ações, às quais se encontravam vinculados os direitos, poderiam ser perpétuas, caso de direito quiritário, ou temporárias, caso fixadas nos editos dos pretores, com a indicação do prazo de duração da ação. Caso a ação fosse temporária, haveria a possibilidade de inclusão pelo pretor da *praescriptio* a determinar que o juiz popular observasse, no caso concreto, se o prazo para propositura da ação já havia sido superado. Por uma espécie de metonímia, o termo *praescriptio* passou a designar o efeito dessa medida processual, eventual perda de prazo, isto é, uma causa de extinção do processo pela

---

3. NÓBREGA, Vandick Londres da. Op. cit., 1955, p. 619.
4. ALVES, José Carlos Moreira. **Curso de Direito Romano** – v. I. 13 ed. Rio de Janeiro: Forense, 2000, p. 209..
5. CORREIA, Alexandre e SCIASCIA, Gaetano. **Manual de direito romano** – v. I. 2 ed. São Paulo: Saraiva, 1953, p. 98/99.
6. ALVES, José Carlos Moreira. Op. cit., 2000, p. 209.
7. CÂMARA LEAL, Antônio Luís da. **Da Prescrição e da Decadência**. 2 ed. Rio de Janeiro: Forense, 1959, p. 18.

própria perda de prazo. O termo, então, que originariamente referia um acerto dos limites da lide passou a designar uma das causas de extinção da ação, por inobservância de prazo processual. Por outras palavras, passou-se a denominar *praescriptio* o fenômeno de extinção da ação por decurso de prazo. Este artifício também era usado em ações reivindicatórias, fazendo com que o autor não pudesse retomar o bem do réu. Isto, todavia, não se confundia com a usucapião, prevista na Lei das Doze Tábuas para a hipótese de aquisição de bens móveis ou imóveis, pelo cidadão romano, após o uso prolongado, respectivamente, por um ou dois anos. Note-se que este artifício só poderia ser utilizado pelo cidadão romano – jamais por peregrinos e nunca em imóveis provinciais. Os pretores, todavia, em suas fórmulas acrescentaram uma *praescriptio longi temporis*, a ser utilizada pelo possuidor, com justo título e boa-fé, por dez anos entre presentes ou vinte entre ausentes. Esta exceção também recebeu o nome de *praescriptio*. A Constituição Teodosiana aboliu as ações temporárias e estabeleceu a *praescriptio longissimi temporis*, até mesmo para os casos em que o possuidor não tinha justo título (trinta anos). Até então, a usucapião era meio de aquisição de propriedade e a *praescriptio* uma exceção para extinção da ação reivindicatória. Justiniano houve, porém, por bem unificar os dois institutos, dando origem às confusões terminológicas hoje experimentadas (usucapião como prescrição aquisitiva).

b) Exceptio – A *exceptio* surgiu com o fim da utilização, na fórmula da *praescriptio* (do autor e do réu) como um de seus capítulos acessórios, e passou a ser manejada quando o réu invocava direito próprio ou determinada circunstância para paralisar o direito do autor. Ela não negava, pois, a existência do direito da outra parte, embora clamasse pela sua não observância, em virtude de direito próprio (do demandado) ou de certa circunstância. A *exceptio* tinha necessariamente que constar do *iudicium*, a pedido do réu, pois o juiz popular a este documento estava adstrito. Podiam ser perpétuas ou dilatórias, gerais ou pessoais. Por fim, a *replicatio*, a *duplicatio* e a *triplicatio* eram exceções às exceções apresentadas pelas partes em litígio.

Nota-se, assim, que a prescrição deita suas raízes em institutos processuais da Antiga Roma. Não é de espantar-se que, naquela época, como era invocada para apontar-se que o autor já não estava mais contemplado por uma *actio*, já que temporária e expirado o prazo para o seu exercício, popularizou-se o senso, hoje impreciso, de que a prescrição representa a perda da ação.

Não! Hodiernamente, entende-se que a ação é um direito subjetivo público conferido aos litigantes, que seria abstrato em relação ao direito material invocado. Assim, ainda que prescrita a pretensão, o simples fato de o autor ingressar em juízo e vindicar a proteção do Estado-juiz é, por si, o exercício do seu direito de agir, ainda que o pleito não lhe seja favorável. Logo, nem mesmo quando verificável a prescrição, pode-se dizer que o litigante "perdeu" o seu direito de ação.

A compreensão, porém, do fenômeno da prescrição e da decadência, no atual direito, demanda a incursão a conceitos básicos, como doravante faremos.

Conceitos básicos. A real compreensão da prescrição e da decadência exige do intérprete o adequado manejo dos seguintes institutos:

Direito subjetivo – Arthur Kaufmann[8], jusfilósofo alemão, explica que o direito subjetivo é "o poder da vontade concedido pelo direito objetivo para a realização

8. KAUFMANN, Arthur. Filosofia do directo. Lisboa: Fundação Calouste Gulenkian, 2004, p. 153/154.

autônoma dum interesse juridicamente protegido (bem jurídico)". Ao poder de uma parte resulta, assim, o dever da outra, em estreita correlação.

Normalmente, as prestações inseridas nos direitos subjetivos são espontaneamente adimplidas pela parte que tem o dever de cumpri-las. No entanto, quando isso não ocorre, nasce para o titular a pretensão, ou seja, o poder de exigir a prestação, como doravante será explanado.

Pretensão – A pretensão é a faculdade de exigir-se de outro uma ação ou omissão, ou seja, o cumprimento da prestação. A pedra de toque do conceito está na possibilidade de se EXIGIR a prestação. O conceito teria sido oriundo de Windscheid que tomou para si a tarefa de trasladar ao direito material privado e assimilar a este a noção romana de *actio*, permitindo, assim, levar adiante a ideia de que o simples fato de se acionar o réu, estando certo ou errado, sendo, de fato, titular ou não da pretensão, já seria suficiente para se exercer o direito subjetivo público de ação. Por outro lado, nem todas as pretensões necessitariam ser deduzidas em juízo. A compensação, por exemplo, ao ocorrer automaticamente, já indica a exigibilidade material do direito recíproco de crédito entre as partes.

As pretensões podem ser independentes ou dependentes, caso existam por si, ou se vinculem a direitos absolutos (direitos de personalidade ou de propriedade). Quanto à propriedade, Larenz[9] explica que não há pretensão exercitável enquanto as faculdades do *dominus* não forem aviltadas. Caso sejam, nascerá uma pretensão concreta contra quem aviltar o exercício de seu direito real. Nesse aspecto, segundo Larenz, avulta perceber a importância da existência, no direito tedesco, de uma pretensão dependente. Ora, nem sempre a usucapião é permitida a quem exerce posse, como se pode deduzir do artigo 937, n. 2, do Código da Alemanha. Assim, mesmo no caso em que não se tolere usucapião. Na hipótese do domínio, após turbado, nasce a pretensão à proteção da propriedade, que, acaso não exercitada, levará à prescrição – e não à usucapião, como se pode deduzir § 937, 2 do BGB, que dispõe:

> (2) A usucapião está excluída se o adquirente, ao adquirir a posse, a título de propriedade, não estiver de boa-fé, ou se posteriormente descobrir que ele não tem direito à propriedade.[10]

Assim, na Alemanha, embora impossível a usucapião de bens móveis, nas circunstâncias descritas, nem por isso se pode imaginar que o proprietário do bem, que não buscou defendê-lo por alguns anos, esteja protegido eternamente. Mesmo não sendo tolerável que o possuidor *adquira* a propriedade por usucapião, pode acontecer, em razão da inércia do proprietário, que a sua *pretensão dependente, de retomada da coisa,* seja coberta por prescrição. Surgiria, então, uma interessante situação: o possuidor não se transformaria propriamente em dono do bem, mas ao

9. LARENZ, Karl. **Derecho Civil** – Parte General. Madrid: Revista de Derecho Privado, 1978, p. 313/318.
10. Tradução livre da seguinte versão inglesa do Código Civil da Alemanha: "Acquisition by prescription is excluded if the acquirer on acquiring the proprietary possession is not in good faith or if he later discovers that he is not entitled to the ownership."

proprietário não se reconheceria mais a possibilidade de privá-lo do objeto. Perceba-se que esse raciocínio é muito semelhante ao que se aplicava na Roma Antiga, quando os pretores, embora negassem aos não cidadãos o direito à usucapião preconizada na Lei das XII Tábuas, reconheciam a prescrição da *actio* que caberia ao autor (para expulsar o ocupante), porquanto não poderia mais ser exercitada em virtude dos muitos anos de prolongada inércia.

Exceção – Segundo Larenz[11], a exceção é um "contradireito" dirigido, sobretudo, contra as pretensões e que tem por característica básica negar a prestação devida ou a satisfação do credor. Costuma ser dirigida a fim de impedir ou atenuar, permanente ou transitoriamente, o exercício de pretensões do polo oposto da relação jurídica. Não invalida, anula, rescinde ou resolve a pretensão ou o direito, tão somente encobre-lhe a eficácia. Assim, a pretensão ou o direito não deixam de existir, podendo, inclusive, ocorrer a renúncia ao contradireito e a retomada dos respectivos exercícios dos institutos outrora encobertos. Podem ser permanentes ou transitórias.

Direito potestativo ou formativo – É o poder, segundo Francisco Amaral[12], que um agente tem de influir na esfera jurídica de outrem, constituindo, modificando ou extinguindo uma situação subjetiva sem que nada caiba à outra parte fazer, senão sujeitar-se. Não pode ser violado pelo outro polo da relação jurídica e, portanto, não faz nascer qualquer pretensão, presente apenas nos direitos subjetivos.

A compreensão de tais conceitos nos permite avancemos para o enfrentamento adequado dos dois institutos: da prescrição e da decadência.

Prescrição e decadência: conceitos e diferenças básicas – O artigo 189 do Código Civil encerra os contornos básicos da prescrição, visto que "violado o direito, nasce para o titular a pretensão, a qual se extingue, pela prescrição, nos prazos a que aludem os arts. 205 e 206."

Depreende-se, com base no dispositivo em comento, que o titular do direito subjetivo, normalmente, tem sua prestação adimplida espontaneamente. No entanto, caso não o seja na data do vencimento, o credor poderá exigir o cumprimento do que fora prometido. Nasce para ele, portanto, o poder de exigir a prestação, o que se denomina, como visto, pretensão.

Nascida a pretensão, dispara-se um cronômetro para que a prestação seja exigida – o cronômetro da prescrição. Caso a prestação não seja exercida no tempo deter-

11. LARENZ, Karl. **Derecho Civil** – Parte General. Madrid: Revista de Derecho Privado, 1978, p. 318, afirma: "En conexión con el concepto de pretensión del Código civil se halla su concepto de la 'excepción'. El Código entiende por excepción un 'contraderecho' dirigido principalmente contra las pretensiones, y caracteriza este contraderecho, en general, como un derecho a negar la prestación debida o el cumplimiento de la obligación o la satisfacción del acreedor (cfr. arts. 222, ap. 1, 273, ap. 1, 320, ap. 1, 478, ap. 1, 519, ap. 1, 526, párrafo 1, 633, ap. 2, párrafo 2, 770, ap. 1, 771, 821, 853, 1.973, 2.014, 2.015, 2.083 y 2.318, ap. 1).".
12. AMARAL, Francisco. **Direito civil**: introdução. 6ª ed. Rio de Janeiro: Renovar, 2006, p. 201/202.

minado por lei, a pretensão ao exercício desse direito será atingida pela prescrição. Nas corretas palavras de Vilson Rodrigues Alves[13]:

> [...] transcurso o prazo fixado na regra jurídica para o exercício da pretensão de direito material, apaga-se ou pode-se apagar sua possibilidade no devir. A pretensão, que é a exigibilidade, torna-se ou pode tornar-se inexigível, sem se extinguir.

A ressalva feita acima é importantíssima. Não se pode compreender que a pretensão esteja extinta pela prescrição, porquanto, nas hipóteses em que há renúncia a esta, restaura-se o poder de exigir a prestação, reconhecido ao credor. Ora, fosse correto que ela estivesse inexoravelmente fulminada, a renúncia não poderia acontecer, porquanto não seria possível restaurar algo que não mais existe. Correto, portanto, compreender que a prescrição tão somente encobre a eficácia da pretensão, sem levá-la ao irreversível desaparecimento. Mal andou, portanto, a redação do artigo 189 do Código Civil ao indicar que a prescrição extinguiria a pretensão de um dado direito, o que, como visto, é falso.

Outro encadeamento lógico, no entanto, enseja a compreensão da decadência. Esta se atrela ao conceito básico de direito potestativo, assim entendido, já asseveramos, como o poder de se exercer determinada faculdade, sem que nada caiba à parte adversa fazer, senão se sujeitar.

Muitos direitos potestativos não estão circunscritos a nenhum limite temporal para o seu exercício. É o caso, v.g., do divórcio. Imaginemos um casal unido em matrimônio há 40 anos. Qualquer um dos cônjuges, inobstante o longo tempo de união, pode pleitear a extinção do casamento, sem que nada caiba à outra parte fazer, senão se sujeitar.

Outros direitos potestativos, contudo, trazem consigo, como parte integrante de sua própria natureza, prazo para que seja exercido. É o que acontece na anulação de negócio jurídico defeituoso. O artigo 178 do Código Civil estabelece como prazo máximo para o exercício do direito potestativo de anular negócio por vício (erro, dolo, coação, estado de perigo, lesão e fraude contra credores) quatro anos. Perceba-se que o direito em questão não é o de anular-se pura e simplesmente o ato defeituoso, mas de anular-se, ***EM QUATRO ANOS***, o negócio viciado. O prazo integra a estrutura interna do próprio direito.

O raciocínio exposto já nos permite vislumbrar uma importante diferença entre prescrição e decadência: aquela se vincula à existência de direitos subjetivos, cujo descumprimento leva ao nascimento de pretensões, que serão encobertas, acaso não exercidas a tempo, ao passo que a última se relaciona à presença de direitos potestativos, cuja omissão no exercício leva à sua própria extinção. Assim, para sabermos se estamos diante de um instituto ou do outro, basta investigar se, no caso concreto,

---

13. ALVES, Vilson Rodrigues. Da prescrição e da Decadência no Novo Código Civil. Campinas: Bookseller, 2003, p. 71.

o que está em jogo é o exercício de um direito subjetivo (atrelado a prestações que se almeja de outra parte) ou de um direito potestativo (cuja faculdade depende de execução pelo próprio titular). Em outras palavras, quando se pretender que outra parte nos preste algo, é porque somos titulares de direitos subjetivos, nessa hipótese, nossa inércia haverá de nos levar a experimentarmos a prescrição da pretensão. No entanto, se o direito que nos assiste pode ser exercido diretamente por nós, sem que nada caiba à outra parte fazer, é porque estamos diante de um direito potestativo, cuja inércia nos guiará à decadência.

Outros autores, com base na distinção acima formulada, delimitaram as diferenças conceituais de prescrição e decadência segundo o tipo de ação a ser deduzida para a proteção do direito em litígio: constitutivas, declaratórias ou condenatórias[14]:

> A natureza do presente estudo exige que, a esta altura, nos detenhamos um pouco na análise das ações constitutivas. Têm elas por objetivo o exercício de duas categorias de direitos potestativos: a) aqueles que, por medida de segurança dos negócios jurídicos, a lei não permite sejam exercidos mediante simples declaração de vontade, nem mesmo quando estão de acordo todos os interessados, inclusive aquele que sofre a 'sujeição' (ações constitutivas necessárias, segundo a terminologia adotada por CALAMANDREI). Ex.: as ações anulatórias de casamento; e b) aqueles direitos potestativos que são exercidos por meio de ação apenas subsidiariamente, isto é, quando os outros interessados não concordam em que eles sejam exercidos mediante simples declaração de vontade. Ex.: a ação de divisão. [...] Por via de consequência, chegar-se-á, então, a uma segunda conclusão importante: só as ações condenatórias podem sofrer os efeitos da prescrição, pois são elas as únicas ações por meio das quais se protegem judicialmente os direitos que irradiam pretensões, isto é, os da primeira categoria da classificação de CHIOVENDA. Com efeito, as condenatórias são as únicas ações que servem de meio para se obter judicialmente, com a intervenção do Estado, satisfação das pretensões não atendidas extrajudicialmente pelos sujeitos passivos das relações jurídicas substanciais. Igual satisfação não é possível obter, jamais, por via de ações constitutivas ou declaratórias, pois essas têm finalidades diversas. Assim, desde que a prescrição atinge diretamente as pretensões, somente as ações condenatórias podem sofrer seus efeitos. [...] O problema da identificação das denominadas "ações imprescritíveis" tem sua solução grandemente facilitada com a fixação daquelas duas regras, já deduzidas acima, destinadas a identificar as ações sujeitas a prescrição ou a decadência. Sendo a imprescritibilidade um conceito negativo, pode ser definido por exclusão, estabelecendo-se como regra que: são perpétuas (imprescritíveis) todas aquelas ações que não estão sujeitas nem a prescrição nem, indiretamente, a decadência. Por aí se verifica facilmente que são perpétuas (imprescritíveis): a) todas as ações meramente declaratórias; e b) algumas ações constitutivas (aquelas que não têm prazo especial de exercício fixado em lei). Quantos às ações condenatórias, não há entre elas, ações perpétuas (imprescritíveis), pois todas são atingidas, por um dos prazos especiais do art. 178, ou por um dos prazos gerais do art. 177.

O trabalho de Agnelo Amorim Filho está gravado indelevelmente na memória jurídica brasileira como um dos maiores escritos nacionais sobre prescrição e decadência. Seu intuito, no entanto, foi facilitar a identificação de cada um desses

14. AMORIM FILHO, Agnelo. Critério científico para distinguir a prescrição da decadência e para identificar as ações imprescritíveis. *In*. **Revista de Direito Processual Civil**. São Paulo, v. 3º, p. 95-132, jan./jun. 1961.

fenômenos com base na classificação das ações. Com efeito, ao vincular os conceitos de direitos subjetivos e ações condenatórias, assim como entre direitos potestativos e ações constitutivas, até mesmo os que tivessem dificuldade de reconhecer a primeira categoria relativa à espécie de direito, não falhariam ao identificar a natureza da ação em jogo.

Ocorre, porém, que a base da diferenciação entre prescrição e decadência continua e continuará sempre sendo a existência, na relação jurídica material, de direitos subjetivos ou potestativos. O próprio Agnelo Amorim Filho divisou, no mencionado texto, hipóteses em que pleitos condenatórios (como na ação *quanti minoris*, prevista no Artigo 475 do Código Civil, que deve ser proposta, por exemplo, no caso de bens móveis, no prazo de 30 dias a contar da tradição do objeto) poderiam ser obstados pela decadência, em lugar da prescrição. Mesmo reconhecendo a natureza condenatória do pedido veiculado na ação ***quanti minoris***, afirma o Autor[15] que:

> Para solucionar o caso, deve-se levar em conta, não a natureza das ações que estão em jogo, e sim que, quando a lei coloca aqueles dois caminhos à disposição do interessado, estabelece em seu favor um poder de opção. A tal poder a outra parte tem que se sujeitar, independentemente da própria vontade, ou mesmo contra sua vontade: conceder abatimento no preço; ou sofrer os efeitos da rescisão do contrato, com a devolução do preço pago, mais perdas e danos, conforme tiver sido a escolha do titular do poder.

O critério, portanto, de identificação da prescrição e da decadência com base na natureza da ação em jogo pode ser utilizado como ferramenta de apoio para o operador do Direito, dirimindo a imensa maioria dos casos nebulosos. Acontece que dois pequenos óbices desaconselham a sua utilização única, ou como critério preferencial: a) o próprio Agnelo Amorim Filho foi capaz de identificar casos especiais em que pretensões condenatórias poderiam ser fulminadas pela decadência; e b) segundo a hodierna técnica processual, as ações são preferencialmente classificadas em cinco grupos e não mais em três – ações declaratórias, ações condenatórias, ações constitutivas, ações mandamentais e ações executivas *lato sensu*. Ignorar os dois pequenos óbices, por vezes, pode levar o operador do Direito a falsas conclusões. Exemplo interessante foi julgamento proferido pela Quarta Turma do Superior Tribunal de Justiça, em 03 de setembro de 2015, sob a relatoria do Ministro Luis Felipe Salomão[16], cujo pano de fundo era a discussão sobre a incidência de prescrição, de decadência ou de nenhum dos dois institutos sobre o direito do promitente comprador a obter a adjudicação compulsória de imóvel por ele já quitado.

No caso em apreço, o promitente comprador, ainda nos anos oitenta, havia firmado contrato de promessa de compra e venda de determinado terreno, sendo

15. AMORIM FILHO, Agnelo. Critério científico para distinguir a prescrição da decadência e para identificar as ações imprescritíveis. *In*. **Revista de Direito Processual Civil**. São Paulo, v. 3°, p. 95-132, jan./jun. 1961.
16. BRASIL. Superior Tribunal de Justiça. RESP *1126568/MG, Rel. Ministro Luis Felipe Salomão, QUARTA TURMA, julgado em 03/09/2015.*

imitido em sua posse. Outro dado constante dos autos é que o mencionado contrato havia sido levado a registro.

Pois bem. Passados mais de vinte anos da pretensa quitação do preço, o adquirente houve por bem requerer a celebração o contrato definitivo de compra e venda, por meio de escritura pública hábil a ensejar a transferência do imóvel adquirido. Não logrando êxito na empreitada, procurou o Poder Judiciário a fim de substituir a vontade do recalcitrante alienante por ordem judicial bastante a ensejar a mudança do domínio do bem.

O Min. Luis Felipe Salomão, ao apreciar a questão que lhe fora posta, entendeu que, por ser a ação de adjudicação compulsória constitutiva (posicionamento do qual discordamos, mas abraçado no julgado), não havendo a lei fixado para ela qualquer prazo decadencial, não haveria que se falar em prescrição ou decadência para o seu exercício. Tal raciocínio apresenta alguns problemas, que merecem ser avaliados, e que começam em sua própria premissa: a ação de adjudicação compulsória é, de fato, constitutiva? E qual a natureza do direito discutido na relação jurídica material?

Quanto à primeira indagação, ousamos discordar da natureza emprestada à ação de adjudicação compulsória pelo julgado sob análise. Seu objeto não seria primacialmente a constituição de nova relação jurídica. Em realidade, a evolução histórica do instituto desmente o postulado sobre o qual se assentou o acórdão. Outrora, especialmente, no Brasil antes da década de trinta, entendia-se que não se poderia substituir a vontade de um dos contratantes vinculados entre si por uma obrigação de fazer: a solução codificada era uma só – a conversão da prestação descumprida em perdas e danos. Assim, o prejudicado deveria postular, em juízo, a ***condenação da parte adversa*** a honrar a avença firmada.

Acontece que a providência meramente condenatória poderia ser inócua, porquanto, se descumprida pelo devedor, seria tão somente convertida em perdas e danos. Diante da inutilidade do provimento conferido nos feitos judiciais, a opção pelo cumprimento forçado da obrigação de fazer foi a forma de se tornar mais efetiva a prestação jurisdicional, como ruptura à tradição romanística[17].

Logo, segundo a hodierna sistemática processual, como bem explana Arnaldo Rizzardo[18], "concluído o pagamento das prestações, parte-se necessariamente para a concretização do contrato principal, a outorga da escritura, que equivale a uma obrigação de fazer". Afirma ainda que, descumprida tal obrigação, ela será coativamente executada.

---

17. MONTEIRO, Washington de Barros. **Curso de Direito Civil** – Direito das Obrigações 1ª Parte. 32 ed. São Paulo: Saraiva, 2003, p. 102.
18. RIZZARDO, Arnaldo. **Promessa de Compra e Venda e Parcelamento do Solo Urbano**. 5 ed. São Paulo: RT, 1998, p. 88/89.

Percebe-se, pois, que, caso o alienante se mostre recalcitrante, o magistrado substituirá os efeitos da manifestação faltante da vontade do contratante por sua própria sentença, que servirá de título para o registro do bem quitado.

A sentença perseguida pelo promitente comprador, portanto, que outrora fora meramente condenatória (a instigar a parte recalcitrante a celebrar o contrato principal sob pena de conversão da *obligatio* em perdas e danos), transmuda-se, assumindo nova natureza, que acreditamos ser executiva ***lato sensu.*** Tais sentenças diferem das mandamentais e das condenatórias, como bem elucidado por Roberta Lima Vieira[19]:

> 46. Note-se que, a nosso sentir, a sentença mandamental não compõe categoria distinta da correspondente à condenatória, assim como ocorre com a executiva *lato sensu*. Nestas, bem como naquelas, a sentença condenatória não representa liame entre o conhecimento e a execução: a prestação relativa ao direito material deflui da própria decisão. Diferenciam-se da sentença condenatória exclusivamente em relação à forma de imposição no mundo empírico da decisão quanto ao mérito da demanda. Não olvidamos, destaque-se, que nos provimentos condenatório, mandamental ou executivo lato sensu podem existir outras espécies de eficácia, diferentes daquelas. O que se pretende afirmar é, para as decisões cuja eficácia predominante seja a condenatória, a efetivação da tutela pode ocorrer como tradicionalmente se ocorre, ou seja, por processo executivo exintervallo, ou por meio dos procedimentos mandamentais e executivos *lato sensu*.
>
> 47. A distinção que se faz entre a eficácia condenatória e a executiva lato sensu reside no fato de a última ser capaz de alterar a linha discriminatória do patrimônio de credor e devedor sem a exigência de que se constitua nova relação processual. Ao contrário, com a primeira, os efeitos materiais da sentença só se verificarão por meio da execução *ex intervallo*. Outrossim, na execução do provimento condenatório, o juiz submete-se a formas relativamente fixas, descritas na estrutura procedimental do processo executivo. Por outro lado, em se tratando de execução *lato sensu*, não se subordina a modelo rígido e preestabelecido. Além disso, na primeira hipótese é dado ao executado opor-se à efetivação do provimento condenatório mediante ação de embargos, o que não sucede no procedimento executivo *lato sensu*. Conclui-se, assim, que não basta a reunião, na mesma relação processual, da fase cognitiva com a executória, operada nos moldes do Livro II do CPC, para se caracterizar o provimento principal como executivo *lato sensu*.
>
> 48. Enfim, Talamini resume seu juízo sobre a matéria em tela da seguinte maneira:
>
> Em suma: a) **a sentença condenatória** tem o condão de autorizar o emprego de mecanismos de sujeição em **processo subsequente**; b) a **sentença executiva** traz em seu dispositivo a determinação de **imediata atuação de meios de sujeitação** (sub-rogatórios), **independentemente de novo processo e** sem a necessária submissão a um modelo procedimental rígido e preestabelecido; c) a **sentença mandamental**, em vez da predeterminação de formas substitutivas da conduta do devedor, **dirige-lhe ordem** cuja inobservância caracteriza **desobediência à autoridade estatal**, podendo acarretar não só a aplicação concreta de medidas coercitivas antes cominadas como também punição civil e/ou penal. (grifos nossos)
>
> 49. Quanto à admissibilidade da coexistência de diversas eficácias numa mesma sentença de procedência, há que se ter como pressuposto a teoria da eficácia preponderante, bem como a ciência de que a conjugação de eficácias não implica que todos os respectivos efeitos venham a

---

19. VIEIRA, Roberta Lima. A teoria das sentenças mandamental e executiva *lato sensu*. Conteúdo Jurídico, Brasília-DF: 04 fev. 2013. Disponível em: <http://www.conteudojuridico.com.br/?artigos&ver=2.41963&seo=1>. Acesso em: 08 set. 2015.

ser necessariamente produzidos. Isso porque a eficácia consiste na potencialidade, na aptidão de produção de efeitos.

A sentença, na ação de adjudicação compulsória, poderia ser confundida com uma sentença mandamental. Ocorre, porém, que não é! Ela não acarreta a aplicação de medidas coercitivas tendentes a levar o promitente vendedor a celebrar o contrato definitivo, tampouco necessita estabelecer punições civis ou penais pelo descumprimento. Em realidade o próprio comando judicial configura-se como instrumento apto para efetuar-se o registro em substituição ao próprio contrato de promessa de compra e venda. Bem andou, portanto, o seguinte julgado do Tribunal de Justiça de São Paulo ao concluir na mesma linha que ora traçamos[20]:

> APELAÇÃO – CIVIL. Compromisso de compra e venda. Outorga de escritura. Hipoteca firmada entre construtora e agente financeiro – Ineficácia perante os adquirentes do imóvel. Súmula nº 308, STJ – Solução da lide que implica o cancelamento da hipoteca em relação ao imóvel adquirido pela autora. Legitimidade passiva do agente financeiro – Decisão reformada. APELAÇÃO – PROCESSO CIVIL. Sentença que condenou à outorga de escritura definitiva, cominando multa por dia de descumprimento – Inviabilidade – Cabimento, neste caso, da adjudicação compulsória. Tutela jurisdicional específica de natureza constitutiva e eficácia executiva *lato sensu*, capaz de produzir os mesmos efeitos do contrato a ser firmado e substituir a vontade daqueles que não a emitiram (CPC arts. 466-B e 466-A). Multa diária que se mostra, portanto, desnecessária – Decisão reformada. Recurso parcialmente provido.

Assim, a primeira premissa sobre a qual se assentou o julgado deve ser afastada: a sentença, na adjudicação compulsória, não tem carga predominantemente constitutiva.

Por outro lado, a relação jurídica de direito material não envolve, tampouco, um direito potestativo. Trata-se de um clássico direito subjetivo, por meio do qual se almeja uma prestação do devedor (a celebração da avença definitiva). Não lavrada a escritura definitiva de compra e venda, ocorre o descumprimento da prestação, que passa a ser exigível judicialmente, sob pena de ser substituída pela ordem judicial. É nítido, nesse momento, o nascimento da pretensão contra o promitente vendedor. Assim, até mesmo pela análise do direito material em jogo, há de afastar-se a conclusão de que a adjudicação compulsória não se sujeita ao fenômeno prescricional.

Concluir dessa forma revela discordância quanto aos fundamentos do julgado comentado, mas não necessariamente implicaria uma decisão dispare da que se tomou. Expliquemo-nos.

Assentada a premissa de que a adjudicação compulsória está sujeita ao prazo prescricional porque a sua movimentação representa exercício de direito subjetivo, nossa análise estaria incompleta se não indicássemos que prazo seria esse e qual o seu termo ***a quo***.

---

20. BRASIL. Tribunal de Justiça de São Paulo. APL: 994040214800 SP, Relator: Egidio Giacoia, Data de Julgamento: 29/06/2010, 3ª Câmara de Direito Privado, Data de Publicação: 13/07/2010.

Pois bem. Não há, em nenhum dos parágrafos do artigo 206 do Código Civil, ou mesmo em outra lei ordinária, qualquer hipótese que coincida com a pretensão de adjudicação compulsória, derivada do descumprimento de contrato preliminar de promessa de compra e venda. Sendo assim, forçoso concluir que o prazo prescricional para o exercício da pretensão de exigir a celebração do contrato definitivo é de dez anos. Resta saber a partir de quando se dá a fluência do citado lapso temporal. Noutros termos, qual é o *terminus a quo*.

Bem, o artigo 189 do Código Civil afirma que, violado o direito, nasce a pretensão, que se encobre pela prescrição. Ora, o início da fluência do prazo prescricional da pretensão em análise vai depender do momento em que a violação ao direito se deu. Por sua vez, essa identificação demandará a análise de cada contrato preliminar, a fim de se saber se a mora do promitente vendedor em celebrar a avença definitiva é ***ex re*** (que ocorre de pleno direito, sem demandar qualquer providência extra do credor), ou ***ex persona*** (aquela que requer que o credor promova a interpelação do devedor para cumprimento da obrigação, para, aí sim, restar configurada a mora).

Poderíamos elaborar um exemplo do primeiro caso, de mora *ex re* para que o promitente vendedor fosse compelido a lavrar a escritura pública. Seria a hipótese de haver previsão no próprio contrato preliminar de uma data limite de escrituração, após a quitação, com a indicação de um cartório específico ao qual devesse comparecer o promitente vendedor, a fim de celebrar a avença definitiva de compra e venda. O descumprimento do comando insculpido no pré-contrato implicaria imediata violação ao direito do promitente comprador e, portanto, dispararia a fluência do prazo prescricional. O termo *a quo* está, pois, definido em instrumento contratual.

Na maior parte das avenças preliminares de compra e venda de imóveis, porém, não se apraza a data de cumprimento dessa obrigação, tampouco, do local para celebração do contrato definitivo. Assim, a parte recalcitrante só será constituída em mora se a outra promover a sua interpelação para que cumpra a prestação prometida, qual seja, de lavrar a escritura definitiva do imóvel, na forma dos artigos 134, *caput*, e 397, parágrafo único, ambos do Código Civil. Logo, o direito do promitente comprador, em tais avenças preliminares, só haverá sido violado, após a inação do promitente vendedor em celebrar o contrato definitivo após haver sido previamente notificado. Assim, a interpelação de que ora tratamos servirá de termo ***a quo*** para a fluência do prazo prescricional.

Toma-se, então, por exemplo a questão acima posta apenas para indicar-se ao leitor como os institutos – direito potestativo, direito subjetivo, prestação, pretensão, prescrição e decadência – devem ser aplicados segundo encadeamento lógico que haverá de se repetir em cada caso concreto.

Outras importantes conclusões podem decorrer do manejo dos conceitos básicos ora explorados. A primeira delas concerne à renunciabilidade da prescrição e da irrenunciabilidade da decadência legal. Quando a prestação devida ao titular do direito subjetivo não for oportunamente adimplida, nascerá, para ele, uma pretensão, que, acaso não exercida a tempo, engendrará o fenômeno da prescrição. Perceba-se, portanto, que a prescrição acoberta apenas a pretensão, restando o direito subjetivo, em si, e sua respectiva prestação intactos. O que se perde, na presente hipótese, é o poder de exigir, judicial e extrajudicialmente, a prestação. Contudo, se o devedor espontaneamente quiser adimpli-la, mesmo prescrita, não há qualquer óbice em nosso ordenamento. Logo, levando-se em consideração que a prescrição não afeta o direito em si ou a sua prestação, mas tão somente encobre a pretensão, ela pode ser objeto de renúncia por parte do seu beneficiário (o devedor).

Tal fenômeno não se dá com a decadência legal. Como visto, ela se refere ao não exercício do direito potestativo no prazo assinalado por lei. Ora, os direitos potestativos sujeitos a prazo são extintos, de pleno direito, quando decorrido o prazo decadencial. Assim, nada haveria a ser renunciado pela outra parte, quando alcançado tal prazo. O próprio direito, na hipótese de ausência de exercício pelo titular, torna-o inexistente. Se assim suceder, torna-se impossível, do ponto de vista lógico, ocorrer ***a sua renúncia por qualquer um dos sujeitos contraentes***. Assim o é, porque é inviável restaurar-se aquilo que automaticamente se extinguiu ***ex vi legis***: a ausência de exercício do direito potestativo.

Por fim, ao bem conhecer-se os conceitos que, concatenados logicamente, demarcam as diferenças conceptuais dos institutos da decadência e da prescrição, também poderemos compreender questão interessantíssima: os prazos prescricionais podem ser alterados, no seu curso, por leis novas; diferentemente dos decadenciais, infensos à mudança de lei. Carlos Maximiliano[21] explica as razões para tanto:

> 221 – A DECADÊNCIA não está sujeita às mesmas regras de Direito Intertemporal concernentes à prescrição. O preceito que manda aplicar a lei nova à prescrição em curso, não se estende à decadência. [...] Sobre caducidade vigem as mesmas regras que disciplinam o direito de acionar: este direito e o prazo para o exercer consideram-se inseparáveis; porquanto um constitui fato relativo ao momento próprio do outro.

Trabalhar com a ideia de direito adquirido nos permite visualizar o que o autor pretende explanar. Ora, na hipótese da prescrição, o prazo *sub examine* diz respeito à pretensão de exercício de um dado direito subjetivo. Esse prazo, conforme já salientado, não integra a estrutura interna do direito, que continuará a existir mesmo que se consume a prescrição.

Na hipótese de decadência, entretanto, lembremos que o prazo integra a estrutura interna do próprio direito potestativo. Vale dizer: quando se fala que negócios jurídicos podem ser anulados por vícios de consentimento em quatro anos, o que se está a dizer, em realidade, não é que exista tão somente um direito de anular-se negócios, mas o direito de anulá-los em quatro anos. Assim, praticado o negócio,

21. MAXIMILIANO, Carlos. **Directo intertemporal ou teoria da retroatividade das leis**. Rio de Janeiro: Freitas Bastos, 1946, p. 258.

se uma lei alargar ou reduzir tal prazo, pouco importa se o direito adquirido pelo prejudicado foi o da época da celebração do negócio, qual seja, de anular-se, em quatro anos, o ato incorreto.

Na prescrição, todavia, como visto, o prazo não integra a estrutura interna do direito, estando sujeito a alterações, caso não consumado. Tratados, pois, os aspectos gerais da prescrição e da decadência, sigamos com a análise do Código Civil a respeito de cada um dos institutos.

Prescrição – regramento legal. O primeiro dispositivo de nosso Código relativo à prescrição, artigo 189, reproduz, em linhas gerais, os contornos básicos do instituto, ao asseverar que, violado o direito, nasce para o titular a pretensão, a qual se extingue, pela prescrição, nos prazos fixados em lei. Além da crítica já feita quanto à redação do dispositivo, eis que não seria adequado afirmar que a prescrição "extingue" a pretensão, vez que, tão somente, encobre-a, cabe aqui aprofundar a discussão sobre ponto muito interessante. O artigo em apreço indica que, violado o direito, nasce a pretensão. Eis o início da fluência do prazo prescricional – a violação ao direito a fazer surgir a pretensão e disparar o cronômetro da prescrição.

Assim, vencida uma dívida no dia 10 de janeiro de 2018, não havendo sido paga, eis a data inicial para a fluência do prazo prescricional. Até aí, não há qualquer problema. Questionamentos surgem quando, por exemplo, o titular não tem, valendo-se da experiência quotidiana, como saber que se violou o seu direito foi. É o que ocorre, por exemplo, quando, ao realizar-se uma cirurgia, esquece-se algum pequeno equipamento cirúrgico no corpo do paciente, que, desacordado, não tem como imaginar que o seu direito de personalidade aviltou-se por imperícia médica. Em hipóteses como a descrita, aplica-se a teoria da *actio nata*, "[...] segundo a qual a pretensão nasce quando o titular do direito subjetivo violado obtém plena ciência da lesão e de toda a sua extensão, bem como do responsável pelo ilícito, inexistindo, ainda, qualquer condição que o impeça de exercer o correlato direito de ação." [22]

A aplicação da dita teoria é corrente nos dias de hoje. Há de cuidar-se, no entanto, para que sua banalização não permita uma artificial alteração dos prazos prescricionais, sob a escusa, muitas vezes falsa, de que o credor só havia tomado ciência da violação ao seu direito em data diversa da efetiva agressão à sua esfera jurídica. Assim, continuam atuais as observações de Câmara Leal[23] a respeito do tema:

> 16. Discute-se, no campo da doutrina, se a prescrição é um fenômeno puramente objetivo, decorrendo o seu início do fato da violação, que torna a ação exercitável, independentemente da ciência ou conhecimento do titular, ou, se é um fenômeno também subjetivo, ficando o início da prescrição dependendo da condição de que seu titular tenha conhecimento da violação. [...]

22. BRASIL. Superior Tribunal de Justiça. STJ – REsp 1460474/PR, Rel. Ministra NANCY ANDRIGHI, TERCEIRA TURMA, julgado em 28/08/2018, DJe 03/09/2018.
23. CÂMARA LEAL, Antônio Luís da. **Da Prescrição e da Decadência**. 2 ed. Rio de Janeiro: Forense, 1959, p. 36.

> Savigny é pela doutrina objetiva, dizendo: 'Se se subordina o ponto de partida da prescrição ao fato da violação que a ação é chamada a combater, este início tem uma natureza puramente objetiva, pouco importando que o titular tenha, ou não, conhecimento dela'. [...] Não nos parece racional admitir-se que a prescrição comece a correr sem que o titular do direito violado tenha ciência da violação. Se a prescrição é um castigo à negligência do titular — *cum contra desides homines, et sui juris contentores, odiosae exceptiones oppositae sunt* — não se compreende a prescrição sem a negligência, e esta, certamente, não se dá, quando a inércia do titular decorre da ignorância da violação.
>
> Nosso Cód. Civil, a respeito de diversas ações, determina expressamente o conhecimento do fato, de que se origina a ação, pelo titular, como ponto inicial da prescrição. [...] Exercitar a ação, ignorando a violação que lhe dá origem, é racionalmente impossível, e antijurídico seria responsabilizar o titular por uma inércia que não lhe pode ser imputada — *ad impossibilia nemo tenetur*. [...] Nas ações que nascem do não cumprimento de uma obrigação, denominadas pessoais, porque o direito do titular recai sobre atos do sujeito passivo, que se obrigara a dar, fazer ou não fazer alguma coisa, não pode o titular ignorar a violação ao seu direito, uma vez que essa consiste na falta de cumprimento da obrigação, e, por isso, o início da prescrição, nas ações pessoais, coincide com o momento em que a obrigação devia ser cumprida e não o foi. [...] Mas, nas ações que nascem da transgressão da obrigação geral-negativa de respeito ao direito do titular, a que todos estão sujeitos, pode dar-se a violação do direito, sem que dela o titular tenha imediato conhecimento, podendo, mesmo, sua ignorância prolongar-se por muito tempo, como, geralmente, sucede, quando o titular do direito violado se acha ausente do lugar da violação, e não tem ali preposto ou representante que o ponha ao corrente dos fatos. [...] Todavia, a ignorância não se presume, pelo que ao titular incumbe provar o momento em que teve ciência da violação, para que possa beneficiar-se por essa circunstância, a fim de ser o prazo prescricional contado do momento da ciência, e não da violação.

Entende-se, pois, com arrimo nos apontamentos transcritos que, mesmo nos casos em que se mostra aplicável a teoria da *actio nata*, o ônus da prova sobre o preciso momento da ciência da violação incumbe ao credor. Assim, uma mera alegação genérica de que jamais desconfiara da violação de seu direito, dela só tendo notícia tempos depois, é insuficiente para que o agente pretensor possa beneficiar-se da teoria da *actio nata*.

O Código Civil determina, no artigo 190, que a exceção prescreve no mesmo prazo que a pretensão. Importante lembrar que a exceção é o instituto que encobre uma pretensão, paralisando-a, sem levá-la à extinção. Pois bem. Não raro um determinado bem da vida pode ser perseguido pelo titular por meio de uma pretensão, ou pode ser usado para protegê-lo como uma exceção. Assim, se alguém contrai uma dívida de mil reais, o credor poderá aguardar o vencimento da dívida e efetivar a cobrança, pois nasceu-lhe uma pretensão.

No entanto, o fato de ser credor de mil reais também permite que use esse fato como mecanismo para proteger-se de determinadas situações. Assim, se o seu devedor, por outra dívida, resolver cobrar também mil reais, tal desiderato poderá ser obstado pela exceção de compensação. Assim, em lugar de exigir o cumprimento da prestação de mil reais (pretensão), o credor tem a faculdade de valer-se de uma exceção que o protege de cobrança, por parte do devedor, de igual valor.

Pois bem. Suponhamos que o crédito de mil reais do credor A, em relação a B, esteja prescrito. Imaginemos, porém, que B ainda tenha outro crédito em relação a A, de igual valor, porém não prescrito. Nesse caso, B pode mover uma ação de cobrança contra A, sem haver possibilidade de exceção que assegure a este último a compensação por já estar prescrita a sua pretensão. Em outras palavras, a exceção prescreveu no mesmo prazo da pretensão[24].

O artigo seguinte do Código Civil, art. 191, trata da possibilidade de renúncia à prescrição. Está assim redigido: "A renúncia da prescrição pode ser expressa ou tácita, e só valerá, sendo feita, sem prejuízo de terceiro, depois que a prescrição se consumar; tácita é a renúncia quando se presume de fatos do interessado, incompatíveis com a prescrição".

Algumas observações são necessárias. Em primeiro lugar, apenas para deixar claro, quem tem a faculdade de renunciar à prescrição é aquele por ela beneficiado, ou seja, o devedor. E só se pode renunciar ao que já se incorporou à própria esfera jurídica. Logo, se renuncia à prescrição já consumada, não valendo a renúncia à prescrição ainda em curso (embora, nesse caso, tal conduta pode vir a representar um marco interruptivo da prescrição, como adiante será explanado).

A renúncia, por outro lado, pode ser expressa ou tácita. No primeiro caso, o devedor abre mão abertamente dos benefícios que a prescrição poderia importar-lhe, repita-se, desde que já consumada. A segunda hipótese – renúncia tácita – é mais sutil, porém mais frequente.

A adoção de qualquer conduta que se contraponha aos eventuais benefícios que a prescrição represente são considerados uma forma tácita de renúncia. Assim, se um dado cidadão desatento for chamado a negociar para pagar um débito já prescrito, ao fazê-lo e ao obter, por exemplo, um desconto de vinte por cento sobre a dívida e uma dilação de prazo para quitá-la, estará tacitamente renunciando à prescrição que lhe beneficiava.

Tratada a questão da renúncia à prescrição, prossegue o Código a tratar da inegociabilidade dos prazos prescricionais. Afirma o artigo 192 de nossa norma que "os prazos de prescrição não podem ser alterados por acordo das partes."

O dispositivo em questão indica que os prazos prescricionais, que são fixados apenas por lei, não podem ser alterados por acordo das partes. O espírito da lei não é apenas impedir a expressa modificação de prazos prescricionais mediante acordo entre as partes, mas também evitar que manobras por elas engendradas surtam o mesmo efeito. Nesse sentido, o STJ já tem como pacífico que, embora corrente a prática de emissão de cheques pós-datados (que, no jargão comercial brasileiro, são chamados de cheques pré-datados), a data de emissão, a ser considerada para

24. CARNACCHIONI, Daniel Eduardo. Curso de Direito Civil – Institutos Fundamentais. Rio de Janeiro: Lumen Iuris, 2010, p. 741.

fins de prescrição, é a sua real data de emissão e não a que eventualmente constar da cártula[25].

O artigo seguinte (193) permite seja suscitada a discussão sobre prescrição em qualquer grau de jurisdição. Na versão original do Código Civil, a prescrição, em regra, salvo no caso de incapazes (art. 194, hoje revogado), não podia ser reconhecida de ofício. Assim, embora o juízo não pudesse declarar ***sponte propria*** a prescrição da pretensão, a parte poderia, a qualquer momento, iniciar esse debate, fosse qual fosse o grau em que se encontrasse o feito.

Duas observações são necessárias. A primeira delas é a de que atualmente a prescrição pode ser conhecida de ofício, a teor do artigo do artigo 332, parágrafo primeiro do Código de Processo Civil. Contudo, o magistrado tem o dever de dar vista às partes antes de reconhecer sua presença no caso concreto (CPC, art. 487, parágrafo único). Tal modificação legislativa, todavia, não impede que, se o juízo pode conhecer, de ofício, a prescrição, que deva analisá-la quando suscitada por uma das partes, repita-se, em qualquer grau de jurisdição.

A segunda observação tida como pertinente refere-se à necessidade de entender-se o que almeja dizer o nosso Código quando assevera que a alegação de prescrição pode ocorrer em qualquer grau de jurisdição. Na realidade, a lei civil trata dos graus "ordinários" de jurisdição (primeiro e segundo graus), pois o conhecimento do recurso especial ou extraordinário pelo STJ e pelo STF demandam, por decorrência lógica dos artigos 105 e 102, respectivamente, o prequestionamento da matéria, ou seja, que esta tenha sido objeto de debate pela Corte local[26].

---

25. BRASIL. Superior Tribunal de Justiça. AgRg no Ag 1159272/DF, Rel. Ministro VASCO DELLA GIUSTINA (DESEMBARGADOR CONVOCADO DO TJ/RS), TERCEIRA TURMA, julgado em 13/04/2010, DJe 27/04/2010, é claro ao sustentar a tese acima exposta: AGRAVO REGIMENTAL. AGRAVO DE INSTRUMENTO. TÍTULO DE CRÉDITO. CHEQUE PÓS-DATADO. PRAZO PARA APRESENTAÇÃO COM REFLEXÃO NO PRAZO PRESCRICIONAL. DILAÇÃO. IMPOSSIBILIDADE. AÇÃO EXECUTIVA. PRESCRIÇÃO. INTERPRETAÇÃO. ARTS. 32, 33 E 59 DA LEI N. 7.357/85. RECURSO IMPROVIDO. 1. O cheque é ordem de pagamento à vista a ser emitida contra instituição financeira (sacado), para que, pague ao beneficiário determinado valor, conforme a suficiência de recursos em depósito, não sendo considerada escrita qualquer cláusula em contrário, conforme dispõe o art. 32 da Lei n. 7.357/85 2. Cheque pós-datado. Modalidade consagrada pela prática comercial. Dilação do prazo de apresentação. Impossibilidade. A pós-datação da cártula não altera as suas características cambiariformes. O ajuste celebrado não tem o condão de modificar preceito normativo específico de origem cambial, sob pena de descaracterizar o título de crédito. 3. Nos termos dos arts. 33 e 59 da Lei n. 7.357/85, o prazo prescricional para propositura da ação executiva é de 6 (seis) meses, a partir do prazo de apresentação que, por sua vez, é de 30 (trinta) dias, a contar do dia da emissão, quando sacado na praça em que houver de ser pago. 4. A alteração do prazo de apresentação do cheque pós-datado, implicaria a dilação do prazo prescricional do título, situação que deve ser repelida, visto que infringiria o artigo 192 do Código Civil. Assentir com a tese exposta no especial, seria anuir com a possibilidade da modificação casuística do lapso prescricional, em razão de cada pacto realizado pelas partes. 5. Agravo regimental a que se nega provimento.
26. BRASIL. Superior Tribunal de Justiça. AgRg no Ag 1386123/SP, Rel. Ministro CASTRO MEIRA, SEGUNDA TURMA, julgado em 24/05/2011, DJe 13/06/2011, traz a seguinte conclusão: "(...) 2. Em prestígio ao requisito obrigatório do prequestionamento, para a interposição do recurso especial, o STJ entende que não cabe o exame de matéria não prequestionada, ainda que se trate de questão de ordem pública – no caso em análise, a prescrição não foi reconhecida de ofício. Precedentes.".

Na sequência, estabelece o Código que o relativamente incapaz e que a pessoa jurídica têm ação contra o seu assistente ou representante que derem causa à prescrição ou que, dela ciente, não a alegaram oportunamente.

Interessante notar que o Código não faz referência ao absolutamente incapaz, fato que se explica pela leitura do artigo 198, I, que indica não correr prescrição contra o absolutamente incapaz. Sendo assim, inviável a responsabilização do representante legal do absolutamente incapaz em tais hipóteses, já que, não correndo prescrição contra o representado, seria impossível que seu representante legal causasse eventual prescrição de suas pretensões. O dispositivo guarda especial interesse quanto aos órgãos de pessoas jurídicas que têm competência para cobrança de suas dívidas. Lapsos quanto à cobrança ou à alegação oportuna da prescrição poderão levar tais agentes a ressarcirem o ente coletivo por sua negligência.

O artigo 196, por sua vez, determina que a prescrição iniciada contra uma pessoa continua a correr contra o seu sucessor. Interessante controvérsia foi posta à análise do Superior Tribunal de Justiça e diz respeito à sucessão de ente integrante da administração pública indireta pelo ente federado de que faz parte.

Como bem sabido, o prazo prescricional contra a Fazenda Pública é de cinco anos (Dec. 20.910/32), ao passo que o prazo geral de prescrição contra particulares é de dez anos (havendo sido de vinte anos durante a vigência do Código de 1916). A questão que se apresentou para Corte foi a seguinte: havendo obrigações de natureza de direito privado, cuja prescrição era vintenária (obrigações nascidas na vigência do Código de 1916), sido assumidas pelo Estado, seu sucessor, tal fato poderia alterar o prazo prescricional para as obrigações em curso? O Superior Tribunal de Justiça, em Recurso Especial Repetitivo, fixou a tese de que, a teor do artigo 196 do Código Civil de 2002, a prescrição ***continua*** a correr contra o sucessor, não sendo alterado o prazo por ter o último natureza jurídica de direito público[27].

Abordados, assim, os artigos atinentes às disposições gerais sobre prescrição, avancemos para a análise dos fenômenos que podem suspender, obstar ou interromper a fluência do prazo prescricional.

---

27. BRASIL. Superior Tribunal de Justiça. REsp 1103224/MG, Rel. Ministro RICARDO VILLAS BÔAS CUEVA, SEGUNDA SEÇÃO, julgado em 12/12/2012, DJe 18/12/2012, dispõe: "RECURSO ESPECIAL. REPETITIVO. RITO DO ART. 543-C DO CPC. AÇÃO DE COBRANÇA. EXPURGOS INFLACIONÁRIOS. CADERNETA DE POUPANÇA. CAIXA ECONÔMICA DO ESTADO DE MINAS GERAIS – MINAS CAIXA. AUTARQUIA ESTADUAL. SUCESSÃO PELO ESTADO DE MINAS GERAIS. COMPETÊNCIA DA SEGUNDA SEÇÃO. RELAÇÃO CONTRATUAL DE DIREITO PRIVADO. PRESCRIÇÃO VINTENÁRIA. NÃO INCIDÊNCIA DO DECRETO Nº 20.910/32. 1. A Segunda Seção é competente para julgar os feitos oriundos de ações de cobrança em que se busca o pagamento da diferença de correção monetária de saldo de caderneta de poupança por se tratar de relação contratual de direito privado. 2. Para efeitos do art. 543-C do CPC: o prazo prescricional da ação individual de cobrança relativa a expurgos inflacionários incidentes sobre saldo de caderneta de poupança proposta contra o Estado de Minas Gerais, sucessor da MINAS CAIXA, é vintenário, não se aplicando à espécie o Decreto nº 20.910/32 que disciplina a prescrição contra a Fazenda Pública. 3. Aplicação ao caso concreto: recurso especial conhecido e provido." .

Fenômenos que podem afetar a fluência do prazo prescricional – impedimento e suspensão. Três são os fenômenos que afetam o contínuo curso da prescrição: a) o impedimento, quando o início do fluxo do prazo é obstado; b) a suspensão, quando o prazo começa a fluir, mas é paralisado ao longo do seu curso; e c) a interrupção, quando a fluência do prazo se inicia, mas, por alguma causa legal, a contagem inicial é desprezada, reiniciando-se após superada a hipótese prevista em lei.

Importa frisar que, ontologicamente, as causas de impedimento, em tese, podem ser também de suspensão. Tudo vai depender do momento em que se verificam. Elas são inicialmente arroladas no artigo 197 do Código, que preceitua:

> Art. 197. Não corre a prescrição:
>
> I – entre os cônjuges, na constância da sociedade conjugal;
>
> II – entre ascendentes e descendentes, durante o poder familiar;
>
> III – entre tutelados ou curatelados e seus tutores ou curadores, durante a tutela ou curatela.

O primeiro dispositivo determina que não corra prescrição entre cônjuges, na constância da sociedade conjugal. Assim, apenas não correrá tal prazo, entre os cônjuges, enquanto o casamento não for abalado por separação judicial ou por divórcio. A hipótese, como de resto as outras, tanto pode ser causa de impedimento como de suspensão do prazo. Tomemos o seguinte exemplo. João, por distração, abalroa o carro de Maria, pessoa que não conhecia. A partir do incidente, passaram a ter contato frequente e se casaram em seis meses. No mencionado exemplo, o matrimônio encaixa-se em hipótese de suspensão do prazo prescricional eis que já o apanhou em curso, paralisando-o. No entanto, se, após o casamento, Maria contrai uma dívida em favor de João ao pactuar um contrato de mútuo com uma instituição financeira, a fim de financiar-lhe a aquisição de equipamento esportivo não há incidência sequer de marco de contagem de prazo prescricional. Com efeito, vencida a dívida, o prazo prescricional não terá sequer a sua contagem iniciada, obstada que está pela hipótese de impedimento prevista no artigo 197, I, do Código Civil.

Outra questão importante a ser observada é que existe uma tendência[28] para se estender a hipótese então estudada para os casos de união estável. Aliás, o Enunciado

---

28. BRASIL. Tribunal de Justiça de Minas Gerais. APC 10024044590024001l, Relator: TARCISIO MARTINS COSTA, Data de Julgamento: 01/04/2008, Data de Publicação: 19/04/2008. AÇÃO ANULATÓRIA – CONTRATO DE COMPRA E VENDA DE IMÓVEL – SIMULAÇÃO – PRESCRIÇÃO – UNIÃO ESTÁVEL – CAUSA IMPEDITIVA – ART. 168, I, DO CC 1916 – PREJUDICIALIDADE EXTERNA – SUSPENSÃO DO PROCESSO – INTELIGÊNCIA DO ART. 265, INC. V, a, DO CPC. – Na forma do art. 168, I, do Código Civil de 1916, reproduzido pelo art. 197, I, do Código de 2002, o prazo prescricional não corre, entre cônjuges, devendo tal preceito ser estendido, por analogia, àqueles que vivem em união estável, conforme reiterado entendimento jurisprudencial. De acordo com a alínea 'a', do inciso IV, do artigo 265 do CPC, quando a sentença de mérito depender do julgamento de outra causa, ou da declaração da existência da relação jurídica, que constitua o objeto principal de outro processo pendente", o processo será suspenso por período não superior a um ano, após o qual incumbe ao julgador decidir a questão incidentalmente, conforme dispõe o § 5º, do mesmo artigo. Assim, considerando a existência de ação pendente, anteriormente proposta, na qual se pleiteia o reconhecimento da união estável, entre a apelante e o apelado, questão que se

296 da IV Jornada de Direito Civil preceitua: "Art. 197: Não corre a prescrição entre os companheiros, na constância da união estável".

Discordamos desse entendimento, embora reconheçamos sua majoritária aplicação entre os juristas brasileiros. Apontamos duas razões para sustentar nossa posição: a) a certeza exigida pela prescrição, quanto ao prazo para sua configuração, é incompatível com a fluidez para caracterização da união estável; e b) não há de aplicar-se analogia para extensão de hipóteses de suspensão de prazos prescricionais. Examinemos, com mais vagar, a questão.

Quanto ao primeiro ponto suscitado, é imperioso advertir que a união estável nasce durante o período em que o casal começa a comportar-se como um núcleo familiar. Não é crível que, levando-se em consideração a informalidade do instituto, seja possível afirmar que determinados companheiros, por exemplo, até o dia 02 de janeiro eram namorados e, num passe de mágica, no dia 03 passaram a constituir uma família. Necessário que se entenda que a caracterização da união estável é um processo que se desenha dia a dia e não instantaneamente. Importante, nessa esteira, a transcrição da lição de Carlos Roberto Gonçalves[29]:

> Esclarece Zeno Veloso que, malgrado a tônica da união estável seja a informalidade, não se pode dizer que a entidade familiar surja no mesmo instante em que o homem e a mulher passam a viver juntos, ou no dia seguinte, ou logo após. Há que existir, aduz, uma duração 'a sucessão de fatos e de eventos, a permanência do relacionamento, a continuidade do envolvimento, a convivência *more uxorio*, a notoriedade, enfim, a soma de fatores subjetivos e objetivos que, do ponto de vista jurídico, definem a situação'.
>
> Vários são, portanto, os requisitos ou pressupostos para a configuração da união estável, desdobrando-se em subjetivos e objetivos. (...)

Quanto ao segundo argumento para que a união estável não se submeta à mesma regra de suspensão da prescrição que o casamento, podemos invocar as seguintes lições de Antônio Luís da Câmara Leal[30]: "Os intérpretes são unânimes em reconhecer que a enumeração das causas suspensivas da prescrição pelo Código é taxativa, e não exemplificativa. Quer isso dizer que, sendo de direito estrito, não admitem ampliação por analogia."

Existe uma lógica no pensamento acima exposto. Só duas situações são possíveis em relação à fluência do prazo prescricional: a) ou a regra geral se aplica e o prazo corre normalmente; ou b) ele se encontra paralisado ou interrompido por alguma exceção prevista em lei. Não há espaço para uma lacuna a ser colmatada analogicamente, ao menos do ponto de vista lógico.

---

revela prejudicial, já que a sua eventual procedência implicará o afastamento da aventada prescrição, a teor do art. 168, I, do Código Civil (NCCB, art. 197, inc. I), afigura-se como a melhor solução o sobrestamento do feito, até que seja proferida decisão final na ação de reconhecimento de união estável.

29. GONÇALVES, Carlos Roberto. **Direito Civil Brasileiro** – v. 6.3 ed. São Paulo: Saraiva, 2007, pp. 539/540.
30. CÂMARA LEAL, Antônio Luíz da. **Da Prescrição e da Decadência**. 2 ed. Rio de Janeiro: Forense, 1959, p. 178.

Assim, os dois argumentos citados trazem-nos a convicção de que há um equívoco perpetrado pela corrente majoritária, que, analogicamente estende a hipótese de suspensão/impedimento de prescrição, entre cônjuges, para companheiros.

A segunda hipótese de suspensão/impedimento ocorre entre ascendentes e descendentes, durante o poder familiar, ou seja, até que o menor complete dezoito anos. A ressalva é importante pois, embora não corra prescrição contra os absolutamente incapazes (art. 198, I), o poder familiar se estende até os dezoito anos. Assim, uma criança, que herdou grande patrimônio, até os dezesseis anos, poderá cobrar, *sine timore*, débitos dos devedores inadimplentes. A partir de tal idade, a suspensão da prescrição perdura apenas com relação aos seus genitores e não mais por força do artigo 198, I, mas do artigo 197, II, todos do Código Civil.

Na mesma esteira, também não corre prescrição entre tutelados ou curatelados e seus tutores ou curadores, durante a vigência da tutela ou da curatela. A ideia que permeia os três dispositivos já comentados de impedimento/suspensão diz respeito, inicialmente, à dificuldade que os menores, tutelados e curatelados teriam para acionar pais, tutores e curadores. Não sem motivo, porque se trata justamente das pessoas que administram ou auxiliam a administração de seus interesses patrimoniais e que, por conseguinte, detém a autorização legal de indicar a existência de créditos e os seus respectivos devedores. Dificilmente representantes ou assistentes teriam a isenção para estimular a cobrança de créditos dos menores ou dos incapazes contra si próprios. Possível que alguns tivessem esse desprendimento; outros, no entanto, certamente não o teriam. A lei, por prudência, resolveu evitar que o prazo prescricional corresse nessas hipóteses, com vistas a proteger os interesses de incapazes e de relativamente incapazes.

Mas não apenas isso. As relações jurídicas, especialmente em direito de família, são pautadas pelo afeto e pela confiança. Forçar que parentes acionem-se reciprocamente para evitar eventuais prescrições haveria de abalar o trato familiar, justamente em períodos muito sensíveis, a saber: durante o casamento, ou o exercício do poder familiar, ou enquanto durasse a tutela ou curatela.

Segue-se, às três hipóteses de suspensão/impedimento já comentadas, o artigo 198, que dispõe:

> Art. 198. Também não corre a prescrição:
>
> I – contra os incapazes de que trata o Art. 3º;
>
> II – contra os ausentes do País em serviço público da União, dos Estados ou dos Municípios;
>
> III – contra os que se acharem servindo nas Forças Armadas, em tempo de guerra.

A análise do dispositivo começa por um pequeno detalhe gramatical, mas dotado de grande interesse. O artigo 197 afirma que não correrão prazos prescricionais "entre" cônjuges, durante o matrimônio, "entre" ascendentes e descendentes, durante o poder familiar, e "entre" tutelados e curatelados e seus respectivos tutores e curadores, obviamente durante a tutela e curatela. Pois bem, o artigo 198 afirma que não corre prescrição "contra" os incapazes de que trata o art. 3º (absolutamente incapazes), "contra" os ausentes contra os ausentes do País em serviço público da União, dos Estados ou dos Municípios e "contra" os que se acharem servindo nas Forças Armadas, em tempo de guerra.

Oportuna a reflexão gramatical relativa à preposição empregada, pois, ao se afirmar, no artigo 197, não correr a prescrição "entre" os agentes lá indicados, o que se pretende indicar é que não importa saber, na dita relação, quem é o credor e quem é o devedor, mas que entre marido e mulher, pais e filhos (durante o poder familiar) e entre tutelado/curatelado e tutor/curador (durante a tutela e curatela) não correrá prescrição.

No entanto, quando se afirma que não correrá prescrição "contra" o absolutamente incapaz, mister ressaltar que a prescrição corre "contra" o credor e "a favor" do devedor. Logo, se o absolutamente incapaz for credor, contra ele não correrá prescrição, mas, a favor dele, sim. Observe-se o exemplo a seguir. Josué, com cinco anos de idade, herdou de seu avô considerável fortuna. No entanto, logo após a partilha, descobriu-se que um dos imóveis herdados, já pertencente a Josué, havia sido locado, dois anos e onze meses antes da morte de seu avô, a um inquilino que jamais adimplira com os alugueres. Nesse caso, segundo a legislação brasileira (art. 206, §3º, I, do Código Civil), o prazo prescricional de cobrança da dívida dos alugueres é de três anos, a contar do vencimento de cada parcela. Como o imóvel fora locado dois anos e onze meses antes da morte do antigo proprietário, ao ser herdado por Josué, a parcela mais antiga devida estaria a um mês de prescrever. Acontece que, como o herdeiro, novo proprietário do imóvel com dívidas de aluguel, é absolutamente incapaz, o prazo prescricional foi suspenso. Por esse motivo o menor dispõe do direito de, até os dezesseis anos, cobrar toda a dívida relativa ao imóvel locado, sem qualquer preocupação com prescrição.

Imaginemos, por outro lado, que o mesmo bem situe-se em município cujas finanças se encontram de tal modo desorganizadas, a ponto de não cobrar tempestivamente o imposto territorial incidente sobre os imóveis de sua competência territorial. O fato de a casa haver sido herdada por Josué não abala esse prazo prescricional, porquanto a prescrição do IPTU não corre "contra" Josué, mas a seu favor. Logo, transcorridos cinco anos sem que o município cobre a dívida tributária, restará configurada a prescrição a favor do novo proprietário do bem, ainda que menor.

Igual raciocínio podemos aplicar às duas outras hipóteses do artigo 198: os ausentes do país em serviço público da União, dos Estados ou dos Municípios e os que se acharem servindo às Forças Armadas, em tempo de guerra haverão de desempenharem seus deveres, fora do Brasil, com a tranquilidade de que não haverá de se preocupar com a prescrição das pretensões relativas às dívidas das quais são credores. No entanto, em relação aos débitos em que figurem como devedores, o prazo continuará fluindo normalmente.

O artigo 199, a rigor, é um desdobramento do artigo 189. Ora, se a prescrição só começa a correr quando nasce a pretensão, as três hipóteses do artigo em comento refletem casos em que a exigibilidade da prestação ainda não se mostra presente. Vejamos: a) pendendo condição suspensiva, b) não estando vencido o prazo; e c) pendendo ação de evicção.

Nas duas primeiras hipóteses (pendência de condição suspensiva e ainda não havendo vencido o prazo), a obrigação é ineficaz, sendo inadmissível a exigibilidade da prestação. Verificada a ocorrência dos respectivos elementos acidentais, a obrigação não apenas poderá ser cumprida, como, se não o for, nascerá a pretensão do credor em receber o que se lhe deve.

A terceira hipótese do artigo 199, por fim, trata da pendência da ação de evicção, assim entendida como aquela ação tendente a levar o adquirente de determinado bem a perdê-lo em virtude de ordem judicial por causa anterior à sua aquisição. É interessante ilustrar essa hipótese por meio de um exemplo.

João furta um carro, pertencente a José e, falsificando uma procuração do último, vende o veículo a Pedro. Descoberta a fraude, o dono do carro (José) move uma ação reivindicatória para que o bem lhe seja devolvido, figurando Pedro como réu. Pedro, o adquirente de boa-fé, somente pode exercer a sua pretensão de ressarcimento devido por João, após o trânsito em julgado da ação reivindicatória.

O artigo 200, por sua vez, esclarece que quando a ação se originar de fato que deva ser apurado no juízo criminal, não correrá a prescrição antes da respectiva sentença definitiva. A medida harmoniza-se com o artigo 935 do Código Civil, que estabelece ser a responsabilidade civil independente da criminal, não se podendo, porém, questionar mais sobre a existência do fato, ou sobre quem seja o seu autor, quando estas questões se acharem decididas no juízo criminal. Preferindo a vítima aguardar o deslinde da ação penal, para não ter mais de discutir sobre a existência do fato e de sua autoria, o artigo 200 assegura que assim poderá proceder sem se preocupar com a fluência do prazo prescricional. Atente-se, porém, que a lei apenas garante uma faculdade para o lesado, jamais impondo a ele que tenha de aguardar o resultado da ação penal. Pode, portanto, se preferir, seguir com a ação cível antes mesmo da conclusão da persecução criminal. Interessante a interpretação que o Superior Tribunal de Justiça dá ao dispositivo[31]:

> (...) 2. O propósito recursal é determinar se a representação ético-disciplinar formulada pela recorrida junto ao CRM/GO, fundada em suposta emissão de atestado médico falso por parte do recorrente, é hábil a suspender, nos termos do art. 200 do CC/02, o lapso prescricional para o ajuizamento de compensação de danos morais por parte deste.
>
> 3. Dispõe o art. 200 do CC/02 que quando a ação se originar de fato que deva ser apurado no juízo criminal, não correrá a prescrição antes da respectiva sentença definitiva.

31. BRASIL. Superior Tribunal de Justiça. REsp 1660182/GO, Rel. Ministra NANCY ANDRIGHI, TERCEIRA TURMA, julgado em 20/03/2018, DJe 23/03/2018.

> 4. A aplicação do mencionado dispositivo legal tem campo, justamente, quando existe uma relação de prejudicialidade entre as esferas cível e penal.
>
> 5. A suspensão da prescrição relacionada na previsão normativa em comento aplica-se às vítimas do delito a ser apurado na esfera penal, de forma a serem favorecidas, uma vez que terão a faculdade de aguardar o desfecho do processo criminal para promover a pretensão indenizatória na esfera cível (**ação ex delicto**).
>
> 6. Na espécie, o que se verifica não é o ajuizamento de ação *ex delicto* por parte do recorrente, isto é, de ação ajuizada na esfera cível pelo ofendido, em razão dos danos causados pela prática do delito. Inviável conceber, portanto, que a prescrição para o ajuizamento de tal ação estaria suspensa por força do disposto no art. 200 do CC/02.

Abordadas as principais hipóteses de impedimento e suspensão de prescrição, passemos ao enfrentamento dos casos de interrupção.

A interrupção da prescrição. A interrupção decorre de fatos cuja incidência faz com que o prazo de prescrição decorrido seja desprezado, renovando-se a contagem a partir "do zero". O Código arrola as seguintes hipóteses de interrupção:

> Art. 202. A interrupção da prescrição, que somente poderá ocorrer uma vez, dar-se-á:
>
> I – por despacho do juiz, mesmo incompetente, que ordenar a citação, se o interessado a promover no prazo e na forma da lei processual;
>
> II – por protesto, nas condições do inciso antecedente;
>
> III – por protesto cambial;
>
> IV – pela apresentação do título de crédito em juízo de inventário ou em concurso de credores;
>
> V – por qualquer ato judicial que constitua em mora o devedor;
>
> VI – por qualquer ato inequívoco, ainda que extrajudicial, que importe reconhecimento do direito pelo devedor.
>
> Parágrafo único. A prescrição interrompida recomeça a correr da data do ato que a interrompeu, ou do último ato do processo para a interromper.

A primeira observação pertinente a respeito do artigo tratado é que a interrupção da prescrição, como dispõe o *caput* do artigo 202, somente poderá ocorrer uma vez. A regra constitui inovação do Código de 2002 em relação ao de 1916 e tem por fim instar o credor a exigir definitivamente sua pretensão e não apenas a buscar, por meios diferentes, interromper a prescrição, a fim de postergar para as calendas a demanda daquilo que se lhe deve.

Devemos, no entanto, ter cuidado ao ler o dispositivo. Com efeito: imaginemos o seguinte exemplo. João é credor de Ricardo. Suponhamos ainda que o prazo prescricional seja de três anos. Imaginemos que, quando prestes a prescrever, João realizou um protesto judicial, nos termos do inciso II, do artigo 202, do Código Civil. Logrou êxito, portanto, em interromper uma vez a prescrição. Passados outros dois anos e onze meses, moveu ação contra o devedor. A açodada leitura do *caput* do mencionado artigo levar-nos-ia a grave erro. Ora, como a prescrição já fora interrompida uma vez, a interpretação literal da norma far-nos-ia imaginar que o despacho de citação do réu, na ação proposta, não mais representaria uma hipótese de interrupção, seguindo a prescrição sua marcha implacável, a fulminar a pretensão autoral, caso o processo não fosse sentenciado antes da conclusão do prazo.

Ocorre, entretanto, que a prescrição corresponde à nefasta consequência da inércia do credor, ao não exercer sua pretensão. A propositura da ação, por outro lado, é o clímax que afasta qualquer pecha de inação do credor, não se podendo, em regra, considerar que a prescrição se dê no curso da demanda manejada para se exigir a prestação devida. Aliás, em interessante julgado, o Tribunal de Justiça de São Paulo já decidiu que "a regra prevista no artigo 202, *caput*, do código Civil (a interrupção só ocorre uma vez) não se aplica à causa prevista no inciso I do mesmo artigo" [32].

Feita tal observação, passemos à análise do primeiro caso de interrupção de prescrição: o despacho do juiz, mesmo incompetente, que ordenar a citação, se o interessado promovê-la no prazo e na forma da lei processual. A primeira observação necessária é a de que a interrupção ocorre pelo despacho que ordena a citação e não pela citação em si. Além disso, cabe lembrar que o dispositivo analisado não pode ser lido isoladamente, devendo ser interpretado em conjunto com o artigo 240 do Código de Processo Civil, que dispõe:

> Art. 240. A citação válida, ainda quando ordenada por juízo incompetente, induz litispendência, torna litigiosa a coisa e **constitui em mora o devedor**, ressalvado o disposto nos arts. 397 e 398 da Lei nº 10.406, de 10 de janeiro de 2002 (Código Civil).
>
> § 1º A interrupção da prescrição, **operada pelo despacho que ordena a citação**, ainda que proferido por juízo incompetente, retroagirá à data de propositura da ação.
>
> § 2º Incumbe ao autor adotar, no prazo de 10 (dez) dias, as providências necessárias para viabilizar a citação, sob pena de não se aplicar o disposto no § 1º.
>
> § 3º A parte não será prejudicada pela demora imputável exclusivamente ao serviço judiciário.
>
> § 4º O efeito retroativo a que se refere o § 1º aplica-se à decadência e aos demais prazos extintivos previstos em lei.
>
> (Grifo nosso)

A norma processual indica que a interrupção decorrente do despacho citatório retroage à propositura da ação. Volvendo ao Código Civil, o parágrafo único do artigo 202 determina que a interrupção perdure até o último ato processual do feito no qual a prescrição fora interrompida.

Algumas regras, no entanto, carecem de cuidadosa leitura do aplicador do direito. A interrupção da prescrição premia o autor diligente, vale dizer, aquele que promoveu a citação no prazo e na forma da lei processual, como indica o artigo 202, I, do Código Civil. Novamente aclaramos tal enunciado com o disposto no Código de Processo Civil, desta feita, artigo 240, § 2º, que exorta o demandante a adotar,

32. BRASIL. Tribunal de Justiça de São Paulo. APL 00059743620128260248 SP 0005974-36.2012.8.26.0248, Relator: DES. Paulo Roberto de Santana, Data de Julgamento: 08/04/2015, 23ª Câmara de Direito Privado, Data de Publicação: 10/04/2015.

no prazo de 10 dias, as providências necessárias para viabilizar a citação, como, por exemplo, o fornecimento do endereço correto do Réu, ou a realização de diligências tendentes a localizá-lo, o pagamento das custas processuais, que englobam às voltadas para realização do ato citatório, para citar as mais relevantes providências promotoras da interrupção da prescrição com data retroativa à distribuição da ação. Lembre-se, ademais, de que qualquer demora na citação, que não decorra de desídia do autor, não lhe trará qualquer prejuízo, como indica o § 3º, do artigo 240 do CPC. Por fim, caso o demandante não promova a citação no prazo e na forma da lei processual, o efeito interruptivo não ocorrerá com data retroativa e dar-se-á apenas com a própria citação da parte ré[33].

Cabe lembrar que se o processo for extinto, mesmo sem julgamento de mérito, após a citação do réu, o efeito interruptivo opera-se. No entanto tal assertiva só será verdadeira se não houver ocorrido, antes da propositura da demanda, outra causa interruptiva. Expliquemo-nos. Há a possibilidade de incidência concomitante de duas hipóteses interruptivas do prazo prescricional. Por exemplo, pode suceder que protocole um pedido de protesto cambial junto ao cartório competente, ao mesmo tempo em que se ajuíze uma ação judicial extinta sem julgamento, porém com citação válida do devedor. . Proposta nova ação, após as duas causas de interrupção (protesto e despacho citatório na primeira ação, extinta sem julgamento de mérito), necessário que o reinício do prazo prescricional se dê a partir da primeira (e única possível) causa interruptiva (protesto cambial), não havendo a segunda delas (despacho citatório em processo extinto sem julgamento de mérito) interferido na fluência do prazo, eis que o *caput* do artigo 202 só permite uma única interrupção da prescrição.

Cabe lembrar que a interrupção da prescrição perdurará até o último ato do processo no qual ela fora interrompida (art. 202, par. único). Assim, na fase de conhecimento, não seria razoável admitir-se, ao menos não em regra, a possibilidade de prescrição intercorrente, ou seja, aquela que aconteceria no curso da demanda judicial.

Ocorre que, encerrada a fase de conhecimento, deverá a parte propor o cumprimento da sentença. O Supremo Tribunal Federal, há muito, já determina, por meio da Súmula 150, que "prescreve a execução no mesmo prazo de prescrição da ação". Significa dizer que, se o autor da ação de conhecimento, cuja pretensão prescreve em três anos, levar esse tempo (ou mais) para ingressar com o cumprimento de sentença, mesmo sagrando-se vitorioso na demanda cognitiva, a pretensão executiva estaria encoberta pela prescrição. Até mesmo no curso da demanda executiva, deve o autor permanecer atento ao disposto no artigo 921 do Código de Processo Civil, que expressamente autoriza a incidência da chamada prescrição intercorrente em demandas executivas:

---

33. DIDIER JR, Fredie. **Curso de Direito Processual Civil** – v. 1. Salvador: JusPodivm, 2015, p. 614.

LIVRO II – DO PROCESSO DE EXECUÇÃO

TÍTULO I – DA EXECUÇÃO EM GERAL

CAPÍTULO I – DISPOSIÇÕES GERAIS

Art. 771. Este Livro regula o procedimento da execução fundada em título extrajudicial, e suas disposições aplicam-se, também, no que couber, aos procedimentos especiais de execução, aos atos executivos realizados no procedimento de cumprimento de sentença, bem como aos efeitos de atos ou fatos processuais a que a lei atribuir força executiva.

Parágrafo único. Aplicam-se subsidiariamente à execução as disposições do Livro I da Parte Especial.

(...)

Art. 921. Suspende-se a execução:

(...)

III – quando o executado não possuir bens penhoráveis;

(...)

§ 1º Na hipótese do inciso III, o juiz suspenderá a execução pelo prazo de 1 (um) ano, durante o qual se suspenderá a prescrição.

§ 2º Decorrido o prazo máximo de 1 (um) ano sem que seja localizado o executado ou que sejam encontrados bens penhoráveis, o juiz ordenará o arquivamento dos autos.

§ 3º Os autos serão desarquivados para prosseguimento da execução se a qualquer tempo forem encontrados bens penhoráveis.

§ 4º Decorrido o prazo de que trata o § 1º sem manifestação do exequente, começa a correr o prazo de prescrição intercorrente.

§ 5º O juiz, depois de ouvidas as partes, no prazo de 15 (quinze) dias, poderá, de ofício, reconhecer a prescrição de que trata o § 4º e extinguir o processo.

Abordada a primeira causa de interrupção, avancemos para a segunda – protesto judicial, que se presta "à expressão da vontade do requerente, que afirma possuir um direito ou manifesta a intenção de exercitá-lo"[34]. Em linhas gerais, trata-se de procedimento judicial no qual o Autor se declara titular de determinado direito subjetivo e exorta o devedor a prestar o que lhe é devido. Não tem carga condenatória. Presta-se apenas a cientificar o devedor de tal fato, possuindo, outrossim, como consequência jurídica a interrupção da prescrição. O Código de Processo Civil, a respeito do tema, esclarece:

Art. 726. Quem tiver interesse em manifestar formalmente sua vontade a outrem sobre assunto juridicamente relevante poderá notificar pessoas participantes da mesma relação jurídica para dar-lhes ciência de seu propósito.

§ 1º Se a pretensão for a de dar conhecimento geral ao público, mediante edital, o juiz só a deferirá se a tiver por fundada e necessária ao resguardo de direito.

§ 2º Aplica-se o disposto nesta Seção, no que couber, ao protesto judicial.

34. MARINONI, Luiz Guilherme, e ARENHART, Sérgio Cruz. **Curso de Processo Civil** – v. 4 – Processo Cautelar. São Paulo: RT, 2008, p. 302.

> (...)
>
> Art. 729. Deferida e realizada a notificação ou interpelação, os autos serão entregues ao requerente.

Interessante questão se põe sobre quando se opera a interrupção decorrente da notificação judicial e até quando perdura. O Superior Tribunal de Justiça já entendeu que o protesto judicial interrompe a prescrição a partir de seu ajuizamento, recomeçando o prazo a correr daí[35]. Assim, embora seja um procedimento especial judicial, a interrupção é instantânea e não se projeta até o último ato processual, consistente na intimação do requerente para retirada dos autos de cartório (art. 729 do CPC).

A terceira hipótese de interrupção é o protesto cambial, assim entendido como "o ato oficial e solene por meio do qual se faz certa e se prova a falta ou recusa, total ou parcial, do aceite ou do pagamento de um título cambial"[36]. Note-se que a hipótese é circunscrita a títulos cambiais, como cheques, duplicatas, letras de câmbio e notas promissórias. O instrumento do protesto deverá conter a data da apresentação do título (art. 22 da Lei 9.492/97), que poderá ser usada como prova solene da data da interrupção da prescrição.

A quarta hipótese de interrupção é a apresentação do título de crédito em juízo de inventário ou em concurso de credores. Em primeiro lugar, cabe esclarecer que a doutrina e a jurisprudência têm ampliado a interpretação da expressão "título de crédito", podendo ser, assim, representado por títulos executivos extrajudiciais (art. 784 do CPC) que extrapolam o rol de títulos de crédito, tomados em sentido estrito (cheque, nota promissória, letra de câmbio, *inter alia*). Nos dizeres de Vilson Rodrigues Alves, "o título de crédito, no art. 202, IV, 1ª parte, é título *lato sensu*, por exemplo, a conta de honorários médicos, ou a conta de honorários advocatícios." [37]

No mais, o dispositivo menciona a apresentação do referido título em juízo de inventário ou em concurso de credores. Adverte Arnaldo Rizzardo[38] que

> [...] uma vez verificado o inventário dos bens do devedor, ou a abertura de concurso de credores, a apresentação do título de crédito nos respectivos autos produz a interrupção do tempo de prescrição. Acontece que, com a apresentação do título, opera-se o ato de manifestar a intenção do recebimento do crédito, correspondendo a uma interpelação.

Em outras palavras, a simples apresentação do título, mesmo que não seja habilitado ou gere qualquer outro efeito, é suficiente para gerar o efeito interruptivo.

A quinta hipótese de interrupção são atos judiciais de constituição em mora do devedor. O dispositivo remete-nos ao artigo 397 do Código Civil, ao tratar de

35. BRASIL. Superior Tribunal de Justiça. AgInt no REsp 1338071/PR, Rel. Ministra REGINA HELENA COSTA, PRIMEIRA TURMA, julgado em 24/04/2018, DJe 02/05/2018.
36. BORGES, João Eunápio. **Títulos de crédito.** Rio de Janeiro: Forense, 1976, p. 645.
37. ALVES, Vilson Rodrigues. **Da prescrição e da Decadência no Novo Código Civil**. Campinas: Bookseller, 2003, p. 71.
38. RIZZARDO, Arnaldo. **Prescrição e Decadência**. 2 ed. Rio de Janeiro: Forense. 2017, p. 89.

mora *ex re* e *ex persona.* A primeira encontra-se disciplinada no ***caput*** do artigo, e é aquela constituída, de pleno direito, pelo inadimplemento da obrigação, positiva e líquida, no seu termo. Um exemplo singelo seria um boleto bancário com a precisa indicação da data de vencimento. Alcançado o dia lá indicado, os juros de mora fluem automaticamente.

Não havendo, no entanto, termo para que a obrigação seja prestada, a mora só se haverá de constituir pela interpelação judicial ou extrajudicial, como indica o parágrafo único do artigo 397 do Código Civil. Essa é a mora ***ex persona.*** Almejando o credor não apenas constituir em mora o devedor, mas interromper a prescrição, deverá optar pela notificação (ou interpelação) judicial.

A sexta e última hipótese interruptiva da prescrição são atos, ainda que extrajudiciais, que importem reconhecimento do direito do credor pelo devedor. O rol é muito vasto, podendo enquadrar-se nele uma renegociação de dívida, ou mesmo o pedido de dilação de prazo de pagamento. Hipótese interessante seria a da tentativa de renúncia à prescrição ainda não consumada. Ora, como a lei só autoriza a renúncia da prescrição já consumada, caso ela se dê antes de se completar o prazo prescricional, fixado em lei, embora ela não possa valer como uma renúncia, indiretamente ela indica o reconhecimento do direito do credor pelo devedor. Destarte, somente há sentido em renunciar à prescrição, mesmo antes de ela consumar-se por eventual equívoco na contagem de prazo, caso o devedor se reconheça como tal.

Vistos, portanto, os seis casos de interrupção de prescrição, avancemos para a análise conjunta dos artigos 201, 203 e 204 do Código Civil.

Análise dos artigos 201, 203 e 204 do Código Civil. Os artigos 201, 203 e 204 do Código Civil, respectivamente, determinam:

> Art. 201. Suspensa a prescrição em favor de um dos credores solidários, só aproveitam os outros se a obrigação for indivisível.
>
> (...)
>
> Art. 203. A prescrição pode ser interrompida por qualquer interessado.
>
> Art. 204. A interrupção da prescrição por um credor não aproveita aos outros; semelhantemente, a interrupção operada contra o codevedor, ou seu herdeiro, não prejudica aos demais coobrigados.
>
> § 1º A interrupção por um dos credores solidários aproveita aos outros; assim como a interrupção efetuada contra o devedor solidário envolve os demais e seus herdeiros.
>
> § 2º A interrupção operada contra um dos herdeiros do devedor solidário não prejudica os outros herdeiros ou devedores, senão quando se trate de obrigações e direitos indivisíveis.
>
> § 3º A interrupção produzida contra o principal devedor prejudica o fiador.

Cumpre, inicialmente, frisar que as hipóteses de suspensão aproximam-se mais de ***situações personalíssimas,*** ao passo que as de interrupção tratam de atos cuja iniciativa cabe a qualquer interessado em promovê-la (credor principal, titular de direitos eventuais sobre o crédito, *inter alios*), como indica o artigo 203, acima transcrito.

Compreensível, portanto, a redação do artigo 201: "suspensa a prescrição em favor de um dos credores solidários, só aproveitam os outros se a obrigação for indivisível." Tal redação justifica-se pelo comentário feito no parágrafo anterior. Ora, sendo a suspensão fruto, em sua maioria, de hipóteses personalíssimas, esse rol não se comunica a outros credores, ainda que solidários, salvo se a obrigação for indivisível. De fato, a impossibilidade do fracionamento da prestação forçosamente obriga o devedor a prestar, no futuro, o objeto inteiro, mesmo que a prescrição só se suspenda em favor de um dos credores.

Regramento um tanto distinto ocorre na interrupção. Inicialmente, em obrigações divisíveis e não solidárias, determina a lei que "a interrupção da prescrição por um credor não aproveita aos outros; semelhantemente, a interrupção operada contra o codevedor, ou seu herdeiro, não prejudica aos demais coobrigados" (art. 204, *caput*).

Fácil explicar tal comando. Como visto alhures, o artigo 257 do Código Civil consagra o princípio ***concurso partes finta*** por meio do qual, "havendo mais de um devedor ou mais de um credor em obrigação divisível, esta presume-se dividida em tantas obrigações, iguais e distintas, quantos os credores ou devedores". Tem-se, portanto, estabelecida a total independência entre as obrigações parciais, quando não houver o fenômeno da indivisibilidade, tampouco da solidariedade. Nessa esteira, natural que a prescrição interrompida por um credor não aproveite aos que não sejam cocredores de obrigações indivisíveis ou solidárias.

No entanto, se houver solidariedade, com muita felicidade, determina o parágrafo primeiro do artigo 204: "a interrupção por um dos credores solidários aproveita aos outros; assim como a interrupção efetuada contra o devedor solidário envolve os demais e seus herdeiros". Lembremo-nos de que as hipóteses interruptivas tratam de atuações dos interessados e não de situações personalíssimas. Assim, nada impede que uma citação promovida por um credor aproveite ao seu solidário. Tal não ocorre, como analisado acima, na suspensão (art. 201), pois como a suspensão versa sobre estados personalíssimos (fato de ser absolutamente incapaz, ou casado com o devedor) não se transmitem, como regra, aos demais solidários.

Já o parágrafo segundo do artigo 204 , não permite se estenda uma interrupção contra um dos herdeiros aos demais, salvo se se tratar de direitos ou obrigações indivisíveis, pois, por óbvio, a prestação haverá de dar-se por inteiro, sendo justo que se divida com os demais herdeiros o ônus de sua prestação.

O parágrafo terceiro do dispositivo agora examinado, por fim, estabelece que a interrupção da prescrição contra o devedor estende-se ao fiador. Tal ressalva é necessária, porquanto a fiança não é espécie de solidariedade, traduzindo, no entanto, uma obrigação acessória de garantia. Suas hipóteses de extinção são diversas da solidariedade e, no caso de obrigações por prazo indeterminado, pode decorrer da resilição por parte do fiador. Assim, razoável, pela regra da gravitação jurídica, que a lei expressamente impusesse que a interrupção da prescrição quanto ao devedor acarretará também o mesmo efeito quanto ao fiador.

Vistos, portanto, os principais aspectos introdutórios sobre prescrição, avancemos para análise dos prazos prescricionais.

Prazos prescricionais – introdução. Vimos que os prazos prescricionais começam a fluir a partir do nascimento da pretensão. Além disso, consignamos que os prazos prescricionais não podem ser objeto de fixação ou modificação pela vontade das partes, cabendo, portanto, à lei determiná-los.

Pois bem. A prescritibilidade das pretensões é a regra e a imprescritbilidade a absoluta exceção, havendo de decorrer de expressa determinação normativa. Exemplo disso é o § 5º, do artigo 37 da Constituição Federal, a determinar:

> Art. 37 (...)
>
> § 5º A lei estabelecerá os prazos de prescrição para ilícitos praticados por qualquer agente, servidor ou não, que causem prejuízos ao erário, ressalvadas as respectivas ações de ressarcimento.

A regra, portanto, é de que qualquer direito subjetivo tenha sua pretensão prescrita no prazo fixado em lei. Duas alternativas, então, são abertas: ou existe alguma previsão específica acerca do prazo prescricional, ou, se nada existir, a prescrição dar-se-á no prazo geral que, para lei do Brasil, é de dez anos (art. 205 do Código Civil).

O artigo 206 trata das específicas hipóteses de prescrição. Seus parágrafos são ordenados conforme o número de anos necessários para que a pretensão prescreva. Assim, no primeiro parágrafo, estão estabelecidos os prazos prescricionais de um ano, no segundo, de dois e assim sucessivamente. Abordemos algumas dessas hipóteses.

Prazos prescricionais anuais. O parágrafo primeiro do artigo 206 (Código Civil) estabelece:

> Art. 206. Prescreve:
>
> § 1º Em um ano:
>
> I – a pretensão dos hospedeiros ou fornecedores de víveres destinados a consumo no próprio estabelecimento, para o pagamento da hospedagem ou dos alimentos;
>
> II – a pretensão do segurado contra o segurador, ou a deste contra aquele, contado o prazo:
>
> a) para o segurado, no caso de seguro de responsabilidade civil, da data em que é citado para responder à ação de indenização proposta pelo terceiro prejudicado, ou da data que a este indeniza, com a anuência do segurador;
>
> b) quanto aos demais seguros, da ciência do fato gerador da pretensão;
>
> III – a pretensão dos tabeliães, auxiliares da justiça, serventuários judiciais, árbitros e peritos, pela percepção de emolumentos, custas e honorários;
>
> IV – a pretensão contra os peritos, pela avaliação dos bens que entraram para a formação do capital de sociedade anônima, contado da publicação da ata da assembleia que aprovar o laudo;
>
> V – a pretensão dos credores não pagos contra os sócios ou acionistas e os liquidantes, contado o prazo da publicação da ata de encerramento da liquidação da sociedade.

O primeiro inciso do parágrafo não oferece maiores dificuldades. Trata-se do prazo para cobrança das dívidas oriundas da utilização dos serviços, por exemplo, de bares, restaurantes ou hotéis. Conta-se o prazo prescricional do dia em que a fatura pelos serviços venceu, restando um ano para que o credor possa exigir o pagamento que lhe é devido.

A previsão seguinte, por seu turno, é objeto de imensas disputas perante os tribunais brasileiros. Trata do prazo prescricional envolvendo relações securitárias. A primeira alínea estabelece que a prescrição ânua começa a correr, para o segurado, no caso de seguro de responsabilidade civil, da data em que é citado para responder à ação de indenização proposta pelo terceiro prejudicado, ou da data que a este indeniza, com a anuência do segurador. Nota-se que o dispositivo aborda corriqueira hipótese em que um sujeito contrata um seguro para protegê-lo de danos que ele mesmo venha a causar a terceiros.

Basta imaginar o dono de um veículo. Uma das principais finalidades do seguro, nesse caso, é que este cubra os danos que o segurado venha a causar, por culpa, em veículos alheios. Em tais hipóteses, por óbvio, a cobertura securitária não será fiada apenas na palavra do segurado. Antes de obter, da seguradora, a promessa de que cobrirá o dano, esta tem que ser comunicada das circunstâncias do sinistro, para, avaliadas as circunstâncias, compreender que é, de fato, segundo as regras firmadas na apólice, o caso de indenizar.

Aliás, o dever de se comunicar a seguradora decorre da própria dicção do artigo 771 do Código Civil, que determina:

> Art. 771. Sob pena de perder o direito à indenização, o segurado participará o sinistro ao segurador, logo que o saiba, e tomará as providências imediatas para minorar-lhe as consequências.
>
> Parágrafo único. Correm à conta do segurador, até o limite fixado no contrato, as despesas de salvamento consequente ao sinistro.

Pois bem: por harmonia do sistema, há de estabelecer-se um prazo, no caso de cobertura de prejuízos causados pelo segurado a terceiro, para que este possa exigir da seguradora o ressarcimento para o que tenha despendido em virtude do dano acarretado. Tal prazo é de um ano, contado da data em que o segurado é citado para responder à ação de indenização proposta pelo terceiro prejudicado, ou da data em que a este indeniza, com a anuência do segurador, o prejuízo causado.

Igualmente importante é a alínea subsequente à abordada. Trata dos demais seguros e estabelece o termo ***a quo***, para a prescrição, como a data do sinistro experimentado.

Algumas observações são necessárias. A primeira delas é de hipótese de suspensão do prazo prescricional criada jurisprudencialmente (o que, não obstante a justiça da medida, não deixa de ser uma deformação do sistema): o prazo ânuo começa a correr da data do sinistro (ou de sua inequívoca ciência, nas hipóteses já discutidas de aplicação da teoria da ***actio nata***) e segue seu curso até o dia em que a seguradora é comunicada do evento danoso, sendo-lhe reclamado, portanto, o pagamento da indenização cabível. Nesse momento, então, suspende-se o fluxo do prazo, que só volta a correr (do momento em queparou), após eventual negativa de cobertura comunicada ao segurado. Tal entendimento decorre da leitura da Súmula 229, do STJ, que estabelece: "O pedido do pagamento de indenização à seguradora suspende o prazo de prescrição até que o segurado tenha ciência da decisão".

Cabe esclarecer que o dispositivo mencionado aplica-se às hipóteses de resseguro (como um contrato de seguro decorre do fato de a resseguradora obrigar-se, mediante o pagamento de um prêmio, a proteger o patrimônio da seguradora/cedente do risco substanciado na responsabilidade desta perante seu segurado[39]) ou cosseguro (quando duas ou mais seguradoras dividem simultaneamente a responsabilidade de cobrir, proporcionalmente, o mesmo risco). Importante ressalva, porém, ao tratar-se do prazo prescricional, acima examinado, merece ser feita: no dispositivo tratado não se enquadram pretensões deduzidas em relação ao seguro-saúde[40].

Na sequência, estabelece o Código Civil que também é ânua a prescrição da pretensão dos tabeliães, auxiliares da justiça, serventuários judiciais, árbitros e peritos, pela percepção de emolumentos, custas e honorários, hipótese de fácil subsunção.

O inciso seguinte, porém, consagra o prazo de um ano para prescrição da pretensão contra os peritos, pela avaliação dos bens que entraram para a formação do capital de sociedade anônima, contado da publicação da ata da assembleia que aprovar

---

39. BRASIL. Superior Tribunal de Justiça. REsp 1170057/MG, Rel. Ministro RICARDO VILLAS BÔAS CUEVA, TERCEIRA TURMA, julgado em 17/12/2013, DJe 13/02/2014 assim tratou do tema: RECURSO ESPECIAL. CIVIL E PROCESSUAL CIVIL. ACIDENTE FATAL EM POUSO FORÇADO DE HELICÓPTERO. INDENIZAÇÃO PAGA PELA SEGURADORA. RESSEGURO. COBRANÇA. PRESCRIÇÃO ÂNUA. 1. A qualificação jurídica do resseguro como um contrato de seguro decorre do fato de a resseguradora obrigar-se, mediante o pagamento de um prêmio, a proteger o patrimônio da seguradora/cedente do risco substanciado na responsabilidade desta perante seu segurado. Logo, presentes as características principais da relação securitária: interesse, risco, importância segurada e prêmio. 2. Qualquer pretensão do segurado contra o segurador, ou deste contra aquele, prescreve em um ano (art. 178, § 6º, do Código Civil/1916 e art. 206, II, do Código Civil atual), regra que alcança o seguro do segurador, isto é, o resseguro. 3. Recurso especial não provido.

40. BRASIL. Superior Tribunal de Justiça. AgInt no REsp 1755776/SP, Rel. Ministra NANCY ANDRIGHI, TERCEIRA TURMA, julgado em 12/11/2018, DJe 14/11/2018 asseverou: PROCESSUAL CIVIL. AGRAVO INTERNO NO RECURSO ESPECIAL. AÇÃO DE COBRANÇA C/C DANOS MORAIS. PLANO DE SAÚDE. VIOLAÇÃO DE DISPOSITIVO CONSTITUCIONAL E DE SÚMULA. DESCABIMENTO. PREQUESTIONAMENTO. AUSÊNCIA. REEXAME DE FATOS E INTERPRETAÇÃO DE CLÁUSULAS CONTRATUAIS. INADMISSIBILIDADE. HARMONIA ENTRE O ACÓRDÃO RECORRIDO E A JURISPRUDÊNCIA DO STJ. SÚMULA 568/STJ. 1. Ação de cobrança c/c danos morais, fundada na negativa de custeio de tratamento domiciliar. 2. A interposição de recurso especial não é cabível quando ocorre violação de dispositivo constitucional ou de qualquer ato normativo que não se enquadre no conceito de lei federal, conforme disposto no art. 105, III, "a", da CF/88. 3. A ausência de decisão acerca dos dispositivos legais indicados como violados impede o conhecimento do recurso especial. 4. O reexame de fatos e a reinterpretação de cláusulas contratuais em recurso especial é inadmissível. 5. Não incide a prescrição ânua, própria das relações securitárias (arts. 178, §6º, II, do CC/1916 e 206, § 1º, II, do CC/2002), nas ações que discutem direitos oriundos de planos de saúde ou de seguros saúde, dada a natureza sui generis desses contratos. Ante o entendimento dominante do tema nas Turmas de Direito Privado, aplica-se, no particular, a Súmula 568/STJ. 6. Agravo Interno no recuso especial não provido.

o laudo. A atividade pericial tratada no Código Civil está disciplinada também no artigo 8º da Lei das Sociedades Anônimas (Lei nº 6.404/76):

> Art. 8º A avaliação dos bens será feita por 3 (três) peritos ou por empresa especializada, nomeados em assembleia-geral dos subscritores, convocada pela imprensa e presidida por um dos fundadores, instalando-se em primeira convocação com a presença de subscritores que representem metade, pelo menos, do capital social, e em segunda convocação com qualquer número.
>
> § 1º Os peritos ou a empresa avaliadora deverão apresentar laudo fundamentado, com a indicação dos critérios de avaliação e dos elementos de comparação adotados e instruído com os documentos relativos aos bens avaliados, e estarão presentes à assembleia que conhecer do laudo, a fim de prestarem as informações que lhes forem solicitadas.
>
> § 2º Se o subscritor aceitar o valor aprovado pela assembleia, os bens incorporar-se-ão ao patrimônio da companhia, competindo aos primeiros diretores cumprir as formalidades necessárias à respectiva transmissão.
>
> § 3º Se a assembleia não aprovar a avaliação, ou o subscritor não aceitar a avaliação aprovada, ficará sem efeito o projeto de constituição da companhia.
>
> § 4º Os bens não poderão ser incorporados ao patrimônio da companhia por valor acima do que lhes tiver dado o subscritor.
>
> § 5º Aplica-se à assembleia referida neste artigo o disposto nos §§ 1º e 2º do artigo 115.
>
> § 6º Os avaliadores e o subscritor responderão perante a companhia, os acionistas e terceiros, pelos danos que lhes causarem por culpa ou dolo na avaliação dos bens, sem prejuízo da responsabilidade penal em que tenham incorrido; no caso de bens em condomínio, a responsabilidade dos subscritores é solidária.

Pois bem – mas o que pretende o Código Civil estabelecer ao disciplinar a prescrição ânua da pretensão contra os peritos, pela avaliação dos bens que entraram para a formação do capital de sociedade anônima, contado da publicação da ata da assembleia que aprovar o laudo?

Podemos pensar na hipótese de pessoas que, pouco tempo depois de constituída a sociedade anônima, resolveram adquirir mais ações, certos de que o valor de seu ativo imobilizado era muito superior ao que, de fato, revelou-se, tendo em vista a maliciosa avaliação feita por peritos. Na hipótese de moverem ação contra tais profissionais, para tentarem a reparação pela má aquisição, fundada na conduta pouco austera dos peritos, haverão de observar o prazo máximo de um ano, preconizado pelo artigo 206, § 1º, IV, do Código Civil.

Cabe, por fim, analisar a derradeira hipótese do artigo 206, § 1º: a prescrição anual da pretensão dos credores não pagos contra os sócios ou acionistas e os liquidantes, contado o prazo da publicação da ata de encerramento da liquidação da sociedade.

A derradeira hipótese de prescrição anual remete-nos, como pontua Vilson Rodrigues Alves[41], à leitura dos artigos 1.102 a 1.112 do Código Civil, a disciplinar a extinção das sociedades empresariais, que, em linhas gerais, demanda uma fase

41. ALVES, Vilson Rodrigues. **Da prescrição e da Decadência no Novo Código Civil**. Campinas: Bookseller, 2003, p. 291/293.

prévia de liquidação e pagamento aos seus credores, antes da distribuição do apurado entre os sócios.

Pode acontecer, porém, que a ordem de pagamentos seja alterada ou que algum credor receba menos do que deveria na liquidação da sociedade. Na hipótese de manejar ação contra o sócio, acionista e liquidante, o credor terá o prazo ânuo para fazê-lo.

Prazo prescricional bienal. O parágrafo segundo, do artigo 206, do Código Civil, trata de singela hipótese, a saber: prescreve em dois anos a pretensão para haver prestações alimentares, a partir da data em que se vencerem.

Alguns detalhes merecem ser sopesados na análise do dispositivo. O primeiro deles é que a jurisprudência, desde o Código Civil anterior, restringiu sua incidência às hipóteses relativas ao pensionamento decorrente de relações de direito de família[42]. Assim, hipóteses derivadas de pensionamento civil por morte, não se encontram abarcadas pelo dispositivo.

Outra questão à qual deve estar atento o aplicador do direito é de que não corre prescrição entre ascendentes e descendentes durante o poder familiar (art. 197, inc. II do Código Civil). Assim, mesmo que, durante o poder familiar, o prazo prescricional da verba alimentar seja de dois anos, entre o pai e o filho a receber alimentos, tal prazo só terá início com a emancipação ou com a maioridade do alimentando. Em outras palavras, se o pai deixou de pagar alimentos desde os dois anos de idade do filho, tais verbas só prescreverão a partir dos dezoito anos do último, podendo todas serem cobradas de uma só vez.

No mais, o prazo bienal incide, em plenitude, em corriqueiras relações de prestação de alimentos entre familiares, como, por exemplo, entre filhos capazes e seus genitores idosos, não estando, por si, sujeita a qualquer hipótese suspensiva, tal qual ocorre nas relações entre pais e filhos menores.

A prescrição bienal, de outra banda, não se aplica à pretensão de ressarcimento da mãe que, deixando de receber os alimentos a serem prestados pelo pai, move ação contra este para se reembolsar das despesas com o sustento do filho. O Superior Tribunal de Justiça entende, na hipótese, que há um caso especial de gestão de negócios, tratado no artigo 871 do Código Civil[43]:

---

42. BRASIL. Superior Tribunal de Justiça. REsp 260.690/RJ, Rel. Ministro FERNANDO GONÇALVES, QUARTA TURMA, julgado em 03/03/2005, DJ 18/04/2005, p. 339 estabelece: CIVIL. INDENIZAÇÃO. MORTE. DANOS MATERIAIS. PENSÃO MENSAL. PRESCRIÇÃO QUINQUENÁRIA. INAPLICABILIDADE. PRESSUPOSTO FÁTICO. LIQUIDAÇÃO POR ARTIGOS. PERCUCIÊNCIA. REEXAME DE PROVAS. SÚMULA 7-STJ. DESPESAS DE FUNERAL. FALTA DE COMPROVAÇÃO. CONDENAÇÃO. IMPOSSIBILIDADE. 1 – Em se tratando de indenização por danos materiais, na forma de pensão mensal, não se aplica o prazo prescricional do art. 178, § 10, I, do Código Civil (cinco anos), mas o do art. 177 do mesmo diploma legal (vinte anos), porquanto a menção a alimentos (art. 1537, II) representa mera referência para o cálculo do ressarcimento, sem, contudo, retirar a natureza da obrigação, vale dizer, a de indenizar o dano decorrente do evento (Resp nº 1.021/RJ e Resp nº 53538/RJ). (...).
43. BRASIL. Superior Tribunal de Justiça. REsp 1453838/SP, Rel. Ministro LUIS FELIPE SALOMÃO, QUARTA TURMA, julgado em 24/11/2015, DJe 07/12/2015: RECURSO ESPECIAL. DIREITO DE FAMÍLIA. ALIMEN-

> Art. 871. Quando alguém, na ausência do indivíduo obrigado a alimentos, por ele os prestar a quem se devem, poder-lhes-á reaver do devedor a importância, ainda que este não ratifique o ato.

Assim, na ação movida pela ***MÃE*** contra o ***PAI*** para reembolsar-se dos gastos feitos, não se tem exatamente uma pretensão entre credor e devedor de alimentos: logo a prescrição, por ausência de regra específica, será de dez anos. No entanto, se a ação versar sobre a execução movida pelo ***FILHO*** contra o ***PAI*** pela ausência de pagamento de alimentos, o prazo prescricional será bienal, com a ressalva de que, apenas começará a correr quando cessar o poder familiar do genitor, conforme já mencionamos.

Prazos prescricionais trienais. Muito relevante mostra-se o parágrafo terceiro do artigo 206, do Código Civil, que dispõe:

> Art. 206. Prescreve:
>
> (...)
>
> § 3º Em três anos:
>
> I – a pretensão relativa a aluguéis de prédios urbanos ou rústicos;
>
> II – a pretensão para receber prestações vencidas de rendas temporárias ou vitalícias;
>
> III – a pretensão para haver juros, dividendos ou quaisquer prestações acessórias, pagáveis, em períodos não maiores de um ano, com capitalização ou sem ela;
>
> IV – a pretensão de ressarcimento de enriquecimento sem causa;
>
> V – a pretensão de reparação civil;

TOS. INADIMPLEMENTO. GENITORA QUE ASSUME OS ENCARGOS QUE ERAM DE RESPONSABILIDADE DO PAI. CARACTERIZAÇÃO DA GESTÃO DE NEGÓCIOS. ART. 871 DO CC. SUB-ROGAÇÃO AFASTADA. REEMBOLSO DO CRÉDITO. NATUREZA PESSOAL. PRESCRIÇÃO. PRAZO GERAL DO ART. 205 DO CC. 1. Segundo o art. 871 do CC, "quando alguém, na ausência do indivíduo obrigado a alimentos, por ele os prestar a quem se devem, poder-lhes-á reaver do devedor a importância, ainda que este não ratifique o ato". 2. A razão de ser do instituto, notadamente por afastar eventual necessidade de concordância do devedor, é conferir a máxima proteção ao alimentário e, ao mesmo tempo, garantir àqueles que prestam socorro o direito de reembolso pelas despesas despendidas, evitando o enriquecimento sem causa do devedor de alimentos. Nessas situações, não há falar em sub-rogação, haja vista que o credor não pode ser considerado terceiro interessado, não podendo ser futuramente obrigado na quitação do débito. 3. Na hipótese, a recorrente ajuizou ação de cobrança pleiteando o reembolso dos valores despendidos para o custeio de despesas de primeira necessidade de seus filhos – plano de saúde, despesas dentárias, mensalidades e materiais escolares -, que eram de inteira responsabilidade do pai, conforme sentença revisional de alimentos. Reconhecida a incidência da gestão de negócios, deve-se ter, com relação ao reembolso de valores, o tratamento conferido ao terceiro não interessado, notadamente por não haver sub-rogação, nos termos do art. 305 do CC. 4. Assim, tendo-se em conta que a pretensão do terceiro ao reembolso de seu crédito tem natureza pessoal (não se situando no âmbito do direito de família), de que se trata de terceiro não interessado – gestor de negócios *sui generis* -, bem como afastados eventuais argumentos de exoneração do devedor que poderiam elidir a pretensão material originária, não se tem como reconhecer a prescrição no presente caso. 5. Isso porque a prescrição a incidir na espécie não é a prevista no art. 206, § 2º, do Código Civil – 2 (dois) anos para a pretensão de cobrança de prestações alimentares -, mas a regra geral prevista no *caput* do dispositivo, segundo a qual a prescrição ocorre em 10 (dez) anos quando a lei não lhe haja fixado prazo menor.

6. Recurso especial provido.

VI – a pretensão de restituição dos lucros ou dividendos recebidos de má-fé, correndo o prazo da data em que foi deliberada a distribuição;

VII – a pretensão contra as pessoas em seguida indicadas por violação da lei ou do estatuto, contado o prazo:

a) para os fundadores, da publicação dos atos constitutivos da sociedade anônima;

1 b) para os administradores, ou fiscais, da apresentação, aos sócios, do balanço referente ao exercício em que a violação tenha sido praticada, ou da reunião ou assembleia geral que dela deva tomar conhecimento;

c) para os liquidantes, da primeira assembleia semestral posterior à violação;

VIII – a pretensão para haver o pagamento de título de crédito, a contar do vencimento, ressalvadas as disposições de lei especial;

IX – a pretensão do beneficiário contra o segurador, e a do terceiro prejudicado, no caso de seguro de responsabilidade civil obrigatório.

A primeira hipótese de pretensão trienal é relativa a alugueres, pouco importando se o imóvel locado é rural ou urbano. Lembremos apenas que, por se tratar de prestações de trato sucessivo, a prescrição dar-se-á a partir do vencimento de cada parcela. Há, portanto, a possibilidade de, a depender do transcurso temporal, haver parcelas vencidas prescritas e não prescritas, porque o termo *a quo* depende do vencimento de cada parcela específica.

Em sequência, o Código Civil traz a determinação de que prescreve em três anos a pretensão para receber prestações vencidas de rendas temporárias ou vitalícias. O alcance do dispositivo é mínimo e refere-se ao contrato de constituição de renda, por meio do qual, segundo o artigo 803, pode uma pessoa obrigar-se para com outra a uma prestação periódica, a título gratuito. É instituto de índole civil e não abarca os contratos de previdência privada. A Lei Complementar nº 109/2001, em seu artigo 75, estabelece que, sem prejuízo do benefício, prescreve em cinco anos o direito às prestações não pagas nem reclamadas na época própria, resguardados os direitos dos menores dependentes, dos incapazes ou dos ausentes, na forma do Código Civil.

No inciso III, estabelece o Código Civil que prescreve em três anos a pretensão para haver juros, dividendos ou quaisquer prestações acessórias, pagáveis, em períodos não maiores de um ano, com capitalização ou sem ela. Imaginemos um exemplo. João deve uma parcela tratada em contrato, cuja prescrição rege-se pelo prazo geral de dez anos. Na hipótese de ser cobrado pela dívida principal e pelos juros decorrentes da demora do pagamento, o prazo prescricional será de dez anos. Imaginemos, porém, que João tenha, alguns anos antes, depositado o valor principal, mas tenha se recusado a pagar os juros pelo próprio atraso. Nessa hipótese, se o credor resolver cobrar a parcela remanescente, não mais poderá fazê-lo pelo prazo decenal, por não se tratar do principal. Com efeito, uma vez que se restrinja a cobrar o acessório, o prazo prescricional será trienal. A regra, portanto, é simples: se a cobrança se der quanto ao principal e, em conjunto, aos acessórios, a prescrição seguirá o prazo da pretensão principal. No entanto, se ela estiver circunscrita apenas aos valores acessórios, o prazo prescricional será apenas de três anos.

O inciso IV aborda a prescritibilidade trienal das pretensões derivadas de enriquecimento sem causa. Ocorre o enriquecimento sem causa quando "se produz um resultado, em virtude do qual uma pessoa se enriquece às expensas de outra que, correlativamente, se empobrece, e, não sendo justo tal enriquecimento, carecendo de justificação ou causa que o legitime, surge uma obrigação dirigida a realizar a prestação que elimine o enriquecimento." [44]

Já decidiu, quanto ao tema, o Superior Tribunal de Justiça que a prescrição da pretensão de repetição de indébito por cobrança indevida de valores constantes de relação contratual e eventual repetição de indébito não se enquadra na hipótese do art. 206, § 3º, IV, do Código Civil, seja porque a causa jurídica, em princípio, existe (relação contratual prévia em que se debate a legitimidade da cobrança), seja porque a ação de repetição de indébito é ação específica[45].

Também de três anos é a prescrição da pretensão à reparação civil (art. 206, § 3º, V). A jurisprudência ainda claudica quando se trata de aplicar o dispositivo em comento. Alguns julgados vêm mitigando a incidência do dispositivo, ao decidir, por exemplo que o prazo prescricional para as ações fundadas no inadimplemento contratual, incluindo o da reparação de perdas e danos, é de 10 anos[46]. Outros precedentes, no entanto, a nosso ver, com acerto, não distinguem se a hipótese de

44. GIL, Hernandez Gil. **Derecho de Obligaciones**. Madrid: Ceura. 1983, p. 262/263: "(...) se ha producido un resultado por virtude del cual una persona se enriquece a expensas de otra que, correlativamente, se empobrece, y no siendo justo tal enriquecimento, carecendo de justificación o de causa que lo legitime, surge una obligación dirigida a realizar la prestación que elimine el enriquecimiento."

45. BRASIL. Superior Tribunal de Justiça. REsp 1532514/SP, Rel. Ministro OG FERNANDES, PRIMEIRA SEÇÃO, julgado em 10/05/2017, DJe 17/05/2017 estabelece: (...) 12. Com efeito, a pretensão de enriquecimento sem causa (ação in rem verso) possui como requisitos: enriquecimento de alguém; empobrecimento correspondente de outrem; relação de causalidade entre ambos; ausência de causa jurídica; e inexistência de ação específica. Trata-se, portanto, de ação subsidiária que depende da inexistência de causa jurídica. A discussão acerca da cobrança indevida de valores constantes de relação contratual e eventual repetição de indébito não se enquadra na hipótese do art. 206, § 3º, IV, do Código Civil, seja porque a causa jurídica, em princípio, existe (relação contratual prévia em que se debate a legitimidade da cobrança), seja porque a ação de repetição de indébito é ação específica. 13. Tese jurídica firmada de que "o prazo prescricional para as ações de repetição de indébito relativo às tarifas de serviços de água e esgoto cobradas indevidamente é de: (a) 20 (vinte) anos, na forma do art. 177 do Código Civil de 1916; ou (b) 10 (dez) anos, tal como previsto no art. 205 do Código Civil de 2002, observando-se a regra de direito intertemporal, estabelecida no art. 2.028 do Código Civil de 2002". 14. Recurso especial do Condomínio Edifício Seguradoras não conhecido. Recurso especial da Companhia de Saneamento Básico do Estado de São Paulo – SABESP conhecido em parte e, nessa extensão, improvido, mantendo-se o aresto impugnado, de sorte a vingar a tese de que a repetição de indébito de tarifas de água e esgoto deve seguir a norma geral do lapso prescricional (dez anos – art. 205 do Código Civil de 2002; ou vinte anos – art. 177 do Código Civil de 1916). 15. Recurso julgado sob a sistemática do art. 1.036 e seguintes do CPC/2015 e do art. 256-N e seguintes do Regimento Interno do STJ.

46. BRASIL. Superior Tribunal de Justiça. AgInt no REsp 1719517/RS, Rel. Ministra MARIA ISABEL GALLOTTI, QUARTA TURMA, julgado em 06/11/2018, DJe 14/11/2018.

reparação deriva de inadimplemento contratual ou de outra hipótese, aplicando, unitariamente, o prazo prescricional de três anos[47].

O STJ também compreendeu que, se a ação de reparação civil for para obter-se indenização decorrente de problemas experimentados em razão da falta de segurança e solidez de determinada obra de engenharia, o prazo prescricional seria igualmente o geral do Código Civil (art. 205)[48]. Atente-se, por fim, que, se a reparação civil estiver inserida em relação consumerista e decorrer de fato do produto ou do serviço (acidente de consumo), o prazo prescricional será de 5 anos[49].

A sexta hipótese de prescrição trienal versa sobre a pretensão de restituição dos lucros ou dividendos recebidos de má-fé, correndo o prazo da data em que foi deliberada a distribuição. É demanda típica de direito societário e pode contrapor a sociedade aos sócios que receberam de má-fé os lucros ou dividendos. Assim, em demanda entre advogados sócios, em que se discute o que proporcionalmente cabe a cada um, à guisa de honorários decorrentes de acompanhamento de feito específico, o STJ entendeu não se aplicar o dispositivo em exame[50].

A previsão subsequente de prescrição trienal (art. 206, § 3º, VII) versa sobre a responsabilidade, inicialmente, dos fundadores da sociedade anônima, hipótese esmiuçada pelo artigo 92, parágrafo único, da Lei nº 6.404/1976:

> Art. 92. Os fundadores e as instituições financeiras que participarem da constituição por subscrição pública responderão, no âmbito das respectivas atribuições, pelos prejuízos resultantes da inobservância de preceitos legais.

---

47. BRASIL. Superior Tribunal de Justiça. AgInt no AREsp 1113334/SP, Rel. Ministro MARCO AURÉLIO BELLIZZE, TERCEIRA TURMA, julgado em 15/05/2018, DJe 25/05/2018.
48. BRASIL. Superior Tribunal de Justiça. REsp 1711581/PR, Rel. Ministro RICARDO VILLAS BÔAS CUEVA, TERCEIRA TURMA, julgado em 19/06/2018, DJe 25/06/2018.
49. BRASIL. Superior Tribunal de Justiça. REsp 489.895/SP, Rel. Ministro FERNANDO GONÇALVES, SEGUNDA SEÇÃO, julgado em 10/03/2010, DJe 23/04/2010. RESPONSABILIDADE CIVIL. CONSUMIDOR. FATO DO PRODUTO. TABAGISMO. PRESCRIÇÃO QUINQUENAL. INÍCIO DA CONTAGEM DO PRAZO. CONHECIMENTO DO DANO. 1. A pretensão do autor, apoiada na existência de vícios de segurança, é de informação relativa ao consumo de cigarros – responsabilidade por fato do produto. 2. A ação de responsabilidade por fato do produto prescreve em cinco anos, consoante dispõe o art. 27 do Código de Defesa do Consumidor. 3. O prazo prescricional começa a correr a partir do conhecimento do dano. 4. Recurso especial conhecido e provido.
50. BRASIL. Superior Tribunal de Justiça. REsp 1635771/DF, Rel. Ministro MOURA RIBEIRO, TERCEIRA TURMA, julgado em 09/05/2017, DJe 02/06/2017. CIVIL. RECURSO ESPECIAL. RECURSO MANEJADO SOB A ÉGIDE DO NCPC. AÇÃO DE COBRANÇA. HONORÁRIOS ADVOCATÍCIOS. SOCIEDADE DE ADVOGADOS. PARCERIA PROFISSIONAL. PRESCRIÇÃO. NÃO OCORRÊNCIA. ART. 206, § 3º, VI, DO CC/02. INAPLICABILIDADE. PRESCRIÇÃO DECENAL. INCIDÊNCIA DO ART. 205 DO CC/02. HONORÁRIOS RECURSAIS. ART. 85, § 11, DO NCPC. RECURSO NÃO PROVIDO. (...) 2. A regra do art. 206, § 3º, VI, do CC/02 somente é aplicável em relação jurídica que envolva direito societário, em razão da distribuição de lucros a que teriam direito os sócios. 3. O acórdão recorrido deixou claro que a demanda é de cobrança de valores decorrentes de ajuste entabulado entre as partes quanto a honorários recebidos em ação específica por ocasião da retirada da sócia da sociedade de advogados. 4. A prescrição para cobrança entre advogados de honorários proporcionais aos serviços prestados é regulada pelo prazo decenal disposto no art. 205 do Código Civil, ante a ausência de regra específica (REsp 1.504.969/SP, Rel. Ministro RICARDO VILLAS BÔAS CUEVA, Terceira Turma, julgado em 10/3/2015, DJe 16/3/2015). (...).

Parágrafo único. Os fundadores responderão, solidariamente, pelo prejuízo decorrente de culpa ou dolo em atos ou operações anteriores à constituição.

A pretensão disciplinada no dispositivo acima, porém, só poderá ser exercida no prazo de três anos, contados a partir da publicação dos atos constitutivos da sociedade anônima.

A lei trata, em seguida, da pretensão a ser exercida contra os administradores, ou fiscais, da apresentação, aos sócios, do balanço referente ao exercício em que a violação tenha sido praticada, ou da reunião ou assembleia geral que dela deva tomar conhecimento.

Necessário ressaltar, sobre o dispositivo em comento, que a lei brasileira, para cada tipo de sociedade, define uma espécie diferente de responsabilização dos administradores. Assim, quanto à sociedade simples, estatui o Código Civil:

Art. 1.016. Os administradores respondem solidariamente perante a sociedade e os terceiros prejudicados, por culpa no desempenho de suas funções.

A responsabilização dos administradores e fiscais das sociedades limitadas segue, por força do artigo 1.070, do Código Civil, a mesma lógica:

Art. 1.070. As atribuições e poderes conferidos pela lei ao conselho fiscal não podem ser outorgados a outro órgão da sociedade, e a responsabilidade de seus membros obedece à regra que define a dos administradores (art. 1.016).

A norma regente das sociedades anônimas, Lei nº 6.404/1976, por fim, disciplina a responsabilização de seus administradores. Vejamos:

Art. 158. O administrador não é pessoalmente responsável pelas obrigações que contrair em nome da sociedade e em virtude de ato regular de gestão; responde, porém, civilmente, pelos prejuízos que causar, quando proceder:

I – dentro de suas atribuições ou poderes, com culpa ou dolo;

II – com violação da lei ou do estatuto.

§ 1º O administrador não é responsável por atos ilícitos de outros administradores, salvo se com eles for conivente, se negligenciar em descobri-los ou se, deles tendo conhecimento, deixar de agir para impedir a sua prática. Exime-se de responsabilidade o administrador dissidente que faça consignar sua divergência em ata de reunião do órgão de administração ou, não sendo possível, dela dê ciência imediata e por escrito ao órgão da administração, no conselho fiscal, se em funcionamento, ou à assembleia-geral.

§ 2º Os administradores são solidariamente responsáveis pelos prejuízos causados em virtude do não cumprimento dos deveres impostos por lei para assegurar o funcionamento normal da companhia, ainda que, pelo estatuto, tais deveres não caibam a todos eles.

§ 3º Nas companhias abertas, a responsabilidade de que trata o § 2º ficará restrita, ressalvado o disposto no § 4º, aos administradores que, por disposição do estatuto, tenham atribuição específica de dar cumprimento àqueles deveres.

§ 4º O administrador que, tendo conhecimento do não cumprimento desses deveres por seu predecessor, ou pelo administrador competente nos termos do § 3º, deixar de comunicar o fato a assembleia-geral, tornar-se-á por ele solidariamente responsável.

§ 5º Responderá solidariamente com o administrador quem, com o fim de obter vantagem para si ou para outrem, concorrer para a prática de ato com violação da lei ou do estatuto.

Em todos os casos acima mencionados, há o prazo prescricional trienal a limitar o exercício da sociedade contra os administradores e fiscais, contados a partir da apresentação, aos sócios, do balanço referente ao exercício em que a violação tenha sido praticada, ou da reunião ou assembleia geral que dela deva tomar conhecimento (art. 206, § 3º, VII, b do Código Civil).

Mas o inciso examinado ainda trata de uma derradeira hipótese prescricional: para os liquidantes, da primeira assembleia semestral posterior à violação. É de se notar ser esta a segunda menção aos liquidantes no artigo 206. Comparemos as duas hipóteses:

Art. 206. Prescreve:

§ 1º Em um ano:

(...)

V – a pretensão dos credores não pagos contra os sócios ou acionistas e os liquidantes, contado o prazo da publicação da ata de encerramento da liquidação da sociedade.

(...)

§ 3º Em três anos:

(...)

VII – a pretensão contra as pessoas em seguida indicadas por violação da lei ou do estatuto, contado o prazo:

(...)

c) para os liquidantes, da primeira assembleia semestral posterior à violação;"

O primeiro dispositivo trata de específica pretensão dos credores prejudicados contra os liquidantes. Já o último deles (art. 206, § 3º, VII, "c", do Código Civil) trata da pretensão por violação aos deveres de observância pelos liquidantes, indicados em dois artigos mais importantes: art. 1.103 do Código Civil e art. 210, VIII e IX, da Lei 6.404/76, que, respectivamente, determinam:

Art. 1.103. Constituem deveres do liquidante:

I – averbar e publicar a ata, sentença ou instrumento de dissolução da sociedade;

II – arrecadar os bens, livros e documentos da sociedade, onde quer que estejam;

III – proceder, nos quinze dias seguintes ao da sua investidura e com a assistência, sempre que possível, dos administradores, à elaboração do inventário e do balanço geral do ativo e do passivo;

IV – ultimar os negócios da sociedade, realizar o ativo, pagar o passivo e partilhar o remanescente entre os sócios ou acionistas;

V – exigir dos quotistas, quando insuficiente o ativo à solução do passivo, a integralização de suas quotas e, se for o caso, as quantias necessárias, nos limites da responsabilidade de cada um e proporcionalmente à respectiva participação nas perdas, repartindo-se, entre os sócios solventes e na mesma proporção, o devido pelo insolvente;

VI – convocar assembleia dos quotistas, [sic] cada seis meses, para apresentar relatório e balanço do estado da liquidação, prestando conta dos atos praticados durante o semestre, ou sempre que necessário;

VII – confessar a falência da sociedade e pedir concordata, de acordo com as formalidades prescritas para o tipo de sociedade liquidanda;

VIII – finda a liquidação, apresentar aos sócios o relatório da liquidação e as suas contas finais;

IX – averbar a ata da reunião ou da assembleia, ou o instrumento firmado pelos sócios, que considerar encerrada a liquidação.

Parágrafo único. Em todos os atos, documentos ou publicações, o liquidante empregará a firma ou denominação social sempre seguida da cláusula "em liquidação" e de sua assinatura individual, com a declaração de sua qualidade. (Código Civil)

Art. 210. São deveres do liquidante:

I – arquivar e publicar a ata da assembleia-geral, ou certidão de sentença, que tiver deliberado ou decidido a liquidação;

II – arrecadar os bens, livros e documentos da companhia, onde quer que estejam;

III – fazer levantar de imediato, em prazo não superior ao fixado pela assembleia-geral ou pelo juiz, o balanço patrimonial da companhia;

IV – ultimar os negócios da companhia, realizar o ativo, pagar o passivo, e partilhar o remanescente entre os acionistas;

V – exigir dos acionistas, quando o ativo não bastar para a solução do passivo, a integralização de suas ações;

VI – convocar a assembleia-geral, nos casos previstos em lei ou quando julgar necessário;

VII – confessar a falência da companhia e pedir concordata, nos casos previstos em lei;

VIII – finda a liquidação, submeter à assembleia-geral relatório dos atos e operações da liquidação e suas contas finais;

IX – arquivar e publicar a ata da assembleia-geral que houver encerrado a liquidação. (Lei das Sociedades Anônimas)

Pretensões derivadas especificamente de tais violações prescrevem em três anos, contados da primeira assembleia semestral posterior à infringência do dispositivo.

A hipótese seguinte de prescrição trienal versa sobre a pretensão para haver o pagamento de título de crédito, a contar do vencimento, ressalvadas as disposições de lei especial.

Lembremos, inicialmente, que se entende por título de crédito como o documento necessário ao exercício do direito literal e autônomo nele contido, somente podendo produzir efeito quando preencha os requisitos da lei (art. 887 do Código Civil).

Muitos são os títulos de crédito regulados em leis específicas (títulos de crédito típicos), sendo os mais famosos deles o cheque (Lei nº 7.357/85), a letra de câmbio (Lei Uniforme de Genebra – aplicável ao ordenamento brasileiro por força do Decreto nº 57.633/66), a nota promissória (Lei Uniforme de Genebra), a duplicata (Lei nº 5.474/68), a cédula de crédito rural (Decreto-lei nº 167/67), a cédula de crédito comercial (Lei nº 6.840/80), a cédula de crédito industrial (Decreto-lei nº 413/69) e as cédulas de crédito bancário e imobiliário (ambas regidas pela Lei nº 10.931/04).

Ocorre que, além de títulos de crédito típicos, cujos requisitos específicos de validade são consagrados em leis específicas, há os chamados títulos de crédito atípicos. Marlon Tomazette esclarece adequadamente a questão:

> A nosso ver, os títulos atípicos são perfeitamente admissíveis atualmente. Tais documentos surgem para atender à criatividade do meio empresarial, não se destinando a negócios em massa, mas a negócios peculiares, nos quais os títulos típicos não sejam capazes de atender às necessidades privadas. Portanto, da autonomia privada podem surgir novos títulos de crédito. [...] Tal possibilidade de criação de títulos atípicos é fruto da existência de uma disciplina geral sobre os títulos de crédito no Código Civil italiano ou do Código Civil brasileiro de 2002. A nosso ver, apenas a lei pode garantir a aplicação da cartularidade ou incorporação, da literalidade, da autonomia e da abstração, mas não precisa ser uma lei específica, pode ser uma lei geral, como o Código Civil. [...] Assim, apesar da opinião contrária de Fábio Ulhoa Coelho, os títulos de crédito atípicos são regidos pelo Código Civil de 2002. Tal interpretação se sustenta no disposto no artigo 903 do Código, que determina sua aplicação apenas na ausência de regra especial. Assim, o Código Civil se aplicaria nas lacunas dos títulos típicos e integralmente aos títulos atípicos. Outrossim, o artigo 907 diz que é nulo o título ao portador emitido sem autorização de lei especial, logo, os títulos nominativos ou à ordem poderiam ser emitidos independentemente dessa autorização legal específica. [...] Diante disso, embora baseados na autonomia privada, é certo que os títulos atípicos possuem certos limites impostos pelo Código Civil. Desse modo, um documento criado pelos particulares só valerá como título de crédito se contiver a data da emissão, a indicação precisa dos direitos que confere e a assinatura do emitente (CC – art. 889). De outro lado, como já dito, nenhum título atípico poderá ser ao portador. [...] Além disso, há uma série de regras no Código Civil que se distanciam das regras constantes das leis especiais sobre os títulos de crédito típicos. Apenas a título exemplificativo, o aval parcial é vedado no Código Civil (art. 897, parágrafo único), mas é permitido na letra de câmbio e na nota promissória (LUG – art. 30). Desse modo, o Código Civil instaurou uma disciplina dúplice no nosso direito, havendo regras comuns aos títulos típicos e atípicos e outras regras peculiares aos títulos atípicos. [...] Por derradeiro, é certo que os títulos atípicos, embora sejam títulos de crédito, não são títulos executivos, na medida em que a executividade pressupõe um reconhecimento legal específico. A tipicidade não atinge mais os títulos de crédito, mas atinge ainda os títulos executivos. [...] Um exemplo de título atípico usado no país é o chamado FICA, ou vaca-papel, que visa instrumentalizar os direitos decorrentes do contrato de parceria pecuária. Nesse contrato, o objeto é a cessão de animais para cria, recria, invernagem e engorda, mediante partilha proporcional dos riscos e dos frutos ou lucros havidos. O título (vaca-papel) representaria justamente o direito ao recebimento dos lucros e à devolução dos animais entregues.

Pois bem. Volvendo à questão da prescrição, o prazo trienal tratado, segundo a leitura do art. 206, § 3º, inc. VIII, do Código Civil, remete-nos à sua subsidiariedade. Em outras palavras, caso haja, para o título de crédito específico, prazo prescricional já fixado em lei própria, este haverá de prevalecer. É o que ocorre com quase a totalidade dos títulos de crédito típicos, senão vejamos:

a) o art. 59 da Lei nº 7.357/85 determina que o cheque prescreve em 6 meses, contados da expiração da data de apresentação;

b) o art. 70 da Lei Uniforme de Genebra estabelece o prazo prescricional, aplicável à letra de câmbio e à nota promissória, de três anos, contados do vencimento do título;

c) o art. 18 da Lei nº 5.474/68 determina que a ação de execução da duplicata prescreve em três anos contra o sacado e os avalistas, a contar do vencimento do título, contra o endossante e seus avalistas, em um ano, contado da data do protesto, e, por fim, em um ano, na ação movida por um coobrigado contra os demais, contado da data em que houver efetivado o pagamento;

d) o art. 60 do Decreto-lei nº 167/67, que rege a cédula de crédito rural, assim como o art. 5º da Lei nº 6.840/80 (cédula de crédito comercial), o art. 52 do Decreto-lei nº 413/69 (cédula de crédito industrial) e o art. 44 da Lei nº 10.931/04 (cédula de crédito bancário), todos remetem à aplicação da Lei Uniforme de Genebra, o que leva o prazo prescricional de tais títulos de crédito para três anos, a contar do vencimento.

Não se encontra nenhuma referência, porém, ao prazo prescricional das cédulas de crédito imobiliário, o que nos permite deduzir que seja de três anos, por incidência subsidiária do art. 206, § 3º, VIII, do Código Civil. O mesmo dispositivo rege a prescrição dos títulos de crédito atípicos, porquanto, embora criados pela vontade das partes, respeitados os requisitos da lei civil, não se admite o estabelecimento de prazos prescricionais convencionais. Assim, um título de crédito atípico prescreverá em três anos, a contar do respectivo vencimento.

Uma derradeira observação sobre a prescrição dos títulos de crédito se dá quanto ao tipo de pretensão deduzida. Imperioso que se compreenda que o que prescreve, na presente hipótese, é a pretensão para exigir-se o pagamento do título em si, e não necessariamente a da relação jurídica base. A sutil diferença tratada fica mais clara quando tomamos como exemplo a legislação do cheque. Os artigos 59 e seguintes da Lei nº 7.357/85 estabelecem:

> CAPÍTULO X
>
> Da Prescrição
>
> Art. 59 Prescrevem em 6 (seis) meses, contados da expiração do prazo de apresentação, a ação que o art. 47 desta Lei assegura ao portador.
>
> Parágrafo único. A ação de regresso de um obrigado ao pagamento do cheque contra outro prescreve em 6 (seis) meses, contados do dia em que o obrigado pagou o cheque ou do dia em que foi demandado.
>
> Art. 60 A interrupção da prescrição produz efeito somente contra o obrigado em relação ao qual foi promovido o ato interruptivo.
>
> Art. 61. A ação de enriquecimento contra o emitente ou outros obrigados, que se locupletaram injustamente com o não pagamento do cheque, prescreve em 2 (dois) anos, contados do dia em que se consumar a prescrição prevista no art. 59 e seu parágrafo desta Lei.
>
> Art. 62 Salvo prova de novação, a emissão ou a transferência do cheque não exclui a ação fundada na relação causal, feita a prova do não pagamento.

Atente-se que os dispositivos transcritos indicam que há um prazo prescricional para o cheque em si: 6 meses, contados da expiração do prazo de apresentação do título. Pode, no entanto, o beneficiário mover um outro tipo de ação, fundada no enriquecimento sem causa do emitente que não pagou o cheque. Nessa hipótese, o prazo prescricional será de dois anos.

Perceba-se que o primeiro caso versa sobre uma simples ação de execução de cheque. Mesmo quando estiver prescrita tal pretensão, caberá ainda ao beneficiário mover outra, sob o procedimento comum, na qual não precisará, na causa de pedir, trazer ao debate a relação jurídica subjacente. Superado ainda esse prazo, teoricamente ainda haveria a possibilidade, em certos casos, de discutir o inadimplemento da obrigação-base, caso ainda haja prazo para tanto.

Imaginemos, pois, uma locação, cuja quitação do aluguel mensal deveria ocorrer com o desconto de certo cheque, que não foi pago por ausência de fundos na conta-corrente do devedor. Passados dois anos e onze meses do vencimento do aluguel, data em que foi emitido e entregue o título ao credor, temos que a pretensão de execução da cártula está prescrita, pois já extrapolado, em muito, o prazo de 6 meses, contados da expiração da sua data de apresentação – art. 59 da Lei nº 7.357/85. Igualmente inócua será a propositura da ação de enriquecimento sem causa, fundada no inadimplemento do cheque (a causa de pedir é exatamente essa: indica-se que um cheque foi emitido e não foi pago, a gerar enriquecimento sem causa para o emitente), pois superado está o biênio versado no artigo 61 da mencionada norma. Ainda resta a possibilidade de cobrança, não mais do cheque (pouco importando seja a pretensão executiva ou de locupletamento), mas do aluguel em si, cujo prazo prescricional é de três anos. A avaliação do tipo de prazo prescricional terá de considerar a espécie de pretensão deduzida pelo autor em sua petição inicial. Com efeito, o objeto da lide delimita que prazo prescricional levar em consideração.

Somem-se aos três prazos citados, no exemplo anterior, o questionável novel entendimento jurisprudencial que estabelece um prazo genérico para cobranças, por meio do procedimento especial monitório, de cinco anos, seja qual for a pretensão deduzida. Sobre o tema, dedicaremos algumas linhas ao tratar dos prazos quinquenais.

A última pretensão sujeita à prescrição trienal do artigo 206 (Código Civil) é relativa à cobrança da indenização a ser paga como decorrência do seguro obrigatório de veículos, a garantir cobertura por danos pessoais causados por veículos automotores de via terrestre, ou por sua carga, a pessoas transportadas ou não. Perceba-se que, quanto aos outros tipos de seguro (que não o obrigatório), a prescrição é anual, a teor do disposto no artigo 206, § 1º, II.

Prazo quadrienal. O parágrafo quarto, do artigo 206, do Código Civil, trata de um único prazo prescricional de quatro anos, a saber: a pretensão relativa à tutela, a contar da data da aprovação das contas.

O dever de prestação de contas, por parte dos tutores, dos valores e bens que administram de seus pupilos, decorre do disposto no artigo 1.755 do Código Civil. Essa prestação tem de ser feita de dois em dois anos. Além disso pode ser feita quando, por qualquer motivo, deixarem o exercício da tutela ou toda vez que o juiz achar conveniente (art. 1.756).

Percebe-se que tal ato é solene e feito por meio de procedimento judicial sujeito à homologação do magistrado. Eventual desfalque provocado pelo tutor contra o pupilo poderá ser cobrado, e o prazo prescricional para que assim ocorra é de quatro anos, contado da aprovação judicial das contas.

Prazos quinquenais. O Código Civil trata de três prazos prescricionais de cinco anos. Vejamos:

> Art. 206. Prescreve:
>
> (...)
>
> § 5º Em cinco anos:
>
> I – a pretensão de cobrança de dívidas líquidas constantes de instrumento público ou particular;
>
> II – a pretensão dos profissionais liberais em geral, procuradores judiciais, curadores e professores pelos seus honorários, contado o prazo da conclusão dos serviços, da cessação dos respectivos contratos ou mandato;
>
> III – a pretensão do vencedor para haver do vencido o que despendeu em juízo.

O primeiro caso de prescrição quinquenal tratada pelo Código Civil é da pretensão de cobrança de dívidas líquidas constantes de instrumento público ou particular. Líquida é a dívida certa quanto à existência e determinada quanto ao valor. Pode estar inserida num contrato, numa confissão de dívida ou em qualquer documento em que o devedor reconheça a existência do débito e o seu valor.

O uso mais corrente do dispositivo, entretanto, ocorre quando a pretensão é deduzida por meio de ação monitória, assim entendida como aquela que pode ser proposta por quem afirmar, com base em prova escrita sem eficácia de título executivo, ter direito de exigir do devedor capaz, por exemplo, quantia em dinheiro (art. 700 do Código de Processo Civil). Vejamos[51]:

> AGRAVO INTERNO NO AGRAVO EM RECURSO ESPECIAL. AÇÃO MONITÓRIA. PRAZO PRESCRICIONAL QUINQUENAL. SÚMULA 83 DO STJ. ALTERAÇÃO DAS PREMISSAS. INVIABILIDADE. REEXAME DE FATOS E PROVAS. SÚMULA 7 DO STJ. DECISÃO MANTIDA. RECURSO NÃO PROVIDO.
>
> 1. Na espécie, o col. Tribunal de origem aplicou o prazo prescricional quinquenal para a ação monitória em sintonia com a jurisprudência do STJ, que firmou entendimento de que "a ação monitória fundada em título de crédito prescrito está subordinada ao prazo prescricional de 5

51. BRASIL. Superior Tribunal de Justiça. (AgInt no AREsp 884.469/SP, Rel. Ministro LÁZARO GUIMARÃES (DESEMBARGADOR CONVOCADO DO TRF 5ª REGIÃO), QUARTA TURMA, julgado em 17/04/2018, DJe 23/04/2018).

(cinco) anos de que trata o artigo 206, § 5º, I, do Código Civil" (AgRg no AREsp 679.160/SP, Rel. Ministro MARCO BUZZI, QUARTA TURMA, julgado em 28/03/2017, DJe de 04/04/2017).

2. Na interposição de recurso especial, não basta a simples menção da norma federal tida por violada, sendo necessária a demonstração clara e precisa da ofensa em que teria incorrido o v. aresto hostilizado, sob pena de incidência da Súmula 284 do STF.

3. Agravo interno a que se nega provimento.

O equívoco da jurisprudência já pacificada pelo Superior Tribunal de Justiça é estabelecer uma espécie de prazo prescricional para um rito processual, ou seja, definir que uma "ação monitória", quando fundada em título de crédito prescrito, tem prazo prescricional quinquenal, como decorrência da incidência do parágrafo 5º, inciso I, do artigo 206 do Código Civil.

Convém gizar que o dispositivo legal em comento só se aplica caso "não incidam regras jurídicas específicas, pertinentes ao conteúdo do negócio jurídico a que se referem" [52]. Assim, se um aluguel foi pago por cheque, caso este prescreva sem que tenha sido pago (por exemplo, por ausência de fundos na conta-corrente do devedor), seria muito estranho imaginar que a exigibilidade da prestação em comento pudesse ocorrer em até cinco anos, pelo simples fato de haver sido paga por cheque. Ora, pouco importa se a dívida deixou de ser paga porque não se honrou o título emitido, ou porque não houve o pagamento em dinheiro – sempre se estará a cobrar o aluguer inadimplido! E também não faz sentido imaginar que importe se a cobrança de tal pretensão se deu por força de ação de conhecimento, ou de ação monitória. Menos sentido ainda fará discriminar se ação monitória está fundada em título de crédito prescrito (cheque) ou no próprio contrato de locação (em que haja a precisa indicação do valor do aluguel): sempre se estará a cobrar pela prestação locatícia sonegada, que detém prazo prescricional específico no Código Civil.

Entendemos, portanto, que o inciso I, do parágrafo 5º do artigo 206, do Código Civil só se aplica às dívidas líquidas constantes de instrumento público ou particular, cuja ***causa debendi*** não represente uma pretensão que já esteja munida de prazo prescricional específico.

A segunda hipótese de prescrição quinquenal consagrada em nosso Código trata da pretensão dos profissionais liberais em geral, procuradores judiciais, curadores e professores pelos seus honorários, contado o prazo da conclusão dos serviços, da cessação dos respectivos contratos ou do mandato.

O dispositivo, além de tratar especificamente de professores a receberem honorários pela prestação de serviços (e não remuneração como decorrência de relação empregatícia) abarca também médicos, dentistas, psicólogos, contadores, engenheiros e arquitetos. Ostenta ainda a peculiaridade de que o prazo prescricional

---

52. ALVES, Vilson Rodrigues. Da prescrição e da Decadência no Novo Código Civil. Campinas: Bookseller, 2003, p. 438.

é uno e só se inicia após a conclusão dos serviços ou após a cessação dos respectivos contratos ou mandatos.

A pretensão a ser deduzida por advogados goza de prazo prescricional próprio, embora similar ao do Código Civil. Vejamos o que determina a Lei nº 8.906/94:

> Art. 25. Prescreve em cinco anos a ação de cobrança de honorários de advogado, contado o prazo:
>
> I – do vencimento do contrato, se houver;
>
> II – do trânsito em julgado da decisão que os fixar;
>
> III – da ultimação do serviço extrajudicial;
>
> IV – da desistência ou transação;
>
> V – da renúncia ou revogação do mandato.

A última hipótese de prazo prescricional determinada pelo Código Civil é também quinquenal e refere-se à pretensão do vencedor para haver do vencido o que despendeu em juízo.

O Código de Processo Civil, em seu artigo 84, esclarece que as despesas processuais abrangem as custas dos atos do processo, a indenização de viagem, a remuneração do assistente técnico e a diária de testemunha. Não raro, tais verbas são adiantadas pela parte vitoriosa, que poderá reavê-las do sucumbente, desde que as execute no prazo de cinco anos, contado do trânsito em julgado da demanda.

Abordados os principais prazos prescricionais do Código Civil, avancemos em nossos estudos para tratar, com mais vagar, de aspectos específicos da decadência.

Decadência – aspectos finais. Nas primeiras páginas do presente capítulo, já tratamos do conceito de decadência. Resta, por fim, abordar alguns aspectos legais sobre instituto, dispostos nos seguintes artigos:

> CAPÍTULO II
>
> Da Decadência
>
> Art. 207. Salvo disposição legal em contrário, não se aplicam à decadência as normas que impedem, suspendem ou interrompem a prescrição.
>
> Art. 208. Aplica-se à decadência o disposto nos arts. 195 e 198, inciso I.
>
> Art. 209. É nula a renúncia à decadência fixada em lei.
>
> Art. 210. Deve o juiz, de ofício, conhecer da decadência, quando estabelecida por lei.
>
> Art. 211. Se a decadência for convencional, a parte a quem aproveita pode alegá-la em qualquer grau de jurisdição, mas o juiz não pode suprir a alegação.

O primeiro dispositivo estabelece que o impedimento, a suspensão e a interrupção dos prazos prescricionais não se aplicam, de forma genérica, para a decadência, mas apenas quando tais medidas forem impostas por lei. Dois casos mais emblemáticos são o da impossibilidade de fluência do prazo decadencial contra o titular do direito potestativo, absolutamente incapaz (art. 208 c/c art. 198, I, do Código Civil), e as hipóteses relativas às reclamações de defeitos, ocultos ou aparentes, nas relações consumeristas, como normatiza o Código de Defesa do Consumidor:

> Art. 26. O direito de reclamar pelos vícios aparentes ou de fácil constatação caduca em:
>
> I – trinta dias, tratando-se de fornecimento de serviço e de produtos não duráveis;
>
> II – noventa dias, tratando-se de fornecimento de serviço e de produtos duráveis.
>
> § 1° Inicia-se a contagem do prazo decadencial a partir da entrega efetiva do produto ou do término da execução dos serviços.
>
> § 2° Obstam a decadência:
>
> I – a reclamação comprovadamente formulada pelo consumidor perante o fornecedor de produtos e serviços até a resposta negativa correspondente, que deve ser transmitida de forma inequívoca;
>
> II – (Vetado).
>
> III – a instauração de inquérito civil, até seu encerramento.
>
> § 3° Tratando-se de vício oculto, o prazo decadencial inicia-se no momento em que ficar evidenciado o defeito.

O artigo 209, por seu turno, indica ser nula a renúncia à decadência fixada em lei. A razão, como sabido, repousa no fato de que a decadência legal fulmina o direito potestativo em si. Estando este, após haver decaído, inexoravelmente extinto por força de lei, inócua seria uma renúncia, pois nada mais haveria de restaurar. Fenômeno distinto acontece na prescrição, porquanto, esta, uma vez consumada, gera tão somente o encobrimento da pretensão, restando incólumes a prestação e, em última análise, o direito subjetivo em si. Logo, a renúncia à prescrição faz sentido, do ponto de vista lógico, pois o direito do credor ainda existe e pode ser adimplido pela vontade do devedor. Diversamente, ao contrário, como visto, do direito potestativo, que não pode ser exercido, uma vez fulminado pela decadência.

Questão distinta diz respeito à decadência convencional, assim compreendida como aquela estipulada por meio de negócio jurídico. Um singelo exemplo pode ilustrar o instituto. João compra um móvel em grande loja de departamentos. No ato da compra, contratualmente, é estipulado que João poderá solicitar a montagem do objeto adquirido em cinco dias, não mais podendo fazê-lo após tal prazo, a partir do qual se compreenderá que chamará para si tal responsabilidade.

Pois bem. Solicitar ou não a montagem, no prazo de cinco dias, é algo que toca exclusivamente a João, cabendo à outra parte apenas se sujeitar ao que se decidiu. É de notar-se que se trata de direito potestativo, sujeito ao prazo decadencial de cinco dias. Suponhamos, porém, que, ultrapassado o quinquídio, João tenha solicitado a montagem do móvel. A loja que o vendeu anuiu. A questão aqui é simples de ser compreendida. Foi a vontade das partes que criou o direito potestativo em testilha, seu prazo decadencial e as condições de seu exercício. A mesma vontade pode recriar a faculdade. É uma questão de autonomia privada.

Nessa esteira, a lei afirma apenas que é impossível que ocorra a renúncia à decadência legal (art. 209), não estabelecendo a mesma restrição para a decadência convencional. Ora, a vontade das partes não pode recriar um direito potestativo extinto por força de lei, mas poderá fazê-lo se foi gerado por manifestação volitiva dos próprios interessados.

Os dois últimos dispositivos do Código Civil sobre decadência tratam da sua apreciação em juízo, restando claro que a decadência legal, a exemplo da prescrição, poderá ser conhecida de ofício pelo magistrado (art. 210), diferentemente da convencional, que, necessariamente, deve ser alegada pela parte a quem aproveitar, que o fará em qualquer grau de jurisdição. Ressalvam-se as hipóteses de cabimento dos recursos extraordinário e especial (art. 211), que inadmitem que tais discussões sejam levadas às Cortes Superiores, caso não tenha havido o devido prequestionamento nas instâncias primeiras.

Quanto aos prazos decadenciais, por fim, eles não são estabelecidos em capítulo próprio do Código Civil, como acontece com a prescrição (arts. 205 e 206). De fato, encontram-se espalhados ao longo de toda norma, que os apresenta à medida que aborda cada direito potestativo sujeito a tempo máximo de exercício.

BIBLIOGRAFIA

ABREU FILHO, José. Fato Jurídico. 4 ed. São Paulo: Saraiva, 1997.

Accioli, Hildebrando. Manual de Direito Internacional Público. 10 ed. São Paulo: Saraiva, 1972.

Aftalión, Enrique R., Olano, Fernando Garcia e Vilanova, Jose. Introducción al derecho. 11 ed. Buenos Aires: Coope- radora de Derecho e Ciencias Sociales, 1980.

AGUIAR DIAS, José de. Da responsabilidadecivil. Vol. 1. 3 ed. Rio de Janeiro: Forense, 1954.

ALEXY, Teoría de losderechos fundamentales.2 ed. Madri: Centro de Estudios Políticos e Constitucionales. 2007.

ALVES, José Carlos Moreira. Curso de Direito Romano – v. I. 13 ed. Rio de Janeiro: Forense, 2000.

ALVES, José Carlos Moreira. Parte geral do projeto de Código Civil brasileiro. São Paulo: Saraiva, 1986.

ALVES, Gláucia Correa Retamozo Barcelos. Sobre a dignidade da pessoa. In: Martins-Costa, Judith (org.). A reconstrução do direito privado: reflexos dos princípios, diretrizes e direitos fundamentais constitucionais no direito privado. São Paulo: Editora Revista dos Tribunais, 2002.

ALVES, Vilson Rodrigues. Da prescrição e da Decadência no Novo Código Civil. Campinas: Bookseller, 2003.

AMARAL, Francisco. Direito Civil – Introdução. 6 ed. Rio de Janeiro: Renovar, 2006.

AMORIM FILHO, Agnelo. Critério científico para distinguir a prescrição da decadência e para identificar as ações imprescritíveis. In. Revista de Direito Processual Civil. São Paulo, v. 3º, p. 95-132, jan./jun. 1961.

ARAÚJO, Edimir Netto de. Curso de Direito Administrativo. 5 ed. São Paulo: Saraiva, 2010.

ASCENSÃO, José de Oliveira. Direito Civil – Teoria Geral – v. I. 2 ed. Coimbra: Coimbra, 2003.

ASCENSÃO, José de Oliveira. O direito: introdução e teoriageral. 2 ed. Rio de Janeiro: Renovar, 2001.

ASSIS, Araken. Manual da Execução. 18 ed. São Paulo: Revista dos Tribunais, 2016.

BANDEIRA DE MELLO, Celso Antônio. Curso de Direito Administrativo. 28 ed. São Paulo: Malheiros, 2011.

BANDEIRA DE MELLO, Oswaldo Aranha. Princípios gerais de direito administrativo – v. I, introdução. Rio de Janeiro: Forense, 1969.

BARROSO, Luís Roberto. Entrevista publicada no sítio eletrônico http://www.redetv.com.br/ColunistaPosts. aspx?77,1426,false,Dignidade-humana-a-busca-de-um-conceito-para-impedir--a-banalizacao, acesso em 26 de outubro de 2011.

BATALHA, Wilson de Souza Campos. Defeitos dos Negócios Jurídicos. Rio de Janeiro: Forense, 1985.

BERNARDES, Juliano Taveira. Novas perspectivas do controle da omissão inconstitucional no Direito brasileiro. Jus Navigandi, Teresina, ano 9, n. 539, 28 dez. 2004. Disponível em: <http://jus2.uol.com.br/doutrina/ texto.asp?id=6126>. Acesso em 16 mar. 2009.

BESSONE, Darcy. Direitos Reais. 2 ed. São Paulo: Saraiva, 1996.

BETTI, Emilio. Teoria Geral do Negócio Jurídico. Campinas: LZN, 2003.

BETTI, Emilio. Teoria Geral do Negócio Jurídico – T. II. Campinas: LZN, 2003.

BEAUCHAMP, Tom L. e CHILDRESS, James F. Princípios de ética biomédica. São Paulo: Loyola, 2002.

BEVILÁQUA, Clóvis. Código Civil dos Estados Unidos do Brasil comentado – v. I. 9 ed. Rio de Janeiro: Francisco Alves, 1951

BEVILÁQUA, Clóvis. Código Civil dos Estados Unidos do Brasil comentado – v. IV. 9 ed. Rio de Janeiro: Francisco Alves, 1953.

BEVILÁQUA, Clóvis. Código Civil dos Estados Unidos do Brasil comentado – v. V. 9 ed. Rio de Janeiro: Francisco Alves, 1951.

BIONDI, Biondo. Istituzioni di Diritto Romano. Milão: Dott. A. Giuffrè, 1946.

BIONDI, Biondo. Riminiscenze e desperienze romanistiche in tema di contrato moderno. In Studi in Onoredi Francesco Messineo. Milão: Dott. A. Giuffre, 1959.

BITENCOURT, Cezar Roberto. Tratado de Direito Penal – Parte Geral – v. I. 16 ed. São Paulo: Saraiva, 2011.

BODIN DE MORAES, Maria Celina; BARBOSA, Heloisa Helena e TEPEDINO, Gustavo. Código Civil Interpretado – conforme a Constituição da República v. I. Rio de Janeiro: Renovar, 2004.

BOLIO, Francisco J. Peniche. Introduccion al estudio del derecho. 3 ed. México: Porrúa, 1977.

BONAVIDES, Paulo. Curso de direito constitucional. 22 ed. São Paulo: Malheiros, 2008.

BONNECASE, Julián. Elementos de derecho civil. México: José M. Cajica, Jr., 1945.

BORGES, João Eunápio. Títulos de crédito. Rio de Janeiro: Forense, 1976.

BUTERA, Antonio. Della Simulazione nei Negozi Giuridici e Degli Atti in Fraudem Legis. Turim: Unione Tipografico-Editrice Torinene, 1936.

BRANDELLI, Leonardo. A Relação de Pertencialidade no Direito Brasileiro. Dis- ponível em http://fm.cartorios.net/plugins/filemanager/files/1jundiai/artigos/Relacao_de_Pertencialidade_no_ Direito_Civil_Brasileiro.pdf, acesso em 11/07/2015.

CÂMARA LEAL, Antônio Luís da.Da Prescrição e da Decadência. 2 ed.Rio de Janeiro: Forense, 1959.

CANDIAN, Aurelio. Instituciones de derecho privado. México: Uteha, 1961.

CANOTILHO. J. J. Gomes, Direito consti- tucional e Teoria da Constituição. 7 ed. Coimbra: Almedina, 2008.

CAPELO DE SOUZA, Rabindranath V. A. O Direito Geral de Personalidade. Coimbra: Coimbra. 1995.

CARVALHO, Orlando de. Negócio Jurídico Indireto (Teoria Geral), Boletim da Faculdade de Direito de Coimbra, Suplemento X, 1952.

CARNACCHIONI, Daniel Eduardo. Curso de Direito Civil – Institutos Fundamentais. Rio de Janeiro: Lumen Iuris, 2010.

CARVALHO FILHO, José dos Santos. Manual de Direito Administrativo. 27 ed. São Paulo: Atlas, 2014.

CASTRO, Luciano Araujo de. A Boa-Fé Objetiva nos Contratos Administrativos Brasileiros. Rio de Janeiro: Lumen Juris, 2018.

CAVALIERI FILHO, Sérgio. Programa de Responsabilidade Civil. 7 ed. São Paulo: Atlas, 2007.

COELHO, Fábio Ulhoa. Curso de Direito Civil – v. I. São Paulo: Saraiva, 2003.

COELHO, Fábio Ulhoa. Manual de Direito Comercial – Direito Empresarial. 22 ed. São Paulo: Saraiva, 2010, v. 1

COELHO, Inocêncio Mártires. Ativismo judicial ou criação judicial do direito? In Fellet, André Luiz Ferandes, Paula, Daniel Giotti de; e Novelino, Marcelo. As novas faces do ativismo judicial. Salvador: Juspodium, 2011.

COLIN, A., CAPITANT, H. Curso elemental de derecho civil. Madri: Reus, 1975.

CORDEIRO, António Manuel da Rocha e Menezes. Da boa-fé no Direito Civil. 3. ed. Coimbra: Almedina, 2007.

CORDEIRO, António Menezes. Tratado de direito civil português – v. I, t. I. 2 ed. Coimbra: Almedina, 2000.

CORREIA, Alexandre e SCIASCIA, Gaetano. Manual de direito romano – v. I. 2 ed. Paulo: Saraiva.

CORREIA, Alexandre e SCIASCIA, Gaetano. Manual de direito romano – v. II. 2 ed. São Paulo: Saraiva, 1953.

COSTA, Alexandre Araujo. Hermenêutica jurídica. Disponível em http://www.arcos.org.br/livros/hermeneutica-juridica/capitulo-iii-o-positivismo-normativista/3-a-jurisprudencia-dos-conceitos, 03 de setembro de 2010.

COSTA, Judith Martins. Os fundamentos da responsabilidade civil. Revista trimestral de jurisprudência dos estados. São Paulo: Velenich, 93, ano 15, out./91, p.31.

COSTA, Judith Martins. A boa fé no Direito Privado. 1ª Ed., 2. Tir. São Paulo: RT, 2000.

COUTO E SILVA, Clóvis do. O princípio da boa-fé no Direito brasileiro e português. In: FRADERA, Vera Maria Jacob de. O Direito Privado Brasileiro na visão de Clóvis do Couto e Silva. Porto Alegre: Livraria do Advogado, 2014.

CRETELLA JUNIOR, José. Curso de Direito Romano .14 ed. Rio de Janeiro: Forense, 1991.

CROCE, Delton e CROCE JÚNIOR, DeLton. Manual de Medicina Legal. 4 ed. São Paulo: Saraiva, 1998.

CUNHA, Daniela Moura Ferreira. Bona fides. Revista Jus Navigandi, ISSN 1518-4862, Teresina, ano 10, n. 890, 10dez.2005. Disponível em: <https://jus.com.br/artigos/7674>. Acesso em: 13 jul. 2017.

CUPIS, Adriano de Pietro. La Scusabilità dell'Errorenei Negozi Giuridici. Pádua: CEDAM, 1939.

CUPIS, Adriano de Pietro. Os Direitos de Personalidade. Lisboa: Livraria Morais. 1961.

DEMOLOMBE, C. Cours de Code Napoleón I: Traité de la publication, des effets et de l'application des lois en general. 2 ed. Paris: Imprimerie Générale.

DIAS, Maria Berenice. Manual de Direito das Famílias. 4 ed. São Paulo: RT, 2006.

DIDIER JR, Fredie. Curso de Direito Processual Civil – v. 1. Salvador: JusPodivm, 2015.

DUGUIT, Leon. Traité de Droit Constitutionnel v. II. 10 ed. Paris: Anciennie Librarie Fontemoing & Cle. 1923.

ENNECCERUS, Ludwig; KIPP, Theodor; WOLFF, Martin. Tratado de derecho civil – t. I, v. II. Barcelona: BOSCH, 1981.

ESPÍN CANOVAS, Diego. Manual de Derecho Civil Español – v. I, 2 ed. Madri: Revista de Derecho Privado, 1959.

ESPÍNOLA, Eduardo e ESPÍNOLA FILHO, Eduardo. A Lei de Introdução ao Código Civil Brasilieiro – v. I. 3 ed. Rio de Janeiro: Renovar.

FACHIN, Luís Eduardo. Questões do Direito Civil brasileiro contemporâneo. Rio de Janeiro: Renovar, 2008.

FARIAS, Cristiano Chaves de, e ROSENVALD, Nelson. Direito Civil – Teoria Geral. 5 ed. Rio de Janeiro: Lumen Juris, 2006

FERRARA, Luigi Cariota. El Negocio Juridico. Madro: Aguilar, 1956.

FERRI, Giovanni B. Il Negozio Giuridico. 2 ed. Pádua: CEDAM, 2004.

FIÚZA, César. Ensaio Crítico acerca da Teoria das Nulidades. Revista de Direito da UFPR, Curitiba, v. 32, n. 0, p. 38-39, 1999.

FIÚZA, César. Direito Civil – Curso Completo. 8ed. Belo Horizonte: Del Rey, 2004.

FOERSTER, Gabriele. O ônus da prova no proceso de trabalho. Disponível em http://www.ambito-juridico.com.br/site/index.php?n_link=revista_artigos_leitura&artigo_id=8351, acesso em 04 de novembro de 2011.

FRANÇA, Limongi. A irretroatividade das leis e o directo adquirido. 5 ed. São Paulo: Saraiva, 1998.

FRANKENBERG, Günther. A gramática da Constituição e do Direito. Belo Horizonte: Del Rey, 2007.

FUSTEL DE COULANGES, Numa-Denys. A Cidade Antiga. Disponível em http:// www.ebooksbrasil.org/eLibris/cidade- antiga.html, acesso em 29/30/2013.

GABBA, C.F. Teoria della retroattività delle leggi – v. I, 3ª ed, Milão: Unione Tipo- gráfico, 1891.

GAGLIANO, Pablo Stolze e PAMPLONA FILHO, Rodolfo. Novo curso de direito civil, v. I. 10 ed. São Paulo: Saraiva, 2008.

GARCÍA, César Rascón. Manual de Derecho Romano. 3 ed. Madri: Tecnos, 2000.

GHERSI, Carlos Alberto. Derecho Civil Parte General. 2 ed. Buenos Aires: Astrea, 1999

GIL, Hernandez Gil. Derecho de Obligaciones. Madri: Ceura. 1983.

GLITZ, Frederico Eduardo Zenedin. Frederico Eduardo Zenedin. Favor contractus: alguns apontamentos sobre o Princípio da Conservação do Contrato no direito positivo brasileiro e no direito comparado. Revista do Instituto do Direito Brasileiro, Lisboa, n. 1, p. 490-499, 2013.

GODINHO, Adriano Marteleto. Testamento vital e o ordenamento brasileiro. Jus Navigandi, Teresina, ano 15, n. 2545, 20 jun 2010. Disponível em http://jus.com.br/ revista/texto/15066.

GOMES, Orlando. Direito de Família. 11 ed. Rio de Janeiro: Forense, 1999.

GOMES, Orlando. Introdução ao Direito Civil. 4 ed. Rio de Janeiro: Forense, 1974.

GONÇALVES, Carlos Roberto. Direito Civil Brasileiro – v. I.3 ed. São Paulo: Saraiva, 2006.

GONÇALVES, Carlos Roberto. Direito Civil Brasileiro – v. II. 13 ed. São Paulo: Saraiva, 2016.

GONÇALVES, Carlos Roberto. Direito Civil Brasileiro – v. IV. 3 ed. São Paulo: Saraiva, 2008.

GONÇALVES, Rogério Magnus Varela. Os direitos fundamentais e sua validade no âmbito das relações privadas. Disponível em http://www.estig.ipbeja.pt/~ac_ direito/VarelaG.pdf, acesso em 09 de novembro de 2011.

GRECO. Rogério. Curso de Direito Penal – Parte Geral – v. I. Niterói: Impetus, 2011.

GUSMÃO, Paulo Dourado de. Introdução ao estudo do direito. 40 ed. Rio de Janeiro: Forense, 2008.

HATTENHAUER, Hans. Conceptos fundamentales del derecho civil. Barcelona: Ariel Derecho, 1987.

HESPANHA, António Manuel. Cultura jurí- dica européia – síntese de um milênio. Florianópolis: Fundação Boiteux, 2005.

HESSE, Konrad. Elementos de Direito Constitucional da República Federal da Alemanha – trad. de Luís Afonso Heck – Sérgio Antônio Fabris Editor, 1998.

HÖRSTER, Heinrich Ewald. A parte geral do Código Civil português. Coimbra: Almedina, 2000

IGLESIAS, Juan.Direito Romano.São Paulo: RT, 2012.

ITURRASPE, Jorge Mosset. In: CARLUCCI, Aida Kemelmajer de (coord). Responsabilidad civil. Buenos Aires: Hammurabi, 1993.

JÈZE, Gaston. Principios generales del derecho administrativo – v. I. Buenos Aires: Depalma, 1948.

JOSSERAND, Louis. Derecho civil, t. II, v. I. Buenos Aires: Bosh y Cia, 1950.

KANT, Immanuel. Fundamentação da metafísica dos costumes. Lisboa: Edições 70, 1992.

KAUFMANN, Arthur. Filosofia do direito. Lisboa: Fundação Calouste Gulenkian, 2004.

KELSEN, Hans. Teoria pura do direito. 5 ed. São Paulo: Martins Fontes, 1996.

LABARIEGA VILLANUEVA, Pedro Alfonso. Los Principios del Derecho Europeo de los Contratos y el Favor Contractus. Disponível em https://archivos.juridicas.unam.mx/www/bjv/libros/5/2348/21.pdf. Acesso em 04/06/2017

LARA, Mariana Alves. O Direito à Liberdade de Uso e (Auto) Manipulação do Corpo. Dis- ponível em http://www.bibliotecadigital. ufmg.br/dspace/bitstream/handle/1843/ BUOS-8XTP7G/disserta o_mariana_ alves_lara.pdf ?sequence=1, acesso em 20 de novembro de 2012.

LARENZ, Karl. Derecho Civil – Parte General. Madri: Revista de Derecho Privado, 1978.

Larenz, Karl. Metodologia da ciência do direito. 3. ed. Lisboa: Fundação Calouste Gulbenkian, 1997.

LEGAZ Y LACAMBRA, Luis. Filosofia del derecho. Barcelona: Bosch, 1953.

LETE DEL RÍO, José M. Derecho de obligaciones – larelaciónobligatóriaengeneral. Vol. 1. 4 ed. Madri: Tecnos, 2000.

LISBOA, Roberto Senise. Manual elementar de direito civil. 2 ed. São Paulo: Editora Revista dos Tribunais, 2002.

LÔBO, Paulo. Direito Civil – Contratos. São Paulo: Saraiva, 2011, p. 58/59.

LONDRES DA NÓBREGA, Vandick. História e Sistema de Direito Privado Romano. Rio de Janeiro: Freitas Bastos, 1955.

LOPES DE OLIVEIRA, J. M. Leoni. Introdução ao Direito. I. Rio de Janeiro: Lumen Iuris, 2004.

LOUREIRO, Luiz Guilherme. Contratos. 3 ed. São Paulo: Método, 2008.

LORENZETTI, Ricardo Luis. Fundamentos do directo privado. São Paulo: RT, 1998.

LOUREIRO, Lourenço Trigo de. Institui- ções de Direito Civil Brasileiro – t. I. Rio de Janeiro: B. L. Garnier, 1871.

LUCENA, João Paulo. Comentários ao Código de Processo Civil – v. 15.São Paulo: Revista dos Tribunais, 2000.

LUZ, Odília Ferreira da. Negócio Fiduciário, Negócio Indireto e Negócio Simulado – Uma Tentativa de Distinção. Revista da Faculdade de Direito da UFPR, Curitiba. V. 15. no. 0. p. 251-252. 1972.

MACHADO DE ASSIS, Joaquim Maria. O Alienista. Disponível em http://www.virtualbooks.com.br/v2/ebooks/ pdf/00142.pdf, acesso em 05/04/2012.

MARIANO, Ricardo. A reação dos evan- gélicos ao novo Código Civil. Dispo- nível em http://revistaseletronicas. pucrs.br/ojs/index.php/civitas/article/ viewFile/57/57, acesso em 07 de março de 2013.

MARINONI, Luiz Guilherme, e ARENHART, Sérgio Cruz.. Curso de Processo Civil – v. 4 – Processo Cautelar. São Paulo: RT, 2008.

MATOS PEIXOTO, José Carlos de. Curso de Direito Romano – t. I. 4 ed. Rio de Janeiro: Renovar, 1997.

MAXIMILIANO, Carlos. Directo intertemporal ou teoria da retroatividade das leis. Rio de Janeiro: Freitas Bastos, 1946.

MAZEUD ET MAZEUD. Lecciones de derecho civil – parte primera – v. I. Buenos Aires: EJEA. 1959.

MELLO, Marcos Bernardes de. Fato Jurídico – Plano da Existência. 14 ed. São Paulo: Saraiva, 2007.

MELO, Albertino Daniel de. Sanção Civil por Abuso de Sociedade. Belo Horizonte: Del Rey, 1997.

MENDES, Gilmar Ferreira. Direitos Funda- mentais e Controle de Constitucionali- dade. 2 ed. São Paulo: Celso Bastos, 1999.

MESSINEO, Francesco. Manual de derecho civil y comercial – v. II. Buenos Aires:EJEA, 1954.

MESSINEO, Francesco. Manual de derecho civil y comercial – v. IV. Buenos Aires:EJEA, 1954.

MIRANDA. Jorge. Manual de Direito Cons- titucional – t. IV – Direitos Fundamen- tais. 3 ed. Coimbra: Coimbra, 2000.

MONTEIRO, Washington de Barros.Curso de directo civil – parte geral. 14 ed. São Paulo: Saraiva, 1976.

MONTEIRO, Washington de Barros. Curso de Direito Civil – Direito das Obrigações 1a Parte. 32 ed. São Paulo: Saraiva, 2003.

MONTORO, André Franco. Introdução à ciência do direito. 25 ed. São Paulo: RT, 1999.

MOURA, Paulo Cesar Cursino de. Manual de Direito Romano. Rio de Janeiro: Forense, 1998.

NADER, Paulo. Curso de Direito Civil – Parte Geral. Rio de Janeiro: Forense, 2003.

NADER, Paulo. Curso de direito civil – v. III. Rio de Janeiro: Forense, 2009.

NADER, Paulo. Curso de direito civil – v. VII. 2 ed. Rio de Janeiro: Gen-Forense, 2009.

NADER, Paulo. Introdução ao estudo do direito. 15 ed. Rio de Janeiro: Forense, 1997.

NINO, Carlo S. Los Fundamentos del Control Judicial de Constitucionalidad, In: CENTRO DE ESTUDIOS INSTITU- CIONALES DE BUENOS AIRES. Fundamentos y Alcances del Control Judicial de Constitucionalidad. Madri: Centro de Estudios Constitucionales, 1991.

NÓBREGA, Vandick Londres da. História e Sistema de Direito Privado Romano. Rio de Janeiro/São Paulo: Freitas Bastos, 1955.

NONATO, Orosimbo. Curso de obrigações (generalidades – espécies). Vol. 1. Rio de Janeiro: Forense, 1959.

NORONHA, E. Magalhães. Direito Penal – v. I. 30 ed. São Paulo: Saraiva, 1993.

NORONHA, E. Magalhães. Direito Penal – v. II. 33 ed. São Paulo: Saraiva, 2003.

NORONHA, Fernando. O Nexo de Causalidade na Responsabilidade Civil. Revista dos Tribunais, v. 816, p.733-752, 2003.

OERTMANN, Paul. Introducción al Derecho Civil. Barcelona: Labor, 1933.

OLIVEIRA, J. M. Leoni Lopes de. Novo Código Civil Anotado (arts. 1° a 232).3 ed. Rio de Janeiro: Lumen Juris, 2006.

PAES, José Eduardo Sabo. Fundações, associações e entidades de interesse social. 6ª ed. Brasília: Brasília Jurídica, 2006.

PEREIRA, Caio Mário da Silva. Instituições de Direito Civil, v. I. 20 ed. Rio de Janeiro: Forense, 2004.

PEREIRA, Caio Mário da Silva, Instituições de direito civil. vol. 3. 13ª ed. Rio de Janeiro: Forense, 2009.

PEREIRA, Caio Mário da Silva. Lesão nos contratos. Rio de Janeiro: Forense, 1959.

PEREIRA, Caio Mário da Silva. Reconhecimento de Paternidade e seus Efeitos. 5 ed. Rio de Janeiro: Forense, 1996.

PEREIRA, Caio Mário da Silva. Responsabilidade civil. 8 ed. Rio de Janeiro: Forense, 1998.

PÉREZ, Pascual Marín. Manual de introducción a la ciência del derecho. 2 ed. Barcelona: Bosch, 1968.

PERLINGIERI, Pietro. O Direito Civil na Legalidade Constitucional. Rio de Janeiro: Renovar. 2008.

PESSOA JORGE, Fernando de Sandy Lopes. Ensaio sobre os pressupostos da responsabilidade civil. Coimbra: Almedina, 1995.

PINHEIRO, Luís de Lima. Direito internacional privado – v. I. Coimbra: Almedina, 2003.

PINTO, Carlos Alberto da Mota. Teoria geral do direito civil. 3 ed. Coimbra: Coimbra, 1999.

PLANIOL, Marcel; RIPERT, Georges. Tratado Practico de Derecho Civil Francês. t. VI. Havana: Cultural, 1946.

PONTES DE MIRANDA, Francisco Cavalcanti. Tratado de Direito Privado – tomo I. Campinas: Bookseller, 1999.

PONTES DE MIRANDA, Francisco Cavalcanti. Tratado de Direito Privado – tomo II. Campinas: Bookseller, 1999.

PONTES DE MIRANDA, Francisco Cavalcanti. Tratado de Direito Privado – tomo IV. Campinas: Bookseller, 2000.

PONZANELLI, Giulio. La responsabilità civile. Milão: Il Mulino, 1992.

POTHIER, Robert Joseph. Tratado das Obrigações. Campinas: Servanda, 2002.

POTHIER, Robert-Joseph. Tratado de los Contratos. Buenos Aires: Atalaya,1948.

RADBRUCH, Gustav. Filosofia do direito – II. Coimbra: Arénio Amado, 1961.

RÀO, Vicente. Ato Jurídico. 4 ed. São Paulo: RT, 1999.

Rào, Vicente. O direito e a vida dos direitos v. I. 4 ed. São Paulo: RT, 1997.

RAWLS, John. Uma Teoria da Justiça. Brasília: Universidade de Brasília, 1981.

REALE, Miguel. Lições preliminares de direito. 6 ed. São Paulo: Saraiva, 2006.

RÉCASENS SICHES, Luis. Tratado general de filosofia del derecho. 2 ed. México: Porrua.

RESCIGNO, Pietro. Manuale del diritto privato italiano. 11 ed. Nápoles: Jovene, 1997.

REZEK, José Francisco. Direito Internacional Público. 5 ed. São Paulo: Saraiva.

RIBAS, Joaquim. Direito Civil Brasileiro. Rio de Janeiro: Rio, 1977.

RIPERT, Georges. A regra moral nas obrigações civis. 2 ed. Campinas: Bookseller, 2002.

RIPERT ET BOULANGER. Tratado de derecho civil segun el Tratado de Planiol – T. I – Parte General. Buenos Aires: La Ley.

RIZZARDO, Arnaldo. Parte Geral do Código Civil. 5 ed. Rio de Janeiro: Forense, 2007.

RIZZARDO, Arnaldo. Prescrição e Decadência. 2 ed. Rio de Janeiro: Forense. 2017.

RIZZARDO, Arnaldo. Promessa de Compra e Venda e Parcelamento do Solo Urbano. 5 ed. São Paulo: RT, 1998.

RODRIGUES, Sílvio – Direito Civil – Parte Geral v. 1. 32 ed. São Paulo: Saraiva, 2002.

ROSCHILDT, J. L. M. O princípio da igual liberdade em John Rawls: desdobramentos formais e materiais. Intuitio (Porto Alegre), v. 2, 2009.

ROUBIER, Paul. Le droit transitoire (conflits des lois dans le temps). 2 ed. Paris: Dalloz et Sirey, 1960.

RODRIGUES, Sílvio – Direito Civil – Parte Geral v. 1. 32 ed. São Paulo: Saraiva, 2002.

RUGGIERO, Roberto de. Instituições de Direito Civil – v. II. Campinas: Bookseller, 1999.

SAGÜÉS, Nestor Pedro, Las sentencias constitucionales exhortativas. Disponível em http://redalyc.uaemex.mx/ pdf/820/82040109.pdf, acesso em 12 de janeiro de 2012.

SANTOS, Antônio Jeová. Dano Moral Indenizável. 4 ed. São Paulo: RT, 2001.

SANTOS, Ernane Fidélis. Manual de Direito Processual Civil – v. 3.8 ed. São Paulo: Saraiva, 2002.

SANTOS, Moacyr Amaral. Primeiras Linhas de Direito Processual Civil – v. II. 13 ed. São Paulo: Saraiva. 1990.

SANTOS JUSTO, A. Direito Romano Privado v. I. Coimbra: Coimbra, 2000.

SANTOS NETO, José Antônio de Paula. Da Ausência. São Paulo: Juarez de Oliveira, 2001.

SAVIGNY, Friederich Carl von. Sistema do directo romano atual – v. VIII. Ijuí/RS: Unijuí, 2004

SCHAPP, Jan. Introdução ao Direito Civil. Porto Alegre: Sérgio Antônio Fabris, 2006.

SCIALOJA, Vittorio. Negozi Giuridici. Roma: Foro Italiano,1950.

SEDANO, Carlos D. Vieyra. Dilemas jurídicos de la reproduccíon medicamente asistida. El conceptus extracorporis y pro- puesta para la incorporación al Código Civil para el Distrito Federal, de la instituición de la agnación prenatal, disponível em http://www.derecho.unam. mx/DUAD/boletin/pdf/06-sep-08.doc, acesso em 11 de janeiro de 2012.

SERAFINI, Filippo. Diritto Romano. 10 ed. Roma: Athenaeum, 1920.

SERICK, Rolf. Aparencia y Realidad en las Sociedades Mercantiles, Barcelona: Ariel, 1958.

SERPA LOPES, Miguel Maria de. Curso de Direito Civil – V. I. 8 ed. Rio de Janeiro: Freitas Bastos, 1996.

SILVA, Roberto Luiz. Direito Internacional Público. 2 ed. Belo Horizonte: Del Rey, 2002.

SILVA, Ovídio A. Baptista da. Curso de Processo Civil – v. I. 5 ed. São Paulo: RT, 2000.

SOMBRA, Thiago Luís Santos. A Eficácia dos Direitos Fundamentais nas Relações Jurídico-Privadas. Porto Alegre: Sérgio Antonio Fabris, 2004.

SOUTO, Cláudio. Introdução crítica ao direito internacional privado. 2 ed. Porto Alegre: Sérgio Antônio Fabris, 2000.

STARCK, Boris. Droit Civil – Obligations. Paris: Techiniques, 1972.

STOCO, Rui. Tratado de Responsabilidade Civil: Doutrina e Jurisprudência. 7 ed. São Paulo: RT, 2007.

STOLFI, Giuseppe. Teoria del Negozio Giuridico. Pádua: CEDAM,1961.

STÜRNER, Rolf. O Princípio da Abstração e a Transmissão da Propriedade. Disponível em http://www.cjf.jus.br/cjf/corregedoria-da-justica-federal/centro-de-estudos-judiciarios-1/publicacoes-1/jornadas-cej/vjornadadireitocivil2012.pdf. Acesso em 22 de maio de 2016

TARTUCE, Flávio. Manual de Direito Civil – volume único. 4 ed. São Paulo: Gen-Método, 2014.

TOMAZETTE, Marlon. Curso de Direito Empresarial – V. I. São Paulo: Atlas, 2008.

TORO, Jorge Olivera. Manual de Dere cho Administrativo. 3. Ed. Porrúa, 1972.

TRABUCCHI, Alberto. Istituzioni di Diritto Civile. 4 ed. Milão: CEDAM, 1948.

TRAMONTANO, Luigi. Codice Civile Spiegato. Piacenza: CELT, 2005.

VALE, André Rufino do. Eficácia dos direitos fundamentais nas relações privadas. Porto Alegre: Sérgio Antônio Fabris, 2004.

VANRELL, Jorge Paulete. Medicina Legal – tanatologia. São Paulo: LED, 1996.

VARELA, João de Matos Antunes. Das Obrigações em Geral. 10 ed. Coimbra: Almedina, 2000.

VECCHIO, Giorgio del. Filosofia del dere- cho – t. I. 3 ed. México: UTEHA.

VENOSA, Sílvio de Salvo. Direito Civil – Parte Geral. São Paulo: Atlas, 2001.

VIEIRA, Roberta Lima. A teoria das sentenças mandamental e executiva lato sensu. Conteúdo Jurídico, Brasília-DF: 04 fev. 2013. Disponível em: <http://www.conteudojuridico.com.br/?artigos&ver=2.41963&seo=1>. Acesso em: 08 set. 2015.

VILLAS-BÔAS. Maria Elisa. Da eutanásia ao prolongamento artificial da vida. Rio de Janeiro: Forense, 2005.

VON THUR, Andreas. Derecho civil – teoria general del derecho civil aleman – v. I. Buenos Aires: Depalma, 1946.

VON THUR, Andreas. Parte General del Derecho Civil. San José da Costa Rica: Juricentro, 1977.

WIEACKER, Franz. História do direito privado moderno. 2. ed. Lisboa: Fundação Calouste Gulbenkian, 1993.

XAVIER, Alberto. Os princípios da legalidade e da tipicidade da tributação. São Paulo: Saraiva, 1978.

ZAFFARONI, Eugenio Raul, PIERANGELI; José Henrique. Manual de Direito Penal Brasileiro – v. 1. 7 ed. São Paulo: RT, 2007.

ZULETA, Hugo R. Ilícito. In: GARZÓN VALDÉS, Ernesto; LAPORTA, Francisco J (coord). El derecho y la justicia. 2 ed. Madrid: Trotta, 2000.